CURSO PRÁTICO DE
CONTABILIDADE

O GEN | Grupo Editorial Nacional – maior plataforma editorial brasileira no segmento científico, técnico e profissional – publica conteúdos nas áreas de ciências sociais aplicadas, exatas, humanas, jurídicas e da saúde, além de prover serviços direcionados à educação continuada e à preparação para concursos.

As editoras que integram o GEN, das mais respeitadas no mercado editorial, construíram catálogos inigualáveis, com obras decisivas para a formação acadêmica e o aperfeiçoamento de várias gerações de profissionais e estudantes, tendo se tornado sinônimo de qualidade e seriedade.

A missão do GEN e dos núcleos de conteúdo que o compõem é prover a melhor informação científica e distribuí-la de maneira flexível e conveniente, a preços justos, gerando benefícios e servindo a autores, docentes, livreiros, funcionários, colaboradores e acionistas.

Nosso comportamento ético incondicional e nossa responsabilidade social e ambiental são reforçados pela natureza educacional de nossa atividade e dão sustentabilidade ao crescimento contínuo e à rentabilidade do grupo.

César Augusto Tibúrcio Silva
Fernanda Fernandes Rodrigues

CURSO PRÁTICO DE CONTABILIDADE

Analítico e didático

2ª edição

Os autores e a editora empenharam-se para citar adequadamente e dar o devido crédito a todos os detentores dos direitos autorais de qualquer material utilizado neste livro, dispondo-se a possíveis acertos caso, inadvertidamente, a identificação de algum deles tenha sido omitida.

Não é responsabilidade da editora nem dos autores a ocorrência de eventuais perdas ou danos a pessoas ou bens que tenham origem no uso desta publicação.

Apesar dos melhores esforços dos autores, do editor e dos revisores, é inevitável que surjam erros no texto. Assim, são bem-vindas as comunicações de usuários sobre correções ou sugestões referentes ao conteúdo ou ao nível pedagógico que auxiliem o aprimoramento de edições futuras. Os comentários dos leitores podem ser encaminhados à **Editora Atlas Ltda**. pelo e-mail faleconosco@grupogen.com.br.

Direitos exclusivos para a língua portuguesa
Copyright © 2018 by
Editora Atlas Ltda.
Uma editora integrante do GEN | Grupo Editorial Nacional

A primeira edição deste livro era dividida em dois volumes e trazia o título *Curso de contabilidade básica*

Reservados todos os direitos. É proibida a duplicação ou reprodução deste volume, no todo ou em parte, sob quaisquer formas ou por quaisquer meios (eletrônico, mecânico, gravação, fotocópia, distribuição na internet ou outros), sem permissão expressa da editora.

Rua Conselheiro Nébias, 1384
Campos Elísios, São Paulo, SP — CEP 01203-904
Tels.: 21-3543-0770/11-5080-0770
faleconosco@grupogen.com.br
www.grupogen.com.br

Designer de capa: Rejane Megale

Imagem de capa: Mikado767 | iStockphoto

Editoração Eletrônica: LBA Design

CIP-BRASIL. CATALOGAÇÃO NA PUBLICAÇÃO
SINDICATO NACIONAL DOS EDITORES DE LIVROS, RJ

R579c

2. ed.

Silva, César Augusto Tibúrcio
Curso prático de contabilidade / César Augusto Tibúrcio Silva, Fernanda Fernandes Rodrigues. – 2. ed. – São Paulo : Atlas, 2018.

ISBN 978-85-97-01770-0

1. Contabilidade. I. Rodrigues, Fernanda Fernandes. II. Título.

18-50115　　　　　　　　　CDD: 657

　　　　　　　　　　　　　　CDU: 657

Leandra Felix da Cruz - Bibliotecária - CRB-7/6135

PREFÁCIO

Prezados leitores,

Apresentamos o livro *Curso prático de contabilidade*, que corresponde à obra *Curso de contabilidade básica*, volumes 1 e 2, agora em um único volume. O objetivo dessa unificação foi tornar a obra mais acessível aos nossos alunos e, especialmente, ser uma referência básica e, ao mesmo tempo, completa, já que seus conteúdos podem ser trabalhados em várias disciplinas introdutórias de contabilidade.

Além disso, como é de praxe, fizemos algumas correções com base em opiniões, sugestões e críticas de vários alunos e leitores, e atualizamos alguns conteúdos em razão das mudanças nas normas. Destacamos também um conteúdo adicional que trata de impostos incidentes sobre mercadorias.

A obra possui, como recursos didáticos aos professores, transparências, planilhas com exercícios resolvidos e um conjunto de estudos de casos, que podem complementar o material já disponibilizado.

Gostaríamos de agradecer às diversas pessoas que fizeram comentários e contribuições a esta obra, permitindo melhorá-la nesta nova edição.

Em especial às professoras Danielle Montenegro Salamone Nunes e Lorena Almeida Campos, da Universidade de Brasília (UnB), e Ednei Morais Pereira, da Universidade Federal de Goiás (UFG). Também agradecemos aos discentes Ana Paula Araújo Ribeiro, da UnB, e Eurípedes Soares Naves Neto, da UFG, que trouxeram importantes contribuições nesse nosso processo de revisão.

Não poderíamos deixar de acrescentar nossa sincera gratidão à contribuição do professor José Lúcio Tozetti Fernandes, que participou da atualização de parte substancial do Capítulo 9, sobre ativos de longo prazo. Sua ajuda foi fundamental nesse processo de ajustes.

Agradecemos também o carinho da equipe editorial, na figura de Agnaldo Lima e Michelle Cerri, que de maneira paciente trocaram ideias sobre as diversas possibilidades para este livro. Também não podemos esquecer nossas instituições de ensino.

Aos leitores que desejarem fazer sugestões e tirar dúvidas, deixamos nossos *e-mails* para contato:

cesartiburcio@unb.br

fernandaf.rodrigues@gmail.com

Os Autores
Brasília, 23 de maio de 2018
Goiânia, 23 de maio de 2018

AGRADECIMENTOS

Quando nós decidimos escrever este livro, pensávamos, primeiramente, em como tornar as disciplinas introdutórias de contabilidade, que é um assunto relativamente "arenoso" para marinheiros de primeira viagem, uma leitura um pouco mais agradável e fácil. Arenoso, pois existem diversas leis, normativos e conceitos que, em determinadas circunstâncias, são até meio difíceis de entender, imaginem explicar.

Daí surgiu a ideia de ao mesmo tempo em que escrevíamos já irmos aplicando alguns capítulos em sala de aula. Uma tentativa de experimentar o livro, antes mesmo que ele fosse concluído.

A boa notícia é que recebemos diversos retornos, contribuições e melhorias, não só dos nossos colegas professores, como também dos vários nossos alunos.

Dessa forma, gostaríamos de agradecer a todos os que nos auxiliaram nesta tarefa, de ir revisando vários capítulos do *Curso de contabilidade básica*. Especialmente, agradecemos aos professores: Beatriz de Fátima Morgan, Clésia Camilo Pereira, Juliano Sávio Barbosa Eirado, Ludmila de Melo Souza, José Lúcio Tozetti e Rodrigo de Souza Gonçalves, pelas valiosas contribuições que foram encaminhadas por meio de erros encontrados, por sugestões de complementos e críticas pertinentes.

Agradecemos também às enormes contribuições de revisão vindas dos coautores do *blog Contabilidade Financeira*, Isabel Sales e Pedro Correia.

Citar nomes dos alunos é uma tarefa relativamente injusta, já que podemos, sem querer, esquecer de alguém... Mesmo correndo esse risco, gostaríamos de dar nossos sinceros agradecimentos aos *e-mails* e apontamentos que recebemos dos discentes: Ana Lidia Carneiro Almeida, Alex Issao Mimura, Brenda Giordani Fagundes, Jemison da Silva Sousa, Luiza Raad, Willian Vidal Carvalho Costa e Yara Verlaine Cordeiro Matias.

Nossos agradecimentos à monitora da disciplina de Contabilidade Geral 1, Jéssica Bandeira Duarte, e ao discente Pedro dos Santos Ferreira, pelas valiosas contribuições na leitura dos capítulos e na resolução dos exercícios.

À Universidade de Brasília, que tem proporcionado um excelente ambiente acadêmico e profissional. Em particular aos professores, alunos e funcionários do Departamento de Ciências Contábeis e Atuariais.

Finalmente, agradecemos à Editora Atlas, na figura do Ailton e do José Gullo, que apoiaram este projeto desde o início e tiveram paciência com nossos atrasos, além de ajudar em decisões cruciais sobre esta obra.

É importante considerar que, mesmo com todas essas valiosas contribuições que citamos aqui, com tantos olhos diferentes e tantas releituras, não descartamos a possibilidade de erros, que são de nossa total responsabilidade. Dessa forma, colocamos nossos *e-mails* à disposição para o recebimento de críticas, sugestões, dúvidas e erros que sejam observados, seja para esclarecimentos ou futuras edições.

Os Autores

Material Suplementar

Este livro conta com os seguintes materiais suplementares:

- Banco de casos com exercícios e respostas (apenas para professores).
- Slides (apenas para professores).
- Planilhas em Excel (apenas para professores).

O acesso aos materiais suplementares é gratuito. Basta que o leitor se cadastre em nosso *site* (www.grupogen.com.br), faça seu *login* e clique em GEN-IO, no menu superior do lado direito.

É rápido e fácil. Caso haja dificuldade de acesso, entre em contato conosco (gendigital@grupogen.com.br).

genio
GEN | Informação Online

GEN-IO (GEN | Informação Online) é o repositório de materiais suplementares e de serviços relacionados com livros publicados pelo GEN | Grupo Editorial Nacional, maior conglomerado brasileiro de editoras do ramo científico-técnico-profissional, composto por Guanabara Koogan, Santos, Roca, AC Farmacêutica, Forense, Método, Atlas, LTC, E.P.U. e Forense Universitária. Os materiais suplementares ficam disponíveis para acesso durante a vigência das edições atuais dos livros a que eles correspondem.

SUMÁRIO

Introdução, 1

Recursos didáticos, 3

1. Introdução às demonstrações contábeis, 7

2. Analisando as demonstrações contábeis, 45

3. Sistema de informação contábil, 87

4. Regime de competência, 137

5. Operações com mercadorias, 187

6. Informando e analisando estoques, 237

7. Caixa e equivalentes, 319

8. Valores a receber, 355

9. Informando e analisando os ativos não circulantes, 385

10. Informando e analisando os passivos, 435

11. Informando e analisando o patrimônio líquido, 481

12. Demonstração dos fluxos de caixa, 519

13. Introdução à contabilidade gerencial, 563

INTRODUÇÃO

Antigamente, não existiam computadores. A contabilidade era feita a mão. Assim, o ato de "fechar o balanço" era parte obrigatória do aprendizado da contabilidade. Horas e horas eram devotadas a esta atividade "nobre". Os melhores profissionais eram aqueles que não cometiam erros e, quando se somavam os débitos e os créditos, os valores eram iguais. A diferença de um centavo era buscada, e existiam dicas para descobrir mais facilmente os enganos. Além de uma boa caligrafia, é claro!

Nos dias atuais, se é feito um lançamento contábil, o mesmo é automaticamente armazenado na memória do computador. Os *softwares* podem verificar o total dos débitos e dos créditos a qualquer momento, mas isso nem é relevante, já que a máquina não comete esse tipo de erro. É possível ter o balanço de uma empresa rapidamente, faltando somente algumas estimativas que geralmente são feitas no encerramento do exercício. A pergunta que não quer calar: para que então aprender a fechar o balanço? E, acompanhando essa pergunta: isso não é um retrocesso?

De certa forma, a resposta para as duas questões é que a indignação do aluno que está aprendendo a fechar o balanço faz certo sentido. Mas então podemos aprender contabilidade básica sem saber fechar o balanço? De certa forma, sim. Novamente: para que aprender a fechar o balanço?

Temos três respostas que justificam esse aprendizado. Em primeiro lugar, fechar o balanço é útil para compreender o processo. É bem verdade que a máquina faz tudo isso muito mais rapidamente e melhor que o ser humano, mas precisamos entender o que a máquina faz. Se você um dia trabalhar em auditoria, irá perceber que é necessário conhecer esse processo para evitar que a empresa auditada engane você e o usuário da informação.

Em segundo lugar, isso é importante para algumas pessoas. Entre os entendidos, você seria desprezado se souberem que não sabe fechar um balanço. Se um professor souber que um curso de contabilidade básica não lhe ensinou isso, o curso será objeto de escárnio e desconsideração. "Como é possível um curso de contabilidade básica não ensinar a fechar o balanço de uma empresa?", irá perguntar aquele professor de concurso. Por sinal, o que seriam dos concursos sem o fechamento do balanço?

Finalmente, o desenvolvimento da contabilidade acessível a muitas empresas é da década de 1980. São cerca de 30 anos. Se você pegar alguns livros editados desde a década de 1970, este apego ao fechar o balanço é nítido. Levará muito tempo até que os antigos (no sentido da mentalidade) professores sejam substituídos por aqueles que acreditam que a tecnologia também pode chegar ao ensino de contabilidade. Está chegando.

Dessa forma, o livro está organizado da seguinte forma: já nos primeiros capítulos, apresenta as principais demonstrações contábeis em um formato mais amplo e algumas ferramentas de análise. Depois, tratamos dos critérios de contabilização e apuração do resultado. Em seguida, há dois capítulos que tratam de estoques: o Capítulo 5 mostra a contabilização dos eventos relacionados à compra e à venda e o Capítulo 6 apresenta os métodos de inventário existentes, além de um anexo sobre como fazer a escrituração dos estoques com a incidência dos principais tributos nas compras e vendas de mercadorias. Em sequência, trazemos detalhes dos demais elementos do balanço: caixa, contas a receber, investimentos, imobilizado e intangível, contas a pagar e patrimônio líquido. Também apresentamos dois capítulos ao final: um que trata apenas da demonstração dos fluxos de caixa, devido à sua relevância, e o Capítulo 13 traz uma abordagem gerencial, mostrando, de maneira introdutória, como podem ser precificados os produtos ou serviços, bem como algumas ferramentas de decisão para a gestão.

Assim, a proposta do livro *Curso Prático de Contabilidade* é a de não apenas ensinar a fechar balanço, mas também interpretar os eventos, analisar os números, verificar o que eles significam. E nossa preocupação foi fazê-lo numa linguagem mais simples, direta e objetiva, sem deixar de lado o rigor dos conceitos e do conteúdo. Por isso, adotamos alguns recursos didáticos com o objetivo de ajudar o leitor na fixação do conteúdo estudado, além de várias ilustrações, tentando tornar o aprendizado um pouco mais lúdico e fácil.

RECURSOS DIDÁTICOS

Neste livro, foram adotados alguns recursos didáticos para auxiliar os estudantes a aprender os conceitos e aplicá-los em situações práticas, para que a informação gerada seja útil na tomada de decisões nas entidades. Os recursos adotados são:

Iniciando a conversa

Antes de abordar o tema que será tratado no capítulo, buscamos fazer uma breve "historinha" do assunto. A intenção é introduzir o leitor ao tema e mostrar que a contabilidade está inserida em diversas situações cotidianas e como ela vem evoluindo com o passar dos anos.

Objetivos do capítulo

A cada capítulo, no início da leitura, o leitor já saberá quais são os tópicos que serão estudados. Essa ferramenta visa auxiliá-lo a buscar rapidamente se o que ele pretende estudar será abordado nesse ou em outro capítulo. Além disso, os objetivos apresentados inicialmente são revisados ao final do capítulo.

Prática

O objetivo desta ferramenta é o de trazer ao leitor informações ou exemplos de como as entidades em geral adotam ou praticam a contabilidade no seu cotidiano.

Pequena e Média Empresa

Embora, em várias circunstâncias, o livro se atenha a exemplos mais amplos e de grandes empresas, essa ferramenta visa apresentar como algumas situações cotidianas e corriqueiras são diferentes em pequenas e médias empresas.

Ética!

Apresentamos aqui algumas recomendações para que o leitor adote uma postura ética, tanto no processo de preparação das informações contábeis, quanto na interpretação dos fatos. Lembramos que as informações contábeis são a base para a tomada de decisões, e que a qualidade dessas informações vai afetar diretamente aqueles que se utilizarem de uma informação incorreta.

ANTES DE PROSSEGUIR

Este recurso propõe ao leitor uma revisão do conteúdo estudado até aquele momento, seja de forma mental ou escrita. O objetivo é que o estudante verifique o seu aprendizado e que não avance na leitura se não conseguir responder às questões aqui apresentadas.

EXERCÍCIO DE REVISÃO

O leitor terá aqui a oportunidade de aplicar os conhecimentos aprendidos no capítulo em uma situação prática. Trata-se de um exercício com resposta, e o objetivo é preparar o estudante a iniciar, sozinho, a resolução dos exercícios propostos ao final do capítulo.

Um exemplo mais completo...

Embora o objetivo também seja o de preparar o estudante para resolver os exercícios, este recurso traz uma abordagem mais avançada e completa do que o *exercício de revisão*.

Usando a informação contábil

O objetivo aqui é que o estudante, a partir das demonstrações contábeis, aplique os conhecimentos adquiridos no capítulo em situações de análise e tomada de decisão.

RESUMO DOS OBJETIVOS

Os objetivos apresentados no início do capítulo são aqui resumidos. O intuito é que o leitor relembre e revise os principais pontos discutidos no capítulo.

DECISÃO

Este recurso apresenta como são calculados os indicadores de análise, que perguntas eles nos respondem, que informações são necessárias para calculá-los e como eles devem ser interpretados.

DICIONÁRIO

Termos contábeis e conceitos apresentados no capítulo são definidos aqui. O objetivo é facilitar ao estudante relembrar ou mesmo revisar tudo o que aprendeu até aqui, sem ter que necessariamente reler todo o capítulo.

PROBLEMA DEMONSTRAÇÃO

O objetivo deste recurso é que o estudante, por meio de um exercício respondido, revise as demonstrações contábeis estudadas no capítulo.

QUESTÕES DE MÚLTIPLA ESCOLHA

As questões de múltipla escolha foram elaboradas para que o estudante pratique, de maneira rápida, os principais tópicos apresentados no capítulo. As respostas são apresentadas ao final do capítulo.

QUESTÕES PARA REVISÃO

O objetivo das *questões para revisão* é que o estudante relembre todos os objetivos estudados no capítulo. Ao respondê-las, o estudante pode se preparar para uma discussão dos conceitos em sala ou mesmo revisar seus conhecimentos teóricos do capítulo antes de uma avaliação.

EXERCÍCIOS BREVES

Os *exercícios breves* ou *EB* são situações práticas mais simples, nas quais o estudante não demandará muito tempo para praticar o conteúdo estudado no capítulo. O gabarito é apresentado ao final do capítulo, para que o estudante verifique o seu índice de acerto.

PROBLEMAS

Os *problemas* (*PB*) são exercícios mais complexos, que demandarão um pouco mais de tempo e de dedicação. A intenção é a de que o estudante aprofunde os seus conhecimentos teóricos adquiridos no capítulo em situações práticas. O gabarito dos problemas também é apresentado ao final.

GABARITO

Aqui estão apresentadas as respostas das questões de múltipla escolha, de alguns exercícios breves e problemas. O objetivo é que o estudante possa conferir seu nível de acerto e direcioná-lo à correta resolução dos exercícios.

RECURSOS ADICIONAIS A ESTA OBRA

Além desses itens que fazem parte do livro que você adquiriu, são disponibilizados um conjunto de transparências e planilhas do Excel, nos quais os exercícios apresentados no livro são resolvidos. Há também, em um arquivo à parte, exemplos reais de situações em que os conceitos são aplicados (vários estudos de casos de empresas brasileiras). Esses exemplos foram inicialmente publicados no *blog* Contabilidade Financeira e no Facebook do livro *Curso de Contabilidade Básica*. Todos esses materiais estão disponíveis no *site* do GEN | Atlas.

INTRODUÇÃO ÀS DEMONSTRAÇÕES CONTÁBEIS

INICIANDO A CONVERSA

Susa era uma cidade localizada na Ásia, onde atualmente seria o Irã. Sua posição geográfica era importante, estando situada a leste do rio Tigre. Essa cidade representou durante muitos anos, até ser destruída pelos assírios, a capital do reino dos elamitas.

Nesse local, três homens chegaram a um acordo sobre o número de cabeças existentes num rebanho: 147 cabeças contadas. Para garantir que o número não seria esquecido nem objeto de contestação, um deles utiliza uma porção de argila e faz um objeto com um buraco, cuja aparência final é uma urna, do tamanho de uma bola de tênis. É preciso agora expressar a existência das 147 cabeças contadas. Para isso, esse mesmo homem deposita um disco que irá representar 100 carneiros contados. Para representar 40 outras cabeças do rebanho, o homem utiliza quatro esferas. Para finalizar, coloca sete bastões que irão representar mais sete cabeças. Está representada a quantidade contada.

Para concluir a operação, é necessário fechar a urna. Isso é feito pela mesma pessoa que colocou o disco, as esferas e os bastões. Lacrar a urna impede a falsificação. Os objetos existentes na urna passam a representar o número de animais do rebanho a partir desse momento.

Esse procedimento antiquado talvez seja um dos mais antigos registros históricos da existência da contabilidade. Os pesquisadores já sabem que esse fato ocorreu há mais de cinco mil anos.

É impressionante que esse processo de contagem surgiu antes da existência da escrita. O que foi descrito não deixa de ser uma contabilidade rudimentar.

Fonte: IFRAH, Georges. *História universal dos algarismos.* Rio de Janeiro: Nova Fronteira, 2003, p. 203 e ss.

Objetivos do capítulo:

(1) Conhecer as formas de entidades existentes no Brasil
(2) Identificar os usuários das informações contábeis
(3) Apresentar as atividades desempenhadas por uma entidade
(4) Explicar as demonstrações contábeis mais relevantes

A finalidade deste capítulo é mostrar como a informação contábil pode ser utilizada no processo decisório. Nesse sentido, a demonstração contábil possui um papel fundamental ao apresentar ao usuário informações sobre a entidade.

Para cumprir essa meta, serão mostradas inicialmente as formas de organização dos negócios no Brasil. A seguir, são apresentados os principais usuários da informação contábil. O capítulo prossegue com uma discussão sobre as atividades desempenhadas por uma entidade. Por fim, uma vez conhecido o usuário, resta saber que tipo de informação estará disponível para ele.

Forma de organização dos negócios

Objetivo (1) → Conhecer as formas de entidades existentes no Brasil

Uma entidade pode organizar-se de várias maneiras. No Brasil, o Código Civil, aprovado em 2002, apresenta quais são essas possibilidades.

As pessoas jurídicas que não possuem fins econômicos são denominadas *associações*. Já as pessoas jurídicas com finalidade econômica são denominadas *sociedades*. O Código Civil permite sete tipos possíveis de sociedades, sendo os mais comuns a sociedade anônima e a de responsabilidade limitada. Essas empresas são facilmente identificadas pelos símbolos existentes após seu nome: S.A. ou Cia., para a sociedade anônima, e Ltda., para a de responsabilidade limitada. A sociedade anônima é mais comum entre as grandes empresas, enquanto a limitada está mais presente nas pequenas. Nesses dois tipos de sociedade, o capital é dividido em partes, denominadas de ações ou quotas, respectivamente. O capital corresponde aos recursos que foram aplicados na entidade pelos proprietários.

A escolha do tipo de entidade que será formada é feita de acordo com os interesses das pessoas que dela participam. Indivíduos que desejam defender a natureza constituirão uma associação para essa finalidade. Já um investidor que pretende explorar a venda de bicicletas poderá optar por um dos tipos de sociedades existentes, provavelmente uma limitada.

As sociedades anônimas podem ser de dois tipos: as de capital aberto e as de capital fechado. Ambas são constituídas por meio de um estatuto social e possuem o capital social dividido em ações. A diferença básica entre elas é que as de capital fechado não possuem ações e outros títulos negociados em bolsa de valores, ao contrário das companhias de capital aberto, ou apenas abertas. Isso permite que um investidor possa adquirir parte do seu capital ou ações. Essas empresas merecem especial atenção pela sua relevância para a economia, por captarem um volume expressivo de recursos de investidores e por apresentarem um padrão de contabilidade mais avançado que as demais entidades.

Ilustração 1.1 – Tipos de entidades

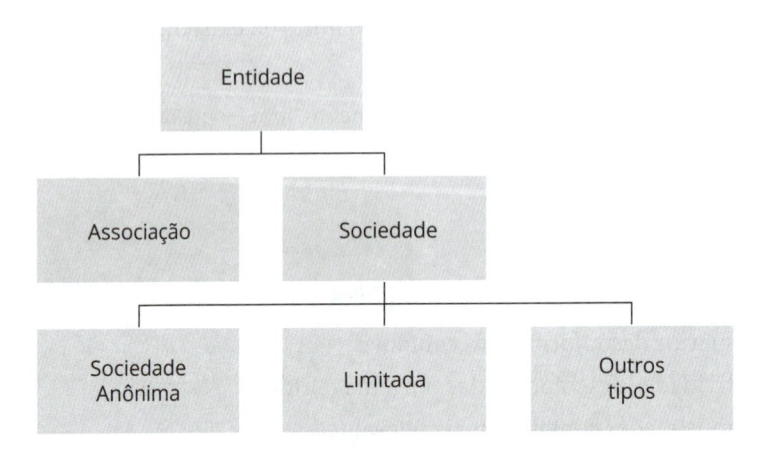

Pequena e Média Empresa

As pequenas empresas podem ser constituídas de diversas formas. Uma possibilidade é a Sociedade Limitada, para os casos com mais de um sócio. Mas aquelas realmente pequenas, com somente um sócio, podem se constituir sob a forma de Empresa Individual de Responsabilidade Limitada ou Eireli. Para uma situação menor ainda, tem-se a figura do Empresário individual.

Usuários e uso da informação contábil

Objetivo (2) → Identificar os usuários das informações contábeis

O objetivo da contabilidade é prestar informação para o usuário.

A contabilidade é um sistema de informação que identifica, mede e comunica eventos econômicos de uma entidade para seus usuários. Mas quem seriam esses usuários? Geralmente, os usuários são **internos** ou **externos** à entidade.

Os **usuários internos** são pessoas que trabalham na entidade como os gerentes, os diretores e os empregados. Esses usuários utilizam as informações contábeis para ajudar no processo de decisão. Um gerente de empresa, por exemplo, necessita saber se um produto consegue produzir resultado positivo no mercado. Caso a resposta seja negativa, o gerente poderá decidir por não mais vender esse produto. Uma empresa comercial que possui diversas lojas em diferentes cidades poderá verificar em qual delas o resultado é melhor. A contabilidade é denominada **gerencial** quando é utilizada por esses usuários nas suas decisões.

Ilustração 1.2 – Questões dos usuários internos

O que devo produzir?

Qual o preço do meu produto?

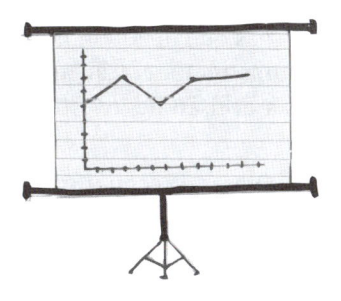

Qual a evolução do meu resultado?

Obtive lucro com a minha filial?

Acervo da Autora

Os **usuários externos** utilizam as informações sobre a entidade para suas decisões. Esses usuários se diferenciam dos usuários internos por não estarem envolvidos diretamente com a entidade. A habilidade dos usuários externos de obter informação da entidade é mais limitada; por não serem pessoas integrantes da entidade, os usuários externos têm acesso à informação preparada pela administração da entidade. A contabilidade, destinada a esses usuários, denomina-se de **contabilidade financeira**.

Ilustração 1.3 – Questões dos usuários externos

A entidade está endividada?

O resultado da entidade está crescendo?

Onde a entidade está investindo?

A entidade está ajudando o meio ambiente?

Acervo da Autora

A lista de usuários externos das informações contábeis é ampla. Os principais usuários são os seguintes:

a) Autoridade fiscal – composta pela Secretaria da Receita Federal, no governo federal, e pelas Secretarias de Fazenda dos estados, Distrito Federal e municípios. Para a autoridade fiscal, ou fisco, a informação contábil é importante para arrecadação de tributos por parte do governo. O fisco é um dos usuários mais importantes da contabilidade; isso ocorre em razão da obrigação que a entidade tem de prestar informações corretas a esse usuário. Em decorrência disso, o fisco exerce uma influência grande sobre a contabilidade financeira. Um exemplo disso, que será detalhado mais adiante neste livro, é a determinação da despesa de depreciação.

b) Investidores – os investidores aplicam seus recursos na entidade. Esses usuários querem saber se essa entidade está investindo adequadamente o dinheiro. As pessoas que investem numa empresa privada esperam que no futuro possam receber seus recursos com uma remuneração adequada. As informações contábeis podem ser úteis tanto para análise anterior à decisão de investimento quanto após a aplicação realizada.

c) Agências reguladoras do governo – as agências que regulam setores da economia têm nas informações contábeis a fonte crucial para a discussão de tarifas de serviços, apreciação de concorrência predatória entre as empresas, entre outros assuntos.

d) Fornecedores e clientes – os fornecedores e os clientes fazem negócios com a empresa. As informações contábeis podem ser úteis na decisão de conceder crédito ou avaliar a continuidade operacional do negócio. Como exemplo de clientes, temos aqueles que compram apartamentos ainda na planta.

Ilustração 1.4 – Usuários externos

Fisco

Investidor

Reguladores

Clientes e fornecedores

Acervo da Autora

Ética!

A preocupação com a ética nos negócios é importante no mundo moderno. As informações contábeis devem ser preparadas com ética, ou seja, a entidade deve procurar ser a mais transparente possível na divulgação de informações.

Para que isso seja possível, a informação contábil deveria, em princípio, possibilitar o conhecimento pleno da situação da entidade por parte do seu usuário. Além disso, em algumas situações, cabe ao profissional decidir qual o critério de registro que, entre os possivelmente aceitos, representaria com fidedignidade determinado evento.

Nesse sentido, o profissional responsável pela preparação dessas informações possui um código de ética rigoroso que determina seu comportamento. Além disso, os gerentes da entidade, que podem influenciar na preparação das informações contábeis, também devem ser responsáveis pela qualidade das informações prestadas.

Atividades da entidade

Objetivo (3) → Apresentar as atividades desempenhadas por uma entidade

Todas as entidades estão envolvidas em diferentes atividades, que podem ser classificadas em três grupos: financiamento, investimento e operações. Considere, a título de exemplo, uma empresa de consultoria na área de marketing. Para seu funcionamento, a empresa necessita de recursos, sejam esses dos seus acionistas ou de instituições financeiras. As atividades vinculadas a essa captação de recursos são denominadas de **financiamento**. Com esses recursos, a empresa compra computadores e terrenos para sua sede. Essas atividades são denominadas de **investimento**. Uma vez que os computadores estão instalados na sede da empresa, podem-se prestar serviços aos clientes, iniciando as atividades relacionadas às **operações**.

É possível, através da informação contábil, saber o resultado que uma entidade está obtendo com cada um desses grupos de atividades.

Atividades de financiamento

As atividades de financiamento referem-se à obtenção (captação) de recursos financeiros.

Esses recursos podem ser adquiridos de terceiros, que não possuem participação no capital da entidade. Nesse caso, recebem o nome de **passivo**. Existem diferentes tipos de passivos cuja denominação está relacionada com as suas características. Os **fornecedores** estão vinculados a aquisições de serviços ou produtos usados nas operações da entidade. Os **empréstimos** dizem respeito aos recursos que a entidade obtém numa instituição financeira. Já **salários a pagar** se referem às dívidas que a entidade possui com seus funcionários. As **obrigações tributárias** estão relacionadas com o governo, referentes ao pagamento de tributos.

Uma entidade pode também obter recursos dos seus acionistas. Esses recursos são conhecidos na contabilidade como **patrimônio líquido**. Existem pessoas que estão interessadas em investir na entidade e por esse motivo compram parte do **capital**. Outra forma de financiamento é através do resultado (**lucro**) obtido por meio das suas atividades operacionais e que, por decisão dos seus acionistas, permanece na entidade. O capital e o lucro representam os recursos dos acionistas e são denominados de patrimônio líquido.

Ética!

Os analistas das informações prestam atenção àqueles itens que podem revelar mais claramente o seu desempenho. A observação do valor do patrimônio líquido pode ser útil para determinar a destinação do resultado da entidade. Essa decisão é tomada numa assembleia dos acionistas, na qual se devem discutir as informações financeiras da entidade. Para que isso seja possível, é necessário que os interessados tenham acesso aos resultados e seus questionamentos possam ser respondidos.

A remuneração das fontes de financiamento irá mudar de acordo com sua origem. Os empréstimos obtidos pela entidade devem ser devolvidos no futuro e, além disso, pagam-se juros pelos mesmos. Os passivos relacionados aos funcionários e ao governo, que correspondem, respectivamente, aos salários a pagar e às obrigações tributárias, não possuem nenhuma remuneração, desde que sejam pagos pontualmente.

Os acionistas podem ser remunerados pelo investimento realizado na entidade através da distribuição do resultado. Essa distribuição recebe a denominação de **dividendos**. Muitas empresas estabelecem um pagamento bastante regular desses dividendos na tentativa de deixar o acionista satisfeito.

Atividades de investimento

As atividades de investimento dizem respeito às transações relacionadas com itens que serão utilizados nas operações da entidade, ajudando-a a gerar receita.

Geralmente, no início de suas atividades, uma entidade faz investimentos em **terrenos**, **máquinas** e **computadores**. Os recursos que trazem benefícios futuros para a entidade são denominados de **ativos**. Com esses recursos, a entidade poderá atingir seus objetivos. Nessa fase, em geral, as atividades de investimento irão representar gastos para a entidade.

O mesmo ocorre quando a entidade está fazendo uma expansão. Nessa situação, são incorporados novos ativos (terrenos, máquinas, computadores etc.).

Atividades operacionais

Os investimentos realizados pela entidade permitem que ela siga com as suas atividades operacionais. Essas atividades operacionais estão vinculadas à obtenção da **receita** e ao esforço para isso. As receitas resultantes da venda de produtos ou da prestação de serviço têm como contrapartida um aumento de ativos, como a entrada de dinheiro em uma venda à vista ou o direito de receber uma duplicata, no caso de venda a prazo. Geralmente, a receita recebe a denominação de acordo com a forma de sua obtenção: *receita de venda, receita de serviço* e *receita financeira*.

As **despesas** representam os ativos consumidos ou os serviços utilizados na geração da receita. As despesas podem ter várias origens e as denominações descrevem o que representam. As denominações **custo da mercadoria vendida**, **custo do serviço prestado** ou **custo do produto vendido** dizem respeito ao valor do item que foi comercializado com o cliente. Existem despesas como **despesas de vendas** (que representam valores como as comissões pagas aos vendedores), **de publicidade e propaganda** (valor de um anúncio num jornal), **administrativas** (como despesas de telefone e salários dos assessores da diretoria) e **financeiras** (que representam o valor dos juros dos empréstimos da entidade).

A diferença entre as receitas e as despesas denomina-se **resultado.** Quando o resultado é positivo, tem-se **lucro**; nas situações em que o total das despesas é maior que as receitas, sendo o resultado negativo, tem-se um **prejuízo.** No início da vida da entidade, geralmente as despesas são superiores às receitas. Com o tempo, existe uma tendência de as receitas ultrapassarem as despesas, obtendo-se lucro.

ANTES DE PROSSEGUIR

1. Quais são as formas de organização de uma entidade?
2. Quais são os usuários da informação?
3. Quais as atividades desenvolvidas por uma entidade?
4. O que são ativo, passivo, receita, despesa e lucro?

Demonstrações contábeis

Objetivo (4) → Explicar as principais demonstrações contábeis

Uma entidade precisa divulgar o seu desempenho. A contabilidade utiliza como instrumento para comunicar-se com os usuários as **demonstrações contábeis**. As principais demonstrações contábeis são as seguintes:

- o **balanço patrimonial** apresenta uma fotografia em determinada data mostrando os bens e direitos da entidade (ativo) e as obrigações (seu passivo e patrimônio líquido);
- a **demonstração do resultado do exercício** apresenta o desempenho da entidade num espaço de tempo, com suas receitas e despesas;
- a **demonstração das mutações do patrimônio líquido** indica a movimentação do patrimônio líquido, incluindo a destinação do lucro e os aumentos e reduções do capital;

- a **demonstração dos fluxos de caixa** é um detalhamento das movimentações ocorridas no caixa da entidade, indicando de onde a entidade obteve esses recursos e como eles foram aplicados.

Para ilustrar essas demonstrações, apresentamos a seguir o exemplo da empresa Ma Griffe.

Demonstração do resultado do exercício

A demonstração do resultado do exercício tem por objetivo informar se durante determinado período a entidade obteve lucro ou prejuízo. Essa demonstração é também conhecida pela sigla DRE.

A apresentação dessa demonstração tem a seguinte ordem: primeiro, apresenta-se a receita e, depois, a despesa. As receitas se referem à prestação de serviços para clientes. Para isso, a entidade necessitou utilizar uma série de insumos (salários, energia, terrenos etc.). As despesas apresentadas na demonstração do resultado representam o uso que se fez desses insumos. A despesa de salários diz respeito ao pagamento de salários dos seus funcionários. A despesa de aluguel está vinculada ao pagamento pela ocupação de um imóvel por parte da entidade. A despesa de água e as despesas de energia e telefone são relacionadas com o consumo desses itens. A despesa financeira corresponde aos juros decorrentes de um empréstimo captado ou de um pagamento em atraso de uma duplicata.

Pela Ilustração 1.5, a Ma Griffe apresentou uma receita de R$ 540 mil para um total de despesa de R$ 480 mil. Dessas despesas destacam-se as despesas de salários e aluguel, com R$ 240 mil e R$ 160 mil, respectivamente.

Ilustração 1.5 – Demonstração do resultado da Ma Griffe

Ma Griffe Demonstração do Resultado		
20X5		Em R$
Receitas		
Receita de Serviços		540.000,00
Despesas		
Despesas de Salários	(240.000,00)	
Despesas de Aluguel	(160.000,00)	
Despesas de Energia	(25.000,00)	
Despesa de Telefone	(35.000,00)	
Despesas Financeiras	(20.000,00)	(480.000,00)
Lucro Líquido		60.000,00

A Ilustração 1.5 mostra também que o confronto entre a receita de R$ 540 mil e a despesa de R$ 480 mil conduz a um resultado positivo, ou **lucro líquido**, de R$ 60 mil.

A apuração do resultado de uma entidade é uma das informações mais relevantes para o usuário. Uma entidade que consegue obter bons lucros provavelmente terá condições de crescer, ganhar mercado e pagar em dia seus passivos. Além disso, a obtenção de lucro é sinal de que será possível distribuir esse resultado para seus acionistas, sob a forma de **dividendos**.

Nesse sentido, é importante notar que na demonstração do resultado não existe informação sobre o destino do resultado. Essa informação será dada pela demonstração das mutações do patrimônio líquido, que será estudada a seguir.

Pergunta	Informação Necessária	Fórmula	Uso
❓	📁	$\Sigma\Delta\Phi\Gamma$	✍
A entidade é lucrativa?	Demonstração do Resultado	Resultado = Receitas – Despesas	Em geral, quanto maior o resultado melhor. Se for positivo, temos **lucro**. Se negativo, **prejuízo**

Demonstração das mutações do patrimônio líquido

A demonstração das mutações do patrimônio líquido (DMPL) expressa a variação ocorrida nas contas do patrimônio líquido de uma entidade. O termo *conta* refere-se aos elementos apresentados nas demonstrações; nesse caso, capital, reservas, lucros acumulados são os principais exemplos de contas do grupo.

A DMPL mostra, por exemplo, o destino do lucro obtido no exercício, que pode ou não ser distribuído aos proprietários. Quando se opta por não distribuí-lo, o lucro fica retido na entidade para ser utilizado. Com a DMPL, sabe-se, ainda, o que ocorreu com o capital e as reservas da entidade.

Essa demonstração diz respeito ao mesmo período de tempo da demonstração do resultado. A primeira linha apresenta o saldo existente nas contas do patrimônio líquido no início do período. A essa linha é adicionado o resultado do exercício, que corresponde ao valor obtido na demonstração do resultado, e outros valores que alteraram as contas que compõem o patrimônio líquido.

O valor dos dividendos que será distribuído aos acionistas depende da política de distribuição de resultados da entidade. De maneira geral, uma entidade em rápida expansão evita distribuir seu resultado, uma vez que os recursos gerados são importantes para os investimentos futuros.

Por meio da demonstração das mutações do patrimônio líquido, o usuário poderá ter uma ideia da prática de pagamento de dividendos. Se o usuário for um investidor, ele poderá inferir as chances de receber bons dividendos no futuro a partir dessa demonstração. Esse é o caso da Ma Griffe, que no exercício de 20X5 obteve um lucro de R$ 60 mil e distribuiu R$ 55 mil. Podemos observar que as reservas aumentaram de R$ 45 mil para R$ 50 mil (pois receberam R$ 5 mil dos lucros acumulados), como podemos observar na Ilustração 1.6.

Ilustração 1.6 – Demonstração das mutações do patrimônio líquido da Ma Griffe

Ma Griffe				
Demonstração das Mutações do Patrimônio Líquido				
20X5				Em R$
	Capital	Reservas	Lucros Acum.	Totais
Saldo Inicial	300.000,00	45.000,00	–	345.000,00
Mais Lucro Líquido do Exercício	–	–	60.000,00	60.000,00
Menos Dividendos	–	–	(55.000,00)	(55.000,00)
Aumento de Reservas	–	5.000,00	(5.000,00)	–
Saldo em 31 de dezembro de X5	300.000,00	50.000,00	–	350.000,00

ANTES DE PROSSEGUIR

Por uma norma da legislação brasileira, para as sociedades anônimas, o item "Lucros Acumulados" deverá ter um saldo de zero no início e no final de cada período. Assim, o lucro do exercício é somado a esta conta, mas até o dia 31 de dezembro deverá ter uma destinação: a distribuição de dividendos ou o aumento das reservas ou o aumento do capital. Observe que os números entre parênteses são negativos, indicando redução no valor.

Pergunta	Informação Necessária	Fórmula	Uso
Como é a política de dividendos da entidade?	Demonstração das Mutações do Patrimônio Líquido	Dividendos/Lucro Líquido do Exercício	Mostra quanto do lucro líquido foi destinado para os acionistas, por meio dos dividendos. A análise depende da situação. Entidades com possibilidade de crescimento devem evitar a distribuição excessiva

Balanço patrimonial

O **balanço patrimonial** apresenta os ativos e as obrigações da entidade em determinada data. As obrigações estão divididas em dois grandes grupos: o **passivo**, que são as obrigações da entidade com terceiros; e o **patrimônio líquido**, que representa a diferença entre o ativo e o passivo da entidade. A relação entre os ativos e as obrigações encontra-se na Ilustração 1.7. Essa ilustração apresenta a **equação contábil básica**, que relaciona o ativo com o passivo e o patrimônio líquido.

Ilustração 1.7 – Equação contábil básica

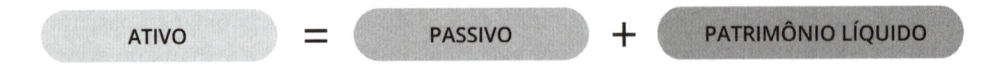

$$\text{ATIVO} = \text{PASSIVO} + \text{PATRIMÔNIO LÍQUIDO}$$

Essa relação explica a denominação do balanço patrimonial. Em outras palavras, o ativo deve estar equilibrado – ou balanceado – com as obrigações. Em termos práticos, isso significa que numa entidade o valor do ativo deverá ser igual à soma do passivo e do patrimônio líquido.

As informações que podem ser extraídas a partir do balanço patrimonial são as mais diversas possíveis. Considere o balanço patrimonial da Ma Griffe, apresentado na Ilustração 1.8.

Ilustração 1.8 – Balanço patrimonial da Ma Griffe

	Ma Griffe		
	Balanço Patrimonial		
	31/12/20X5		**Em R$**
Bancos	45.000,00	Passivo	
Valores a Receber	35.000,00	Contas a Pagar	30.000,00
Estoques	20.000,00	Empréstimos	220.000,00
Terrenos	270.000,00	Total do Passivo	250.000,00
Máquinas	230.000,00		
		Patrimônio Líquido	
		Capital	300.000,00
		Reservas	50.000,00
		Total do PL	350.000,00
Ativo	600.000,00	Passivo e PL	600.000,00

É possível constatar que o capital aplicado pelos acionistas na entidade é de R$ 300 mil; a esse capital soma-se o valor das reservas, de R$ 50 mil. Esse montante dos lucros acumulados foi obtido a partir da demonstração das mutações do patrimônio líquido, mostrado na Ilustração 1.6. O passivo da entidade é composto por **contas a pagar**, de R$ 30 mil, e **empréstimos** obtidos em instituições financeiras, de R$ 220 mil. Uma análise da composição do ativo da Ma Griffe revela que a maioria dos recursos está aplicada em **terrenos** (R$ 270 mil) e **máquinas** (R$ 230 mil). Existem recursos em conta-corrente em **bancos** (R$ 45 mil), **valores a receber** de terceiros (R$ 35 mil) e **estoques** (R$ 20 mil).

ANTES DE PROSSEGUIR

Observe, leitor, que a equação contábil é respeitada no Balanço Patrimonial. Ou seja, o valor do Ativo corresponde ao Passivo mais o Patrimônio Líquido.

É importante observar que, ao contrário da demonstração do resultado, o balanço patrimonial refere-se a uma data específica no tempo. Isso significa dizer, por exemplo, que o valor de R$ 45 mil do item bancos expressa o quanto a entidade possuía no dia 31 de dezembro de 20X5 em sua conta-corrente.

Pergunta	Informação Necessária	Fórmula	Uso
Onde a entidade está buscando recursos para financiar suas operações?	Balanço Patrimonial	Passivo/Ativo	Reflete quanto de recursos aplicados na entidade são de origem de terceiros. Entidades endividadas possuem maior risco. Baixo endividamento pode significar dificuldade de acesso às fontes de recursos

Demonstração dos fluxos de caixa

A demonstração dos fluxos de caixa apresenta a movimentação dos recursos financeiros da entidade. Essa demonstração mostra os valores que a entidade recebeu e pagou durante determinado período.

Antes de prosseguir, é importante que se destaque que o nome mais apropriado para essa demonstração seria *demonstração dos fluxos do disponível*. O termo **disponível** diz respeito a caixa, bancos e aplicações financeiras de curto prazo realizadas pela entidade. Entretanto, *demonstração dos fluxos de caixa* prevalece no dia a dia e, por essa razão, é adotada neste livro.

Para ajudar na análise dessa demonstração, os pagamentos e recebimentos são classificados nos três grupos de atividades executadas por uma entidade: (1) atividades operacionais; (2) atividades de investimento; e (3) atividades de financiamento. Além de mostrar cada uma dessas atividades, a demonstração dos fluxos de caixa apresenta o valor inicial do **caixa** e **equivalentes de caixa** (os outros itens do disponível), a variação no período e o valor final.

Os usuários dessa demonstração estão interessados em saber onde a entidade obteve caixa, como esses recursos foram aplicados e qual a mudança no caixa durante o período.

A demonstração dos fluxos de caixa da Ma Griffe encontra-se na Ilustração 1.9. Pode-se perceber que, durante o período, o caixa da entidade diminuiu em R$ 17 mil. Mesmo apurando um resultado positivo de R$ 80.000 em suas operações, ocorreu essa redução devido aos investimentos realizados, no valor de R$ 55 mil, e aos pagamentos das atividades de financiamento, de R$ 42 mil. Com isso, o caixa inicial de R$ 62 mil foi reduzido para R$ 45 mil (R$ 62.000 − R$ 17.000 = R$ 45.000).

Volte um pouquinho atrás e verifique novamente o valor do item bancos, no balanço patrimonial (Ilustração 1.8). Observe que o montante é de R$ 45 mil. Isso não é uma coincidência, pois a demonstração dos fluxos de caixa da Ma Griffe incorpora a movimentação ocorrida nessa conta da entidade.

Ilustração 1.9 – Demonstração dos fluxos de caixa da Ma Griffe

Ma Griffe		
Demonstração dos Fluxos de Caixa		
20X5		Em R$
Fluxo de Caixa das Atividades Operacionais		
Recebimento de Clientes	550.000,00	
Pagamento de Salários	(250.000,00)	
Pagamento de Aluguel	(160.000,00)	
Pagamento de Água, Luz e Telefone	(60.000,00)	
Caixa Gerados nas Atividades Operacionais		80.000,00
Fluxo de Caixa das Atividades de Investimento		
Aquisição de Terrenos	(37.000,00)	
Aquisição de Máquinas	(18.000,00)	
Caixa Usado nas Atividades de Investimento		(55.000,00)

Fluxo de Caixa das Atividades de Financiamento	
Captação de Empréstimos	13.000,00
Pagamento de Dividendos	(55.000,00)
	(42.000,00)
Redução no Caixa e Equivalentes	(17.000,00)
Caixa e Equivalentes em 31/12/20X4	62.000,00
Caixa e Equivalentes em 31/12/20X5	45.000,00

Pergunta	Informação Necessária	Fórmula	Uso
?	📁	$\Sigma\Delta\Phi\Gamma$	
Os recursos que a entidade está gerando nas atividades operacionais é positivo?	Demonstração dos Fluxos de Caixa	Fluxo das Atividades Operacionais = Recebimento de Clientes – Pagamento de Despesas Operacionais	O valor do fluxo das atividades operacionais deve ser positivo

Prática

A demonstração dos fluxos de caixa tornou-se obrigatória para certos tipos de entidade no Brasil em 2007. Antes disso, você até poderia encontrá-la sendo divulgada nos relatórios contábeis das empresas, mas de forma optativa. Por esse motivo, seu formato poderia apresentar algumas diferenças do modelo utilizado atualmente, já que agora há regras específicas para a classificação de cada atividade nos fluxos.

Ligação entre as demonstrações

As demonstrações contábeis estão relacionadas. O exemplo apresentado da Ma Griffe permite enxergar isso facilmente. As demonstrações contábeis da entidade são reapresentadas na Ilustração 1.10.

Ilustração 1.10 – Ligação entre as demonstrações contábeis da Ma Griffe

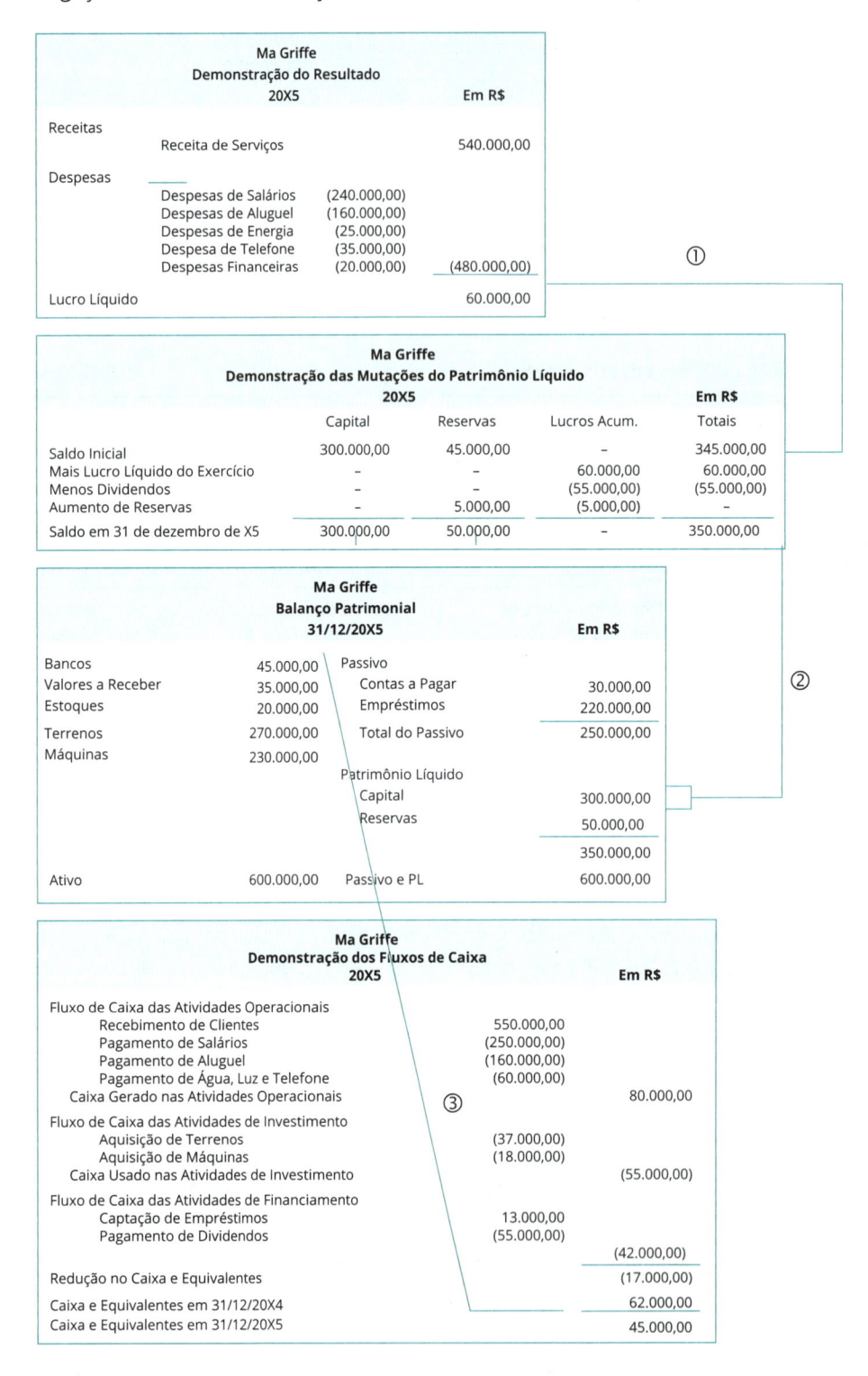

Ma Griffe
Demonstração do Resultado
20X5   Em R$

Receitas		
Receita de Serviços		540.000,00
Despesas		
Despesas de Salários	(240.000,00)	
Despesas de Aluguel	(160.000,00)	
Despesas de Energia	(25.000,00)	
Despesa de Telefone	(35.000,00)	
Despesas Financeiras	(20.000,00)	(480.000,00)
Lucro Líquido		60.000,00

①

Ma Griffe
Demonstração das Mutações do Patrimônio Líquido
20X5   Em R$

	Capital	Reservas	Lucros Acum.	Totais
Saldo Inicial	300.000,00	45.000,00	–	345.000,00
Mais Lucro Líquido do Exercício	–	–	60.000,00	60.000,00
Menos Dividendos	–	–	(55.000,00)	(55.000,00)
Aumento de Reservas	–	5.000,00	(5.000,00)	–
Saldo em 31 de dezembro de X5	300.000,00	50.000,00	–	350.000,00

Ma Griffe
Balanço Patrimonial
31/12/20X5   Em R$

Bancos	45.000,00	Passivo		
Valores a Receber	35.000,00	Contas a Pagar	30.000,00	
Estoques	20.000,00	Empréstimos	220.000,00	
Terrenos	270.000,00	Total do Passivo	250.000,00	
Máquinas	230.000,00	Patrimônio Líquido		
		Capital	300.000,00	
		Reservas	50.000,00	
			350.000,00	
Ativo	600.000,00	Passivo e PL	600.000,00	

②

Ma Griffe
Demonstração dos Fluxos de Caixa
20X5   Em R$

Fluxo de Caixa das Atividades Operacionais		
Recebimento de Clientes	550.000,00	
Pagamento de Salários	(250.000,00)	
Pagamento de Aluguel	(160.000,00)	
Pagamento de Água, Luz e Telefone	(60.000,00)	
Caixa Gerado nas Atividades Operacionais		80.000,00
Fluxo de Caixa das Atividades de Investimento		
Aquisição de Terrenos	(37.000,00)	
Aquisição de Máquinas	(18.000,00)	
Caixa Usado nas Atividades de Investimento		(55.000,00)
Fluxo de Caixa das Atividades de Financiamento		
Captação de Empréstimos	13.000,00	
Pagamento de Dividendos	(55.000,00)	
		(42.000,00)
Redução no Caixa e Equivalentes		(17.000,00)
Caixa e Equivalentes em 31/12/20X4		62.000,00
Caixa e Equivalentes em 31/12/20X5		45.000,00

③

① O lucro da demonstração do resultado irá compor a conta de lucros acumulados da demonstração das mutações do patrimônio líquido. No caso da Ma Griffe, o lucro foi de R$ 60 mil no ano de 20X5.

② O lucro do exercício foi destinado ao pagamento de dividendos e à composição das reservas, que é conta do balanço patrimonial, resultando em um aumento do patrimônio de R$ 5 mil.

③ O valor da conta bancos, apresentado no balanço patrimonial, corresponde ao caixa e equivalentes e encontra-se no final da demonstração dos fluxos de caixa.

ANTES DE PROSSEGUIR

1. Quais são as principais demonstrações contábeis?
2. Qual a finalidade de cada uma das demonstrações?
3. Como as demonstrações contábeis estão vinculadas?
4. Considere um usuário da contabilidade. Como cada demonstração pode ajudá-lo a entender uma entidade?

EXERCÍCIO DE REVISÃO

A Lusa Ltda. começou a operar no dia 1º de janeiro de 20X4. No final de 20X4, a empresa apresentava as seguintes informações: Capital = R$ 49.000; Caixa = R$ 2.800; Contas a Pagar = R$ 7.000; Despesa de Aluguel = R$ 14.000; Despesa de Manutenção = R$ 2.800; Despesa de Salários = R$ 25.200; Empréstimos = R$ 35.350; Estoques = R$ 16.800; Lucros Acumulados = 0; Máquinas = R$ 56.000; Receita de Serviços = R$ 70.000; Reservas = 0; e Valores a Receber = R$ 22.750. Do lucro apurado, a empresa distribuiu R$ 21 mil em dividendos. O lucro não distribuído será usado para constituir as Reservas. A partir dessas informações, elabore a demonstração do resultado, a demonstração dos lucros acumulados e o balanço patrimonial da Lusa.

Solução

Lusa Ltda.
Demonstração do Resultado
20X4 — Em R$

Receitas		
Receita de Serviços		70.000,00
Despesas		
Despesa de Aluguel	(14.000,00)	
Despesa de Manutenção	(2.800,00)	
Despesa de Salários	(25.200,00)	
		(42.000,00)
Lucro Líquido do Exercício		28.000,00

Lusa Ltda.
Demonstração das Mutações do Patrimônio Líquido
20X4 — Em R$

	Capital	Reservas	L. Acum.	Totais
Saldo Inicial em 31/12/20X4	49.000,00	–	–	49.000,00
Lucro Líquido do Exercício	–	–	28.000,00	28.000,00
Dividendos	–	–	(21.000,00)	(21.000,00)
Aumento de Reservas	–	7.000,00	(7.000,00)	–
Saldo Final em 31/12/20X5	49.000,00	7.000,00	–	56.000,00

Lusa Ltda. Balanço Patrimonial Em 31/12/20X4			Em R$
Caixa	R$ 2.800	Contas a Pagar	R$ 7.000
Valores a Receber	22.750	Empréstimos	35.350
Estoques	16.800	Passivo	R$ 42.350
Máquinas	56.000		
		Capital	49.000
		Reservas	7.000
		Patrimônio Líquido	56.000
Ativo	R$ 98.350	Passivo + Patr. Líquido	98.350

Note que o lucro líquido do exercício, de R$ 28.000, irá fazer parte da demonstração das mutações do patrimônio líquido. E que os valores do saldo final dessa demonstração devem coincidir com aqueles apresentados no balanço patrimonial.

Um exemplo mais completo...

As relações entre as demonstrações contábeis são observadas em empresas reais. Para ilustrar esse ponto, nós utilizamos as informações da BT S.A., uma empresa na área de telecomunicações. Os valores apresentados estão em R$ milhões, e as demonstrações foram adaptadas para fins didáticos. Nossa finalidade é mostrar as relações existentes entre as demonstrações contábeis. Além disso, elas são apresentadas para mais de um período. Isso permite ao usuário comparar o desempenho com o período anterior.

Demonstração do resultado do exercício

A BT S.A. apresentou um lucro de R$ 434 milhões no ano de 20X4. Nesse mesmo ano, a receita foi de R$ 13.365 milhões, um valor quase R$ 1.500 milhão a mais do que no ano anterior. Além do aumento na receita, a BT elevou seu resultado, pois, no ano de 20X3, é possível observar um prejuízo de R$ 38 milhões. Isso indica que o desempenho da empresa melhorou no ano de 20X4.

Ilustração 1.11 – Demonstração do Resultado da BT S.A.

BT S.A. Demonstração do Resultado do Exercício Exercícios findos em 31/12 de 20X4 e 20X3 Em milhões de reais		
	20X4	**20X3**
Receita Operacional	13.365	11.883
Custos dos Serviços Prestados	(8.337)	(7.130)
Despesa de Comercialização	(1.646)	(1.421)
Despesas Gerais e Administrativas	(1.353)	(1.157)
Despesas Financeiras Líquidas	(1.505)	(1.638)
Outras Despesas	(92)	(576)
Lucro Líquido	434	(38)

Demonstração das mutações do patrimônio líquido

Apesar da melhoria no resultado, o valor do patrimônio líquido da empresa diminuiu. Em 31/12/20X2 era de R$ 10.442 milhões; em 31/12/20X3 era de R$ 10.007 milhões; e em 31/12/20X4 diminuiu para R$ 9.738 milhões. Nesse período, a empresa distribuiu dividendos no valor de R$ 1.100 milhões (398 milhões mais 702 milhões), muito acima do resultado de 20X3 e 20X4 somados. Isso explica essa redução do patrimônio líquido, conforme a Ilustração 1.12. Observe que o resultado do exercício, apresentado pela demonstração do resultado, faz parte da demonstração das mutações do patrimônio líquido.

Perceba, também, que o saldo inicial da conta de lucros acumulados, em 31/12/20X2, era zero: "–". Em seguida, a empresa teve um prejuízo, em 20X3, de R$ 38 milhões, finalizando novamente com o saldo zero, em 31/12/20X4. Qual a explicação para isso? A resposta a essa pergunta está na legislação atual, que diz que as sociedades anônimas, de capital aberto ou fechado, não podem apresentar saldos positivos nessa conta. Portanto, apenas podem retratar prejuízos. Assim, quando tais tipos de empresas gerarem lucros no período, esses deverão ser destinados, como no caso da BT S.A., que transferiu R$ 396 milhões à conta de Reservas. Porém, há duas outras possibilidades: o aumento do capital social e a distribuição de dividendos aos acionistas.

Entretanto, não há esse impedimento para os demais tipos de empresas, como as limitadas, por exemplo.

Ilustração 1.12 – Demonstração das mutações do patrimônio líquido da BT S.A.

BT S.A. Demonstração das Mutações do Patrimônio Líquido Exercícios findos em 31/12/20X2, 20X3 e 20X4 Em milhões de reais				
	Capital	Reservas	L. Acum.	Total
Saldo em 31/12/20X2	7.739	2.703	–	10.442
Prejuízo Líquido			(38)	(38)
Dividendos Pagos		(398)		(398)
Saldo em 31/12/20X3	7.739	2.306	(38)	10.007
Lucro do Exercício			434	434
Aumento de Reservas		396	(396)	–
Dividendos Pagos		(702)		(702)
Saldo em 31/12/20X4	7.739	2.000	–	9.739

Balanço patrimonial

O balanço patrimonial da BT encontra-se apresentado de forma resumida na Ilustração 1.13. Percebe-se que a empresa apresentou um aumento de R$ 2.233 milhões no volume de investimentos, que contribuiu para o aumento do seu ativo total. Observe que o imobilizado é o principal item do ativo (de todas as contas é a que apresentou o maior valor). No que diz respeito ao lado direito do balanço patrimonial, pode-se notar que o patrimônio líquido apresentou uma pequena redução, conforme analisado anteriormente. Já o passivo apresentou um aumento de R$ 1.846 milhão. Como o patrimônio líquido reduziu e o passivo aumentou, podemos dizer que a empresa está mais endividada.

Ilustração 1.13 – Balanço Patrimonial da BT S.A.

BT S.A.
Balanço Patrimonial
Exercícios findos em 31/12 de 20X4 e 20X3
Em milhões de reais

Ativo	31/12/20X4	31/12/20X3	Passivo e Patrimônio Líquido	31/12/20X4	31/12/20X3
Caixa e Equivalentes	2.946	2.120	Contas a Pagar	1.701	1.419
Contas a Receber	2.965	2.740	Empréstimos e Financ.	7.883	6.954
Investimentos	3.044	811	Outros Passivos	4.751	4.116
Imobilizado	11.037	12.948	*Passivo*	*14.335*	*12.489*
Outros Ativos	4.082	3.877			
			Capital	7.739	7.739
			Reservas	2.000	2.306
			Prejuízos Acumulados	–	(38)
			Patrimônio Líquido	*9.739*	*10.007*
Total	**24.074**	**22.496**	**Total**	**24.074**	**22.496**

Demonstração dos fluxos de caixa

A análise da demonstração dos fluxos de caixa da BT mostra que a empresa apresentou fluxo de caixa das atividades operacionais em torno de R$ 5 bilhões em ambos os períodos. Entretanto, o volume negativo do fluxo de caixa das atividades de financiamentos, em 20X3, e o aumento expressivo no fluxo das atividades de investimento, em 20X4, fizeram com que o fluxo de caixa do período fosse de R$ 53 milhões, em 20X3, e R$ 826 milhões em 20X4.

O valor do saldo final em cada ano corresponde ao valor que consta do balanço patrimonial (Ilustração 1.13) na conta caixa e equivalentes.

Ilustração 1.14 – Demonstração dos fluxos de caixa da BT S.A.

BT S.A.
Demonstração dos Fluxos de Caixa
Exercícios findos em 31/12 de 20X4 e 20X3
Em milhões de reais

	20X4	20X3
Fluxo de Caixa das Atividades Operacionais	5.304	4.846
Fluxo de Caixa das Atividades de Investimentos	(4.093)	(2.438)
Fluxo de Caixa das Atividades de Financiamentos	(385)	(2.355)
Aumento no Caixa no período	826	53
Saldo Inicial	2.120	2.067
Saldo Final	2.946	2.120

Outras informações das demonstrações contábeis

Além das demonstrações contábeis apresentadas anteriormente, uma entidade pode incluir uma série de outras informações junto a essas demonstrações.

O **relatório de administração** é um texto preparado pela administração da entidade, que traz informações sobre o exercício de suas atividades, investimentos e empréstimos, perspectivas futuras etc. Por ser um texto livre, não existe nenhum padrão sobre o que deve estar contido nesse relatório. Entretanto, um bom relatório de administração inclui o ponto de vista da entidade. Um exemplo é mostrar como os acontecimentos na economia afetaram o seu desempenho. Além disso, a entidade poderá aproveitar o relatório para acrescentar informações que normalmente não são contempladas nas demonstrações contábeis. A Ilustração 1.15 destaca um exemplo de texto em que a empresa BT relata números referentes à sua participação no mercado de telefonia fixa. Observe que a empresa justifica, no relatório, o baixo crescimento do número de linhas nesse setor.

Ilustração 1.15 – Trecho do relatório de administração da BT S.A.

BT S.A.
Relatório de Administração

[...]

Telefonia Fixa

A planta instalada da BT S.A. atingiu 15,2 milhões de terminais, com acréscimo de 10 mil novas linhas. Esse desempenho é explicado pelo fato de a demanda por telefones fixos encontrar-se atendida, em relação aos níveis de renda da população brasileira.

As **notas explicativas** fazem parte das demonstrações contábeis. Sua finalidade é detalhar alguma conta apresentada ou explicar os critérios utilizados no processo de apuração dos valores. Existe uma tendência de as demonstrações contábeis serem cada vez mais detalhadas nas notas explicativas. Atualmente, é muito comum uma grande empresa apresentar mais de 50 páginas de notas explicativas. A Ilustração 1.16 apresenta um exemplo de parte de uma nota explicativa da BT S.A.

Ilustração 1.16 – Trecho das notas explicativas da BT S.A.

BT S.A.
Notas Explicativas – Exemplo – Exercício findo em 31/12/20X4

Apresentação das Demonstrações Financeiras

Critérios de Elaboração

As demonstrações financeiras foram preparadas de acordo com os padrões adotados no Brasil, em conformidade com a legislação societária, normas da Comissão de Valores Mobiliários – CVM e normas aplicáveis às concessionárias de serviços de telefonia.

A leitura das notas explicativas é tão importante quanto a análise das demonstrações contábeis. Você poderá notar que muitas entidades apresentam suas informações contábeis com a seguinte advertência: "As notas explicativas são parte integrante destas demonstrações contábeis."

O **relatório dos auditores independentes** corresponde à opinião de uma empresa de auditoria que foi contratada para verificar se as demonstrações contábeis apresentam os aspectos importantes do desempenho da entidade. Ao contrário das notas explicativas, o relatório dos auditores independentes é relativamente pequeno. Recentemente, esse relatório passou por modificações em sua estrutura, sendo agora necessário que os auditores apresentem, além da sua opinião, informações adicionais sobre a continuidade das operações, os principais assuntos de auditoria e outros assuntos que considerarem modificar sua opinião. Esse texto era denominado, no passado, **parecer dos auditores independentes**.

A Ilustração 1.17 apresenta um trecho do relatório para a empresa BT. Conforme pode ser notado, os auditores estão afirmando que as demonstrações contábeis representam a realidade da empresa.

Ilustração 1.17 – Trecho do relatório dos auditores independentes da BT S.A.

BT S.A

Relatório dos Auditores Independentes – Exercício findo em 31/12/20X4

Ao Conselho de Administração e aos Acionistas da
BT S.A. – São Paulo – SP

[...] Em nossa opinião, as demonstrações financeiras já referidas representam, adequadamente, em todos os aspectos relevantes, a posição patrimonial e financeira de suas operações, as mutações do seu patrimônio líquido e os fluxos de caixa da Companhia e suas controladas em 31 de dezembro de 20X4 e 20X3, os resultados da BT S.A. e a posição patrimonial e financeira consolidada, de seus recursos correspondentes aos exercícios findos naquelas datas, de acordo com as práticas contábeis adotadas no Brasil.

ANTES DE PROSSEGUIR

1. Qual o conteúdo do relatório de administração?
2. Qual a finalidade das notas explicativas?
3. Quem é o responsável pelo relatório de auditoria? Que informações esse relatório contém?

Usando a informação contábil

A **TM Celular Ltda.** é outra empresa de telecomunicações que atua no Brasil. Considere que você tem interesse em comprar ações da empresa BT. Para saber se esse seria um "bom negócio", é interessante analisar outras empresas do mesmo setor. Portanto, pede-se:

a) Quais as demonstrações contábeis dessa empresa que você gostaria de analisar?
b) O que cada demonstração poderá contar sobre a empresa?
c) Foram apresentadas anteriormente as demonstrações da BT, também empresa de telecomunicações. Faça uma análise comparativa entre as duas empresas.

Ilustração 1.18 – Demonstração do resultado do exercício da TM Celular

TM Celular		
Demonstração do Resultado do Exercício		
Em R$ milhões		
	20X4	**20X3**
Receita Operacional	1.731	1.645
Custo dos Serviços Prestados	(752)	(735)
Custo de Comercialização	(455)	(394)
Despesas Gerais e Administrativas	(180)	(169)
Resultado Financeiro Líquido	112	61
Outras Despesas	(216)	(186)
Lucro Líquido do Exercício	240	222

Ilustração 1.19 – Demonstração das mutações do patrimônio líquido da TM Celular

	Capital Social	Res. Capital	Lucros Acumulados	Total
Saldo em 31/12/20X2	*394*	*339*	*478*	*1.211*
Lucro Líquido	–	–	222	222
Dividendos	–	–	(124)	(124)
Saldo em 31/12/20X3	*394*	*339*	*478*	*1.309*
Lucro Líquido	–	–	240	240
Aumento de Capital	111	576	(42)	69
Aumento de Reservas	–	87	(87)	–
Dividendos	–	–	(129)	(129)
Saldo em 31/12/20X4	*505*	*426*	*558*	*1.489*

TM Celular
Demonstração das Mutações do Patrimônio Líquido
Em R$ milhões

Ilustração 1.20 – Balanço patrimonial da TM Celular

TM Celular
Balanço Patrimonial
Em 31/12/20X3 e 31/12/20X4
Em R$ milhões

Ativo	20X4	20X3	Passivo e Patrimônio Líquido	20X4	20X3
Caixa e Equivalentes	1.441	964	Fornecedores	451	93
Contas a Receber	313	282	Financiamentos	724	733
Estoques	36	19	Contas a Pagar e outras	67	45
Imp. Renda e Contrib. Social	421	427	Impostos, Taxas e Contribuições	42	48
Imobilizado	904	826	Dividendos	87	79
Outros Ativos	72	31	Provisão para Contingência	60	44
			Outros Passivos	267	198
			Total do Passivo	*1.698*	*1.240*
			Capital Social	505	394
			Reservas de Capital	426	339
			Lucros Acumulados	558	576
			Total do Patrimônio Líquido	*1.489*	*1.309*
Total	**3.187**	**2.549**	**Total**	**3.187**	**2.549**

Ilustração 1.21 – Demonstração dos fluxos de caixa da TM Celular

TM Celular Demonstração dos Fluxos do Caixa Em R$ milhões		
	20X4	**20X3**
Fluxo de Caixa das Atividades Operacionais	726	606
Fluxo de Caixa das Atividades de Investimentos	(219)	(89)
Fluxo de Caixa das Atividades de Financiamentos	(30)	(432)
Fluxo de Caixa do Período	477	85
Saldo Inicial	964	879
Saldo Final	1.441	964

Solução

a) Um bom início é analisar as demonstrações contábeis apresentadas no capítulo: demonstração do resultado, demonstração das mutações do patrimônio líquido, balanço patrimonial e demonstração dos fluxos de caixa.

b) A demonstração do resultado informa se a empresa teve lucro; a demonstração das mutações do patrimônio líquido mostra o que ocorreu com este grupo, incluindo o destino do resultado; o balanço patrimonial apresenta a composição do ativo e do passivo e patrimônio líquido; e os fluxos de caixa apresentam a fonte de pagamentos e recebimentos do caixa da empresa.

c) Existem vários pontos que podem ser comparados e citamos alguns a seguir. A TM Celular é uma empresa limitada e menor que a BT, conforme pode ser notado na comparação da receita (R$ 1,7 bilhão versus R$ 13,4 bilhões). No entanto, o resultado da TM foi melhor em 20X3. O volume de dividendos e outros da TM encontra-se abaixo do lucro (R$ 124 e R$ 129 milhões em 20X3 e 20X4), enquanto na BT é o oposto. A diferença do tamanho das empresas também pode ser observada no valor do ativo total de ambas.

Perceba, na DMPL, que há saldos positivos na conta de lucros acumulados nos anos 20X2, 20X3 e 20X4. Isso se deve ao fato de que a TM é uma sociedade limitada, que pode permanecer com saldos positivos nessa conta sem a necessidade de fazer destinações. Ao contrário do que observamos na BT, que teve que destinar integralmente os lucros gerados pela empresa até que o seu saldo fosse "zerado".

Outro fato interessante de ser observado é que o aumento do capital da TM foi de R$ 111 milhões. Entretanto, apenas R$ 42 milhões vieram do lucro obtido. A diferença desse valor, de R$ 69 milhões, veio de uma nova integralização de capital feita pelos sócios.

RESUMO DOS OBJETIVOS

Conhecer as formas de entidades existentes no Brasil – Pela legislação brasileira, uma pessoa jurídica pode organizar-se em associação, quando não possuir fins econômicos, ou em sociedades, existindo finalidade econômica. As sociedades, por sua vez, são de vários tipos, sendo as mais comuns a sociedade anônima e a limitada.

Identificar os usuários das informações contábeis – Os usuários são divididos em usuários internos, que são as pessoas que trabalham na entidade, ou externos, como por exemplo a autoridade fiscal, os investidores, as agências reguladoras do governo, os fornecedores e os clientes.

Apresentar as atividades exercidas pela entidade – As diferentes atividades exercidas pela entidade podem ser resumidas em operacionais, de investimento e de financiamento. As atividades de financiamento estão vinculadas a captação, remuneração e pagamento dos financiadores da entidade. As atividades de investimento correspondem àquelas relacionadas com aquisição ou venda de terrenos, máquinas, equipamentos e outros ativos utilizados no processo produtivo. As atividades operacionais referem-se às vinculadas à obtenção da receita e às despesas incorridas.

Explicar o conteúdo das demonstrações contábeis – O processo de comunicação com os usuários ocorre através das demonstrações contábeis. A demonstração do resultado representa o desempenho da entidade, confrontando receitas com despesas. A demonstração das mutações do patrimônio líquido indica o que ocorreu com o patrimônio líquido da entidade, incluindo o destino do resultado do exercício. O balanço patrimonial apresenta os ativos e as obrigações de uma entidade em determinada data. Já a demonstração dos fluxos de caixa apresenta a movimentação dos recursos financeiros da entidade em um período.

DECISÃO

Pergunta	Informação Necessária	Fórmula	Uso
A entidade é lucrativa?	Demonstração do Resultado	Resultado = Receitas – Despesas	Em geral, quanto maior o resultado, melhor. Se for positivo, temos **lucro**. Se negativo, **prejuízo**
Como é a política de dividendos da entidade?	Demonstração das Mutações do Patrimônio Líquido	Dividendos/Lucro Líquido do Exercício	Mostra quanto do lucro líquido foi destinado para os acionistas, por meio dos dividendos. A análise depende da situação. Entidades com possibilidade de crescimento devem evitar a distribuição excessiva
Os recursos que a entidade está gerando nas atividades operacionais é positivo?	Demonstração dos Fluxos de Caixa	Fluxo das Atividades Operacionais = Recebimento de Clientes – Pagamento de Despesas Operacionais	O valor do fluxo das atividades operacionais deve ser positivo
Onde a entidade está buscando recursos para financiar suas operações?	Balanço Patrimonial	Passivo/Ativo	Reflete quanto de recursos aplicados na entidade são de origem de terceiros. Entidades endividadas possuem maior risco. Baixo endividamento pode significar dificuldade de acesso às fontes de recursos

DICIONÁRIO

Associação – Forma de organização de uma entidade sem fins econômicos.

Ativos – Itens que trazem benefícios futuros para a entidade.

Balanço Patrimonial – Demonstração contábil que apresenta uma "fotografia" em determinada data, mostrando os itens da entidade e as obrigações (passivo e patrimônio líquido).

Capital Social – Corresponde aos recursos que foram aplicados na entidade pelos acionistas.

Conta – Representa elementos específicos do ativo, passivo ou patrimônio líquido, tais como caixa, contas a pagar e capital, respectivamente.

Contabilidade – Sistema de informação que identifica, mede e comunica eventos econômicos de uma entidade para seus usuários.

Contabilidade financeira – Contabilidade voltada para os usuários externos e suas decisões.

Contabilidade gerencial – Contabilidade voltada para o usuário interno e suas decisões.

Demonstração das mutações do patrimônio líquido – Demonstração contábil que apresenta a movimentação ocorrida no patrimônio líquido de uma entidade.

Demonstração do resultado – Demonstração contábil que apresenta o desempenho da entidade num espaço de tempo, com suas receitas e despesas.

Demonstração dos fluxos de caixa – Demonstração contábil que apresenta os valores que a entidade recebeu e os valores que a entidade pagou durante determinado período.

Demonstrações contábeis – Relatórios preparados para apresentar a informação contábil de uma entidade.

Despesas – Representam os ativos consumidos ou os serviços utilizados na geração da receita.

Dividendos – Distribuição para os acionistas do resultado da entidade.

Equação contábil básica – ativo = passivo + patrimônio líquido.

Lucro – Resultado positivo da entidade, obtido quando a receita é superior às despesas.

Notas explicativas – Parte das demonstrações contábeis nas quais são detalhadas as contas e explicados os critérios utilizados no processo de apuração dos valores.

Passivo – Recursos obtidos com terceiros, que não possuem participação no capital da entidade.

Patrimônio líquido – Recursos obtidos pela entidade oriundos dos acionistas.

Prejuízo – Resultado negativo da entidade, obtido quando a receita é inferior às despesas.

Receita – Resultado da venda de produto ou serviço.

Relatório de administração – Corresponde a um texto preparado pela administração da empresa no qual são feitas observações sobre o desempenho da entidade.

Relatório dos auditores independentes – Opinião de uma empresa de auditoria que foi contratada para verificar se as demonstrações contábeis apresentam os aspectos importantes do desempenho da entidade.

Sociedade – Forma de organização de uma entidade com finalidade econômica.

PROBLEMA DEMONSTRAÇÃO

Simone Assis resolveu abrir uma empresa de organização de festas. Sua pretensão é no futuro ter filial em várias cidades do Brasil, oferecendo um serviço de qualidade. Para isso, Simone gostaria de contar com informações contábeis sobre o andamento da sua empresa. Ela pediu para você fazer as demonstrações contábeis do primeiro ano de atividade da *Estilo Festas*, nome da nova empresa.

Para começar a empresa, Simone decidiu convidar alguns conhecidos para o investimento. Dividiu o capital em ações e efetuou sua venda. O capital inicial foi de R$ 28.000, em dinheiro, aplicado na empresa no início do ano. Também no início do ano, Simone Assis conseguiu um financiamento no banco no valor de R$ 49.000. Esse financiamento será pago no próximo ano e os juros, que no ano foram de R$ 13.000, serão pagos também no próximo ano. Com esses recursos, Simone comprou um terreno, no valor de R$ 60.000, pago à vista.

Durante o ano, a Estilo Festas obteve receitas de R$ 300.000, sendo que R$ 255.000 foram recebidas e o restante deverá ser pago pelos clientes no próximo ano. Além da despesa de juros, a Estilo teve despesa de salários (R$ 60.000), de energia (R$ 31.500), de seguros (R$ 28.500) e despesas gerais (R$ 17.000). Todas essas despesas referem-se ao ano de 20X4 e foram pagas durante o ano. Esse desempenho possibilitou que Simone Assis adquirisse equipamentos de R$ 36.000, totalmente pagos. O bom desempenho da empresa durante o ano permitiu que fossem distribuídos R$ 75.000 de dividendos.

Utilizando o exemplo da Ma Griffe apresentado no capítulo, prepare as demonstrações contábeis. Considere que o lucro não distribuído será usado na constituição de reservas.

Solução

Estilo Festas
Demonstração do Resultado do Exercício
20X4

Receitas	R$ 300.000
Despesas	
Despesa de Salários	(60.000)
Despesa de Energia	(31.500)
Despesa de Seguros	(28.500)
Despesas Gerais	(17.000)
Despesas de juros	(13.000)
Total de Despesas	(150.000)
Lucro Líquido	R$ 150.000

Estilo Festas
Demonstração das Mutações do Patrimônio Líquido
20X4

	Capital	Reservas	Total
Saldo em 1º de janeiro	–	–	–
Constituição da Empresa	28.000	–	28.000
Lucro Líquido	–	150.000	150.000
Dividendos		(75.000)	(75.000)
Saldo em 31 de dezembro	28.000	75.000	103.000

Estilo Festas
Balanço Patrimonial
31/12/20X4

Caixa	24.000	Financiamento	62.000
Valores a Receber	45.000	Passivo	62.000
Terrenos	60.000		
Equipamentos	36.000	Capital	28.000
		Reservas	75.000
		Patr. Líquido	103.000
Ativo Total	165.000	Passivo e PL	165.000

Estilo Festas	
Demonstração dos Fluxos de Caixa	
Recebimento de Clientes	255.000
Pagamentos Operacionais	(137.000)
Fluxo de Caixa das At. Operacionais	118.000
Compra de Terrenos	(60.000)
Compra de Equipamentos	(36.000)
Fluxo de Caixa das At. de Investimento	(96.000)
Subscrição de Capital	28.000
Captação de Empréstimos	49.000
Pagamento de Dividendos	(75.000)
Fluxo de Caixa das At. de Financiamento	2.000
Variação no Caixa	24.000
Caixa no Início do Período	0
Caixa no Final do Período	24.000

QUESTÕES DE MÚLTIPLA ESCOLHA

1. Corresponde a um tipo de entidade permitida no Brasil, exceto:
   a) Associação.
   b) Limitada.
   c) Corporação.
   d) Sociedade Anônima.

2. Corresponde a um grupo de atividades de uma entidade, exceto:
   a) Operacional.
   b) Financiamento.
   c) Mercado.
   d) Investimento.

3. É um exemplo de usuário interno:
   a) Autoridade fiscal.
   b) Investidores.
   c) Agências reguladoras do governo.
   d) Gerentes.

4. O lucro líquido durante um período é obtido quando:
   a) O ativo é maior que o passivo.
   b) O ativo é maior que as receitas.
   c) As despesas são maiores que as receitas.
   d) As receitas são maiores que as despesas.

5. Corresponde à equação contábil:
   a) Ativo = Passivo + Patrimônio Líquido
   b) Lucro = Receitas – Despesas
   c) Lucro Acumulado = Lucro Acumulado Anterior + Lucro Líquido
   d) Variação de Caixa + Caixa Inicial = Caixa Final

6. Uma compra à vista de um terreno será considerada:
   a) Uma atividade operacional.
   b) Uma atividade de financiamento.
   c) Uma atividade de aquisição.
   d) Uma atividade de investimento.

7. A demonstração contábil que possui o ativo, o passivo e o patrimônio líquido é:
   a) Balanço patrimonial.
   b) Demonstração do resultado.
   c) Demonstração dos fluxos de caixa.
   d) Demonstração das mutações do patrimônio líquido.

8. No final de determinado ano, o ativo da Ma Griffe era de R$ 700.000 e o patrimônio líquido era de R$ 400.000. Qual o valor do passivo?
   a) R$ 300.000.
   b) R$ 1.100.000.
   c) R$ 700.000.
   d) R$ 400.000.

9. Parte das demonstrações contábeis onde a administração apresenta sua versão do desempenho da entidade:
   a) Balanço patrimonial.
   b) Relatório dos auditores independentes.
   c) Notas explicativas.
   d) Relatório de administração.

10. Parte das demonstrações contábeis que traz detalhes das contas apresentadas nas demonstrações contábeis ou que explica os critérios utilizados em sua elaboração:
    a) Balanço patrimonial.
    b) Relatório dos auditores independentes.
    c) Notas explicativas.
    d) Relatório de administração.

11. Relatório que atesta se a entidade observou corretamente as leis e as normas vigentes, bem como se a realidade da entidade foi fielmente retratada:
    a) Balanço patrimonial.
    b) Relatório dos auditores independentes.
    c) Notas explicativas.
    d) Relatório de administração.

12. A demonstração contábil na qual o usuário poderá analisar a política de distribuição dos resultados da empresa é:
    a) Balanço patrimonial.
    b) Demonstração do resultado.
    c) Demonstração dos fluxos de caixa.
    d) Demonstração das mutações do patrimônio líquido.

QUESTÕES PARA REVISÃO

1. Quais as formas de organização de uma entidade no Brasil?
2. Apresente quatro exemplos de entidades.
3. Qual a diferença entre associação e sociedade?
4. Qual o objetivo da contabilidade?
5. Como se dividem os usuários das informações contábeis?
6. Cite três usuários externos.
7. Escolha um usuário externo e relacione três perguntas que o mesmo gostaria de saber sobre uma entidade.
8. Quais são os três grupos de atividades de uma entidade? Apresente pelo menos um exemplo de cada.
9. Para cada um dos itens, informe de qual demonstração contábil eles foram extraídos: (a) salários a pagar; (b) receita de serviços; (c) valores a receber; (d) recebimento de clientes.
10. Um investidor gostaria de conhecer mais a respeito da política de distribuição do resultado de uma entidade. Qual a demonstração contábil que esse investidor deverá estudar?
11. Qual a diferença entre valores a receber e contas a pagar?

12. Cite duas transações que afetam o valor do patrimônio líquido de uma entidade.
13. O que são lucros acumulados? Qual o item do balanço patrimonial que é afetado pelo aumento na distribuição do resultado?
14. Apresente a equação contábil básica.
15. Qual o efeito da redução dos dividendos de uma empresa sobre o patrimônio líquido?
16. Dos itens apresentados a seguir, quais são ativos da Ma Griffe?: (a) despesa de aluguel; (b) dividendos; (c) máquinas; (d) contas a pagar; (e) capital; e (f) captação de empréstimos.
17. Como as demonstrações contábeis estão relacionadas?: (a) demonstração do resultado e demonstração das mutações do patrimônio líquido; (b) demonstração do fluxo de caixa e balanço patrimonial; (c) demonstração das mutações do patrimônio líquido e balanço patrimonial.
18. Para que serve o balanço patrimonial?
19. Qual a data de um balanço patrimonial? Um dia específico no tempo ou um intervalo de tempo? (Dica: veja os balanços apresentados no capítulo.)
20. Qual o objetivo da demonstração do resultado?
21. Qual a finalidade da demonstração das mutações do patrimônio líquido?
22. O que evidencia a demonstração dos fluxos de caixa?
23. Qual a finalidade do relatório de administração?
24. O que evidenciam as notas explicativas?
25. Cite uma situação onde o relatório dos auditores independentes seja relevante.
26. Dê um nome mais descritivo para o balanço patrimonial.

EXERCÍCIOS BREVES

EB 1. Analise as formas de organização das entidades a seguir e classifique-as quanto às suas características em: associações (A); sociedades por ações de capital aberto (C); sociedade de responsabilidade limitada (L).

a) ―――― Em geral, são empresas de menor porte, que possuem o capital dividido entre os sócios em partes denominadas de quotas.
b) ―――― Possuem o capital dividido em ações, que são comercializadas em uma Bolsa de Valores.
c) ―――― São pessoas jurídicas que não possuem fins econômicos.

EB 2. A contabilidade pode ser classificada em financeira (F) ou gerencial (G) dependendo do tipo de usuário (externo ou interno, respectivamente). Classifique os itens a seguir:

a) ―――― Verificar se um produto consegue produzir resultado positivo no mercado.
b) ―――― Conseguir um empréstimo bancário.
c) ―――― Analisar a viabilidade de adquirir uma nova sede fabril.
d) ―――― Verificar qual filial apresenta o melhor resultado.
e) ―――― Identificar o resultado do período para apuração dos tributos.

EB 3. Associe a pergunta com o usuário das demonstrações contábeis – investidor (I); empregado (E); fornecedor (F); instituição financeira (IF); administrador (A); agências reguladoras (AR); governo (G):

a) ―――― Qual o valor máximo da tarifa que as empresas desse setor poderão adotar?
b) ―――― Qual o risco de vender a prazo para essa entidade?
c) ―――― A empresa está muito endividada ou tem liquidez para pagar o empréstimo adquirido?
d) ―――― Qual empresa é mais lucrativa? Qual delas paga maiores dividendos?
e) ―――― Qual o lucro tributável dessa empresa no período?

f) ——— O mercado necessita do produto que estou fabricando? Qual o preço para vender o produto com a lucratividade esperada?

g) ——— A empresa terá condições de expandir e aumentar meu salário?

EB 4. Classifique as atividades a seguir ao que se refere: operacional (O); investimento (I) ou financiamento (F).

a) ——— Compra de equipamentos à vista.
b) ——— Pagamento de dividendos.
c) ——— Venda à vista de mercadorias.
d) ——— Pagamento de fornecedores.
e) ——— Aumento do capital em dinheiro.
f) ——— Recebimento de contas a receber.
g) ——— Venda de terrenos à vista.
h) ——— Contratação de empréstimos bancários.

EB 5. Classifique as contas a seguir quanto a ativo (A), passivo (P), receitas (R) ou despesas (D):

a) ——— Aluguel do mês.
b) ——— Computadores.
c) ——— Fornecedores.
d) ——— Materiais consumidos.
e) ——— Prestação de serviços.
f) ——— Clientes.
g) ——— Empréstimos bancários.
h) ——— Venda de mercadorias.
i) ——— Terrenos.
j) ——— Bancos.

EB 6. Sabendo que a equação básica da contabilidade é A = P + PL, responda às seguintes perguntas:

a) O ativo total da empresa Lara Biju é R$ 7.000 e o passivo R$ 6.500. Qual o total do patrimônio líquido?

b) O passivo da Confeitaria Dona Azeda é R$ 20.000 e o patrimônio líquido é R$ 45.900. Qual o total do ativo?

c) O supermercado Don Carvalho possui um ativo total de R$ 120.000 e um patrimônio líquido de R$ 70.000. Qual o valor do passivo?

EB 7. Em 1º de janeiro de 20X4, a empresa Star Informática Ltda. apresentava ativos de R$ 200.000 e um passivo total de R$ 55.000. Considere os eventos de maneira independente.

a) Se, durante o ano, os ativos da empresa aumentaram em R$ 20.000 e os passivos reduziram em R$ 15.000, qual o valor do patrimônio líquido da empresa em 31/12/20X4?

b) Se o total do patrimônio líquido aumentou R$ 120.000 e o passivo não alterou, qual o valor do ativo no final do ano?

c) Se em 31/12/20X4, o total do passivo aumentou em R$ 40.000 e o ativo reduziu em R$ 30.000, qual o valor do patrimônio líquido da empresa?

EB 8. A empresa Armarinho Rio Verde possui os seguintes saldos em suas contas: Aplicações Financeiras – Poupança = R$ 3.000; Bancos = R$ 1.500; Caixa = R$ 500; Capital = R$???; Contas a Pagar = R$ 2.350; Contas a Receber = R$ 1.100; Fornecedores = R$ 1.700 e Terrenos = R$ 3.500.

Pede-se:

a) O valor do disponível: ──────────────
b) O valor do ativo: ──────────────
c) O valor do passivo: ──────────────
d) O valor do patrimônio líquido: ──────────────

EB 9. A empresa Visual Ótica teve R$ 4.000 de receitas e R$ 4.350 de despesas no mês de junho. Essa empresa teve lucro ou prejuízo?

EB 10. A Era Mudanças apresentou em determinado mês receita de serviços a prazo no valor de R$ 23.000, receita à vista de R$ 7.000, despesas a prazo de R$ 12.000 e despesas à vista de R$ 15.000. Qual o valor da receita, da despesa e do lucro líquido da Era Mudanças?

EB 11. A Credisa começou o ano com um valor de lucros acumulados de R$ 24.000. O lucro líquido foi de R$ 7.000. O valor final da conta de lucros acumulados é de R$ 20.000. Qual o valor que foi distribuído de dividendos?

EB 12. Em 31 de dezembro de 20X0, a Vida Farmácia apresentava um capital social de R$ 13.500, receitas de R$ 5.000 e despesas de R$ 2.500.

a) Qual o valor do patrimônio líquido da empresa nesta data?
b) Sabendo que o ativo da empresa é de R$ 25.000, qual o valor do passivo?

EB 13. O contador da fábrica de sapatos Dona Manhosa está elaborando as demonstrações contábeis da empresa e tem dúvidas quanto à classificação de algumas contas, se devem aparecer no balanço patrimonial (BP) ou na demonstração do resultado (DRE). Você pode ajudá-lo?

a) ─────── Estoque de mercadorias
b) ─────── Equipamentos
c) ─────── Receita de serviços
d) ─────── Fornecedores
e) ─────── Despesa de salários
f) ─────── Salários a pagar
g) ─────── Receitas de juros
h) ─────── Lucros acumulados
i) ─────── Despesa de energia elétrica
j) ─────── Receita de aluguéis

EB 14. No início da sociedade de ortodontia White Smile, seu patrimônio líquido era composto por um capital totalmente integralizado de R$ 130.000. No primeiro ano de atividade, a sociedade obteve lucros de R$ 45.000, que foram destinados R$ 10.000 para o pagamento de dividendos e o restante para a constituição de reservas. No segundo ano, a sociedade apurou um prejuízo de R$ 20.000. Qual o valor total do patrimônio líquido no final do segundo ano?

EB 15. Compare a situação patrimonial e econômica das empresas AZUL e AMARELA a seguir. Analise os cinco casos abaixo e indique qual deles apresenta melhor situação:

I. AZUL: Ativo – R$ 50.000 e Passivo – R$ 5.000

AMARELA: Ativo – R$ 50.000 e Patrimônio Líquido – R$ 30.000

II. AZUL: Ativo – R$ 70.000 e Patrimônio Líquido – R$ 50.000

AMARELA: Ativo – R$ 25.000 e Passivo – R$ 5.000

III. AZUL: Passivo – R$ 50.000 e Patrimônio Líquido – R$ 100.000

AMARELA: Ativo – R$ 20.000 e Passivo – R$ 80.000

IV. AZUL: Receitas – R$ 250.000 e Lucro – R$ 120.000

AMARELA: Receitas – R$ 250.000 e Despesas – R$ 60.000

V. AZUL: Receitas – R$ 100.000 e Despesas – R$ 80.000

AMARELA: Receitas – R$ 50.000 e Lucro – R$ 20.000

PROBLEMAS

PB 1. A seguir são apresentadas três situações independentes:

1. Um grupo de contadores, recém-formados, decidiu prestar serviços de contabilidade para empresas de pequeno porte. Cada um entrou com uma mesma quantidade de dinheiro, necessário para aquisição das instalações necessárias.

2. Francisca Irene resolveu estruturar uma entidade para prestar serviços de atendimento a uma comunidade carente da sua cidade.

3. A empresa Cardinal está precisando de recursos para sua expansão. Em lugar de obter financiamento, seu presidente acredita que é o momento de abrir o capital da empresa. Para isso, está estudando o lançamento de ações no mercado acionário.

Pede-se:

Para cada caso, informe qual seria a forma de organização das entidades: associação, sociedade limitada ou sociedade anônima.

PB 2. As demonstrações contábeis são úteis para o processo de tomada de decisão. Considere os casos apresentados a seguir, de maneira independente:

1. O presidente da Bife de Chorizo Ltda. quer saber se a empresa está gerando caixa suficiente para fazer a expansão da cadeia de restaurantes no próximo ano e ainda pagar dividendos aos investidores.

2. O Banco Verdadeiro recebeu de uma empresa correntista a solicitação de um empréstimo. O Banco está verificando se seu correntista já não está suficientemente endividado.

3. Uma investidora recebeu uma pequena herança da sua avó. Sem ter a necessidade do dinheiro agora, a investidora decidiu comprar ações de uma empresa por um período de dez anos. Nesse período, a investidora deseja receber bons dividendos. Para isso, precisa selecionar uma empresa que vem distribuindo boa parte do seu resultado.

4. A revista *Grana Fácil* está criando uma listagem das maiores empresas por setor. Como critério principal, a revista optou por verificar quanto cada empresa gera de receita.

Pede-se:

Para cada situação, informe o tipo de usuário e a informação contábil que irá ajudar em cada situação. Escolha somente uma informação contábil em cada item.

PB 3. Em 31 de outubro, a Empresa XYZ foi criada com um capital de R$ 15.000. A seguir, encontram-se os valores dos ativos e passivos da empresa para o dia 30 de novembro, bem como as receitas e despesas de novembro.

Caixa	3.400	Receita de Serviço	8.000
Valores a Receber	5.100	Despesa de Propaganda	1.000
Terrenos	20.000	Despesa de Água e Luz	500
Contas a Pagar	6.000	Despesa de Salários	3.000
Empréstimos	5.000		

Do resultado apurado, a empresa distribuiu R$ 1.000 de dividendos.

Pede-se:

Prepare a demonstração do resultado da empresa para novembro. Depois, faça a demonstração das mutações do patrimônio líquido do período. Verifique se a empresa teve sucesso no seu primeiro mês, discutindo se deveria ou não fazer a distribuição de dividendos. Apresente o balanço patrimonial para fins de novembro.

PB 4. Encontram-se a seguir informações selecionadas da Sol e Brisa em 31 de dezembro de 20X0.

Estoques	300.000	Receitas	700.000
Pagamento de Fornecedores	400.000	Recebimento de Clientes	820.000
Terrenos	120.000	Capital	400.000
Caixa pago na compra de terrenos	30.000	Caixa recebido de acionistas	130.000
Computadores	45.000	Despesas de Salários	200.000
		Pagamento de Salários	200.000

Pede-se:

Determine quais itens devem constar na demonstração dos fluxos de caixa da empresa. Verifique se no período a empresa aumentou ou reduziu o seu caixa.

PB 5. A LoveHate está finalizando suas demonstrações contábeis para 20X9. A sua demonstração do resultado é a seguinte:

DRE	
Receitas	300.000
Despesas	(250.000)
Lucro do Exercício	50.000

Falta agora completar a DMPL e o balanço patrimonial. O que falta fazer está com "..." nas demonstrações a seguir:

DMPL			
	Capital	L. Acum.	Total
Saldo Inicial	500.000	30.000	530.000
Lucro do Exercício		...	...
Dividendos		(10.000)	(10.000)
Saldo Final	500.000	...	...

Balanço Patrimonial			
Caixa e Equivalentes	270.000	Financiamentos	100.000
Terrenos	400.000	Patrimônio Líquido	...
Ativos	670.000	Passivo + PL	...

Pede-se:

Complete os valores que estão faltando na DMPL e no balanço patrimonial.

PB 6. O saldo em 31 de dezembro de 20X0, do Caixa e Equivalentes de uma entidade é de R$ 30.000. Durante o ano de 20X0 essa entidade apresentou o seguinte extrato da demonstração dos fluxos de caixa:

Fluxo das Atividades Operacionais	10.000
Fluxo das Atividades de Investimento	(3.000)
Fluxo das Atividades de Financiamento	(4.000)

Pede-se:

Com base nessas informações, determine qual o aumento (ou redução) no caixa em 20X0. Apure também o saldo da conta caixa e equivalentes no início do exercício.

PB 7. Durante o período de 1º/1/20X7 a 31/12/20X7, a Vila Vale Ltda. apresentou os seguintes recebimentos e pagamentos:

Aquisição de Equipamentos	750
Aquisição de Veículos	2.100
Captação de Empréstimos	2.850
Pagamento de Despesas	2.700
Pagamento de Dividendos	1.800
Pagamento de Fornecedores	14.400
Recebimento de Clientes	16.200
Venda de Terrenos	3.450

Pede-se:

Considerando que os saldos da conta caixa e equivalentes de caixa em janeiro totalizavam R$ 750 e em dezembro R$ 1.500, elabore a demonstração dos fluxos de caixa.

PB 8. Um auxiliar de contabilidade resolveu testar seus conhecimentos contábeis e decidiu elaborar as demonstrações contábeis da empresa Santa Cecília Ltda. que estão a seguir:

Demonstração do Resultado do Exercício		
Receita de Vendas		36.600,00
Despesa de Aluguel	12.900,00	
Despesa com Material de Consumo	2.400,00	
Despesa com Transporte	1.500,00	
Salários a Pagar	10.800,00	(27.600,00)
Lucro Líquido do Exercício		9.000,00

Demonstração das Mutações do Patrimônio Líquido			
	Capital	Lucros Acumulados	Total
Saldo inicial	50.000,00	–	50.000,00
Aumento do capital		3.000,00	3.000,00
Lucro líquido do exercício	9.000,00		9.000,00
Dividendos distribuídos		(1.000,00)	(1.000,00)
Saldo final	59.000,00	2.000,00	61.000,00

Balanço Patrimonial			
Ativo		**Passivo**	
Caixa	38.300,00	Estoques	3.900,00
Empréstimos	4.500,00	Contas a Pagar	1.300,00
Terrenos	60.800,00		
Veículos	22.000,00	Patrimônio Líquido	
		Capital	59.000,00
		Lucros Acumulados	2.000,00
ATIVO TOTAL	**125.600,00**	**PASSIVO + PL TOTAL**	**66.200,00**

Demonstração dos Fluxos de Caixa	
Fluxo de Caixa das Atividades Operacionais	**12.200,00**
Receitas de vendas	36.600,00
Pagamento de fornecedores	(2.400,00)
Compra de veículos	(22.000,00)
Fluxo de Caixa das Atividades de Investimento	**3.000,00**
Aumento do Capital	3.000,00
Fluxo de Caixa das Atividades de Financiamento	**19.000,00**
Dividendos distribuídos	(1.000,00)
Recebimento de clientes	20.000,00
	-
Variação de Caixa e Equivalentes	34.200,00
Saldo inicial de caixa	4.100,00
Saldo final de caixa	**38.300,00**

Alguns erros foram cometidos.

Pede-se:

Refaça as demonstrações contábeis e informe os valores corretos para:

a) Ativo total: ———————————
b) Passivo: ———————————
c) Patrimônio líquido: ———————
d) Lucro líquido: ——————————
e) Variação de caixa e equivalentes: ———————

PB 9. O trecho a seguir foi extraído das notas explicativas da Petrobras S.A. de 31/12/2012: "Incluem numerário em espécie, depósitos bancários disponíveis e aplicações financeiras de curto prazo com alta liquidez, vencíveis em até três meses, contados da data da contratação original, prontamente conversíveis em um montante conhecido de caixa e com risco insignificante de mudança de valor."

a) A que informação contábil essa nota explicativa faz referência?
b) Qual(is) demonstração(ões) contábil(eis) pode(m) trazer informações sobre essa conta?

PB 10. O relatório de administração (RA) apresenta informações relevantes sobre o desempenho das entidades e é elaborado pela própria administração. A seguir, são apresentados dois trechos de RA de duas empresas distintas, mas do mesmo setor econômico (setor de energia elétrica).

ESPÍRITO SANTO CENTRAIS ELÉTRICAS S.A.

"A Receita Operacional Líquida apresentou um aumento de 15,6% no período de doze meses findo em 31 de dezembro de 2012 em relação ao mesmo período do ano anterior, atingindo R$ 1.904,7 milhões. [...] Pelos motivos ressaltados anteriormente, a EDP Escelsa apresentou um Lucro Líquido de R$ 157,0 milhões no período de doze meses findo em 31 de dezembro de 2012, superior em 51,0% ao registrado em igual período do ano anterior."

CENTRAIS ELÉTRICAS DE SANTA CATARINA S.A.

"No exercício de 2012, o Grupo Celesc apresentou prejuízo consolidado de R$ 258,4 milhões, valor percentual negativo de 179,77%, menor que o registrado em 2011, lucro de R$ 323,9 milhões. [...] O Grupo Celesc encerrou o exercício de 2012 com uma Receita Operacional Bruta de R$ 7.070.424 mil, superior 7,71% em relação a 2011 num valor de R$ 6.564.437 mil, enquanto a Receita Operacional Líquida evoluiu 8,4%, no ano de 2012 foi R$ 4.545.214 mil e no ano de 2011 foi de R$ 4.191.414 mil."

Baseando-se apenas nas informações acima, na qualidade de investidor, responda:

a) Em qual das duas empresas você investiria seus recursos? Aponte qual a informação interferiu na sua decisão.

b) Que outras informações contábeis você solicitaria avaliar para confirmar a sua decisão?

PB 11. A seguir, são apresentados três parágrafos de opinião do Relatório dos Auditores Independentes de três companhias distintas, sendo cada uma de um segmento de mercado (petrolífera, energia elétrica e telecomunicações), auditados por três empresas de auditoria diferentes.

I. "Em nossa opinião, as demonstrações contábeis consolidadas acima referidas apresentam adequadamente, em todos os aspectos relevantes, a posição patrimonial e financeira da Petróleo Brasileiro S.A. – Petrobras e suas controladas em 31 de dezembro de 2012, o desempenho consolidado de suas operações e os seus fluxos de caixa consolidados para o exercício findo nessa data, de acordo com as normas internacionais de relatório financeiro (IFRS) emitidas pelo International Accounting Standards Board (IASB) e as práticas contábeis adotadas no Brasil."
PRICEWATERHOUSECOOPERS

II. "Em nossa opinião, as demonstrações financeiras acima referidas apresentam adequadamente, em todos os aspectos relevantes, a posição patrimonial e financeira da Espírito Santo Centrais Elétricas S.A. em 31 de dezembro de 2012, o desempenho de suas operações e os seus fluxos de caixa para o exercício findo naquela data, de acordo com as práticas contábeis adotadas no Brasil e normas internacionais de relatório financeiro (IFRS) emitidas pelo International Accounting Standards Board – IASB."
DELOITTE TOUCHE TOHMATSU

III. "Em nossa opinião, as demonstrações financeiras individuais acima referidas apresentam adequadamente, em todos os aspectos relevantes, a posição patrimonial e financeira da Oi S.A. em 31 de dezembro de 2012, o desempenho de suas operações e os seus fluxos de caixa para o exercício findo naquela data, de acordo com as práticas contábeis adotadas no Brasil."
KPMG AUDITORES INDEPENDENTES

Compare esses três trechos e responda:

Na sua opinião, qual(is) diferença(s) pode(m) ser observada(s) nos textos dos relatórios? Explique o porquê das diferenças/semelhanças.

GABARITO

Questões de múltipla escolha

1. C; 2. C; 3. D; 4. D; 5. A; 6. D; 7. A; 8. A; 9. D; 10. C; 11. B; 12. D.

Exercícios breves

EB 1 – **a.** L; **b.** C; **c.** A;

EB 2 – **a.** G; **b.** F; **c.** G; **d.** G; **e.** F;

EB 3 – **a.** AR ; **b.** F; **c.** IF; **d.** I; **e.** G; **f.** A; **g.** E;

EB 4 – **a.** I; **b.** F; **c.** O; **d.** O; **e.** F; **f.** O; **g.** I; **h.** F;

EB 5 – **a.** D; **b.** A; **c.** P; **d.** D; **e.** R; **f.** A; **g.** P; **h.** R; **i.** A; **j.** A;

EB 6 – **a.** R$ 500; **b.** R$ 65.900; **c.** R$ 50.000;

EB 7 – **a.** R$ 180.000; **b.** R$ 320.000; **c.** R$ 75.000;

EB 8 – **a.** R$ 5.000; **b.** R$ 9.600; **c.** R$ 4.050; **d.** R$ 5.550;

EB 9 – Prejuízo de R$ 350;

EB 10 – Receitas = R$ 30.000; Despesas = R$ 27.000; Lucro = R$ 3.000;

EB 11 – R$ 11.000;

EB 12 – **a.** R$ 16.000; **b.** R$ 9.000;

EB 13 – **a.** BP; **b.** BP; **c.** DRE; **d.** BP; **e.** DRE; **f.** BP; **g.** DRE; **h.** BP; **i.** DRE; **j.** DRE;

EB 14 – R$ 145.000;

EB 15 – **I.** AZUL; **II.** AMARELA; **III.** AZUL; **IV.** AMARELA; **V.** AMARELA (embora o lucro das duas empresas seja igual, a empresa AMARELA precisa vender menos, ou seja, é mais eficiente nas suas vendas).

Problemas

PB 1 – **1.** Limitada; **2.** Associação; **3.** Sociedade Anônima;

PB 2 – **1.** Usuário interno e DFC; **2.** externo (financiador) e Balanço; **3.** externo (investidor) e DMPL; **4.** externo e DRE;

PB 3 – Lucro = R$3.500; Ativo = R$ 28.500; Passivo = R$ 11.000;

PB 4 – Recebimento de clientes, pagamento de salários e fornecedores, compra de terrenos e recebimento dos acionistas. Aumento de R$ 320 mil;

PB 5 – Lucros Acumulados = R$ 70.000; Patrimônio Líquido = R$ 570.000; e Passivo + PL = R$ 670.000;

PB 6 – Aumento de R$ 3.000; Saldo inicial = R$ 27.000;

PB 7 – FC das Operações: (R$ 900); FC dos Investimentos: R$ 600; FC dos Financiamentos: R$ 1.050;

PB 8 – **a.** R$ 88.400,00; **b.** R$ 16.600,00; **c.** R$ 71.800,00; **d.** R$ 19.800,00; **e.** (R$ 2.400,00);

PB 9 – **a.** Refere-se à conta caixa e equivalentes de caixa; **b.** Balanço Patrimonial e Demonstração dos Fluxos de Caixa.

2

ANALISANDO AS DEMONSTRAÇÕES CONTÁBEIS

INICIANDO A CONVERSA

Sabemos que a contabilidade é bastante antiga, conforme a história narrada no início do Capítulo 1 deste livro.

Um grande salto ocorreu no século XIII. Nessa época, a Europa estava no que se denominou de Idade Média, geralmente associada a trevas, baixo crescimento e cruzadas. Ao mesmo tempo, outras civilizações estavam no auge. No sul da Ásia, no atual Camboja, existia o reino Khmer. Mais ao norte, o império comandado por Genghis Khan permitia rotas seguras para o comércio. Na África, o império de Mali dominava a parte ocidental desse continente. O Japão era governado pelos xoguns, ditadores militares, desde o século IX.

Apesar de em todas essas civilizações existir a necessidade de contar o patrimônio dos reis e de seus súditos, o grande desenvolvimento da contabilidade ocorreu nas cidades italianas. Essas cidades faziam a ligação comercial entre o ocidente e o oriente. O lendário aventureiro Marco Polo nasceu numa dessas cidades e passou boa parte de sua vida nas viagens comerciais em reinos distantes.

No século XII, Leonardo Fibonacci ou Leonardo Pisano – ou seja, Leonardo da cidade de Pisa – fez contato com a cultura árabe, aprendendo álgebra e aritmética. Naquele instante, os árabes, por influência dos hindus, já utilizavam números na representação dos algarismos. Leonardo vislumbrou a possibilidade de aplicar os conhecimentos adquiridos com os árabes nas operações comerciais. Em sua obra *Liber abaci*, escrita em 1202, Leonardo mostra o uso da matemática em questões relacionadas ao câmbio e às primeiras técnicas contábeis.

A disseminação da matemática, desenvolvida pelos árabes, nas cidades italianas, foi, há quase 1.000 anos, fundamental para o desenvolvimento da contabilidade moderna.

Objetivos do capítulo:

(1) Apresentar os órgãos responsáveis pelas normas contábeis
(2) Discutir sobre as demonstrações contábeis de uma entidade
(3) Apresentar os índices que são utilizados para analisar uma entidade
(4) Explicar as características qualitativas da informação contábil

Se você deseja tomar uma decisão em relação a uma entidade, a análise de suas demonstrações contábeis pode ser importante. Considere, por exemplo, a situação em que você deseja investir seus recursos na bolsa de valores. Saber se a entidade será capaz de pagar dividendos, conhecer as perspectivas futuras de resultado da entidade, verificar o nível das dívidas com terceiros são algumas das informações que podem influenciar na sua decisão. Em situação assim, as demonstrações contábeis podem ajudar na escolha da entidade na qual você irá fazer seu investimento.

Neste capítulo, nós iremos discutir os objetivos das demonstrações contábeis e sua utilização no processo decisório.

Reguladores

Objetivo (1) → Apresentar os órgãos responsáveis pelas normas contábeis

Como uma entidade decide o que deve apresentar ao usuário? Que formato deve utilizar? Como se deve mensurar um evento ocorrido? A resposta a essas questões – e muitas outras – termina por exigir regras para a contabilidade. As regras contábeis são estabelecidas a partir de estudos realizados por especialistas que procuram determinar a melhor alternativa para responder às questões formuladas na prática.

No mundo, o organismo responsável pela formulação de normas contábeis é o *International Accounting Standards Board* (Iasb). Fazem parte desse órgão os mais importantes países do mundo, inclusive o Brasil.

Ética!

Os escândalos que ocorreram em alguns países no início do milênio levaram as autoridades a discutir melhorias na fiscalização para impedir que os acontecimentos se repetissem. Nesse sentido, destaca-se o esforço realizado pelos Estados Unidos e o Iasb em fazer com que a contabilidade seja uma linguagem única no mundo. Em outras palavras, procura-se criar normas contábeis que sejam compatíveis entre todos os países do mundo. Denominamos esse esforço de *harmonização*.

No Brasil, o organismo responsável pelas normas de contabilidade é o Comitê de Pronunciamentos Contábeis (CPC), criado em 2005, por meio da Resolução 1.055 do Conselho Federal de Contabilidade (CFC). Esse órgão surgiu da união da Associação Brasileira das Companhias Abertas (Abrasca), da Associação dos Analistas e Profissionais de Investimento do Mercado de Capitais (Apimec Nacional), da maior bolsa de valores do Brasil, a Brasil, Bolsa, Balcão (B3), da Fundação Instituto de Pesquisas Contábeis, Atuariais e Financeiras (Fipecafi) e do Instituto dos Auditores Independentes do Brasil (Ibracon). Além disso, o CPC conta com o apoio formal da Comissão de Valores Mobiliários (CVM), do Banco Central do Brasil (Bacen) e do Ministério da Fazenda.

Além desses, a Superintendência dos Seguros Privados (Susep), a Secretaria da Receita Federal do Brasil (RFB), a Federação Brasileira de Bancos (Febraban) e a Confederação Nacional da Indústria (CNI) participam das reuniões do CPC como membros convidados. O CPC tem feito um grande esforço no sentido de adaptar as normas brasileiras às normas internacionais de contabilidade, cuja origem encontra-se no Iasb.

Demonstrações contábeis

Objetivo (2) → Discutir sobre as demonstrações contábeis de uma entidade

Demonstrações financeiras é o termo utilizado pela legislação brasileira para descrever todas as informações financeiras apresentadas por uma entidade. Entretanto, o CPC, em seus pronunciamentos, adota a terminologia

demonstrações contábeis. O objetivo das demonstrações contábeis é fornecer informação para ajudar a administração, os investidores, os financiadores e outros usuários no seu processo de decisão de investimento, crédito e alocação de recursos. Por exemplo, um investidor deseja aplicar seus recursos comprando ações de uma entidade. As demonstrações contábeis podem ser úteis ao informar sobre a possibilidade de continuidade da entidade no tempo. Dessa forma, o principal objetivo das demonstrações contábeis é fornecer informação que seja útil no processo decisório.

No Capítulo 1, foram apresentadas quatro demonstrações contábeis. Neste ponto nós iremos rever essas demonstrações e apresentar novos conteúdos relacionados a essas informações. Iniciemos com o balanço patrimonial.

Balanço patrimonial

O balanço patrimonial apresenta uma posição sobre uma entidade numa data do tempo. Para melhorar o entendimento e a compreensão das informações do balanço patrimonial, as entidades agrupam os itens em grupos com certas semelhanças. Esses grupos são os seguintes, segundo a legislação brasileira:

Ilustração 2.1 – Classificação do balanço patrimonial

Ativo	Passivo e Patrimônio Líquido
Ativo Circulante	Passivo Circulante
	Passivo Não Circulante
Ativo Não Circulante	
	Patrimônio Líquido

Esses grupos têm por finalidade ajudar o usuário a entender a situação da entidade. Essa classificação pode ser exemplificada pelo caso do Hotel Encosta do Mar, cujo balanço patrimonial é apresentado a seguir. Iremos detalhar cada um desses grupos.

Ilustração 2.2 – Balanço patrimonial do Hotel Encosta do Mar

Hotel Encosta do Mar
Balanço Patrimonial
Em 31/12/20X5 — Em R$

Ativos		Passivo e Patrimônio Líquido	
Ativo Circulante		Passivo Circulante	
Caixa	4.800	Empréstimos e Financiamentos	17.000
Aplicações de Curto Prazo	12.700	Fornecedores	6.400
Valores a Receber	14.900	Impostos, Taxas e Contribuições	2.080
Estoques	9.100	Dividendos a Pagar	2.120
Outros	1.000	Outros	1.100
Total do Ativo Circulante	42.500	Total do Passivo Circulante	28.700

		Passivo Não Circulante	
		Empréstimos e Financiamentos	24.000
Ativo Não Circulante		Outros	2.500
Realizável a Longo Prazo	14.400	Total do Passivo Não Circulante	26.500
Investimentos	13.400		
Imobilizado	36.000	Patrimônio Líquido	
Intangível	2.400	Capital Social	40.000
Total do Ativo Não Circulante	66.200	Reservas	8.000
		Lucros (Prejuízos) Acumulados	5.500
		Total do Patrimônio Líquido	53.500
Ativo Total	**108.700**	**Passivo e Patrimônio Líquido**	**108.700**

ATIVO CIRCULANTE

O **ativo circulante** diz respeito aos ativos que serão convertidos em caixa ou serão usados no negócio dentro do período de um ano. Assim, observando o balanço do Hotel Encosta do Mar (Ilustração 2.2), é possível notar que o ativo circulante da entidade é composto por caixa, investimento de curto prazo, valores a receber, estoques e outros. A entidade possui um ativo circulante de R$ 42.500. O volume de investimento de curto prazo, de R$ 12.700, significa que a mesma pode transformar esse valor em caixa no prazo de um ano. Em outras palavras, a entidade fez investimentos financeiros num banco e essa aplicação tem como data de resgate os próximos 12 meses. O usuário da informação sabe então que a entidade terá esses recursos em caixa brevemente. O balanço do Hotel Encosta do Mar apresenta também um volume de valores a receber de R$ 14.900. Esses valores estão dentro do grupo ativo circulante porque a entidade espera recebê-los em até um ano. O mesmo ocorre com o item estoques, cujo valor é de R$ 9.100. Nesse caso, existe uma expectativa de que esse estoque será usado no negócio em até 12 meses.

A legislação permite uma exceção à regra de classificação de um item em ativo circulante dentro dos 12 meses seguintes. Quando uma entidade tiver um **ciclo operacional** superior ao período de um ano, um ativo pode ser considerado circulante desde que seja convertido em caixa ou usado no negócio num período correspondente ao seu ciclo operacional. Para entendermos essa regra, é necessário esclarecer o significado do ciclo operacional. O ciclo operacional corresponde ao período em que a entidade compra o estoque, produz (se for uma indústria), vende e recebe do seu cliente. Considere o caso de um fabricante de aviões. A entidade compra material que será utilizado na produção das aeronaves. Após a fabricação, a entidade vende o avião e, posteriormente, tem-se o recebimento do cliente. Esse processo de compra de estoque, fabricação, venda e recebimento é denominado ciclo operacional. No exemplo citado, é bastante provável que o ciclo operacional tenha uma duração superior a um ano. Considere, a título de exemplo, que esse período seja de 18 meses. Qualquer ativo que seja convertido em caixa em um período de 18 meses após o encerramento do balanço será considerado como ativo circulante.

Uma observação prática mostra que poucas entidades adotam o ciclo operacional como critério de classificação do ativo. Por essa razão, iremos considerar, a partir deste momento, que o ativo circulante será aquele convertido em caixa em até um ano ou usado no negócio.

Um exemplo de uma empresa encontra-se na Ilustração 2.3. A empresa é a Classic S.A., uma entidade do setor têxtil, e os valores estão expressos em R$ mil para 31 de dezembro de 20X4.

Ilustração 2.3 – Balanço patrimonial da Classic S.A. em R$ mil

Classic S.A. Balanço Patrimonial (parcial)	
31/12/20X4	**R$ mil**
Circulante	135.748
Disponível	36.407
Contas a Receber de Clientes	59.696
Estoques	27.073
Impostos a Recuperar	4.328
Outros Créditos	7.291
Despesas do Exercício Seguinte	953

Como se pode notar, as informações da empresa Classic S.A. assemelham-se às do Hotel Encosta do Mar. Outro fator importante na apresentação das informações é que os itens estão colocados na ordem que se espera que sejam convertidos em caixa. Em primeiro lugar o disponível, que é composto do caixa propriamente dito, do saldo existente na conta bancária ou usado no negócio e das aplicações financeiras. O disponível é o item do ativo de uma empresa que pode ser convertido em moeda corrente mais facilmente. Após o disponível, temos as contas a receber de clientes, seguidas de estoques e assim por diante. Esse critério é denominado de ordem de **liquidez**.

Uma vez que segregamos as contas em curto prazo, ou ativo circulante, as demais contas serão de longo prazo, ou não circulante. A contabilidade brasileira separa o ativo não circulante em: **realizável a longo prazo, investimentos, imobilizado** e **intangível**.

ATIVO NÃO CIRCULANTE

Realizável a longo prazo

O **realizável a longo prazo** diz respeito aos direitos que serão convertidos em caixa após 12 meses. Quais são esses direitos? Basicamente, os mesmos listados no ativo circulante desde que tenham expectativa de se transformarem em dinheiro apenas no longo prazo.

Vejamos novamente a Ilustração 2.2 do Hotel Encosta do Mar. Nesse exemplo, os direitos são as aplicações financeiras, os valores a receber e a conta outros. Considere o caso das aplicações financeiras. O valor de R$ 12.700 refere-se a aplicações que terão resgate em até 12 meses. Como a data do balanço é 31 de dezembro de 20X5, é possível afirmar que até o final de 20X6 esse valor será resgatado.

Considere agora o caso de uma aplicação financeira realizada pela entidade no final de 20X5, cujo prazo de resgate seja de 24 meses. Essa aplicação não pode ser considerada como ativo circulante, uma vez que não tem previsão de resgate em até 12 meses. Nesse caso, o valor dessa aplicação será classificado como ativo realizável a longo prazo.

> **Prática**
>
> De maneira geral, os valores envolvidos no grupo do ativo realizável a longo prazo não são significativos. Entretanto, nos grandes grupos empresariais é comum a existência de operações entre as empresas. Essas operações podem ser desde compra e venda de estoques até empréstimos entre as empresas.

Investimentos

No grupo dos **investimentos** estão classificados os recursos que as entidades aplicam em ativos que não tenham relação com suas atividades operacionais. Como exemplo, temos os recursos que a entidade aportou em outras entidades. Esses investimentos devem possuir a característica de serem "permanentes", ou seja, são investimentos com perfil de longo prazo, sem terem a característica especulativa. Por exemplo, uma entidade investe no capital de um fornecedor para garantir certas vantagens na compra de insumos. Além desses, classificam-se como investimentos os imóveis para aluguéis e obras de arte.

Imobilizado

O **imobilizado** é mais amplo e inclui bens tangíveis (corpóreos), como terrenos, máquinas, equipamentos, computadores, móveis, instalações e prédios. Representa a infraestrutura que a entidade utiliza no seu processo produtivo.

Na grande maioria dos itens que compõem o imobilizado ocorre o processo de **depreciação**. A depreciação refere-se à prática de alocar o custo de um ativo ao resultado ao longo da sua vida útil. Assim, a cada período, parte do custo do ativo é "levada a resultado" através da depreciação. Os ativos que sofrem depreciação (móveis, computadores, equipamentos, máquinas, prédios e instalações) são apresentados no balanço pelo valor de custo de aquisição menos a soma da depreciação que foi levada a resultado, denominada de **depreciação acumulada**.

Existem outros exemplos de bens que também se classificam como imobilizado, por terem relação com as atividades operacionais das entidades, mas que, dada a sua natureza – recursos naturais, tais como o florestamento ou reflorestamento e as jazidas de minérios –, estão sujeitos à **exaustão**. Como esses recursos vão sendo extraídos e a capacidade dessas minas ou florestas vai sendo reduzida, torna-se também necessária a apropriação de parte do custo desses ativos ao resultado. Esse processo é denominado de exaustão, e a conta no balanço que reduz o valor desses ativos é chamada de **exaustão acumulada.**

Intangíveis

O **intangível** corresponde aos bens e direitos incorpóreos que também tenham relação com a atividade operacional da entidade. Um exemplo é uma pesquisa desenvolvida pela entidade com respeito à descoberta de um novo produto qualquer. Enquanto não se consegue estimar a viabilidade técnica e comercial desse produto (fase da pesquisa), todos esses gastos são levados ao resultado como despesa do período. A partir da definição dessa viabilidade (fase do desenvolvimento), os valores que forem gastos serão alocados no ativo intangível, pois se espera que essa pesquisa influencie o resultado de mais de um período. Outros exemplos são os gastos com registros de marcas ou patentes, o direito de exploração de alguns serviços governamentais, como a exploração de rodovias, de aeroportos e portos, de redes de transmissão de energia, os *softwares* (desde que não sejam aqueles indispensáveis para o funcionamento de uma máquina) e o ágio na aquisição de participações em outra empresa (diferença entre o valor pago e o valor patrimonial).

Alguns desses direitos possuem uma data predeterminada de utilização e serão baixados (diminuídos) em função dessa vida útil. Para os ativos intangíveis, essa redução é denominada de **amortização,** e a conta redutora do direito, no balanço, é a **amortização acumulada**. Os ativos intangíveis que não tiverem vida útil definida não estão sujeitos à amortização, como é o caso do ágio pago na aquisição de empresas.

Prática

Em muitas empresas, é comum colocar os valores agrupados no balanço patrimonial e o seu detalhamento nas notas explicativas. A razão para esta escolha é não "poluir" visualmente o balanço com muita informação, deixando os "detalhes" para as notas explicativas.

PASSIVO CIRCULANTE

O **passivo circulante** compreende as obrigações que a entidade possui com terceiros que deverão ser quitadas até o final do próximo exercício social[1]. São, portanto, obrigações de curto prazo da entidade. Pelo fato de o passivo circulante refletir os compromissos de curto prazo da entidade, é necessária uma especial atenção, por parte do usuário, na capacidade de quitá-los.

O passivo circulante geralmente é composto de empréstimos e financiamentos, fornecedores, tributos a pagar, salários e encargos sociais, dividendos, entre outros. Os **empréstimos e financiamentos** correspondem a dívidas que a entidade assumiu com uma instituição financeira. Essa dívida deverá ser quitada até o final do próximo exercício social. Considere, por exemplo, a Ilustração 2.2, do Hotel Encosta do Mar. O valor de R$ 17.000 deverá ser quitado com a instituição financeira até 31 de dezembro de 20X6, pois o balanço patrimonial é de 31 de dezembro de 20X5.

Os **fornecedores** representam dívidas que a entidade possui com outras entidades que fornecem insumos. Por exemplo, quando a entidade adquire papel para impressora, com pagamento a ser realizado no mês seguinte, essa dívida corresponde a um passivo circulante, classificada como fornecedores.

Pequena e Média Empresa

Nas empresas de menor porte, uma grande parte do financiamento é realizada através dos fornecedores. Nessas empresas, os fornecedores concedem um prazo para pagamento das dívidas, e isso aparece no balanço patrimonial.

A conta **tributos a pagar**, ou algo como impostos a pagar, corresponde às obrigações que a entidade possui com o poder público. Um exemplo seria o imposto de renda apurado pela entidade que ainda não foi pago.

Salários e encargos sociais a pagar correspondem às dívidas das entidades com seus funcionários. Entidades que empregam muitos trabalhadores possuem uma conta de salários e encargos sociais expressiva. É importante destacar que a existência dessa conta não representa, necessariamente, que a entidade está em dívida com sua mão de obra, pois a legislação permite que os salários incorridos em um mês sejam pagos até o quinto dia útil do mês subsequente.

---

[1] Conforme estudaremos no Capítulo 4, o exercício social corresponde a um período contábil, geralmente com duração de um ano.

Finalmente, **dividendos a pagar** representa a distribuição do resultado da entidade. Nesse caso, os dividendos já foram aprovados em assembleia, mas ainda não pagos.

PASSIVO NÃO CIRCULANTE

A principal diferença entre o passivo não circulante e o passivo circulante diz respeito ao prazo que a entidade tem para arcar com a obrigação. Enquanto no passivo circulante a obrigação deverá ser paga até o final do próximo exercício social, o passivo exigível a longo prazo ultrapassa essa data. Esse critério é denominado de ordem de **exigibilidade.**

PATRIMÔNIO LÍQUIDO

O patrimônio líquido representa os recursos dos proprietários e, por essa razão, é também denominado de capital próprio. Fazem parte do patrimônio líquido: o capital social, as reservas e o lucro (prejuízo) acumulado.

O **capital social** refere-se ao valor que foi colocado na entidade por seus acionistas. Esses recursos podem ser em dinheiro ou não. E podem inclusive ser provenientes dos resultados da entidade, que seus proprietários decidiram manter na empresa, aumentando o capital com os lucros retidos.

As **reservas**, conforme o nome já revela, referem-se a algo que se deixa guardado para uma eventual necessidade. A legislação brasileira detalha como e quando se constitui uma reserva numa entidade.

A conta **lucro (prejuízo) acumulado** representa os valores que a empresa obteve de resultado, apurado na demonstração do resultado do exercício, e que ainda não existe uma definição sobre seu destino. Esse montante pode ser distribuído, sob a forma de dividendos, ou aplicado na própria entidade, indo compor as reservas e o capital social da mesma. Na denominação dessa conta aparece a palavra "prejuízo" entre parênteses para indicar que o valor pode ser negativo. As sociedades de capital aberto, quando apresentarem um resultado positivo, deverão, obrigatoriamente, destinar esse resultado, de modo que o saldo final dessa conta deverá ser negativo ou nulo.

ANTES DE PROSSEGUIR

1. Quais são os grupos do balanço patrimonial?
2. O que diferencia um ativo/passivo circulante e não circulante?
3. Qual a diferença contábil de um investimento no capital de outra entidade e o investimento num fundo de ação?

Usando as demonstrações contábeis

Objetivo (3) → Apresentar os índices que são utilizados para analisar uma entidade

Até o momento, este livro tem apresentado as demonstrações contábeis sem a preocupação de criar instrumentos que facilitem seu processo de análise. Neste ponto, iniciaremos a exposição de alguns instrumentos úteis para a análise das demonstrações contábeis.

ANÁLISE DE ÍNDICES

Os índices correspondem a uma relação – geralmente uma divisão – entre dois ou mais itens das demonstrações contábeis.

Para facilitar o entendimento, considere a situação do ativo circulante. Conforme vimos anteriormente, os itens que compõem esse grupo dizem respeito a montantes que deverão ser transformados em dinheiro ou consumidos no negócio até o final do próximo exercício social. Para o usuário, é interessante saber se os valores de uma entidade são razoáveis ou não. Considere o caso do Hotel Encosta do Mar, cujo ativo circulante é de R$ 42.500. Uma forma de analisar é fazer uma comparação com o volume de passivo circulante, que representa o montante de obrigações que deverão ser quitadas pela entidade até o final do próximo exercício social. No caso do Hotel Encosta do Mar, esse valor é de R$ 28.700. Comparando os dois valores, percebemos que o total do ativo circulante é superior ao do passivo circulante. No dia a dia, os usuários utilizam essas informações dividindo o valor do ativo circulante pelo passivo circulante. Essa relação recebe o nome de **liquidez corrente**. Fazendo os cálculos para o Hotel Encosta do Mar, temos: R$ 42.500/28.700 $\cong$ 1,48. Isso significa que o valor do ativo circulante representa 1,48 vez mais que o passivo circulante.

A utilização dos índices pode ser feita das seguintes formas:

1. através de comparação com outras entidades;
2. através de comparação com valores médios do setor de atuação da entidade; e
3. através da evolução do índice da entidade ao longo do tempo.

UTILIZANDO A DEMONSTRAÇÃO DO RESULTADO DO EXERCÍCIO

Um dos objetivos do Hotel Encosta do Mar é gerar resultado positivo para seus acionistas. Para verificar se isso está ocorrendo, é necessário comparar as receitas com as despesas da entidade. A demonstração do resultado do exercício apresenta essa comparação para determinado período de tempo. A Ilustração 2.4 apresenta essa demonstração da empresa.

Ilustração 2.4 – Demonstração do resultado do exercício do Hotel Encosta do Mar

Hotel Encosta do Mar Demonstração do Resultado do Exercício		
	20X5	**20X4**
Receita		
Receita Líquida	95.400	76.320
Despesas		
Custo dos Serviços Prestados	(57.600)	(47.900)
Despesas Operacionais	(15.400)	(17.100)
Despesas com Impostos	(18.000)	(9.600)
Total das Despesas	91.000	74.600
Lucro Líquido	*4.400*	*1.720*

Pela demonstração do resultado do Hotel Encosta do Mar, é possível visualizar que a empresa obteve um aumento na sua receita e no seu lucro. A receita líquida aumentou R$ 19.080 (de R$ 76.320 para R$ 95.400). Durante o ano de 20X5, o número de turistas visitantes da cidade, onde está localizado o hotel, aumentou devido a uma campanha do prefeito para promover o turismo. O hotel foi beneficiado graças a sua posição de destaque na região. Com isso, o lucro do Hotel aumentou R$ 2.680 (de R$ 1.720 para R$ 4.400). O principal concorrente do Hotel Encosta do Mar é a Pousada da Alegria, que no período também teve aumento na sua receita de R$ 9.000, de R$ 46.000 para R$ 55.000, mas o lucro diminuiu R$ 1.700, de R$ 3.700 para R$ 2.000. A justificativa para essa redução deve estar no comportamento das suas despesas.

Para o Hotel Encosta do Mar, a análise da demonstração do resultado permite verificar também que as despesas da entidade tiveram um comportamento distinto de um exercício para o outro. Enquanto o custo dos serviços prestados e as despesas com impostos aumentaram, as despesas operacionais diminuíram.

Para melhor avaliar o desempenho da rentabilidade do hotel, utilizamos os índices de rentabilidade. Nós iremos destacar agora dois desses índices: a margem líquida e o giro do ativo.

Margem líquida. A margem líquida relaciona o resultado de um exercício da entidade com a receita líquida produzida no mesmo exercício. Esse índice é geralmente apresentado em percentagem e mede quanto uma entidade consegue gerar de resultado para cada unidade obtida de receita. Os usuários utilizam a informação da margem líquida para comparar o esforço feito pela entidade na geração da receita e o montante de lucro (ou prejuízo) obtido. O indicador da margem líquida pode variar segundo o setor de atuação da entidade. Por essa razão, ao comparar o desempenho da margem líquida de uma entidade com o seu setor seria possível fazer inferências sobre a capacidade da entidade de gerar resultado a partir do volume de receita.

Giro do ativo. O giro do ativo mede a capacidade de geração de receita pelo montante de ativo que está disponível. Seu valor é obtido pela divisão da receita líquida pelo ativo. Em cursos avançados de análise das demonstrações contábeis, realiza-se uma série de discussões sobre o cálculo mais adequado desse indicador. Por enquanto, iremos utilizar a receita líquida de um exercício pelo ativo existente ao final do mesmo exercício.

O usuário da demonstração contábil pode comparar o giro do ativo para verificar qual entidade está utilizando de maneira mais eficaz seus ativos. O giro do ativo é expresso em "vezes". Assim, uma entidade teria, por exemplo, um giro de ativo de 2,5 vezes, indicando que seus ativos geraram naquele exercício social um montante de receita correspondente a 2,5 vezes o ativo da entidade.

Para as informações do Hotel Encosta do Mar, nós podemos obter o valor da margem líquida e do giro do ativo. O valor do ativo de 31/12/20X4, necessário para o cálculo do giro de 20X4, não foi apresentado anteriormente, tendo sido obtido da contabilidade da empresa. A Ilustração 2.5 apresenta os cálculos de forma detalhada a partir das informações obtidas nas demonstrações contábeis.

Ilustração 2.5 – Margem líquida e giro do ativo do Hotel Encosta do Mar

	Margem Líquida	=	Lucro Líquido / Receita
	Giro do Ativo	=	Receita / Ativo
	Em 20X5		**Em 20X4**
Margem Líquida	4.400 / 95.400 = 4,61%		1.720 / 76.320 = 2,25%
Giro do Ativo	95.400 / 108.700 = 0,88 vezes		76.320 / 103.200 = 0,74 vezes

De 20X4 para 20X5, o Hotel Encosta do Mar apresentou uma melhoria na sua margem líquida, aumentando de 2,25% para 4,61%. Isso significa dizer que, de cada R$ 100 que a empresa gerou de receita em 20X4, a mesma obteve um lucro de R$ 4,61. Essa melhoria do desempenho se deve ao aumento do lucro (de R$ 1.720 para R$ 4.400), que foi superior, proporcionalmente, ao aumento ocorrido na receita.

O giro do ativo também aumentou de 0,74 vez para 0,88 vez. Isso indica que a entidade está conseguindo gerar mais receita pelo seu montante de ativo, talvez pelo uso mais eficiente desse ativo. Podemos observar que a receita aumentou em R$ 19.080, enquanto o aumento do ativo foi de R$ 5.500, refletindo no giro do ativo.

Pergunta	Informação Necessária	Fórmula	Uso
A empresa está obtendo resultado adequado com suas atividades?	Demonstração do Resultado	Margem Líquida = Lucro Líquido/ Receita	Quanto que a entidade está gerando de resultado para cada unidade de receita. Maiores margens significam melhor desempenho, embora este valor dependa de vários fatores
A empresa está usando seus ativos de maneira adequada para gerar receita?	Demonstração do Resultado e Balanço Patrimonial	Giro do Ativo = Receita/Ativo	Quanto a entidade consegue gerar de receita com seus ativos. Baixos valores podem indicar ativos inoperantes ou um investimento excessivo para o volume de receita gerada

UTILIZANDO A DEMONSTRAÇÃO DAS MUTAÇÕES DO PATRIMÔNIO LÍQUIDO

A demonstração das mutações do patrimônio líquido apresenta as mudanças ocorridas nesse grupo patrimonial. Os eventos mais comuns que aparecem nessa demonstração são: destinação do resultado gerado no período, integralização de capital e constituição ou reversão de reserva.

O resultado de um período, informação retirada da demonstração do resultado, pode ser utilizado pela entidade para aumentar seu capital, para aumentar o volume das reservas ou para distribuir entre os seus acionistas.

A integralização do capital pode ser feita através da aplicação de recursos diretamente pelos participantes da entidade ou pela utilização dos recursos já existentes. Para o caso do uso dos recursos existentes, pode-se lançar mão dos lucros acumulados ou das reservas.

Finalmente, a constituição ou reversão de reserva numa entidade pode ser feita por uma determinação da lei ou pelo fato de que a entidade acredita que irá necessitar desses recursos em situações futuras. Existem diversos tipos de reservas, e esse detalhamento será objeto de estudo do Capítulo 11.

A Ilustração 2.6 apresenta a demonstração das mutações do patrimônio líquido do Hotel Encosta do Mar. Essa demonstração possui três colunas correspondentes às três contas que compõem o patrimônio líquido da entidade. O leitor poderá inclusive verificar isso comparando com a Ilustração 2.2, que apresenta o balanço patrimonial. Observe que alguns dos valores que constam no balanço patrimonial também são encontrados na Ilustração 2.6. É possível então concluir que a demonstração das mutações é um detalhamento do que ocorreu com o patrimônio líquido de uma entidade durante um (ou mais de um) exercício social.

Ilustração 2.6 – Demonstração das mutações do patrimônio líquido do Hotel Encosta do Mar

Hotel Encosta do Mar
Demonstração das Mutações do Patrimônio Líquido
Em 20X3, 20X4 e 20X5 — Em R$

	Capital Social	Reservas	Lucros (Prejuízos) Acum.	Total do Patrimônio Líquido
Saldo inicial em 31/12/20X3	**18.200**	**1.800**	**13.500**	**33.500**
Aumento/Redução do Capital	18.000			18.000
Constituição de Reservas		10.000	(10.000)	–
Lucro/Prejuízo do Exercício			1.720	1.720
Dividendos Propostos			(2.000)	(2.000)
Saldo em 31/12/20X4	**36.200**	**11.800**	**3.220**	**51.220**
Lucro/Prejuízo do Exercício			4.400	4.400
Realização de Reservas	3.800	(3.800)		–
Dividendos Propostos			(2.120)	(2.120)
Saldo em 31/12/20X5	**40.000**	**8.000**	**5.500**	**53.500**

No caso do Hotel Encosta do Mar, o valor do patrimônio líquido no final de 20X3 era de R$ 33.500. Durante o ano de 20X4, a empresa teve um aumento de capital (de R$ 18 mil), transformou parte dos lucros acumulados em reservas (R$ 10 mil), teve lucro de R$ 1.720 (compare com a Ilustração 2.4, onde esse resultado também aparece) e propôs a distribuição de R$ 2 mil para seus acionistas. Com essas movimentações, terminou o ano de 20X4 com um patrimônio líquido de R$ 51.220, bem maior do que o valor existente no final de 20X3. No ano de 20X5, o Hotel Encosta do Mar teve um lucro de R$ 4.400 (verifique esse resultado na Ilustração 2.4), realizou reservas em R$ 3.800 e propôs a distribuição de dividendos de R$ 2.120.

ANTES DE PROSSEGUIR
1. Quais são as razões para se utilizar índices?
2. Quais índices podem ser utilizados na demonstração do resultado e qual é sua interpretação?
3. Que tipo de informação podemos obter na demonstração das mutações do patrimônio líquido?

UTILIZANDO O BALANÇO PATRIMONIAL

Para melhor analisar o balanço patrimonial, a Ilustração 2.7 mostra essa demonstração para duas datas: 31/12/20X5 e 31/12/20X4. Os valores de 31/12/20X5 repetem aqueles montantes mostrados na Ilustração 2.2; os de final de 20X4 foram acrescentados para facilitar o processo de comparação. Nós iremos analisar esse balanço sob a ótica da **liquidez** e do **endividamento**, comparando os grupos do ativo e do passivo.

Ilustração 2.7 – Balanço patrimonial do Hotel Encosta do Mar

					Em R$
Hotel Encosta do Mar					
Balanço Patrimonial					
Em 20X4 e 20X5					
Ativo	**31/12/20X5**	**31/12/20X4**	**Passivo e Patrimônio Líquido**	**31/12/20X5**	**31/12/20X4**
Ativo Circulante			Passivo Circulante		
Caixa	4.800	3.700	Empréstimos e Financiamentos	17.000	25.200
Investimentos de Curto Prazo	12.700	10.600	Fornecedores	6.400	8.400
Valores a Receber	14.900	12.700	Impostos, Taxas e Contribuições	2.080	3.460
Estoques	9.100	10.400	Dividendos a Pagar	2.120	2.000
Outros	1.000	500	Outros	1.100	1.700
Total do Ativo Circulante	42.500	37.900	Total do Passivo Circulante	28.700	40.760
			Passivo Não Circulante		
			Empréstimos e Financiamentos	24.000	9.080
Ativo Não Circulante			Outros	2.500	2.140
Realizável a Longo Prazo	14.400	15.500	Total do Passivo Não Circulante	26.500	11.220
Investimentos	13.400	12.700			
Imobilizado	36.000	35.000			
Intangível	2.400	2.100	Patrimônio Líquido		
Total do Ativo Não Circulante	66.200	65.300	Capital Social	40.000	36.200
			Reservas	8.000	11.800
			Lucros (Prejuízos) Acumulados	5.500	3.220
			Total do Patrimônio Líquido	53.500	51.220
Ativo Total	**108.700**	**103.200**	**Passivo e Patrimônio Líquido**	**108.700**	**103.200**

Liquidez

Liquidez corrente. A liquidez corrente é calculada através da divisão do ativo circulante pelo passivo circulante. É um índice muito utilizado em análises das demonstrações contábeis por relacionar os ativos de curto prazo da entidade com as obrigações de curto prazo. A liquidez corrente tem sido associada a uma medida de risco de uma entidade já que um valor abaixo da unidade indicaria que o volume de passivo de curto prazo é superior ao ativo circulante.

Em 20X4, a liquidez corrente do Hotel Encosta do Mar era de 0,93. Isso significa que para cada R$ 0,93 de ativo circulante a empresa possuía R$ 1,00 de passivo circulante. No ano de 20X5, a liquidez aumentou para 1,48, significando que para cada R$ 1,48 de ativo circulante a empresa possuía R$ 1 de passivo circulante. Quando se compara com a média do setor, onde a liquidez é de 1,35, pode-se verificar que em 20X4 a liquidez corrente da empresa estava abaixo da média e em 20X5 estava acima da média. Em outras palavras, a liquidez do Hotel Encosta do Mar melhorou em 20X5.

Ilustração 2.8 – Liquidez corrente

Liquidez Corrente = Ativo Circulante/Passivo Circulante		
	31/12/20X5	31/12/20X4
Hotel Encosta do Mar	42.500	37.900
	28.700	40.760
Resultado da Empresa	1,48	0,93
Média do Setor	1,35	

A liquidez corrente é um índice que deve ser utilizado com cautela pelo usuário. Por relacionar o total do ativo circulante com o total do passivo circulante, esse índice não mostra a composição desses grupos. Nem sempre uma liquidez maior representa um bom sinal para a entidade, como é possível encontrar na literatura especializada. É preciso uma análise cuidadosa para verificar o que realmente está ocorrendo com a entidade. Uma empresa comercial que não consegue vender seus produtos terá um aumento nos seus estoques. Como o ativo circulante é aumentado pelos estoques, por consequência, isso reflete no aumento da liquidez corrente. Nesse caso, o aumento da liquidez corrente não seria um bom sinal para a empresa.

Endividamento

O nível de endividamento procura determinar como a entidade está financiando seus investimentos: com recursos dos acionistas ou recursos obtidos com terceiros (instituições financeiras, fornecedores etc.); com recursos de longo prazo (passivo não circulante e patrimônio líquido) ou curto prazo (passivo circulante). Ao utilizar os índices de endividamento, estamos interessados em verificar a capacidade de cumprimento das obrigações que a entidade possui com terceiros. Por essa razão, os índices de endividamento podem, às vezes, ser denominados de **índices de solvência**.

Dívida sobre ativo total. O índice da dívida sobre ativo total é obtido dividindo os valores do passivo circulante e não circulante, que são as obrigações da entidade com terceiros, pelo ativo total. Esse índice procura analisar quanto de recursos de terceiros está sendo utilizado para financiar os ativos da entidade. Usualmente, o índice é expresso em percentagem, como será feito a seguir no nosso exemplo. Quanto maior o índice, mais endividada estará a entidade. Geralmente, um índice elevado significa maior nível de risco.

A Ilustração 2.9 mostra o índice para o Hotel Encosta do Mar. Os valores para o cálculo foram obtidos na Ilustração 2.7. Conforme pode ser notado, metade do ativo da entidade foi financiada com dívida e essa relação manteve-se estável nos dois anos. Em comparação com empresas do setor, o Hotel Encosta do Mar é menos endividado.

O valor encontrado pode ser interpretado da seguinte forma: para cada R$ 1 de ativo, R$ 0,50 foi fornecido por terceiros. O restante teve sua origem nos recursos próprios dos acionistas da entidade.

Ilustração 2.9 – Dívida sobre ativo total

Dívida sobre Ativo = Passivo/Ativo		
	31/12/20X5	31/12/20X4
Hotel Encosta do Mar	28.700 + 26.500	40.760 + 11.220
	108.700	103.200
Resultado da Empresa	50,78%	50,37%
Média do Setor	55%	

Ao analisar a dívida sobre o ativo total de uma entidade, devemos ter o cuidado de verificar outras variáveis. Uma entidade que atua em um setor estável, com acesso fácil ao mercado financeiro e com boas perspectivas de lucro, pode apresentar um nível de endividamento maior, sem que isso signifique um nível de risco mais elevado. Já uma empresa nova, que atua em um setor de rápida transformação e forte concorrência, deveria apresentar um índice de dívida sobre ativo menor.

Perfil da dívida. O perfil da dívida refere-se à relação entre a dívida de curto prazo e a dívida de longo prazo. Para obter esse índice, basta dividir o passivo circulante pelo passivo não circulante. Esse índice mostra quanto que a entidade possui de passivo circulante para cada R$ 1,00 de passivo não circulante. Um valor elevado desse índice significa que a entidade está utilizando mais dívidas de curto prazo do que de longo prazo. Nessa situação, o risco tende a aumentar, uma vez que até o final do próximo exercício social a entidade necessita renovar essa fonte de financiamento.

É interessante notar que esse índice complementa a análise da dívida sobre ativo total. Enquanto o primeiro índice de endividamento refere-se ao percentual da dívida, o perfil da dívida está preocupado com a forma como está composto o passivo. Considere o caso do Hotel Encosta do Mar, em que o índice de dívida sobre ativo total foi de 50,78% e 50,37% nas duas datas. Observe que a informação dada pelo índice não ajuda na conclusão de como está composta essa dívida. A Ilustração 2.10 mostra os valores para o hotel. Observe que temos agora uma melhor visão sobre o que ocorreu com o endividamento da empresa no período. No final de 20X4, para cada R$ 1 de passivo não circulante o Hotel Encosta do Mar possuía R$ 3,63 de passivo circulante. Pela análise do setor, onde a média é de R$ 1,23 para R$ 1, é possível afirmar que esse valor é elevado. Entretanto, apesar de a relação dívida pelo ativo ter variado muito pouco no final de 20X5 em relação à 20X4, o perfil da dívida sofreu uma significativa variação: em 31 de dezembro de 20X5, para cada R$ 1 de passivo não circulante a entidade possuía R$ 1,08 de passivo circulante. Isso indica uma melhoria no perfil da dívida.

Ilustração 2.10 – Perfil da dívida

Perfil da Dívida = Passivo Circulante/Passivo Não Circulante		
	31/12/20X5	31/12/20X4
Hotel Encosta do Mar	28.700	40.760
	26.500	11.220
Resultado da Empresa	1,08	3,63
Média do Setor	1,23	

De maneira geral, é importante que a entidade consiga recursos de longo prazo, fato esse indicado por um valor menor do perfil da dívida. Nessa situação, o risco tende a diminuir. Entretanto, essa posição deve ser analisada em conjunto com o custo dos recursos que foram captados. Caso o custo do passivo circulante seja inferior ao custo do passivo não circulante, um perfil da dívida mais elevado pode ser uma alternativa adequada.

Pergunta	Informação Necessária	Fórmula	Uso
Qual o nível de liquidez da entidade	Balanço Patrimonial	Liquidez Corrente = Ativo Circulante/Passivo Circulante	Quanto a entidade possui de ativos de curto prazo em relação aos passivos de curto prazo. Maiores valores indicam maior liquidez
A entidade está endividada?	Balanço Patrimonial	Dívida sobre Ativo = Passivo/Ativo	Quanto do ativo está sendo financiado por capital de terceiros (passivo). Quanto maior o índice maior o nível de endividamento
Qual o perfil da dívida da entidade: curto ou longo prazo?	Balanço Patrimonial	Perfil da Dívida = Passivo Circulante/Passivo não circulante	Para cada R$ 1 de dívida de longo prazo, quanto a entidade usa de capital de terceiros de curto prazo. Índices maiores indicam maior uso de capital de curto prazo

UTILIZANDO A DEMONSTRAÇÃO DOS FLUXOS DE CAIXA

A demonstração dos fluxos de caixa é uma das principais fontes de informação de uma entidade para os seus usuários. Investidores, gerentes, agências reguladoras e outros querem saber o que ocorreu com o *caixa* da entidade. O termo *caixa* deve ser entendido como abrangendo os recursos em moeda corrente, os depósitos numa instituição financeira e os investimentos de curtíssimo prazo da empresa. Representa, pois, o volume de recursos que a entidade dispõe de imediato para pagar seus compromissos, aproveitar as oportunidades de negócio e ter reserva para eventos não previstos.

A demonstração dos fluxos de caixa separa os itens que afetaram a movimentação do caixa no período em três grupos: **atividades operacionais, atividades de financiamento** e **atividades de investimento**.

As situações que geram ou consomem caixa das atividades operacionais são os recebimentos de clientes e os pagamentos de itens vinculados à operação da entidade, como salários, aluguel, seguros, fornecedores, entre outros. Já o fluxo de caixa da atividade de financiamento diz respeito à captação de recursos junto a instituições financeiras e acionistas e a remuneração desses recursos captados, através de dividendos, por exemplo. Os recursos obtidos pela entidade, seja na atividade operacional ou na atividade de financiamento, são investidos em prédios, terrenos, equipamentos, entre outros, constituindo o fluxo das atividades de investimento.

A Ilustração 2.11 apresenta uma demonstração dos fluxos de caixa para o Hotel Encosta do Mar. O hotel obteve um fluxo de caixa da atividade operacional positivo em ambos os anos. Isso indica que os recebimentos realizados nessas atividades foram superiores aos pagamentos. O fluxo da atividade de financiamento foi positivo em 20X5 devido a maior obtenção de empréstimos. Em ambos os períodos, o Hotel Encosta do Mar utilizou os recursos captados para fazer investimentos.

Ilustração 2.11 – Demonstração dos fluxos de caixa do Hotel Encosta do Mar

Hotel Encosta do Mar Demonstração do Fluxo de Caixa Em 20X4 e 20X5		Em R$
	20X5	**20X4**
Fluxo de Caixa da Atividade Operacional		
Recebimento de caixa das atividades operacionais	99.000	74.100
Pagamento de caixa das atividades operacionais	(98.480)	(70.600)
Fluxo proveniente (usado) na atividade operacional	520	3.500
Fluxo de Caixa das Atividades de Investimento		
Investimento em imobilizado	(1.000)	(970)
Outros Investimentos líquidos	(1.160)	(180)
Fluxo proveniente (usado) na atividade de investimento	(2.160)	(1.150)
Fluxo de Caixa da Atividade de Financiamento		
Dividendos pagos	(2.000)	(1.500)
Obtenção de empréstimos	6.840	1.200
Fluxo proveniente (usado) na atividade de Financiamento	4.840	(300)
Variação Líquida no Exercício	3.200	2.050
Disponibilidades no início do exercício	14.300	12.250
Disponibilidades no final do exercício	17.500	14.300

Geralmente, uma entidade deve conseguir a médio e longo prazo gerar caixa com suas atividades operacionais. Em outras palavras, a linha "fluxo proveniente da atividade operacional" deve ser positiva para que a entidade seja viável a longo prazo. Esses recursos, somados aos recursos obtidos com a atividade de financiamento, são usados nos investimentos da entidade.

Quando uma entidade está iniciando suas atividades pode não conseguir obter recursos com suas operações. Nesse caso, é usual que a mesma busque recursos nos financiamentos ou nos acionistas até que seja possível sua consolidação como entidade. Depois de estabelecida no ambiente econômico, a entidade poderá obter de forma mais acessível os recursos com suas operações.

Numa entidade consolidada, é importante sua capacidade de gerar caixa com suas operações. Para uma empresa com fins lucrativos, sua sobrevivência depende disso. Dessa forma, grande parte da análise dessa demonstração se utiliza dessa informação.

A **cobertura de dívidas** relaciona o fluxo proveniente das atividades operacionais com o passivo circulante da entidade. Esse índice mostra se os recursos gerados pela entidade no período seriam suficientes para quitar as dívidas de curto prazo. Isso não significa que a entidade irá pagar seu passivo circulante, mas que teria condições de gerar os recursos para isso nas suas operações.

O fluxo de caixa da atividade operacional pode ser tanto um valor positivo quanto um valor negativo. Na situação de valor negativo, o índice de cobertura de dívidas será negativo, indicando que não ocorreu geração de caixa no período. Outra forma de analisar esse índice é dividir a unidade pelo índice, encontrando um prazo médio para pagamento das dívidas de curto prazo em anos, se o fluxo utilizado for anual.

A Ilustração 2.12 apresenta a cobertura de dívidas para o Hotel Encosta do Mar. Conforme podemos notar, o fluxo de caixa da atividade operacional em 20X5 foi pouco expressivo diante das dívidas de curto prazo da entidade, do índice de 20X4 e da média do setor. Quando se divide a unidade pelo índice, ou seja, 1/0,02, tem-se que, com a geração do caixa operacional de 20X5, a empresa levaria 50 anos (ou 55 anos, se considerarmos todas as casas decimais) para pagar seu passivo circulante existente no final do ano de 20X5.

Ilustração 2.12 – Cobertura de dívidas do Hotel Encosta do Mar

Cobertura de Dívidas = FC Operacional/Passivo Circulante		
	31/12/20X5	31/12/20X4
Hotel Encosta do Mar	520	3.500
	28.700	40.760
Resultado da Empresa	0,02	0,09
Média do Setor	0,45	

O **fluxo sobre lucro** relaciona o fluxo de caixa da atividade operacional com o lucro líquido do exercício. Esse índice refere-se à capacidade da entidade de transformar o lucro líquido, uma medida contábil de desempenho, em caixa, uma medida financeira. A longo prazo, esse índice assume valor unitário, o que significa dizer que esse deveria ser o valor que a entidade precisaria obter.

É preciso tomar cuidado ao utilizar esse índice quando ocorrer em valores negativos, seja no fluxo, seja no resultado do exercício ou em ambos. Em situações como essa, a análise seria a seguinte:

a) fluxo negativo e lucro – a entidade gerou lucro, mas não conseguiu gerar recursos financeiros;
b) fluxo positivo e prejuízo – mesmo com prejuízo no exercício, a entidade conseguiu gerar recursos financeiros no período; e
c) fluxo negativo e prejuízo – a entidade não conseguiu gerar caixa nem lucro no período.

Para as duas primeiras situações, o índice calculado será negativo. Para a alternativa *c*, o índice final seria positivo, uma vez que estaríamos dividindo um número negativo por outro número negativo. Esse é um alerta ao usuário das demonstrações contábeis, para não usar um índice sem conhecer os valores que foram utilizados no seu cálculo.

A Ilustração 2.13 apresenta o cálculo desse índice para o Hotel Encosta do Mar. No ano de 20X5, somente uma pequena parcela do lucro foi transformada em caixa das operações, ao contrário do que ocorreu em 20X4, quando o dobro do lucro foi transformado em dinheiro.

Ilustração 2.13 – Fluxo sobre lucro do Hotel Encosta do Mar

Fluxo sobre Lucro = FC Operacional/Lucro Líquido

	31/12/20X5	31/12/20X4
Hotel Encosta do Mar	520	3.500
	4.400	1.720
Resultado da Empresa	0,12	2,03
Média do Setor	1,12	

Pergunta	Informação Necessária	Fórmula	Uso
❓	🗂	ΣΔΦΓ	👓
A geração de caixa é suficiente para quitar as dívidas de curto prazo da entidade?	Demonstração dos Fluxos de Caixa	Cobertura de Dívidas = Fluxo das Atividades Operacionais/ Passivo Circulante	Valores maiores indicam maior capacidade de quitar as dívidas de curto prazo a partir dos recursos gerados nas atividades operacionais. O inverso do índice indica o tempo para pagar as dívidas
O lucro está se transformando em caixa?	Demonstração do Resultado e Demonstração dos Fluxos de Caixa	Fluxo sobre Lucro = Fluxo de Caixa das Atividades Operacionais/ Lucro Líquido	Mostra a capacidade de transformar lucro em dinheiro. No longo prazo, deve ser igual a unidade

ANTES DE PROSSEGUIR

1. Quais índices podem ser utilizados para avaliar um balanço patrimonial e qual é sua interpretação?

2. Como a informação do fluxo de caixa das atividades operacionais pode se vincular às informações do balanço e da demonstração do resultado?

3. Por que devemos saber sobre os valores usados para calcular um índice?

EXERCÍCIO DE REVISÃO

Halcima recebeu recentemente as seguintes informações sobre a empresa JR Ltda. e seu balanço patrimonial de 31 de dezembro de 20X6: Caixa = R$ 3.600; Despesas Antecipadas = R$ 5.500; Intangível = R$ 7.500; Estoques = R$ 54.000; Imobilizado = R$ 58.000; Investimentos = R$ 94.300; Valores a Receber = R$ 69.700; Valores a Receber de Longo Prazo = R$ 8.200.

Apresente o balanço patrimonial da empresa, com a classificação correta das contas do ativo, seguindo o critério da liquidez.

Solução

JR Ltda. Balanço Patrimonial Em 31/12/20X4	Em R$
Ativo Circulante	132.800
Caixa 3.600	
Valores a Receber 69.700	
Estoques 54.000	
Despesas Antecipadas 5.500	
Ativo Não Circulante	168.000
Ativo Realizável a Longo Prazo	8.200
Valores a Receber de Longo Prazo 8.200	
Investimentos	94.300
Imobilizado	58.000
Intangível	7.500
Ativo Total	**300.800**

Um exemplo mais completo...

As contas da American Computadores e Periféricos Ltda. para o exercício de 20X7 estão listadas a seguir em ordem alfabética.

Bancos	900,00	Empréstimos – 700 dias	10.600,00
Caixa	100,00	Estoques	5.350,00
Capital Social	100.000,00	Financiamentos – 450 dias	100.000,00
Clientes	1.200,00	Fornecedores	840,00
Contas a Receber – 500 dias	13.000,00	Imóveis para Aluguel	45.000,00
Contratos de Concessões	13.000,00	Investimentos em Coligadas	60.000,00
Custo da Mercadoria Vendida	85.640,00	Lucros Acumulados	13.270,00
Depreciação Acumulada	10.400,00	Máquinas e Equipamentos	11.600,00
Despesa Antecipada de Seguros	800,00	Marcas e Patentes	20.000,00
Despesa com Material de Consumo	2.100,00	Móveis e Utensílios	9.450,00
Despesa com Salários	1.790,00	Receita de Vendas	120.000,00
Despesa de Depreciação	10.400,00	Receitas Antecipadas	20.000,00
Despesas com Aluguel	6.800,00	Reservas de Lucros	30.000,00
Dividendos a Pagar	3.500,00	Salários a Pagar	1.790,00
Edificações	110.000,00		

Pede-se:

Elabore a Demonstração de Resultado e o Balanço Patrimonial do ano de 20X7 e, considerando que o Fluxo de Caixa das Atividades Operacionais foi de R$ 1.720, informe:

a) Liquidez Corrente
b) Dívida sobre Ativo
c) Perfil da Dívida
d) Margem Líquida
e) Giro do Ativo
f) Cobertura de Dívidas
g) Fluxo sobre Lucro

Solução

Balanço Patrimonial

ATIVO		PASSIVO	
Ativo Circulante	**8.350,00**	**Passivo Circulante**	**26.130,00**
Disponível	1.000,00	Fornecedores	840,00
Caixa	100,00	Salários a Pagar	1.790,00
Bancos	900,00	Dividendos a Pagar	3.500,00
Clientes	1.200,00	Receitas Antecipadas	20.000,00
Estoques	5.350,00		
Despesa Antecipada de Seguros	800,00	**Passivo Não Circulante**	**110.600,00**
		Empréstimos – 700 dias	10.600,00
Ativo Não Circulante	**271.650,00**	Financiamentos – 450 dias	100.000,00
Realizável a Longo Prazo	**13.000,00**		
Contas a Receber – 500 dias	13.000,00	**Patrimônio Líquido**	**143.270,00**
Investimentos	**105.000,00**	Capital Social	100.000,00
Investimentos em Coligadas	60.000,00	Reservas de Lucros	30.000,00
Imóveis para Aluguel	45.000,00	Lucros Acumulados	13.270,00
Imobilizado	**120.650,00**		
Móveis e Utensílios	9.450,00		
Máquinas e Equipamentos	11.600,00		
Edificações	110.000,00		
(–) Depreciação Acumulada	(10.400,00)		
Intangível	**33.000,00**		
Marcas e Patentes	20.000,00		
Contratos de Concessões	13.000,00		
TOTAL DO ATIVO	**280.000,00**	**TOTAL DO PASSIVO + PL**	**280.000,00**

Demonstração do Resultado do Exercício		
Receita de Vendas		120.000,00
Custo da Mercadoria Vendida	85.640,00	
Despesa com Material de Consumo	2.100,00	
Despesa com Salários	1.790,00	
Despesas com Aluguel	6.800,00	
Despesa de Depreciação	10.400,00	(106.730,00)
Lucro Líquido do Exercício		13.270,00

a) Liquidez Corrente = Ativo Circulante/Passivo Circulante = R$ 8.350/R$ 26.130 = 0,32

b) Dívida sobre Ativo = (Passivo Circulante + Passivo Não Circulante)/Ativo = (R$ 26.130 + R$ 110.600)/R$ 280.000 = 0,49

c) Perfil da Dívida = Passivo Circulante/Passivo Não Circulante = R$ 26.130/R$ 110.600 = 0,24

d) Margem Líquida = Lucro Líquido/Receita = (R$ 13.270/R$ 120.000) × 100 ≅ 11,06%

e) Giro do Ativo = Receita/Ativo = R$ 120.000/R$ 280.000 = 0,43

f) Cobertura de Dívidas = Fluxo de Caixa Operacional/Passivo Circulante = R$ 1.720/R$ 26.130 = 0,07

g) Fluxo sobre Lucro = Fluxo de Caixa Operacional/Lucro Líquido = R$ 1.720/R$ 13.270 = = 0,13.

Os resultados são:

a) Liquidez Corrente = 0,32
b) Dívida sobre Ativo = 0,49 ou 49%
c) Perfil da Dívida = 0,24
d) Margem Líquida = 11,06%
e) Giro do Ativo = 0,43
f) Cobertura de Dívidas = 0,07
g) Fluxo sobre Lucro = 0,13

Usando a informação contábil

Neste capítulo, utilizamos o exemplo do Hotel Encosta do Mar. As Ilustrações 2.14 e 2.15 apresentam a demonstração do resultado e o balanço patrimonial de outro hotel, o Hotel Dunas.

Ilustração 2.14 – Demonstração do resultado do exercício do Hotel Dunas S.A.

Hotel Dunas
Demonstração do Resultado do Exercício
Em 20X4 e 20X5   Em R$

	20X5	20X4
Receita Líquida	24.898	18.944
Custo dos Bens e Serviços Vendidos	(13.044)	(9.222)
Resultado Bruto	11.854	9.722
Despesas com Vendas	(1.928)	(1.768)
Despesas Gerais e Administrativas	(6.728)	(5.174)
Despesas Financeiras	(602)	(434)
Outras Despesas Operacionais	(228)	(358)
Resultado Líquido	**2.368**	**1.988**

Ilustração 2.15 – Balanço patrimonial do Hotel Dunas S.A.

Hotel Dunas
Balanço Patrimonial
Em 20X4 e 20X5   Em R$

Ativos	31.12.20X5	31.12.20X4	Passivo e Patrimônio Líquido	31.12.20X5	31.12.20X4
Disponibilidades	2.564	2.240	Empréstimos e Financiamentos	4.330	3.626
Créditos	634	596	Fornecedores	2.064	760
Estoques	3.664	3.350	Impostos, Taxas e Contribuições	5.726	5.630
Outros	1.172	290	Provisões	900	900
Ativo Circulante	*8.034*	*6.476*	Outros	1.642	1.378
			Passivo Circulante	*14.662*	*12.294*
Ativo Realizável a Longo Prazo	20.730	62.514	Empréstimos e Financiamentos	5.730	5.730
Investimentos	30.702	14	Debêntures	36.988	36.988
Imobilizado	133.638	131.080	Outros	12.674	24.456
Intangível	1.026	1.092	*Passivo Não Circulante*	*55.392*	*67.174*
Ativo Não Circulante	*165.366*	*132.186*			
			Capital Social Realizado	126.874	126.874
			Reservas de Lucros	148	148
			Lucros/Prejuízos Acumulados	(2.946)	(5.314)
			Patrimônio Líquido	*124.076*	*121.708*
Ativo Total	**194.130**	**201.176**	**Passivo e Patrimônio Líquido**	**194.130**	**201.176**

O fluxo de caixa operacional do Hotel Dunas foi de R$ 2.798 e R$ 2.480 para 20X5 e 20X4, respectivamente.

Instruções:

Usando as demonstrações contábeis, responda às seguintes questões:

a) Qual o valor da margem líquida e do giro do ativo do Hotel Dunas?
b) Calcule os índices que apresentam a posição de liquidez e do endividamento do Hotel Dunas.
c) Apure os índices de cobertura de dívidas e fluxo sobre lucro.
d) Faça um comparativo entre os resultados do Hotel Dunas e o Hotel Encosta do Mar.

Solução

a)

Margem Líquida = Lucro Líquido/Receita. Em 20X5, Margem líquida = (R$ 2.368/ R$ 24.898) × 100 ≅ 9,51%; em 20X4 (R$ 1.988/R$ 18.944) × 100 ≅ 10,49%

Giro do Ativo = Receita/Ativo. Em 20X5, giro do ativo = R$ 24.898/R$ 194.130 = 0,13; em 20X4, R$ 18.944/ R$ 201.176 = 0,09

Baseado nos dados obtidos, a empresa reduziu sua margem líquida. Isso significa dizer que para cada unidade de receita gerada, o Hotel Dunas está conseguindo menos lucro. Já o giro do ativo aumentou, indicando que a empresa está conseguindo gerar mais receita com seu ativo.

b)

Liquidez Corrente = Ativo Circulante/Passivo Circulante. Em 31/12/20X5, liquidez corrente = R$ 8.034/R$ 14.662 = 0,55; em 31/12/20X4, R$ 6.476/R$ 12.294 = 0,53

Dívida sobre Ativo Total = (Passivo Circulante + Passivo Não Circulante)/Ativo. Em 31/12/20X5 [(R$ 14.662 + R$ 55.392)/R$ 194.130] × 100 = 36,09%; em 31/12/20X4 [(R$ 12.294 + R$ 67.174)/R$ 201.176] × 100 = 39,50%

Perfil da Dívida = Passivo Circulante/Passivo Não Circulante. Em 31/12/20X5 = R$ 14.662/ R$ 55.392 = 0,26; em 31/12/20X4, R$ 12.294/R$ 67.174 = 0,18

A liquidez apresentou um pequeno aumento, mas ainda é menor do que 1. Isso quer dizer que as obrigações de curto prazo da empresa são superiores aos ativos de curto prazo. Nesse período, a empresa conseguiu reduzir a relação dívida sobre ativo total, diminuindo seu endividamento. No entanto, a participação das obrigações de curto prazo em relação ao total das dívidas aumentou.

c)

Cobertura de Dívidas = Fluxo de Caixa Operacional/Passivo Circulante. Em 20X5, cobertura de dívidas = R$ 2.798/R$ 14.662 = 0,19; em 20X4, R$ 2.480 /R$ 12.294 = 0,20

Fluxo sobre Lucro = Fluxo de Caixa Operacional/Lucro Líquido. Em 20X5, R$ 2.798/R$ 2.368 = 1,18; em 20X4, R$ 2.480/R$ 1.988 = 1,25

O volume de recursos gerados nas atividades operacionais do hotel é insuficiente para cobrir suas obrigações de curto prazo. Quando se compara o fluxo com o lucro, é possível observar que o hotel está conseguindo gerar mais recursos que o seu lucro.

d) Os resultados estão a seguir:

Índice	Hotel Dunas		Hotel Encosta	
Margem Líquida	9,51%	10,49%	4,61%	2,25%
Giro do Ativo	0,13	0,09	0,88	0,74
Liquidez Corrente	0,55	0,53	1,48	0,93
Dívida sobre Ativo	36,09%	39,50%	50,78%	50,37%
Perfil da Dívida	0,26	0,18	1,08	3,63
Cobertura de Dívidas	0,19	0,20	0,02	0,09
Fluxo sobre Lucro	1,18	1,25	0,12	2,03

O comparativo permite verificar que a margem líquida do Hotel Dunas é superior à do Hotel Encosta do Mar. Mas sua capacidade de gerar receita em relação ao ativo é inferior (0,13 versus 0,88 em 20X5). Da mesma forma, a liquidez corrente é inferior. Em termos de endividamento, o Hotel Dunas é menos endividado, incluindo um perfil de dívida com menor obrigação de curto prazo. Além disso, a capacidade de gerar recursos nas atividades operacionais do Hotel Dunas permite maior cobertura de dívidas. Com respeito ao fluxo sobre lucro, seu índice é mais estável nos dois anos do que o do Hotel Encosta do Mar.

Características qualitativas da informação contábil

Objetivo (4) → Explicar as características qualitativas da informação contábil

Em nosso primeiro capítulo, mostramos as relações entre as quatro demonstrações contábeis (balanço patrimonial, demonstração do resultado do exercício, demonstração dos fluxos de caixa e demonstração das mutações do patrimônio líquido). Neste capítulo, apresentamos como podemos usar essas informações para analisar a situação de uma entidade.

A elaboração dessas demonstrações está baseada em alguns conceitos. Esses conceitos são denominados de **princípios de contabilidade geralmente aceitos**, ou Gaap, da sigla em língua inglesa. O Brasil segue as normas internacionais de contabilidade que são discutidas e aprovadas pelo Iasb. O Iasb é uma entidade sem fins lucrativos, com sede em Londres, e tem participação nas principais economias do mundo. Seus pronunciamentos são traduzidos e analisados no Brasil pelo CPC.

Características fundamentais da informação contábil

A informação contábil deve possuir duas características fundamentais: **relevância** e **representação fidedigna**. A informação é relevante quando influencia as decisões econômicas do usuário. Isso pode ocorrer ajudando na predição ou na confirmação. A relevância está associada ao processo decisório.

A representação fidedigna indica que a informação contábil deve apresentar três atributos: ser **completa**, **neutra** e **livre de erros**. Ou seja, deve incluir toda informação necessária (completa) para que o usuário compreenda o que está ocorrendo na entidade. Essa informação não deve ter viés, ou seja, deve ser neutra. E a informação não deve ter erros.

Características de melhoria

As características de melhoria não são tão importantes quanto as fundamentais, mas devem ser consideradas pela contabilidade. São quatro as características de melhoria: **comparabilidade, verificabilidade, tempestividade** e **compreensibilidade**.

O usuário da informação deve ter condições de comparar as demonstrações contábeis ao longo do tempo e com outras entidades. Uma consequência da comparabilidade é que um mesmo fenômeno deve ser mensurado de forma semelhante pela entidade ao longo do tempo e por diversas entidades. A verificabilidade diz respeito à necessidade de que diferentes observadores tenham um consenso sobre a realidade econômica da entidade. A tempestividade é dispor a informação para o usuário a tempo de influenciar a sua decisão. Finalmente, a informação deve ser clara e concisa para que seja compreendida pelo usuário.

Continuidade e restrição ao custo

Ao preparar as informações para o usuário, a contabilidade deve levar em consideração a **continuidade** da entidade. Ou seja, que a entidade irá permanecer operando nos próximos exercícios. A continuidade é considerada a premissa subjacente da informação. Se existir a possibilidade de a entidade não continuar atuando nos próximos anos, isso deve mudar a forma de mensuração das demonstrações contábeis.

A **restrição ao custo** enfatiza o fato de que a informação tem um custo. Em certas situações, obter uma informação pode ser muito dispendioso para a entidade, e isso deve ser considerado nas demonstrações contábeis.

RESUMO DOS OBJETIVOS

Apresentar os órgãos responsáveis pelas normas contábeis – Existem diversas entidades que criam regras na área contábil. No mundo, temos o *International Accounting Standards Board* (Iasb). No Brasil, existem diversos órgãos responsáveis pela criação de normas contábeis.

Discutir sobre as demonstrações contábeis de uma entidade – O balanço patrimonial está dividido em ativo circulante e não circulante, passivo circulante e não circulante e patrimônio líquido. A demonstração do resultado confronta as receitas e despesas de uma entidade, com o objetivo de apurar o lucro ou prejuízo do período. A demonstração das mutações do patrimônio líquido apresenta as movimentações que ocorreram nas contas do patrimônio líquido. A demonstração dos fluxos de caixa explica, por meio dos fluxos das atividades operacionais, de investimento e financiamento, a variação na conta caixa e equivalentes de caixa.

Apresentar os índices que são utilizados para analisar uma entidade – Para um melhor entendimento do desempenho de uma entidade, utilizamos índices que apresentam uma relação entre dois ou mais itens das demonstrações contábeis. Conhecemos neste capítulo sete índices.

Explicar as características qualitativas da informação contábil – Uma informação, para ser útil, precisa ter alguns atributos. As características qualitativas fundamentais são: **relevância** e **representação fidedigna**. Já as características de melhoria são: **comparabilidade, verificabilidade, tempestividade** e **compreensibilidade**. Além disso, devem-se observar a continuidade da entidade e o custo de gerar uma informação.

DECISÃO

Pergunta	Informação Necessária	Fórmula	Uso
A empresa está obtendo resultado adequado com suas atividades?	Demonstração do Resultado	Margem Líquida = Lucro Líquido/Receita	Quanto a entidade está gerando de resultado para cada unidade de receita. Maiores margens significam melhor desempenho, embora este valor dependa de vários fatores
A empresa está usando seus ativos de maneira adequada para gerar receita?	Demonstração do Resultado e Balanço Patrimonial	Giro do Ativo = Receita/Ativo	Quanto a entidade consegue gerar de receita com seus ativos. Baixos valores podem indicar ativos inoperantes ou um investimento excessivo para o volume de receita gerada
Qual o nível de liquidez da entidade?	Balanço Patrimonial	Liquidez Corrente = Ativo Circulante/Passivo Circulante	Quanto a entidade possui de ativos de curto prazo em relação aos passivos de curto prazo. Maiores valores indicam maior liquidez
A entidade está endividada?	Balanço Patrimonial	Dívida sobre Ativo = Passivo/Ativo	Quanto do ativo está sendo financiado por capital de terceiros (passivo). Quanto maior o índice, maior o nível de endividamento
Qual o perfil da dívida da entidade: curto ou longo prazo?	Balanço Patrimonial	Perfil da Dívida = Passivo Circulante/Passivo Não Circulante	Para cada R$ 1 de dívida de longo prazo, quanto a entidade usa de capital de terceiros de curto prazo. Índices maiores indicam maior uso de capital de curto prazo
A geração de caixa é suficiente para quitar as dívidas de curto prazo da entidade?	Demonstração dos Fluxos de Caixa e Balanço Patrimonial	Cobertura de Dívidas = Fluxo das Atividades Operacionais/Passivo Circulante	Valores maiores indicam maior capacidade de quitar as dívidas de curto prazo a partir dos recursos gerados nas atividades operacionais. O inverso do índice indica o tempo para pagar as dívidas
O lucro está se transformando em caixa?	Demonstração do Resultado e Demonstração dos Fluxos de Caixa	Fluxo sobre Lucro = Fluxo de Caixa das Atividades Operacionais/Lucro Líquido	Mostra a capacidade de transformar lucro em dinheiro. No longo prazo, deve ser igual a unidade

DICIONÁRIO

Ativo circulante – Grupo de contas do balanço patrimonial que engloba itens de curto prazo que serão convertidos em caixa ou serão usados no curto prazo. Compreende os recursos monetários (caixa e recursos em conta-corrente), os investimentos de curto prazo, valores a receber de terceiros, estoques de produtos, entre outros.

Ativo não circulante – Grupo do ativo composto por quatro subgrupos: realizável a longo prazo, investimentos, imobilizado e intangível.

Ciclo operacional – Corresponde ao período médio em que a entidade compra o estoque, produz (se for uma indústria), vende e recebe do seu cliente.

Cobertura de dívidas – Relação entre o fluxo proveniente das atividades operacionais e o passivo circulante da entidade. Mostra se os recursos gerados pela entidade no período seriam suficientes para quitar as dívidas de curto prazo.

Comitê de pronunciamentos contábeis (CPC) – Órgão responsável pelas normas de contabilidade no Brasil.

Comparabilidade – Uma das características de melhoria da informação. A informação deve ser comparada com situações anteriores ou situações idênticas da mesma entidade ou de entidades similares. Um evento deve ser tratado de maneira igual para uma entidade ao longo do tempo ou para entidades similares.

Compreensibilidade – Característica de melhoria da informação que requer que a informação seja clara e concisa para ser compreendida pelo usuário.

Continuidade – Premissa de que a entidade irá permanecer operando nos próximos exercícios.

Demonstração contábil – Informações contábeis apresentadas por uma entidade. Seu objetivo é fornecer informações para o usuário.

Disponível – Item do ativo de uma entidade que pode ser convertido em moeda corrente mais facilmente.

Dívida sobre Ativo – Relação entre a dívida com terceiros da entidade (passivo circulante e passivo não circulante) e o ativo da entidade. Mede o percentual do ativo que está sendo financiado por dívidas com terceiros.

Endividamento – Procura determinar como a entidade está financiando seus investimentos: com recursos dos acionistas ou recursos obtidos com terceiros; com recursos de longo prazo (passivo não circulante e patrimônio líquido) ou curto prazo (passivo circulante).

Fluxo sobre lucro – Relação entre o fluxo de caixa da atividade operacional e o lucro líquido do exercício. Mostra a capacidade da entidade de transformar o lucro líquido em caixa.

Giro do Ativo – Relação entre a receita e o valor do ativo. Mede a capacidade de geração de receita pelo montante de ativo que está disponível.

Iasb – Sigla do *International Accounting Standards Board*, organismo responsável pelas normas contábeis em termos mundiais.

Imobilizado – Subgrupo do ativo não circulante. Recursos que a entidade aportou em outras entidades ou usados na aquisição de imóveis com o objetivo de obter rendimentos (seja por meio do recebimento de aluguel ou pela valorização do bem), que possuem perfil de longo prazo, sem característica especulativa.

Intangível – Subgrupo do ativo não circulante. Corresponde aos bens e direitos incorpóreos que também tenham relação com a atividade operacional da entidade.

Investimentos – Subgrupo do ativo não circulante. Recursos que a entidade aportou em outras entidades, ou usados na aquisição de imóveis com o objetivo de obter rendimentos (seja por meio do recebimento de aluguel ou pela valorização do bem), que possuem perfil de longo prazo, sem característica especulativa.

Liquidez corrente – Relação entre ativo circulante e passivo circulante. Mede a relação de ativos de curto prazo e as obrigações que a entidade deve cumprir até o final do próximo exercício social.

Lucro/prejuízo acumulado – Representa os valores que a entidade obteve de resultado, apurado na demonstração do resultado, e para os quais não existe uma definição sobre seu destino.

Margem líquida – Relação entre o resultado de um exercício da entidade com a receita produzida no mesmo exercício. Mede quanto uma entidade consegue gerar de resultado para cada unidade obtida de receita.

Passivo circulante – Obrigações que a entidade possui com terceiros que deverão ser quitadas até o final do próximo exercício social. Composto de empréstimos, financiamentos, fornecedores, tributos a pagar, salários e encargos sociais, dividendos, entre outros.

Passivo não circulante – Obrigações que a entidade possui com terceiros que deverão ser quitadas após o final do próximo exercício social.

Patrimônio líquido – Recursos dos acionistas. Também denominado de capital próprio. Dividido em *capital social*, reservas e lucros/prejuízos acumulados.

Perfil da dívida – Relação entre passivo circulante e passivo não circulante. Mede quanto a entidade possui de dívida de curto prazo (passivo circulante) para cada R$ 1 de dívida de longo prazo (não circulante).

Realizável a longo prazo – Diz respeito aos direitos que serão convertidos em caixa após o próximo exercício social.

Regulador – Órgão responsável pelo estabelecimento de regras contábeis.

Relevância – Característica fundamental da informação contábil. Para que uma informação seja relevante, deve fazer diferença no processo decisório, influenciando o usuário.

Representação fidedigna – Característica fundamental da informação contábil. Uma informação útil deve representar o fenômeno que está descrevendo. Ou seja, ser completa, neutra e livre de erro.

Reservas – Subgrupo do patrimônio líquido. Refere-se a valores que são deixados na entidade para uma eventual necessidade.

Restrição ao custo – Obter uma informação pode ser muito dispendioso para a entidade, e isso deve ser considerado nas demonstrações contábeis.

Tempestividade – Característica de melhoria da informação. A infomação deve estar disponível para o usuário a tempo de influenciar a sua decisão.

Verificabilidade – Uma das características de melhoria da informação. Uma informação útil deve permitir que seja demonstrada, averiguada.

PROBLEMA DEMONSTRAÇÃO

Encontra-se a seguir um conjunto de contas da Editora Now&Ever S.A. Os valores estão em R$ mil e referem-se ao exercício social encerrado em 31 de dezembro de 20X5. Foram feitas algumas pequenas adaptações nas demonstrações contábeis divulgadas para fins didáticos.

Ativo Realizável a Longo Prazo	647
Capital Social Realizado	180.392
Contas a Receber	209.429
Custo de Bens e/ou Serviços Vendidos	302.556
Despesa com Provisão para IR e Contribuição Social	4.857
Despesas com Vendas	65.118
Despesas Financeiras	589
Despesas Gerais e Administrativas	21.740
Intangível	912
Disponibilidades	44.856
Dividendos a Pagar	4.885
Empréstimos e Financiamentos	167
Estoques	46.907
Fornecedores	97.042
Imobilizado	10.937
Impostos, Taxas e Contribuições	9.268
Investimentos	7.535
Outras Despesas	5.671
Outros Ativos Circulantes	428
Outros Passivos Circulantes	18.361
Passivo Exigível a Longo Prazo	153
Provisões	3.832
Receita Líquida de Vendas e/ou Serviços	419.215
Reservas de Lucro	7.551

Instruções

Prepare o balanço patrimonial e a demonstração do resultado da Editora Now & Ever S.A. Lembre-se de que nenhum item deve ser utilizado mais de uma vez.

Solução

Balanço Patrimonial
Editora Now&Ever S.A.
Em 31/12/20X5
Em R$ mil

Disponibilidades	44.856	Empréstimos e Financiamentos	167
Contas a Receber	209.429	Fornecedores	97.042
Estoques	46.907	Impostos, Taxas e Contribuições	9.268
Outros Ativos Circulantes	428	Dividendos a Pagar	4.885
Ativo Circulante	*301.620*	Provisões	3.832
		Outros Passivos Circulantes	18.361
		Passivo Circulante	*133.555*
Ativo Realizável a Longo Prazo	647		
Investimentos	7.535	Passivo Exigível a Longo Prazo	153
Imobilizado	10.937	*Passivo Não Circulante*	*153*
Intangível	912		
Ativo Não Circulante	*20.031*	Capital Social Realizado	180.392
		Reservas de Lucro	7.551
		Patrimônio Líquido	*187.943*
Ativo Total	**321.651**	**Passivo e Patrimônio Líquido**	**321.651**

Demonstração do Resultado do Exercício
Editora Now&Ever S.A.
Em 20X5
Em R$ mil

Receita Líquida de Vendas e/ou Serviços		419.215
Custo de Bens e/ou Serviços Vendidos	(302.556)	
Despesas com Vendas	(65.118)	
Despesas Gerais e Administrativas	(21.740)	
Despesas Financeiras	(589)	
Outras Despesas	(5.671)	
Despesa com Provisão para IR e Contribuição Social	(4.857)	(400.531)
Lucro/Prejuízo do Exercício		**18.684**

QUESTÕES DE MÚLTIPLA ESCOLHA

1. Entidade responsável pela elaboração das normas contábeis internacionais:
   a) Comissão de Valores Mobiliários.
   b) Comitê de Pronunciamentos Contábeis.
   c) *Financial Accounting Standards Board.*
   d) *International Accounting Standards Board.*

2. No balanço patrimonial, o ativo que será convertido em caixa ou será utilizado no negócio dentro do próximo exercício social é denominado:
   a) Circulante.
   b) Não circulante.
   c) Realizável a longo prazo.
   d) Nenhuma das alternativas anteriores.

3. Os ativos de uma entidade são listados:
   a) Pela importância.
   b) Pela longevidade.
   c) Por ordem alfabética.
   d) Por ordem de expectativa de conversão em caixa.

4. Faz parte do passivo circulante:
   a) Diferido.
   b) Exigível a longo prazo.
   c) Fornecedores.
   d) Investimento.

5. Deve estar classificado no patrimônio líquido:
   a) Dividendos.
   b) Fornecedores.
   c) Reservas.
   d) Tributos a pagar.

6. O uso de índices pode ser feito através da comparação:
   a) Com empresas do setor.
   b) Com outras entidades.
   c) Com valores ao longo do tempo.
   d) Todas as alternativas acima.

7. A relação do lucro líquido com a receita é denominada de:
   a) Giro do ativo.
   b) Lucro operacional.
   c) Lucros ou prejuízos acumulados.
   d) Margem líquida.

8. Permite verificar os eventos que ocorreram no patrimônio líquido de uma entidade:
   a) Balanço patrimonial.
   b) Demonstração das mutações do patrimônio líquido.
   c) Demonstração do resultado.
   d) Índice de liquidez.

9. Analisa quanto de recursos de terceiros está sendo utilizado para financiar os ativos de uma entidade:
   a) Dívida sobre ativo.
   b) Giro do ativo.
   c) Liquidez corrente.
   d) Perfil da dívida.

10. Os dividendos pagos por uma entidade são classificados no fluxo de caixa da atividade de(a):
    a) Financiamento.
    b) Investimento.
    c) Operacional.
    d) Variação líquida no exercício.

11. Mostra a capacidade da empresa em transformar o lucro em caixa:
    a) Demonstração dos fluxos de caixa.
    b) Fluxo sobre lucro.
    c) Lucros ou prejuízos acumulados.
    d) Reservas.

12. Diz respeito ao fato de a informação fazer diferença para o usuário no seu processo decisório:
    a) Compreensibilidade.
    b) Relevância.
    c) Representação fiel.
    d) Valor preditivo.

13. Diz respeito ao fato de que a contabilidade não deve ter viés:
    a) Comparabilidade.
    b) Conservadorismo.
    c) Representação fidedigna.
    d) Verificabilidade.

QUESTÕES PARA REVISÃO

1. Qual o papel dos reguladores na contabilidade?

2. A empresa Vitrine Energia Elétrica atua no setor de distribuição de energia elétrica, que possui uma série de normas na área contábil provenientes da agência reguladora (Aneel). Uma das normas determina que as empresas do setor devem divulgar a composição da sua tarifa. O presidente da empresa determinou que essa informação não deve ser divulgada. Você considera que essa atitude está correta? Explique sua resposta.

3. Defina ativo circulante. Qual a ordem da sua apresentação?

4. Um investimento de uma entidade pode ser classificado como circulante ou permanente. Qual a razão para existir essa distinção?

5. Um empréstimo pode ser classificado como passivo circulante ou passivo não circulante. Quando um empréstimo será considerado de longo prazo?

6. Qual a composição do patrimônio líquido?

7. Cite uma conta do balanço patrimonial que pode assumir valores negativos.

8. Cite o nome de índices utilizados para (a) analisar a demonstração do resultado; (b) analisar o balanço patrimonial; e (c) analisar os fluxos de caixa.

9. Artur Ribeiro analisou o endividamento da empresa Restaurante Éster através da dívida sobre ativo total. Artur concluiu que a empresa é pouco endividada e por essa razão é interessante que o banco onde ele trabalha faça um empréstimo para esse restaurante. Ele está certo? Por quê?

10. Gendai Delivery apresentou um aumento no seu lucro no último ano. Cite outros fatores que se deveria observar na análise desse resultado.

11. Que índice você acredita que seria de grande interesse para: (a) um investidor que deseja saber se uma empresa está conseguindo obter um lucro adequado?; (b) um fundo de pensão que deseja investir numa empresa para os próximos anos?; (c) um fornecedor que deseja verificar se seu cliente pode pagar suas dívidas?

12. Qual a diferença entre relevância e representação fidedigna?

13. Um evento da empresa é pouco significativo em termos monetários, mas pode influenciar o processo decisório do usuário. Esse evento deve ser divulgado?

14. Uma empresa está estudando divulgar uma informação para os usuários. Entretanto, o departamento responsável pela contabilidade observou que essa informação tem um custo muito elevado para ser obtida e divulgada. A empresa deve obter essa informação? Qual a base para sua decisão?

EXERCÍCIOS BREVES

EB 1. A seguir, são apresentados alguns elementos patrimoniais que representam origem de recursos ou aplicações de recurso. Classifique-os em (O) se forem origem ou (A) aplicação de recursos:

a) —— Duplicatas a pagar
b) —— Mercadorias
c) —— Empréstimos
d) —— Capital
e) —— Caixa
f) —— Terrenos
g) —— Clientes
h) —— Salários a pagar
i) —— Lucros acumulados
j) —— Reservas

EB 2. A seguir, são apresentadas contas do balanço patrimonial de uma entidade. Considerando AC = Ativo Circulante; ANC = Ativo não Circulante; PC = Passivo Circulante; PNC = Passivo não Circulante; e PL = Patrimônio Líquido, faça a classificação em cada caso:

a) ——— Caixa
b) ——— Capital
c) ——— Contas a Pagar de Curto Prazo
d) ——— Contas a Pagar de Longo Prazo
e) ——— Contas a Receber de Curto Prazo
f) ——— Contas a Receber de Longo Prazo
g) ——— Depreciação Acumulada
h) ——— Estoques
i) ——— Patentes
j) ——— Reservas
k) ——— Terrenos

EB 3. No balanço patrimonial da Ritmo Academia apareciam as seguintes contas: Aplicações Financeiras de Curto Prazo = R$ 4.500; Caixa = R$ 1.200; Clientes a Receber = R$ 2.300; Estoques de Material de Consumo = R$ 1.100; e Seguros Pagos Antecipadamente = R$ 600. Prepare a parte do balanço da Ritmo referente ao ativo circulante.

EB 4. São listados eventos que influenciam a demonstração das mutações do patrimônio líquido da empresa Bidu S.A. Considere que ALA = aumento dos lucros acumulados ou reservas; RLA = redução dos lucros acumulados ou reservas; AC = aumento do capital; RC = redução do capital. Utilize essas siglas para classificar os seguintes eventos:

a) ——— Lançamento de novas ações
b) ——— Pagamento de dividendos
c) ——— Lucro do exercício
d) ——— Aumento de capital pela incorporação de reservas

EB 5. São apresentados a seguir os dados resumidos do balanço patrimonial da Rensi para 31 de outubro de 20X0: Caixa e Equivalentes = R$ 30.000; Valores a Receber = R$ 60.000; Estoques = R$ 90.000; Outras Contas do Ativo Circulante = R$ 10.000; Passivo Circulante = R$100.000. Determine a liquidez corrente da entidade.

EB 6. A Romuh apresentava as seguintes informações relacionadas ao balanço patrimonial de 31 de janeiro de 20X9: Bancos = R$ 10.000; Depreciação Acumulada = R$ 40.000; Estoques = R$ 70.000; Máquinas e Equipamentos = R$ 200.000; e Valores a Receber = R$ 22.000. Apresente a informação conforme a ordem de liquidez. Não se esqueça de obter o total do ativo.

EB 7. A Fuzuê apresentou em 31 de março de determinado ano um ativo circulante de R$ 800 mil. Nessa data, a entidade tinha ainda os seguintes números nas demonstrações contábeis: Ativo Total = R$ 1.800; Passivo Circulante = R$ 700 mil; Passivo = R$ 1.100; e Fluxo de Caixa gerado nas atividades operacionais = R$ 180 mil. Com base nesses valores determine: (a) liquidez corrente; (b) perfil da dívida; (c) cobertura da dívida.

EB 8. As seguintes informações estão disponíveis da Empresa Zero S.A. para o exercício findo em 31 de dezembro de cada ano:

	20X8	20X7
Ativo Circulante	40.000	35.000
Ativo Total	126.000	115.000
Passivo Circulante	42.000	39.000
Passivo	78.000	67.000
Receita	350.000	315.000
Lucro Líquido	15.000	13.000
Fluxo das Atividades Operacionais	19.000	7.000

Calcule: (a) margem líquida; (b) giro do ativo; (c) liquidez corrente; (d) dívida sobre ativo; (e) perfil da dívida; (f) cobertura da dívida; (g) fluxo sobre lucro.

EB 9. O diretor financeiro da Sagitário S.A. solicitou que o departamento responsável pela contabilidade fizesse uma prévia do balanço patrimonial da empresa no dia 30 de dezembro de 20X1. A empresa possui certas dívidas que exigem a manutenção de uma liquidez corrente acima de 2 para 1 no final de cada exercício social. A informação entregue ao diretor financeiro foi a seguinte:

Balanço Patrimonial			
Ativo Circulante		Passivo Circulante	
Caixa	50.000	Fornecedores	40.000
Valores a Receber	60.000	Salários a Pagar	20.000
Despesas Antecipadas	10.000		
		Passivo Não Circulante	160.000
Ativo não Circulante			
Imobilizado líquido	400.000	Patrimônio Líquido	300.000
	520.000		520.000

Calcule a liquidez corrente baseada no resultado preliminar. Baseado nesse cálculo, o diretor financeiro determinou o pagamento da dívida com os fornecedores, de R$ 40 mil. Calcule a nova liquidez corrente para empresa. Discuta se o comportamento do diretor é ético ou não.

EB 10. A Síria apresentou as seguintes informações contábeis para os exercícios findos em 31 de dezembro:

	20X1	20X0
Ativo Circulante	92.500	102.000
Ativo Total	198.000	186.000
Passivo Circulante	40.000	38.000
Passivo	55.000	53.000
Receita	790.000	650.000
Lucro Líquido	55.000	50.000
Fluxo das Atividades Operacionais	60.000	70.000

Pede-se:

a) Calcule os índices da Síria para os dois anos.

b) Faça uma análise comparativa, analisando se ocorreu melhoria em alguns dos índices.

EB 11. Dadas as características qualitativas da informação contábil, estabelecidas pelo CPC que trata sobre a Estrutura Conceitual, complete cada um dos seguintes espaços:

a) A informação será ——————— se ela tiver valor preditivo e valor confirmatório.

b) ——————— é a qualidade da informação que dá segurança de que toda a informação necessária foi divulgada e está livre de erros ou vieses.

c) ——————— significa usar o mesmo princípio contábil e métodos de um ano para outro em uma mesma entidade.

d) ——————— significa que a informação contábil não pode ser selecionada, preparada ou apresentada em favor de um grupo de interesse de usuários em prejuízo de outro grupo.

e) ——————— significa que a informação contábil deve estar disponível para a tomada de decisão antes de perder sua capacidade de influenciar as decisões.

PROBLEMAS

PB 1. A empresa Festas no Parque Ltda. apresentou em 31/12/20X3 os seguintes saldos (valores em R$):

Aplicações de Curto Prazo	30.000	Fornecedores	5.000
Bancos	60.700	Materiais de Consumo	900
Caixa	35.600	Material de Escritório	500
Capital Social	210.000	Mercadorias	10.000
Depreciação Acumulada	17.000	Móveis e Utensílios	12.000
Despesa Material de Consumo	600	Prédios	50.000
Despesa Material de Escritório	270	Receita de Vendas	5.200
Despesas com Água	90	Receitas Antecipadas	600
Despesas com Telefone	150	Reservas de Lucros	78.410
Despesas de Depreciação	1.500	Seguros Antecipados	2.400
Despesas de Energia	200	Terrenos	45.000
Despesas de Salários	1.200	Veículos	65.000
Despesas de Seguros	100		

Pede-se:

1. Elabore a demonstração do resultado da empresa, para o exercício de 20X3, e informe o lucro (ou prejuízo) do exercício findo.

2. Elabore o balanço patrimonial da empresa e informe os valores totais dos grupos: (a) disponível; (b) ativo circulante; (c) ativo não circulante; (d) passivo circulante; (e) passivo não circulante; (f) patrimônio líquido.

PB 2. O fluxo das atividades operacionais da Festas no Parque Ltda. foi de R$ 350. Com base nas informações apresentadas no balanço patrimonial e na demonstração de resultado (PB 1), calcule os seguintes indicadores:

a) Liquidez corrente
b) Dívida sobre ativo
c) Perfil da dívida
d) Margem líquida
e) Giro do ativo
f) Cobertura de dívidas
g) Fluxo sobre lucro

PB 3. A seguir, são apresentadas as contas patrimoniais da Mineradora Preciosa S.A. em 31/12/20X0 (valores em R$ mil), *após* a destinação do resultado do período:

Conta	Valor	Conta	Valor
Aplicações Financeiras	17.326	Estoques	24.907
Caixa e Bancos	66	Fornecedores	13.861
Capital Social Realizado	205.392	Imposto de Renda e Contribuição Social a Pagar	7.654
Clientes	14.061	Móveis e Utensílios	113.279
Contas a Receber – 720 dias	63	Obrigações Sociais e Trabalhistas	3.800
Depreciação Acumulada	23.378	Participações em Coligadas	5.982
Direitos e Concessões	75.967	Propriedades para Investimento	5.233
Edificações	156.257	Reservas de Lucros	???
Empréstimos e Financiamentos – 5 anos	8.199	*Softwares*	1.382
Equipamentos	10.286		

Pede-se:

Elabore o balanço patrimonial da empresa e informe os valores totais dos grupos: (a) disponível; (b) ativo circulante; (c) realizável a longo prazo; (d) investimentos; (e) imobilizado; (f) intangível; (g) passivo circulante; (h) passivo não circulante; (i) patrimônio líquido.

PB 4. A Mineradora Preciosa S.A. apresentou os seguintes saldos nas contas de resultado, no exercício de 20X0 (valores em R$ mil):

Custo dos Bens e/ou Serviços Vendidos	167.881
Despesas com Energia e Telefone	70
Despesas com Materiais de Consumo	337
Despesas com Salários e Encargos	27.825
Despesas de Aluguel	7.131
Despesas Financeiras	5.239
Receita de Venda de Bens e/ou Serviços	224.272

Pede-se:

a) Elabore a demonstração do resultado da empresa, para o exercício de 20X0 e informe o lucro (ou prejuízo) do exercício findo.

b) Sabendo-se que o capital social da empresa foi informado no PB 3, e que não houve novas integralizações, elabore a demonstração das mutações do patrimônio líquido, considerando que todo o lucro (se houver) do período foi destinado às reservas.

PB 5. No exercício de 20X0, o fluxo das atividades operacionais da Mineradora Preciosa S.A. foi de R$ 30.790 (valores em R$ mil). Com base nas informações apresentadas no balanço patrimonial e na demonstração de resultado (PB 3 e PB 4), calcule os seguintes indicadores:

a) Liquidez corrente
b) Dívida sobre ativo
c) Perfil da dívida
d) Margem líquida
e) Giro do ativo
f) Cobertura de dívidas
g) Fluxo sobre lucro

PB 6. No quadro abaixo, são apresentados os indicadores médios do setor de mineração.

Liquidez corrente	3,90
Dívida sobre ativo	14,20%
Perfil da dívida	4,80
Margem líquida	28,00%
Giro do ativo	0,20
Cobertura de dívidas	0,98
Fluxo sobre lucro	0,77

Pede-se:

a) Compare cada um dos indicadores médios do setor com os da Mineradora Preciosa S.A.

b) Que conclusão pode-se obter com essa análise individual (a empresa apresentou ou não bons resultados no período analisado)?

PB 7. Apresentamos a seguir o balanço patrimonial e a demonstração de resultado da Ômega S.A.

Ômega S.A.

Balanço Patrimonial

	31/12/20X3	31/12/20X2		31/12/20X3	31/12/20X2
Ativo Circulante	15.940	14.080	*Passivo Circulante*	1.800	5.000
Bancos Conta Movimento	420	500	Salários a Pagar	1.000	2.000
Clientes	15.520	13.580	Fornecedores	800	3.000
Ativo Não Circulante	16.760	19.520			
Imobilizado	16.200	18.900	*Passivo Não Circulante*	8.000	8.600
Máquinas e Equipamentos	27.000	27.000	Empréstimos	8.000	8.600
(–) Depreciação Acumulada	(10.800)	(8.100)			
Intangíveis	560	620	*Patrimônio Líquido*	22.900	20.000
Patentes	620	620	Capital	20.000	20.000
(–) Amortização Acumulada	(60)	0	Reservas de Lucros	2.900	0
TOTAL DO ATIVO	32.700	33.600	TOTAL DO PASSIVO + PL	32.700	33.600

Ômega S.A.

Demonstração do Resultado

	20X3
Receita de Serviços	156.000
(–) Despesas Operacionais	(153.100)
Administrativas	(46.000)
Pessoal	(72.000)
Depreciação	(400)
Amortização	(2.700)
Outras despesas	(32.000)
(=) Resultado líquido do período	2.900

O fluxo de caixa das atividades operacionais em 20X2 foi R$ 800, e em 20X3 de R$ 3.300.

Pede-se:

Calcule os indicadores a seguir para os exercícios de 20X2 e 20X3 e informe se houve melhora:

a) Liquidez corrente.

b) Dívida sobre ativo.

c) Perfil da dívida.

d) Cobertura das dívidas.

PB 8. Considere as seguintes contas da Cia. Cruzeiro do Sul e seus respectivos saldos finais, em 31/12/20X4:

Despesa de Amortização	R$	25	Financiamentos Bancários (800 dias)	R$	720
Adiantamentos de Clientes	R$	50	Aplicações Financeiras (45 dias)	R$	750
Amortização Acumulada	R$	75	Mercadorias	R$	800
Dividendos a Pagar	R$	120	Empréstimos Obtidos (520 dias)	R$	1.200
Depreciação Acumulada – Veículos	R$	135	*Softwares*	R$	1.400
Fornecedores	R$	190	Clientes (180 dias)	R$	1.500
Despesas de Salários	R$	200	Depreciação Acumulada – Máquinas e Equipamentos	R$	1.500
Salários a Pagar	R$	200	Investimentos não Destinados ao Uso	R$	1.600
Gastos com Desenvolvimento de Produtos	R$	250	Clientes (600 dias)	R$	2.200
Caixa	R$	300	Obras de Arte	R$	2.810
Veículos	R$	300	Receitas	R$	3.200
Títulos a Pagar	R$	300	Depreciação Acumulada – Instalações	R$	4.050
Despesas de Publicidades	R$	345	Máquinas e Equipamentos	R$	5.000
Seguros Antecipados	R$	350	Instalações Comerciais	R$	12.000
Despesas Diversas	R$	450	Capital	R$	20.000
Bancos Conta Movimento	R$	500	Lucros Acumulados		?
Despesa de Depreciação	R$	580			

Pede-se:

a) Elabore a demonstração do resultado, para o mês de dezembro/20X4.
b) Levante o balanço patrimonial em 31/12/20X4.
c) Qual o valor da conta lucros acumulados antes do encerramento?

PB 9. O Supermercado Jardim América Ltda. informou as seguintes modificações nas suas contas do patrimônio líquido no exercício de 20X7:

Lucro líquido do período – R$ 13.000,00

Destinação do lucro para reservas – R$ 6.000,00

Destinação do lucro para dividendos obrigatórios – R$ 5.000,00

Integralização de capital em dinheiro – R$ 12.000,00

Sabendo que o patrimônio líquido no início de 20X7 totalizava R$ 50.000,00, constituído de Capital Social = R$ 38.000,00 e Reservas – R$ 12.000,00 elabore a DMPL

PB 10. A Virgínia Companhia Têxtil S.A. apresentou os seguintes valores para as contas do disponível:

	20X1	20X0
Caixa	2.075	1.500
Bancos	1.926	3.000
Aplicações de Curto Prazo	25.530	10.000
Disponível	**29.531**	**14.500**

A demonstração dos fluxos de caixa da Virgínia Companhia Têxtil S.A. no exercício de 20X1 está incompleta. Complete os valores que estão faltando.

Virgínia Companhia Têxtil S.A. Demonstração dos Fluxos de Caixa Em 1º/1/20X1 a 31/12/20X1		
Atividades Operacionais		
Recebimentos de clientes	60.290	
(–) Pagamentos de fornecedores		(a)
(–) Pagamento de despesas	(10.750)	
(=) Caixa das atividades operacionais	**21.340**	
Atividades de Investimento		
Recebimento pela venda de máquina		(b)
(–) Aquisição de veículos	(15.698)	
(=) Caixa das atividades de investimento	**(8.375)**	
Atividades de Financiamento		
Aumento do capital		(c)
(–) Pagamento de empréstimos	(4.603)	
(–) Pagamento de dividendos	(8.354)	
(=) Caixa das atividades de financiamento		(d)
Aumento (Redução) de Caixa e Equivalentes		(e)
Saldo Inicial de Caixa e Equivalentes		(f)
Saldo Final de Caixa e Equivalentes		(g)

PB 11. A seguir, é apresentado um resumo das informações contábeis referentes a quatro empresas reais, para o exercício de 20X3:

	VALE	CEB	ALPARGATAS	RENNER
Ativo Circulante	38.161.479	13.892.037	1.777.924	2.618.324
Ativo Não Circulante	221.906.585	80.350.768	1.168.175	1.582.166
Ativo Total	260.068.064	94.242.805	2.946.099	4.200.490
Passivo Circulante	18.269.775	4.347.236	436.798	1.620.667
Passivo Não Circulante	93.452.482	29.401.859	674.850	1.086.570
Patrimônio Líquido	148.345.807	60.493.710	1.834.451	1.493.253
Receitas	63.731.138	2.970.726	2.523.550	4.094.403
Resultado do Exercício	115.091	(6.286.663)	310.011	407.404
Fluxo de Caixa das Operações	34.279.807	2.204.366	307.367	501.360

Pede-se:

Calcule os indicadores de análise para as empresas e informe qual empresa apresentou:

a) Maior liquidez corrente.
b) Maior giro do ativo.
c) Menor margem líquida.
d) Pior perfil da dívida (maiores dívidas de curto prazo).
e) Maior dívida sobre o ativo.
f) Maior capacidade de transformar lucro em dinheiro (fluxo sobre lucro).
g) Maior cobertura de dívidas.

GABARITO

Questões de múltipla escolha

1. D; **2.** A; **3.** D; **4.** C; **5.** C; **6.** D; **7.** D; **8.** B; **9.** A; **10.** A; **11.** B; **12.** B; **13.** C.

Exercícios breves

EB 1 – **a.** O; **b.** A; **c.** O; **d.** O; **e.** A; **f.** A; **g.** A; **h.** O; **i.** O; **j.** O;

EB 2 – **a.** AC; **b.** PL; **c.** PC; **d.** PNC; **e.** AC; **f.** ANC; **g.** ANC; **h.** AC; **i.** ANC; **j.** PL; **k.** ANC;

EB 3 – R$ 9.700

EB 4 – **a.** AC; **b.** RLA; **c.** ALA; **d.** AC e RLA;

EB 5 – 1,9;

EB 6 – Ativo = R$ 262 mil;

EB 7 – 1,14; 1,75 e 0,26;

EB 8 – Margem Líquida = 0,04 e 0,04; Giro do Ativo = 2,78 e 2,74; Liquidez Corrente = 0,95 e 0,90; Dívida sobre Ativo = 0,62 e 0,58; Perfil da Dívida = 1,17 e 1,39; Cobertura da Dívida = 0,45 e 0,18; Fluxo sobre Lucro = 1,27 e 0,54;

EB 9 – A liquidez mudou de 2 para 4;

EB 10 – **a.** Margem Líquida = 0,07 e 0,08; Giro do Ativo = 3,99 e 3,49; Liquidez Corrente = 2,31 e 2,68; Dívida sobre Ativo = 0,28 e 0,28; Perfil da Dívida = 2,67 e 2,53; Cobertura da Dívida = 1,50 e 1,84; Fluxo sobre Lucro = 1,09 e 1,40;

EB 11 – **a.** Relevante; **b.** Representação fidedigna; **c.** Comparabilidade; **d.** Neutra; **e.** Tempestividade.

Problemas

PB 1 – **1.** Lucro = R$ 1.090; **2. a.** R$ 126.300; **b.** R$ 140.100; **c.** R$ 155.000; **d.** R$ 5.600; **e.** 0; **f.** R$ 289.500;

PB 2 – **a.** 25,02; **b.** 1,90%; **c.** 0; **d.** 20,96%; **e.** 0,02; **f.** 0,06; **g.** 0,32;

PB 3 – **a.** R$17.392; **b.** R$ 56.360; **c.** R$ 63; **d.** R$ 11.215; **e.** R$ 256.444; **f.** R$ 77.349; **g.** R$ 25.315; **h.** R$8.199; **i.** R$ 367.917;

PB 4 – **a.** Reserva de Lucros = R$ 162.525; **b.** Lucro = R$ 15.789; PL inicial = R$ 352.128 e PL final = R$ 367.917;

PB 5 – **a.** 2,23; **b.** 8,35%; **c.** 3,09; **d.** 7,04%; **e.** 0,56; **f.** 1,22; **g.** 1,95;

PB 7 – Liquidez: X3 = 8,86; X2 = 2,82; Dívida sobre ativo: X3 = 29,97%; X4 = 40,48%; Perfil da dívida: X3 = 0,23; X2 = 0,58; Cobertura da dívida: X3 = 1,83; X2 = 0,16;

PB 8 – **a.** Lucro líquido = R$ 1.600; **b.** Ativo = R$ 24.000; Passivo = R$ 2.780; **c.** Prejuízo = R$ 380.

PB 9 – PL final = R$ 70.000;

PB 10 – **a.** (R$ 28.200); **b.** R$ 7.323; **c.** R$ 15.023; **d.** R$ 2.066; **e.** R$ 15.031; **f.** R$ 14.500; **g.** R$ 29.531;

PB 11 – **a.** Alpargatas; **b.** Renner; **c.** CEB; **d.** Renner; **e.** Renner; **f.** Vale; **g.** Vale.

3

SISTEMA DE INFORMAÇÃO CONTÁBIL

Iniciando a conversa

Em 1494, foi publicado em Veneza o livro *Summa de arithmetica*, de autoria do Frei Luca Pacioli. Nesta obra de matemática, o autor descreve, num dos seus capítulos, um método que era usado pelos mercadores de várias cidades da atual Itália. Esse método, que conhecemos como **método das partidas dobradas**, era um instrumento para o gerenciamento dos negócios dos comerciantes da época. A descrição de Pacioli fez tanto sucesso que em breve seu trabalho foi traduzido para diferentes línguas, por séculos. Em português, o método das partidas dobradas somente ficou disponível em meados do século XVIII, quando se criou em Lisboa a escola de comércio. No Brasil, talvez o método tenha sido usado durante a invasão holandesa no Nordeste. Depois disso, somente após a chegada da família real portuguesa ao Brasil.

O nome de Pacioli está associado à contabilidade. O método descrito por ele é também conhecido como método de Veneza, em homenagem à cidade onde sua obra foi publicada. Apesar do transcorrer dos anos, o método das partidas dobradas ainda representa a base da contabilidade. Este capítulo dedica-se ao seu estudo.

Objetivos do capítulo:

(1) Analisar o efeito das transações na equação contábil básica
(2) Explicar o que é uma conta, definir débito e crédito e explicar como eles são usados para registrar as transações
(3) Identificar os passos básicos no processo de registro
(4) Apresentar um resumo ilustrado dos registros no diário e nos razonetes
(5) Explicar o objetivo do balancete de verificação

Nos capítulos anteriores, apresentamos as principais demonstrações contábeis e relatórios contábeis elaborados pelas entidades. Como o objetivo das demonstrações contábeis é auxiliar os usuários internos e externos no processo decisório, também apresentamos alguns dos principais índices utilizados para analisar as demonstrações.

Neste capítulo, trataremos sobre o sistema de informação contábil, que é o processo no qual as entidades coletam e registram suas transações contábeis e comunicam-nas aos usuários da informação contábil.

Antigamente, todo esse trabalho era feito manualmente, o que requeria grande dispêndio de tempo e de pessoal na execução dessas tarefas. Atualmente, a maioria das entidades utiliza um sistema computadorizado para registrar suas transações. O processo informatizado diminui o tempo para fazer os registros das transações, permitindo que as demonstrações contábeis sejam elaboradas com maior frequência e tempestividade, além de reduzir a probabilidade de erros.

Transações contábeis

Objetivo (1) → Analisar o efeito das transações na equação contábil básica

No dia a dia de uma entidade, ocorrem vários eventos, tais como a aquisição de materiais de escritório, a contratação de novos funcionários, o pagamento de fornecedores, o fechamento de um negócio com um grande cliente. Entretanto, nem todos esses eventos serão registrados pela contabilidade.

Quais eventos serão reconhecidos? Somente aqueles eventos econômicos que provocam mudanças na equação contábil básica serão reconhecidos nas demonstrações contábeis. Uma transação contábil ocorre quando o evento provocar mudanças nos ativos, passivos ou patrimônio líquido de uma entidade.

Nos exemplos apresentados, adquirir materiais aumenta os estoques e reduz o caixa da entidade; e o pagamento de fornecedores reduz a dívida com fornecedores e o caixa. Já a contratação de novos funcionários não altera a posição dos ativos, passivos e patrimônio líquido da entidade. Assim como o fechamento de um negócio com um cliente. É claro que esses eventos, no futuro, possivelmente irão gerar impactos econômicos para a entidade. Mas somente serão reconhecidas como transações quando ocorrer a mudança na equação contábil básica. A Ilustração 3.1 sintetiza o processo de reconhecimento ou não de um evento econômico.

Ilustração 3.1 – Processo de identificação e reconhecimento de um evento contábil

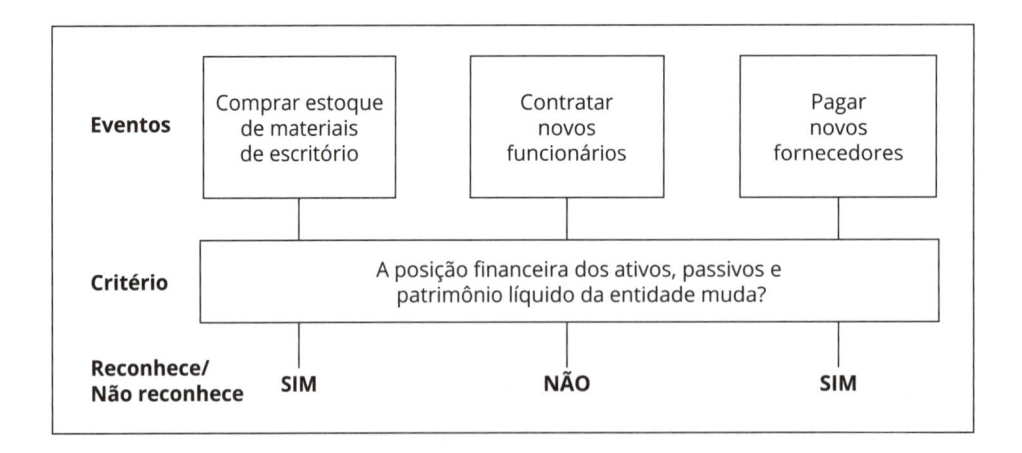

Eventos	Comprar estoque de materiais de escritório	Contratar novos funcionários	Pagar novos fornecedores
Critério	A posição financeira dos ativos, passivos e patrimônio líquido da entidade muda?		
Reconhece/ Não reconhece	SIM	NÃO	SIM

Ética!

É fundamental que todas as transações sejam registradas. A ausência de algum registro impede que a contabilidade represente adequadamente a situação da entidade. Além de induzir/enganar o usuário da informação.

ANALISANDO AS TRANSAÇÕES

No Capítulo 1, nós aprendemos a equação básica da contabilidade:

Ilustração 3.2 – Equação contábil básica

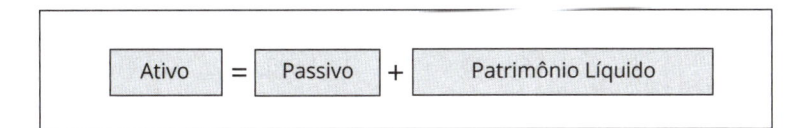

$$\text{Ativo} = \text{Passivo} + \text{Patrimônio Líquido}$$

Neste capítulo, vamos mostrar como os eventos contábeis impactam as contas do ativo, passivo e patrimônio líquido. Como se observa, o registro dos eventos contábeis sempre demonstrará uma igualdade nos valores, de modo que um aumento no total do ativo também ocasiona um aumento no passivo ou no patrimônio líquido ou em ambos. Cada transação gera um duplo efeito na equação contábil básica. Esse duplo efeito é denominado de **partida dobrada**.

Para demonstrar como os eventos contábeis alteram a equação contábil, vamos adotar o caso da empresa Energiza Ltda., que faz consertos em aparelhos eletroeletrônicos, durante seu primeiro mês de atuação.

EVENTO 1 – Investimento do capital pelos sócios. Em 1º/12/20X9, os engenheiros elétricos Paulo e José decidiram abrir seu próprio negócio. Para isso, cada um usou R$ 10.000 de suas economias para o início do negócio. Como esse evento possui um impacto econômico, ou seja, provoca alteração na equação contábil básica, essa transação precisa ser registrada: haverá um aumento de R$ 20.000 no caixa (ativo) e um aumento de R$ 20.000 no capital (patrimônio líquido) da Energiza. Essa transação apresenta o seguinte efeito na equação contábil básica:

	Ativo	=	**Passivo**	+	**Patrimônio Líquido**
	Caixa	=			Capital
(1)	R$ 20.000	=			R$ 20.000

Prática

O capital social, ou apenas capital, são os recursos entregues pelos proprietários à entidade. Em primeiro lugar, essa entrega de recursos pode não necessariamente ser realizada em dinheiro. Podem ser entregues terrenos, máquinas e até mesmo empréstimos concedidos à entidade pelos sócios e que deixaram de ser cobrados. Além disso, existem situações em que os sócios se comprometem a entregar determinados valores à entidade, mas que só fariam isso em uma data futura. Nesse caso, os valores seriam subscritos, mas não total ou parcialmente integralizados. O valor não integralizado é registrado em uma conta redutora, denominada de capital a integralizar.

EVENTO 2 – Compra de materiais elétricos a prazo. No dia 1º/12/20X9, José adquiriu alguns materiais de consumo, para serem utilizados nos reparos dos aparelhos, a prazo. O pagamento da dívida será em 30 e 60 dias, no valor de R$ 1.500 no total. Esse registro altera a equação contábil, aumentando os estoques de materiais de consumo (ativo) e as contas a pagar (passivo) da empresa. O efeito desse novo evento na equação contábil é apresentado a seguir:

	Ativo			=	Passivo	+	Patrimônio Líquido
Balanço Anterior	Caixa	+	Materiais de Consumo	=	Contas a Pagar	+	Capital
	R$ 20.000						R$ 20.000
(2)			R$ 1.500		R$ 1.500		
Balanço Atual	R$ 20.000	+	R$ 1.500	=	R$ 1.500		R$ 20.000
	R$ 21.500				R$ 21.500		

EVENTO 3 – Pagamento do aluguel de uma sala comercial. Os sócios assinaram um contrato de locação de uma sala comercial, onde prestarão suas atividades de manutenção e reparo. O aluguel mensal da sala é R$ 1.000, pagos à vista. Esse evento altera a equação contábil, pois reduz o caixa (ativo). A locação da sala representa uma **despesa** para a Energiza, ou seja, é o sacrifício realizado pela empresa no esforço de obter **receita**. Lembrando que estudamos nos Capítulos 1 e 2: a apuração do **lucro** do período é feita por meio da confrontação das receitas com as despesas. Portanto, como o lucro pertence aos proprietários da empresa, as receitas aumentam o patrimônio líquido das entidades, e as despesas, ao contrário, reduzem-no. A equação contábil desse evento fica assim apresentada:

	Ativo			=	Passivo	+	Patrimônio Líquido		
Balanço Anterior	Caixa	+	Materiais de Consumo	=	Contas a Pagar	+	Capital	+	Lucros Acumul.
	R$ 20.000		R$ 1.500		R$ 1.500		R$ 20.000		
(3)	– R$ 1.000								– R$ 1.000
Balanço Atual	R$ 19.000	+	R$ 1.500	=	R$ 1.500		R$ 20.000	+	– R$ 1.000
	R$ 20.500				R$ 20.500				

Observe o leitor que, após cada transação que afeta a equação contábil, a igualdade (Ativo = Passivo + Patrimônio Líquido) se mantém. Isso está claro na representação acima, em que o ativo, após três eventos, corresponde a R$ 20.500, o mesmo valor da soma Passivo e Patrimônio Líquido. A igualdade da equação contábil irá ocorrer após cada evento, conforme o leitor poderá observar a seguir.

EVENTO 4 – Compra de máquinas e equipamentos à vista. Paulo e José decidiram comprar algumas máquinas e equipamentos que serão utilizados na prestação de serviços de consertos. Essa compra ocorreu no dia 9/12/20X9. As máquinas e equipamentos custaram R$ 7.500, que foram pagos à vista. Esse evento também é uma transação contábil, pois aumenta as máquinas e equipamentos (ativo) e reduz o caixa (ativo), o que mantém a igualdade na equação contábil básica. Observe o efeito desse evento no balanço a seguir:

Balanço Anterior	Ativo				=	Passivo	+	Patrimônio Líquido		
	Caixa	+	Materiais de Consumo	+	Máquinas e Equipam.		Contas a Pagar	+	Capital	+	Lucros Acumul.
	R$ 19.000		R$ 1.500				R$ 1.500		R$ 20.000		– R$ 1.000
(4)	– R$ 7.500				R$ 7.500						
Balanço Atual	R$ 11.500	+	R$ 1.500	+	R$ 7.500	=	R$ 1.500	+	R$ 20.000	+	– R$ 1.000

R$ 20.500 = R$ 20.500

EVENTO 5 – Conserto de uma TV, com recebimento à vista. No dia 13/12/20X9, Paulo realizou o conserto de uma TV que havia sido danificada por uma pequena queda. No reparo não foi necessário substituir nenhuma peça, por isso não houve nenhum consumo de material na prestação do serviço. A empresa cobrou R$ 150 pelo conserto, que foi recebido no ato. Como se pode observar, houve um evento econômico que muda a posição da equação contábil, pois aumenta o caixa (ativo) da empresa. A contrapartida desse evento é registrada na conta de receita, que afeta o patrimônio líquido da Energiza. Note que, como o serviço foi prestado, podemos dizer que houve a ocorrência do **fato gerador** da receita.

Assim, o registro da receita obtida pela Energiza e recebida apresenta o seguinte efeito na equação contábil:

Balanço Anterior	Ativo				=	Passivo	+	Patrimônio Líquido		
	Caixa	+	Materiais de Consumo	+	Máquinas e Equipam.	=	Contas a Pagar	+	Capital	+	Lucros Acumul.
	R$ 11.500		R$ 1.500		R$ 7.500		R$ 1.500		R$ 20.000		– R$ 1.000
(5)	R$ 150										R$ 150
Balanço Atual	R$ 11.650	+	R$ 1.500	+	R$ 7.500	=	R$ 1.500	+	R$ 20.000	+	– R$ 850

R$ 20.650 = R$ 20.650

EVENTO 6 – Abertura de uma conta-corrente no Banco Popular S.A. Para aumentar os controles e facilitar os recebimentos e pagamentos da empresa, Paulo e José resolveram abrir uma conta-corrente em nome da empresa no dia 22/12/20X9. Esse evento não representa uma transação contábil, pois não altera a equação contábil básica.

Mas, nessa data, os sócios também depositaram no ato da abertura um total de R$ 8.000. Esse evento reduz o caixa (ativo) da empresa e aumenta a conta bancos (também do ativo). Assim, o registro desse evento é apresentado conforme o balanço a seguir:

Balanço Anterior	Ativo							=	Passivo	+	Patrimônio Líquido		
	Caixa	+	Bancos	+	Materiais de Consumo	+	Máquinas e Equipam.	=	Contas a Pagar	+	Capital	+	Lucros Acumul.
	R$ 11.650				R$ 1.500		R$ 7.500		R$ 1.500		R$ 20.000		– R$ 850
(6)	– R$ 8.000		R$ 8.000										
Balanço Atual	R$ 3.650	+	R$ 8.000	+	R$ 1.500	+	R$ 7.500	=	R$ 1.500	+	R$ 20.000	+	– R$ 850

R$ 20.650 = R$ 20.650

EVENTO 7 – Fechamento de contrato com uma grande empresa para prestação de serviços. No dia 23/12/20X9, Paulo e José conseguiram negociar um contrato com a NewCel, fabricante de celulares, e agora a Energiza se tornou uma empresa de assistência técnica autorizada. Assim, a empresa recebeu, já no primeiro dia do contrato, 100 aparelhos para serem consertados. O contrato prevê uma taxa fixa para conserto de R$ 25 por aparelho. Os sócios conseguirão consertar os aparelhos em até 5 dias e o recebimento pela prestação do serviço será efetuado em 30 dias. Nesse caso, a Energiza terá o direito de receber da NewCel o valor correspondente ao serviço prestado, no valor de R$ 2.500. Como o fato gerador da receita é a prestação do serviço, a empresa reconhece no dia 28/12/20X9 a receita de serviço, que afeta o patrimônio líquido, e uma duplicata a receber (ativo).

	Ativo								=	Passivo	+	Patrimônio Líquido		
Balanço Anterior	Caixa	+	Bancos	+	Duplicatas a Receber	+	Materiais de Consumo	+	Máquinas e Equipam.	=	Contas a Pagar	+	Capital	+	Lucros Acumul.
	R$ 3.650		R$ 8.000				R$ 1.500		R$ 7.500		R$ 1.500		R$ 20.000		– R$ 850
(7)					R$ 2.500		-		-						R$ 2.500
Balanço Atual	R$ 3.650	+	R$ 8.000	+	R$ 2.500	+	R$ 1.500	+	R$ 7.500	=	R$ 1.500	+	R$ 20.000	+	R$ 1.650

R$ 23.150 = R$ 23.150

EVENTO 8 – Pagamento de metade das contas a pagar. No dia 31/12/20X9, os sócios efetuaram o pagamento de R$ 750 das contas a pagar. Esse evento é uma transação contábil, pois reduz o caixa (ativo) e também as contas a pagar (passivo), conforme se observa a seguir:

	Ativo								=	Passivo	+	Patrimônio Líquido		
Balanço Anterior	Caixa	+	Bancos	+	Duplicatas a Receber	+	Materiais de Consumo	+	Máquinas e Equipam.	=	Contas a Pagar	+	Capital	+	Lucros Acumul.
	R$ 3.650		R$ 8.000		R$ 2.500		R$ 1.500		R$ 7.500		R$ 1.500		R$ 20.000		R$ 1.650
(8)	– R$ 750										– R$ 750				
Balanço Atual	R$ 2.900	+	R$ 8.000	+	R$ 2.500	+	R$ 1.500	+	R$ 7.500	=	R$ 750	+	R$ 20.000	+	R$ 1.650

R$ 22.400 = R$ 22.400

EVENTO 9 – Pagamento de despesas com água, energia elétrica e telefone. Nesse mesmo dia, os sócios também pagaram despesas gerais em um total de R$ 400. Esses gastos são classificados como despesas, pois o consumo foi necessário para a obtenção de receita. Trata-se de uma transação contábil, em que a empresa reconhece a despesa, que reduz o patrimônio líquido. Como a despesa foi paga à vista, esse evento reduz o caixa (ativo), como observamos no balanço:

	Ativo									=	Passivo	+	Patrimônio Líquido		
Balanço Anterior	Caixa	+	Bancos	+	Duplicatas a Receber	+	Materiais de Consumo	+	Máquinas e Equipam.	=	Contas a Pagar	+	Capital	+	Lucros Acumul.
	R$ 2.900		R$ 8.000		R$ 2.500		R$ 1.500		R$ 7.500		R$ 750		R$ 20.000		R$ 1.650
(9)	– R$ 400														– R$ 400
Balanço Atual	R$ 2.500	+	R$ 8.000	+	R$ 2.500	+	R$ 1.500	+	R$ 7.500	=	R$ 750	+	R$ 20.000	+	R$ 1.250

R$ 22.000   R$ 22.000

EVENTO 10 – Retirada a título de pró-labore. Paulo e José fizeram uma retirada a títulos de pró-labore. O pró-labore representa um salário destinado aos sócios que trabalham na entidade. O valor de R$ 500, pago com cheque, trata-se de uma despesa de pró-labore, que afeta o patrimônio líquido. O balanço a seguir apresenta essa transação contábil:

	Ativo									=	Passivo	+	Patrimônio Líquido		
Balanço Anterior	Caixa	+	Bancos	+	Duplicatas a Receber	+	Materiais de Consumo	+	Máquinas e Equipam.	=	Contas a Pagar	+	Capital	+	Lucros Acumul.
	R$ 2.500		R$ 8.000		R$ 2.500		R$ 1.500		R$ 7.500		R$ 750		R$ 20.000		R$ 1.250
(10)			– R$ 500												– R$ 500
Balanço Atual	R$ 2.500	+	R$ 7.500	+	R$ 2.500	+	R$ 1.500	+	R$ 7.500	=	R$ 750	+	R$ 20.000	+	R$ 750

R$ 21.500   R$ 21.500

Pequena e Média Empresa

Nas empresas de menor porte, é muito comum que o seu proprietário também exerça a função de caixa, gestor, empregado e outras mais. Assim, além de ter a remuneração do capital investido, o proprietário poderá ser remunerado pelo trabalho através do pró-labore.

SUMÁRIO DAS TRANSAÇÕES

No Capítulo 1, afirmamos que o balanço patrimonial apresenta os ativos e as obrigações da entidade em determinada data. Como podemos observar, cada evento contábil provocou alguma alteração na equação contábil básica, ou seja, o balanço da Energiza S.A. sofreu mudanças na sua posição patrimonial e econômica. A Ilustração 3.3 sumariza os eventos apresentados anteriormente e demonstra que:

(1) Cada transação foi analisada com base no efeito que gerou no ativo, passivo ou patrimônio líquido.
(2) Os dois lados da equação são sempre iguais.
(3) As mudanças decorrentes de receitas e despesas produzem efeito no patrimônio líquido da empresa.

Ilustração 3.3 – Resumo das transações

	Ativo							=	Passivo	+	Patrimônio Líquido		
	Caixa	+	Bancos	+	Duplicatas a Receber	+	Materiais de Consumo	+	Máquinas e Equipam.	=	Contas a Pagar	+	Capital	+	Lucros Acumul.
(1)	R$ 20.000								=			R$ 20.000	
(2)							R$ 1.500				R$ 1.500		
(3)	– R$ 1.000												– R$ 1.000
(4)	– R$ 7.500								R$ 7.500				
(5)	R$ 150												R$ 150
(6)	– R$ 8.000		R$ 8.000										
(7)					R$ 2.500								R$ 2.500
(8)	– R$ 750										– R$ 750		
(9)	– R$ 400												– R$ 400
(10)			– R$ 500										– R$ 500
	R$ 2.500	+	R$ 7.500	+	R$ 2.500	+	R$ 1.500	+	R$ 7.500	=	R$ 750	+	R$ 20.000	+	R$ 750

R$ 21.500 = R$ 21.500

Pergunta	Informação Necessária	Fórmula	Uso
❓	🗂	ΣΔΦΓ	✍
Uma transação contábil ocorreu?	Detalhes do evento	Equação Contábil	Determina o efeito, se houver, nos ativos, passivos ou patrimônio líquido

A conta

Objetivo (2) → Explicar o que é uma conta, definir débito e crédito e explicar como eles são usados para registrar as transações

Para efetuar os registros contábeis, como observamos na Ilustração 3.2, a contabilidade adota um sistema de informação contábil que se utiliza de **contas**. As contas permitem que sejam demonstrados os aumentos e reduções nos elementos específicos do ativo, passivo e do patrimônio líquido. No exemplo da Energiza S.A., as contas de ativo são caixa, bancos, duplicatas a receber, materiais de consumo e máquinas e equipamentos. No passivo, temos a conta denominada contas a pagar e no patrimônio líquido as contas capital social e lucros acumulados. Além dessas, ainda no exemplo, tivemos as contas de receita de serviços e despesas de aluguel, de água, energia elétrica e telefone, e de materiais de consumo. Sempre que formos fazer um registro em uma conta específica, é necessário adotar um nome para a conta.

Uma forma mais simples de fazermos os registros contábeis é através do **razonete** em "T". O razonete apresenta o nome da conta, o lado esquerdo, denominado **devedor**, e o lado direito, **credor**, conforme a Ilustração 3.4.

Ilustração 3.4 – Forma básica da conta

Nome da Conta	
Lado devedor	Lado credor

O modelo do razonete em "T" é também seguido na apresentação do balanço, de modo que o lado esquerdo do balanço, ou ativo, é, em geral, o lado devedor; enquanto o lado direito, do passivo e do patrimônio líquido, é, na maioria dos casos, o lado credor.

DÉBITOS E CRÉDITOS

Sempre que formos efetuar um registro em uma conta pelo lado devedor, diremos que estamos "debitando" essa conta, ou, o contrário, "creditando", caso o lançamento seja feito no lado credor.

Assim, a cada evento contábil debitamos ou creditamos em uma conta de ativo, passivo, patrimônio líquido, receita ou despesa. No final do período, somamos o total dos débitos e o total dos créditos e comparamos esses resultados. O valor final que obtemos nesse confronto é denominado de **saldo**.

Prática

Os termos *débito* e *crédito* são bastante usados na língua portuguesa, mas com significado um pouco diferente do que usamos na contabilidade.

PARTIDAS DOBRADAS

Na seção 1 deste capítulo, demonstramos que as transações contábeis geraram um duplo efeito na equação contábil básica, e que esse duplo efeito é denominado de *partidas dobradas*. Isso significa dizer que cada transação afeta duas ou mais contas para manter a equação contábil básica em equilíbrio. Ou seja, para cada transação, o total dos débitos deverá ser igual ao total dos créditos. Isso garante que, no final do exercício, a soma de todos os débitos será igual à soma de todos os créditos.

Você pode verificar isso nas transações que demonstramos anteriormente, que o total dos ativos foi igual ao total do passivo e patrimônio líquido. E é graças a essa igualdade dos débitos e créditos que se tem o sistema contábil das **partidas dobradas**.

No evento 1 – Investimento do capital pelos sócios – verificamos que houve um aumento no caixa (ativo) da empresa e um aumento no patrimônio líquido, na conta capital. Como o lado do ativo é o lado devedor, para aumentá-lo teremos que debitá-lo, e creditá-lo para reduzir. O procedimento contábil para registrar esse evento seria, portanto, **um débito na conta caixa**. Ao contrário, como o passivo e o patrimônio líquido são do lado credor, para aumentá-los teremos que creditar e debitar para reduzi-los. Como houve um **aumento na conta capital**, que é do patrimônio líquido, **registramos um crédito** nesta conta. Em resumo, registramos um débito em caixa e um crédito no capital de R$ 20.000. A Ilustração 3.5 resume esses efeitos dos débitos e créditos para o balanço patrimonial.

Ilustração 3.5 – Efeito dos débitos e créditos nos ativos, passivos e patrimônio líquido

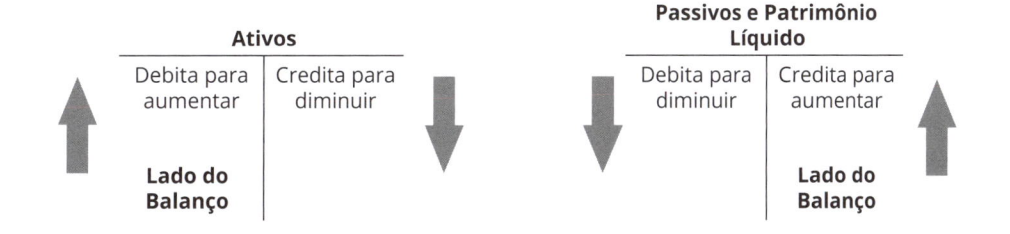

Ativos		Passivos e Patrimônio Líquido	
Debita para aumentar	Credita para diminuir	Debita para diminuir	Credita para aumentar
Lado do Balanço		Lado do Balanço	

Como mencionado anteriormente, o patrimônio líquido representa os recursos que os sócios aplicaram na entidade. Como os lucros pertencem aos sócios, também estão classificados no patrimônio líquido da entidade. Já mostramos, desde o Capítulo 1, que os lucros ou prejuízos são apurados da comparação (ou confronto) entre as receitas e as despesas. Quando as receitas são maiores que as despesas, obtemos **lucro**; e quando as despesas forem maiores que as receitas, um **prejuízo**. Assim, o lucro aumenta o patrimônio líquido e, por isso, apresenta saldo credor. Já o prejuízo reduz o patrimônio líquido, portanto, possui saldo devedor.

De maneira análoga, as receitas aumentam o patrimônio líquido e são, portanto, creditadas, ao passo que as despesas reduzem-no e por isso são debitadas. A Ilustração 3.6 mostra o efeito das receitas e despesas no balanço.

Ilustração 3.6 – Efeito dos débitos e créditos nas receitas e despesas

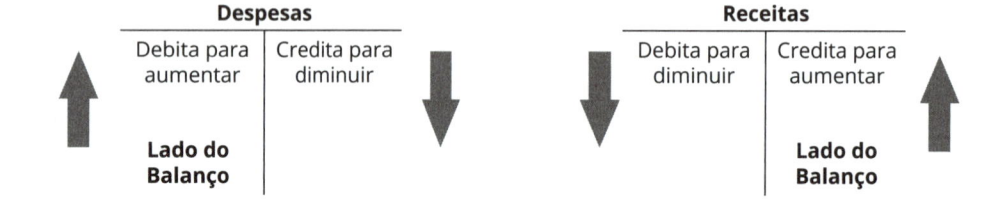

Despesas		Receitas	
Debita para aumentar	Credita para diminuir	Debita para diminuir	Credita para aumentar
Lado do Balanço			Lado do Balanço

RELAÇÃO COM O PATRIMÔNIO LÍQUIDO

No Capítulo 1, mostramos que o balanço patrimonial apresenta as informações acerca dos saldos finais das contas capital e dos lucros acumulados. Já a demonstração das mutações do patrimônio líquido mostra as variações que ocorreram no patrimônio líquido. E o confronto das receitas e despesas é apresentado na demonstração do resultado. Portanto, as três informações se relacionam, podendo gerar mudanças na composição ou nos valores das contas do patrimônio líquido, como é possível observar na Ilustração 3.7.

Ilustração 3.7 – Relacionamento entre as demonstrações contábeis

Energiza Ltda.	
Demonstração dos Resultados	
Dezembro/20X9	Em R$
Receitas	
Receitas de Serviços	2.650
(–) Despesas	
Despesa de Aluguel	(1.000)
Despesas Gerais	(400)
Despesas com Pró-labore	(500)
Lucro Líquido	750

Energiza Ltda.	
Balanço Patrimonial	
31/12/20X9	Em R$
Patrimônio Líquido	
Capital Social	20,000
Lucros Acumulados	750
Total do Patrimônio Líquido	20.750

Energiza Ltda. Demonstração das Mutações do Patrimônio Líquido 31/12/20X9			Em R$
	Capital	Lucros Acumulados	Total
Saldo Inicial em 1º/12/20X9	20.000	–	20.000
Lucro líquido do exercício		750	750
Saldo Final em 31/12/20X9	20.000	750	20.750

A Ilustração 3.7 apresenta a interligação entre as três demonstrações contábeis, para a Energiza Ltda. Verifique que a demonstração do resultado mostra que, do confronto das receitas e despesas, a empresa obteve um lucro de R$ 750 no período. Esse lucro aumenta o total do patrimônio líquido da empresa, para R$ 20.750, como observamos na demonstração das mutações do patrimônio líquido. E, finalmente, esse aumento é também demonstrado no balanço patrimonial.

Os valores deste exemplo mostram uma situação na qual o lucro líquido assume o mesmo valor do lucro acumulado que irá compor o patrimônio líquido da empresa, no Balanço Patrimonial e na DMPL. Esta é uma situação hipotética e foi criada com fins didáticos para destacar a relação existente entre as demonstrações contábeis. Em casos práticos, os valores podem não coincidir, mas permanece o vínculo entre as demonstrações.

EXPANSÃO DA EQUAÇÃO BÁSICA

Mostramos anteriormente a equação contábil básica. A Ilustração 3.8 a seguir expande essa equação e apresenta as regras de débitos (D) e créditos (C) para as contas de ativo, passivo e patrimônio líquido. Como podemos observar, é o sistema de partidas dobradas que prevê que o total dos débitos deve ser igual ao total dos créditos e que garante a igualdade da equação.

Ilustração 3.8 – Expansão da equação contábil básica

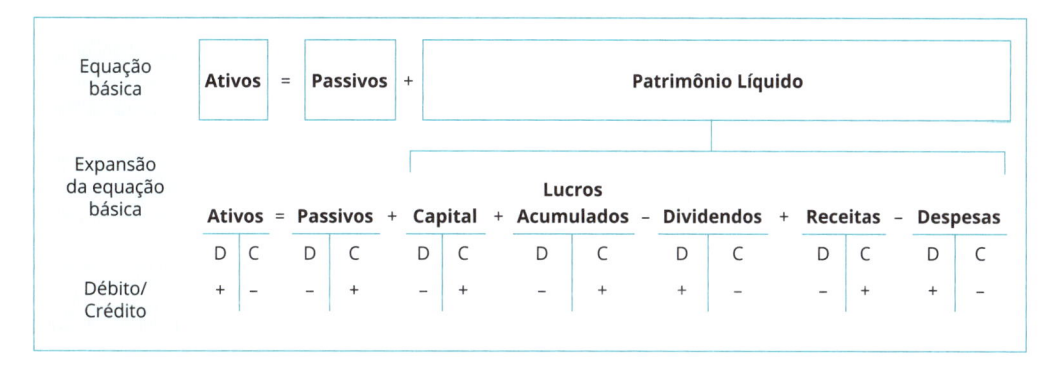

Equação básica	Ativos	=	Passivos	+	Patrimônio Líquido										
Expansão da equação básica	Ativos	=	Passivos	+	Capital	+	Lucros Acumulados	–	Dividendos	+	Receitas	–	Despesas		
	D	C	D	C	D	C	D	C	D	C	D	C	D	C	
Débito/Crédito	+	–	–	+	–	+	–	+	+	–	–	+	+	–	

ANTES DE PROSSEGUIR

1. O que significam os termos *débito* e *crédito*?
2. Quais são os efeitos do débito e do crédito nas contas do ativo, do passivo e do patrimônio líquido?
3. Quais são os efeitos do débito e do crédito nas contas de receitas e despesas?
4. Quais são os saldos normais (devedor ou credor) para as contas da Energiza Ltda.: bancos, duplicatas a receber, materiais de consumo, contas a pagar, capital, receitas de serviços, despesas gerais?

Passos no processo de registro

Objetivo (3) → Identificar os passos básicos no processo de registro

As entidades realizam diversos eventos cotidianos. Como já vimos, esses eventos podem ou não gerar impacto econômico na equação contábil básica. Os eventos que afetam a equação serão registrados pela contabilidade. Assim, os passos para o processo de registro contábil são:

1. Identificar quais eventos geram impacto econômico no patrimônio das entidades.
2. Realizar o registro das transações contábeis no livro **diário**.
3. Transferir as informações registradas do livro diário para os **razonetes** de cada conta.

Entretanto, para que esses eventos sejam reconhecidos, é necessário que haja algum documento, tais como uma nota fiscal, um recibo de prestação de serviço, um cheque ou dinheiro recebido etc. O registro contábil é feito baseado na análise documental, para identificarmos quais serão as contas que sofreram impacto. A transação será, então, registrada em um livro denominado *diário* e, em seguida, nas contas específicas, por meio dos razonetes.

O DIÁRIO

O livro diário apresenta, em ordem cronológica, os eventos que afetaram o patrimônio da entidade. Para cada transação, será apresentado no diário: (1) a data do evento; (2) a conta devedora; (3) a conta credora; (4) o valor da transação; (5) um histórico sobre o evento (breve explicação do evento, inclusive o tipo e número do documento que deu origem).

As vantagens da utilização do diário são:

- Evidencia em um único lugar o efeito completo da transação.
- Provê um registro cronológico de cada transação, na ordem em que elas vão acontecendo.
- Previne ou mesmo facilita na identificação de possíveis erros no registro, pois o total dos débitos e créditos pode ser rapidamente comparado.

Vejamos o caso das três primeiras transações contábeis que estudamos anteriormente:

- Dia 1º/12/20X9 – Investimento do capital pelos sócios, no valor de R$ 20.000.
- Dia 1º/12/20X9 – Compra de materiais elétricos a prazo, no total de R$ 1.500.
- Dia 2/12/20X9 – Pagamento do aluguel de uma sala comercial, de R$ 1.000.

A Ilustração 3.9 demonstra como é feito o registro dessas transações no livro diário.

Ilustração 3.9 – Registro das transações no livro diário

Data	Conta e Histórico	Débito	Crédito
1º/dez.	Caixa	20.000	
	Capital		20.000
	Investimento no capital pelos sócios, em dinheiro.		
1º/dez.	Material de consumo	1.500	
	Contas a pagar		1.500
	Compra de materiais de consumo a prazo, conforme NF 24.790.		
2/dez.	Despesa de aluguel	1.000	
	Caixa		1.000
	Pagamento de despesa de aluguel em dinheiro, conforme recibo 001/20X9.		

Observe que o livro é apresentado com quatro colunas. Na primeira coluna, é apresentada a data em que ocorreu o evento. A segunda coluna apresenta as contas que foram movimentadas, sendo que a(s) conta(s) devedora(s) é(são) lançada(s) próxima(s) à linha, enquanto a(s) conta(s) credora(s) é(são) lançada(s) na(s) linha(s) abaixo, com um recuo da margem. Outra maneira de apresentar essa coluna é colocar um D ou C antes da conta, para identificação do registro a débito e a crédito. Na terceira coluna, são apresentados os valores dos lançamentos a débito e na quarta os valores correspondentes aos créditos. Abaixo das contas debitadas e creditadas, a cada evento, é apresentado um breve histórico, explicando o evento que está sendo retratado.

A preocupação que se deve ter é quanto a retratar os eventos nas contas corretas. Por exemplo, em uma compra de materiais a prazo, determinada entidade poderá adotar a conta fornecedores, enquanto outra, contas a pagar, e uma terceira entidade usar a conta duplicatas a pagar. Ou seja, qualquer uma das três contas – fornecedores, contas a pagar ou duplicatas a pagar – pode retratar o mesmo evento contábil. O cuidado que se deve ter é o de que, uma vez adotado determinado título para a conta, o mesmo deve ser utilizado para as outras transações da mesma natureza.

ANTES DE PROSSEGUIR

1. Quais são os passos a serem seguidos no processo de registro contábil?
2. Qual a contribuição do livro diário no processo de registro?
3. Que informações deverão ser apresentadas no livro diário?

O RAZÃO

Após o registro da transação no diário, a entidade deverá fazer os registros no **razão**. O livro razão é utilizado para registrar a movimentação, a débito ou a crédito, ocorrida em cada uma das contas da entidade. Na prática, as empresas utilizam uma simplificação desse livro, o razonete.

O razonete, conforme apresentamos anteriormente, mostra a representação gráfica de um "T", sendo que o lado esquerdo é onde são registrados os débitos e, no direito, os créditos, com o objetivo de obter o saldo final das transações ocorridas em determinada conta.

Antigamente, as entidades faziam todo o trabalho manualmente e, por isso, usa-se a terminologia *livros*. Atualmente, a maioria das entidades adota sistemas computacionais para realizar a sua contabilidade, o que facilita bastante a tarefa do profissional, pois, a qualquer tempo, os registros podem ser impressos e organizados em forma de livros.

O PLANO DE CONTAS

Quando falamos sobre o livro diário, comentamos sobre a importância de definirmos corretamente quais contas serão utilizadas para retratar os eventos contábeis. As contas são utilizadas pelas entidades de acordo com seu porte, o volume e o tipo das suas atividades operacionais. Quanto mais detalhes forem desejados pela administração, maior será a quantidade de contas demandadas. Para isso, as entidades determinam um elenco das contas que serão utilizadas. A esse elenco de contas damos o nome de **plano de contas**. De acordo com a vida da entidade, novas contas poderão ser adotadas, necessitando que o plano de contas seja revisado. A Ilustração 3.10 apresenta o plano de contas utilizado para a empresa Energiza Ltda.

Ilustração 3.10 – Plano de contas da Energiza Ltda.

Plano de Contas – Energiza Ltda.				
Ativos	**Passivos**	**Patrimônio Líquido**	**Receitas**	**Despesas**
Caixa	Contas a Pagar	Capital	Receitas de Serviços	Despesas de Aluguel
Bancos		Lucros Acumulados		Despesas Gerais
Duplicatas a Receber				Despesas com Pró-labore
Materiais de Consumo				
Máquinas e Equipamentos				

Pequena e Média Empresa

O Conselho Federal de Contabilidade propôs um plano de contas para as microempresas e empresas de pequeno porte através da Resolução 1.418 de 2012. O plano de contas proposto pode ser um importante ponto de partida para essas entidades. O plano encontra-se no final do capítulo.

O REGISTRO

Conforme vimos no livro diário, no evento 1 – Investimento do capital pelos sócios, no valor de R$ 20.000, debitamos a conta caixa, por ser uma conta do ativo, e creditamos a conta capital, por aumentar o patrimônio. O registro do evento 1 da Energiza Ltda. nos razonetes é apresentado na Ilustração 3.11:

Ilustração 3.11 – Mecanismo de contabilização nos razonetes

	Caixa			Capital	
1º/dez.	20.000			20.000	1º/dez.

Como podemos observar, é importante a colocação da data ou de uma identificação para o evento correspondente ao(s) débito(s) e ao(s) crédito(s).

O processo de registro ilustrado

⊕ Objetivo (4) → Apresentar um resumo ilustrado dos registros no diário e nos razonetes

As Ilustrações 3.12 a 3.21 a seguir sistematizam os passos básicos do processo de escrituração dos eventos contábeis que ocorreram na Energiza Ltda. no mês de dezembro de 20X9. Verifique que o primeiro passo é analisarmos se o evento ocorrido gera impacto na equação contábil básica. Em seguida, verificamos quais serão as contas que sofreram esses impactos. Depois, fazemos o registro do evento no diário e finalizamos com o registro nos razonetes.

Ilustração 3.12 – Integralização do capital

Evento	Em 1º/12/20X9, investimento inicial no capital da Energiza Ltda., no valor total de R$ 20.000.
Análise Básica	O caixa (ativo) aumenta em R$ 20.000 e o capital (patrimônio líquido) aumenta em R$ 20.000.

Equação Contábil:

Ativo	=	Passivo	+	Patrimônio Líquido
Caixa	=			Capital
20.000				20.000

Análise Débito Crédito
Debita o aumento no ativo: Caixa R$ 20.000
Credita o aumento no patrimônio líquido: Capital R$ 20.000

Diário

| 1º/12/20X9 | Caixa | 20.000 | |
| | Capital | | 20.000 |

Razonetes

Caixa		Capital	
20.000			20.000
20.000			20.000

Ilustração 3.13 – Compra de materiais de consumo a prazo

Evento	Compra de materiais de consumo, dia 1º/12/20X9, vencíveis em 30 e 60 dias, no valor de R$ 1.500.
Análise Básica	A conta materiais de consumo (ativo) aumenta em R$ 1.500 e a contas a pagar (passivo) aumenta em R$ 1.500.

Equação Contábil:

Ativo	=	Passivo	+	Patrimônio Líquido
Materiais de Consumo	=	Contas a Pagar		
1.500		1.500		

Análise Débito Crédito
Debita o aumento no ativo: Materiais de Consumo R$ 1.500
Credita o aumento no passivo: Contas a Pagar R$ 1.500

Diário

| 1º/12/20X9 | Materiais de Consumo | 1.500 | |
| | Contas a Pagar | | 1.500 |

Razonetes

Materiais de Consumo		Contas a Pagar	
1.500			1.500
1.500			1.500

Ilustração 3.14 – Pagamento de despesas de aluguel

Evento	Pagamento do aluguel de uma sala comercial, no dia 2/12/20X9, de R$ 1.000 à vista.
Análise Básica	A conta despesa do aluguel é aumentada de R$ 1.000, reduzindo os lucros acumulados (patrimônio líquido); e o caixa (ativo) é reduzido em R$ 1.000.

Equação Contábil

Ativo	=	Passivo	+	Patrimônio Líquido
Caixa	=			Lucros Acumulados
− 1.000				− 1.000

Análise Débito Crédito

Debita o aumento nas despesas: Despesa de Aluguel R$ 1.000
Credita a redução no ativo: Caixa R$ 1.000

Diário

2/12/20X9	Despesa de Aluguel	1.000	
	Caixa		1.000

Razonetes

Caixa		Despesa de Aluguel	
20.000	1.000	1.000	
19.000		1.000	

Ilustração 3.15 – Compra de máquinas e equipamentos à vista

Evento	Compra de máquinas e equipamentos à vista em 9/12/20X9, no valor de R$ 7.500.
Análise Básica	A conta máquinas e equipamentos (ativo) é aumentada em R$ 7.500 e a conta caixa (ativo) e diminuída em R$ 7.500.

Equação Contábil

Ativo			=	Passivo	+	Patrimônio Líquido
Caixa	+	Máq. e Equip.	=			
− 7.500		7.500				

Análise Débito Crédito

Debita o aumento no ativo: Máquinas e Equipamentos R$ 7.500
Credita a redução no ativo: Caixa R$ 7.500

Diário

9/12/20X9	Máquinas e Equipamentos	7.500	
	Caixa		7.500

Razonetes

Caixa		Máquinas e Equipamentos	
20.000	1.000	7.500	
	7.500		
11.500		7.500	

Ilustração 3.16 – Prestação de serviços à vista

Evento	Conserto de uma TV, com recebimento à vista, dia 13/12/20X9, por R$ 150.
Análise Básica	A conta receita de serviços é aumentada em R$ 150, aumentando os lucros acumulados (patrimônio líquido); e o caixa (ativo) é aumentado em R$ 150.

Equação Contábil

Ativo	=	Passivo	+	Patrimônio Líquido
Caixa	=			Lucros Acumulados
150				150

Análise Débito Crédito

Debita o aumento no ativo: Caixa R$ 150
Credita o aumento no patrimônio líquido: Receita de Serviços R$ 150

Diário

13/12/20X9	Caixa		150	
	Receita de Serviços			150

Razonetes

Caixa		Receita de Serviços	
20.000	1.000		150
150	7.500		
11.650			150

Ilustração 3.17 – Depósito em conta-corrente

Evento	Abertura de uma conta-corrente no Banco Popular S.A., no dia 22/12/20X9, com depósito de R$ 8.000.
Análise Básica	A conta bancos (ativo) é aumentada em R$ 8.000, e o caixa (ativo) é reduzido em R$ 8.000.

Equação Contábil

Ativo			=	Passivo	+	Patrimônio Líquido
Caixa	+	Bancos	=			
– 8.000		8.000				

Análise Débito Crédito

Debita o aumento no ativo: Bancos R$ 8.000
Credita a redução no ativo: Caixa R$ 8.000

Diário

9/12/20X9	Bancos		8.000	
	Caixa			8.000

Razonetes

Caixa		Bancos	
20.000	1.000	8.000	
150	7.500		
	8.000		
3.650		8.000	

Ilustração 3.18 – Prestação de serviços a prazo

Evento	No dia 28/12/20X9, a Energiza prestou serviços no valor de R$ 2.500.
Análise Básica	A conta receita de serviços é aumentada em R$ 2.500, arescendo os lucros acumulados (patrimônio líquido); e a empresa terá duplicatas a receber (ativo) aumentadas em R$ 2.500.
Equação Contábil	**Ativo** = **Passivo** + **Patrimônio Líquido** Duplicatas a receber = Lucros Acumulados 2.500 2.500
Análise Débito Crédito	Debita o aumento no ativo: Duplicatas a receber R$ 2.500 Credita o aumento no patrimônio líquido: Receita de Serviços R$ 2.500
Diário	28/12/20X9 Duplicatas a Receber 2.500 Receita de Serviços 2.500
Razonetes	**Duplicatas a receber** **Receita de Serviços** 2.500 2.500 2.500 2.500

Ilustração 3.19 – Pagamento de contas a pagar

Evento	No dia 31/12/20X9, os sócios efetuaram o pagamento de R$ 750 das contas a pagar.
Análise Básica	As contas a pagar (passivo) serão reduzidas em R$ 750, diminuindo o caixa (ativo) em R$ 750.
Equação Contábil	**Ativo** = **Passivo** + **Patrimônio Líquido** Caixa = Contas a Pagar – 750 – 750
Análise Débito Crédito	Debita a redução no passivo: Contas a Pagar R$ 750 Credita a redução no ativo: Caixa R$ 750
Diário	31/12/20X9 Contas a Pagar 750 Caixa 750

Razonetes	**Caixa** **Contas a Pagar**
	20.000 1.000 750 1.500
	150 7.500
	            8.000
	            750
	2.900 750

Ilustração 3.20 – Pagamento de despesas gerais

Evento	No dia 31/12/20X9, a Energiza pagou despesas gerais em um total de R$ 400.
Análise Básica	A conta despesas gerais é aumentada em R$ 400, reduzindo os lucros acumulados (patrimônio líquido); e o caixa (ativo) é reduzido em R$ 400.

Equação Contábil

Ativo	=	Passivo	+	Patrimônio Líquido
Caixa	=			Lucros Acumulados
– 400				400

Análise Débito Crédito

Debita a redução no patrimônio líquido: Despesas Gerais R$ 400
Credita a redução no ativo: Caixa R$ 400

Diário

31/12/20X9	Despesas Gerais	400	
	Caixa		400

Razonetes

Caixa		Despesas Gerais	
20.000	1.000	400	
150	7.500		
	8.000		
	750		
	400		
2.500		400	

Ilustração 3.21 – Pagamento em cheque de despesas com pró-labore

Evento	Retirada, em 31/12/20X9, a título de pró-labore em um total de R$ 500, em cheque.
Análise Básica	A conta despesas com pró-labore é aumentada em R$ 500, reduzindo os lucros acumulados (patrimônio líquido); e a conta bancos (ativo) é reduzida em R$ 500.

Equação Contábil

Ativo	=	Passivo	+	Patrimônio Líquido
Bancos	=			Lucros Acumulados
– 500				500

Análise Débito Crédito

Debita a redução no patrimônio líquido: Despesas com Pró-Labore R$ 500
Credita a redução no ativo: Bancos R$ 500

Diário

31/12/20X9	Despesas com Pró-Labore	500	
	Bancos		500

Razonetes

Bancos		Despesas com Pró-Labore	
8.000	500	500	
7.500		500	

Prática

Com o desenvolvimento dos sistemas computacionais, alguns dos lançamentos contábeis são realizados de maneira bastante ágil. Numa empresa comercial, por exemplo, quando um cliente efetua uma compra e passa por uma caixa registradora, automaticamente é feito o registro da compra na contabilidade. Isso é possível porque a grande maioria das transações é repetitiva.

RESUMO ILUSTRATIVO DO REGISTRO NO RAZÃO E DIÁRIO

O livro diário da Energiza Ltda. para o mês de dezembro de 20X9 é apresentado na Ilustração 3.22. Já os razonetes com as movimentações ocorridas no período estão na Ilustração 3.23.

Ilustração 3.22 – Livro diário da Energiza Ltda.

Data	Conta e Histórico	Débito	Crédito

1º/dez.	Caixa
	    Capital
	        Investimento no capital pelos sócios, em dinheiro.
		20.000	20.000

1º/dez.	Material de consumo
	    Contas a pagar
	        Compra de materiais de consumo a prazo, conforme NF 24.790.
		1.500	1.500

2/dez.	Despesa de aluguel
	    Caixa
	        Pagamento de despesa de aluguel em dinheiro, conforme recibo 001/20X9.
		1.000	1.000

9/dez.	Máquinas e equipamentos
	    Caixa
	        Aquisição de máquinas e equipamentos em dinheiro, conforme NF 101.075.
		7.500	7.500

13/dez.	Caixa
	    Receita de serviços
	        Recebimento em dinheiro por serviços prestados, conforme NF 001 emitida pela empresa.
		150	150

22/dez.	Bancos
	    Caixa
	        Abertura e depósito em conta corrente 99.357 na agência 553-X, do Banco Popular S.A.
		8.000	8.000

28/dez.	Duplicatas a receber
	    Receita de serviços
	        Serviços prestados à NewCel a prazo, conforme NF 002 emitida pela empresa.
		2.500	2.500

31/dez.	Contas a pagar
	    Caixa
	        Pagamento de contas a pagar referente a compra de materiais, da NF 24.790 em dinheiro.
		750	750

31/dez.	Despesas gerais
	    Caixa
	        Pagamento de despesas de água, energia elétrica e telefone, em dinheiro, conforme NF 3.520; 12.350; 79.925.
		400	400

31/dez.	Despesas com pró-labore
	    Bancos
	        Despesa com pró-labore pago em cheque aos sócios.
		500	500

> **Prática**
>
> Nos modernos sistemas contábeis computadorizados, o lançamento contábil no diário conduz automaticamente o registro nos razonetes. Isso reduz os erros potenciais.

Ilustração 3.23 – Razonetes da Energiza Ltda.

ATIVO

Caixa
1º/dez.	20.000	1.000	2/dez.
13/dez.	150	7.500	9/dez.
		8.000	22/dez.
		750	31/dez.
		400	31/dez.
BP	**2.500**		

Bancos
22/dez.	8.000	500	31/dez.
BP	**7.500**		

Duplicatas a Receber
28/dez.	2.500		
BP	**2.500**		

Materiais de Consumo
1º/dez.	1.500		
BP	**1.500**		

Máquinas e Equipamentos
9/dez.	7.500		
BP	**7.500**		

PASSIVO

Contas a Pagar
31/dez.	750	1.500	1º/dez.
		750	**BP**

PATRIMÔNIO LÍQUIDO

Capital
		20.000	1º/dez.
		20.000	**BP**

Receitas de Serviços
		150	13/dez.
		2.500	28/dez.
		2.500	**BP**

Despesa de Aluguel
2/dez.	1.000		
BP	**1.000**		

Despesas Gerais
31/dez.	400		
BP	**400**		

Despesas com Pró-Labore
31/dez.	500		
BP	**500**		

> **ANTES DE PROSSEGUIR**
> 1. Qual a diferença entre o livro diário e o razão?
> 2. Qual o objetivo do: (a) razonete? (b) plano de contas?

O balancete

Objetivo (5) → Explicar o objetivo do balancete de verificação

O **balancete de verificação** é um quadro de contas com os saldos das movimentações que ocorreram em um período. Os débitos são apresentados na coluna da esquerda, enquanto os créditos ficam na coluna da direita. E os totais das duas colunas devem ser iguais.

O objetivo de elaborar um balancete de verificação é o de conferir a igualdade matemática dos registros realizados a débito e a crédito. Como se trata de um mecanismo de partidas dobradas, no qual os débitos e os créditos são correspondentes, uma diferença entre o total das duas colunas revela que há erro em algum registro. Além dessa utilidade, o balancete também auxilia na preparação das demonstrações contábeis.

Os passos para a elaboração do balancete de verificação são: (1) fazer uma listagem com todas as contas movimentadas ou que apresentam saldo no período; (2) colocar os saldos das contas nas respectivas colunas; (3) verificar a igualdade nas duas colunas.

O balancete de verificação da Energiza Ltda. no mês de dezembro de 20X9 é apresentado na Ilustração 3.24. Note que o total da coluna dos débitos é R$ 23.400, valor igual ao da coluna dos créditos.

Ilustração 3.24 – Balancete de verificação da Energiza Ltda.

Energiza Ltda. Balancete de Verificação 31/12/20X9		
	Débito	Crédito
Caixa	2.500	
Bancos	7.500	
Duplicatas a receber	2.500	
Materiais de consumo	1.500	
Máquinas e equipamentos	7.500	
Contas a pagar		750
Capital		20.000
Receitas de serviços		2.650
Despesa de aluguel	1.000	
Despesas gerais	400	
Despesas com pró-labore	500	
	23.400	23.400

LIMITAÇÕES DO BALANCETE

Apesar dessa utilidade do balancete, de auxiliar na detecção de erros nos registros quando os totais das colunas são diferentes, vários erros podem continuar existindo mesmo com a igualdade nas duas colunas.

Alguns exemplos desses erros são: (1) um evento não foi registrado no livro diário; (2) um registro corretamente reconhecido no diário, mas não registrado nos razonetes; (3) um evento é registrado em duplicidade no diário; (4) registrar no diário e no razonete um evento em contas erradas; (5) registrar o débito e o crédito em contas corretas, mas com valores errados.

Entretanto, apesar dessas limitações, o balancete de verificação é útil para ajudar a encontrar os erros nos registros dos eventos e é frequentemente usado na prática.

ANTES DE PROSSEGUIR

1. O que é balancete de verificação e como ele é preparado?
2. Qual é o principal objetivo do balancete?
3. Quais são as limitações do balancete de verificação?

Decisão

Pergunta	Informação Necessária	Fórmula	Uso
Como se verifica a igualdade dos débitos e créditos?	Todas as contas com saldos	Balancete de verificação	Fazer uma listagem com todas as contas movimentadas no período ou que apresentam saldo; colocar os saldos das contas nas respectivas colunas; verificar a igualdade nas duas colunas

EXERCÍCIO DE REVISÃO

A empresa de publicidade Flor e Cia. Ltda. apresentou um balancete em 30/11/20X0 com os seguintes saldos: Caixa = R$ 2.700; Bancos = R$ 1.400; Clientes = R$ 10.000; Estoques = R$ 18.500; Contas a Pagar = R$ 500; Promissórias a Pagar = R$ 1.500; Capital Social = R$ 15.400; Lucros Acumulados = R$ 15.200.

Durante o mês de dezembro, ocorreram os seguintes eventos:

1. Aumento do capital em dinheiro, por R$ 4.000 e veículos, de R$ 10.000.
2. Aquisição de equipamentos, no valor de R$ 5.000, em dinheiro.
3. Compra de estoques a prazo, R$ 200.
4. Recebimento de um cheque de R$ 2.500, por serviços prestados.
5. Pagamento de salários do mês com cheque de R$ 1.000.
6. Pagamento de R$ 500, das notas promissórias, com uma transferência bancária.
7. Prestação de serviços, que serão recebidos em janeiro de 20X1, de R$ 3.900.

8. Pagamento de aluguéis, de R$ 300, em dinheiro.
9. Clientes anteciparam valores, depositando R$ 8.000 na conta-corrente da empresa.
10. Pagamento de pró-labore ao proprietário com um cheque de R$ 4.000.

Pede-se:

a) Faça os registros contábeis no diário e nos razonetes.
b) Elabore o balancete de verificação com os saldos iniciais, a movimentação do período e os saldos finais (6 colunas).
c) Elabore a demonstração do resultado para o mês de dezembro/20X0.
d) Levante o balanço patrimonial em 31/12/20X0.

Solução

a)

1)	Caixa	4.000	
	Veículos	10.000	
	Capital Social		14.000
2)	Equipamentos	5.000	
	Caixa		5.000
3)	Estoques	200	
	Fornecedores		200
4)	Bancos	2.500	
	Receita de Serviços		2.500
5)	Despesa de Salários	1.000	
	Bancos		1.000
6)	Notas Promissórias a Pagar	500	
	Bancos		500
7)	Clientes	3.900	
	Receita de Serviços		3.900
8)	Despesa de Aluguéis	300	
	Caixa		300
9)	Bancos	8.000	
	Adiantamento de Clientes		8.000
10)	Despesa com Pró-Labore	4.000	
	Bancos		4.000

ATIVO

Caixa				Bancos				Clientes	
	2.700	5.000	(2		1.400	1.000	(5		10.000
1)	4.000	300	(8	4)	2.500	500	(6	7)	3.900
				9)	8.000	4.000	(10		**13.900**
	1.400				**6.400**				

Estoques			Veículos			Equipamentos	
	18.500		1)	10.000		2)	5.000
3)	200						
	18.700			**10.000**			**5.000**

PASSIVO

Contas a Pagar				Notas Promissórias a Pagar				Adiantamento de Clientes		
		500		6)	500	1.500		2)		8.000	(9
		200	(3							
		700				**1.000**				**8.000**

PATRIMÔNIO LÍQUIDO

Capital Social				Lucros Acumulados		Receita de Serviços		
		15.400			15.200		2.500	(4
		14.000	(1				3.900	(7
		29.400			**15.200**		**6.400**	

Despesa de Salários			Despesa de Aluguel			Despesa de Pró-Labore	
5)	1.000		8)	300		10)	4.000
	1.000			**300**			**4.000**

b)

	Saldos Iniciais		Movimentação		Saldos Finais	
	Débito	Crédito	Débito	Crédito	Débito	Crédito
Caixa	2.700		4.000	5.300	1.400	
Bancos	1.400		10.500	5.500	6.400	
Clientes	10.000		3.900		13.900	
Estoques	18.500		200		18.700	
Equipamentos			5.000		5.000	
Veículos			10.000		10.000	
Contas a Pagar		500	200			700
Notas Promissórias a Pagar		1.500	500			1.000
Adiantamento de Clientes				8.000		8.000
Capital Social		15.400		14.000		29.400
Lucros Acumulados		15.200				15.200
Receitas de Serviços				6.400		6.400
Despesas de Salários			1.000		1.000	
Despesas de Aluguel			300		300	
Despesas de Pró-labore			4.000		4.000	
TOTAIS	32.600	32.600	39.400	39.400	60.700	60.700

c)

Demonstração do Resultado – Dezembro/20X0		
Receitas de Serviços		6.400
(–) Despesas:		
de Salários	(1.000)	
de Aluguel	(300)	
de Pró-labore	(4.000)	(5.300)
Lucro Líquido		1.100

d)

Balanço Patrimonial – 31/12/20X0			
Ativo Circulante		**Passivo Circulante**	
Caixa	1.400	Contas a Pagar	700
Bancos	6.400	Notas Promissórias a Pagar	1.000
Clientes	13.900	Adiantamento de Clientes	8.000
Estoques	18.700		9.700
	40.400	**Patrimônio Líquido**	
		Capital Social	29.400
Ativo Não Circulante		Lucros Acumulados	16.300
Equipamentos	5.000		45.700
Veículos	10.000		
	15.000		
TOTAL DO ATIVO	55.400	**TOTAL DO PASSIVO + PL**	55.400

Um exemplo mais completo...

A Rio Verde Lavanderia apresentava em 30/6/20X5 os seguintes saldos iniciais:

Bancos	2.500,00
Caixa	985,00
Capital Social	20.000,00
Clientes	1.700,00
Depreciação Acumulada	8.835,00
Fornecedores	1.300,00
Lucros Acumulados	3.000,00
Máquinas e Equipamentos	23.000,00
Móveis e Utensílios	6.450,00
Sálarios a Pagar	1.500,00

Durante o mês de julho/20X5, a empresa teve os seguintes eventos:

1º/7 – Compra de materiais de consumo a prazo por R$ 700,00.

5/7 – Pagamento dos salários de junho, com transferência bancária.

9/7 – Recebimento de clientes, R$ 1.000,00 em cheque.

12/7 – Fechamento de um contrato com um hotel com vigência a partir de 1º/8, com receita mensal de R$ 1.000,00.

16/7 – Prestação de serviços à vista, de R$ 3.000,00.

20/7 – Pagamento de despesas com água e energia, de R$ 250,00.

23/7 – Aumento do capital social da empresa, com a entrega de uma sala comercial no valor de R$ 13.000,00.

27/7 – Pagamento de R$ 500,00 em dinheiro da dívida com fornecedores.

28/7 – Contratação de uma firma para fazer serviços de manutenção nas máquinas: R$ 400 por visita técnica.

30/7 – A despesa de depreciação do período é de R$ 1.472,50.

Pede-se:

a) Faça os registros dos **eventos contábeis** no diário e nos razonetes.

b) Elabore a demonstração do resultado, o balanço patrimonial comparando os dois exercícios findos e a demonstração das mutações do patrimônio líquido.

Solução

1º/jul.	Materiais de Consumo	700	
	Fornecedores		700
5/jul.	Salários a Pagar	1.500	
	Bancos		1.500
9/jul.	Bancos	1.000	
	Clientes		1.000
12/jul.	NÃO É UM EVENTO CONTÁBIL		
16/jul.	Caixa	3.000	
	Receita de Serviços		3.000
20/jul.	Despesas com Água e Energia	250	
	Caixa		250
23/jul.	Edificações	13.000	
	Capital Social		13.000
27/jul.	Fornecedores	500	
	Caixa		500
28/jul.	NÃO É UM EVENTO CONTÁBIL		
30/jul.	Despesa de Depreciação	1.472,50	
	Depreciação Acumulada		1.472,50

ATIVO

Caixa			Bancos			Clientes		
	985	250 20/jul.		2.500	1.500 5/jul.		1.700	1.000 9/jul.
16/jul. 3.000		500 27/jul.	09/jul. 1.000				700	
3.235			**2.000**					

Depreciação Acumulada			Máquinas e Equipamentos			Materiais de Consumo		
		8.835		23.000		1º/jul. 700		
		1.472,50 30/jul.						
		10.307,50		**23.000**		**700**		

Móveis e Utensílios			Edificações		
6.450			23/jul. 13.000		
6.450			**13.000**		

PASSIVO

Fornecedores				Salários a Pagar		
27/jul.	500	1.300		5/jul.	1.500	1.500
		700	1º/jul.			
		1.500	**BP**			**0**

PATRIMÔNIO LÍQUIDO

Capital			Lucros Acumulados		Receita de Serviços	
	20.000			3.000		3.000 16/jul.
	13.000	23/jul.				
	33.000			**3.000**		**3.000**

Despesas com Água e Energia			Despesas de Depreciação	
20/jul.	250		30/jul.	1.472,50
	250			**1.472,50**

Balanço Patrimonial

ATIVO			PASSIVO		
Ativo Circulante	**JUN./20X5**	**JUL./20X5**	**Passivo Circulante**	**JUN./20X5**	**JUN./20X5**
Caixa	985,00	3.235,00	Fornecedores	1.300,00	1.500,00
Bancos	2.500,00	2.000,00	Salários a Pagar	1.500,00	–
Clientes	1.700,00	700,00		**2.800,00**	**1.500,00**
Materiais de Consumo	–	700,00			
	5.185,00	**6.635,00**			
Ativo Não Circulante			**Patrimônio Líquido**		
Imobilizado			Capital Social	20.000,00	33.000,00
Móveis e Utensílios	6.450,00	6.450,00	Lucros Acumulados	3.000,00	4.277,50
Máquinas e Equipamentos	23.000,00	23.000,00		**23.000,00**	**37.277,50**
Edificações		13.000,00			
(–) Depreciação Acumulada	(8.835,00)	(10.307,50)			
	20.615,00	**32.142,50**			
TOTAL DO ATIVO	**25.800,00**	**38.777,50**	**TOTAL DO PASSIVO + PL**	**25.800,00**	**38.777,50**

Demonstração do Resultado – JUN./20X5 a JUL./20X5

Receita de Serviços		3.000,00
(–) Despesas:		
com Água e Energia	(250,00)	
de Depreciação	(1.472,50)	(1.722,50)
Lucro líquido do período		1.277,50

Demonstração das Mutações do Patrimônio Líquido – JUN./20X5 a JUL./20X5			
	Capital Social	Lucros Acumulados	Totais
Saldos em 30/6/20X5	20.000,00	3.000,00	23.000,00
Aumento do capital pelos sócios	13.000,00		13.000,00
Resultado do exercício		1.277,50	1.277,50
Saldos em 31/7/20X5	33.000,00	4.277,50	37.277,50

Usando a informação contábil

A Estrela de Ouro Ltda., empresa que revende artigos esportivos, apresentou o balancete de verificação a seguir em 31/10/20X9, com as movimentações do mês de outubro. As contas estão em ordem alfabética e os valores expressos em milhares de reais.

Estrela de Ouro Ltda.
Balancete de Verificação – 31/10/20X9

	Débitos	Créditos
Caixa e Bancos	2.500	
Capital Social		
Contas a Pagar		4.800
Contas a Receber	108.000	
Custo da Mercadoria Vendida	105.000	
Depreciação Acumulada		14.400
Despesas de Publicidade a Pagar		43.200
Despesas de Depreciação	40.000	
Despesas de Vendas e Administrativas	26.000	
Edificações	200.000	
Endividamento de Longo Prazo		243.900
Estoques	31.200	
Lucros Acumulados		75.000
Máquinas e Equipamentos	120.000	
Receita de Vendas		300.000
Salários a Pagar		26.400
Terrenos	48.000	
Títulos a Pagar		36.000
	680.700	**743.700**

Como podemos observar, o balancete não está fechando (batendo o total do débito com o crédito). Ao checar os registros com os responsáveis por sua elaboração, foram constatados os seguintes problemas:

1. O registro a crédito de R$ 220.000 do capital social foi incorretamente deletado do balancete pelo contabilista, e esse valor foi adicionado à conta de endividamento de longo prazo.
2. As vendas à vista do mês de outubro, no valor de R$ 63.000, foram creditadas na conta de receita de vendas, mas a contrapartida do registro não foi realizada.

3. A compra de novos equipamentos à vista realizada no dia 25/10 no valor de R$ 12.000 não foi reconhecida.
4. R$ 5.000 das despesas de vendas e administrativas foram erroneamente reconhecidas como despesas de depreciação.

Com base nessas informações, faça as correções e elabore um balancete após as correções.

Solução

	Estrela de Ouro Ltda. Balancete de Verificação – 31/10/20X9					
	Débitos	Créditos	Débitos	Créditos	Débitos	Créditos
Caixa e Bancos	2.500		63.000	12.000		53.500
Capital Social				220.000		220.000
Contas a Pagar		4.800				4.800
Contas a Receber	108.000				108.000	
Custo da Mercadoria Vendida	105.000				105.000	
Depreciação Acumulada		14.400				14.400
Despesas de Publicidade a Pagar		43.200				43.200
Despesas de Depreciação	40.000			5.000	35.000	
Despesas de Vendas e Administrativas	26.000		5.000		31.000	
Edificações	200.000				200.000	
Endividamento de Longo Prazo		243.900	220.000			23.900
Estoques	31.200				31.200	
Lucros Acumulados		75.000				75.000
Máquinas e Equipamentos	120.000		12.000		132.000	
Receita de Vendas		300.000				300.000
Salários a Pagar		26.400				26.400
Terrenos	48.000				48.000	
Títulos a Pagar		36.000				36.000
	680.700	**743.700**	**300.000**	**237.000**	**743.700**	**743.700**

RESUMO DOS OBJETIVOS

Analisar o efeito das transações na equação contábil básica – Apenas os eventos contábeis, por gerar impacto na equação contábil básica, são registrados pela contabilidade. Assim, por exemplo, um aumento em uma conta do ativo provoca um aumento no passivo e/ou no patrimônio líquido, ou mesmo um decréscimo em alguma outra conta do ativo. Esse duplo efeito na equação é denominado de partidas dobradas.

Explicar o que é uma conta, definir débito e crédito e explicar como eles são usados para registrar as transações – As contas são utilizadas pelo sistema de informação contábil para demonstrar os aumentos e reduções nos elementos específicos do ativo, passivo e do patrimônio líquido. Assim, nas contas de ativo e despesas debita-se para aumentar e credita-se para diminuir; já nas contas do passivo, patrimônio líquido e receitas credita-se para aumentar e debita-se para diminuir.

Identificar os passos básicos no processo de registro – Os passos são: (1) analisar cada evento em termos de impacto nas contas; (2) fazer o registro no livro diário; (3) registrar nos razonetes, nas contas específicas.

Apresentar um resumo ilustrado dos registros no diário e nos razonetes – Os eventos contábeis são reconhecidos no livro diário e no razão, sendo que este último mostra o efeito de eventos acumulados nas contas que foram movimentadas no período.

Explicar o objetivo do balancete de verificação – O balancete de verificação lista todas as contas e seus respectivos saldos em dado período. O objetivo do balancete é verificar a igualdade matemática que deve existir nos registros a débito e a crédito, auxiliando na observação de possíveis erros nos registros. Ainda, auxilia na elaboração das demonstrações contábeis.

DECISÃO

Pergunta	Informação Necessária	Fórmula	Uso
Uma transação contábil ocorreu?	Detalhes do evento	Equação contábil	Determina o efeito, se houver, nos ativos, passivos ou patrimônio líquido
Como se verifica a igualdade dos débitos e créditos?	Todas as contas com saldos	Balancete de verificação	Fazer uma listagem com todas as contas movimentadas no período; colocar os saldos das contas nas respectivas colunas, verificar a igualdade nas duas colunas

DICIONÁRIO

Balancete de verificação – Quadro de contas com os saldos das movimentações que ocorreram em um período. Os débitos são apresentados na coluna da esquerda, enquanto os créditos ficam na coluna da direita. E os totais das duas colunas devem ser iguais.

Conta – Permite que sejam demonstrados os aumentos e reduções nos elementos específicos do ativo, passivo e do patrimônio líquido.

Crédito – Lado direito de um razonete.

Débito – Lado esquerdo de um razonete.

Livro diário – Apresenta, em ordem cronológica, os eventos que afetaram o patrimônio da entidade.

Livro razão – Utilizado para registrar a movimentação, a débito ou a crédito, ocorrida em cada uma das contas da entidade.

Partidas dobradas – O registro dos eventos contábeis sempre demonstrará uma igualdade nos valores, de maneira que cada transação gera um duplo efeito na equação.

Plano de contas – Listagem de contas que serão utilizadas para retratar os eventos contábeis.

Razonete – Simplificação do livro razão. É apresentado na forma em "T".

Sistema de informação contábil – Sistema de coletar e processar os dados, para comunicar as informações contábeis aos usuários.

Transações contábeis – Eventos que requerem registros nas demonstrações contábeis, pois afetam a equação contábil básica.

PROBLEMA DEMONSTRAÇÃO

Ana Luíza decidiu usar suas economias para criar uma empresa de consultoria na área de economia. Durante o primeiro mês de operação, ocorreram as seguintes transações:

2/9 – Ana Luíza investiu R$ 50 mil em dinheiro na empresa.
3/9 – Pagou R$ 3 mil pelo aluguel de uma sala num centro comercial.
4/9 – Compra de computadores para a empresa, no valor de R$ 2 mil, sendo R$ 1 mil à vista e o restante a prazo.
8/9 – Pagamento de R$ 2.400 pelo salário de dois funcionários referente ao mês de setembro.
9/9 – Prestou serviço de consultoria e recebeu R$ 500.
10/9 – Pagamento de R$ 200 pelo anúncio nos classificados de um jornal local.
17/9 – Prestou serviço de consultoria no valor de R$ 5.500, recebidos à vista.
19/9 – Pagamento da conta de água e luz do mês, no valor de R$ 100.
24/9 – Prestação de serviço de consultoria, no valor de R$ 1.300, que serão pagos no próximo mês.
30/9 – Pagamento de pró-labore de R$ 2.000.

Pede-se:

a) Faça os lançamentos no diário das transações ocorridas no mês de setembro.
b) Faça os lançamentos nos razonetes.
c) Apresente o balancete de verificação.

Solução

a)

Data	Conta	Débito	Crédito
2/set.	Caixa	50.000	
	Capital		50.000
3/set.	Despesa de Aluguel	3.000	
	Caixa		3.000
4/set.	Computadores	2.000	
	Caixa		1.000
	Contas a Pagar		1.000
8/set.	Despesa de Salários	2.400	
	Caixa		2.400
9/set.	Caixa	500	
	Receita de Serviços		500
10/set.	Despesa de Classificados	200	
	Caixa		200
17/set.	Caixa	5.500	
	Receita de Serviços		5.500
19/set.	Despesa de Água e Luz	100	
	Caixa		100
24/set.	Duplicatas a Receber	1.300	
	Receita de Serviços		1.300
30/set.	Despesa com Pró-labore	2.000	
	Caixa		2.000

b)

Caixa			
2/9	50.000	3.000	3/9
9/9	500	1.000	4/9
17/9	5.500	2.400	8/9
		200	10/9
		100	19/9
		2.000	30/9
	47.300		

Duplicatas a Receber			
24/9	1.300		
	1.300		

Computadores			
4/9	2.000		
	2.000		

Contas a Pagar			
		1.000	4/9
		1.000	

Capital			
		50.000	2/9
		50.000	

Receita de Serviços			
		500	9/9
		5.500	17/9
		1.300	24/9
		7.300	

Despesa de Aluguel			
3/9	3.000		
	3.000		

Despesa de Salários			
8/9	2.400		
	2.400		

Despesa de Classificados			
10/9	200		
	200		

Despesa de Água e Luz			
19/9	100		
	100		

Despesa de Pró-Labore			
30/9	2.000		
	2.000		

c)

	Débito	Crédito
Caixa	47.300	
Duplicatas a Receber	1.300	
Computadores	2.000	
Contas a Pagar		1.000
Capital		50.000
Receita de Serviços		7.300
Despesa de Aluguel	3.000	
Despesa de Salários	2.400	
Despesa de Classificados	200	
Despesa de Água e Luz	100	
Despesa de Pró-labore	2.000	
	58.300	58.300

QUESTÕES DE MÚLTIPLA ESCOLHA

1. A contabilidade registra apenas os eventos contábeis que geram impacto econômico na equação básica contábil. Dos eventos a seguir, qual não afeta a equação contábil?
   a) Pagamento de fornecedores.
   b) Aquisição de materiais à vista.
   c) Venda de imóveis.
   d) Contratação de funcionários.

2. Sobre o balanço patrimonial, é correto afirmar:
   a) O lado esquerdo do balanço é chamado de lado do crédito (ou credor) e apresenta as contas do ativo.
   b) O lado direito do balanço é chamado de lado do débito (ou devedor) e apresenta as contas do passivo e patrimônio líquido.
   c) O lado esquerdo do balanço é chamado de lado do débito (ou devedor) e apresenta as contas do ativo.
   d) O lado direito do balanço é chamado de lado do crédito (ou credor) e apresenta as contas do ativo e do patrimônio líquido.

3. Das contas a seguir, quais delas são contas credoras:
   a) Bancos, equipamentos e caixa.
   b) Terrenos, veículos e estoques.
   c) Promissórias a pagar, lucros acumulados e capital.
   d) Duplicatas a receber, patentes e edificações.

4. Das contas a seguir, qual delas é devedora:
   a) Despesa de salários.
   b) Receita de serviços.
   c) Empréstimos.
   d) Capital.

5. O efeito de um registro a débito:
   a) Aumenta os ativos e os passivos.
   b) Reduz os ativos e os passivos.
   c) Aumenta os ativos e reduz os passivos.
   d) Reduz os ativos e aumenta os passivos.

6. O registro correto das contas do ativo é:
   a) Tudo que entra é debitado e tudo que sai é creditado.
   b) Debita os aumentos e credita as reduções.
   c) Credita os aumentos e debita as reduções.
   d) Debita se for bens e credita se for direitos.

7. O registro correto das contas do patrimônio líquido é:
   a) Tudo que entra é debitado e tudo que sai é creditado.
   b) Debita os aumentos e credita as reduções.
   c) Credita os aumentos e debita as reduções.
   d) Debita se for lucro e credita se for prejuízo.

8. Representam recursos do patrimônio líquido:
   a) O capital a integralizar e os lucros acumulados.
   b) O capital social, os lucros acumulados e os dividendos.
   c) Os prejuízos acumulados e as reservas.
   d) O capital social, os lucros acumulados e as reservas.

9. Não faz parte do processo de registro:
   a) Analisar as transações contábeis.
   b) Registrar as transações no diário.
   c) Registrar as transações no razonete.
   d) Elaborar as demonstrações contábeis.

10. Aponte qual dos elementos a seguir não é necessário em um lançamento de diário:
    a) Data e conta(s) debitada(s).
    b) Conta(s) creditada(s) e histórico.
    c) Título e saldo da conta.
    d) Conta(s) debitada(s) e conta(s) creditada(s).

11. Considere as informações a seguir. Indique qual delas não se refere ao livro diário:
    a) Apresenta as informações em ordem cronológica.
    b) Contém apenas contas receitas e despesas.
    c) Ajuda a localizar erros nos registros, pois o total dos débitos é igual ao total dos créditos.
    d) Evidencia em um único lugar o efeito completo da transação.

12. **Considere as seguintes informações sobre os razonetes e aponte o item verdadeiro:**
    a) Nas contas do ativo e receitas debita-se para aumentar.
    b) Nas contas do passivo e despesas credita-se para reduzir.
    c) O confronto dos créditos e dos débitos denomina-se saldo.
    d) O lado esquerdo é onde são registrados os créditos e, no direito, os débitos.

13. **O objetivo do balancete de verificação é:**
    a) Listar todas as contas e seus respectivos saldos.
    b) Auxiliar na verificação matemática dos registros contábeis.
    c) Garantir que todos os eventos foram registrados no livro diário.
    d) Garantir que todos os eventos foram registrados no livro razão.

14. **Um balancete de verificação não apresentará valores iguais em suas colunas se:**
    a) Um lançamento de diário for lançado em duplicidade.
    b) Uma compra de mercadorias for debitada na conta em Estoques e creditada no Caixa.
    c) Um pagamento de dividendos no valor de R$ 200 for debitado Dividendos em R$ 2.000 e creditado Caixa em R$ 200.
    d) O pagamento de uma conta no valor de R$ 950 for debitado em Contas a Pagar R$ 590 e creditado Caixa em R$ 590.

15. **Julgue os itens a seguir e aponte a alternativa verdadeira:**
    a) O método das partidas dobradas pressupõe que toda transação será representada por um débito e um crédito de mesmo valor em uma ou mais contas de ativo, passivo, patrimônio líquido, receitas ou despesas.
    b) No livro diário, as contas de uma entidade são relacionadas em uma listagem com seus respectivos saldos, cujo objetivo é verificar se a coluna dos débitos é igual à coluna dos créditos.
    c) O livro razão é um livro que registra os eventos contábeis em partidas dobradas em ordem rigorosamente cronológica de dia, mês e ano.
    d) O saldo de uma conta é a diferença entre débitos e créditos, sendo que o saldo será devedor se a soma dos créditos for maior que a soma dos débitos e será credor, no caso inverso.

QUESTÕES PARA REVISÃO

1. Diariamente ocorrem vários eventos nas entidades, mas nem todos são registrados pela contabilidade. Quais eventos são registrados? Dê exemplos.
2. Qual o problema de não se registrar um evento contábil?
3. O que significa o termo *partidas dobradas*?
4. Defina o conceito de fato gerador.
5. Para efetuar os registros contábeis, a contabilidade adota um sistema de informação contábil que se utiliza de contas. E o que são as contas? Exemplifique.
6. O que é o razonete em "T"?
7. No balanço patrimonial, como é denominado o lado do ativo do balanço? E o lado do passivo e patrimônio líquido?
8. O que é o saldo no razonete?
9. Quais são os passos que devem ser seguidos para efetuar os registros das transações contábeis?
10. Os eventos são reconhecidos com base na análise de algum documento. Que documentos seriam esses? Cite exemplos.
11. Para que serve o livro diário? Que informações devem ser apresentadas nesse livro?
12. Quais são as vantagens de se elaborar o livro diário?
13. Qual a utilidade do livro razão?
14. O que é um plano de contas?
15. Quais as vantagens de se elaborar um balancete?
16. Que passos devem ser seguidos para elaborar um balancete de verificação?
17. Que limitações o balancete pode apresentar? Cite um exemplo.

EXERCÍCIOS BREVES

EB 1. Apresentamos a seguir vários eventos que afetam e que não afetam a equação contábil básica. Marque com um "x" apenas os que são eventos contábeis.

a) (　) Recebimento de duplicata.
b) (　) Compra de estoques à vista.
c) (　) Pagamento de dividendos.
d) (　) Fechamento de um contrato com cliente.
e) (　) Instalação de uma nova rede de Internet na empresa.
f) (　) Pagamento de despesas de energia elétrica.
g) (　) Contratação de novos funcionários.
h) (　) Compra financiada de veículos.
i) (　) Aquisição de terrenos a prazo.
j) (　) Abertura de conta-corrente em uma instituição financeira.

EB 2. Classifique as contas a seguir em: 1. Devedoras (D) ou Credoras (C); e 2. Ativo (A), Passivo (P); Patrimônio líquido (PL); Receitas (R) ou Despesas (D), como no exemplo.

a) __D__/__A__ Duplicata a receber
b) ____/____ Estoques
c) ____/____ Dividendos a pagar
d) ____/____ Despesas de energia elétrica
e) ____/____ Salários a pagar
f) ____/____ Veículos
g) ____/____ Terrenos
h) ____/____ Financiamentos a pagar
i) ____/____ Capital
j) ____/____ Receita de serviços
k) ____/____ Prejuízos acumulados
l) ____/____ Receitas financeiras
m) ____/____ Depreciação acumulada

EB 3. As irmãs Fátima e Fabrícia resolveram abrir um brechó doando inicialmente suas próprias roupas que não mais utilizavam. Assim, elas estabeleceram preços de vendas nessas roupas e fizeram a integralização do capital da seguinte forma: Caixa = R$ 5.000; Mercadorias (roupas) = R$ 3.000; e Móveis e Utensílios = R$ 2.500. Qual o valor do Capital Social da empresa?

EB 4. Três amigos recém-formados resolveram abrir um escritório de advocacia. O capital social é de R$ 30.000. O primeiro integralizou uma sala comercial, no valor de R$ 10.000. O segundo doou suas economias, no valor total de R$ 8.000 e um computador e impressora, de R$ 2.000. O terceiro se comprometeu a entregar a sua parte em até 30 dias. Apresente o balanço patrimonial da entidade.

EB 5. A seguir, são apresentadas algumas contas. Classifique-as quanto a se devem ser apresentadas no balanço patrimonial (BP) ou demonstração do resultado (DRE):

a) ____ Receitas de juros
b) ____ Empréstimos

c) ——— Despesas de aluguel
d) ——— Caixa
e) ——— Despesas de depreciação
f) ——— Clientes
g) ——— Salários a pagar
h) ——— Receitas de serviços
i) ——— Duplicatas a pagar
j) ——— Mercadorias

EB 6. São apresentados três eventos econômicos a seguir. Em cada coluna da equação contábil informe se o evento aumenta (+), diminui (−) ou não tem efeito (0) para cada item da equação contábil.

	Ativo	=	Passivo	+	Patrimônio Líquido
Compra de material de consumo à vista					
Compra de material de consumo a prazo					
Despesa paga em dinheiro					

EB 7. Bloom é uma empresa que apresentou as seguintes transações:
1. Empréstimo de R$ 7.000.
2. Pagamento de R$ 1.000 para os proprietários.
3. Prestação de serviço de R$ 2.000, a prazo.
4. Compra de estoques no valor de R$ 1.500, sendo R$ 500 à vista e o restante a prazo.

Utilize a seguinte forma tabular para completar a equação básica da contabilidade:

Ativo		Passivo		Patrimônio Líquido
Caixa + Clientes + Estoques	=	Contas a Pagar + Empréstimos	+	Capital Social + Lucros Acumulados

EB 8. Durante o mês de maio de 20X8, a Sinal apresentou as seguintes transações:
1. Compra de equipamentos, em dinheiro, por R$ 60.000.
2. Integralização de capital, através de um terreno, no valor de R$ 32.000.
3. Compra de estoques, de R$ 15.000, a prazo.

Usando a tabela a seguir, complete os efeitos das transações na equação contábil básica, conforme mostrado no capítulo.

Ativo		Passivo		Patrimônio Líquido
Caixa + Estoques + Terreno + Equipamentos	=	Contas a Pagar	+	Capital Social

EB 9. Apresentamos a seguir várias transações contábeis independentes. Faça os registros contábeis no diário.
a) Integralização do capital social em R$ 100.000.
b) Compra de um veículo a prazo, R$ 30.000.

c) Aquisição de estoques a prazo, no total de R$ 900.
d) Pagamento de despesas de salários, R$ 2.000, em dinheiro.
e) Recebimento de receitas de serviços, por R$ 300, em dinheiro.
f) Compra de máquinas e equipamentos em três prestações, no total de R$ 6.000.
g) Captação de um empréstimo bancário depositado na conta da empresa, R$ 15.000.
h) Pagamento de fornecedores com cheque, no valor de R$ 250.

EB 10. Complete os valores do balanço patrimonial a seguir:

Empresa Arco Íris Ltda.
Balanço Patrimonial em 31/12/20X2

Ativo Circulante		Passivo Circulante	
Caixa	9.000	Fornecedores	11.000
Bancos	??	Contas a Pagar	25.000
Clientes	24.000	Adiantamento de Clientes	??
	38.000	**Total do Passivo**	**41.000**
	86.000		
		Patrimônio Líquido	
Ativo Não Circulante		Capital	65.000
Móveis e Utensílios	15.000	Lucros Acumulados	??
Veículos	20.000	**Total do PL**	**??**
	??		
TOTAL	**121.000**	**TOTAL**	**??**

EB 11. Usando os dados do exercício EB 7, faça os lançamentos no diário da empresa.

EB 12. São apresentados a seguir os lançamentos no diário da empresa Telca, sem o histórico. Usando essas informações, transfira os valores para os razonetes.

Data	Conta e Histórico	Débito	Crédito
4/abr.	Valores a Receber	4.700	
	Receita de Serviços		4.700
6/abr.	Bancos	1.700	
	Valores a Receber		1.700
13/abr.	Bancos	4.000	
	Receita de Serviços		4.000

EB 13. A seguir, são apresentadas algumas contas e seus respectivos saldos: Aplicações Financeiras (60 dias) = R$ 21.500; Bancos = R$ 4.150; Caixa = R$ 850; Capital = ??; Despesa de Aluguel = R$ 3.500; Despesa de Salários = R$ 2.000; Despesas Gerais = R$ 1.500; Fornecedores = R$ 11.400; Materiais de Consumo = R$ 900; Receitas de Serviços = R$ 12.000; Terrenos = R$ 89.000. Elabore o balancete e aponte o valor da conta capital.

PROBLEMAS

PB 1. Os contadores da Beta S.A. elaboraram um plano de contas para a empresa adotando o modelo sugerido pelo CFC. A seguir, é apresentado o seu plano de contas, contendo 30 contas de ativos, passivos, patrimônio líquido, receitas e despesas.

Aluguel a Pagar	Empréstimos bancários	Prejuízos Acumulados
Amortização Acumulada	Exaustão Acumulada	Provisão de Férias
Bancos Conta Movimento	Fornecedor	Receita de Venda de Imobilizado
Caixa	ICMS a Recolher	Receitas de Venda
Capital a Integralizar	Impostos a Recuperar	Receitas Financeiras
Capital Subscrito	Juros Passivos	Reservas de Capital
Custos dos Insumos	Lucros Acumulados	Reservas de Lucros
Depreciação Acumulada	Máquinas e Equipamentos	Salários a Pagar
Despesas Administrativas	Mercadorias	*Softwares*
Despesas com Vendas	Móveis e Utensílios	Títulos a Receber

Classifique as contas, quanto ao grupo: ativo (A); passivo (P); patrimônio líquido (PL); receita (R); ou despesa (D); e quanto a sua natureza: devedora (D) ou credora (C).

PB 2. Os eventos ocorridos na Gira Mundo Publicidade são listados a seguir:
1. Integralização de capital em dinheiro.
2. Pagamento mensal do aluguel do imóvel.
3. Recebimento de consumidores por serviços prestados.
4. Pagamento de dividendos aos acionistas.
5. Prestação de serviço que será recebida no próximo mês.
6. Compra de material de escritório, a prazo.
7. Aquisição de computador em dinheiro.
8. Pagamento de despesa de combustível.

Pede-se:

Para cada evento descrito anteriormente, determine o efeito sobre a equação contábil. Por exemplo, no primeiro caso, aumento de patrimônio líquido e aumento de ativo.

PB 3. MF Um despachante teve os seguintes eventos durante o mês de novembro:

1. Compra de computador para o escritório, no valor de R$ 3.000, a prazo.
2. Recebimento de um cliente pela prestação de serviço: R$ 2.200.
3. Pagamento ao eletricista da Energiza pelo conserto de diferentes equipamentos: R$ 600.
4. Pagamento à Cia. Elétrica pela conta de energia da empresa, no valor de R$ 50.
5. Compra de material de consumo, que será usado no próximo mês, a prazo: R$ 300.
6. Investimento de capital dos acionistas, de R$ 10.000, em dinheiro.
7. Pagamento da primeira parcela do computador de R$ 1.000.

Pede-se:

Utilizando a estrutura a seguir, mostre o efeito de cada evento na equação contábil.

Ativo	=	Passivo	+	Patrimônio Líquido	
Caixa + Material de Consumo + Computador		Contas a Pagar		Capital	+ Lucros Acumulados
					Receita − Despesa

PB 4. A Ruído Administração de Condomínios iniciou suas operações em fevereiro deste ano. Neste mês, ocorreram as seguintes transações:

1. Integralização de capital em dinheiro, no valor de R$ 100 mil, depositados na conta bancária.
2. Empréstimo obtido num banco, no valor de R$ 40 mil, depositados na conta bancária.
3. Aquisição de um automóvel, no valor de R$ 20.000, pagos com um cheque.
4. Compra de três computadores, a prazo, no valor total de R$ 4.000.
5. Compra de material de consumo, à vista, por R$ 900.
6. Recebimento de R$ 10.000 por serviços prestados.
7. Pagamento de aluguel do mês no valor de R$ 3.000.
8. Pagamento de salários, no valor de R$ 24.000.
9. Pagamento de pró-labore para o Joaquim Barbosa, dono e administrador da empresa, no valor de R$ 5.000.

Pede-se:

Usando a estrutura a seguir, mostre como cada transação afeta a equação contábil.

Ativo	=	Passivo	+	Patrimônio Líquido	
Bancos + Materiais de Consumo + Computadores + Automóveis		Contas a Pagar + Empréstimos		Capital	+ Lucros Acumulados
					Receita − Despesa

PB 5. A seguir, estão apresentados os eventos ocorridos na Lavanderia Saturno Ltda., no mês de outubro de 20X3.

	Ativo						=	Passivo	+	Patrimônio Líquido		
	Bancos	+	Duplicatas a Receber	+	Materiais de Consumo	+	Móveis e Utensílios	=	Fornecedores	+	Capital	+	Lucros Acumulados
(1)	R$ 100.000							=			R$ 100.000		
(2)	– R$ 40.000						R$ 40.000						
(3)	– R$ 17.500				R$ 35.000				R$ 17.500				
(4)			R$ 5.000										R$ 5.000
(5)	– R$ 200												– R$ 200
(6)	R$ 8.000												R$ 8.000
(7)	R$ 2.500		– R$ 2.500										
(8)	– R$ 10.000								– R$ 10.000				
Total	R$ 42.800	+	R$ 2.500	+	R$ 35.000	+	R$ 40.000	=	R$ 7.500	+	R$ 100.000	+	R$ 12.800

Pede-se:

Para cada evento, faça uma descrição de uma possível transação.

PB 6. O escritório de consultoria jurídica Ramos & Barros apresentava em 30/11/20X5 saldos em algumas contas do balanço. Os registros contábeis ocorridos no mês de dezembro de 20X5 estão descritos a seguir. Complete o quadro a seguir, conforme as transações forem ocorrendo. Ao final, apresente os totais para cada uma das contas.

1. Compra de materiais de consumo, a prazo, no valor de R$ 5.500.
2. Recebimento de duplicatas, de R$ 3.000.
3. Prestação de serviços de consultoria à vista, por R$ 8.500.
4. Pagamento de fornecedores, no valor de R$ 2.300.
5. Pagamento de despesas de salários, de R$ 10.000.
6. Prestação de serviços a prazo, no valor de R$ 9.000.
7. Venda de um dos terrenos, pelo valor de aquisição (R$ 40.000), com recebimento à vista.

	Ativo						=	Passivo	+	Patrimônio Líquido		
	Caixa	+	Duplicatas a Receber	+	Materiais de Consumo	+	Terrenos	=	Contas a Pagar	+	Capital	+	Lucros Acumulados
30/nov.	R$ 5.000		R$ 3.000				R$ 80.000		R$ 300		R$ 80.000		R$ 7.700
(1)													
(2)													
(3)													
(4)													
(5)													
(6)													
(7)													
Total													

PB 7. Encontra-se a seguir um conjunto de transações relativas à Imobiliária ABC para o mês de junho.

1º/6 – Os acionistas investem R$ 200 mil na empresa em dinheiro.

3/6 – Contratam um empregado para gerenciar a empresa, com um salário anual de R$ 24 mil.

4/6 – Compram móveis para a empresa, no valor de R$ 1.300, a prazo.

5/6 – Prestação de serviços imobiliários, tendo recebido R$ 4.000 em dinheiro.

25/6 – Pagamento de parte dos móveis adquiridos no dia 4, no valor de R$ 300.

30/6 – Pagamento do empregado, no valor de R$ 2.000.

Pede-se:

Em cada evento, faça uma análise como a existente nas Ilustrações de 3.12 a 3.21.

PB 8. A seguir, encontram-se transações que ocorreram na empresa Prosseguir Segurança e Escolta Armada:

10/9 – Pagamento de R$ 800 para fornecedores, referente a uma compra de material de consumo ocorrida no mês de agosto.

13/9 – Recebimento por serviços prestados no mês de setembro, no valor de R$ 4.000.

17/9 – Compra de equipamentos de proteção para os funcionários, à vista, por R$ 12.000.

19/9 – Pagamento do aluguel da sede da empresa, em dinheiro, no valor de R$ 5.100.

20/9 – Pagamento de combustível dos veículos da empresa: R$ 9.000.

24/9 – Pagamento do médico que fez exames de rotina nos empregados: R$ 700.

30/9 – Pagamento dos funcionários da empresa, no valor de R$ 30.000.

Pede-se:

Utilizando o plano de contas do anexo deste capítulo, faça os lançamentos contábeis no diário da empresa.

PB 9. Com respeito a Prosseguir, do PB 8, transcreva os lançamentos para os razonetes.

PB 10. A seguir, estão apresentados cinco eventos registrados em razonetes. Faça os lançamentos desses eventos no livro diário. Apresente os saldos dos razonetes.

ATIVO						
Caixa				**Terrenos**		
1	30.000	5.000	4	1	200.000	
3	10.000					
5	3.000					
Duplicatas a Receber				**Materiais de Consumo**		**Máquinas e Equipamentos**
3	10.000	3.000	5	2	950	1	70.000

PASSIVO							
Fornecedores							
	950	2					

PATRIMÔNIO LÍQUIDO							
Capital			**Receitas de Serviços**			**Despesa de Aluguel**	
	300.000	1		20.000	3	4 5.000	

PB 11. A empresa Gama Ltda. apresentou os seguintes eventos independentes listados a seguir:

1. Compra de materiais de escritório a prazo, por R$ 200.
2. Pagamento em dinheiro de salários do mês, por R$ 4.500.
3. Abertura de conta-corrente com limite de R$ 7.000.
4. Contratação de empréstimos, de R$ 15.000, depositados no dia na conta-corrente da empresa.
5. Prestação de serviços a prazo, por R$ 700.
6. Pagamento em dinheiro de despesas de aluguel, de R$ 1.000.
7. Aquisição de veículos, por R$ 35.000, financiados em 24 meses.
8. O cliente José de Souza antecipou R$ 800, depositados na conta da empresa, por serviços que só serão prestados no próximo mês.
9. Compra de equipamentos por R$ 2.300 em dinheiro.
10. Recebimento de clientes, no valor de R$ 1.200, em cheque.

Pede-se:

a) Registre os eventos no diário.
b) Transporte-os para os razonetes.
c) Elabore o balancete de verificação.

PB 12. Catarina decidiu constituir em 1º/4/20X2 um salão de beleza, denominado de Catarina Coiffeur. O capital da empresa foi integralizado da seguinte forma: caixa – R$ 5.000; móveis e utensílios – R$ 15.000; e computador e periféricos – R$ 2.000.

Os eventos que ocorreram no mês de abril foram:

3/4 – Abriu uma conta no Banco Estadual e depositou R$ 4.500, deixando apenas um saldo para pequenas despesas.

4/4 – Adquiriu a prazo materiais de consumo por R$ 1.500.

5/4 – Pagamento de aluguel do mês de um ponto comercial de R$ 650, com cheque.

9/4 – Recebeu cheques que totalizaram R$ 1.000 por serviços prestados no dia, que foram depositados no banco.

12/4 – Prestou serviços que ainda serão recebidos, por R$ 300.

15/4 – Pagou fornecedores em dinheiro: R$ 300.

20/4 – Fez uma promoção com pacotes de tintura, corte e escova e recebeu antecipadamente cheques no valor total de R$ 900 de clientes, por serviços que serão prestados no próximo mês.

30/4 – Pagou com cheque despesas do mês com telefone: R$ 150; energia elétrica: R$ 200 e salários totais: R$ 900.

30/4 – Recebeu R$ 100 em dinheiro pelos serviços prestados no dia 12.

Pede-se:

a) Registre os fatos contábeis ocorridos no mês de abril no diário.

b) Transporte os registros para os razonetes.

c) Elabore o balancete de verificação.

PB 13. A Sol e Sal Ltda. é um centro de estética que começou suas atividades no dia 5/2/20X2. A sociedade é constituída pelas irmãs Solange e Salmira, com capital social constituído no valor de R$ 50.000 com participação de 50% de cada. Somente a Solange integralizou sua parte no ato, depositando o valor no Banco do Povo.

Outros eventos que ocorreram no mês fevereiro de 20X2 foram os seguintes:

6/2 – Pagamento antecipado de 6 meses de aluguel de um ponto comercial de R$ 6.000, com cheque.

7/2 – Aquisição de móveis e utensílios, a prazo, para montagem da loja, no valor de R$ 10.000.

9/2 – Adquiriram materiais de consumo por R$ 5.000, 20% pagos com um cheque e o restante será pago em duas parcelas (30 e 60 dias).

11/2 – Pagou despesas de impostos e taxas à prefeitura, referente ao alvará de funcionamento, no valor de R$ 1.200 com cheque.

12/2 – Prestou serviços estéticos a prazo, no valor de R$ 8.000.

15/2 – Salmira integralizou sua parte do capital, com um veículo no valor de R$ 8.000; um terreno de R$ 13.000; um computador, R$ 1.500 e o restante em dinheiro.

22/2 – Recebeu em dinheiro antecipadamente, pela venda de pacotes de tratamentos a clientes, no valor de R$ 2.500.

27/2 – Parte dos serviços prestados a clientes no dia 12 foi depositada na conta da empresa, de R$ 3.500.

28/2 – Pagou salários aos funcionários, no valor de R$ 5.000, com cheque.

Pede-se:

a) Registre os fatos contábeis ocorridos no mês de fevereiro no diário.

b) Transporte os eventos para as contas de razonete.

c) Elabore o balancete de verificação.

PB 14. As demonstrações contábeis a seguir apresentam sete erros. Identifique-os, refaça as demonstrações e informe o que se pede.

Empresa Lunar Ltda.
Balanço Patrimonial em 31/12/X2

ATIVO		PASSIVO E PATRIMÔNIO LÍQUIDO	
Ativo Circulante		**Passivo Circulante**	
Caixa	3.400	Fornecedores	2.000
Depósito Bancários	12.500	Contas a Pagar	5.000
Clientes	3.600	Imposto a Recuperar	1.200
Adiantamento de Clientes	1.000	Empréstimos Concedidos	3.800
Estoques	5.500	**Total do Passivo**	**12.000**
	26.000		
		Patrimônio Líquido	
Ativo Não Circulante		Capital	110.000
Móveis e Utensílios	10.000	Capital a Integralizar	5.000
Veículos	32.000	Lucros Acumulados	?
Terrenos	70.000	**Total do PL**	**?**
(–) Despesa de Depreciação	(2.000)		
	110.000		
TOTAL	**136.000**	**TOTAL**	**136.000**

Empresa Lunar Ltda.
Demonstração do Resultado

Receitas		
– de Vendas	70.000	
– de Serviços	5.000	
	75.000	
Despesas		
– Salários	(33.500)	
– Energia Elétrica	(5.500)	
– Aluguel Antecipado	(2.000)	
– Manutenção Máquinas	(500)	
– Depreciação Acumulada	(10.000)	
	(51.500)	
Lucro do Período	**23.500**	

Pede-se:

a) Total do Ativo Circulante: ——————————
b) Total do Ativo Não Circulante: ——————————
c) Total do Passivo Circulante: ——————————
d) Total do Patrimônio Líquido: ——————————
e) Resultado Líquido do Período: ——————————

GABARITO

Questões de múltipla escolha

1. D; **2.** C; **3.** C; **4.** A; **5.** C; **6.** B; **7.** C; **8.** D; **9.** D; **10.** C; **11.** B; **12.** C; **13.** B; **14.** C; **15.** A.

Exercícios breves

EB 1 – a; b; c; f; h; i;

EB 2 – **b.** D/A; **c.** C/P; **d.** D/D; **e.** C/P; **f.** D/A; **g.** D/A; **h.** C/P; **i.** C/PL; **j.** C/R; **k.** D/PL; **l.** C/R; **m.** C/A;

EB 3 – R$ 10.500;

EB 4 – Caixa = R$ 8.000; Computadores e periféricos = R$ 2.000; Imóveis = R$ 10.000; ATIVO TOTAL = R$ 20.000; Capital = R$ 30.000; (–) Capital a Integralizar = R$ 10.000; PATRIMÔNIO LÍQUIDO TOTAL = R$ 20.000;

EB 5 – **a.** DRE; **b.** BP; **c.** DRE; **d.** BP; **e.** DRE; **f.** BP; **g.** BP; **h.** DRE; **i.** BP; **j.** BP;

EB 6 – **1.** Ativo +/–; **2.** Ativo +/Passivo +; **3.** Ativo –/Patr. Líquido –;

EB 9 – **a.** D: Caixa – C: Capital Social; **b.** D: Veículos – C: Títulos a pagar; **c.** D: Estoques – C: Fornecedores; **d.** D: Despesas de salários – C: Caixa; **e.** D: Caixa – C: Receitas de serviços; **f.** D: Máquinas e equipamentos – C: Contas a pagar; **g.** D: Bancos – C: Empréstimos bancários; **h.** D: Fornecedores – C: Bancos;

EB 10 – Bancos = R$ 15.000; Ativo Não Circulante = R$ 35.000; Adiantamento de Clientes = R$ 5.000; Lucros Acumulados = R$ 15.000; Total do PL = R$ 80.000;

EB 13 – Capital = R$ 100.000; Valor dos débitos e créditos = R$ 123.400.

Problemas

PB 1 – Aluguel a Pagar = P/C; Empréstimos bancários = P/C; Prejuízos Acumulados = PL/D; Amortização Acumulada = A/C; Exaustão Acumulada = A/C; Provisão de Férias = P/C; Bancos Conta Movimento = A/D; Fornecedor = P/C; Receita de Venda de Imobilizado = R/C; Caixa = A/D; ICMS a Recolher = P/C; Receitas de Venda = R/C; Capital a Integralizar = PL/D; Impostos a Recuperar = A/D; Receitas Financeiras = R/C; Capital Subscrito = PL/C; Juros Passivos = D/D; Reservas de Capital = PL/C; Custos dos Insumos = D/D; Lucros Acumulados = PL/C; Reservas de Lucros = PL/C; Depreciação Acumulada = A/C; Máquinas e Equipamentos = A/D; Salários a Pagar = P/C; Despesas Administrativas = D/D; Mercadorias = A/D; *Softwares* = A/D; Despesas com Vendas = D/D; Móveis e Utensílios = A/D; Títulos a Receber = A/D;

PB 5 – **1.** Integralização do capital; **2.** Compra de móveis e utensílios à vista; **3.** Compra de estoques 50% à vista, 50% a prazo; **4.** Receita de serviços a prazo; **5.** Pagamento de despesas; **6.** Receitas de serviços à vista; **7.** Recebimento de duplicatas; **8.** Pagamento de parte da dívida com fornecedores;

PB 6 – Caixa = R$ 44.200; Duplicatas a receber = R$ 9.000; Material de consumo = R$ 5.500; Terrenos = R$ 40.000; Contas a pagar = R$ 3.500; Capital = R$ 80.000 e Lucros acumulados = R$ 15.200;

PB 14 – **a.** R$ 32.000; **b.** R$ 102.000; **c.** R$ 8.000; **d.** R$ 126.000; **e.** R$ 33.500.

ANEXO

Plano de Contas proposto na Resolução 1418 do Conselho Federal de Contabilidade:

Código	Descrição das Contas
1	**ATIVO**
1.1	ATIVO CIRCULANTE
1.1.1	*Caixa e Equivalentes de Caixa*
1.1.1.01	Caixa
1.1.1.02	Bancos Conta Movimento
1.1.2	*Contas a Receber*
1.1.2.01	Clientes
1.1.2.02	(–) Perdas Estimadas com Créditos de Liquidação Duvidosa
1.1.3	*Estoque*
1.1.3.01	Mercadorias
1.1.3.02	Produtos Acabados
1.1.3.03	Insumos
1.1.4	*Outros Créditos*
1.1.4.01	Títulos a Receber
1.1.4.02	Impostos a Recuperar
1.1.4.03	Outros Valores a Receber
1.2	ATIVO NÃO CIRCULANTE
1.2.1	*Realizável a Longo Prazo*
1.2.1.01	Contas a Receber
1.2.1.02	(–) Perdas Estimadas com Créditos de Liquidação Duvidosa
1.2.2	*Investimentos*
1.2.2.01	Participações Societárias
1.2.2.02	Outros Investimentos
1.2.3	*Imobilizado*
1.2.3.01	Terrenos
1.2.3.02	Edificações
1.2.3.03	Máquinas e Equipamentos
1.2.3.04	Veículos
1.2.3.05	Móveis e Utensílios
1.2.3.06	(–) Depreciação Acumulada
1.2.4	*Intangível*
1.2.4.01	Softwares
1.2.4.02	(–) Amortização Acumulada

2	**PASSIVO E PATRIMÔNIO LÍQUIDO**	
2.1	PASSIVO CIRCULANTE	
2.1.1	*Fornecedores Nacionais*	
2.1.1.01	Fornecedor	
2.1.2	*Empréstimos e Financiamentos*	
2.1.2.01	Empréstimos Bancários	
2.1.2.02	Financiamentos	
2.1.3	*Obrigações Fiscais*	
2.1.3.01	SIMPLES NACIONAL	
2.1.3.02	ICMS a Recolher	
2.1.3.03	ISSQN a Recolher	
2.1.4	*Obrigações Trabalhistas e Sociais*	
2.1.4.01	Salários a Pagar	
2.1.4.02	FGTS a Recolher	
2.1.4.03	INSS dos Segurados a Recolher	
2.1.5	*Contas a Pagar*	
2.1.5.01	Telefone a Pagar	
2.1.5.02	Energia a Pagar	
2.1.5.03	Aluguel a Pagar	
2.1.6	*Provisões*	
2.1.6.01	Provisão de Férias	
2.1.6.02	Provisão de 13º Salário	
2.1.6.03	Provisão de Encargos Sociais sobre Férias e 13º Salário	
2.2	PASSIVO NÃO CIRCULANTE	
2.2.1	*Financiamentos*	
2.2.1.01	Financiamentos Banco A	
2.2.2	*Outras Contas a Pagar*	
2.2.2.01	Empréstimos de Sócios	
2.3	PATRIMÔNIO LÍQUIDO	
2.3.1	*Capital Social*	
2.3.1.01	Capital Subscrito	
2.3.1.02	(–) Capital a Integralizar	
2.3.2	*Reservas*	
2.3.2.01	Reservas de Capital	
2.3.2.02	Reservas de Lucros	
2.3.3	*Lucros/Prejuízos Acumulados*	
2.3.3.01	Lucros Acumulados	
2.3.3.02	(–) Prejuízos Acumulados	

3	**RECEITAS, CUSTOS E DESPESAS (CONTAS DE RESULTADO)**
3.1	RECEITAS
3.1.1	*Receitas de Venda*
3.1.1.01	Venda de Produtos
3.1.1.02	Venda de Mercadorias
3.1.1.03	Venda de Serviços
3.1.1.04	(–) Deduções de Tributos, Abatimentos e Devoluções
3.1.2	*Receitas Financeiras*
3.1.2.01	Receitas de Aplicações Financeiras
3.1.2.02	Juros Ativos
3.1.3	*Outras Receitas Operacionais*
3.1.3.01	Receitas de Venda de Imobilizado
3.1.3.02	Receitas de Venda de Investimentos
3.1.3.03	Outras Receitas
3.2	CUSTOS E DESPESAS
3.2.1	*Custos dos Produtos, Mercadorias e Serviços Vendidos*
3.2.1.01	Custos dos Insumos
3.2.1.02	Custos da Mão de Obra
3.2.1.03	Outros Custos
3.2.2	*Despesas Operacionais*
3.2.2.01	Despesas Administrativas
3.2.2.02	Despesas com Vendas
3.2.2.03	Outras Despesas Gerais
3.2.3	*Despesas Financeiras*
3.2.3.01	Juros Passivos
3.2.3.02	Outras Despesas Financeiras
3.2.4	*Outras Despesas Operacionais*
3.2.4.01	Despesas com Baixa de Imobilizado
3.2.4.02	Despesas com Baixa de Investimentos
3.2.4.03	Outras Despesas

4

REGIME DE COMPETÊNCIA

Iniciando a conversa

Um casal resolveu fazer o orçamento doméstico. Para isso, colocou de um lado os salários que cada um recebia e de outro lado os gastos. Para aquele mês estavam listados valores relativos à alimentação, transporte, curso de inglês, cinema, condomínio, aluguel e vestuário. A grande dúvida era se deveriam incluir os valores que seriam pagos com o cartão de crédito. Deixar de considerar estes montantes produziria uma visão distorcida da realidade. Assim, apesar de representar um gasto do mês seguinte, sua inclusão mostraria melhor o orçamento do casal.

A discussão sobre a inclusão dos valores do cartão de crédito refere-se ao assunto deste capítulo. O regime de competência é a base da contabilidade. Ao decidir incluir a dívida do cartão de crédito, o casal aproximou-se desse regime. Em contraposição, o regime de caixa importa com a entrada e saída do dinheiro; ou seja, não incluiria o valor do cartão de crédito no orçamento doméstico.

O debate entre o regime de competência e o regime de caixa é caloroso e importante para a contabilidade. Neste capítulo, iremos avançar um pouco mais sobre este assunto.

Objetivos do capítulo:

(1) Explicar o reconhecimento da receita e da despesa
(2) Diferenciar o regime de caixa e o regime de competência
(3) Destacar a importância dos ajustes e mostrar os principais tipos de ajustes
(4) Mostrar como são feitos os lançamentos de ajustes
(5) Mostrar o balancete de verificação com os ajustes
(6) Explicar o fechamento do exercício social
(7) Apresentar cada passo do ciclo contábil
(8) Discutir sobre a qualidade do lucro

No capítulo anterior, foi demonstrado o mecanismo das partidas dobradas. Através dos lançamentos contábeis, mostrou-se como cada evento é tratado pela contabilidade. Este capítulo é uma extensão do anterior. Iremos discutir o regime de competência, a base da contabilidade moderna.

Reconhecimento da receita e despesa

Objetivo (1) → Explicar o reconhecimento da receita e da despesa

Para permitir a análise de desempenho das entidades, a contabilidade adota a suposição de que o ciclo de vida dessa entidade pode ser dividido em períodos. Essa divisão é artificial, mas permite a comparação da entidade no tempo. Normalmente, os períodos são mês, trimestre, semestre ou ano. Ao final de cada período, a entidade apresenta suas demonstrações contábeis. O usuário pode comparar, então, os resultados apresentados em determinado ano com o ano anterior, por exemplo.

A existência de demonstrações contábeis que são feitas periodicamente realmente facilita a análise. Entretanto, cria uma série de problemas para a própria contabilidade, já que existem transações que são difíceis de enquadrar nessa divisão. Considere o caso de uma construtora. Um arranha-céu pode levar mais de um ano para ser construído. A contabilidade deverá segregar as despesas relacionadas à construção pelos períodos de tempo.

Em suma, a determinação das receitas e despesas ao longo dos períodos contábeis pode ser uma tarefa difícil. Isso exigirá a observação das características das transações e duas regras: o reconhecimento da receita e o reconhecimento da despesa.

RECONHECIMENTO DA RECEITA

O **reconhecimento da receita** exige que a contabilidade registre a receita no período em que é gerada. Numa entidade que presta serviço, isso significa dizer que a receita será reconhecida (ou registrada) no instante em que o serviço é realizado. Suponha que uma empresa de consultoria tenha sido contratada para ajudar o planejamento estratégico de outra entidade. A receita do serviço será reconhecida no momento em que o serviço for prestado. Se a empresa de consultoria prestou o serviço em outubro e recebeu em dezembro, a receita deverá ser registrada na sua contabilidade em outubro.

RECONHECIMENTO DA DESPESA

O **reconhecimento da despesa** tem a seguinte regra: "a despesa segue a receita". Esta regra geral indica que a despesa deverá ser registrada pela contabilidade no momento em que a receita também for reconhecida. No exemplo do parágrafo anterior, o salário dos funcionários que fizeram a consultoria deve ser reconhecido em outubro, o mês em que o serviço foi prestado.

Entretanto, nem sempre é possível observar a regra "a despesa segue a receita". Caso isso ocorra, a contabilidade pode adotar um critério de reconhecimento proporcional ao tempo. Considere uma despesa que irá beneficiar um bimestre. Em razão da dificuldade de associar com a receita – usando a regra "a despesa segue a receita" –, a contabilidade pode distribuir o reconhecimento da despesa proporcional ao período de tempo; no exemplo, metade da despesa seria reconhecida num mês e a outra metade no mês seguinte.

Finalmente, existem algumas despesas em que é muito difícil utilizar o critério de proporcionalidade. Nesse caso, a contabilidade pode optar por considerar a despesa diretamente no resultado. Suponha, por exemplo, uma entidade que fez publicidade dos seus serviços. A primeira opção seria usar a regra "a despesa segue a receita". Mas a publicidade pode afetar várias receitas da empresa, sendo difícil estabelecer com precisão essa relação. O uso da proporcionalidade seria a segunda opção; novamente é difícil estabelecer uma relação dos efeitos da publicidade ao longo do tempo. Em razão disso, esse tipo de despesa pode ser considerada no resultado no instante do pagamento.

A Ilustração 4.1 apresenta um resumo do reconhecimento da despesa.

Ilustração 4.1 – Reconhecimento da despesa

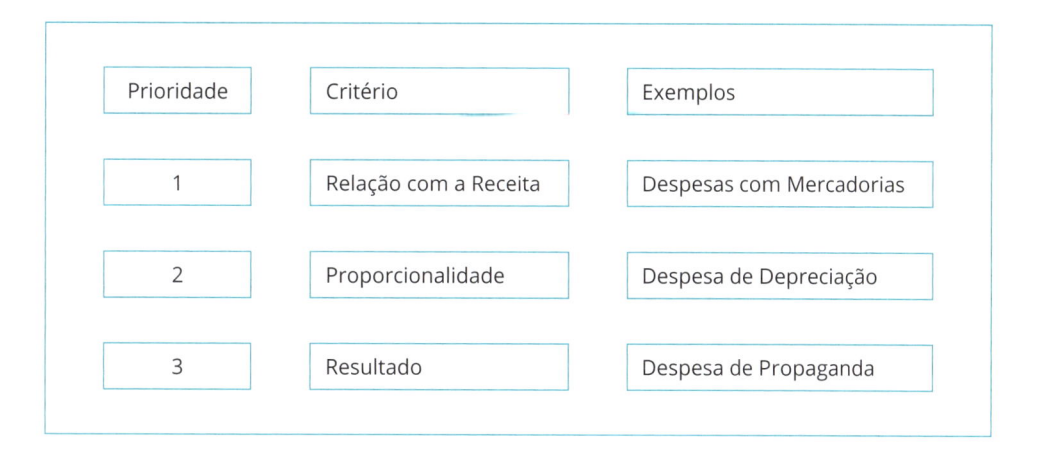

Prioridade	Critério	Exemplos
1	Relação com a Receita	Despesas com Mercadorias
2	Proporcionalidade	Despesa de Depreciação
3	Resultado	Despesa de Propaganda

Regime de caixa *versus* regime de competência

Objetivo (2) → Diferenciar o regime de caixa e o regime de competência

O **regime de competência** significa que as transações que afetam as demonstrações contábeis são registradas no período em que os eventos ocorreram. Por exemplo, quando uma empresa presta serviço, a receita é reconhecida quando ocorre a prestação do serviço, mesmo que a empresa ainda não tenha recebido o dinheiro pelo serviço.

Por outro lado, o **regime de caixa** registra as transações somente quando ocorre a movimentação de caixa. No exemplo anterior, a receita é registrada quando o valor é recebido pelo serviço prestado. De maneira geral, a contabilidade não utiliza o regime de caixa, pois viola a boa técnica contábil. Esse fato ocorre não somente no Brasil, mas nos principais países do mundo.

A Ilustração 4.2 mostra uma situação comparativa entre o regime de caixa e o de competência para uma empresa de transporte escolar.

Ilustração 4.2 – Diferença entre o regime de caixa e competência

	Ano t1	Ano t2
Atividade	Prestação de serviço de transporte escolar	Recebimento do serviço prestado
Regime de Competência	Receita ... $ 30.000 Despesa ... $ 18.000 Lucro Líquido ... $ 12.000	Receita ... $ 0 Despesa ... $ 0 Lucro Líquido ... $ 0
Regime de Caixa	Receita ... $ 0 Despesa .... $ 9.000 Prejuízo Líquido ... $ 9.000	Receita ... $ 30.000 Despesa ... $ 9.000 Lucro Líquido ... $ 21.000

Esta empresa presta serviço ao longo do ano (t1), mas recebe somente no período seguinte (em t2). Metade do salário é paga neste ano e a outra metade no período seguinte. Enquanto no regime de competência a receita é registrada no momento da prestação do serviço, neste caso o transporte escolar, no regime de caixa, o registro é no instante da entrada do dinheiro na entidade. Na competência, toda a despesa com motorista é registrada no ano t1, apesar de parte do salário ser paga no próximo. Podemos perceber que no regime de competência haverá um lucro de R$ 12 mil em t1. Já no regime de caixa somente metade do salário do motorista é paga no ano t1. O desempenho da entidade no regime de caixa atrasou o registro da receita e da despesa. O exemplo mostra como o regime de caixa pode representar, de forma inadequada, o desempenho de uma entidade.

Pequena e Média Empresa

Nas empresas de pequeno porte, é mais comum a utilização do regime de caixa, por ser mais simples e o custo da informação ser menor. Entretanto, o uso desse regime implica a redução da qualidade da informação contábil.

Registro de ajuste

Objetivo (3) → Destacar a importância dos ajustes e mostrar os principais tipos de ajustes

O **registro de ajuste** permite garantir que todas as receitas e todas as despesas sejam registradas no momento adequado. Os lançamentos de ajustes são necessários, já que o **balancete de verificação** antes do ajuste não contém todos os eventos. Isso ocorre por diversas razões. Alguns eventos não são registrados diariamente devido ao elevado custo de fazê-los. Esse é o caso do consumo de material ou do registro dos salários, conforme iremos detalhar mais adiante. Em outros casos, os valores guardam uma relação com o transcorrer do tempo, como é o caso do consumo de ativos de longo prazo.

Isso faz com que a cada final de período a entidade deva analisar suas operações e fazer os registros de ajustes para obter um balancete de verificação mais próximo da realidade. Para isso, a entidade faz uma checagem nas situações típicas e procede a esses lançamentos. É importante salientar que cada lançamento de ajuste deverá incluir necessariamente um lançamento de conta de resultado e um lançamento de uma conta do balanço patrimonial.

Fazer os lançamentos de ajustes no final do período garante que a entidade tenha o resultado apurado corretamente.

TIPOS DE AJUSTES

Os lançamentos de ajustes podem ser de quatro tipos:

(1) Despesas diferidas – corresponde à despesa que já foi paga, mas que ainda não foi usada ou consumida.
(2) Receitas diferidas – é o tipo de receita em que já ocorreu a movimentação de caixa, mas que ainda não foi gerada.
(3) Receitas a receber – é a receita que já foi considerada no resultado, mas que a entidade ainda não recebeu.
(4) Despesa a pagar – refere-se à despesa que já foi incorrida, mas que ainda não foi paga.

O termo **diferido** corresponde a antecipado. Assim, a despesa diferida também pode ser denominada de despesa antecipada. E o mesmo ocorre com a receita. Observem que nos dois primeiros tipos a movimentação financeira já ocorreu, mas que na receita a receber e na despesa a pagar ainda não existiu entrada (para a receita) ou saída (para a despesa) de caixa. Na literatura anglicana, o primeiro grupo é denominado de *deferrals*, enquanto o segundo grupo é chamado de *accruals*.

Para elucidar como ocorre o processo de ajuste, em cada um dos tipos apresentados anteriormente, iremos utilizar como exemplo o balancete de verificação da NoNec S.A., conforme Ilustração 4.3.

Ilustração 4.3 – Balancete de verificação da NoNec S.A.

NoNec S.A.
Balancete de Verificação
30 de agosto de 20X0

	Débito	Crédito
Bancos	5.000	
Material de Consumo	3.000	
Seguros Antecipados	500	
Computadores	6.480	
Empréstimos		3.800
Fornecedores		1.600
Receita Antecipada		700
Capital Social		6.000
Lucros Acumulados		980
Receita de Serviços		4.900
Despesa de Salários	2.300	
Despesa de Aluguel	700	
	17.980	17.980

Fazendo os ajustes

Objetivo (4) → Mostrar como são feitos os lançamentos de ajustes

Conforme afirmado anteriormente, os lançamentos de ajustes permitem que o balancete de verificação fique mais próximo da realidade financeira da entidade. Iremos, a seguir, mostrar como são feitos os quatro tipos de ajustes contábeis.

DESPESAS DIFERIDAS

Nas despesas diferidas, a entidade já efetuou o pagamento, mas ainda não reconheceu o valor, ou parte dele, na demonstração do resultado. Isso ocorre com itens que irão beneficiar mais de um período.

As despesas diferidas são custos que irão expirar com o **tempo** ou com o **uso**. No primeiro caso, o transcorrer do tempo torna impraticável ou desnecessário o lançamento diário. Assim, a empresa deixa para fazer esse lançamento ao final de cada período, quando está preparando suas demonstrações. Enquadram-se nessa situação o aluguel e os seguros. No segundo caso, o lançamento de ajuste é feito após existir uma conferência do volume que foi utilizado pela entidade. Um exemplo é o consumo de material de escritório por parte da entidade.

Como regra geral, a Ilustração 4.4 mostra que a despesa diferida ocorre quando ocorre o pagamento, porém antes do reconhecimento da despesa no resultado. O ajuste é realizado no segundo momento, para levar ao resultado da entidade o valor da despesa diferida. Iremos mostrar os três tipos mais comuns de despesa diferida.

Ilustração 4.4 – Despesa diferida

```
        $                           ✎
        |_____|_____ Tempo
   Pagamento realizado         Despesa incorrida
```

MATERIAL DE CONSUMO – Quando uma entidade compra material de consumo, reconhece a sua existência através do aumento de uma conta do ativo. Ao final de cada período, a entidade verifica quanto do material de consumo foi usado e faz o ajuste devido. Essa verificação pode ser feita pela simples contagem física do material existente.

Considere a situação de uma entidade que tinha 40 cartuchos de impressora no início do mês. Ao final do mês, no levantamento do estoque, verificou a existência de 15 cartuchos. Se durante o mês não foi comprado nenhum cartucho, podemos concluir que ocorreu um consumo de 25 cartuchos. Esse consumo deve ser considerado no resultado da entidade do período.

Suponha agora o caso da NoNec da Ilustração 4.3. No balancete de verificação, constavam R$ 3 mil de material de consumo. Foi realizada uma contagem dos estoques e concluiu que existiam R$ 1.700. Isso significa dizer que é necessário fazer um lançamento de ajuste para reconhecer o uso de R$ 1.300 (ou R$ 3.000 – R$ 1.700). O uso do material de consumo reduz o ativo e aumenta a despesa, com efeitos sobre a riqueza da entidade. O lançamento é demonstrado na Ilustração 4.5.

Ilustração 4.5 – Ajuste de material de consumo

Evento	Ajuste decorrente da contagem física de estoque de material de consumo da entidade.
Análise Básica	O uso do material de consumo deve ser reconhecido através da redução do ativo e do lançamento da despesa correspondente. Isso irá afetar o patrimônio líquido da equação contábil.
Equação Contábil	$\dfrac{\text{Ativo}}{\text{Material de Consumo} \\ -1.300} = \dfrac{\text{Passivo}}{} + \dfrac{\text{Patrimônio Líquido}}{\text{Despesa de Material} \\ -1.300}$
Análise Débito Crédito	Como o ativo foi reduzido, credita material de consumo. Existindo uma despesa na demonstração do resultado da entidade, debita despesa de material.
Diário	30/ago./20X0 Despesa de Material .... 1.300 Material de Consumo 1.300
Razonetes	**Material de Consumo** | **Despesa de Material** 3.000 | | 1.300 | | 1.300 | | 1.700 | | 1.300 |

Depois do lançamento de ajuste, o valor do ativo expressa adequadamente a quantidade de material de consumo existente na entidade. Ao mesmo tempo, a despesa de material indica aquilo que foi consumido no período. Caso o ajuste não tivesse sido feito, os valores do ativo e do resultado estariam incorretos. Nesse caso, o ativo estaria superestimado, assim como o lucro da entidade, no valor de R$ 1.300.

SEGUROS – Uma situação típica de ajuste são os valores que foram pagos de seguros por parte de uma entidade. Quando uma entidade adquire uma apólice de seguro, seu objetivo é protegê-la de sinistros (fogo, roubo, entre outros). O seguro é pago antes do intervalo de tempo da validade da apólice. Assim, no momento do pagamento do seguro tem-se uma despesa antecipada (ou diferida). O seguro irá expirar com o tempo e por esse motivo o valor é levado a resultado com o passar do tempo. No momento da aquisição da apólice de seguro, a contabilidade da entidade lança o valor como seguros antecipados (conta de ativo, a débito), creditando bancos. Com o transcorrer do tempo de validade do seguro, debita-se despesa de seguro e creditam-se seguros antecipados. Com isso, reduz-se o valor do ativo e se reconhece o seguro pelo valor proporcional ao tempo de duração do seguro. Isso ocorre no momento em que a entidade faz os ajustes.

A NoNec, cujo balancete está na Ilustração 4.3, fez um seguro no início do mês de agosto para seus computadores e funcionários. Esse seguro tem a duração de 12 meses. Como já passou um mês, o valor proporcional deverá ser considerado no resultado da entidade. A entidade irá considerar no resultado 1/12 do valor do seguro, ou 1 mês de um total de 12. Isso corresponde a R$ 42 ou R$ 500/12. A Ilustração 4.6 mostra o lançamento de ajuste que deverá ser feito na entidade.

Ilustração 4.6 – Ajuste de seguros

Evento	Ajuste relacionado ao seguro que a empresa fez dos seus computadores e funcionários.
Análise Básica	O transcorrer do tempo irá "consumir" esse ativo. Para isso, é necessário um lançamento que reduza o ativo e reconheça a despesa de seguro. Isso irá influenciar o resultado e o patrimônio líquido.
Equação Contábil	Ativo = Passivo + Patrimônio Líquido Seguros Antecipados / Despesa de Seguros – 42 / – 42
Análise Débito Crédito	Para reduzir o ativo, é necessário creditar a conta de seguros antecipados. O lançamento a débito de despesa de seguros reconhece a despesa no exercício.
Diário	30/ago./20X0 Despesa de Seguros 42 Seguros Antecipados 42
Razonetes	Seguros Antecipados: 500 / 42 → 458 Despesa de Seguros: 42 / 42

Como mostrado na Ilustração 4.6, o lançamento de ajuste permitirá indicar que parte do tempo de validade do seguro já passou no final do mês. O lançamento realizado irá reduzir a conta do ativo e aumentar as despesas. Por consequência, este ajuste irá reduzir o resultado. Se a empresa não fizer o ajuste, o lucro e o ativo ficarão com valores acima do correto.

DEPRECIAÇÃO – Uma entidade possui diversos ativos que possuem uma vida útil bastante longa. Isso inclui prédios, equipamentos, veículos, computadores, móveis e máquinas. Esses ativos irão ajudar a entidade durante sua **vida útil**. A vida útil corresponde ao período de tempo que um ativo será usado pela entidade. Um edifício tem uma vida útil muito longa, maior que a de um veículo. Por sua vez, um veículo provavelmente terá uma vida útil maior que a de um computador. O valor desses itens deve ser considerado durante essa vida útil como seu ativo. Entretanto, com o passar do tempo, a capacidade de ajudar a empresa irá reduzir. Assim, a contabilidade considera parte do valor desses ativos como uma despesa a cada período, ao longo da sua vida útil. A **depreciação** é o processo de alocar o custo de um ativo como despesa ao longo da sua vida útil.

Prática

O processo de estimar a vida útil dos ativos é muito difícil na prática. Algumas empresas utilizam especialistas para fazer isso. Mas a maioria trabalha com valores determinados pela Secretaria da Receita Federal (SFR). A SFR possui uma norma em que apresenta os valores que podem ser usados para fins fiscais.

O ajuste da depreciação é essencial para uma entidade. Ao adquirir um computador, por exemplo, a entidade paga pelo ativo que irá usar por muitos meses. O custo do uso do computador deve ser reconhecido durante o período de uso, através da depreciação. A depreciação é um importante conceito de alocação do custo pelo uso de um ativo.

Para determinação do valor da depreciação, é necessário estimar o tempo de vida útil. Considere o exemplo da NoNec, que possui computadores no valor de R$ 6.480. Suponha que esses computadores devam ser usados por 5 anos ou 60 meses. Assim, este valor deverá ser distribuído (alocado) durante esse período de tempo. Existem diversas formas de fazer tal alocação (como você poderá ver no Capítulo 9), mas a mais comum é a proporcional. Assim, para cada mês de uso, divide-se o valor de R$ 6.480 por 60, tendo um valor mensal de R$ 108.

A depreciação possui uma característica importante que difere dos outros casos analisados de despesa diferida: o lançamento de redução utiliza uma **contraconta** (ou conta retificadora) de ativo denominada de **Depreciação Acumulada**. Essa contraconta possui a seguinte característica: apesar de ser uma conta de ativo, seu saldo é credor. Assim, o valor original do ativo depreciado (prédios, equipamentos, veículos, computadores, móveis, máquinas etc.) mantém-se constante no balanço, mas o valor da depreciação acumulada aumenta com o passar do tempo. A razão para a contabilidade criar esta contraconta de ativo é que o valor da depreciação acumulada é importante para fins de análise de uma entidade.

A Ilustração 4.7 mostra que o lançamento contábil é realizado aumentando a contraconta de depreciação acumulada, no valor de R$ 108, e aumentando a despesa. A ausência do lançamento da depreciação tende a fazer com que o ativo e o resultado estejam superestimados. Desse modo, é importante ser feito esse ajuste.

Ilustração 4.7 – Ajuste da depreciação

Evento	Durante o período a entidade utilizou seus computadores.
Análise Básica	Novamente utilizamos o transcorrer do tempo. A depreciação "consome" o ativo e aumenta a despesa. Com uma característica importante: haverá uma contraconta do ativo.
Equação Contábil	$$\frac{\text{Ativo}}{\frac{\text{Depreciação Acumulada}}{-108}} = \text{Passivo} + \frac{\text{Patrimônio Líquido}}{\frac{\text{Despesa de Depreciação}}{-108}}$$
Análise Débito Crédito	O ativo é reduzido através do lançamento a crédito da conta de depreciação acumulada. Apesar de ser do ativo, esta conta terá um saldo credor. Já a contrapartida será uma conta de resultado denominada de despesa de depreciação.
Diário	30/ago./20X0 Despesa de Depreciação .... 108 　　　　　　　　　　Depreciação Acumulada 108
Razonetes	**Depreciação Acumulada**　　**Despesa de Depreciação** 　　　　｜ 108　　　　　　　　108 ｜ 　　　　｜ 108　　　　　　　　108 ｜

Um aspecto relevante diz respeito à apresentação da informação da depreciação acumulada no Balanço Patrimonial. Devem se evidenciar os valores do ativo Computadores e da sua depreciação acumulada, esta com sinal negativo, da seguinte forma:

Computadores	6.480
Menos: Depreciação Acumulada – Computadores	(108)
	6.372

O valor de R$ 6.372 corresponde ao valor contábil de Computadores. Ou seja, é a diferença entre o custo original dos computadores menos a depreciação acumulada.

DECISÃO

Pergunta	Informação Necessária	Fórmula	Uso
❓	📁	$\Sigma \Delta \Phi \Gamma$	👁
Qual o tempo restante de uso do ativo da empresa?	Balanço Patrimonial e Notas Explicativas	Tempo de Uso = Valor Contábil do Ativo/ Depreciação Acumulada	Valores reduzidos indicam que a entidade necessitará repor seus ativos brevemente, o que poderá afetar o fluxo de caixa dos investimento

RECEITAS DIFERIDAS

Algumas entidades recebem o dinheiro antes de as receitas serem prestadas. Nessa situação, a entidade tem uma obrigação de no futuro prestar o serviço para seu cliente. Este é o caso de uma editora, que recebe dos assinantes antes de entregar as revistas que publica. As companhias aéreas que vendem passagens hoje para voos que serão realizados daqui a dois meses também representam um caso de receita diferida.

A receita diferida cria para a entidade um passivo, uma obrigação, que desaparece quando é quitada. Assim, no momento em que a entidade recebe o dinheiro, aumenta-se o passivo através de um crédito. Ao mesmo tempo, tem-se um aumento no caixa. Posteriormente, quando da prestação do serviço ou da entrega do produto, debita-se o passivo e credita-se a conta de receita. A Ilustração 4.8 mostra como é a representação gráfica da receita diferida.

Ilustração 4.8 – Receita diferida

Ao final de cada período, a entidade verifica quanto da receita foi realizada pela entidade. O ajuste diz respeito a esse fato. Suponha uma entidade que recebeu em determinado mês uma quantia para prestação de um serviço. Neste momento, do recebimento, reconhece o passivo. No final do mês, é verificado quanto do serviço já foi prestado. O valor proporcional é levado a resultado, através de um lançamento de ajuste, conforme consta da Ilustração 4.9.

Ilustração 4.9 – Lançamento de ajuste da receita diferida

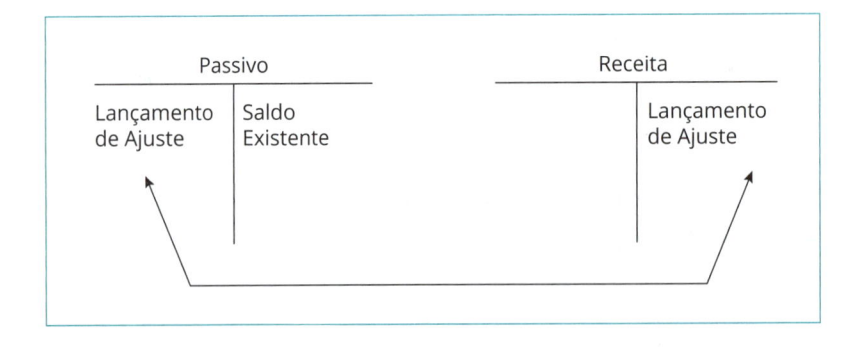

Considere o exemplo da NoNec constante da Ilustração 4.3. Essa empresa possuía, antes dos ajustes, um valor de receita antecipada de R$ 700, referente a um valor recebido para prestação de serviço no futuro. Ao final do mês, a empresa verificou que 60% do serviço foi prestado ao cliente. Esses 60% correspondem a R$ 420 ou 60% × R$ 700. Desse modo, é necessário reduzir R$ 420 da receita antecipada e considerar o mesmo valor como receita do período.

O processo de ajuste da receita diferida ou antecipada na NoNec encontra-se na Ilustração 4.10. É possível notar que o passivo é reduzido com um lançamento a débito, enquanto aumenta a receita, pelo lançamento a crédito. Se não fosse realizado o ajuste, a empresa teria uma receita de serviço a menor e um passivo a maior.

Ilustração 4.10 – Ajuste da receita diferida (ou antecipada)

Evento	A empresa já prestou parte do serviço que foi pago anteriormente.
Análise Básica	A proporção do serviço prestada, de 60%, é reconhecida como receita. Isso significa creditar Receita. Ao mesmo tempo, é necessário considerar que a empresa já não possui essa obrigação.
Equação Contábil	Ativo = Passivo + Patrimônio Líquido = Receita Antecipada / Receita de Serviço = −420 / 420
Análise Débito Crédito	O passivo é reduzido através de um lançamento a débito. Ao mesmo tempo, tem-se um aumento na Receita da empresa, por meio de um lançamento a crédito nessa conta de resultado. Com isso, é feito o ajuste da receita diferida (ou antecipada).
Diário	30/ago./20X0 Receita Antecipada 420 Receita de Serviço 420

Razonetes	**Receita Antecipada** | **Receita de Serviço**
	               700 | 4.900
	   420 | 420
	               280 | 5.320

ANTES DE PROSSEGUIR

Uma entidade do terceiro setor apresentava, em 31 de dezembro, os seguintes saldos no balancete de verificação antes dos ajustes: Seguros Antecipados = R$ 1.200; Material de Escritório = R$ 1.000; Computadores = R$ 9.000; Depreciação Acumulada = R$ 400; Receita Diferida = R$ 2.300.

Uma análise revelou o seguinte: (a) parcela dos seguros do mês igual a R$ 100; (b) material de escritório existente de R$ 800; (c) o computador tem uma depreciação de R$ 400 no mês; (d) R$ 1.300 da receita diferida já foi prestada no mês.

Prepare os lançamentos de ajustes.

Solução

(a) Despesa de Seguros   100
       Seguros Antecipados   100

(b) Despesa de Material de Escritório   200
       Material de Escritório   200

(c) Despesa de Depreciação   400
       Depreciação Acumulada   400

(d) Receita Diferida   1.300
       Receitas   1.300

RECEITAS A RECEBER

As receitas a receber correspondem às situações em que a entidade obteve a receita, mas ainda não existiu a entrada de dinheiro. Quando uma entidade vende a prazo, isso gera uma receita a receber. O mesmo ocorre quando um serviço é prestado, mas o pagamento irá ocorrer em data futura. A Ilustração 4.11 mostra que a prestação do serviço (ou a venda de uma mercadoria) ocorre antes do recebimento. No primeiro momento, a entidade deve reconhecer a existência da receita, com um lançamento contábil. No futuro, quando o cliente efetuar o pagamento, deve-se considerar a entrada de dinheiro no caixa, com a redução das receitas a receber.

Ilustração 4.11 – Receita a receber

O ajuste de receita a receber poderá ocorrer de várias formas. Por exemplo, quando a entidade presta serviço a prazo e cobra juros sobre o valor a prazo. Assim, a cada final de período, devem-se ajustar o volume de valores a receber e a receita. Outra situação comum é a existência de um acordo entre duas partes para prestação de um serviço, no qual ao final de cada mês é feito um acerto. A Ilustração 4.12 mostra como será realizado o lançamento de ajuste ao final de cada período.

Ilustração 4.12 – Lançamento da receita a receber

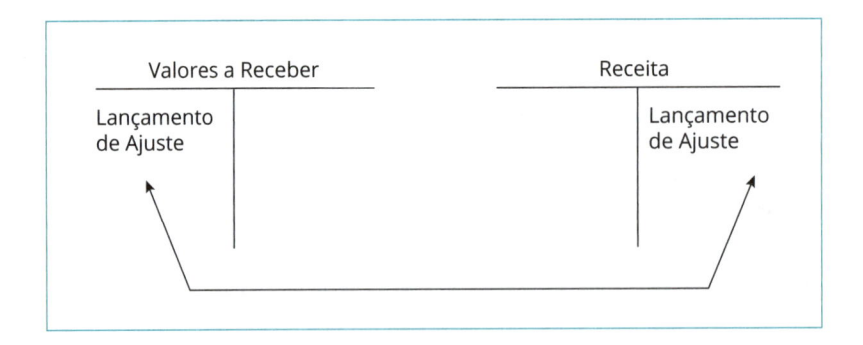

Considere o caso da NoNec. Em geral, esta empresa não concede prazo para seus clientes. Entretanto, existe uma exceção de um cliente, a DoIT, que possui um contrato para prestação de serviço. Sempre que este cliente precisa dos serviços da NoNec, o mesmo é realizado. Ao final de cada mês, a NoNec e a DoIT verificam o serviço que foi prestado e, no terceiro dia útil do mês seguinte, a DoIT efetua o pagamento. Ao final de agosto de 20X0, constatou-se que a DoIT utilizou várias vezes os serviços da NoNec, totalizando R$ 1.800. A Ilustração 4.13 mostra o ajuste que deverá ocorrer na contabilidade da NoNec.

Ilustração 4.13 – Lançamento de ajuste de receitas a receber

Evento	A empresa NoNec prestou diversos serviços para DoIT durante o mês de agosto.
Análise Básica	Ao final do mês, os valores dos serviços prestados totalizaram R$ 1.800. A DoIT reconheceu os serviços e prometeu pagar esse valor no terceiro dia útil do mês de setembro.
Equação Contábil	Ativo = Passivo + Patrimônio Líquido Valores a Receber = Receita de Serviço 1.800 = 1.800
Análise Débito Crédito	O ativo da entidade aumenta, sendo necessário um lançamento a débito de valores a receber. Por outro lado, deve ser considerada a receita pelo serviço prestado pela empresa, através de um crédito de receita de serviço.
Diário	30/ago./20X0 — Valores a Receber 1.800 / Receita de Serviço 1.800
Razonetes	**Valores a Receber**: 1.800 / 1.800 **Receita de Serviço**: 5.320; 1.800; 7.120

Ao fazer o ajuste, aumentamos o ativo e também a receita. Logo, não fazer o ajuste subestima ativo e receita. No terceiro dia útil de setembro, quando a empresa receber o dinheiro, é realizado o seguinte lançamento:

Caixa	Valores a Receber
...	...
1.800	1.800

DESPESAS A PAGAR

As despesas a pagar correspondem às despesas que aconteceram, ou seja, foram incorridas, mas que ainda não foram pagas. Os exemplos mais usuais são salários, juros e impostos. A Ilustração 4.14 representa essa situação.

Ilustração 4.14 – Despesa a pagar

Os ajustes de despesas a pagar são realizados para se ter um valor de passivo e de despesa correto. Esse tipo de ajuste corresponde a um débito de despesa e um crédito de uma conta de passivo. A Ilustração 4.15 mostra como é feito esse tipo de ajuste:

Ilustração 4.15 – Ajuste da despesa a pagar

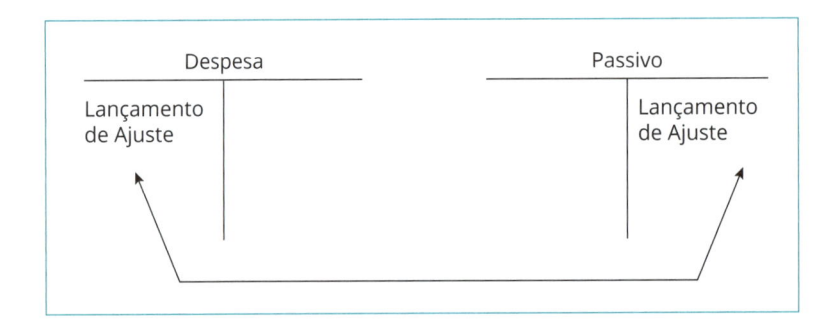

Vamos estudar dois tipos de ajustes comuns, começando pelos salários.

SALÁRIOS. Numa entidade, os empregados cumprem sua jornada de trabalho durante um período de tempo, geralmente um mês. Até o quinto dia útil do mês seguinte, a entidade deverá efetuar o pagamento do salário. Existe uma diferença temporal entre a prestação do serviço pelo empregado e da movimentação do caixa (pagamento).

A Ilustração 4.16 apresenta essa situação. Os empregados trabalham na empresa durante o mês de agosto. O pagamento será realizado no dia 7 de setembro. No dia 30 de agosto, é necessário reconhecer a existência de um passivo, salários a pagar e da despesa de salários na entidade.

Ilustração 4.16 – Salários a pagar

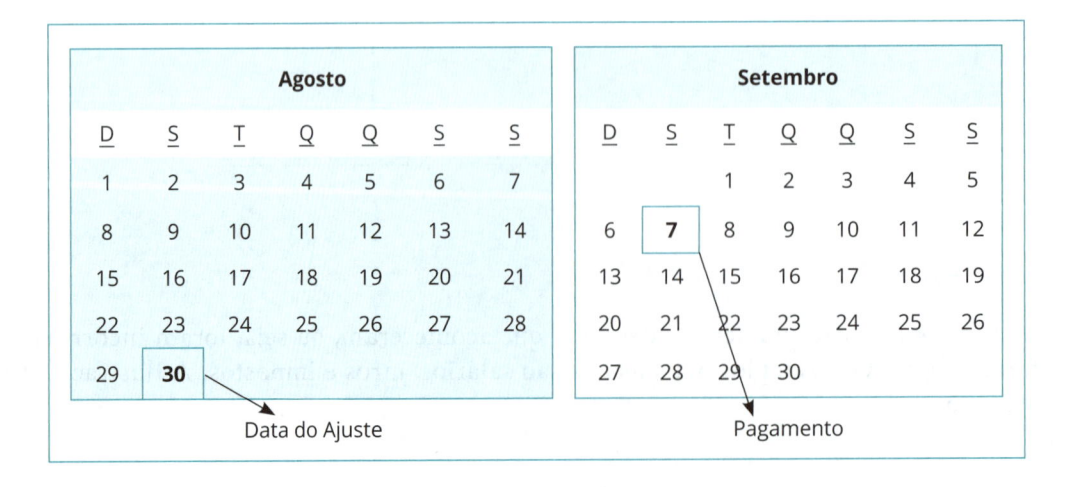

Considere o caso da NoNec, em que os salários do mês serão pagos no início do mês seguinte. Os valores correspondem a R$ 2.500. A análise dessa situação encontra-se na Ilustração 4.17. Apesar de os salários corresponderem ao serviço prestado no mês de agosto, somente em setembro será efetuado o pagamento. O ajuste irá aumentar o passivo da entidade, ao mesmo tempo em que aumenta uma conta de despesa. A conta de despesa de salários terá um saldo de R$ 4.800 depois do ajuste.

Ilustração 4.17 – Ajuste de salários a pagar

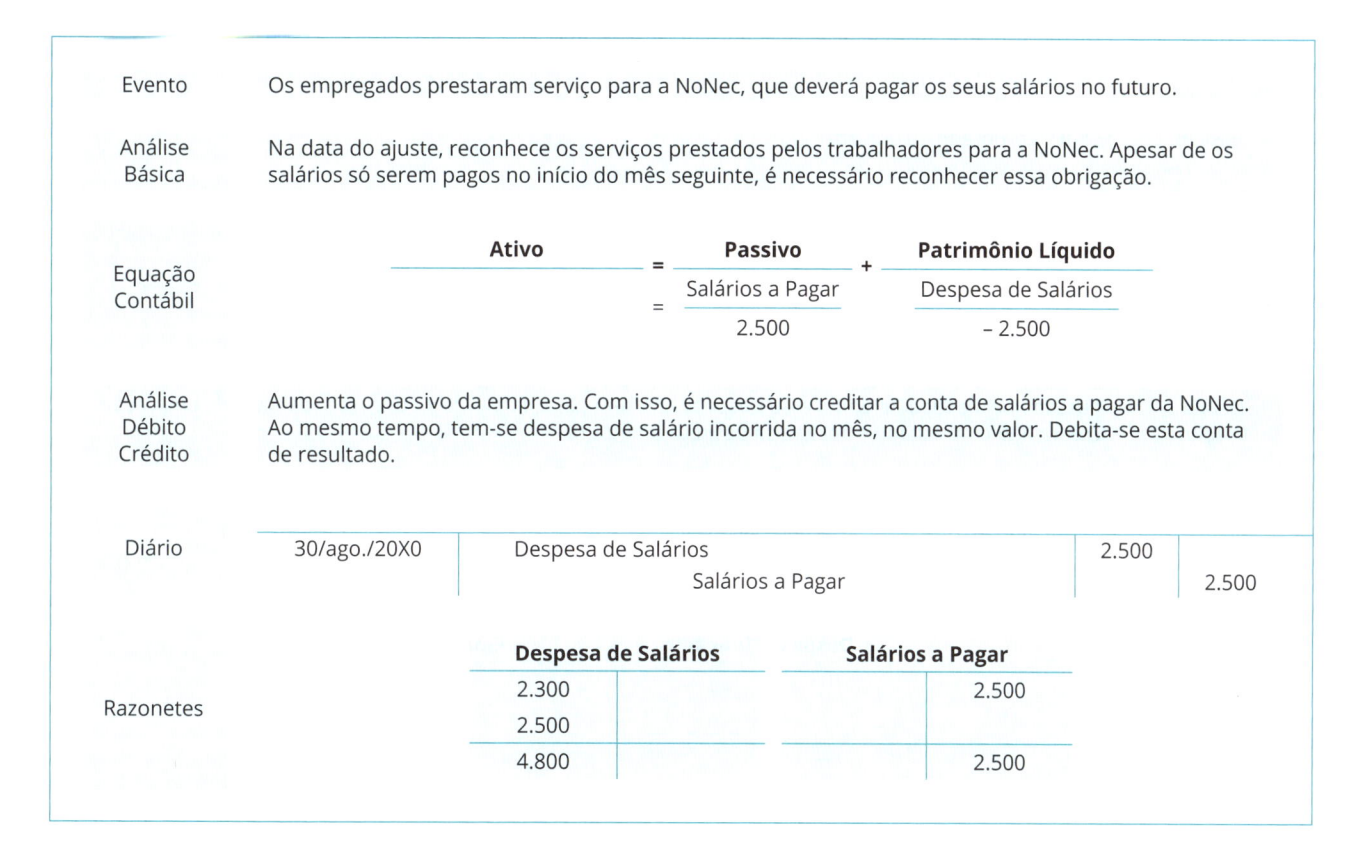

Evento	Os empregados prestaram serviço para a NoNec, que deverá pagar os seus salários no futuro.
Análise Básica	Na data do ajuste, reconhece os serviços prestados pelos trabalhadores para a NoNec. Apesar de os salários só serem pagos no início do mês seguinte, é necessário reconhecer essa obrigação.
Equação Contábil	Ativo = Passivo + Patrimônio Líquido = Salários a Pagar / Despesa de Salários 2.500 / − 2.500
Análise Débito Crédito	Aumenta o passivo da empresa. Com isso, é necessário creditar a conta de salários a pagar da NoNec. Ao mesmo tempo, tem-se despesa de salário incorrida no mês, no mesmo valor. Debita-se esta conta de resultado.
Diário	30/ago./20X0 Despesa de Salários 2.500 Salários a Pagar 2.500
Razonetes	**Despesa de Salários**: 2.300 / 2.500 / 4.800 **Salários a Pagar**: 2.500 / 2.500

No início de setembro, quando ocorrer o pagamento, o passivo deixa de existir, reduzindo o valor do caixa da empresa. Na data do pagamento de salários, deverá ser feito o seguinte lançamento contábil:

Caixa	Salários a Pagar
... 2.500	2.500 2.500

Pequena e Média Empresa

É comum que o empregado peça um adiantamento do salário. Isso é conhecido como "vale". Nesse caso, a entidade passa a ter um ativo, como "adiantamento de salários", que será zerado no ajuste do salário do mês.

DESPESAS FINANCEIRAS. Outro ajuste comum corresponde às despesas financeiras. Essas despesas estão vinculadas aos empréstimos realizados pela entidade. Com o passar do tempo, sobre o valor desse empréstimo incidem juros. Na situação de despesa a pagar, essas despesas financeiras serão quitadas no futuro.

Com respeito à NoNec, considere que no final do mês seja necessário reconhecer juros de R$ 100. Esse valor será incorporado ao empréstimo existente e somente será pago daqui a dois anos. A análise do ajuste encontra-se na Ilustração 4.18.

Ilustração 4.18 – Ajuste de despesa financeira

Evento	O empréstimo gera uma despesa financeira para a empresa.
Análise Básica	No final do mês, é necessário reconhecer as despesas financeiras dos empréstimos da empresa. O valor será incorporado ao principal.
Equação Contábil	Ativo = Passivo + Patrimônio Líquido = Empréstimo / 100 Despesa Financeira / – 100
Análise Débito Crédito	Este evento está associado à existência de despesas financeiras referentes ao empréstimo obtido no passado pela entidade. Como essa despesa não será paga, aumenta a obrigação (passivo) da empresa, creditando empréstimo e debitando despesa financeira.
Diário	30/ago./20X0　Despesa Financeira　　　100 　　　　　　　　　　Empréstimo　　　　　　100
Razonetes	Despesa Financeira: 100 | 　　Empréstimo: 　| 3.800 　　　　　　　　　　　　　　　　　　　　　| 100 　　　　　　　　　100 |　　　　　　　　　　| 3.900

ANTES DE PROSSEGUIR

A ConsultComp iniciou suas atividades em fevereiro. No final do mês, ao preparar suas demonstrações contábeis, revelou as seguintes situações:

(a) o salário dos funcionários, no valor de R$ 4.600, será pago no início de março;

(b) o empréstimo de R$ 40 mil captado no início do mês tem juros de 1%; e

(c) a receita de serviço prestada durante o mês, ainda não registrada, é de R$ 3.000.

Prepare os lançamentos de ajustes.

Solução

(a) Despesa de Salários	4.600	
Salários a Pagar		4.600
(b) Despesas Financeiras	400	
Empréstimos		400
(c) Valores a Receber	3.000	
Receita de Serviço		3.000

UM RESUMO DOS AJUSTES

A Ilustração 4.19 apresenta o resumo dos quatro tipos de ajustes. É possível perceber que os ajustes são decorrentes da diferença existente entre o momento em que a receita e a despesa são incorridas e a movimentação do caixa. No caso dos diferidos (receita e despesa), o efeito no caixa ocorre antes do efeito no resultado da entidade. No caso a pagar (ou a receber), é o oposto: primeiro ocorre o efeito no resultado e depois a movimentação no caixa.

A ilustração também mostra os efeitos nos lados do balanço. A despesa diferida aumenta o ativo, enquanto a receita aumenta o passivo. Já a despesa a pagar tem reflexo no passivo, enquanto a receita a receber está associada ao acréscimo no ativo.

Ilustração 4.19 – Resumo gráfico dos ajustes

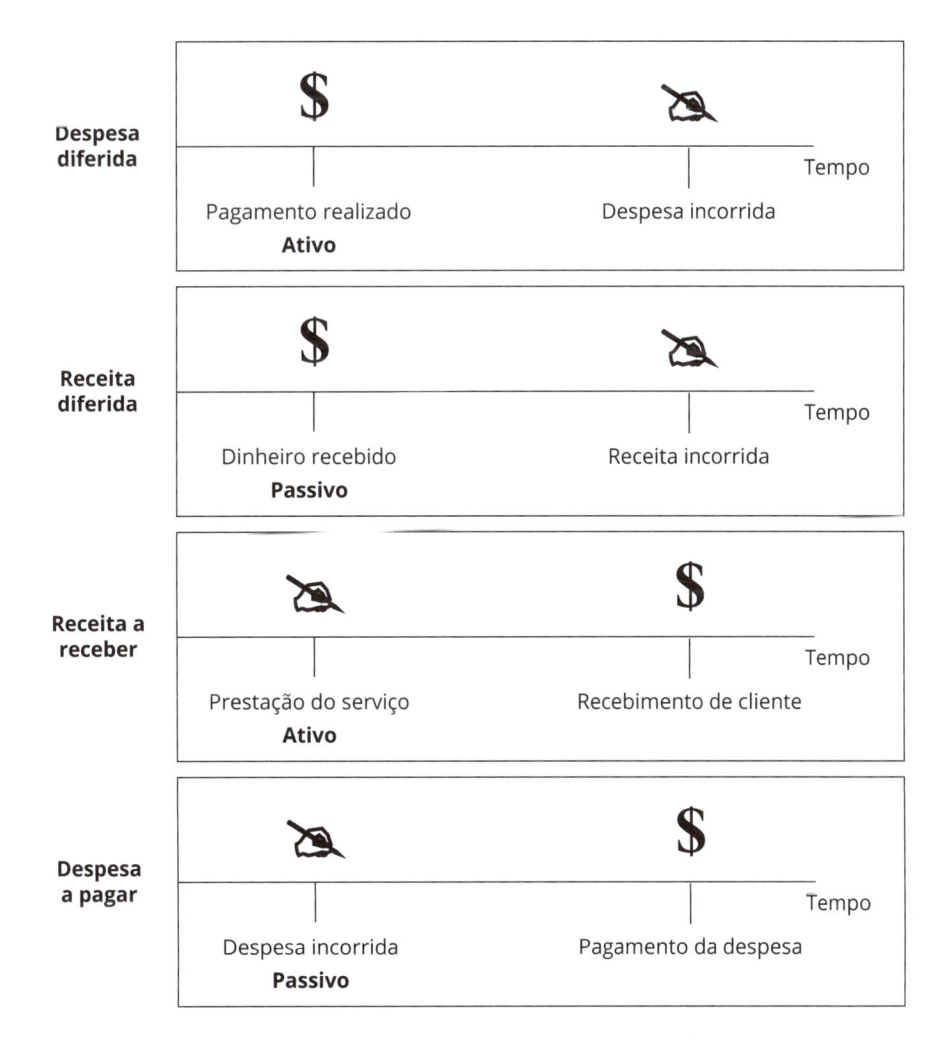

Durante este capítulo, usamos a empresa NoNec para mostrar a aplicação dos principais tipos de ajustes. A Ilustração 4.20 mostra os lançamentos realizados no diário da empresa. A Ilustração 4.21 apresenta os razonetes após os ajustes realizados. Esses ajustes estão em negrito.

Ilustração 4.20 – Lançamentos de ajustes no diário

Data		Débito	Crédito
30/ago.	Despesa de Material	1.300	
	Material de Consumo		1.300
30/ago.	Despesa de Seguros	42	
	Seguros Antecipados		42
30/ago.	Despesa de Depreciação	108	
	Depreciação Acumulada		108
30/ago.	Receita Antecipada	420	
	Receita de Serviço		420
30/ago.	Valores a Receber	1.800	
	Receita de Serviço		1.800
30/ago.	Despesa de Salários	2.500	
	Salários a Pagar		2.500
30/ago.	Despesa Financeira	100	
	Empréstimo		100

Ilustração 4.21 – Lançamentos dos ajustes nos razonetes

Bancos		Valores a Receber		Material de Consumo		Seguros Antecipados	
5.000		**1.800**		3.000		500	
					1.300		**42**
				1.700		458	

Computadores		Depreciação Acumulada		Empréstimos		Fornecedores	
6.480			**108**		3.800		1.600
			108		**100**		
					3.900		

Salários a Pagar		Receita Antecipada		Capital Social		Lucros Acumulados	
	2.500		700		6.000		980
	2.500	**420**					
			280				

Receita de Serviços	Despesa de Salários	Despesa de Aluguel	Despesa de Material
4.900	2.300	700	**1.300**
420	**2.500**		1.300
1.800	4.800		
7.120			

Despesa de Seguros	Despesa de Depreciação	Despesa Financeira
42	**108**	**100**
42	108	100

Pequena e Média Empresa

Em geral, a contabilidade de uma pequena e média empresa é terceirizada. Ou seja, contrata-se um escritório de contabilidade para fazer a "escrituração" e quitar as obrigações fiscais. Nessas situações, é sempre bom estar atento à realização de todos os lançamentos de ajustes, para que a entidade tenha uma contabilidade que expresse sua realidade.

Balancete de verificação e os ajustes

Objetivo (5) → Mostrar o balancete de verificação com os ajustes

Depois de a entidade fazer os lançamentos de ajustes, deve preparar o balancete de verificação, incorporando esses eventos. Esse balancete recebe a denominação de **balancete de verificação ajustado**. Essa informação mostra a posição de todas as contas, incluindo aquelas que sofreram influência do ajuste. A soma dos débitos deverá ser igual à soma dos créditos das contas, mostrando o equilíbrio após os ajustes. O balancete de verificação ajustado é a base para a elaboração das demonstrações contábeis.

BALANCETE DE VERIFICAÇÃO AJUSTADO

A Ilustração 4.22 apresenta o balancete de verificação da NoNec, com os ajustes em destaque. O leitor poderá perceber que os saldos existentes neste balancete correspondem aos valores obtidos nos razonetes, na Ilustração 4.21. Outro aspecto importante é que a soma dos débitos corresponde à soma dos créditos. Finalmente, apresentamos o balancete de verificação na seguinte ordem: primeiro as contas do ativo, organizadas pelo critério da liquidez, seguidas das contas do passivo e patrimônio líquido, com as receitas e as despesas aparecendo no final do balancete. Essa ordenação facilita o trabalho seguinte, que é a elaboração das demonstrações contábeis.

Ilustração 4.22 – Balancete de verificação após ajustes

NoNec

Balancete de Verificação

30 de agosto de 20X0

	Débito	Crédito
Bancos	5.000	
Valores a Receber	1.800	
Material de Consumo	1.700	
Seguros Antecipados	458	
Computadores	6.480	
Depreciação Acumulada		108
Empréstimos		3.900
Fornecedores		1.600
Salários a Pagar		2.500
Receita Antecipada		280
Capital Social		6.000
Lucros Acumulados		980
Receita de Serviços		7.120
Despesa de Salários	4.800	
Despesa de Aluguel	700	
Despesa de Material	1.300	
Despesa de Seguros	42	
Despesa de Depreciação	108	
Despesa Financeira	100	
	22.488	22.488

PREPARANDO AS DEMONSTRAÇÕES CONTÁBEIS

Com o balancete de verificação ajustado, é possível obter a demonstração do resultado e o balanço patrimonial da entidade. Basta separar as contas que compõem cada uma das demonstrações. Como ao elaborar o balancete de verificação colocamos as contas já organizadas de acordo com os respectivos grupos, a preparação das demonstrações contábeis ficou muito mais fácil.

A Ilustração 4.23 mostra que do balancete é possível chegar à demonstração do resultado. A empresa obteve receitas de R$ 7.120 para um total de despesas de R$ 7.050, com um lucro de R$ 70. Este valor deverá aumentar a conta de lucros acumulados anterior, que será usado no balanço patrimonial da empresa.

Ilustração 4.23 – Elaboração da demonstração do resultado do exercício

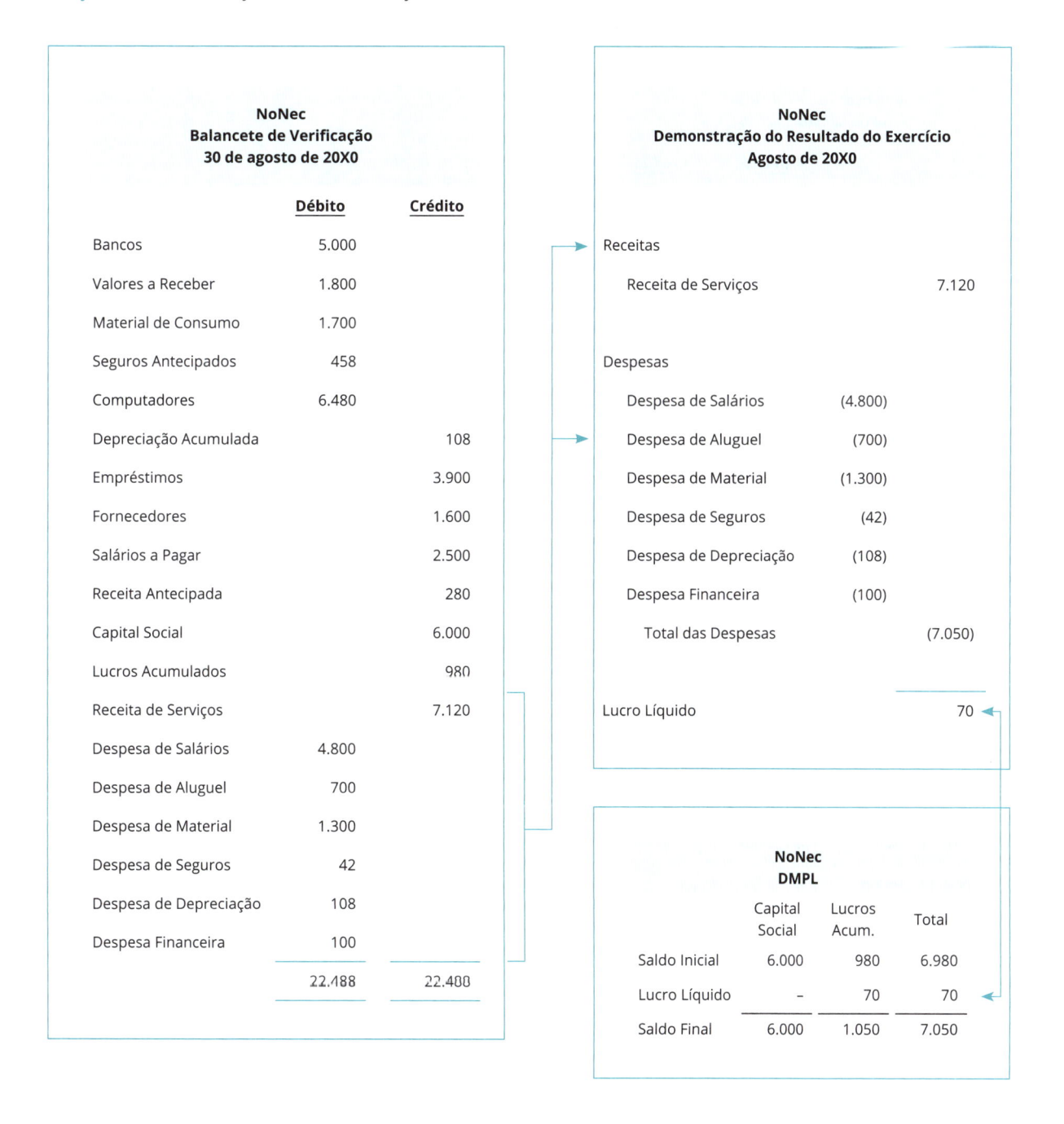

NoNec
Balancete de Verificação
30 de agosto de 20X0

	Débito	Crédito
Bancos	5.000	
Valores a Receber	1.800	
Material de Consumo	1.700	
Seguros Antecipados	458	
Computadores	6.480	
Depreciação Acumulada		108
Empréstimos		3.900
Fornecedores		1.600
Salários a Pagar		2.500
Receita Antecipada		280
Capital Social		6.000
Lucros Acumulados		980
Receita de Serviços		7.120
Despesa de Salários	4.800	
Despesa de Aluguel	700	
Despesa de Material	1.300	
Despesa de Seguros	42	
Despesa de Depreciação	108	
Despesa Financeira	100	
	22.488	22.488

NoNec
Demonstração do Resultado do Exercício
Agosto de 20X0

Receitas		
Receita de Serviços		7.120
Despesas		
Despesa de Salários	(4.800)	
Despesa de Aluguel	(700)	
Despesa de Material	(1.300)	
Despesa de Seguros	(42)	
Despesa de Depreciação	(108)	
Despesa Financeira	(100)	
Total das Despesas		(7.050)
Lucro Líquido		70

NoNec
DMPL

	Capital Social	Lucros Acum.	Total
Saldo Inicial	6.000	980	6.980
Lucro Líquido	–	70	70
Saldo Final	6.000	1.050	7.050

Finalmente, a Ilustração 4.24 mostra que o balanço patrimonial pode ser elaborado facilmente a partir do balancete de verificação. O único valor diferente corresponde à conta de lucros acumulados, na qual o saldo deve considerar o resultado do mês de agosto.

Ilustração 4.24 – Apuração do balanço patrimonial

NoNec
Balancete de Verificação
30 de agosto de 20X0

	Débito	Crédito
Bancos	5.000	
Valores a Receber	1.800	
Material de Consumo	1.700	
Seguros Antecipados	458	
Computadores	6.480	
Depreciação Acumulada		108
Empréstimos		3.900
Fornecedores		1.600
Salários a Pagar		2.500
Receita Antecipada		280
Capital Social		6.000
Lucros Acumulados		980
Receita de Serviços		7.120
Despesa de Salários	4.800	
Despesa de Aluguel	700	
Despesa de Material	1.300	
Despesa de Seguros	42	
Despesa de Depreciação	108	
Despesa Financeira	100	
	22.488	22.488

NoNec
Balanço Patrimonial
30 de agosto de 20X0

Ativo		Passivo e PL	
Bancos	5.000	Empréstimos	3.900
Valores a Receber	1.800	Fornecedores	1.600
Material de Consumo	1.700	Salários a Pagar	2.500
Seguros Antecipados	458	Receita Antecipada	280
Ativo Circulante	8.958		
Computadores	6.480	Total do Passivo	8.280
Dep. Acumulada	(108)		
Ativo Não Circulante	6.372	Capital Social	6.000
		Lucros Acumulados	1.050
		Total Patr. Líquido	7.050
Ativo	15.330	Passivo e PL	15.330

ANTES DE PROSSEGUIR

A empresa Jogos Line apurou um balancete de verificação com os seguintes saldos devedores:

Caixa = R$ 67.000; Estoques = R$ 10.000; Aluguel Antecipado = R$ 9.000; Valores a Receber = R$ 6.000; Computadores = R$ 150.000; Despesa de Salários = R$ 94.000; Despesa de Aluguel = R$ 15.000; Despesa de Depreciação = R$ 8.500; Despesa com Estoques = R$ 2.000; Despesa Financeira = R$ 500.

Os saldos credores são os seguintes:

Depreciação Acumulada = R$ 8.500; Empréstimos = R$ 50.000; Fornecedores = R$ 15.000; Salários a Pagar = R$ 4.000; Receitas Antecipadas = R$ 5.500; Capital Social = R$ 140.000; Lucros Acumulados = R$ 9.000; Receita de Serviços = R$ 130.000.

Apure a demonstração do resultado, a demonstração das mutações do patrimônio líquido e o balanço patrimonial a partir do balancete de verificação.

Resposta

(a)

Receita de Serviço		130.000
Despesas		
Despesa de Salários	(94.000)	
Despesa de Aluguel	(15.000)	
Despesa de Depreciação	(8.500)	
Despesa com Estoques	(2.000)	
Despesas Financeiras	(500)	
Total das Despesas		(120.000)
Lucro Líquido		10.000

(b)

	Capital Social	Lucro Acum.	Total
Saldo inicial	140.000	9.000	149.000
Lucro Líquido		10.000	10.000
Saldo Final	140.000	19.000	159.000

(c)

Caixa	67.000	Empréstimos	50.000
Val. a Receber	6.000	Fornec.	15.000
Estoques	10.000	Salários a Pagar	4.000
Aluguel Ant.	9.000	Rec. Antec.	5.500
Ativo Circulante	92.000	Passivo	74.500
Computad.	150.000		
Dep. Acum.	(8.500)	Capital Social	140.000
Ativo Não Circulante	141.500	Lucros Acum.	19.000
		Patr. Líquido	159.000
Ativo	233.500	Passivo + PL	233.500

Encerramento das contas

Objetivo (6) → Explicar o fechamento do exercício social

Até o momento, mostramos que as contas de receitas e despesas irão afetar os lucros acumulados, que por sua vez fazem parte do patrimônio líquido da entidade. Receitas e despesas referem-se a um dado período contábil e por esse motivo são consideradas **contas temporárias**. Já as contas do balanço patrimonial são denominadas de **contas permanentes**, pois irão permanecer com seu saldo para o próximo período contábil. O processo de **encerramento das contas** refere-se ao procedimento realizado na contabilidade no qual os saldos das contas temporárias são encerrados, sendo transferidos para a conta de lucros acumulados. Após o encerramento, os saldos das contas temporárias são **zerados**. Entretanto, esse processo não influencia as contas permanentes, exceto a conta de lucros/prejuízos acumulados.

O encerramento das contas ocorre ao final de cada período contábil, ou **exercício social**. Após o encerramento, a entidade prepara suas demonstrações contábeis para seus usuários.

Para fazer o encerramento das contas temporárias, a contabilidade faz um lançamento debitando as contas de receita e creditando as contas de despesas, pelo valor existente. Isso é feito em cada conta temporária. A contrapartida desses lançamentos pode receber diversos nomes: resultado do exercício, apuração do resultado do exercício, lucro do período etc. O saldo existente nessa conta permitirá saber se a entidade obteve lucro ou prejuízo no período contábil que está sendo encerrado.

O importante desse processo é: (a) saber quais contas são temporárias e quais são permanentes; (b) zerar os saldos existentes nas contas temporárias; (c) considerar o resultado do período na conta de lucros acumulados da entidade.

A Ilustração 4.25 apresenta o processo de encerramento da NoNec no diário. O primeiro lançamento encerra a conta de receita de serviço. Logo a seguir, são encerradas as contas de despesa. O terceiro lançamento encerra, por fim, a conta de resultado do exercício, transferindo seu valor, um lucro, para lucros acumulados.

Ilustração 4.25 – Encerramento das contas temporárias

Data		Débito	Crédito
30/ago.	Receita de Serviço	7.120	
	Resultado do Exercício		7.120
30/ago.	Resultado do Exercício	7.050	
	Despesa de Salários		4.800
	Despesa de Aluguel		700
	Despesa de Material		1.300
	Despesa de Seguros		42
	Despesa de Depreciação		108
	Despesa Financeira		100
30/ago.	Resultado do Exercício	70	
	Lucros Acumulados		70

A Ilustração 4.26 apresenta o encerramento das contas temporárias nos razonetes. É possível observar que os lançamentos zeram as contas de receitas e despesas.

Ilustração 4.26 – Encerramento das contas nos razonetes da NoNec

Despesa de Salários	
4.800	
	4.800
–	

Despesa de Aluguel	
700	
	700
–	

Despesa de Material	
1.300	
	1.300
–	

Desp. Seguros	
42	
	42
–	

Desp. Depreciação	
108	
	108
–	

Desp. Financeira	
100	
	100
–	

Resultado do Exercício	
4.800	7.120
700	
1.300	
42	
108	
100	
	70
70	

Receita de Serviços	
	7.120
7.120	
	–

Lucros Acumulados	
	980
	70
	1.050

Prática

Com os modernos sistemas computacionais, o processo de encerramento das contas é feito rapidamente. Isso permite que o prazo entre o final do período contábil e a divulgação das informações possa ser reduzido.

Resumo do ciclo contábil

Objetivo (7) → Apresentar cada passo do ciclo contábil

A Ilustração 4.28 apresenta os passos do ciclo contábil de uma entidade. O ciclo começa com a análise das transações, que se originam nos lançamentos no diário e razonetes. Ao final de cada período contábil, preparamos o balancete de verificação, fazemos os lançamentos de ajustes, o balancete de verificação após os ajustes, o encerramento e as demonstrações contábeis.

Ilustração 4.27 – Ciclo contábil

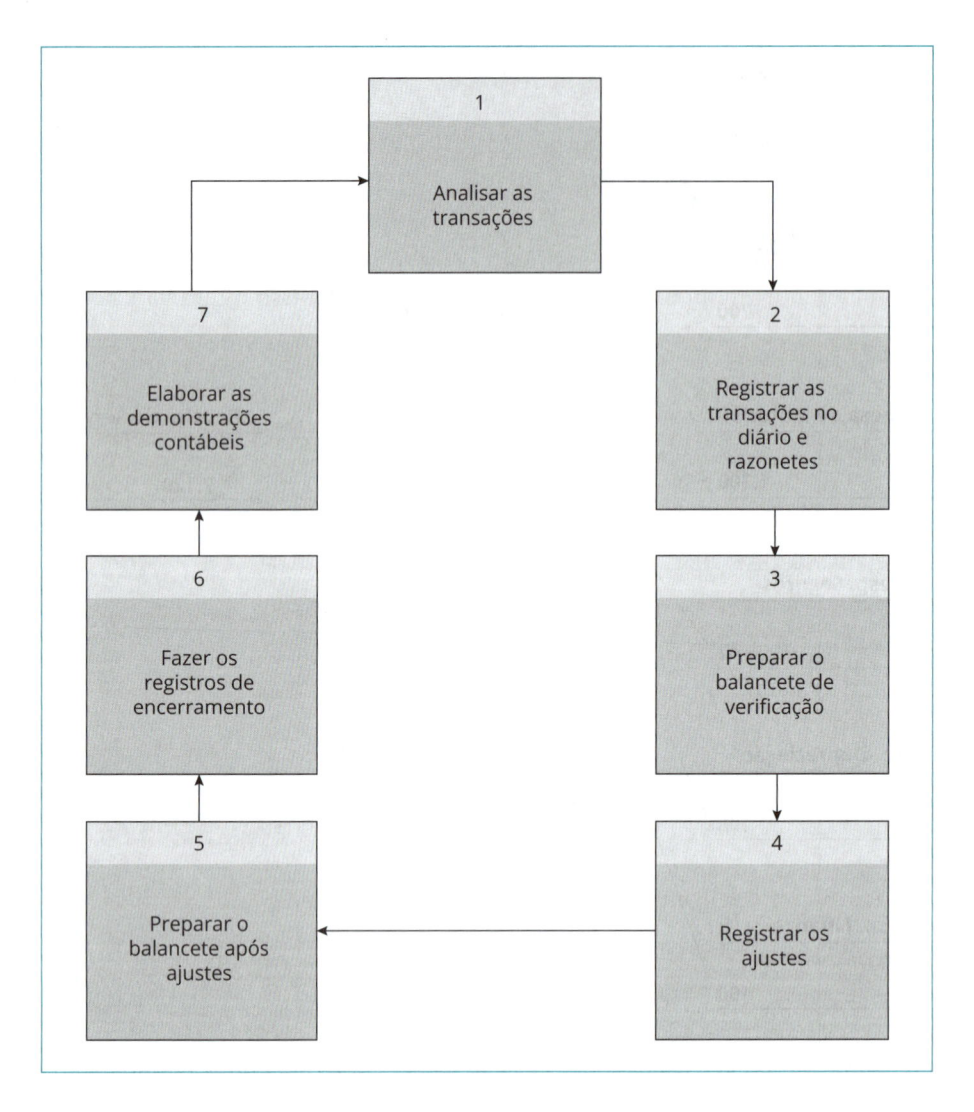

1. Analisar as transações
2. Registrar as transações no diário e razonetes
3. Preparar o balancete de verificação
4. Registrar os ajustes
5. Preparar o balancete após ajustes
6. Fazer os registros de encerramento
7. Elaborar as demonstrações contábeis

Os dois primeiros passos ocorrem ao longo do tempo, na medida em que as transações acontecem. Os passos seguintes são feitos ao final do período contábil.

Qualidade do resultado

Objetivo (8) → Discutir sobre a qualidade do lucro

Um dos assuntos mais polêmicos da contabilidade diz respeito à qualidade do resultado que é apresentado pela entidade. Como estudamos nos capítulos anteriores, as demonstrações contábeis devem refletir a sua realidade. Entretanto, nem sempre isso ocorre. Existe muita pressão para que as entidades produzam resultados dentro das expectativas de certos usuários. Nesse ambiente, é possível encontrar aquelas que deixam de registrar transações, alterando os valores do lucro ou de contas do balanço patrimonial. Geralmente, esta postura termina por não representar adequadamente a sua situação. Usamos o termo **gerenciamento do resultado** para tratar das práticas contábeis que conduzem à representação inadequada da sua situação econômica e financeira. Uma entidade com qualidade do resultado questionável pode confundir o usuário e afetar suas decisões.

> **Ética!**
>
> Além do termo **gerenciamento do resultado**, também se utilizam **contabilidade criativa**, **manipulação dos resultados** e outros termos. O termo *gerenciamento de resultado* não significa que a entidade está agindo contra a lei. Ou pelo menos não existe provas que isso esteja ocorrendo.

Existem diversas formas de fazer gerenciamento do resultado. Ao não fazer os lançamentos de ajustes de maneira adequada, por exemplo, de uma despesa antecipada, isso alteraria o resultado e o ativo da entidade.

EXERCÍCIO DE REVISÃO

Uma empresa comercial registrou a seguinte movimentação no período:

- Despesas relativas a dez./20X1 pagas em dez./20X1 de R$ 1.020,00.
- Despesas relativas a jan./20X2 pagas em dez./20X1 de R$ 1.290,00.
- Despesas relativas a dez./20X1 pagas em jan./20X2 de R$ 780,00.
- Receitas relativas a dez./20X1 recebidas em dez./20X1 de R$ 510,00.
- Receitas relativas a dez./20X1 recebidas em jan./20X2 de R$ 1.590,00.
- Receitas relativas a jan./20X2 recebidas em dez./20X1 de R$ 1.230,00.

Pede-se:

Apure os resultados do período com base no regime de caixa e de competência, em dezembro de 20X1.

Solução

Pelo regime de caixa, as receitas e despesas são reconhecidas quando houver, respectivamente, entradas ou saídas de caixa. Já no regime de competência, as receitas e despesas são reconhecidas no momento em que ocorrem, ou seja, quando acontece o fato gerador (a prestação do serviço, para as empresas prestadoras ou a entrega do bem vendido, pelas empresas comerciais). Como as receitas aumentam o lucro e as despesas o reduzem, o resultado do exercício, de acordo com os dois regimes, é:

Evento	Regime de Caixa	Regime de Competência
1	(1.020)	(1.020)
2	(1.290)	
3		(780)
4	510	510
5		1.590
6	1.230	
Resultado	**(570)**	**300**

Pelo regime de caixa, a empresa apresenta um prejuízo de R$ 570 no período, já que suas despesas (pagamentos) foram superiores às receitas (recebimentos), enquanto, no regime de competência, as receitas superaram as despesas e a empresa obteve um lucro de R$ 300.

Um exemplo mais completo...

O balancete de verificação em 31/12/20X8 da empresa Nova Líder Ltda. encontra-se a seguir:

	Débito	Crédito
Caixa	2.500	
Contas a Receber	12.000	
Seguros Antecipados	16.000	
Materiais de Escritório	4.000	
Terrenos	158.000	
Móveis e Utensílios	60.000	
Prédios	360.000	
Contas a Pagar		19.000
Receitas Diferidas		2.000
Empréstimos a Pagar		20.000
Capital Social		500.000
Lucros Acumulados		17.000
Receitas de Serviços		69.500
Despesas Gerais	3.000	
Custo dos Serviços Prestados	22.000	
	637.500	637.500

Os seguintes ajustes precisam ser feitos:

1. Os empréstimos a pagar foram contratados em 1º/7/20X8 e os juros são de R$ 200 ao mês.
2. A empresa somou suas requisições, referentes aos serviços prestados e ainda não recebidos, e constatou um valor de R$ 3.100.
3. O inventário de materiais de escritório constatou a existência de R$ 500 em estoque.
4. Os seguros antecipados têm duração de 20 meses e foram contratados em 31/9/20X8.
5. Os móveis e utensílios foram adquiridos em 1º/1/20X8 e sua depreciação é de 10% ao ano. Já os prédios foram adquiridos em 1º/5/20X8 e sua depreciação anual é de 5%.
6. Das receitas diferidas, 70% foram prestadas em dezembro/20X8.
7. Diversas despesas: água e energia elétrica – R$ 300; Internet – R$ 100; aluguéis – R$ 1.000, serão pagas em 5/1/20X9.
8. Os salários de dezembro/20X8, no valor de R$ 5.000, serão pagos em janeiro/20X9.

Pede-se:

a) Faça os registros dos oito eventos acima em diário.
b) Elabore o balancete de verificação com a movimentação e os saldos após ajustes finais.
c) Elabore a demonstração de resultado e o balanço patrimonial.

Solução

a) Diário

1	Despesa Financeira		1.200	
	Empréstimos			1.200
2	Contas a Receber		3.100	
	Receita de Serviços			3.100
3	Despesa de Materiais		3.500	
	Materiais de Escritório			3.500
4	Despesa de Seguros		2.400	
	Seguros Antecipados			2.400
5	Despesa de Depreciação		18.000	
	D.A. Móveis e Utensílios			6.000
	D.A. Prédios			12.000
6	Receitas Diferidas		8.400	
	Receita de Serviços			8.400
7	Despesas Gerais		1.400	
	Contas a Pagar			1.400
8	Despesa de Salários		5.000	
	Salários a Pagar			5.000

b) Balancete de verificação

	Débito	Crédito	Débito	Crédito	Débito	Crédito
Caixa	2.500				2.500	
Contas a Receber	12.000		3.100		15.100	
Seguros Antecipados	16.000			2.400	13.600	
Materiais de Escritório	4.000			3.500	500	
Terrenos	158.000				158.000	
Móveis e Utensílios	60.000				60.000	
D.A. Móveis e Utensílios				6.000		6.000
Prédios	360.000				360.000	
D.A. Prédios				12.000		12.000
Contas a Pagar		19.000		1.400		20.400
Salários a Pagar				5.000		5.000
Receitas Diferidas		12.000	8.400			3.600
Empréstimos a Pagar		20.000		1.200		21.200
Capital Social		500.000				500.000
Lucros Acumulados		17.000				17.000
Receitas de Serviços		69.500		11.500		81.000
Despesas Gerais	3.000		1.400		4.400	
Custo dos Serviços Prestados	22.000				22.000	
Despesa de Salários			5.000		5.000	
Despesa de Seguros			2.400		2.400	
Despesa de Materiais			3.500		3.500	
Despesa de Depreciação			18.000		18.000	
Despesa Financeira			1.200		1.200	
	637.500	637.500	43.000	43.000	666.200	666.200

c) *Demonstrações contábeis*

Demonstração do Resultado do Exercício – 20X8		
Receitas de Serviços		81.000
Despesas Gerais	(4.400)	
Custo dos Serviços Prestados	(22.000)	
Despesa de Salários	(5.000)	
Despesa de Seguros	(2.400)	
Despesa de Materiais	(3.500)	
Despesa de Depreciação	(18.000)	
Despesa Financeira	(1.200)	(56.500)
Lucro Líquido		24.500

Balanço Patrimonial – 31/12/20X8			
Ativo Circulante	31.700	Passivo Circulante	50.200
Caixa	2.500	Contas a Pagar	20.400
Contas a Receber	15.100	Salários a Pagar	5.000
Seguros Antecipados	13.600	Receitas Diferidas	3.600
Materiais de Escritório	500	Empréstimos a Pagar	21.200
Ativo Não Circulante	560.000	Patrimônio Líquido	541.500
Terrenos	158.000	Capital Social	500.000
Móveis e Utensílios	60.000	Lucros Acumulados	41.500
D.A. Móveis e Utensílios	(6.000)		
Prédios	360.000		
D.A. Prédios	(12.000)		
TOTAL DO ATIVO	**591.700**	**TOTAL DO PASSIVO + PL**	**591.700**

Usando a informação contábil

A Iguana S.A. apresenta, em 31/12/20X0, os seguintes saldos de contas:

Balancete de Verificação em 31/12/20X0		
Contas	Débito	Crédito
Caixa	2.900	
Capital Social		800.000
Clientes	32.950	
Custo dos Serviços Prestados	229.500	
Depósitos Bancários	9.500	
Depreciação Acumulada		33.000

Despesa de Depreciação	25.000	
Despesa de Materiais	15.700	
Despesa de Salários	124.000	
Despesa Financeira	26.500	
Empréstimos		154.000
Equipamentos	220.000	
Fornecedores		40.000
Lucros Acumulados	15.300	
Materiais de Consumo	12.250	
Mercadorias	20.400	
Receitas de Serviços		425.000
Salários a Pagar		24.000
Terrenos	642.000	
Veículos	100.000	
	1.476.000	1.476.000

As informações apresentadas no balancete de verificação se referem aos saldos do exercício de 20X0 da Iguana S.A. após os ajustes.

Pede-se:

Prepare a demonstração de resultado, a demonstração das mutações do patrimônio líquido e o balanço patrimonial da Iguana S.A. para o exercício de 20X0. Considere que a única transação ocorrida no PL corresponde à apuração do resultado do exercício.

Solução

Demonstração do Resultado do Exercício – 20X0

Receitas de Serviços		425.000
Custo dos Serviços Prestados	(229.500)	
Despesa de Salários	(124.000)	
Despesa de Materiais	(15.700)	
Despesa de Depreciação	(25.000)	
Despesa Financeira	(26.500)	(420.700)
Lucro Líquido		4.300

Demonstração das Mutações do Patrimônio Líquido – 1º/1 a 31/12/20X0

	Capital Social	Lucros Acumulados	Total
Saldo Inicial	800.000	(15.300)	784.700
Resultado do Exercício		4.300	4.300
Saldo Final	800.000	(11.000)	789.000

Balanço Patrimonial – 31/12/20X0			
Ativo Circulante	**78.000**	**Passivo Circulante**	**218.000**
Caixa	2.900	Fornecedores	40.000
Depósitos Bancários	9.500	Empréstimos	154.000
Clientes	32.950	Salários a Pagar	24.000
Mercadorias	20.400		
Materiais de Consumo	12.250		
Ativo Não Circulante	**929.000**	**Patrimônio Líquido**	**789.000**
Terrenos	642.000	Capital Social	800.000
Equipamentos	220.000	Lucros Acumulados	(11.000)
Veículos	100.000		
(–) Depreciação Acumulada	(33.000)		
TOTAL DO ATIVO	**1.007.000**	**TOTAL DO PASSIVO + PL**	**1.007.000**

RESUMO DOS OBJETIVOS

Explicar o reconhecimento da receita e da despesa – A contabilidade registra a receita no momento em que é gerada. A despesa é registrada no mesmo instante da receita, quando for possível estabelecer uma relação direta entre elas.

Diferenciar o regime de caixa e o regime de competência – No regime de caixa, o importante é a entrada e saída de recursos. No de competência, o momento em que a receita e a despesa são geradas.

Destacar a importância dos ajustes e os principais tipos – O registro de ajuste permite que todas as receitas e as despesas sejam registradas. É realizado ao final do período contábil e existem quatro tipos: despesa diferida, receita diferida, receita a receber e despesa a pagar.

Mostrar como são feitos os lançamentos de ajustes – Os ajustes contábeis são de quatro tipos: as despesas diferidas, as receitas diferidas, as receitas a receber e as despesas a pagar.

Mostrar o balancete de verificação com os ajustes – Os ajustes devem constar do balancete de verificação. A sua ausência poderá gerar valores subestimados ou superestimados.

Explicar o fechamento do exercício social – Ao final de cada período contábil, as contas temporárias (de receitas e despesas) são encerradas ou zeradas. Isso é feito com um lançamento no sentido inverso. O valor é levado para a conta de lucros acumulados.

Apresentar cada passo do ciclo contábil – O ciclo contábil inicia-se com uma transação que será registrada no diário e nos razonetes. Ao final de cada período, são lançados os ajustes, apurado o balancete de verificação após ajustes e elaboradas as demonstrações contábeis.

Discutir sobre a qualidade do lucro – Uma entidade apresenta a qualidade do lucro adequada quando retrata com fidedignidade a sua realidade econômica e financeira. Ao adotar práticas contábeis inadequadas, as entidades estão praticando o gerenciamento de resultados, o que prejudica a qualidade do lucro e, por consequência, as decisões dos usuários.

DECISÃO

Pergunta	Informação Necessária	Fórmula	Uso
❓	📁	$\Sigma \Delta \Phi \Gamma$	✍
Qual o tempo restante de uso do ativo da empresa?	Balanço Patrimonial e Notas Explicativas	Tempo de Uso – Valor Contábil do Ativo/ Depreciação Acumulada	Valores reduzidos indicam que a entidade necessitará repor seus ativos brevemente, o que poderá afetar o fluxo de caixa dos investimentos

DICIONÁRIO

Accruals – Termo em língua inglesa que abrange as receitas a receber e as despesas a pagar.

Balancete de verificação ajustado – Balancete obtido com os lançamentos de ajustes.

Contas permanentes – São as contas que não são encerradas ao final de cada período contábil. Também denominadas de contas patrimoniais.

Contas temporárias – Contas que são encerradas ao final de cada período contábil. São as contas de receitas e despesas ou contas de resultado.

Contraconta – Contas do ativo com saldo credor ou do passivo e do patrimônio líquido, com saldo devedor. O principal exemplo é a depreciação acumulada.

Deferrals – Termo em língua inglesa que corresponde à despesa diferida e receita diferida.

Depreciação – Processo de alocar o custo de um ativo para o resultado, como despesa, ao longo da sua vida útil.

Despesa a pagar – Despesa já incorrida, mas que ainda não foi paga.

Despesa diferida – Corresponde a despesa que já foi paga, mas que ainda não foi usada ou consumida. Também denominada de *Despesa antecipada*.

Encerramento das contas – Processo em que os saldos existentes nas contas temporárias são zerados. Ocorre ao final de cada exercício social.

Exercício social – Corresponde ao período contábil, geralmente com duração de um ano.

Gerenciamento de resultados – Escolhas contábeis de uma entidade que reduzem a qualidade da informação, geralmente melhorando o seu resultado.

Receita a receber – Receita que já foi considerada no resultado da entidade, mas que ainda não foi recebida.

Receita diferida – Receita em que já ocorreu a movimentação financeira, mas que ainda não foi gerada.

Reconhecimento da despesa – A despesa deve ser registrada no momento em que a receita o for. Em alguns casos, a despesa poderá ser reconhecida de maneira proporcional ou considerada no resultado de imediato.

Reconhecimento da receita – A receita deve ser registrada (reconhecida) no momento em que o serviço é realizado.

Regime de caixa – As transações são registradas quando da movimentação do caixa.

Regime de competência – As transações são registradas no momento em que ocorrem.

Registro de ajustes – Lançamentos realizados no final do período contábil, para expressar de maneira adequada a realidade da entidade.

Vida útil – Período de tempo estimado em que um ativo, geralmente imobilizado, irá ajudar a entidade na geração de receitas.

PROBLEMA DEMONSTRAÇÃO

O balancete de verificação da Israel Entregas encontra-se a seguir.

	Israel Entregas Balancete de Verificação 30 de novembro de 20X2	
	Débito	**Crédito**
Caixa e Equivalentes	60.000	
Valores a Receber	100.000	
Seguros Antecipados	35.000	
Terrenos	910.000	
Veículos	360.000	
Depreciação Acumulada		80.000
Fornecedores		170.000
Salários a Pagar		50.000
Receita Antecipada		130.000
Empréstimos		210.000
Capital Social		750.000
Lucros Acumulados		50.000
Receitas		390.000
Despesa de Salários	240.000	
Despesa de Seguros	70.000	
Despesa de Depreciação	40.000	
Despesa Financeira	15.000	
	1.830.000	1.830.000

Ao final do mês, serão necessários os seguintes ajustes:

a) O contrato de seguro foi assinado durante o ano de 20X2. O valor do contrato foi de R$ 120.000, por 12 meses. É necessário fazer o ajuste do mês de novembro.

b) Ainda não foi lançada a depreciação de novembro. Os veículos possuem vida útil de cinco anos.

c) Da receita antecipada, R$ 32.000 foram prestados em novembro.

d) O empréstimo está sujeito a juros de R$ 4.000, que serão incorporados ao principal.

e) A Israel possui um contrato de serviço com um cliente, em que, ao final do mês, é feito o acerto. Em novembro, a Israel prestou R$ 35.000 para esse cliente, que serão pagos no dia 12 de dezembro.

f) Os salários do mês correspondem a R$ 40 mil, que serão pagos em dezembro.

Pede-se:

a) Faça os lançamentos de ajustes no diário.
b) Transcreva para o balancete de verificação.
c) Apure a demonstração do resultado do exercício.
d) Apresente o balanço patrimonial.

Solução

Data	Conta	Débito	Crédito
30/11/20X2	Despesa de Seguros	10.000	
	Seguros Antecipados		10.000
30/11/20X2	Despesa de Depreciação	6.000	
	Depreciação Acumulada		6.000
30/11/20X2	Receita Antecipada	32.000	
	Receitas		32.000
30/11/20X2	Despesa Financeira	4.000	
	Empréstimo		4.000
30/11/20X2	Valores a Receber	35.000	
	Receitas		35.000
30/11/20X2	Despesa de Salários	40.000	
	Salários a Pagar		40.000

Israel Entregas

Balancete de Verificação

30 de novembro de 20X2

	Débito	Crédito	Débito	Crédito	Débito	Crédito
Caixa e Equivalentes	60.000				60.000	
Valores a Receber	100.000		35.000		135.000	
Seguros Antecipados	35.000			10.000	25.000	
Terrenos	910.000				910.000	
Veículos	360.000				360.000	
Depreciação Acumulada		80.000		6.000		86.000
Fornecedores		170.000				170.000
Salários a Pagar		50.000		40.000		90.000
Receita Antecipada		130.000	32.000			98.000
Empréstimos		210.000		4.000		214.000
Capital Social		750.000				750.000
Lucros Acumulados		50.000				50.000
Receitas		390.000		67.000		457.000
Despesa de Salários	240.000		40.000		280.000	
Despesa de Seguros	70.000		10.000		80.000	
Despesa de Depreciação	40.000		6.000		46.000	
Despesa Financeira	15.000		4.000		19.000	
	1.830.000	1.830.000	127.000	127.000	1.915.000	1.915.000

Israel Entregas
Demonstração do Resultado
Exercício findo em 30/11/20X2

Receitas	457.000
Despesa de Salários	(280.000)
Despesa de Seguros	(80.000)
Despesa de Depreciação	(46.000)
Despesa Financeira	(19.000)
Total das Despesas	(425.000)
Lucro Líquido	32.000

Israel Entregas
Balanço Patrimonial
Em 30/11/20X2

Caixa e Equivalentes	60.000	Fornecedores	170.000
Valores a Receber	135.000	Salários a Pagar	90.000
Seguros Antecipados	25.000	Receita Antecipada	98.000
Ativo Circulante	220.000	Empréstimos	214.000
Terrenos	910.000	**Passivo**	**572.000**
Veículos	360.000		
Depreciação Acumulada	(86.000)	Capital Social	750.000
Ativo Não Circulante	274.000	Lucros Acumulados	82.000
		Patrimônio Líquido	832.000
Ativo Total	**1.404.000**	**Passivo + PL**	**1.404.000**

QUESTÕES DE MÚLTIPLA ESCOLHA

1. Sobre as contas de receitas e despesas, é correto afirmar:
   a) Despesa representa a entrada de elementos para o ativo, sob a forma de dinheiro ou direitos a receber.
   b) As contas de receitas e despesas são denominadas de contas patrimoniais, sendo encerradas no final do período para a apuração do resultado.
   c) As contas de despesas só recebem lançamentos a crédito e as contas de receita só recebem lançamentos a débito.
   d) As contas de receitas e despesas são contas de resultado, também denominadas de contas temporárias, pois seus saldos são encerrados para apurar o resultado da entidade.

2. Sobre a apuração do resultado do período, é incorreto afirmar:
   a) Pelo confronto das receitas com as despesas é que se obtém o resultado do período, sendo que se as despesas do período forem maiores que as receitas, a empresa obteve um prejuízo.

b) O resultado exato de uma empresa somente pode ser obtido no final da vida útil dessa empresa, por meio da venda de todo o seu ativo e pagamento de suas dívidas e diminuindo-se o patrimônio líquido final do inicial.

c) O resultado do período é denominado de lucros acumulados, conta do patrimônio líquido.

d) As contas de resultado são abertas no início de cada novo ciclo contábil e encerradas ao final do período para apuração do resultado.

3. **Sobre o regime de competência, é incorreto afirmar:**

   a) As transações que afetam as demonstrações contábeis são registradas no período em que os eventos ocorreram.

   b) As receitas e as despesas são consideradas em função dos recebimentos ou pagamentos.

   c) Uma empresa quando presta serviço reconhece a receita, pois ocorre o fato gerador.

   d) As receitas são reconhecidas quando são ganhas, mesmo que não recebidas.

4. **Os ajustes são feitos para garantir que:**

   a) As despesas sejam reconhecidas no período em que elas ocorreram.

   b) As receitas sejam reconhecidas no período em que elas forem ganhas.

   c) As contas do balanço patrimonial e da demonstração do resultado apresentem um saldo correto no final do período contábil.

   d) Todas as alternativas estão corretas.

5. **O ajuste nas receitas diferidas:**

   a) Reduz o passivo e aumenta as receitas.

   b) Aumenta o passivo e aumenta as receitas.

   c) Aumenta o ativo e aumenta as receitas.

   d) Reduz as receitas e reduz o ativo.

6. **O reconhecimento de receitas a receber:**

   a) Reduz o ativo e aumenta o passivo.

   b) Aumenta o ativo e aumenta as receitas.

   c) Reduz o ativo e reduz as receitas.

   d) Reduz o passivo e aumenta as receitas.

7. **Qual das contas a seguir apresenta saldo "zero" após um ciclo contábil?**

   a) Receita de serviços.

   b) Materiais de consumo.

   c) Seguros antecipados.

   d) Depreciação acumulada.

8. **Que tipo de contas deve aparecer em um balancete após os ajustes?**

   a) Somente contas patrimoniais.

   b) Somente contas de resultado.

   c) Contas patrimoniais e de resultado.

   d) Contas de compensação.

9. **Que tipo de contas deve aparecer em um balancete após o encerramento?**

   a) Somente contas patrimoniais.

   b) Somente contas de resultado.

   c) Contas patrimoniais e de resultado.

   d) Contas de compensação.

10. **Não faz parte dos passos de um ciclo contábil:**

    a) Registrar as transações no diário e razonetes.

    b) Preparar o balancete após os ajustes.

    c) Fazer os registros de encerramento.

    d) Elaborar um papel de trabalho.

QUESTÕES PARA REVISÃO

1. Qual o objetivo de dividir o ciclo de vida de uma entidade em períodos?

2. De acordo com o regime de competência, quando será realizado o reconhecimento da receita? E conforme o regime de caixa?

3. Em qual momento a despesa será reconhecida, segundo o regime de caixa? E para o regime de competência?

4. Quais são os critérios utilizados para o reconhecimento da despesa? Cite exemplos.

5. Explique a diferença entre regime de caixa e regime de competência.
6. Qual a finalidade de se registrar ajustes?
7. Qual a diferença entre despesas diferidas e despesas a pagar?
8. Qual a diferença entre receitas diferidas e receitas a receber?
9. Quais são os critérios de reconhecimento das despesas diferidas? Cite exemplos.
10. O que significa vida útil de um ativo?
11. O que é depreciação? Como é feito o seu registro no balanço?
12. Qual a função do balancete de verificação ajustado?
13. Que contas são denominadas contas temporárias? Por que recebem essa denominação?
14. O que são contas permanentes? Quais contas recebem essa denominação?
15. Explique como acontece o processo de encerramento. Quando ele ocorre?
16. Quais são os passos de um ciclo contábil?

EXERCÍCIOS BREVES

EB 1. Em cada um dos eventos apresentados a seguir, informe se afeta caixa e lucro líquido. O primeiro está preenchido como exemplo:

	Caixa	Lucro
a) Compra de R$ 300 de material de escritório, em dinheiro	– R$ 300,00	R$ –
b) Lançamento de ajuste no valor de R$ 40, referente ao consumo do material de escritório		
c) Compra de veículos, no valor de R$ 30.000, sendo metade à vista		
d) Recebimento de clientes referente a serviço prestado no mês anterior no valor de R$ 3.000		
e) Prestação de serviço, com recebimento à vista, no valor de R$ 4.600		
f) Registro da depreciação do veículo, no valor de R$ 500		

EB 2. Para cada uma das situações, indique o tipo de ajuste e se na ausência do ajuste a conta estará subestimada ou superestimada:

a) O saldo da conta de estoques de material de consumo era de R$ 6.700. O levantamento do inventário mostrou um valor de R$ 3.450.

b) Prestação de serviço a prazo realizado para um cliente, no valor de R$ 5.600, cujo acerto ocorre no final do mês.

c) A empresa recebeu R$ 17.000 antecipadamente. No mês foram prestados R$ 1.700 do contrato previsto.

d) Os salários dos funcionários eram de R$ 3.100, que serão pagos no segundo dia útil do mês seguinte.

EB 3. O saldo existente na conta Estoques de uma empresa era de R$ 45.000. Um levantamento físico das mercadorias mostrou a existência de R$ 34.000. Faça o lançamento de ajuste, usando os razonetes e o diário.

EB 4. Ao final do primeiro ano de existência, a Lobo Mau Fantasias preparou um balancete de verificação mostrando computadores no valor de R$ 3.500 e depreciação acumulada igual a zero. A depreciação do ano foi de R$ 700. Prepare o lançamento da depreciação. Indique como será a apresentação no balanço patrimonial da entidade.

EB 5. Durante o exercício de 20X0, a empresa Abraço teve receita de R$ 40.000. No início do exercício existiam R$ 10.000 de valores a receber; ao final de 20X0 esse valor era de R$ 15.000. Quanto a empresa Abraço recebeu dos seus clientes em 20X0?

EB 6. No dia 1º de maio de 20X5, a Foucalt Ltda. pagou para a Save Seguros R$ 24.000 por um contrato de seguros de dois anos. A empresa tem um exercício social findo em 31 de dezembro. Mostre o lançamento no início de maio e o ajuste que será realizado no final de dezembro na Foucalt Ltda.

EB 7. Usando os dados do exercício anterior, mostre como seria o registro na Save Seguros. Utilize as contas de Receita Antecipada e Receita de Serviço.

EB 8. O contador da Tember deve preparar os seguintes ajustes no final do ano:

1. Despesas financeiras do empréstimo, no valor de R$ 400.
2. Receita de serviço prestada, ainda não contabilizada, no valor de R$ 3.000.
3. Salários dos empregados, que serão pagos no dia 3 de janeiro, de R$ 5.000.

Ajude o contador, usando as seguintes contas: Despesa de Salários; Despesas Financeiras; Empréstimos; Receita de Serviço; Salários a Pagar; e Valores a Receber.

EB 9. O plano de contas para as empresas de pequeno porte foi apresentado no anexo do Capítulo 3. Usando aquelas contas, indique pelo menos uma conta onde deverá ocorrer um dos ajustes estudado (receita a receber, despesa a pagar, receita diferida e despesa diferida).

EB 10. João da Silva trabalha na MF Cosméticos e recebe R$ 1.300. O seu salário é depositado pela empresa no dia 2 do mês seguinte. Mas a empresa permite que o funcionário possa receber até 20% do salário adiantado, sob a forma de um "vale". Durante o mês de abril, João pegou no dia 4 de abril um vale de R$ 250. Como seria o lançamento contábil no dia 4 de abril na contabilidade da empresa? E no dia 30 de abril?

EB 11. O balancete de verificação da Kleist Ltda. apresentava os seguintes saldos: Caixa = R$ 32.700; Seguros Antecipados = R$ 5.700; Computador = R$ 23.000; Depreciação Acumulada = R$ 4.600; Salários a Pagar = R$ 3.000; Capital = R$ 27.000; Lucros Acumulados = R$ 2.100; Receita de Serviços = R$ 70.000; Despesa de Salários = R$ 36.000; Despesa de Seguros = R$ 7.000; Despesa de Depreciação = R$ 2.300. Prepare a demonstração do resultado do exercício do ano da empresa.

EB 12. Com base nos dados da Kleist, apresentados no EB 11, prepare a demonstração das mutações do patrimônio líquido. Suponha que a única movimentação foi a apuração do resultado do exercício.

EB 13. Uma empresa comprou móveis e utensílios no primeiro dia de maio de 20X9 no valor de R$ 24.000. A empresa estimou que esse ativo teria uma vida útil de dez anos. Ao final de dezembro de 20X9, quando estivesse sendo realizado o ajuste, qual seria o valor da depreciação?

EB 14. Exercites Academia de Ginástica apurou um saldo nas contas transitórias de despesas de R$ 36.000. O saldo da receita foi de R$ 34.000. Esses valores eram antes dos ajustes. O lançamento dos ajustes adicionou R$ 2.400 no saldo devedor das contas transitórias de despesas e não houve nenhum ajuste para a receita. Qual o valor do resultado da empresa após o ajuste?

EB 15. A demonstração do resultado da Delimita apresentava uma receita de serviço de R$ 59.000 e as seguintes despesas: de salários = R$ 25.000; de seguros = R$ 2.000; de depreciação = R$ 16.000; e financeiras = R$ 3.000. Faça os lançamentos de encerramento. Supondo que o saldo de lucros acumulados inicial era de R$ 4.500, devedor, qual o saldo após o encerramento?

PROBLEMAS

PB 1. A Salvar Amigos do Bairro fez a sua contabilidade com base no regime de caixa durante do ano de 20X4, apurando um resultado de R$ 32.000. A diferença para o regime de competência nessa entidade encontra-se em receitas que não foram recebidas, em estoques adquiridos e não consumidos, nos salários que serão pagos no próximo exercício e no reconhecimento de receita antecipada prestada no período. Os dados encontram-se a seguir:

	31/12/20X4	31/12/20X3
Valores a Receber	7.000	4.000
Estoques	23.000	21.500
Salários a Pagar	4.500	5.400
Receita Antecipada	45.000	60.000

Pede-se:
Determine o lucro da entidade pelo regime de competência.

PB 2. No primeiro ano de operação, a Credifácil produziu uma receita de serviço de R$ 120.000, sendo que R$ 15.000 ainda não foram recebidos no final do período. As despesas operacionais da entidade foram de R$ 98.000, sendo R$ 86.000 pagos em dinheiro no exercício e o restante será pago no próximo ano. Além disso, a empresa fez um contrato de seguro, com duração de 24 meses, sendo transcorridos 12 meses. O valor pago pelo seguro foi de R$ 4.800.

Pede-se:
a) Determine o resultado do primeiro ano com base no regime de caixa.
b) Calcule o resultado usando o regime de competência.
c) Qual a informação mais útil para o usuário da informação?

PB 3. A Silentec, uma loja de videogames, abriu no mês de fevereiro de 20X1. A seguir, encontra-se o razonete da conta caixa da Silentec:

	Caixa		
Integralização	70.000		
		32.000	Compra de terreno
		2.400	Aluguel do mês
Receita à vista	3.400		
		1.800	Energia
Receita à vista	4.500		
		900	Propaganda

Além desses eventos, a Silentec terá que pagar aos seus funcionários R$ 2.900 no quinto dia útil de março e deverá receber R$ 900 de receitas a prazo.

Pede-se:

a) Prepare a demonstração do resultado da Silentec usando o regime de competência.
b) Prepare o balanço patrimonial para final de fevereiro.

PB 4. Uma empresa comercial registrou os seguintes recebimentos e pagamentos:

1. Recebimento em janeiro, por serviços que serão prestados em fevereiro = R$ 500.
2. Recebimento em janeiro, por serviços prestados em janeiro = R$ 2.000.
3. Recebimento em fevereiro, por serviços prestados em janeiro = R$ 5.300.
4. Recebimento em janeiro, por serviços prestados em dezembro = R$ 2.700.
5. Recebimento em dezembro, por serviços prestados em janeiro = R$ 1.700.
6. Pagamento em janeiro por despesas ocorridas em janeiro = R$ 790.
7. Pagamento em fevereiro por despesas ocorridas em janeiro = R$ 1.300.
8. Pagamento em janeiro por despesas ocorridas em fevereiro = R$ 4.550.
9. Pagamento em janeiro por despesas ocorridas em dezembro = R$ 2.300.
10. Pagamento em dezembro por despesas ocorridas em janeiro = R$ 2.150.

Pede-se:

Apure os resultados do período com base no regime de caixa e de competência, em janeiro de 20X1.

PB 5. A Cia. Ami apresentava, no seu balancete antes de ajustes, as seguintes contas:

	Débito	Crédito
Estoques	55.300	
Seguros Antecipados	11.000	
Máquinas	272.000	
Depreciação Acumulada		81.600
Empréstimo		136.000
Receita Antecipada		5.100
Receita de Aluguel		204.000
Despesa Financeira	6.800	
Despesa de Salários	81.600	
	426.700	426.700

A análise mostra o seguinte:

1. A depreciação das máquinas é de R$ 2.300.
2. O contrato de seguros terá a duração de 20 meses, iniciando neste mês.
3. O empréstimo tem juros de R$ 1.360.
4. Da receita antecipada, R$ 2.100 foram prestados no mês.
5. Salários do mês, que serão pagos no início do próximo mês = R$ 6.800.

Pede-se:

Prepare os ajustes do mês. As contas adicionais são: despesa de depreciação, despesa de seguros e salários a pagar.

PB 6. O MedMais é uma clínica que começou a operar em outubro de 20X7. Durante o primeiro mês, as seguintes transações ocorreram:

1. Atendimentos foram realizados para planos de saúde, mas ainda não recebidos.
2. Despesa de energia elétrica foi incorrida, mas ainda não paga no mês.
3. Os equipamentos do consultório foram adquiridos no início do mês. É necessário reconhecer a depreciação desses equipamentos.
4. Aquisição de seguro para a empresa, à vista, com duração de um ano, a contar do início de outubro de 20X7.
5. Ao final do mês, constatou-se que parte do material de consumo adquirida já foi utilizada no atendimento aos clientes.

Pede-se:

Faça os lançamentos contábeis. Utilize as seguintes contas: Depreciação Acumulada de Equipamentos; Despesa de Depreciação; Despesa de Energia Elétrica; Despesa de Material de Consumo; Despesa de Seguros; Energia Elétrica a Pagar; Material de Consumo; Planos de Saúde a Receber; Receita de Serviços; e Seguros Antecipados. Não é necessário considerar os valores no seu lançamento.

PB 7. A Saúde Loterias apresentava, em março de 20X9, o seguinte balancete de verificação antes dos ajustes:

	Débito	Crédito
Caixa e Equivalentes	10.000	
Contas a Receber	27.000	
Material de Consumo	14.000	
Seguros Antecipados	4.000	
Terrenos	91.000	
Máquinas	77.000	
Depreciação Acumulada		45.000
Fornecedores		26.000
Salários a Pagar		–
Empréstimos		39.000
Receita Antecipada		7.000
Capital Social		100.000
Lucros Acumulados		17.200
Receita de Serviços		89.000
Despesa de Material	17.000	
Despesa de Seguros	5.000	
Despesas de Salários	75.000	
Despesa de Depreciação	1.200	
Despesas Financeiras	2.000	
Total	323.200	323.200

Os ajustes necessários são os seguintes:

1. Serviços prestados para terceiros, durante o mês, ainda não contabilizados = R$ 6.000.
2. Um levantamento físico do estoque de material de consumo constatou a existência de R$ 12.000.
3. O contrato de seguros, no valor de R$ 9.000, tem a duração de 18 meses. Falta reconhecer a despesa de seguros do mês, no valor de R$ 500.
4. A depreciação mensal das máquinas é de R$ 600.
5. Salários do mês, que serão pagos no dia 3 de abril = R$ 30.000.
6. Despesas financeiras do mês = R$ 1.000.
7. R$ 3.000 de receita antecipada foram prestadas no período.

Pede-se:

Faça os lançamentos de ajustes e apure o balancete de verificação após os ajustes.

PB8. O lucro da empresa Gnusmag de junho de 20X0 foi de R$ 4.000. Esse valor decorre de uma receita de serviço de R$ 30 mil, despesas de salários de R$ 18 mil, despesas de material de R$ 3 mil e despesa de Internet de R$ 5.000. O auditor descobriu o seguinte:

1. Os seguros do mês, no valor de R$ 500, foram omitidos.
2. A contagem física do estoque estava errada. O valor correto irá reduzir a despesa em R$ 1.000.
3. A depreciação dos ativos, de R$ 2.000, foi omitida.
4. Receita gerada, mas não recebida, de R$ 4.000, não foi considerada.

Pede-se:

Apure a nova demonstração do resultado do exercício.

PB 9. A SOS Segurança começou a funcionar no mês de junho de 20X1. O balancete de verificação da empresa no final do mês era o seguinte:

	Débito	Crédito
Caixa	3.000	
Contas a Receber	3.500	
Estoques	1.000	
Seguros Antecipados	1.400	
Equipamentos	7.000	
Fornecedores		2.100
Receita Diferida		2.600
Capital Social		10.000
Receita de Serviço		4.100
Despesa Gerais	2.000	
Despesa de Aluguel	900	
	18.800	18.800

Dados adicionais para ajuste:

1. O estoque existente em 30 de junho era de R$ 600.
2. A conta de energia elétrica, de R$ 200, não foi considerada, tendo vencimento em 4 de julho.
3. O contrato de seguros é de dez meses, a partir do dia 1º de junho.
4. Da receita diferida, R$ 1.600 já foram prestados até o encerramento de junho.
5. Os salários do mês, de R$ 1.900, serão pagos no início de julho.
6. Os equipamentos possuem vida útil de 100 meses.
7. Uma série de serviços foram prestados durante o mês, e que ainda não foram considerados no balancete, no valor de R$ 1.400.

Considere as seguintes contas adicionais: Depreciação Acumulada Equipamentos; Despesa de Depreciação; Despesa de Energia; Despesa de Estoques; Despesa de Salários; Despesa de Seguros; Energia Elétrica a Pagar; e Salários a Pagar.

Pede-se:

a) Prepare os lançamentos de ajustes para o mês de junho.
b) Transcreva os lançamentos para os razonetes. Considere o valor existente no balancete como saldo inicial.
c) Prepare o balancete de verificação para junho.

PB 10. Considere os seguintes lançamentos realizados nos razonetes da Cia. Walker:

Estoques		Valores a Receber		Depreciação Acumulada	
10.100	1.900	8.700			1.000
		1.200			

Salários a Pagar		Receita de Serviço		Despesa de Estoques	
	4.100		14.000	1.900	
			1.200		

Despesa de Depreciação		Despesa de Salários	
1.000		4.100	

Pede-se:

a) Faça os lançamentos no diário da Cia. Walker.
b) Apure a influência sobre o lucro da entidade se esses lançamentos de ajustes não tivessem sido feitos.

PB 11. A Leoro Estacionamentos apresentou, no final de agosto, o balancete de verificação, sem e com ajustes:

	Antes do Ajuste		Depois do Ajuste	
	Débito	Crédito	Débito	Crédito
Caixa	31.000		31.000	
Valores a Receber	24.600		25.800	
Material de Consumo	7.500		3.200	
Seguros Antecipados	12.000		11.000	
Máquinas	48.000		48.000	
Depreciação Acumulada		10.800		11.700
Salários a Pagar		–		3.200
Empréstimos		17.200		18.000
Receita Diferida		16.500		10.000
Capital Social		80.000		80.000
Lucro Acumulado		3.300		3.300
Receita de Aluguel		36.300		44.000
Despesa de Salários	20.000		23.200	
Despesa de Material			4.300	
Despesa de Seguros			1.000	
Despesa de Depreciação	21.000		21.900	
Despesa Financeira			800	
	164.100	164.100	170.200	170.200

Pede-se:

Faça os lançamentos de ajustes da Leoro.

PB 12. Calor e Frio Ltda. apresentou o seguinte balancete de verificação, antes e depois dos ajustes:

	Balancete		Ajustes		Balancete após Ajustes	
	Débito	Crédito	Débito	Crédito	Débito	Crédito
Bancos	40.000				40.000	
Valores a Receber	115.000		18.000		133.000	
Material de Escritório	42.000			8.000	34.000	
Seguros Antecipados	12.000			2.000	10.000	
Terrenos	364.000				364.000	
Computadores	230.000				230.000	
Depreciação Acumulada		81.000		2.400		83.400
Fornecedores		94.000				94.000
Salários a Pagar		–		120.000		120.000
Empréstimos		96.000		4.400		100.400
Receita Antecipada		24.000	12.000			12.000
Capital Social		400.000				400.000
Lucros Acumulados		11.800				11.800
Receita de Serviços		357.000		30.000		387.000
Despesa de Material	68.000		8.000		76.000	
Despesa de Seguros	20.000		2.000		22.000	
Despesas de Salários	160.000		120.000		280.000	
Despesa de Depreciação	4.800		2.400		7.200	
Despesas Financeiras	8.000		4.400		12.400	
Total	1.063.800	1.063.800	166.800	166.800	1.208.600	1.208.600

Pede-se:

Prepare a demonstração do resultado, a demonstração das mutações do patrimônio líquido e o balanço patrimonial da empresa.

PB 13. A Viagem Hotel começou a operar em novembro de 20X8. O balancete de verificação antes dos ajustes do primeiro mês de funcionamento encontra-se a seguir:

Viagem Hotel Balancete de Verificação 30 de novembro		
	Débito	Crédito
Caixa e Equivalentes	5.000	
Seguros Antecipados	3.600	
Material de Consumo	5.200	
Terrenos	30.000	
Edifícios	140.000	
Equipamentos	33.600	
Fornecedores		9.400
Receita Antecipada		6.600
Empréstimos		72.000
Capital Social		120.000
Receita de Serviço		18.000
Despesa de Salários	6.000	
Despesa de Utilidades	1.600	
Despesa de Propaganda	1.000	
	226.000	226.000

Informações adicionais:

1. Os seguros são levados a resultado num valor de R$ 900 por mês.
2. O levantamento físico do material de consumo mostrou um valor de R$ 2.100.
3. Depreciação mensal de R$ 600 para edifícios e de R$ 500 para equipamentos.
4. O empréstimo possui uma taxa de juros de 1% ao mês.
5. Da receita antecipada, R$ 5.000 foram realizadas no mês.
6. Existem salários de R$ 1.800 do mês, que serão pagos no mês de dezembro.

Pede-se:

a) Faça os lançamentos de ajustes nos diários.
b) Transfira os lançamentos para os razonetes.
c) Faça o balancete de verificação após ajuste.
d) Prepare a demonstração do resultado do exercício, das mutações do patrimônio líquido e o balanço patrimonial.
e) Indique quais as contas que devem ser encerradas no final do mês.

PB 14. A Sol e Vento apresentava o seguinte balancete de verificação, antes e depois dos ajustes:

	Antes dos Ajustes		Depois dos Ajustes	
Bancos	3.200		3.200	
Valores a Receber	200		900	
Aluguel Antecipado	900		450	
Estoques	600		250	
Computadores	7.000		7.000	
Depreciação Acumulada				210
Empréstimos		2.400		2.460
Salários a Pagar				840
Receita Antecipada		1.100		550
Capital Social		6.000		6.000
Lucros Acumulados				
Receita de Serviço		6.800		8.050
Receita de Aluguel		400		400
Despesa de Salários	4.000		4.840	
Despesa de Aluguel	500		950	
Despesa de Depreciação			210	
Despesa de Estoques			350	
Despesas Diversas	300		300	
Despesa Financeira			60	
	16.700	16.700	18.510	18.510

Pede-se:

a) Faça os lançamentos de ajustes no diário.
b) Prepare as demonstrações contábeis da entidade.
c) Identifique quais as contas que deverão ser encerradas.

PB 15. A empresa James Jacques apresentou a seguinte demonstração do resultado para o primeiro trimestre de 20X7:

Receita de Serviço		40.000
Despesas Operacionais		
Propaganda	4.500	
Salários	19.000	
Energia e Internet	1.300	
Depreciação	3.900	
Manutenção	700	29.400
Lucro Líquido		10.600

Uma investigação realizada por um auditor constatou os seguintes aspectos:

1. Da receita de serviço, R$ 3.000 são valores que a entidade recebeu para prestar serviços no segundo semestre.
2. A entidade prestou serviço para clientes que serão recebidos no início do próximo trimestre. O valor desse serviço, de R$ 6.100, não foi registrado.
3. Foi assinado um contrato anual de seguro, no valor de R$ 6.000, válido a partir de janeiro de 20X7. Na data da assinatura do contrato, o mesmo foi reconhecido no ativo da entidade. Falta o registro do ajuste.
4. O salário de março, no valor de R$ 9.000, será pago no dia 3 de abril e ainda não foi registrado.
5. No início de março a entidade tomou R$ 20.000 emprestados de uma instituição financeira. Esse montante irá trazer uma despesa financeira mensal de R$ 400, que será pago no início do mês seguinte.
6. O imposto sobre o lucro da empresa, no valor de R$ 1.300, não foi registrado.

Pede-se:

a) Prepare os lançamentos corrigindo os aspectos que não foram considerados na demonstração do resultado.
b) Apresente a nova demonstração do resultado do exercício.

PB 16. A Multilaser apresentava o seguinte balanço patrimonial no dia 30 de novembro de 20X0:

Caixa	5.000	Fornecedores	4.600
Valores a Receber	5.800	Salários a Pagar	1.200
Estoques	2.400	Receita Antecipada	900
Computadores	20.000		
Deprec. Acum.	(1.000)	Capital Social	22.000
		Lucros Acumulados	3.500
Ativo	32.200	Passivo + PL	32.200

Durante o mês de dezembro, ocorreram as seguintes transações:

2/12 – Pagamento do salário dos empregados de novembro.
3/12 – Receita à vista no valor de R$ 4.000.
5/12 – Recebimento de receita de serviço prestado em novembro, de R$ 2.800.
9/12 – Compra de um computador, no valor de R$ 3.000, à vista.
10/12 – Compra de estoques, de R$ 1.100, a prazo.
16/12 – Prestação de serviço, sendo R$ 2.000 à vista e R$ 2.000 a prazo.
18/12 – Pagamento do aluguel do mês, de R$ 700.
19/12 – Pagamento da conta de energia, no valor de R$ 200.
26/12 – Prestação de serviço à vista, de R$ 1.400.
26/12 – Pagamento de fornecedor de R$ 1.600.
30/12 – Recebimento de R$ 1.300 para prestar serviço no mês de janeiro.

Dados para ajustes:

1. Estoque existente no final de dezembro = R$ 1.900.
2. Salários do mês, que serão pagos em janeiro = R$ 1.750.
3. Depreciação dos computadores = R$ 370.
4. Da receita antecipada, R$ 550 já foram prestados no mês.

Pede-se:

a) Faça os registros dos eventos de dezembro, usando o diário.
b) Transporte os registros para o razonete.
c) Faça o balancete de verificação antes dos ajustes.
d) Faça os lançamentos dos ajustes, no diário e no razonete.
e) Prepare o balancete de verificação após os ajustes.
f) Elabore as demonstrações contábeis.

PB 17. A Drive Aluguel foi criada em janeiro de 20X9. Durante esse mês, ocorreram as seguintes transações:

2/1 – Constituição da empresa, com capital de R$ 36 mil em dinheiro.
3/1 – Compra de equipamentos, pagando R$ 27 mil em dinheiro.
6/1 – Compra de material de limpeza, a prazo, no valor de R$ 1.800.
6/1 – Pagamento de uma apólice de seguro, de um ano, com validade a partir de janeiro, no valor de R$ 5.400.
13/1 – Recebimento de R$ 11.100 por serviço prestado.
15/1 – Pagamento da despesa de energia e água = R$ 3.000.
16/1 – Prestação de serviço a prazo no valor de R$ 4.600.
20/1 – Pagamento de despesa de manutenção do equipamento = R$ 1.200.
22/1 – Recebimento de R$ 2.000 do serviço prestado no dia 16.
27/1 – Pagamento do pró-labore do gestor e proprietário da empresa = R$ 2.300.

O plano de contas da empresa era o seguinte: Caixa, Valores a Receber, Estoques, Seguros Antecipados, Equipamentos, Depreciação Acumulada, Fornecedores, Salários a Pagar, Receita Antecipada, Capital Social, Lucros e Prejuízos Acumulados, Receita de Serviço, Despesa de Salários, Despesa de Estoques, Despesa de Seguros, Despesa de Energia e Água, Despesa de Depreciação e Despesa de Pró-labore.

Pede-se:

a) Faça os lançamentos no diário.
b) Faça os lançamentos nos razonetes.
c) Prepare o balancete de verificação.
d) Faça os seguintes ajustes: (1) estoque de material de limpeza existente no final de janeiro – R$ 1.200; (2) depreciação de equipamentos do mês = R$ 100; (3) seguros do mês = R$ 450; (4) salários do mês, que serão pagos em fevereiro = R$ 4.500; (5) receita auferida no mês, ainda não contabilizada e não recebida = R$ 4.000.
e) Apure o balancete de verificação com ajustes.
f) Faça os lançamentos de encerramento de resultado das contas transitórias.
g) Prepare as demonstrações contábeis.

GABARITO

Questões de múltipla escolha

1. D; 2. C; 3. B; 4. D; 5. A; 6. B; 7. A; 8. C; 9. A; 10. D.

Exercícios breves

EB 1 – R$ 0 e R$ 40; – R$ 15.000 e R$ 0; R$ 3.000 e R$ 0; R$ 4.600 e R$ 4.600; R$ 0 e - R$ 500;

EB 2 – **a.** Despesa Diferida, superestima Estoques; **b.** Receita a Receber, subestima valores a receber; **c.** Receita Antecipada; superestima passivo; **d.** salários a pagar, subestima passivo;

EB 3 – D: Despesa de Estoque e C: Estoque (Ativo) no valor de R$ 11.000;

EB 4 – D: Despesa de Depreciação e C: Depreciação Acumulada;

EB 5 – R$ 35.000;

EB 6 – D: Seguros Antecipados e C: Caixa, em R$ 24.000. No final de dezembro, D: Despesa de Seguros e C: Seguros Antecipados, no valor de R$ 8.000;

EB 7 – Início de maio: D: Caixa e C: Receita Antecipada. No final de dezembro: D: Receita Antecipada e C: Receita de Serviço;

EB 8 – D: Despesas Financeiras e C: Empréstimos; D: Valores a Receber e C: Receita de Serviços; D: Despesa de Salários e C: Salários a Pagar;

EB 10 – D: Adiantamento e C: Caixa, no valor de R$ 250. No dia 30 de abril, D: Despesa de Salário, no valor de R$ 1.300; C: Salários a Pagar R$ 1.050 e Adiantamento, em R$ 250;

EB 11 – R$ 24.700;

EB 13 – R$ 1.600;

EB 14 – Prejuízo de R$ 4.400;

EB 15 – R$ 8.500, credor.

Problemas

PB 1 – R$ 52.400;

PB 2 – R$ 14.200 e R$ 19.600;

PB 3 – Lucro = R$ 800 e Ativo = R$ 73.700;

PB 4 – Regime caixa: (R$ 2.440); competência: R$ 4.760;

PB 7 – Total dos débitos de ajustes = R$ 43.100;

PB 8 – Lucro = R$ 6.500;

PB 9 – Saldo do balancete = R$ 22.370;

PB 10 – O lucro seria R$ 5.800 maior;

PB 12 – Prejuízo de R$ 10.600; Ativo Total = R$ 727.600;

PB 13 – Lucro = R$ 6.780; Ativo = R$ 212.300;

PB 14 – Lucro = R$ 1.740; Ativo = R$ 11.590;

PB 15 – Lucro = R$ 1.500;

PB 16 – Lucro = R$ 5.330; Ativo = R$ 38.330;

PB 17 – Lucro = R$ 7.550; Ativo = R$ 49.850.

5

OPERAÇÕES COM MERCADORIAS

Iniciando a conversa

O tema deste capítulo são os estoques. Este tema não interessa somente à contabilidade. É muito comum que o governo acompanhe de perto a quantidade de estoques existente nas empresas. É também um importante indicador sobre o comportamento da economia. Quando uma empresa compra mercadorias, existe uma expectativa de que serão revendidas. Quando a empresa comercial não consegue vender aquilo que compra, aumenta a quantidade de mercadorias nos depósitos. Consequentemente, no próximo pedido, a quantidade solicitada poderá ser menor.

Quando se analisa o conjunto de todas as empresas, o estoque que fica encalhado é uma péssima notícia. Isso pode significar uma redução na atividade econômica, com influência sobre a produção industrial e o emprego. Já quando as empresas vendem mais do que esperam, podem melhorar o desempenho da economia. Mais ainda: quando as empresas comerciais desconfiam que vá existir um aumento nas vendas nos próximos meses, elas compram mais de seus fornecedores. Estes, por sua vez, aumentam as encomendas para a indústria e os importadores. Assim, os governos acompanham a quantidade de estoques para antecipar ou comprovar o desempenho da economia.

Objetivos do capítulo:

(1) Identificar as diferenças entre uma empresa comercial e uma prestadora de serviços
(2) Explicar o reconhecimento de compras sob um sistema de inventário permanente
(3) Explicar o reconhecimento das receitas de vendas sob um sistema de inventário permanente
(4) Distinguir uma demonstração de resultado simplificada de uma detalhada
(5) Determinar o custo das mercadorias vendidas utilizando o inventário periódico
(6) Explicar os fatores que afetam a lucratividade das empresas

Nos capítulos anteriores, mostramos como registrar receitas e despesas em empresas prestadoras de serviços. Mostramos ainda como o regime de competência impacta a posição econômico-financeira das entidades. A grande diferença entre uma empresa que presta serviço e uma comercial é a conta de estoques. Este é o tema deste capítulo e do próximo.

Neste capítulo, vamos estudar como as empresas comerciais registram suas operações com mercadorias: quais os critérios de reconhecimento do custo das mercadorias vendidas. Em outras palavras, estamos interessados em determinar o valor de estoques, conta do balanço patrimonial, e do custo das mercadorias vendidas, da demonstração do resultado.

Novamente, graças aos modernos sistemas computadorizados, que realizam com bastante tempestividade os registros das entradas e saídas de produtos, há maior rapidez na geração dessas informações. Esses sistemas também auxiliam no processo de controle dos estoques de mercadorias das empresas.

Prática

Os estoques estão presentes em todos os tipos de entidades, inclusive estatais, organizações não governamentais e prestadoras de serviços. Mas é nas empresas comerciais que os estoques são fundamentais. Por esse motivo, este capítulo foca os exemplos nesse tipo de entidade.

Operações com mercadorias

Objetivo (1) → Identificar as diferenças entre uma empresa comercial e uma prestadora de serviços

As empresas comerciais possuem como principal fonte de receitas a venda de mercadorias. Isso difere das empresas prestadoras de serviços, cuja atividade operacional é a prestação de serviços. Os supermercados e as farmácias são exemplos de empresas comerciais. Como suas receitas advêm da venda de mercadorias, a principal receita dessas empresas é a **receita de vendas**. Já as despesas podem ser divididas em **custo das mercadorias vendidas** e **despesas operacionais**.

O custo das mercadorias vendidas é o valor total dos custos dos produtos que foram vendidos durante um período de tempo. Essa despesa está diretamente relacionada ao reconhecimento da venda das mercadorias. O processo de geração do lucro nas empresas comerciais é apresentado na Ilustração 5.1. É importante salientar que, em geral, o custo das mercadorias vendidas não aparece na demonstração do resultado das empresas prestadoras de serviços.

Ilustração 5.1 – Processo de geração do lucro nas empresas comerciais

RECEITA DE VENDAS **MENOS** CUSTO DAS MERCADORIAS VENDIDAS **IGUAL** LUCRO BRUTO **MENOS** DESPESAS OPERACIONAIS **IGUAL** LUCRO (PREJUÍZO) LÍQUIDO

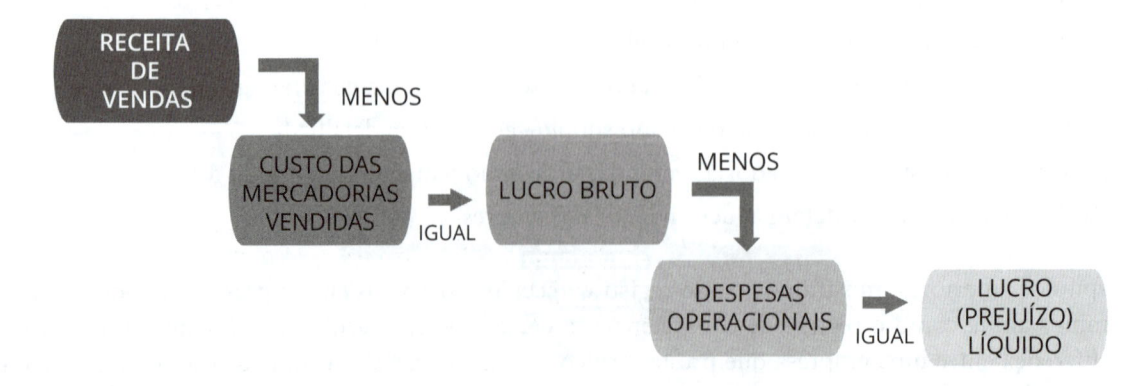

Prática

Empresas comerciais que compram mercadorias e as vendem diretamente aos consumidores são denominadas de empresas varejistas. Já aquelas que vendem para as empresas varejistas são chamadas de empresas atacadistas.

CICLO OPERACIONAL

O ciclo operacional das empresas comerciais é geralmente maior que o das prestadoras de serviços, em virtude da adição da conta de estoque de mercadorias ao ciclo, como podemos observar na Ilustração 5.2.

Ilustração 5.2 – Ciclo operacional das empresas prestadoras de serviços e comerciais

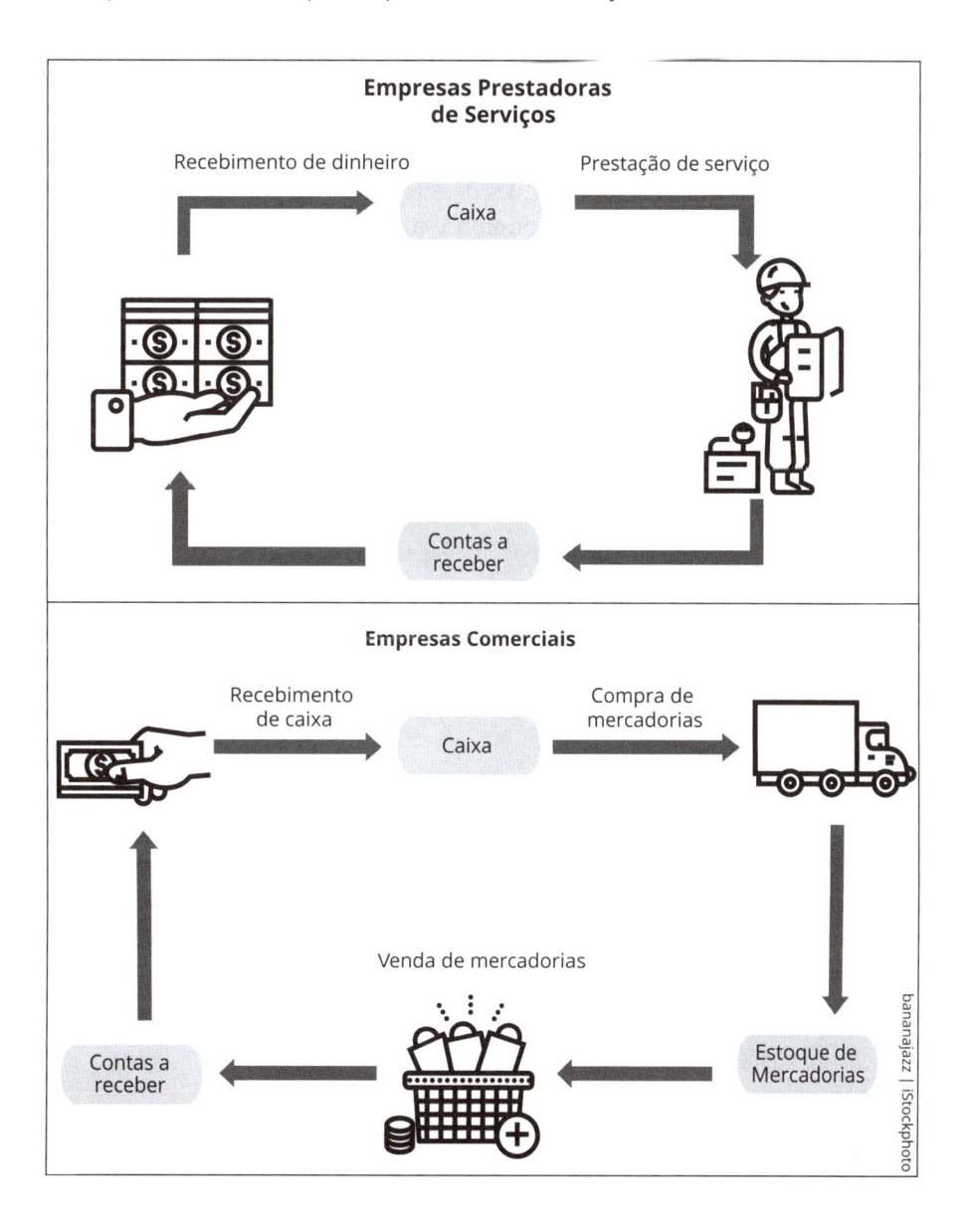

Nas empresas prestadoras de serviços, podemos observar que o ciclo se resume à prestação de serviços e ao seu prazo de recebimento, que poderá ser à vista ou a prazo. No caso do comércio, o ciclo operacional inicia-se com a compra de mercadorias, segue com o prazo que se leva para vendê-las e o prazo que se concede para o recebimento da venda.

SISTEMAS DE INVENTÁRIO

Uma empresa comercial deve ter um controle sobre as mercadorias que possui em estoque, de modo que saiba o que foi vendido e se ainda possui mercadorias disponíveis para a venda. Esse controle é feito por meio dos inventários de estoques. Existem dois tipos de sistemas de inventários utilizados pela contabilidade: o **inventário permanente** e o **inventário periódico**.

Inventário permanente

O inventário permanente apresenta em detalhes informações do custo das compras e vendas de mercadorias de uma empresa. Esse controle é feito a cada movimentação de mercadoria e, por isso, recebe essa denominação. Significa que a cada nova compra ou nova venda as informações devem ser registradas em uma ficha de controle de estoques. Dessa forma, o **custo das mercadorias vendidas é determinado sempre que uma venda for realizada**. Utilizando esse inventário, cada produto é controlado individualmente, de modo que se uma empresa possuir 150 tipos de produtos diferentes terá 150 fichas de controles de estoques. E, mais importante, a qualquer momento é possível ter informação sobre os estoques existentes na empresa. Atualmente, com a adoção de tecnologias de controles nas empresas, este sistema tornou-se mais usado, embora o custo da informação seja mais elevado. Por isso, em geral, esse sistema é usado nas empresas de maior porte, onde é possível fazer a identificação de cada estoque rapidamente ou nas situações em que o custo unitário do estoque é elevado. Uma empresa que vende automóveis, por exemplo, deverá usar o inventário permanente em razão do alto valor dos estoques unitários.

Prática

Em geral, no inventário permanente a empresa teria condições de saber a quantidade de mercadoria a qualquer momento. Assim, quando uma mercadoria é vendida, o lançamento contábil daria baixa nos estoques da empresa. Mas como existe a possibilidade de erros, as empresas costumam fazer levantamentos físicos de estoques também no inventário permanente, para corrigir os estoques existentes na empresa.

Inventário periódico

No inventário periódico, as empresas não possuem detalhes de seus estoques ao longo de um período, mas somente **no final de um período**, quando é realizada uma **contagem física** dos estoques. Apenas nesse momento é que a empresa consegue obter a informação do custo das mercadorias vendidas. Para determinar o custo das mercadorias vendidas em um sistema de inventário periódico, utiliza-se a seguinte equação:

Ilustração 5.3 – Equação do custo da mercadoria vendida

$$\text{Custo da Mercadoria Vendida} = \text{Estoque Inicial} + \text{Compras} - \text{Estoque Final}$$

De acordo com a Ilustração 5.3, observamos que as empresas devem adotar os seguintes passos: 1. determinar o valor do custo de aquisição das mercadorias no início do período (estoque inicial); 2. adicionar o valor das compras realizadas no período; e 3. subtrair o valor das mercadorias no final do período (estoque final).

Ilustração 5.4 – Diferenças entre os inventários permanente e periódico

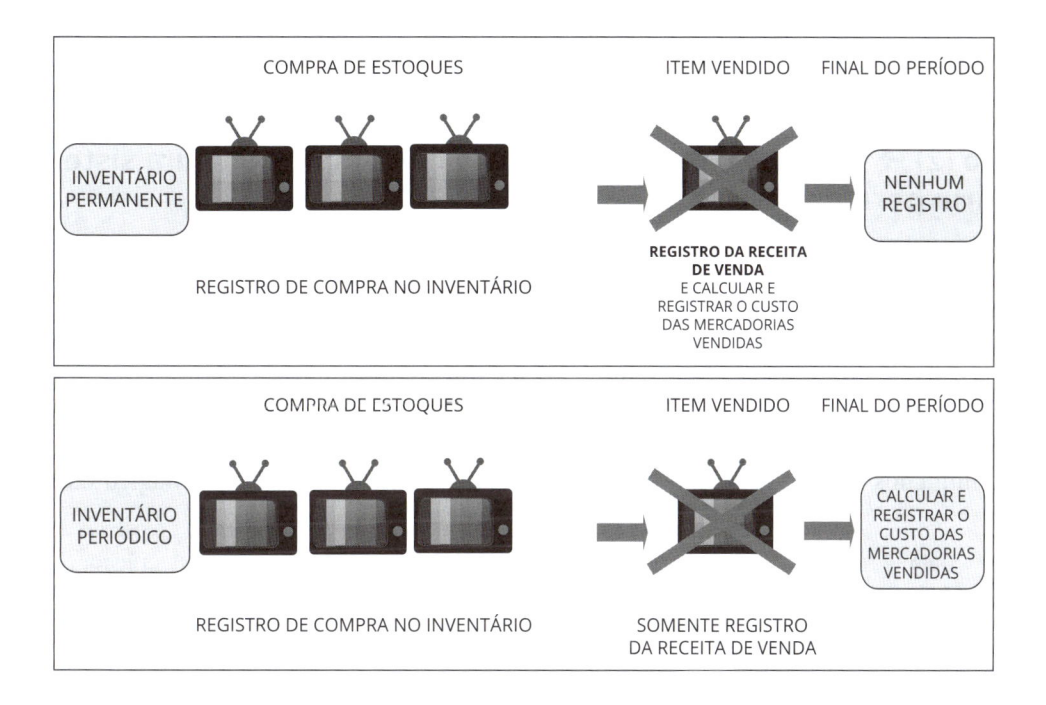

A Ilustração 5.4 resume as diferenças entre os dois inventários: no inventário permanente, sempre que um item é vendido, registram-se a receita e o custo simultaneamente. Dessa maneira, o estoque final estará ajustado no final do período, não sendo necessário realizarmos nenhum registro. No inventário periódico, não reconhecemos o custo da mercadoria vendida no momento da venda. Somente ao final do período, quando se realiza a contagem física dos estoques, calculamos e registramos o custo das mercadorias vendidas.

Pequena e Média Empresa

Em razão do custo da informação, o inventário periódico é mais usado pelas empresas de menor porte. Mas a redução do custo dos equipamentos eletrônicos permitiu, nos últimos anos, que muitas pequenas e médias empresas adotassem o inventário permanente.

Considerações adicionais

De maneira geral, as empresas que adotam o sistema de inventário permanente são aquelas que possuem produtos com valor unitário mais alto, como automóveis, móveis e utensílios ou eletrodomésticos.

O uso de computadores e de *scanners* de códigos de barras permite cada vez mais empresas adotarem o inventário permanente. Porém, esse sistema requer trabalhos adicionais de profissionais, além dos custos de informatização. Por isso, empresas com estoques de valores reduzidos ainda preferem controlar seus estoques de maneira menos detalhada, optando pelo inventário periódico.

Também é possível encontrar numa mesma empresa os dois sistemas. Um supermercado pode usar o inventário permanente para controlar o estoque de geladeiras, mas usar o periódico para a quantidade de pacotes de bolachas.

Entretanto, ao longo dos anos, observa-se um crescimento na utilização do inventário permanente. Isso pode ser explicado pela redução do custo da informação, com o acesso mais fácil a computadores, *scanners*, código de barras etc. Iremos inicialmente estudar como é feita a contabilidade no inventário permanente.

Registro da compra de mercadorias

⊕ Objetivo (2) → Explicar o reconhecimento de compras sob um sistema de inventário permanente

As compras de mercadorias podem ser feitas à vista, com o desembolso imediato de recursos financeiros, ou a prazo. O registro é feito quando as mercadorias são recebidas dos fornecedores. Essas compras são acompanhadas de um documento: um cupom fiscal ou nota fiscal. As compras à vista também apresentam um documento que comprove o pagamento, seja a emissão de um cheque, um comprovante de depósito ou débito, ou mesmo um registro simples do caixa. Temos, nessa situação, um aumento na conta de estoques, pela entrada das mercadorias, e uma redução do caixa, pelo pagamento. Veja o exemplo do registro contábil da empresa Carrossel Comércio de Brinquedos Infantis Ltda., que adquiriu mercadorias da Fábrica Mundo Mágico Ltda. à vista:

Data		Débito	Crédito
4/out.	Estoques de Mercadorias	2.400	
	Caixa		2.400
	Compra à vista de mercadorias conforme NF 5.422, da Fábrica Mundo Mágico Ltda.		

Já as compras a prazo geram um documento que deverá ser pago em uma data específica. Esse documento é uma duplicata ou um boleto bancário. O registro desse evento será:

Data		Débito	Crédito
4/out.	Estoques de Mercadorias	2.400	
	Contas a Pagar		2.400
	Compra a prazo de mercadorias conforme NF 5.422, da Fábrica Mundo Mágico Ltda.		

Observe que, nesse caso, houve um aumento no ativo, mas sem efeito no caixa. Para realizarmos os registros no inventário permanente, o motivo da aquisição dessas mercadorias deve ser o de revenda. Bens adquiridos para o uso, tais como materiais de limpeza, de escritório, móveis e utensílios ou veículos, devem ser registrados em contas próprias, diferentes das contas de estoques de mercadorias destinadas para a venda.

DEVOLUÇÃO E ABATIMENTO SOBRE AS COMPRAS

Em algumas situações, os bens adquiridos podem não estar de acordo com as especificações requeridas na compra, seja porque o produto está com defeito, com pequenas avarias, ou porque a qualidade é inferior à do produto adquirido.

Nesses casos, o comprador poderá acionar o fornecedor e realizar a devolução do bem adquirido. Com a **devolução da compra** à vista, o comprador tem o direito de receber de volta o dinheiro pago na compra. Se a compra foi a prazo, basta fazer o cancelamento da dívida. Outra alternativa é manter a compra realizada do produto, porém o vendedor concederia um **abatimento** no valor da compra.

Considere que, no dia 6 de outubro, a Carrossel Comércio de Brinquedos Infantis Ltda. verificou que, da compra realizada, alguns produtos não estavam de acordo com o pedido de compra e, por isso, serão devolvidos à Mundo Mágico Ltda. O registro da devolução de compras é feito da seguinte maneira:

Data		Débito	Crédito
6/out.	Contas a Pagar	900	
	Estoques de Mercadorias		900
	Devolução de parte das mercadorias adquiridas da Fábrica Mundo Mágico Ltda.		

Além disso, alguns brinquedos apresentaram leves arranhões. A Carrossel concordaria em não devolvê-los, desde que a Mundo Mágico concordasse em conceder um abatimento no preço dos produtos. O abatimento sobre as compras foi de R$ 50 e o registro do evento é:

Data		Débito	Crédito
6/out.	Contas a Pagar	50	
	Estoques de Mercadorias		50
	Abatimento sobre compras das mercadorias adquiridas da Fábrica Mundo Mágico Ltda.		

FRETES SOBRE AS COMPRAS

Custos de fretes pagos pelo comprador

A fatura de compra indica de quem é a responsabilidade do pagamento pelo frete na entrega dos produtos ao comprador, se dele ou da empresa vendedora. Caso o comprador seja o responsável pelo custo do transporte, esse valor aumentará o custo dos estoques. Isso ocorre não apenas com os fretes, mas com todos os pagamentos feitos pelo comprador que forem necessários para que a mercadoria esteja disponível para a venda, sendo acrescidos ao valor dos estoques, como também ocorre com os gastos de seguros no transporte. No exemplo, a Carrossel Comércio de Brinquedos Infantis Ltda. terá que pagar R$ 120 pelo frete de compra. Portanto, o registro contábil desse evento é:

Data		Débito	Crédito
7/out.	Estoques de Mercadorias	120	
	Caixa		120
	Pagamento de frete sobre a compra de mercadorias adquiridas da Fábrica Mundo Mágico Ltda.		

Custos de fretes pagos pelo vendedor

Se o custo do frete for de responsabilidade do vendedor, esse custo representa uma despesa para a empresa vendedora e a empresa compradora não terá que fazer nenhum registro. Suponhamos que o frete pela compra realizada pela empresa Carrossel será pago pela Fábrica Mundo Mágico. Assim, o registro contábil é feito apenas na Mundo Mágico, da seguinte forma:

Data		Débito	Crédito
4/out.	Frete sobre Vendas	120	
	Caixa		120
	Pagamento de frete sobre a venda de mercadorias		

É claro que as empresas vendedoras, quando precisarem arcar com as despesas de fretes, aumentam o preço de venda de seus produtos para cobrirem essas despesas.

DESCONTOS SOBRE AS COMPRAS

Os descontos sobre as compras podem ser originados da negociação com o fornecedor. Ocasionalmente, as empresas concedem descontos sobre compras de grandes volumes de determinado produto. Esses descontos são também chamados de **descontos comerciais** ou de **descontos incondicionais**.

Além desse, as empresas também poderão incorrer em **descontos financeiros** ou **descontos condicionais**. Em determinadas situações, o cliente pode decidir antecipar o pagamento de suas dívidas, mas desde que seja concedido algum incentivo. Essa antecipação no pagamento é a condição estabelecida pela empresa vendedora para que a empresa compradora receba tal incentivo. O pagamento antecipado pode ser interessante para a compradora, quando possui disponibilidade de caixa, pois ao liquidar antecipadamente suas dívidas pagará um valor reduzido. E também pode ser vantajoso para a vendedora, pois terá uma redução no seu ciclo operacional, recebendo caixa mais rapidamente.

Quando a empresa adquire determinado produto com desconto comercial, este será abatido do valor da compra, na conta de estoque de mercadorias. Por exemplo: suponha que a Carrossel queira adquirir uma única unidade de determinado produto e seu valor é de R$ 26,40. A Mundo Mágico informa-a que, se ela adquirisse 100 unidades, seu preço unitário seria reduzido em 2,40. Ou seja, cada unidade adquirida sairá por R$ 24,00. Ao registrar essa compra, a Carrossel debita o aumento nos estoques já líquido dos descontos, ou seja, o valor de R$ 2.400. Em nosso exemplo apresentado anteriormente, o valor registrado já fora considerado líquido dos descontos. Caso a empresa quisesse, para questões gerenciais, fazer os registros em contas separadas, teria o seguinte caso:

Data		Débito	Crédito
4/out.	Estoques de Mercadorias	2.640	
	Caixa		2.400
	Descontos Comerciais Obtidos		240
	Compra à vista de mercadorias conforme NF 5.422, da Fábrica Mundo Mágico Ltda.		

Supondo que as contas a pagar, que totalizavam R$ 1.450 (2.400 − 900 − 50), vencessem com 60 dias e que a Carrossel exerceu seu direito de pagar antecipadamente a dívida. Assim, a antecipação de 30 dias concedeu à empresa um desconto financeiro de 5%. O registro desse evento fica:

Data		Débito	Crédito
4/nov.	Contas a Pagar	1.450	
	Caixa		1.377
	Descontos Financeiros Obtidos		73
	Pagamento antecipado, com obtenção de desconto conforme duplicata 5.422/X1		

Nesse caso, o valor de R$ 73 do desconto financeiro obtido se refere a uma receita financeira. É, portanto, uma conta de resultado que, assim como as outras contas temporárias, também será encerrada para a apuração do resultado do exercício.

SUMÁRIO DAS TRANSAÇÕES DE COMPRAS

Apresentamos aqui o sumário dos eventos ocorridos na conta estoque de mercadorias da empresa Carrossel Comércio de Brinquedos Infantis Ltda. Inicialmente, a empresa adquiriu mercadorias que custavam R$ 2.640, mas, como adquiriu um volume maior, obteve um desconto comercial de R$ 240. Dessas mercadorias, a empresa devolveu uma parte, no valor de R$ 900 e obteve um abatimento de R$ 50. A empresa pagou fretes sobre as compras, de R$ 120. Portanto, o valor dos estoques de mercadorias registrado no razonete será:

Estoque de Mercadorias

(Compra)	4/out.	2.640	240	4/out.	(Desconto comercial obtido)
(Frete sobre compra)	7/out.	120	900	6/out.	(Devolução de parte da compra)
			50	6/out.	(Abatimento sobre compra)
		1.570			

Portanto, como podemos observar, o saldo final da conta de estoques é de R$ 1.570. Esse valor é apresentado no balanço patrimonial da empresa Carrossel, no final do exercício.

ANTES DE PROSSEGUIR

1. Quais são as principais diferenças entre as empresas mercantis e as prestadoras de serviços?
2. Diferencie sistema de inventário permanente do inventário periódico.
3. No inventário permanente, quais são os efeitos dos seguintes eventos na conta de estoque de mercadorias: Das compras de mercadorias? Das devoluções de vendas? Dos fretes sobre as compras? Dos descontos sobre as compras?
4. Qual a diferença entre desconto comercial e desconto financeiro?

Reconhecimento da venda de mercadorias

Objetivo (3) → Explicar o reconhecimento das receitas de vendas sob um sistema de inventário permanente

Segundo o regime de competência, as receitas de vendas, assim como as receitas de serviços, são registradas no momento em que são ganhas, independentemente de terem sido recebidas, conforme estudamos no Capítulo 4. Consideramos que a receita de vendas foi obtida quando os produtos são entregues do vendedor para o comprador. Assim, as receitas poderão ser recebidas à vista, quando há a entrega do bem e o recebimento imediato do dinheiro, ou a prazo, gerando um direito de recebimento em uma data estabelecida.

A nota fiscal que é emitida ao comprador, quando da venda e entrega da mercadoria, é o documento utilizado para efetuar o registro da receita de vendas. Uma cópia da nota fiscal fica com a empresa vendedora e a outra com o comprador.

Para o reconhecimento das vendas são feitos dois registros contábeis: (1) o reconhecimento da receita, por meio do aumento do caixa ou de contas a receber e um aumento na receita de vendas; e (2) o reconhecimento da despesa, com um aumento do custo das mercadorias vendidas e uma redução das mercadorias no estoque. Este último lançamento permite demonstrar o valor do estoque que a empresa possui após a venda ser realizada.

Para demonstrar como é feito o reconhecimento das vendas, adotamos o mesmo exemplo apresentado anteriormente, quando a empresa Carrossel Comércio de Brinquedos Infantis Ltda. adquiriu R$ 2.400 de mercadorias da Fábrica Mundo Mágico Ltda. a prazo. Supondo que o custo dessas mercadorias tenha sido de R$ 1.700, o registro é contabilizado pela Fábrica Mundo Mágico da seguinte forma:

Data		Débito	Crédito
4/out.	Contas a Receber	2.400	
	Receitas de Vendas		2.400
	Vendas a prazo para a Carrossel Comércio de Brinquedos Infantis Ltda. conforme NF 5.422.		
4/out.	Custo das Mercadorias Vendidas	1.700	
	Estoque de Mercadorias		1.700
	Custo das mercadorias vendidas à Carrossel Comércio de Brinquedos Infantis Ltda. conforme NF 5.422.		

As empresas podem, para fins gerenciais, criar contas de receitas separadas. Por exemplo, um supermercado poderá ter receita de vendas de gêneros alimentícios, de bebidas, de eletrodomésticos etc. Assim, saberá qual dos setores está gerando maiores resultados e adotar medidas estratégicas para estimular aqueles que não estão indo tão bem. Porém, para fins de evidenciação, a demonstração do resultado não apresenta essas informações em detalhes, já que poderia expor suas informações estratégicas aos seus concorrentes.

Pequena e Média Empresa

Nas empresas de menor porte, as vendas a prazo representam um fator importante para atrair e reter clientes. Essas empresas podem utilizar a venda com cartões de crédito, mas também podem fazer transações de formas criativas. O uso de cheque pré-datado ou anotação num caderno das compras realizadas pelos clientes mais fiéis são mecanismos criados por essas empresas. O registro contábil não difere, substancialmente, daquilo que é apresentado no capítulo.

DEVOLUÇÃO E ABATIMENTO SOBRE AS VENDAS

Vamos apresentar agora como são registrados para a empresa vendedora a devolução e o abatimento sobre as vendas. O retorno das mercadorias vendidas também gera dois registros contábeis: (1) um aumento nas devoluções de vendas e uma redução nas contas a receber; (2) um aumento nos estoques de mercadorias e uma redução no custo das mercadorias vendidas.

No dia 6 de outubro, apresentamos que a Carrossel Comércio de Brinquedos Infantis Ltda. devolveu parte dos produtos adquiridos, no valor de R$ 900 (vamos assumir que o custo das mercadorias era de R$ 638). Como a devolução ocorreu em razão dos produtos não estarem de acordo com a encomenda, os produtos retornam aos depósitos da empresa Mundo Mágico. Caso a devolução tivesse ocorrido porque os produtos estavam com defeitos (perderam totalmente o seu valor de revenda), esses valores deveriam ser baixados. O registro da devolução das vendas é:

Data		Débito	Crédito
6/out.	Devolução de Vendas	900	
	Contas a Receber		900
	Devolução de parte das vendas realizadas para a Carrossel Comércio de Brinquedos Infantis Ltda.		
6/out.	Estoque de Mercadorias	638	
	Custo das Mercadorias Vendidas		638
	Retorno do custo das mercadorias vendidas à Carrossel Comércio de Brinquedos Infantis Ltda.		

Já os abatimentos de vendas apenas reduzem o valor das receitas, não havendo o retorno das mercadorias à empresa vendedora. Portanto, o registro contábil de um abatimento é feito com apenas um lançamento. Ainda conforme o exemplo apresentado, foi concedido um abatimento à Carrossel de R$ 50, por causa de pequenas avarias nos produtos entregues. Esse registro contábil, para a Mundo Mágico, reduz suas contas a receber e suas receitas de vendas da seguinte forma:

Data		Débito	Crédito
6/out.	Abatimento sobre Vendas	50	
	Contas a Receber		50
	Abatimento sobre vendas à Carrossel Comércio de Brinquedos Infantis Ltda.		

As contas de devolução e de abatimentos de vendas são contracontas das receitas de vendas. Por isso, seus saldos são registrados a débito. A opção de usar a contraconta, ao invés de debitar a receita, é para melhor evidenciar na demonstração de resultado os valores que reduziram as receitas. Essas informações são importantes para a administração, pois um excesso de devoluções ou abatimentos pode ser um indício de problemas de produtos de baixa qualidade, falhas no registro dos pedidos, na expedição dos produtos ou até mesmo danos nas entregas. A opção de registro a débito nas receitas de vendas não evidenciaria o percentual de devoluções e abatimentos em relação ao total das vendas, não permitindo comparações ao longo do tempo.

DESCONTOS SOBRE AS VENDAS

Da mesma forma que os descontos sobre as compras, podemos ter: (1) descontos comerciais, que significam uma redução no preço de venda do produto, em razão da negociação; e (2) os descontos financeiros, que são concedidos por uma empresa em função da antecipação no recebimento das contas a receber.

Assim, caso para fins gerenciais a empresa queira controlar os valores dos descontos concedidos, o registro do desconto comercial sobre as vendas será registrado da seguinte forma:

Data		Débito	Crédito
4/out.	Caixa	2.400	
	Descontos Comerciais Concedidos	240	
	Receitas de Vendas		2.640
	Vendas a prazo para a Carrossel Comércio de Brinquedos Infantis Ltda. conforme NF 5.422		
4/out.	Custo das Mercadorias Vendidas	1.700	
	Estoque de Mercadorias		1.700
	Custo das mercadorias vendidas à Carrossel Comércio de Brinquedos Infantis Ltda. conforme NF 5.422		

A conta de descontos comerciais concedidos é uma conta que reduz o valor das receitas de vendas. Podemos observar que o segundo registro, dos custos das mercadorias vendidas, é exatamente o mesmo do apresentado anteriormente, do reconhecimento da venda.

Já os descontos financeiros concedidos representam para a empresa vendedora uma despesa financeira, fato que reduz o resultado do exercício da empresa. O desconto financeiro concedido é registrado da seguinte forma:

Data		Débito	Crédito
4/nov.	Caixa	1.377	
	Descontos financeiros concedidos	73	
	Contas a Receber		1.450
	Recebimento antecipado, com a concessão de desconto conforme duplicata 5.422/X1		

ANTES DE PROSSEGUIR

1. No inventário permanente, como deverão ser realizados os registros contábeis das vendas e das devoluções de vendas?

2. Por que é importante fazer os registros de devoluções e abatimentos de vendas em contra-contas das receitas? Qual o saldo dessas contas?

Demonstração do Resultado

Objetivo (4) → Distinguir uma demonstração de resultado simplificada de uma detalhada

Até o momento, para fins didáticos, apresentamos a demonstração de resultado de maneira simplificada, mostrando que o lucro ou prejuízo do período é apurado pela confrontação da receita com a despesa. Dessa forma, todas as receitas foram somadas, independentemente da forma que foram geradas, tais como as receitas de serviços e vendas, com receitas de juros, ou da venda de ativos imobilizados. E o mesmo ocorreu com as despesas, em que não se levou em consideração a sua origem, adicionando os custos das mercadorias vendidas às despesas administrativas, despesas de juros, perdas com estoques etc.

Ilustração 5.5 – Demonstração do resultado simplificada

Furniture Indústria e Comércio S.A.		
Demonstração do Resultado do Exercício		
Outubro de 20X0		
Receitas		
Receitas de Vendas	150.000	
Receitas de Serviços	15.000	165.000
Despesas		
Custos das Mercadorias Vendidas	(73.500)	
Despesas de Salários	(15.500)	
Despesas de Energia Elétrica	(3.700)	
Despesas Financeiras	(2.000)	
Outras Despesas	(20.300)	
Imposto de Renda e Contribuições	(24.000)	
Participações	(12.724)	
Total das Despesas		(151.724)
Lucro Líquido		13.276

Por meio dessa maneira simplificada, os usuários da contabilidade não conseguem perceber quais tipos de lucros são formados pelas empresas e não conseguem ter informações muito claras. Por exemplo: qual margem de lucro é gerada nas vendas? As receitas geradas pelas atividades operacionais das empresas são suficientes para pagar as despesas também operacionais? Qual o impacto no resultado dos juros recebidos das aplicações financeiras? Antes do pagamento de tributos, qual foi o resultado gerado pela empresa?

Essas perguntas podem ser respondidas por um modelo mais detalhado de apresentação da demonstração de resultado. Por esse modelo, que é a maneira utilizada pelas empresas para divulgação da demonstração do resultado, as contas de receitas e despesas são classificadas de acordo com suas funções, conforme apresentamos a seguir:

Ilustração 5.6 – Demonstração do resultado por tipo de receita e despesas

Furniture Indústria e Comércio S.A.
Demonstração do Resultado do Exercício
Outubro de 20X0

Receitas		
Receitas de Vendas	150.000	
Receitas de Serviços	15.000	165.000
(–) Custo das Mercadorias Vendidas		(73.500)
Lucro Bruto		91.500
(–) Despesas Operacionais		
Despesas Administrativas		
Despesas de Salários	(15.500)	
Despesas de Energia Elétrica	(3.700)	(19.200)
Outras Despesas	(20.300)	(20.300)
Lucro Antes das Receitas e Despesas Financeiras		52.000
(–) Despesas Financeiras	(2.000)	(2.000)
Lucro Antes do Imposto de Renda e Participações		50.000
(–) Imposto de Renda e Contribuições		(24.000)
(–) Participações		(12.724)
Lucro Líquido		13.276

Com base na Ilustração 5.6, podemos identificar três importantes separações nessa demonstração:

(1) O lucro bruto – é o resultado apurado pelo confronto da receita líquida de vendas, receita de serviço e o custo das mercadorias vendidas.

(2) O lucro antes das receitas e despesas financeiras – é o resultado gerado pela confrontação do lucro bruto e as despesas operacionais (despesas de vendas, despesas administrativas e outras receitas e despesas operacionais).

(3) O lucro líquido – é o resultado apurado após computadas as receitas e despesas financeiras, o resultado dos impostos sobre os lucros e as participações no lucro. É o resultado que efetivamente pertence aos proprietários da empresa.

A seguir, esmiuçaremos cada parte da demonstração detalhada.

RECEITAS DE VENDAS OU DE SERVIÇOS

As receitas de vendas, conforme já mencionamos, é a principal fonte de resultados para uma empresa comercial, enquanto a receita de serviços é a principal atividade de uma empresa prestadora de serviços.

Para obtermos o valor das receitas efetivamente geradas pelas empresas, torna-se necessário realizarmos alguns ajustes, que são, na verdade, as deduções da receita. Dessa forma, partimos da receita bruta de vendas, deduzimos os valores que reduziram a receita e chegamos à receita líquida de vendas. A Ilustração 5.7 apresenta a receita líquida gerada pela Fábrica Mundo Mágico Ltda.:

Ilustração 5.7 – Evidenciação da receita líquida de vendas

Fábrica Mundo Mágico Ltda.		
Demonstração do Resultado do Exercício		
Outubro de 20X0		
Receitas de Vendas		2.640
(–) Deduções da receita:		
Descontos Comerciais Concedidos	240	
Devolução de Vendas	900	
Abatimento sobre Vendas	50	(1.190)
Receita Líquida de Vendas		1.450

Lembramos que os descontos comerciais não necessariamente são reconhecidos em contas específicas. Como vimos anteriormente, ao registrar a receita, podemos optar por contabilizá-la já líquida dos descontos comerciais. Entretanto, quando são reconhecidos contabilmente em conta específica, os descontos comerciais são deduzidos da receita de vendas, como podemos observar na Ilustração 5.7.

Além dos descontos, também são deduzidos as devoluções e os abatimentos concedidos nas vendas. É importante ressaltar, também, que sob as receitas de vendas também são imputados alguns impostos, como é o caso do Imposto sobre Circulação de Mercadorias e Serviços (ICMS), por exemplo. O valor desses impostos sobre vendas também é deduzido da receita bruta de vendas.

LUCRO BRUTO

Para apurarmos o lucro bruto, deduzimos da receita líquida de vendas o custo da mercadoria vendida. Portanto, para calcularmos o lucro bruto da Mundo Mágico, apuramos o saldo da conta custo da mercadoria vendida e deduzimos dos R$ 1.450 de receitas líquidas. Pelo razonete da conta, identificamos o seu saldo:

Custo das Mercadorias Vendidas

(Venda) 4/out.	1.700	638	6/out. (Devolução de parte da venda)
	1.062		

Com essas informações, podemos calcular o lucro bruto da Mundo Mágico:

Ilustração 5.8 – Evidenciação do lucro bruto

Receita Líquida de Vendas	1.450
(–) Custo das Mercadorias Vendidas	(1.062)
Lucro Bruto	388

O lucro bruto gera um importante indicador de análise das empresas, a **margem bruta**. Esse indicador mostra a tendência de crescimento do lucro e pode ser comparado com um período de tempo ou entre empresas do mesmo setor de atuação. Demonstra a efetividade nas políticas de compra e venda de mercadorias de uma empresa.

É importante ressaltar que esse não é ainda o lucro gerado pelas atividades operacionais da empresa e sim o resultado gerado por suas vendas. Para saber quanto é gerado pelas atividades operacionais, torna-se necessário subtrair todas as demais despesas operacionais do período, conforme veremos a seguir.

DESPESAS OPERACIONAIS

Classificamos nesse grupo de despesas operacionais as seguintes despesas (ou receitas): (1) as despesas com vendas, tais como as comissões pagas a vendedores, os fretes sobre as vendas, as despesas com publicidade; (2) as despesas administrativas, como as despesas de salários, de aluguel e de depreciação; (3) e outras receitas e despesas operacionais, que representam o resultado das participações em outras sociedades e da venda de investimentos e do imobilizado, além do resultado gerado por operações descontinuadas. A Ilustração 5.9 apresenta alguns exemplos de outras receitas e despesas operacionais, classificadas nesse grupo da demonstração do resultado.

Ilustração 5.9 – Exemplos de outras receitas e despesas operacionais

Outras Receitas e Ganhos	Outras Despesas e Perdas
Dividendos recebidos de participações em outras sociedades	Perdas eventuais, por diferentes motivos, tais como acidentes ambientais ou vandalismo
Receitas de aluguéis ou arrendamento mercantil	Perdas decorrentes de greves dos empregados
Ganhos na venda de propriedades, terrenos ou equipamentos	Perdas na venda de propriedades, terrenos ou equipamentos

Como podemos observar, outras receitas e despesas operacionais são geradas por diferentes razões que não as atividades normais da empresa, ou seja, a principal razão de ela existir.

Essas receitas e despesas eventualmente podem ser denominadas de **não operacionais** por não terem relação com as atividades operacionais das empresas (que é a razão de elas existirem). É importante que as empresas obtenham maiores lucros de suas atividades operacionais. Deve-se analisar com cuidado as empresas que obtêm seus resultados por meio de receitas de caráter eventual.

RECEITAS E DESPESAS FINANCEIRAS

As receitas financeiras são aquelas provenientes de descontos financeiros obtidos, de juros recebidos ou a receber, bem como as de origem de aplicações temporárias em títulos. Já as despesas financeiras são oriundas de descontos financeiros concedidos, juros pagos ou incorridos e comissões e despesas bancárias.

O resultado financeiro líquido tem origem na confrontação entre as receitas e despesas financeiras. Do lucro antes das receitas e despesas financeiras, subtraímos o resultado financeiro líquido e encontramos o lucro antes dos impostos e participações.

IMPOSTOS SOBRE O LUCRO

Do lucro antes dos impostos subtraímos a Contribuição Social e o Imposto de Renda. Esses impostos são calculados de acordo com regras emanadas pelo fisco e, por isso, podem ter uma base de cálculo diferente desse lucro, chamada de base contábil. Da base contábil podem ser necessários alguns ajustes para que se chegue à base fiscal, sob a qual será aplicada a alíquota desses impostos. A legislação tributária irá determinar, em normas específicas, a forma como apurar o imposto de renda e a contribuição social sobre o lucro.

PARTICIPAÇÕES NO LUCRO

Para finalmente encontrarmos o valor do lucro líquido do período, é necessário subtrair o valor das participações de terceiros nos lucros. As participações podem ser de debêntures, empregados e administradores, partes beneficiárias e de fundos de assistência e previdência aos empregados. São calculadas a partir do lucro após o imposto de renda e contribuição social. Caso a empresa possua prejuízos acumulados, deverá, antes, deduzi-los. Em seguida, as participações são calculadas, de forma sucessiva, deduzindo seus valores da base de cálculo anterior. Veja o exemplo da empresa Furniture Indústria e Comércio S.A., que, de acordo com seu estatuto, destina 10% dos seus lucros aos participantes (debenturistas, empregados, administradores e beneficiários). O lucro após o imposto de renda e contribuição social do período é de R$ 50.000 (conforme apresentamos na Ilustração 5.6). Suponhamos que a empresa apresente um saldo na conta de prejuízos acumulados de R$ 13.000. O valor das participações no lucro será calculado da seguinte forma:

Lucro após o Imposto de Renda e Contribuição Social	50.000
(–) Prejuízos Acumulados	(13.000)
Base de cálculo da participação de debêntures:	37.000
1. Debêntures (10%)	(3.700)
Base de cálculo da participação de empregados:	33.300
2. Empregados (10%)	(3.330)
Base de cálculo da participação de administradores:	29.970
3. Administradores (10%)	(2.997)
Base de cálculo da participação de partes beneficiárias:	26.973
3. Partes beneficiárias (10%)	(2.697)
	24.276

Antes de seguir, é importante definirmos o que são debêntures e partes beneficiárias. As debêntures são títulos negociáveis, normalmente de longo prazo, emitidos pelas companhias abertas e fechadas, com o objetivo de captar recursos para financiar as suas atividades. Esse passivo (em geral não circulante) é liquidado no vencimento e os juros devem ser calculados conforme a sua escritura de emissão.

As partes beneficiárias são títulos emitidos pelas companhias fechadas (desde 2001, as companhias abertas não podem mais emitir tais títulos), que podem ser negociados ou doados gratuitamente, e que dão ao portador do título o direito de receber até 10% de participação nos lucros da empresa.

A demonstração do resultado da Furniture Indústria e Comércio S.A., nesse caso, é assim apresentada:

Ilustração 5.10 – Evidenciação do lucro líquido

Lucro antes dos Impostos e Participações		50.000
(–) Imposto de Renda e Contribuição Social		(24.000)
(–) Participações		
Debêntures	(3.700)	
Empregados	(3.330)	
Administradores	(2.997)	
Partes Beneficiárias	(2.697)	(12.724)
Lucro Líquido		13.276

A partir da Ilustração 5.10, podemos verificar qual valor foi designado a cada um dos participantes no lucro da Furniture. Como vimos, o segundo modelo de Demonstração de Resultado (Ilustração 5.6) apresenta as informações com muito mais riqueza de detalhes, quando o comparamos com o modelo simplificado (Ilustração 5.5).

Determinando o custo das mercadorias vendidas usando o inventário periódico

Objetivo (5) → Determinar o custo das mercadorias vendidas utilizando o inventário periódico

A determinação do custo das mercadorias vendidas é feita de maneira um pouco diferente quando usamos o inventário periódico. Quando adotamos o inventário permanente, nós mostramos que as transações que afetam os estoques, como as devoluções, abatimentos e descontos comerciais e todos os gastos necessários para que as mercadorias estejam disponíveis para as vendas, como os fretes sobre compras, são registradas diretamente na conta de estoques. Dessa forma, o saldo da conta estoques vai sendo ajustado à medida que os eventos vão ocorrendo. Além disso, no momento em que as vendas são realizadas, também reconhecemos a redução dos estoques e o aumento no custo das mercadorias vendidas.

Já no inventário periódico, todos esses eventos relacionados às compras são registrados em contas específicas: devoluções, abatimentos, descontos comerciais e fretes sobre compras. Além disso, o saldo da conta mercadorias não é movimentado, sendo o seu saldo mantido. Apenas os registros referentes às compras de mercadorias são reconhecidos na conta de **compras**, diferentemente do sistema de inventário permanente, onde todos eles são registrados diretamente na conta de estoques. Ao final do período, encerramos todas essas contas e transferimos os seus saldos para a conta compras, com o objetivo de obtermos o valor das **compras líquidas**. Como explicamos anteriormente neste capítulo, os fretes sobre as compras não fazem, em essência, parte das compras líquidas, mas são também acrescidos à conta de compras, por serem gastos necessários para que a empresa tenha os produtos disponíveis para a venda.

Assim, no final do período, por meio de uma contagem física dos estoques, obteremos o saldo final da conta mercadorias. Finalmente, o custo das mercadorias vendidas é apurado (por meio da equação que apresentamos na Ilustração 5.3) e procederemos ao seu registro contábil.

> **Ética!**
> A contagem física deve ser feita com cuidado e corretamente. Uma contagem acima do real superestima o estoque, aumentando o ativo e o patrimônio líquido.

Supondo que a Fábrica Mundo Mágico Ltda. tivesse, em 30 de setembro, um saldo na conta mercadorias de R$ 11.200. Ao final do mês, também foi efetuada a contagem física dos estoques e que havia R$ 2.500 de saldo. A Ilustração 5.11 apresenta o cálculo do custo das mercadorias vendidas.

Ilustração 5.11 – Cálculo do custo das mercadorias vendidas

Custo das Mercadorias Vendidas		
Estoque, 30 de setembro		11.200
Compras	2.400	
(–) Descontos Comerciais Obtidos	(240)	
(–) Devoluções de Compras	(900)	
(–) Abatimento de Compras	(50)	
(=) Compras líquidas	1.210	
(+) Fretes sobre Compras	120	
Custo das mercadorias disponíveis para venda		1.330
Estoque, 31 de outubro		(2.500)
Custo das mercadorias vendidas		10.030

O uso do sistema de inventário periódico não altera o conteúdo do balanço patrimonial. Assim como para as empresas que adotam o inventário permanente, a conta de estoques aparece no ativo circulante e o saldo da conta também será o mesmo, independentemente do sistema de inventário utilizado. Para mais detalhes, apresentamos como utilizar esse sistema de inventário no apêndice deste capítulo.

> **ANTES DE PROSSEGUIR**
> 1. Quais são os passos para calcular o custo das mercadorias vendidas, pelo inventário periódico?
> 2. Como são reconhecidos as devoluções, abatimentos, descontos ou fretes, quando é utilizado o inventário periódico?
> 3. De que maneira serão determinadas as compras líquidas?

Avaliação da lucratividade

Objetivo (6) → Explicar os fatores que afetam a lucratividade das empresas

MARGEM BRUTA

A margem bruta de uma empresa é apurada pela divisão do lucro bruto pelas receitas líquidas. Esse índice tem maior valor informacional do que o lucro bruto, expresso em valor. Veja, por exemplo, o caso da Furniture:

seu lucro bruto, conforme a Ilustração 5.6, foi de R$ 91.500 e sua margem bruta de 55,45%. Com base nesse índice, podemos verificar que, a cada 100 reais de receitas geradas, a Furniture obteve 55,45 reais de lucratividade. Caso esse percentual, no exercício seguinte, seja inferior a 55,45%, significará que a empresa teve maiores custos das mercadorias para o período ou que o seu valor permaneceu constante, porém a empresa teve uma redução no volume de vendas.

Pergunta	Informação Necessária	Fórmula	Uso
O preço de venda dos produtos gera margem adequada para a empresa?	Lucro Bruto e Receita Líquida de Vendas	Margem Bruta = Lucro Bruto/ Receita Líquida	Quanto que a entidade está gerando de resultado bruto para cada unidade de receita. Uma margem muito alta pode resultar em perda de vendas, já que o preço de venda pode estar muito elevado

MARGEM LÍQUIDA

A margem líquida mede o percentual de cada unidade de real das vendas que resulta em lucro líquido. Seu valor é apurado dividindo o lucro líquido pela receita líquida de vendas. Qual a diferença entre a margem líquida e a margem bruta? A margem bruta evidencia qual margem dos preços de venda excede o custo das mercadorias vendidas. Já a margem líquida demonstra qual margem dos preços de vendas cobre todas as despesas da empresa, incluindo o custo das mercadorias vendidas. Assim, a empresa poderá aumentar sua margem líquida, controlando adequadamente suas despesas ou adotando políticas com o objetivo de aumentar suas receitas.

Pergunta	Informação Necessária	Fórmula	Uso
A empresa obtém uma margem adequada entre suas receitas e suas despesas?	Lucro Líquido e Receita Líquida de Vendas	Margem Líquida = Lucro Líquido/ Receita	Quanto que a entidade está gerando de resultado líquido para cada unidade de receita. Maiores margens significam melhor desempenho, embora este valor dependa de vários fatores

APÊNDICE

Sistema de inventário periódico

Como descrito neste capítulo, a contabilidade poderá utilizar um dos dois sistemas de inventário de estoques de mercadorias: (1) o sistema de inventário permanente ou (2) o sistema de inventário periódico. O capítulo focou nas características do sistema de inventário permanente. Nesse apêndice, vamos discutir e ilustrar o mecanismo de registro dos estoques quando as empresas utilizam o inventário periódico. Uma das principais diferenças entre os dois sistemas, conforme apresentamos anteriormente, é o momento de reconhecimento do custo das mercadorias vendidas. Para relembrar, volte à Ilustração 5.4.

Operações com mercadorias

No inventário periódico, assim como ocorre no inventário permanente, as receitas de vendas são reconhecidas no momento em que as vendas de mercadorias são feitas. A diferença está no reconhecimento do custo da mercadoria vendida, da qual, no inventário periódico, não se faz nenhum registro na data da venda. Para fazer esse reconhecimento, no final do período, a empresa precisará realizar uma contagem física de seus estoques para, então, conseguir calcular o valor do custo das mercadorias vendidas durante o período. As compras de mercadorias são registradas no momento em que ocorre a entrada dos produtos, na conta de **compras**, diferentemente do inventário permanente, onde as compras são registradas diretamente na conta de **estoques de mercadorias**. Ainda, os eventos de descontos, devoluções, abatimentos e fretes sobre compras são reconhecidos em contas específicas.

Vamos utilizar o mesmo exemplo que usamos anteriormente, da empresa Carrossel Comércio de Brinquedos Infantis Ltda., que adquiriu mercadorias da Fábrica Mundo Mágico Ltda.

Registro de compra de mercadorias

Com base nas notas fiscais, verificamos que a Carrossel Comércio de Brinquedos Infantis Ltda. adquiriu mercadorias no valor de R$ 2.400 a prazo. O registro contábil desse evento é feito da seguinte forma:

Data		Débito	Crédito
4/out.	Compras	2.400	
	Contas a Pagar		2.400
	Compra a prazo de mercadorias conforme NF 5.422, da Fábrica Mundo Mágico Ltda.		

A conta compras é uma conta temporária e, como representa a entrada de mercadorias na empresa, também possui saldo devedor.

DEVOLUÇÕES E ABATIMENTOS DE COMPRAS

Como foi devolvida parte das mercadorias, por não corresponder as que foram solicitadas, e a empresa concedeu ainda um abatimento sobre as peças com leves defeitos, os registros contábeis são assim apresentados:

Data		Débito	Crédito
6/out.	Contas a Pagar	900	
	Devolução de Compras		900
	Devolução de parte das mercadorias adquiridas da Fábrica Mundo Mágico Ltda.		
6/out.	Contas a Pagar	50	
	Abatimento sobre Compras		50
	Abatimento sobre compras das mercadorias adquiridas da Fábrica Mundo Mágico Ltda.		

As contas de devolução e abatimento sobre as compras são contas temporárias e, como representam uma redução nas mercadorias da empresa, possuem saldo credor.

FRETES SOBRE COMPRAS

Quando os custos de fretes sobre as compras são incorridos pelo comprador, seu valor será debitado. O registro dos fretes da compra realizada pela Carrossel é:

Data		Débito	Crédito
7/out.	Fretes sobre Compras	120	
	Caixa		120
	Pagamento de frete sobre a compra de mercadorias adquiridas da Fábrica Mundo Mágico Ltda.		

A conta de fretes sobre as compras é uma conta temporária e, por aumentar o custo das mercadorias compradas, seu saldo é devedor. Aumentam, pois esses custos são necessários para que as mercadorias estejam disponíveis para serem vendidas.

DESCONTOS SOBRE AS COMPRAS

Os descontos comerciais de compras podem não ser registrados (as compras já serem reconhecidas pelo valor líquido dos descontos) ou serem registrados em conta específica. O registro dos descontos da compra realizada pela Carrossel é:

Data		Débito	Crédito
4/out.	Compras	2.640	
	Caixa		2.400
	Descontos comerciais obtidos		240
	Compra à vista de mercadorias conforme NF 5.422, da Fábrica Mundo Mágico Ltda.		

Reconhecimento da venda de mercadorias

A venda realizada pela Fábrica Mundo Mágico Ltda. à Carrossel Comércio de Brinquedos Infantis Ltda. é reconhecida da seguinte forma:

Data		Débito	Crédito
4/out.	Contas a Receber	2.400	
	Receitas de Vendas		2.400
	Vendas a prazo para a Carrossel Comércio de Brinquedos Infantis Ltda. conforme NF 5.422.		

DEVOLUÇÃO E ABATIMENTO SOBRE AS VENDAS

Qualquer que seja o sistema de inventário utilizado, os registros de devolução e abatimento sobre as vendas são contabilizados da mesma maneira. A única diferença está no segundo registro, para a devolução das vendas, referente ao estorno do estoque e do custo da mercadoria vendida.

Portanto, o registro da devolução e do abatimento sobre as vendas, para a empresa vendedora, é:

Data		Débito	Crédito
6/out.	Devolução de Vendas	900	
	Contas a Receber		900
	Devolução de parte das vendas realizadas para a Carrossel Comércio de Brinquedos Infantis Ltda.		
6/out.	Abatimento sobre Vendas	50	
	Contas a Receber		50
	Abatimento sobre vendas à Carrossel Comércio de Brinquedos Infantis Ltda.		

DESCONTOS SOBRE AS VENDAS

Caso a empresa opte por reconhecer os descontos comerciais sobre as vendas, seu registro contábil também é idêntico, independentemente do tipo de inventário, conforme veremos a seguir. A diferença também reside no segundo registro, onde no inventário periódico não é feita a baixa do estoque e registro do custo da mercadoria vendida, como vemos a seguir:

Data		Débito	Crédito
4/out.	Caixa	2.400	
	Descontos Comerciais Concedidos	240	
	Receitas de Vendas		2.640
	Vendas a prazo para a Carrossel Comércio de Brinquedos Infantis Ltda. conforme NF 5.422.		

COMPARAÇÃO DOS REGISTROS – PERMANENTE *VERSUS* PERIÓDICO

Em resumo, podemos observar as diferenças entre os dois sistemas de inventário, tanto para a empresa compradora como para a vendedora:

	ENTRADAS NA CARROSSEL COMÉRCIO DE BRINQUEDOS INFANTIS LTDA.				
	Transações	**Sistema de Inventário Permanente**		**Sistema de Inventário Periódico**	

4/out.	Compra de mercadorias a prazo	Estoque de Mercadorias
		    Contas a Pagar
			2.400
			2.400
				Compras
				    Contas a Pagar
					2.400
					2.400

6/out.	Devolução de compras	Contas a Pagar
		    Estoque de Mercadorias
			900
			900
				Contas a Pagar
				    Devolução de Compras
					900
					900

6/out.	Abatimento sobre compras	Contas a Pagar
		    Estoque de Mercadorias
			50
			50
				Contas a Pagar
				    Abatimento sobre Compras
					50
					50

7/out.	Pagamento de fretes sobre as compras	Estoque de Mercadorias
		    Caixa
			120
			120
				Fretes sobre Compras
				    Caixa
					120
					120

4/out.	Compra de mercadorias com desconto comercial	Estoque de Mercadorias
		    Caixa
		    Descontos Comerciais Obtidos
			2.640
			2.400
			240
				Compras
				    Caixa
				    Descontos Comerciais Obtidos
					2.640
					2.400
					240

4/out.	Pagamento de contas a pagar com desconto financeiro obtido	Contas a Pagar
		    Caixa
		    Descontos Financeiros Obtidos
			1.450
			1.377
			73
				Contas a Pagar
				    Caixa
				    Descontos Financeiros Obtidos
					1.450
					1.377
					73

	ENTRADAS NA FÁBRICA MUNDO MÁGICO LTDA.				
	Transações	**Sistema de Inventário Permanente**		**Sistema de Inventário Periódico**	

4/out.	Venda de mercadorias a prazo	Contas a Receber
		    Receitas de Vendas
		
		Custo das Mercadorias Vendidas
		    Estoque de Mercadorias
			2.400
			2.400
			
			1.700
			1.700
				Contas a Receber
				    Receitas de Vendas
				
				NÃO REGISTRA
					2.400
					2.400

6/out.	Devolução de vendas	Devolução de Vendas
		    Contas a Receber
		
		Estoque de Mercadorias
		    Custo das Mercadorias Vendidas
			900
			900
			
			638
			638
				Devolução de Vendas
				    Contas a Receber
				
				NÃO REGISTRA
					900
					900

6/out.	Abatimento sobre vendas	Abatimento sobre Vendas
		    Contas a Receber
			50
			50
				Abatimento sobre Vendas
				    Contas a Receber
					50
					50

7/out.	Venda de mercadorias com desconto comercial	Caixa
		Descontos Comerciais Concedidos
		    Receitas de Vendas
		
		Custo das Mercadorias Vendidas
		    Estoque de Mercadorias
			2.400
			240
			2.640
			
			1.700
			1.700
				Caixa
				Descontos Comerciais Concedidos
				    Receitas de Vendas
				
				NÃO REGISTRA
					2.400
					240
					2.640

4/out.	Recebimento de duplicatas com desconto financeiro concedido	Caixa
		Descontos Financeiros Concedidos
		    Contas a Receber
			1.377
			73
			1.450
				Caixa
				Descontos Financeiros Concedidos
				    Contas a Receber
					1.377
					73
					1.450

ANTES DE PROSSEGUIR

1. Quais são os passos a serem seguidos no processo de registro contábil?
2. Qual a contribuição do livro diário no processo de registro?
3. Que informações deverão ser apresentadas no livro diário?

EXERCÍCIO DE REVISÃO

A Cia. Trevi S.A. apresentou os seguintes eventos no mês de julho de 20X7:

2/7 – Compra de mercadorias no valor de R$ 30.000 à vista.
6/7 – Venda a prazo de R$ 12.000.
9/7 – O cliente devolveu R$ 2.000, alegando que a cor não atendia às especificações.
14/7 – Venda à vista de R$ 20.000.
19/7 – Compra de R$ 50.000 a prazo.
21/7 – Devolução de 20% da compra do dia 19.
23/7 – Abatimento obtido de 10% na última compra.
28/7 – Venda a prazo de R$ 35.000.
29/7 – Pagamento de frete sobre a venda, de R$ 200.
30/7 – Recebimento da venda do dia 28 com desconto financeiro concedido de 5%.

Pede-se:

I. Considerando que a Cia. Trevi S.A. utiliza o sistema periódico, faça os registros da empresa em diário.

Solução

Data	Conta	Débito	Crédito
1º/jul.	Compras	30.000	
	Bancos		30.000
6/jul.	Clientes	12.000	
	Receita de Vendas		12.000
9/jul.	Devolução de Vendas	2.000	
	Clientes		2.000
14/jul.	Bancos	20.000	
	Receita de Vendas		20.000
19/jul.	Compras	50.000	
	Fornecedores		50.000
21/jul.	Fornecedores	10.000	
	Devolução de Compras		10.000
23/jul.	Fornecedores	4.000	
	Abatimento de Compras		4.000
28/jul.	Clientes	35.000	
	Receita de Vendas		35.000
29/jul.	Fretes sobre Vendas	200	
	Bancos		200
30/jul.	Bancos	33.250	
	Desconto Financeiro Concedido	1.750	
	Clientes		35.000

II. Supondo que a Cia. Trevi S.A. utilize sistema de inventário permanente, faça os registros da empresa no diário. Considere que o custo das mercadorias é de 60% do valor da receita.

Solução

Data	Conta	Débito	Crédito
1º/jul.	Estoques de Mercadorias	30.000	
	Bancos		30.000
6/jul.	Clientes	12.000	
	Receita de Vendas		12.000
	CMV	7.200	
	Estoques de Mercadorias		7.200
9/jul.	Devolução de Vendas	2.000	
	Clientes		2.000
	Estoques de Mercadorias	1.200	
	CMV		1.200
14/jul.	Bancos	20.000	
	Receita de Vendas		20.000
	CMV	12.000	
	Estoques de Mercadorias		12.000
19/jul.	Estoques de Mercadorias	50.000	
	Fornecedores		50.000
21/jul.	Fornecedores	10.000	
	Estoques de Mercadorias		10.000
23/jul.	Fornecedores	4.000	
	Estoques de Mercadorias		4.000
28/jul.	Clientes	35.000	
	Receita de Vendas		35.000
	CMV	21.000	
	Estoques de Mercadorias		21.000
29/jul.	Fretes sobre Vendas	200	
	Bancos		200
30/jul.	Bancos	33.250	
	Desconto Financeiro Concedido	1.750	
	Clientes		35.000

Um exemplo mais completo...

No dia 1º/12/20X3, Caio Fernandes decidiu abrir uma pequena empresa de equipamentos para pesca, a Big Fish Ltda. O capital da empresa foi subscrito nessa data, no valor de R$ 30.000.

Ocorreram no mês os seguintes eventos:

1º/12 – Abriu uma conta-corrente no Banco Máximo, com o depósito inicial de R$ 15.000.

2/12 – Aluguel de uma sala comercial por 6 meses, com pagamento à vista, de R$ 6.000.

2/12 – Comprou móveis e utensílios para as instalações por R$ 12.000, com a emissão de cinco notas promissórias.

9/12 – Comprou estoques a prazo por R$ 5.000.

14/12 – Algumas mercadorias adquiridas no dia anterior apresentaram defeitos e foram devolvidas. O valor da devolução foi de R$ 300.

14/12 – Pagou frete sobre as compras, no valor de R$ 150.

22/12 – Comprou R$ 3.000 de estoques, com cheque à vista.

23/12 – Vendeu mercadorias a prazo, por R$ 9.500.

26/12 – As mercadorias vendidas no dia 23 apresentaram pequenos defeitos. O cliente aceitou manter a compra, após conceder um abatimento no valor de R$ 200.

28/12 – Recebimento de um cheque no valor de R$ 1.400, por mercadorias que serão entregues no dia 2/1/20X4.

29/12 – Pagamento antecipado da compra do dia 13, com um desconto de 5%.

30/12 – A mercadoria vendida no dia 28 foi retirada pela transportadora para ser entregue ao cliente, com pagamento de um frete de R$ 110.

30/12 – O proprietário fez uma retirada, a título de pró-labore, no valor de R$ 1.000.

Os ajustes do mês são:

1. Os aluguéis antecipados deverão ser reconhecidos.
2. Os móveis e utensílios têm vida útil de 10 anos.
3. As despesas de água (R$ 120), energia (R$ 150) e telefone (R$ 230) serão pagas no dia 5/1/20X4.
4. A contagem física dos estoques realizada em 31/12 apontou um estoque de R$ 3.100.

Sabendo que a empresa adota inventário periódico, pede-se:

a) Faça os registros contábeis e ajustes da empresa no período em diário e em razonetes e apure o resultado do exercício para o período.

b) Sabendo que a alíquota do imposto de renda é de 25%, elabore a Demonstração do Resultado da Big Fish Ltda. e o Balanço Patrimonial.

Solução

a)

Diário

1º/dez.	Capital a Integralizar	30.000	
	Capital Social		30.000
1º/dez.	Bancos	15.000	
	Capital a Integralizar		15.000
2/dez.	Aluguéis Antecipados	6.000	
	Bancos		6.000
2/dez.	Móveis e Utensílios	12.000	
	Notas Promissórias a Pagar		12.000
9/dez.	Compras	5.000	
	Fornecedores		5.000
14/dez.	Fornecedores	300	
	Devolução de Compras		300
14/dez.	Frete sobre Compras	150	
	Bancos		150
22/dez.	Compras	3.000	
	Bancos		3.000
23/dez.	Clientes	9.500	
	Receita de Vendas		9.500
26/dez.	Abatimento de Vendas	200	
	Clientes		200
28/dez.	Bancos	1.400	
	Adiantamento de Clientes		1.400
29/dez.	Fornecedores	4.700	
	Bancos		4.465
	Desconto Financeiro Obtido		235
30/dez.	Fretes sobre Vendas	110	
	Bancos		110
30/dez.	Despesa com Pró-Labore	1.000	
	Bancos		1.000

Ajustes

1.	Despesa de Aluguel	1.000	
	Aluguéis Antecipados		1.000
2.	Despesas de Depreciação	100	
	Depreciação Acumulada		100
3.	Despesa de Água	120	
	Despesa de Energia	150	
	Despesa de Telefone	230	
	Contas a Pagar		500
4.a)	Devolução de Compras	300	
	Compras		300
4.b)	Compras	150	
	Fretes sobre Compras		150
4.c)	CMV	7.850	
	Compras		7.850
4.d)	Mercadorias	3.100	
	CMV		3.100

Encerramento

a)	Receita de Vendas	200	
	Abatimento de Vendas		200
b)	Receita de Vendas	9.300	
	Resultado do Exercício		9.300
c)	Resultado do Exercício	4.750	
	CMV		4.750
d)	Resultado do Exercício	2.710	
	Fretes sobre Vendas		110
	Despesa com Pró-Labore		1.000
	Despesa de Aluguel		1.000
	Despesa de Depreciação		100
	Despesa de Água		120
	Despesa de Energia		150
	Despesa de Telefone		230
e)	Desconto Financeiro Obtido	235	
	Resultado do Exercício		235
f)	Resultado do Exercício	519	
	Imposto de Renda a Pagar		519
g)	Resultado do Exercício	1.556	
	Lucros Acumulados		1.556

Razonetes

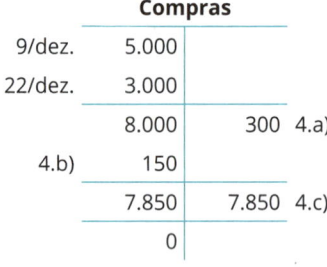

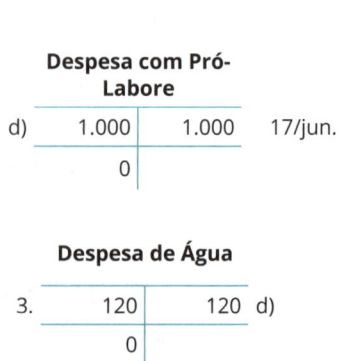

Bancos		
1º/dez.	15.000	6.000 2/dez.
28/dez.	1.400	150 14/dez.
		3.000 22/dez.
		4.465 29/dez.
		110 30/dez.
		1.000 30/dez.
	1.675	

Aluguéis Antecipados		
2/dez.	6.000	1.000 1.
	5.000	

Clientes		
23/dez.	9.500	200 26/dez.
	9.300	

Mercadorias	
4.d) 3.100	

Móveis e Utensílios	
2/dez. 12.000	

Depreciação Acumulada	
	100 2.

Notas Promissórias a Pagar	
	12.000 2/dez.

Contas a Pagar	
	500 3.

Adiantamento de Clientes	
	1.400 28/dez.

Fornecedores		
14/dez.	300	5.000 9/dez.
29/dez.	4.700	
	0	

Imposto de Renda a Pagar	
	519 f)

Capital a Integralizar		
1º/dez.	30.000	15.000 1º/dez.
	15.000	

Capital Social	
	30.000 1º/dez.

Lucros Acumulados	
	1.556 g)

Compras		
9/dez.	5.000	
22/dez.	3.000	
	8.000	300 4.a)
4.b)	150	
	7.850	7.850 4.c)
	0	

Devolução de Compras		
4.a)	300	300 14/dez.
		0

CMV		
4.c)	7.850	3.100 4.d)
	4.750	4.750 c)
	0	

Fretes sobre Compras		
14/dez.	150	150 4.b)
	0	

Receita de Vendas		
a)	200	9.500 23/dez.
b)	9.300	9.300

Abatimento de Vendas		
26/dez.	200	200 a)
	0	

Fretes sobre Vendas		
30/dez.	110	110 d)
	0	

Despesa com Pró-Labore		
d)	1.000	1.000 17/jun.
	0	

Despesa de Aluguel		
1.	1.000	1.000 d)
	0	

Despesa de Depreciação		
2.	100	100 d)
	0	

Despesa de Água		
3.	120	120 d)
	0	

	Despesa de Energia					Despesa de Telefone				Desconto Financeiro Obtido		
3.	150	150	d)		3.	230	230	d)	e)	235	235	29/dez.
	0					0					0	

	Resultado do Exercício		
d)	2.710	9.300	b)
	4.750	235	e)
f)	519	2.075	
g)	1.556	1.556	
		0	

b)

Demonstração do Resultado – 1º/12 a 31/12/20X3		
Receita Bruta de Vendas		9.500
(–) Deduções:		
Abatimento de Vendas	(200)	(200)
Receita Líquida de Vendas		9.300
(–) CMV		
Estoque Inicial	–	
(+) Compras Líquidas	7.850	
Compras Brutas	8.000	
(–) Devolução de Compras	(300)	
(+) Fretes sobre Compras	150	
(–) Estoque Final	(3.100)	(4.750)
Lucro Bruto		4.550
(–) Despesas Operacionais		
Com Vendas:		
Fretes sobre Vendas	(110)	(110)
Administrativas:		
Despesa de Pró-Labore	(1.000)	
Despesa de Aluguel	(1.000)	
Despesa de Depreciação	(100)	
Despesa de Água	(120)	
Despesa de Energia	(150)	
Despesa de Telefone	(230)	(2.600)
Lucro Antes das Receitas e Despesas Financeiras		1.840
Desconto Financeiro Obtido	235	235
Lucro Antes do Imposto de Renda e Participações		2.075
Despesa com Imposto de Renda		(519)
Lucro Líquido		1.556

Balanço Patrimonial em 31/12/20X3				
Ativo Circulante		*19.075*	*Passivo Circulante*	*14.419*
Bancos	1.675		Notas Promissórias a Pagar	12.000
Aluguéis Antecipados	5.000		Contas a Pagar	500
Clientes	9.300		Adiantamento de Clientes	1.400
Mercadorias	3.100		Imposto de Renda a Pagar	519
Ativo Não Circulante		*11.900*	*Patrimônio Líquido*	*16.556*
Móveis e Utensílios	12.000		Capital Social	30.000
(–) Depreciação Acumulada	(100)		(–) Capital a Integralizar	(15.000)
			Lucros Acumulados	1.556
Total do Ativo		**30.975**	**Total do Passivo + PL**	**30.975**

Usando a informação contábil

A empresa North Cost Ltda., em 31/12/20X5, apresentava os seguintes saldos: Capital Social – R$ 500.000; Reservas – R$ 20.000; Lucros Acumulados – R$ 8.200. No exercício de 20X6, foram registradas as seguintes receitas e despesas:

CMV	95.250	Despesas Financeiras	8.300
Despesas de Aluguel	12.000	Devoluções de Vendas	3.500
Despesas de Depreciação	6.300	Outras Receitas	22.000
Despesas de Energia Elétrica	2.400	Receita de Vendas	130.500
Despesas de Fretes	3.200	Receitas Financeiras	1.100
Despesas de Salários	9.000		

Do lucro líquido apurado, ao final do exercício, o estatuto social da empresa determina as seguintes destinações:

1. 20% para reserva;
2. 25% para dividendos.

A empresa destinará todo o saldo de lucros acumulados para aumento do capital.

Pede-se:

a) Elabore a demonstração do resultado.
b) Elabore a demonstração das mutações do patrimônio líquido da empresa para 20X6.
c) Calcule a margem bruta e a margem líquida.

Solução

a)

Demonstração do Resultado do Exercício		
Receita de Vendas		130.500
Devoluções de Vendas		3.500
Receita Líquida		127.000
CMV		(95.250)
Lucro Bruto		31.750
Despesas de Aluguel	(12.000)	
Despesas de Fretes	(3.200)	
Despesas de Energia Elétrica	(2.400)	
Despesas de Salários	(9.000)	
Despesas de Depreciação	(6.300)	
Outras Receitas	22.000	(10.900)
Lucro Antes das Receitas e Despesas Financeiras		20.850
Despesas Financeiras		(8.300)
Receitas Financeiras		1.100
Lucro Líquido		13.650

b)

Demonstração das Mutações do Patrimônio Líquido				
	Capital	Reservas	Lucros Acumulados	Total
Saldo em 31/12/20X5	500.000	20.000	8.200	528.200
Lucro Líquido do Exercício			13.650	13.650
Destinações:				
Reserva		2.730	(2.730)	0
Dividendos			(3.413)	(3.413)
Aumento do capital	15.708		(15.708)	0
Saldo em 31/12/20X6	515.708	22.730	0	538.438

c) Margem Bruta = Lucro Bruto/Receita Líquida = Em 20X6, a margem bruta = R$ 31.750/127.000 = 25%;

Margem Líquida = Lucro Líquido/Receita Líquida = Em 20X6, a margem líquida = R$ 13.650/127.000 = 10,7%.

Com base nos índices calculados acima, podemos observar que, para cada R$ 100 de receita gerada, a North Cost está obtendo R$ 25 de lucro bruto e R$ 10,70 de lucro líquido. Podemos também observar que o custo da mercadoria da empresa representa 75% do preço de venda.

RESUMO DOS OBJETIVOS

Identificar as diferenças entre uma empresa comercial e uma empresa de serviços – A principal atividade operacional exercida por uma empresa comercial é a venda de mercadorias, o que gera a receita de vendas. Nas empresas de serviços, sua principal receita tem origem em virtude da prestação de serviços a terceiros. Assim, as empresas comerciais apresentam uma grande parcela de seus recursos aplicados em estoques de mercadorias e a sua maior despesa é o custo das mercadorias vendidas.

Explicar o reconhecimento de compras sob um sistema de inventário permanente – O estoque de mercadorias é debitado em todas as compras de mercadorias e para os fretes sobre as compras; e é creditado quando ocorrem devoluções, abatimentos e descontos nas compras.

Explicar o reconhecimento das receitas de vendas sob um sistema de inventário permanente – Quando os estoques são vendidos, a conta caixa (ou clientes) é debitada e credita-se a receita de vendas. Ao mesmo tempo, o custo das mercadorias vendidas é debitado e os estoques são creditados, pela saída. Outros registros podem ser requeridos, em função das devoluções, abatimentos, descontos e fretes de vendas.

Distinguir uma demonstração de resultado simplificada de uma detalhada – Pelo modelo de demonstração de resultado simplificado, os dados são classificados em apenas duas categorias: receitas e despesas. Pelo modelo detalhado, a demonstração é apresentada em vários passos, de modo que são determinados o lucro bruto, o lucro antes das receitas e despesas financeiras e o lucro líquido.

Determinar o custo das mercadorias vendidas sob um sistema periódico – Pelo sistema periódico, contas específicas que afetam os estoques são utilizadas: descontos, devoluções, abatimentos e fretes sobre as compras. Para estabelecer o custo das mercadorias vendidas, determinamos as mercadorias disponíveis para a venda, somando ao estoque inicial as compras líquidas. Em seguida, subtraímos o estoque final (determinados por meio de contagem física) das mercadorias disponíveis para a venda.

Explicar os fatores que afetam a lucratividade das empresas – A lucratividade das empresas é afetada pelo lucro bruto e lucro líquido, que poderão ser geridos e controlados pela administração por meio das margens bruta e líquida.

DECISÃO

Pergunta	Informação Necessária	Fórmula	Uso
O preço de venda dos produtos gera margem adequada para a empresa?	Lucro Bruto e Receita Líquida de Vendas	Margem Bruta = Lucro Bruto/Receita Líquida	Quanto que a entidade está gerando de resultado bruto para cada unidade de receita. Uma margem muito alta pode resultar em perda de vendas, já que o preço de venda pode estar muito elevado
A empresa obtém uma margem adequada entre suas receitas e suas despesas?	Lucro Líquido e Receita Líquida de Vendas	Margem Líquida = Lucro Líquido/Receita	Quanto que a entidade está gerando de resultado líquido para cada unidade de receita. Maiores margens significam melhor desempenho, embora este valor dependa de vários fatores

DICIONÁRIO

Abatimento de compras – É uma dedução no preço de venda das mercadorias feita pelo vendedor quando o comprador decide permanecer com a mercadoria, sob a perspectiva do comprador. Seu valor reduz as compras, para obtenção das compras líquidas.

Abatimento de vendas – É uma dedução no preço de venda das mercadorias feita pelo vendedor quando o comprador decide permanecer com a mercadoria, sob a perspectiva do vendedor. Seu valor reduz as vendas, para obtenção das vendas líquidas.

Compras – Representam as mercadorias adquiridas por uma entidade. No inventário periódico, representa a conta em que são reconhecidas todas as entradas de produtos.

Compras líquidas – Das compras brutas são deduzidos os descontos, as devoluções e os abatimentos de compras obtendo-se as compras líquidas. Às compras líquidas, são acrescidos os gastos com fretes e seguros referentes às compras.

Custo das mercadorias vendidas (CMV) – Representa o total dos custos das mercadorias vendidas durante um período de tempo.

Deduções da receita – São contracontas das receitas brutas de vendas na demonstração de resultado. São os descontos, as devoluções, os abatimentos e os impostos sobre as vendas.

Descontos comerciais sobre compras – Redução no preço de venda das mercadorias no momento da venda, em função de uma negociação com o vendedor, sob a ótica do comprador. Seu valor reduz as compras, para obtenção das compras líquidas.

Descontos comerciais sobre vendas – Redução no preço de venda das mercadorias no momento da venda, em função de uma negociação com o vendedor, sob a ótica do vendedor. Seu valor reduz as vendas, para obtenção das vendas líquidas.

Descontos financeiros sobre compras – Desconto obtido pelo comprador, em função de uma antecipação no pagamento das duplicatas. Representa uma receita financeira, na demonstração do resultado.

Descontos financeiros sobre vendas – Desconto concedido pelo vendedor, em função de uma antecipação no pagamento das duplicatas. Representa uma despesa financeira, na demonstração do resultado.

Despesas operacionais – São classificadas como despesas operacionais: (1) as despesas com vendas, tais como as comissões pagas a vendedores; (2) as despesas administrativas, como as despesas de salários; (3) e outras receitas e despesas operacionais, como o resultado de participações em outras sociedades.

Devolução de compras – Retorno das mercadorias efetuado pelo comprador, dando-lhe direito ao valor pago à vista ou uma redução nas contas a pagar ao vendedor. Seu valor reduz as compras, para obtenção das compras líquidas.

Devolução de vendas – Retorno das mercadorias efetuado pelo comprador, dando-lhe direito ao valor pago à vista ou uma redução nas contas a pagar ao vendedor. Seu valor reduz as vendas, para obtenção das vendas líquidas.

Frete sobre compras – Valores pagos para que a mercadoria esteja disponível para a venda na empresa comercial. Quando pagos pelo comprador, aumentam o custo das mercadorias.

Frete sobre vendas – Valores pagos para que a mercadoria seja entregue ao comprador. Quando pagos pelo vendedor, aumentam as despesas operacionais.

Lucro bruto – Representa o excesso das receitas líquidas de vendas sobre o custo das mercadorias vendidas.

Margem bruta – Lucro bruto expresso em termos percentuais, apurado dividindo-o pela receita líquida.

Margem líquida – Mede a porcentagem de cada real de vendas que resulta em lucro líquido, calculado dividindo o lucro líquido pela receita líquida de vendas.

Participações no lucro – São as participações de debêntures, empregados e administradores, partes beneficiárias e de fundos de assistência e previdência aos empregados, calculadas a partir do lucro após o imposto de renda e contribuição social.

Receita líquida – Total das vendas efetuadas em um período menos os descontos, as devoluções, os abatimentos de vendas e os impostos sobre as vendas.

Sistema de inventário periódico – Sistema de inventário em que o custo das mercadorias vendidas não é registrado quando a empresa efetua as vendas. Esse valor só é calculado e registrado no final do período.

Sistema de inventário permanente – Sistema de inventário detalhado em que o custo das mercadorias vendidas é registrado sempre que a empresa efetua as vendas.

PROBLEMA DEMONSTRAÇÃO

Os saldos das contas da Cia. Amazonense S.A. para o exercício de 20X8 são apresentados a seguir (valores em R$ mil):

Abatimento sobre Compras	R$	15	Devolução de Vendas	R$	60
Abatimento sobre Vendas	R$	20	Estoque em 31/12	R$	400
Compras	R$	900	Estoque em 1º/1	R$	240
Desconto sobre Compras	R$	21	Frete sobre Compras	R$	45
Desconto sobre Vendas	R$	50	Impostos sobre Vendas	R$	120
Despesa de Vendas	R$	520	Outras Receitas	R$	205
Despesa Financeira	R$	230	Receita de Vendas	R$	2.250
Despesas Administrativas	R$	180	Receita Financeira	R$	142
Devolução de Compras	R$	95			

Informações adicionais:

1. A alíquota do imposto de renda é de 15%.
2. A empresa teve um prejuízo acumulado, no exercício de 20X7 de R$ 152.
3. A participação dos administradores é de 7%; dos empregados no lucro de 15%; de debêntures 10%; e partes beneficiárias de 8%.

Pede-se:

Elabore a demonstração de resultado da Cia. Amazonense S.A., para o ano de 20X8.

Demonstração do Resultado – 20X8

Receita de vendas		2.250
(–) Deduções das vendas		
Devolução de vendas	60	
Desconto sobre vendas	50	
Abatimento sobre vendas	20	
Impostos sobre vendas	120	(250)
Receita líquida		2.000
Estoque em 1º/1	240	
(+) Compras	900	
(–) Devolução de compras	(95)	
(–) Desconto sobre compras	(21)	
(–) Abatimento sobre compras	(15)	
(+) Frete sobre compras	45	814
Estoque em 31/12	(400)	
CMV		654
Lucro Bruto		1.346

Despesas Operacionais		
Despesa de Vendas	*(520)*	
Despesas Administrativas	*(180)*	
Outras Receitas	*205*	*(495)*
Lucro Antes das Receitas e Despesas Financeiras		*851*
Receita financeira	*142*	
Despesa financeira	*(230)*	*(88)*
Lucro Antes dos Impostos e Participações		*763*
Imposto de Renda		*(92)*
Participações de Debêntures		*(52)*
Participações de Empregados		*(70)*
Participações de Administradores		*(28)*
Participações de Partes Beneficiárias		*(30)*
Lucro líquido		*492*

QUESTÕES DE MÚLTIPLA ESCOLHA

1. Sobre os sistemas de inventário, é correto afirmar:
   a) Existem dois sistemas para apurar o custo da mercadoria vendida: inventário periódico e inventário físico de mercadorias.
   b) No inventário periódico, o custo das mercadorias vendidas é obtido por meio de um controle contínuo do estoque de mercadorias, dando baixa em cada venda e entrada em cada compra.
   c) No inventário permanente, o custo das mercadorias vendidas somente será obtido ao final de um período, quando apuramos o estoque de mercadorias, por meio de uma contagem física.
   d) No inventário periódico, o custo das mercadorias vendidas é calculado ao final do período, quando a empresa soma o total das compras efetuadas no período ao saldo da conta de mercadorias e subtrai o saldo final dos estoques, obtido por meio de contagem física.

2. Sobre o sistema de inventário periódico, qual dos itens a seguir é verdadeiro?
   a) O custo das mercadorias vendidas só é determinado no final de um período contábil.
   b) Os registros detalhados de custo de compras e vendas são mantidos constantemente.
   c) Provê melhor controle dos estoques.
   d) O uso de sistemas computadorizados tem aumentado o seu uso.

3. Qual dos itens a seguir não resulta em um ajuste da conta de estoques no sistema de inventário permanente?
   a) Uma compra de mercadorias.
   b) A devolução de mercadorias ao vendedor.
   c) O pagamento de fretes de mercadorias recebidas de um fornecedor.
   d) O pagamento de fretes de mercadorias enviadas ao cliente.

4. Das contas relacionadas às compras a seguir, quais delas são, normalmente, contas devedoras:
   a) Descontos de compras.
   b) Abatimentos de compras.
   c) Devolução de compras.
   d) Fretes sobre compras.

5. Das contas a seguir relacionadas às vendas, qual delas, normalmente, é credora:
   a) Descontos de vendas.
   b) Devolução de vendas.
   c) Receitas de vendas.
   d) Frete sobre vendas.

6. Dos itens a seguir, aponte a alternativa incorreta:
   a) Os descontos comerciais são aqueles computados no ato da venda, quando ficam conhecidos seus montantes.
   b) Os descontos financeiros são obtidos por um pagamento antecipado ao fornecedor.
   c) Os abatimentos são obtidos ou concedidos em virtude de as empresas realizarem grandes compras ou vendas, respectivamente, de mercadorias.
   d) As devoluções são decorrentes de produtos defeituosos ou porque os clientes não estão de acordo com o pedido.

7. O lucro bruto da empresa comercial ocorre se:
   a) As receitas de vendas forem maiores que o custo das mercadorias vendidas.
   b) As despesas operacionais forem menores que o lucro líquido.
   c) As receitas de vendas forem maiores que as despesas operacionais.
   d) As despesas operacionais forem maiores que o custo das mercadorias vendidas.

8. Qual das informações a seguir não é apresentada na demonstração do resultado de uma empresa comercial?
   a) O lucro bruto.
   b) O custo das mercadorias vendidas.
   c) A receita líquida de vendas.
   d) O lucro ou prejuízo acumulado.

9. Qual dos itens a seguir afeta a margem bruta? (Obs.: assuma que as vendas permanecem constantes.)
   a) Um aumento nas despesas de publicidade.
   b) Uma redução nas despesas de depreciação.
   c) Um aumento no custo das mercadorias vendidas.
   d) Uma redução nas despesas financeiras.

10. A margem bruta é igual às(ao):
    a) Lucro líquido dividido pelas receitas líquidas.
    b) Custo das mercadorias vendidas dividido pelas receitas líquidas.
    c) Receitas líquidas menos o custo das mercadorias vendidas, dividido pelas receitas líquidas.
    d) Receitas líquidas menos o custo das mercadorias vendidas, dividido pelo custo das mercadorias vendidas.

11. Qual dos itens a seguir não afetará a margem bruta?
    a) Um aumento no preço das mercadorias em estoque.
    b) Um aumento na venda de itens de luxo.
    c) Um aumento nos descontos concedidos aos clientes.
    d) Um aumento no pagamento de fretes sobre as vendas.

12. A margem líquida é igual às(ao):
    a) Lucro líquido dividido pelas receitas líquidas.
    b) Custo das mercadorias vendidas dividido pelas vendas.
    c) Receitas líquidas menos o custo das mercadorias vendidas, dividido pelas receitas líquidas.
    d) Receitas líquidas menos o custo das mercadorias vendidas, dividido pelo custo das mercadorias vendidas.

13. Quando as mercadorias são compradas por uma empresa que utiliza o sistema de inventário periódico:
    a) As compras são debitadas na conta estoque de mercadorias.
    b) As compras são debitadas na conta compras.
    c) As devoluções e os abatimentos são debitados na conta estoque de mercadorias.
    d) Fretes de compras são debitados na conta compras.

14. Quando as mercadorias são compradas por uma empresa que utiliza o sistema de inventário permanente:
    a) As compras são debitadas na conta estoque de mercadorias.
    b) As compras são debitadas na conta compras.

c) As devoluções e os abatimentos são debitados na conta devoluções e abatimentos de compras.

d) Fretes de compras são debitados na conta compras.

15. **Assinale a opção que apresenta a contabilização correta de uma venda de mercadorias a prazo, quando a empresa adota inventário permanente.**

   a) D – receita de vendas e C – clientes; D – custo das mercadorias vendidas e C – estoques.

   b) D – receita de vendas e C – clientes; D – estoques e C – custo das mercadorias vendidas.

   c) D – clientes e C – receita de vendas; D – custo das mercadorias vendidas e C – estoques.

   d) D – clientes e C – receita de vendas; D – estoques e C – custo das mercadorias vendidas.

16. **Assinale a opção que apresenta a contabilização correta de um pagamento de fretes sobre compras, quando a empresa adota inventário permanente.**

   a) D – fretes sobre compra e C – caixa.

   b) D – caixa e C – frete sobre compras.

   c) D – estoques e C – caixa.

   d) D – caixa e C – caixa.

QUESTÕES PARA REVISÃO

1. Qual a principal diferença entre as empresas comerciais e as prestadoras de serviços?

2. Nas empresas comerciais, quais são as principais contas de receita e despesa?

3. Quais empresas apresentam maiores ciclos operacionais: as comerciais ou as prestadoras de serviços? Justifique.

4. O que são sistemas de inventário?

5. Quais são os dois tipos de inventário utilizados pela contabilidade?

6. Explique o que é inventário permanente.

7. Explique o inventário periódico.

8. Como se calcula o custo das mercadorias vendidas pelo inventário periódico?

9. Que empresas, geralmente, adotam o inventário permanente?

10. Qual a diferença entre devoluções e abatimentos de compras?

11. Como é classificado o frete pago sobre as compras na empresa compradora? E na vendedora?

12. Qual a diferença entre descontos comerciais e descontos financeiros?

13. O que representam os descontos financeiros para a empresa vendedora? E para a compradora?

14. O que significa lucro bruto?

15. O que é lucro líquido?

16. Que despesas são incluídas na demonstração do resultado como despesas operacionais?

17. Quem são os participantes no lucro das empresas?

18. Ao adotar o inventário periódico, uma empresa que está obtendo novas mercadorias deverá fazer esse registro em que conta?

19. Que informação é apresentada pela margem bruta? E pela margem líquida?

EXERCÍCIOS BREVES

EB 1. A empresa Vagalume Comércio de Luminárias fez diversos eventos relacionados com mercadorias no mês de outubro/20X9. Efetue os registros contábeis da empresa no livro diário, sabendo que a empresa adota inventário permanente.

   1º/10 – Compra de mercadorias à vista por R$ 20.000.

   3/10 – Foi obtido um abatimento sobre as compras, no valor de R$ 200, pois estavam com uns leves arranhões.

9/10 – Devolução de algumas unidades por não estarem em consonância com o pedido, R$ 1.500.

12/10 – Vendas a prazo por R$ 12.000 (o custo foi de R$ 4.000).

19/10 – Pagou R$ 300 de fretes sobre as compras.

27/10 – Os clientes adiantaram o pagamento das duplicatas, sendo concedido um desconto de R$ 1.200.

EB 2. Com as informações apresentadas no EB 1, faça os registros no livro diário, considerando que a Vagalume adotasse o inventário periódico.

EB 3. A atacadista Terra Mundi vendeu mercadorias à vista no valor de R$ 135.000, que tiveram um custo de R$ 93.000, ao supermercado Ribeirão. As duas empresas adotam o sistema de inventário permanente. Efetue os registros contábeis no diário das duas empresas.

EB 4. A Sol Nascente Artigos para Pesca Ltda. utiliza o inventário periódico para controlar os seus estoques. No mês de janeiro de 20X3, a empresa realizou os seguintes eventos: Abatimentos de Compras = R$ 10.500; Compras Brutas = R$ 290.000; Descontos de Compras = R$ 20.000; Devolução de Compras = R$ 51.000; Fretes sobre Compras = R$ 11.500. Calcule o valor das compras líquidas.

EB 5. No mês de janeiro de 20X3, a Sol Nascente Artigos para Pesca Ltda. apresentava um saldo de mercadorias de R$ 30.000. Sabendo que as compras líquidas do período são apuradas no exercício anterior (EB 4) e o saldo final de mercadorias, de acordo com a contagem física foi de R$ 5.000, calcule o valor do custo da mercadoria vendida.

EB 6. A seguir, são apresentadas as informações que compõem a demonstração de resultado da Editora Melhor Leitura Ltda. Determine os itens que estão faltando.

Vendas	Custo dos Produtos Vendidos	Lucro Bruto	Despesas Operacionais	Lucro Líquido
R$ 32.000	(a)	R$ 29.700	(b)	R$ 2.300
R$ 159.000	R$ 115.000	(c)	R$ 49.000	(d)
(e)	R$ 373.510	R$ 746.490	R$ 540.820	(f)

EB 7. Com base nas informações a seguir, calcule a receita líquida de vendas:
a) Vendas = R$ 110.000; Descontos de Vendas = R$ 11.000 e Devoluções de Compras = R$ 23.000.
b) Vendas = R$ 83.000; Devoluções de Vendas = R$ 9.000; Abatimentos de Compras = R$ 1.550.
c) Vendas = R$ 30.000; Fretes sobre Vendas = R$ 2.000 e Devoluções de Vendas = R$ 23.000.
d) Vendas = R$ 1.256.000; Descontos de Vendas = R$ 20.300 e Devoluções de Vendas = R$ 129.000; Abatimento de Vendas = R$ 240.000.
e) Vendas = R$ 60.000; Impostos sobre Vendas = R$ 10.200 e Abatimentos sobre Vendas = R$ 9.000.
f) Vendas = R$ 20.000; Descontos de Vendas = R$ 70; Devoluções de Vendas = R$ 540; Abatimento de Vendas = R$ 120; Impostos sobre Vendas = R$ 3.400.

EB 8. A seguir são apresentadas as informações da empresa Capricho Comércio de Roupas Ltda. no final do mês de janeiro: Abatimentos de Vendas = R$ 1.000; Descontos sobre Vendas = R$ 300; Devoluções de Vendas = R$ 2.500; Vendas à Vista – R$ 13.000; Vendas a Prazo = R$ 29.000. Prepare a seção da receita líquida de vendas na demonstração de resultados.

EB 9. Apresentamos alguns itens da demonstração do resultado a seguir. Aponte onde esses itens são apresentados na demonstração do resultado detalhada:

a) Custo das mercadorias vendidas.

b) Impostos sobre vendas.

c) Despesas de salários.

d) Ganhos com venda de imobilizado.

e) Despesas financeiras.

EB 10. A Comercial Asas Motocicletas apresentou os seguintes saldos no exercício de 20X3: Custo das Mercadorias Vendidas = R$ 60.000; Despesas Financeiras = R$ 12.000; Despesas Operacionais = R$ 30.000; Receita Líquida = R$ 150.000. Calcule:

a) O lucro bruto.

b) O lucro líquido.

c) A margem bruta.

d) A margem líquida.

EB 11. A Marina Comércio de Máquinas Ltda. teve os seguintes saldos no exercício de 20X9: Custo das Mercadorias Vendidas = R$ 180.000; Despesas Operacionais = R$ 90.000; Receitas Financeiras = R$ 18.000; Receita Líquida = R$ 330.000. Calcule:

a) O lucro bruto.

b) O lucro líquido.

c) A margem bruta.

d) A margem líquida.

PROBLEMAS

PB 1. A Bili Chocolates apresentou as seguintes operações durante o mês de janeiro:

4/1 – Compra de mercadorias da Cacaulate por R$ 3 mil, a serem pagos em 30 dias.

6/1 – Pagamento do frete da compra do dia 4, no valor de R$ 100.

7/1 – Devolução de algumas unidades, cujo valor total de aquisição foi de R$ 1.200.

30/1 – Pagamento da compra do dia 4 de janeiro, obtendo um desconto de R$ 70.

Pede-se:

Faça os lançamentos usando o inventário permanente.

PB 2. Considere o que ocorreu com a Ioiô, uma empresa de relógios. Durante o mês de novembro ocorreram os seguintes eventos:

2/11 – Compra de mercadorias num montante de R$ 16.000, a prazo.

3/11 – Pagamento do frete, no valor de R$ 60, pagos para a Cia. Transportadora.

4/11 – Parte da mercadoria foi devolvida por não estar nas especificações: R$ 2.000.

5/11 – Venda de produtos, cujo valor de custo foi de R$ 2.000, por R$ 3.500, a prazo.

9/11 – Devolução de parte da venda realizada no dia 5. Valor da receita = R$ 350; custo da mercadoria = R$ 200.

10/11 – Venda de R$ 7.000, com valor de custo de R$ 4.000, a prazo.

Pede-se:

Faça os lançamentos da empresa. Considere o inventário permanente.

PB 3. As seguintes transações ocorreram na empresa Nerds Ltda.:

1. A empresa vendeu R$ 4.000 em mercadorias, a prazo, cujo custo foi de R$ 2.400.
2. A empresa recebeu de volta R$ 1.000 da mercadoria vendida anteriormente, com valor de custo de R$ 600.
3. A empresa concedeu um abatimento de R$ 100 para os produtos restantes.
4. A empresa recebeu pela venda efetuada.

Pede-se:

Faça os lançamentos da empresa Nerds Ltda., sabendo que a empresa utiliza o inventário permanente.

PB 4. No dia 15 de setembro, a empresa Tex adquiriu R$ 40.000 de mercadorias da Provence, a prazo. A Tex pagou o frete de R$ 500 no mesmo dia. Ao receber as mercadorias no dia 17 de setembro, a Tex constatou que parte dos produtos não atendia às especificações e efetuou a sua devolução. O valor devolvido foi de R$ 11.000. No dia 15 de outubro, a Tex pagou a Provence.

Pede-se:

a) Faça os lançamentos na contabilidade da Tex.
b) Faça os lançamentos na contabilidade da Provence, usando o inventário permanente. As mercadorias adquiridas no dia 15 de setembro tinham um custo de R$ 30 mil e os estoques devolvidos tinham um custo de R$ 8.250.

PB 5. A Daniel Comércio apresentou as seguintes transações no mês de junho. No começo do mês, a empresa foi constituída, com capital de R$ 30 mil, em dinheiro.

2/6 – Compra de mercadorias no valor de R$ 9.000, a prazo.
2/6 – Pagamento do frete da compra, de R$ 80.
3/6 – Venda de 20% do estoque, por R$ 2.500, a prazo.
4/6 – Devolução de R$ 300 das mercadorias adquiridas no dia 2.
8/6 – Recebimento da venda do dia 3, com desconto financeiro de R$ 100.
9/6 – Pagamento ao fornecedor, com desconto de R$ 200.
10/6 – Compra de mercadorias no valor de R$ 5.000, à vista.
17/6 – Venda de mercadorias por R$ 5.000, sendo metade à vista e metade a prazo. As mercadorias tinham um custo de R$ 3.000.
18/6 – O cliente do dia 17 devolveu metade das mercadorias por não atender às especificações. O lançamento a crédito será realizado na conta de Valores a Receber.
24/6 – Venda de mercadorias por R$ 2.000, com valor de custo de R$ 1.600, à vista.
25/6 – Abatimento concedido da venda do dia anterior, de R$ 200.
26/6 – Venda de R$ 1.500 de mercadorias, com valor de custo de R$ 1.200, a prazo.
28/6 – Compra de R$ 2.500 de mercadorias, à vista, com frete de R$ 50, pago pelo fornecedor.

A empresa possuía as seguintes contas: Caixa, Valores a Receber, Estoques, Fornecedores, Fretes a Pagar, Capital, Receita de Venda, Abatimento de Venda, Descontos Comerciais Concedidos, Descontos Financeiros Concedidos, Descontos Financeiros Obtidos, Devolução de Venda, Custo da Mercadoria Vendida e Despesa de Frete.

Pede-se:

Faça o lançamento das transações, usando o inventário permanente.

PB 6. A Campos Agronegócios apresentava, no início de maio, um saldo de R$ 10.000 em caixa, R$ 23.000 em estoques e um capital de R$ 33.000. As transações a seguir ocorreram durante o mês de maio:

13/5 – Compra de produtos da Hansen S.A. por R$ 3.000, a prazo.

15/5 – Pagamento do frete da compra do dia 13, no valor de R$ 130.

17/5 – Devolução de mercadorias da Hansen, no valor de R$ 1.000.

17/5 – Recebimento de um abatimento de R$ 300 das mercadorias adquiridas no dia 13.

20/5 – Venda de diversos produtos, no valor de R$ 4.500, a prazo, que tinham um custo de R$ 3.400.

21/5 – Compra de R$ 2.000 de mercadorias, a prazo da Hansen S.A.

23/5 – Concessão de abatimento da venda do dia 20, no valor de R$ 200.

27/5 – Pagamento da compra do dia 13.

28/5 – Venda de R$ 5.000 de mercadorias, a prazo, com um custo de R$ 3.700.

30/5 – Recebimento em devolução de mercadorias da venda do dia 28, no valor de R$ 500. O valor de custo desses estoques era de R$ 400.

31/05 – Recebimento da venda do dia 20, com desconto de R$ 200.

O plano de contas da empresa Campos incluía: Caixa, Clientes, Estoques, Fornecedores, Capital, Receita de Vendas, Desconto Financeiro Concedido, Devolução de Vendas, Abatimento sobre Vendas e Custo das Mercadorias Vendidas.

Pede-se:

a) Faça os lançamentos no diário da empresa.
b) Transfira os lançamentos para os razonetes.
c) Prepare o balancete de verificação.
d) Determine a demonstração do resultado.

PB 7. A Abrangente Comércio apresentou ao longo de fevereiro uma série de transações com mercadorias. O saldo inicial existente no balancete de verificação era: Caixa = R$ 20.000; Capital Social = R$ 20.000.

1º/2 – Compra de mercadorias a prazo por R$ 5.000.

3/2 – Devolução de mercadorias, no valor de R$ 800.

8/2 – Venda de mercadorias, a prazo, por R$ 3.500. O custo era de R$ 2.700. Pagamento do frete de R$ 250.

9/2 – Devolução de mercadorias vendidas no dia anterior, no valor de R$ 700, com custo de R$ 540. Abatimento de R$ 200 para o restante.

10/2 – Compra de mercadorias, à vista, por R$ 3.500.

11/2 – Abatimento da compra do dia anterior de R$ 100. Valor descontado da aquisição do dia 1º de fevereiro.

14/2 – Venda de mercadorias de R$ 4.000, cujo valor do custo é de R$ 3.100. Metade da venda foi à vista.

15/2 – Abatimento de R$ 120 referente à venda do dia anterior.

18/2 – Compra de mercadorias, a prazo, por R$ 1.000.

21/2 – Devolução de mercadorias adquiridas no dia 18 de fevereiro, no valor de R$ 400.

22/2 – Pagamento de despesa de energia, água e Internet, de R$ 650.

23/2 – Venda de mercadorias a prazo, por R$ 2.600, com valor de custo de R$ 2.000.

24/2 – Abatimento da venda do dia anterior, de R$ 350.

25/2 – Recebimento da venda do dia 8, com desconto de R$ 80.

28/2 – Pagamento da compra do dia 1º, com desconto de R$ 140.

O plano de contas da Abrangente inclui as seguintes contas: Caixa, Contas a Receber, Estoques de Mercadorias, Contas a Pagar, Capital, Receita de Vendas, Devolução de Vendas, Abatimento de Vendas, Descontos Comerciais Concedidos, Custo das Mercadorias Vendidas, Descontos Financeiros Obtidos, Descontos Financeiros Concedidos, Frete sobre Vendas e Despesa de Energia, Água e Internet.

Pede-se:

a) Faça os lançamentos nos diários usando o inventário permanente.

b) Faça os lançamentos nos razonetes.

c) Prepare a demonstração do resultado para o mês de fevereiro.

d) Calcule a margem bruta da empresa.

PB 8. O balancete de verificação da Marin Ltda. mostrava os seguintes saldos: Abatimento de Vendas = R$ 900; Custo da Mercadoria Vendida = R$ 27.000; Desconto Comercial Concedido = R$ 1.200; Devolução de Vendas = R$ 1.100; e Receita de Vendas = R$ 34.000.

Pede-se:

Apresente a demonstração do resultado, incluindo o lucro bruto.

PB 9. São apresentadas a seguir informações da empresa Adeus S.A.

Custo das Mercadorias Vendidas	450.000	Descontos de Vendas	11.000
Despesa de Frete	21.500	Devolução de Vendas	4.800
Despesa de Seguros	15.900	Receita de Vendas	557.000
Despesa de Aluguel	36.000		

Pede-se:

a) Prepare a demonstração do resultado da empresa. Considere que a Adeus paga 34% de imposto de renda sobre o lucro obtido.

b) Calcule a margem bruta e a margem líquida.

PB 10. São apresentadas a seguir duas demonstrações de duas empresas:

	Alfa Ltda.	Beta Ltda.
Receita de Vendas	820.000	?
Devolução de Vendas	?	– 15.000
Receita Líquida	809.500	735.000
Custo das Mercadorias Vendidas	– 566.000	?
Lucro Bruto	?	195.000
Despesas Operacionais	– 200.000	?
Lucro Líquido	?	15.000

Pede-se:

a) Complete os espaços que estão faltando.
b) Calcule a margem bruta e a margem líquida das empresas.
c) Faça uma breve análise do desempenho.

PB 11. A MIT apresentava, no final do ano, as seguintes informações:

Custo das Mercadorias Vendidas	730.000	Despesas Administrativas	45.000
Despesas de Salários	30.500	Despesas com Imposto de Renda	34.000
Receita Financeira	9.400	Receita de Vendas Líquidas	910.000

Pede-se:

a) Prepare a demonstração do resultado.
b) Calcule a margem bruta e a margem líquida.
c) No ano anterior a margem líquida era de 0,10 e a margem bruta era de 0,17. Analise o que ocorreu com a empresa.

PB 12. A RC apresentava, ao final de fevereiro, as seguintes informações:

Custo das Mercadorias Vendidas	164.000	Despesa de Pesquisa	9.000
Despesas de Propaganda	1.900	Despesa com Imposto de Renda	3.000
Despesa de Vendas	21.000	Despesas Operacionais	12.000
Despesas Financeiras	3.200	Despesa de Salários	8.700
Receita Líquida de Vendas	230.000		

Pede-se:

a) Prepare a demonstração do resultado do exercício.
b) Calcule a margem bruta e a margem líquida. Explique o resultado obtido.
c) O gestor está pensando em aumentar a despesa com propaganda para R$ 4.500. Isso deverá aumentar a receita e o custo das mercadorias vendidas em 10%. Considerando que os outros valores permanecerão constantes e que a empresa possui uma alíquota de Imposto de Renda de 30%, aproximadamente, refaça a DRE da RC.

PB 13. A seguir, estão os dados de quatro entidades.

	I	II	III	IV
Estoque Inicial	3.000	4.500	700	(g)
Compras	60.000	40.000	(e)	135.000
Devolução de Compras	2.300	(c)	4.500	(h)
Compras Líquidas	(a)	38.300	29.500	124.000
Mercadorias Disponíveis para Venda	60.700	42.800	30.200	(i)
Estoque Final	4.500	(d)	(f)	13.400
Custo das Mercadorias Vendidas	(b)	39.900	28.900	119.600

Pede-se:

Determine os valores que estão faltando.

PB 14. O balancete de verificação da empresa Operacional para final de abril era o seguinte:

Caixa	42.000
Capital Social	120.000
Contas a Pagar	30.000
Contas a Receber	140.000
Custo das Mercadorias Vendidas	135.000
Depreciação Acumulada Veículos	23.000
Despesa de Aluguel	29.000
Despesa de Depreciação	7.000
Despesa de Imposto de Renda	14.000
Despesa de Salários	49.000
Despesa de Seguros	8.000
Despesa Financeira	22.000
Despesas Gerais	12.000
Devolução e Abatimentos de Vendas	17.000
Empréstimos de Longo Prazo	70.000
Estoques de Mercadorias	74.000
Lucros e Prejuízos Acumulados	25.000
Receita de Vendas	317.000
Salários a Pagar	19.000
Seguros Antecipados	10.000
Veículos	45.000

Pede-se:

a) Prepare a demonstração do resultado, as mutações do patrimônio líquido e o balanço patrimonial.

b) Calcule a margem bruta e a margem líquida.

c) Considere que a empresa está pensando em implantar uma remuneração por desempenho. Acredita-se que a receita líquida irá aumentar em 20%, enquanto o lucro bruto deverá atingir R$ 205 mil. Além disso, a despesa de salários passará para R$ 59 mil. Com base nessas informações, determine se isso será vantajoso para a empresa em termos de margem bruta e líquida. Para fins da análise, desconsidere o efeito fiscal.

PB 15. Um contador inexperiente preparou uma demonstração de resultado da empresa Tributária Consultoria:

Receitas	
Receitas Líquidas	90.000
Outras Receitas	14.000
	104.000
Custo do Produto Vendido	78.000
Lucro Bruto	26.000
Despesas Operacionais	11.000
Despesas Administrativas	9.000
Lucro Líquido	6.000

Uma contadora experiente fez uma revisão e constatou o seguinte:

1. As receitas líquidas foram obtidas somando as receitas brutas de R$ 85.000 mais a devolução de vendas de R$ 2.000 e devolução de compras de R$ 3.000.
2. Outras receitas correspondem a descontos de vendas de R$ 1.000 e receita de aluguel, de R$ 13.000.
3. As despesas operacionais correspondem à soma de despesa de salários, de R$ 5.100, despesa de seguros, de R$ 900 e despesa financeira, de R$ 5.000.
4. A despesa administrativa refere-se à soma de dividendos, de R$ 7.500, e despesa de energia, de R$ 1.500.
5. Não foi considerada a despesa com imposto de renda.

Pede-se:

Prepare a demonstração de resultado correta. Use uma alíquota de imposto de 15% para a empresa.

PB 16. A Ótica Olhos Castanhos apresentava o seguinte balancete de verificação:

	Débito	Crédito
Caixa	44.300	
Valores a Receber	58.500	
Estoques	175.500	
Terrenos	58.000	
Prédios	61.100	
Depreciação Acumulada Prédios		12.200
Equipamentos	87.100	
Depreciação Acumulada Equipamentos		26.100
Empréstimos		30.000
Contas a Pagar		51.800
Capital Social		200.000
Lucros e Prejuízos Acumulados		24.000
Receita de Vendas		790.000
Desconto de Vendas	10.600	
Custo das Mercadorias Vendidas	534.000	
Despesa de Salários	51.200	
Despesa de Luz e Água	20.300	
Despesa de Manutenção	7.200	
Despesa de Propaganda	10.400	
Despesa de Seguros	3.500	
Despesa de Depreciação	12.400	
	1.134.100	1.134.100

Dados para ajustes:

1. Depreciação dos prédios e equipamentos: R$ 1.500 e R$ 5.600, nesta ordem.
2. A despesa financeira dos empréstimos é de R$ 600.
3. Imposto de renda do período = R$ 28.000.

Pede-se:

a) Faça os lançamentos dos ajustes no diário.
b) Apresente o balancete de verificação após ajuste.
c) Prepare a demonstração do resultado, das mutações do patrimônio líquido e do balanço patrimonial.

PB 17. A Negociação S.A. apresenta as seguintes contas no balancete de verificação:

Estoque Inicial	90.000
Compras	1.240.000
Desconto de Compras	12.000
Devolução de Compras	11.000
Receita de Vendas	1.480.000
Devolução de Vendas	36.000

O estoque final da empresa era de R$ 82.000. A empresa usava o inventário periódico.

Pede-se:

Determine a demonstração do resultado até o lucro bruto para a empresa.

PB 18. As informações a seguir são da Leo José Drogaria:

Receita de Vendas		100.000
CMV		(a)
Lucro Bruto		59.000
Despesas Operacionais		42.000
Lucro Líquido		(b)
Estoque	13.000	(c)
Contas a Pagar	5.000	7.000
Compras		50.000
Pagamento a Fornecedores		(d)

Pede-se:

Complete os valores acima.

PB 19. Os saldos das contas da fábrica de chocolates Rio de Açúcar Ltda. no período são os apresentados a seguir:

Abatimento sobre Compras	R$ 31.500	Devolução de Vendas	R$ 11.900
Abatimento sobre Vendas	R$ 5.200	Estoque em 30/6	R$ 36.270
Compras	R$ 210.000	Estoque em 31/5	R$ 115.000
Desconto sobre Compras	R$ 320	Frete sobre Vendas	R$ 1.220
Desconto sobre Vendas	R$ 630	Impostos sobre Vendas	R$ 60.000
Despesa de Vendas	R$ 25.000	Outras Receitas	R$ 12.110
Despesa Financeira	R$ 22.000	Receita de Vendas	R$ 500.000
Despesas Administrativas	R$ 31.000	Receita Financeira	R$ 11.305
Devolução de Compras	R$ 8.400		

Informações adicionais:

I – A alíquota do imposto de renda é de 15%.

II – A participação dos empregados no lucro é de 10%; e a dos administradores é de 5%.

Pede-se:

Elabore a DRE (desconsidere os centavos).

GABARITO

Questões de múltipla escolha

1. D; **2.** A; **3.** D; **4.** D; **5.** C; **6.** C; **7.** A; **8.** D; **9.** C; **10.** C; **11.** D; **12.** A; **13.** B; **14.** A; **15.** C; **16.** C.

Exercícios breves

EB 1 – 01/10 – D: Mercadorias e C: Caixa, R$ 20.000; 03/10 – D: Caixa e C: Mercadorias, R$ 200; 09/10 – D: Caixa e C: Mercadorias, R$ 1.500; 12/10 – D: Clientes e C: Receita de Vendas, R$ 12.000; D: Custo das mercadorias vendidas e C: Mercadorias, R$ 4.000; 19/10 – D: Mercadorias e C: Caixa, R$ 300; 27/10 – D: Caixa R$ 10.800; D: Descontos financeiros obtidos R$ 1.200 e C: Caixa R$ 12.000;

EB 2 – 1º/10 – D: Compras e C: Caixa, R$ 20.000; 03/10 – D: Caixa e C: Abatimentos de compras, R$ 200; 09/10 – D: Caixa e C: Devolução de compras, R$ 1.500; 12/10 – D: Clientes e C: Receita de vendas, R$ 12.000; 19/10 – D: Fretes sobre compras e C: Caixa, R$ 300; 27/10 – D: Caixa R$ 10.800; D: Descontos financeiros obtidos R$ 1.200 e C: Caixa 12.000;

EB 3 – Supermercado Ribeirão – D: Mercadorias e C: Caixa, R$ 135.000; Atacadista Terra Mundi – D: Caixa e C: Receita de vendas, 135.000; D: Custo das mercadorias vendidas e C: Mercadorias, R$ 93.000;

EB 4 – Compras líquidas = R$ 220.000;

EB 5 – CMV = R$ 245.000;

EB 6 – **a.** R$ 2.300; **b.** R$ 27.400; **c.** R$ 44.000; **d.** – R$ 5.000; **e.** R$ 1.120.000; **f.** R$ 205.670;

EB 7 – **a.** R$ 99.000; **b.** R$ 74.000; **c.** R$ 7.000; **d.** R$ 866.700; **e.** R$ 40.800; **f.** R$ 15.870;

EB 8 – R$ 38.200;

EB 9 – **a.** cálculo do lucro bruto; **b.** cálculo da receita líquida; **c.** despesas operacionais administrativas; **d.** outras receitas; **e.** cálculo dos encargos financeiros líquidos;

EB 10 – **a.** R$ 90.000; **b.** R$ 28.000; **c.** 60%; **d.** 32%;

EB 11 – **a.** R$ 150.000; **b.** R$ 78.000; **c.** 45,5%; **d.** 23,7%.

Problemas

PB 6 – Lucro líquido = R$ 1.900;

PB 7 – Lucro líquido = R$ 690;

PB 8 – Lucro bruto = R$ 3.800;

PB 9 – Lucro líquido = R$ 11.748;

PB 10 – Lucro líquido = R$ 43.500 (Alfa) e R$ 15.000 (Beta);

PB 11 – Lucro líquido = R$ 79.900;

PB 12 – Lucro líquido: **a.** R$ 7.200; **c.** R$ 9.940;

PB 13 – **a.** R$ 57.700; **b.** R$ 56.200; **c.** R$ 1.700; **d.** R$ 2.900; **e.** R$ 34.000; **f.** R$ 1.300; **g.** R$ 9.000; **h.** R$ 11.000; **i.** R$ 133.000;

PB 14 – **a.** Lucro líquido = R$ 24.000;

PB 15 – Lucro = R$ 6.315;

PB 16 – **c.** Lucro líquido = R$ 104.700;

PB 17 – R$ 219.000;

PB 18 – **a.** R$ 41.000; **b.** R$ 17.000; **c.** R$22.000; **d.** R$ 48.000;

PB 19 – Lucro líquido = R$ 85.724.

INFORMANDO E ANALISANDO ESTOQUES

Iniciando a conversa

Quando da ascensão econômica do Japão, os analistas procuraram entender o segredo do sucesso daquele país. Ao verificar como as empresas japonesas trabalhavam, constatou-se um aspecto curioso quanto à gestão dos seus estoques.

Enquanto as empresas ocidentais procuravam atender a seus clientes, deixando uma grande quantidade de estoques de reserva, os japoneses pensaram o contrário. Num país onde o custo do aluguel é elevado, pela reduzida extensão territorial, ter muito estoque pode ser ruim. As empresas japonesas procuraram criar condições para trabalhar com o mínimo de estoques possível. Isso reduziria a necessidade de recursos para comprar estoques e também a necessidade de espaço físico para armazená-los. Outro aspecto é que ter estoque poderia "encobrir ineficiências". Para reduzir seus estoques, sem perder clientes, os japoneses melhoraram a logística e a previsão da demanda dos produtos.

Essa situação mostra a relevância da adequada gestão dos estoques, seja no comércio ou em outros setores econômicos. Os japoneses ensinaram que decisões de como, quanto e onde comprar são cruciais. E afetam a ocupação do espaço físico e o relacionamento com fornecedores e clientes.

Decisões erradas com estoques podem ser desastrosas. Uma situação típica do comércio é o dilema entre o nível de serviço e o investimento em estoques. Aumentar a quantidade de estoque existente na entidade pode melhorar o atendimento das necessidades dos clientes. Mas ter mais estoques ocupa espaço físico e pode ser caro. Assim, as entidades procuram determinar uma quantidade de estoque que atenda à grande maioria dos clientes e não represente um grande volume de dinheiro investido nesse ativo.

Objetivos do capítulo:

(1) Mostrar como determinar a quantidade em estoque
(2) Explicar os métodos para determinar o custo de estoques no inventário periódico
(3) Mostrar os efeitos da escolha do método sobre as demonstrações contábeis
(4) Explicar a regra custo ou valor realizável líquido

(5) Mostrar os métodos para determinar o custo de estoques no inventário permanente
(6) Mostrar os efeitos dos erros dos estoques nas demonstrações contábeis
(7) Calcular e analisar índices relacionados ao estoque

No capítulo anterior, discutimos as principais operações com mercadorias. Isso incluiu os abatimentos, as devoluções, os descontos, os fretes, entre outras situações. Foi apresentado como registrar uma venda e a contabilização do custo. Entretanto, pouco foi discutido sobre como determinamos o custo do estoque que está sendo comercializado pela empresa. Ou seja, não mostramos como a contabilidade apura o valor do custo de cada unidade vendida. Se os preços não variassem ao longo do tempo, seria uma questão fácil de ser solucionada. Entretanto, isso não ocorre e é possível que os estoques que a empresa possui tenham diferentes valores de custos. Neste capítulo, continuamos a estudar os estoques. E o nosso objetivo agora é mostrar como a contabilidade determina o custo das mercadorias que estão sendo vendidas.

Nas empresas industriais, existem três tipos de estoques. Os **insumos** ou **matérias-primas**, que serão transformados no processo produtivo. Os estoques que começaram a ser fabricados, mas que ainda não terminaram, são denominados de **produtos em elaboração**. Nas empresas onde o processo produtivo leva muitos dias, o volume de estoques de produtos em elaboração é elevado. Finalmente, os produtos que já foram fabricados recebem o nome de **produtos acabados**. O processo de determinação do custo desses três tipos de estoques é objeto de um ramo específico da contabilidade, denominado **contabilidade de custos**. A apuração dos custos numa empresa industrial é complexa e geralmente é objeto de estudo de uma disciplina específica.

Determinação dos estoques existentes

Objetivo (1) → Mostrar como determinar a quantidade em estoque

Ao fazer a contabilidade dos estoques de uma empresa, uma das atividades mais importantes é a determinação da quantidade de mercadorias. O **levantamento do inventário** é uma atividade demorada, que pode consumir horas de trabalho dos funcionários. Mesmo assim, todas as empresas precisam determinar seus estoques existentes em determinada data.

Nas empresas que adotam o inventário periódico, o levantamento do inventário é parte importante na determinação do valor do estoque final de mercadorias existentes. Você deve lembrar que, no Capítulo 5, mostramos que o custo da mercadoria vendida no inventário periódico era apurado pela soma do valor do estoque inicial mais as aquisições realizadas menos o estoque final. O levantamento do inventário permite exatamente determinar os estoques existentes na empresa quando do encerramento do exercício social.

Para as empresas que usam o inventário permanente, no qual a cada transação de venda é realizada uma baixa no estoque de mercadorias, o levantamento do inventário não seria necessário, em princípio. Afinal, a cada venda se faz a retirada do estoque da contabilidade e ao final do exercício o valor existente na conta de estoques deveria ser o valor existente na empresa. Entretanto, nem sempre isso ocorre. O levantamento do inventário pode revelar que a quantidade existente é diferente daquela contida nos registros contábeis. Se existirem diferenças significativas, faz-se necessário descobrir a sua origem e fazer as devidas correções.

Ética!

O levantamento do inventário permite que a entidade descubra problemas diversos. Assim, a saída regular de estoques sem o registro no sistema pode ser percebida com este levantamento.

Contagem física

A primeira parte do levantamento do inventário é a **contagem física**. Dependendo da mercadoria, isso envolve simples conferência, mas em certos casos a contagem física inclui a pesagem. É o caso de um armazém com grãos, no qual o procedimento de levantamento do inventário inclui passar o produto por uma balança. Isso mostra que a contagem física pode ser trabalhosa.

Prática

Nas contagens físicas envolvendo uma grande quantidade e diversidade de mercadorias ou na contagem mais trabalhosa, é normal que a empresa feche suas portas. Provavelmente, o leitor já deve ter-se deparado com o cartaz "fechado para balanço". Basicamente, essas situações correspondem a essa contagem física do estoque, realizada especialmente no final do exercício social.

Em algumas empresas, é possível fazer a contagem quando o movimento é reduzido. Assim, a atividade pode ser executada sem atrapalhar o que está sendo realizado. Outra forma de reduzir o trabalho na contagem física é realizá-lo no momento em que o estoque estiver baixo.

A Ilustração 6.1 apresenta um exemplo de contagem física feita em uma farmácia. Na primeira coluna, há o nome do produto com as especificações. Na segunda coluna, a quantidade existente, segundo os dados do inventário permanente da empresa. Na seguinte, a anotação feita pela funcionária sobre a quantidade do produto existente na prateleira. A última coluna destaca a diferença das duas colunas anteriores.

A contagem física está sujeita a erros. Para reduzi-los, é necessário refazer a contagem quando se constatar a existência de diferenças entre a quantidade obtida e aquela existente nos registros da empresa. Isso é possível somente para o inventário permanente. Outra maneira de reduzir os erros da contagem é a realização de dupla contagem, por dois funcionários diferentes, com um terceiro refazendo para os casos de diferença. Essa opção aumenta o tempo da realização da contagem física e o seu custo. Assim, a dupla contagem pode ser usada para os produtos de maior valor unitário.

Ilustração 6.1 – Contagem física de inventário numa farmácia

Produto	Quantidade Existente	Contagem Física	Diferença
Fabrazyme caixa	4	3	- 1
Facyl 500 caixa 4 comprimidos	1	1	0
Facyl 500 caixa 8 comprimidos	9	8	- 1
Facyl M 80 g	4	2	- 2
Falmonox 500 mg 3 comprimidos	3	3	0
Famox 20 mg 10 comprimidos			
Famox 40 mg 10 comprimidos	1	1	0
Farlutal 10 mg 10 comprimidos	2	3	1
Farmazonl 150 mg 1 cápsula	10	10	0
Fasulide	3	3	0
...	...	...	

Em alguns casos, ocorrem diferenças na verificação do inventário típicas da natureza do produto. É o caso de mercadorias que sofrem evaporação, como gasolina e álcool. Nesse caso, a contagem física tem um papel importante em controlar as perdas naturais de mercadorias.

Determinando a propriedade

Dois aspectos na determinação da quantidade de mercadorias merecem ser destacados. O primeiro refere-se aos produtos em trânsito. Quando se está realizando o levantamento do estoque, é normal que existam algumas mercadorias que foram solicitadas ao fornecedor e que ainda não estejam na entidade. Esses itens podem estar sendo transportados por um veículo. Esses produtos devem ser considerados na contabilidade da entidade? A resposta é que os produtos em trânsito não são considerados no inventário de estoques da entidade que os adquiriu, sendo contabilizados apenas no momento em que esses produtos são entregues.

O segundo aspecto diz respeito aos **produtos consignados**. Esses produtos estão fisicamente nas dependências da entidade, mas são de propriedade de terceiros, geralmente o fornecedor. Por exemplo, uma banca de revista faz um acordo com uma editora. A banca expõe o produto da editora (jornal, revista, coleção etc.), mas não fica com a sua propriedade. Caso não consiga vender o produto, o mesmo será devolvido ao fornecedor.

Os produtos consignados podem ser vantajosos para o comerciante, já que não precisa investir em estoque e não precisa se preocupar com o encalhe. Para o fornecedor, o produto consignado pode ser uma forma de incentivar o comerciante a expor seu produto. Assim como os produtos em trânsito, os produtos consignados não são considerados no inventário de estoques da entidade.

ANTES DE PROSSEGUIR

Um levantamento físico de uma mercadoria constatou a existência de 40 unidades do produto. O sistema permanente acusava um total de 38 unidades. Além disso, a gerência da empresa solicitou mais 20 unidades do produto, que já foram encaminhadas pelo fornecedor, mas que ainda não chegaram na empresa.

Qual a quantidade física de estoque que deve ser considerada na contabilidade da empresa?

Resposta:

A quantidade corresponde a 40 unidades. É interessante notar que pode ocorrer de a contagem física acusar uma quantidade menor que o quantitativo dos registros da empresa. Existem várias explicações que podem justificar isso, inclusive uma contagem física errada, agora ou no passado.

Custo do estoque

Objetivo (2) → Explicar os métodos para determinar o custo dos estoques no inventário periódico

Tratamos, anteriormente, sobre a contagem física do inventário. Agora é necessário tratar sobre como a contabilidade determina o valor dos estoques. Essa questão é importante, já que durante um exercício social uma entidade adquire produtos com valores diferentes.

Para mostrar o efeito do custo dos estoques sobre o inventário, considere o exemplo da empresa Sunday Ltda., que vende e comercializa produtos eletrônicos. Durante um exercício social, a empresa teve, para um computador específico, os fatos apresentados na Ilustração 6.2.

Ilustração 6.2 – Exemplo da Sunday Ltda.

Compras			
12 de agosto	1 Computador P2	a	R$ 1.300,00
8 de setembro	1 Computador P2	a	R$ 1.400,00
15 de outubro	1 Computador P2	a	R$ 1.500,00
Venda			
3 de novembro	2 Computadores P2	a	R$ 5.000,00 (R$ 2.500 cada)

O valor da venda é facilmente apurado: R$ 5 mil no total, sendo R$ 2.500 para cada computador vendido. A questão é determinar qual o custo do produto que foi vendido. Iremos discutir a seguir as alternativas disponíveis para a apuração desse custo.

CUSTO ESPECÍFICO

A Sunday Ltda. pode determinar o custo da mercadoria vendida associando a unidade que foi vendida ao seu custo de aquisição. Esse método é denominado de **custo específico**. A empresa precisa saber exatamente qual computador foi vendido e o seu custo de aquisição. Supondo que foram vendidas as unidades adquiridas em 12 de agosto e 15 de outubro, o custo da mercadoria vendida seria de R$ 2.800 (ou R$ 1.300 + R$ 1.500). Ao final do período, sobrou uma unidade em estoque, com o valor de R$ 1.400.

O custo específico exige que a entidade tenha informações sobre o custo de cada item do estoque. Por esse motivo, este método é utilizado por entidades que comercializam produtos com custo unitário elevado, que podem ser identificados. Uma concessionária de automóveis consegue identificar cada unidade vendida de automóvel pelo número do chassi ou pela placa. Uma empresa de imóveis também consegue determinar o custo específico pelo endereço de cada unidade. A farmácia da Ilustração 6.1 também poderia usar este método com a implantação de código de barras para ajudar na identificação.

Apesar de o custo específico fornecer uma informação precisa sobre o custo da mercadoria vendida e do estoque final, este método possui duas restrições: é uma solução dispendiosa para as entidades em geral e é difícil de ser usado para situações em que os estoques são semelhantes e seu custo unitário é reduzido. No exemplo da concessionária, esse tipo de empresa deve usar o custo específico para seus automóveis, mas não para os estoques de peças.

Em razão das dificuldades práticas de usar o custo específico, a contabilidade adota suposições sobre o fluxo das mercadorias.

SUPOSIÇÃO DO FLUXO DO CUSTO

A contabilidade de uma empresa pode adotar suposições sobre o fluxo de custos. Essas suposições não estão necessariamente associadas ao fluxo físico dos produtos. Existem três métodos principais:

1. Primeiro a Entrar, Primeiro a Sair (PEPS)
2. Último a Entrar, Primeiro a Sair (UEPS)
3. Custo médio

É importante notar que a administração da entidade irá selecionar o método que achar mais conveniente. A seleção poderá levar em consideração: (1) a conveniência de obtenção da informação; (2) a prática usual do setor; (3) os objetivos com respeito aos resultados (lucro e valor do estoque); e (4) as determinações legais. Com respeito a esse último item, é importante destacar que na contabilidade societária brasileira não se admite a utilização do método UEPS.

Iremos inicialmente discutir a suposição do fluxo do custo no **inventário periódico**. Posteriormente, mostraremos como funcionam os métodos no inventário permanente. Para isso, iremos usar o exemplo da empresa Dobro Papelaria, para determinado produto, conforme a Ilustração 6.3. Durante o ano, a empresa fez três compras de seus fornecedores. Além disso, existiam 100 unidades de estoque inicial. A soma das unidades adquiridas e o estoque inicial totaliza as **unidades disponíveis para venda**. No exemplo, são 1.000 unidades. A contagem física dos estoques mostra a existência de 350 unidades na empresa. Isso significa que foram vendidas 650 unidades do produto ou 1.000 unidades menos 350 unidades. Esse valor pode ser obtido pela seguinte expressão:

Quantidade Vendida = (Estoque Inicial + Compras) – Estoque Final

ou

Quantidade Vendida = Mercadorias Disponíveis para Venda – Estoque Final

Ilustração 6.3 – Exemplo da empresa Dobro Papelaria

	Dobro Papelaria			
Data	**Explicação**	**Unidades**	**Custo Unitário**	**Custo Total**
1º/jan.	Estoque Inicial	100	R$ 300,00	R$ 30.000,00
4/maio	Compra	200	R$ 301,00	R$ 60.200,00
20/ago.	Compra	400	R$ 302,00	R$ 120.800,00
14/nov.	Compra	300	R$ 303,00	R$ 90.900,00
	Unidades Disponíveis para Venda	1.000		R$ 301.900,00
	Unidades no Estoque Final	350		
	Unidades Vendidas	650		

É necessário determinar o custo das 650 unidades de mercadorias que foram vendidas e das 350 unidades que ficaram em estoques. E, para isso, necessitamos escolher entre os métodos apresentados.

PRIMEIRO A ENTRAR, PRIMEIRO A SAIR (PEPS)

O método **P**rimeiro a **E**ntrar, **P**rimeiro a **S**air é conhecido como PEPS. Em razão da influência da literatura inglesa na contabilidade brasileira, também é denominado de FIFO (de *first-in, first-out*). Na farmácia apresentada na Ilustração 6.3, provavelmente teremos uma situação em que as primeiras unidades serão comercializadas em primeiro lugar. Isso ocorre porque os medicamentos possuem prazo de validade, e vender os produtos mais antigos evita sua perda.

O processo de apuração do custo pelo PEPS começa com o estoque final. Veja o exemplo da empresa Dobro Papelaria, apresentada anteriormente. Com 350 unidades de estoques ao final do exercício social, é preciso atribuir o custo a esses produtos com base na regra de que os primeiros produtos que entraram na empresa foram os primeiros a sair. Isso significa que essas 350 unidades que ficaram na empresa foram aquelas adquiridas por último. A Ilustração 6.4 apresenta como esse valor é apurado. Das 350 unidades, 300 correspondem ao estoque que foi adquirido por último, a R$ 303,00. As 50 unidades restantes foram adquiridas em 20 de agosto por R$ 302,00 cada. Assim, o valor do estoque final é de R$ 106.000,00 ou 300 unidades × R$ 303,00 + 50 unidades × R$ 302,00. No PEPS, a empresa determina o custo do estoque final usando o custo da unidade mais recentemente comprada e trabalhando "para trás" até que todas as unidades tenham sido custeadas.

Apurado o estoque final, basta subtrair este valor do custo das mercadorias disponíveis para venda para encontrar o custo das mercadorias vendidas. No caso do exemplo, as mercadorias disponíveis para venda eram de R$ 301.900,00 e o estoque final foi de R$ 106 mil. O valor do CMV, portanto, é de R$ 195.900,00.

Ilustração 6.4 – Apuração pelo PEPS

Custo das Mercadorias Disponíveis para Venda

Data	Explicação	Unidades	Custo Unitário	Custo Total
1º/jan.	Estoque inicial	100	R$ 300,00	R$ 30.000,00
4/maio	Compra	200	R$ 301,00	R$ 60.200,00
20/ago.	Compra	400	R$ 302,00	R$ 120.800,00
14/nov.	Compra	300	R$ 303,00	R$ 90.900,00
	Mercadorias Disponíveis para Venda	1.000		R$ 301.900,00

Passo 1: Estoque Final

Data	Unidades	Custo Unitário	Custo Total
14/nov.	300	R$ 303,00	R$ 90.900,00
20/ago.	50	R$ 302,00	R$ 15.100,00
Total	350		R$ 106.000,00

Passo 2: Custo das Mercadorias Vendidas

Mercadorias Disponíveis para Venda	R$ 301.900,00
Menos Estoque Final	R$ 106.000,00
Custo das Mercadorias Vendidas	R$ 195.900,00

A Ilustração 6.5 comprova esse valor do CMV. Foram comercializadas 650 unidades de produtos durante o exercício social da empresa. Como as mais antigas foram vendidas, isso significa que as 100 unidades do estoque inicial, mais 200 unidades compradas no dia 4 de maio e 350 unidades compradas em 20 de agosto, foram vendidas. Ou seja, 650 unidades. Usando o custo unitário de cada lote, pode-se obter o custo total, que é o mesmo encontrado anteriormente.

Ilustração 6.5 – Comprovação do CMV

Data	Unidades	Custo Unitário	Custo Total
1º/jan.	100	R$ 300,00	R$ 30.000,00
4/maio	200	R$ 301,00	R$ 60.200,00
20/ago.	350	R$ 302,00	R$ 105.700,00
Total	650		R$ 195.900,00

ÚLTIMO A ENTRAR, PRIMEIRO A SAIR (UEPS)

O método **Ú**ltimo a **E**ntrar, **P**rimeiro a **S**air recebe a denominação de UEPS ou LIFO (de *last-in, first-out*). Apesar de o UEPS não ser legalmente aceito no Brasil e nos países que adotam as normas internacionais de contabilidade, é importante conhecer como esse método funciona. Por esse método, pressupõe-se que os últimos produtos que foram comprados serão os primeiros a sair da empresa. Existem algumas atividades em que é razoável supor que os produtos mais novos sejam os primeiros a serem vendidos. É o caso de uma empresa de britas, que acumula seu estoque em pilhas do produto. Quando a empresa compra a brita, coloca os produtos mais novos no topo da pilha; quando vende, seus caminhões levam os produtos que estão nesse topo.

A Ilustração 6.6 mostra a determinação do estoque final e do CMV pelo UEPS. Como a empresa tinha no levantamento físico das mercadorias 350 unidades, usamos a ordem de considerar, para fins do valor do estoque final, as unidades mais antigas. Assim, existia o lote inicial, com 100 unidades, as compras de maio (200 unidades) e parte das compras de agosto (50 unidades), completando 350 unidades. O valor encontrado, de R$ 105.300,00, foi usado para determinar o custo da mercadoria vendida, no valor de R$ 196.600,00.

Ilustração 6.6 – Apuração pelo UEPS

Custo das Mercadorias Disponíveis para Venda

Data	Explicação	Unidades	Custo Unitário	Custo Total
1º/jan.	Estoque inicial	100	R$ 300,00	R$ 30.000,00
4/maio	Compra	200	R$ 301,00	R$ 60.200,00
20/ago.	Compra	400	R$ 302,00	R$ 120.800,00
14/nov.	Compra	300	R$ 303,00	R$ 90.900,00
	Mercadorias Disponíveis para Venda	1.000		R$ 301.900,00

Passo 1: Estoque Final

Data	Unidades	Custo Unitário	Custo Total
1º/jan.	100	R$ 300,00	R$ 30.000,00
04/maio	200	R$ 301,00	R$ 60.200,00
20/ago.	50	R$ 302,00	R$ 15.100,00
Total	350		R$ 105.300,00

Passo 2: Custo das Mercadorias Vendidas

Mercadorias Disponíveis para Venda	R$ 301.900,00
Menos Estoque Final	R$ 105.300,00
Custo das Mercadorias Vendidas	**R$ 196.600,00**

A Ilustração 6.7 apresenta a comprovação do valor do CMV obtido. Como foram vendidas 650 unidades de mercadorias, 300 delas referem-se ao lote comprado em novembro, a R$ 303,00 cada. E as 350 unidades restantes são do lote de agosto (de 400 unidades), com custo unitário de R$ 302,00. O valor do CMV é dado por: 300 unidades × R$ 303,00 + 350 unidades × R$ 302,00, totalizando R$ 196.600,00.

Ilustração 6.7 – Comprovação do CMV pelo UEPS

Data	Unidades	Custo Unitário	Custo Total
20/ago.	350	R$ 302,00	R$ 105.700,00
14/nov.	300	R$ 303,00	R$ 90.900,00
Total	650		R$ 196.600,00

CUSTO MÉDIO

O custo médio, ou média ponderada, aloca ao custo das mercadorias vendidas o custo médio unitário. Em geral, os resultados desse método apresentam valores intermediários entre o UEPS e o PEPS. Assim como o PEPS, o custo médio é permitido pelas normas internacionais de contabilidade.

A Ilustração 6.8 apresenta o cálculo do custo médio ponderado unitário dos estoques do exemplo adotado. Para isso, basta dividir o custo dos produtos disponíveis para venda, no valor de R$ 301.900,00, pelo total de mercadorias disponíveis para venda, de 1.000 unidades. O custo médio ponderado unitário no exercício social foi de R$ 301,90.

Ilustração 6.8 – Cálculo do custo médio ponderado unitário

Custo dos Produtos Disponíveis para Venda	/	Total de Mercadorias Disponíveis para Venda	=	Custo Médio Ponderado Unitário
R$ 301.900,00	/	1.000	=	R$ 301,90

Este valor do custo médio ponderado unitário é usado para determinar o valor do estoque final. Basta multiplicar esse custo unitário pela quantidade de mercadorias existente no final do período. No exemplo, R$ 301,90 × 350 unidades = R$ 105.665,00, conforme apresentado na Ilustração 6.9.

Ilustração 6.9 – Apuração pelo custo médio

Custo das Mercadorias Disponíveis para Venda

Data	Explicação	Unidades	Custo Unitário	Custo Total
1º/jan.	Estoque inicial	100	R$ 300,00	R$ 30.000,00
4/maio	Compra	200	R$ 301,00	R$ 60.200,00
20/ago.	Compra	400	R$ 302,00	R$ 120.800,00
14/nov.	Compra	300	R$ 303,00	R$ 90.900,00
	Mercadorias Disponíveis para Venda	1.000		R$ 301.900,00

Passo 1: Estoque Final

R$ 301.900,00/1.000 = R$ 301,90

Unidades	Custo Unitário	Custo Total
350	R$ 301,90	R$ 105.665,00

Passo 2: Custo das Mercadorias Vendidas

Mercadorias Disponíveis para Venda	R$ 301.900,00
Menos Estoque Final	R$ 105.665,00
Custo das Mercadorias Vendidas	**R$ 196.235,00**

É possível perceber que a apuração do custo das mercadorias vendidas e do estoque final por esse método é mais fácil.

> **ANTES DE PROSSEGUIR**
>
> Uma empresa tinha 1.000 unidades de um produto, adquiridos a R$ 1,00 cada. Durante o exercício foram compradas 9.000 unidades, a R$ 1,50 cada. O estoque final, obtido pela contagem física, era de 500 unidades. Determine o CMV e o Estoque Final pelos três métodos (PEPS, UEPS e média).
>
> *Resposta:*
>
> Mercadorias Disponíveis para Venda = 10 mil unidades
> Custo das Mercadorias Disponíveis para Venda = 1.000 x R$ 1,00 + 9.000 x R$ 1,50 = R$ 14.500,00
>
> *PEPS*
>
> Estoque Final = 500 unidades x R$ 1,50 = R$ 750,00
> CMV = 14.500,00 – 750,00 = R$ 13.750,00
>
> *UEPS*
>
> Estoque Final = 500 unidades x R$ 1,00 = R$ 500,00
> CMV = 14.500,00 – 500,00 = R$ 14.000,00
>
> *Média*
>
> Custo Médio Unitário = 14.500/10.000 = R$ 1,45
> Estoque Final = 500 unidades x R$ 1,45 = R$ 725,00
> CMV = 14.500,00 – 725,00 = R$ 13.775,00

Demonstrações contábeis e métodos de inventário

Objetivo (3) → Mostrar os efeitos da escolha do método sobre as demonstrações contábeis

Como foi possível observar no exemplo apresentado anteriormente, a escolha do método para determinar o CMV e o estoque final poderá provocar valores distintos. Isso também tem efeitos sobre o resultado da empresa, sobre o balanço patrimonial e sobre a quantidade de impostos a serem pagos. É por essa razão que a escolha do método é importante para a empresa. Iremos estudar com mais detalhe cada um desses aspectos a seguir.

EFEITO SOBRE O RESULTADO

Para entender o efeito dos métodos sobre o resultado, usamos o exemplo da empresa Dobro Papelaria, apresentado anteriormente. Utilizamos a mesma quantidade de receita e despesas operacionais. Mas o valor do custo da mercadoria vendida é diferente, conforme o método usado (Ilustrações 6.4, 6.6 e 6.9). Isso trará valores diferentes para o lucro bruto e o lucro antes de impostos. Considerando que a alíquota dessa empresa é de 34% sobre o lucro antes de impostos, o valor do lucro líquido encontra-se na Ilustração 6.10.

Ilustração 6.10 – Comparação entre os métodos PEPS, UEPS e média

	PEPS	UEPS	Média
Receita de Vendas	R$ 260.000,00	R$ 260.000,00	R$ 260.000,00
CMV	(R$ 195.900,00)	(R$ 196.600,00)	(R$ 196.235,00)
Lucro Bruto	R$ 64.100,00	R$ 63.400,00	R$ 63.765,00
Despesas Operacionais	(R$ 58.000,00)	(R$ 58.000,00)	(R$ 58.000,00)
Lucro Antes de Impostos	R$ 6.100,00	R$ 5.400,00	R$ 5.765,00
Imposto de Renda (34%)	(R$ 2.074,00)	(R$ 1.836,00)	(R$ 1.960,10)
Lucro Líquido	R$ 4.026,00	R$ 3.564,00	R$ 3.804,90

É possível perceber que o PEPS é o método que apresentou maior lucro, enquanto o UEPS teve um menor lucro. Isso ocorre toda vez que existe um aumento nos preços dos produtos. Nessas situações, o PEPS irá apresentar o maior lucro, enquanto o UEPS terá o menor resultado. E, quanto maior for a variação nos preços dos produtos, maior será a diferença entre os valores.

Assim, quando uma empresa pretende apurar maiores lucros, a escolha deverá recair sobre o PEPS. Isso poderá melhorar os índices de rentabilidade da empresa, provocando uma reação mais favorável ao seu desempenho. Além disso, algumas bonificações de empresas dependem do resultado apurado. Quanto maior o resultado, maior a quantidade de dinheiro que os funcionários irão receber. Temos aqui um incentivo para a adoção do PEPS como método para apuração do CMV.

EFEITO SOBRE O BALANÇO PATRIMONIAL

O balanço patrimonial também pode apresentar alteração em virtude da escolha do método de apuração do estoque final dos produtos. Em situações em que há um aumento nos preços dos produtos, o método PEPS irá trazer um valor do estoque final mais próximo à realidade. Já o valor do estoque final pelo UEPS estará mais defasado. Com aumentos de preços, a adoção do UEPS irá trazer valores menores para o estoque final da empresa.

Ilustração 6.11 – Comparação entre os métodos – balanço patrimonial

	PEPS	UEPS	Média
...			
Estoque Final	R$ 106.000,00	R$ 105.300,00	R$ 105.665,00
...			
Imposto de Renda a Pagar	R$ 2.074,00	R$ 1.836,00	R$ 1.960,10
...			
Patrimônio Líquido	R$ 304.026,00	R$ 303.564,00	R$ 303.804,90
Capital	R$ 300.000,00	R$ 300.000,00	R$ 300.000,00
Lucro Líquido	R$ 4.026,00	R$ 3.564,00	R$ 3.804,90

Isso pode ser comprovado no exemplo da empresa Dobro Papelaria, conforme mostrado na Ilustração 6.11. Além disso, os valores diferentes terão efeitos sobre o imposto de renda a pagar (ou caixa, se o imposto já tiver sido pago) e sobre o patrimônio líquido. Assim, o PEPS tende a aumentar o estoque, o patrimônio líquido e o passivo de imposto.

EFEITO SOBRE IMPOSTOS

Conforme mostrado nas Ilustrações 6.10 e 6.11, a adoção dos métodos poderá afetar o imposto de renda a ser pago em determinado exercício social. Em situações de aumentos nos preços, como foi o exemplo apresentado, paga-se mais imposto com o PEPS. Essa é uma das principais razões para a proibição do método UEPS em certos países. Com seu uso, as empresas irão recolher menos impostos para o fisco. Essa é também uma das principais razões para a resistência que certos países têm à adoção das normas internacionais de contabilidade, já que as mesmas não contemplam o uso do UEPS.

Pequena e Média Empresa

Muitas pequenas empresas utilizam atalhos na apuração do custo dos estoques. Uma alternativa é multiplicar a quantidade de estoques existentes apurado pela contagem física pelo preço da última compra. Esse método, apesar de não ser considerado nas normas contábeis, tem a grande vantagem de facilitar a apuração do resultado das pequenas e médias empresas.

USANDO A COMPARABILIDADE

Uma preocupação com a escolha do método para mensurar o CMV e o estoque final de uma empresa é a chamada **comparabilidade** ou **consistência**. Uma característica desejável da informação contábil é que a mesma seja comparável ao longo do tempo. Se uma empresa escolher, em determinado exercício social, utilizar a média, deve-se procurar manter esse critério ao longo do tempo.

Isso não significa, no entanto, que *nunca* deve ser alterado o método para determinar o custo dos estoques. Quando isso ocorrer, a entidade deverá evidenciar a razão da mudança e os efeitos que irá provocar sobre o lucro da entidade em uma nota explicativa.

Regra do custo ou valor realizável líquido

Objetivo (4) → Explicar a regra do custo ou valor realizável líquido

O valor de alguns produtos pode sofrer redução ao longo do tempo. Isso pode ocorrer com produtos tecnológicos ou de moda. Nessas situações, a apuração do valor do estoque das entidades precisa ser ajustada ao que está ocorrendo no mercado desses produtos. Para isso, utiliza-se a regra do **custo ou valor realizável líquido, o menor**. Essa regra é aplicada quando o preço de um produto entra em declínio. Nesse caso, faz-se uma comparação entre o valor registrado na contabilidade e o valor realizável líquido. O **valor realizável líquido** corresponde ao preço de venda, deduzidos os custos necessários para efetuar a venda.[1]

Caso o valor realizável líquido seja menor, a entidade opta por escolher o valor realizável líquido. Nessa situação, é necessário fazer um lançamento contábil para reconhecer a redução dos valores de custo. Caso o valor de custo seja menor, não será realizado nenhum lançamento.

A regra do "custo ou valor realizável líquido, o menor" é um exemplo de **prudência** ou **conservadorismo** na contabilidade. A prudência recomenda que, entre as alternativas existentes, a empresa deverá escolher aquela

---

[1] No passado, a regra era denominada "custo ou mercado", alterada pelas normas para essa denominação.

que reduz o ativo e o lucro da empresa. No caso do estoque, a utilização do valor realizável líquido reduz o valor do ativo, com efeito negativo sobre o resultado da empresa.

A Ilustração 6.12 apresenta um exemplo de uma empresa de venda de produtos eletrônicos. Após apurar o custo por um dos métodos apresentados anteriormente, a empresa apresentava um valor do estoque final de R$ 415.000. Ao fazer a comparação com o mercado para os computadores, o estoque final estava contabilizado como R$ 180.000. Mas o valor realizável líquido era de R$ 170.000. Como o valor realizável líquido é menor, a empresa precisa substituir no balanço patrimonial o valor de R$ 180 mil por R$ 170 mil. Para a televisão, o custo era de R$ 90.000 e o mercado era de R$ 93.000; nesse caso, como o valor realizável líquido é maior, permanece o valor de custo do estoque final. Para os *tablets* e DVDs, verifica-se que o valor realizável líquido é menor que o custo. A regra do "custo ou valor realizável líquido, o menor" determina uma redução no valor do estoque final de R$ 415.000 para R$ 400.000, com efeitos sobre o lucro da empresa.

Ilustração 6.12 – Custo ou valor realizável líquido (VLR), o menor

Produtos	Custo	Valor Realizável Líquido	Custo ou VRL
Computadores	180.000	170.000	170.000
TV	90.000	93.000	90.000
Tablets	100.000	97.000	97.000
DVDs	45.000	43.000	43.000
	415.000		400.000

Inventário permanente

Objetivo (5) → Mostrar os métodos para determinar o custo de estoques no inventário permanente

A apuração do valor do estoque no inventário permanente também pode ser feita usando os métodos PEPS, UEPS e média. Para mostrar os efeitos da escolha desses métodos, iremos usar o exemplo da empresa Dobro Papelaria, já apresentado anteriormente. Para esse caso, estamos considerando a existência de uma venda em setembro, conforme Ilustração 6.13.

Ilustração 6.13 – Exemplo da empresa Dobro Papelaria – inventário permanente

Dobro Papelaria					
Data	Explicação	Unidades	Custo Unitário	Custo Total	Saldo Final
1º/jan.	Estoque inicial	100	R$ 300,00	R$ 30.000,00	100
4/maio	Compra	200	R$ 301,00	R$ 60.200,00	300
20/ago.	Compra	400	R$ 302,00	R$ 120.800,00	700
9/set.	Venda	650			50
14/nov.	Compra	300	R$ 303,00	R$ 90.900,00	350
				R$ 301.900,00	

A Ilustração 6.13 mostra que, após a aquisição de agosto, a empresa tem 700 unidades em estoques. Em setembro, a empresa vende 650 unidades, restando 50 unidades em estoques.

PRIMEIRO A ENTRAR, PRIMEIRO A SAIR (PEPS)

No método PEPS em inventário permanente, o custo apurado para as 650 unidades vendidas no dia 9 de setembro irá considerar as aquisições realizadas até então. A Ilustração 6.14 mostra o inventário permanente com o método Primeiro a Entrar, Primeiro a Sair (PEPS).

Ilustração 6.14 – PEPS no inventário permanente

Data	Compras	CMV	Saldo	
1º/jan.			100 un. a R$ 300	R$ 30.000
4/maio	200 un. a R$ 301 = R$ 60.200		100 un. a R$ 300	
			200 un. a R$ 301	R$ 90.200
20/ago.	400 un. a R$ 302 = R$ 120.800		100 un. a R$ 300	
			200 un. a R$ 301	R$ 211.000
			400 un. a R$ 302	
9/set.		100 un. a R$ 300		
		200 un. a R$ 301	R$ 195.900	
		350 un. a R$ 302	50 un. a R$ 302	R$ 15.100
14/nov.	300 un. a R$ 303 = R$ 90.900		50 un. a R$ 302	
			300 un. a R$ 303	**R$ 106.000**

A Ilustração 6.14 recebe a denominação de **ficha de controle de estoque**. Esta ficha possui quatro colunas: a primeira coluna mostra a data da transação; a segunda, a operação de compra, com as unidades adquiridas, o custo unitário do lote e o custo total; a terceira coluna apresenta as unidades vendidas, com o custo unitário e o custo da mercadoria vendida. É possível notar que na coluna de saldo os lotes adquiridos são apresentados de maneira separada. Isso é para facilitar a apuração do CMV no momento da venda.

Como ocorreu somente uma venda durante o exercício social, o valor apurado encontra-se na terceira coluna (CMV). Em setembro foram vendidas 650 unidades. Para determinação do CMV nesta data, considera-se, em primeiro lugar, o estoque inicial (100 unidades), depois as unidades adquiridas em maio (200 unidades) e a seguir parte das unidades compradas em agosto (350 unidades das 400). Com isso, após a venda, sobram 50 unidades, do lote comprado em agosto, conforme se pode notar na coluna de saldo, na linha de setembro.

A Ilustração 6.14 apresenta destacadas duas informações em negrito: o valor de R$ 195.900, que corresponde ao CMV, e o de R$ 106.000, que é o estoque final, ambos apurados pelo PEPS no inventário permanente. É interessante notar que esses valores são idênticos aos obtidos no inventário periódico.

ÚLTIMO A ENTRAR, PRIMEIRO A SAIR (UEPS)

O procedimento usado no UEPS é similar ao PEPS, tomando o devido cuidado de, na saída da mercadoria, considerar prioritariamente os estoques mais novos. A Ilustração 6.15 mostra como isso é realizado para o exemplo da empresa Dobro Papelaria.

Ilustração 6.15 – UEPS no inventário permanente

Data	Compras	CMV	Saldo	
1º/jan.			100 un. a R$ 300	R$ 30.000
4/maio	200 un. a R$ 301 = R$ 60.200		100 un. a R$ 300	
			200 un. a R$ 301	R$ 90.200
20/ago.	400 un. a R$ 302 = R$ 120.800		100 un. a R$ 300	
			200 un. a R$ 301	R$ 211.000
			400 un. a R$ 302	
9/set.		400 un. a R$ 300		
		200 un. a R$ 301	R$ 196.000	
		50 un. a R$ 300	50 un. a R$ 300	R$ 15.000
14/nov.	300 un. a R$ 303 = R$ 90.900		50 un. a R$ 300	
			300 un. a R$ 303	**R$ 105.900**

Os valores apurados do CMV e do estoque final foram de R$ 196.000 e R$ 105.900, nesta ordem. É importante destacar novamente que este método não é permitido na norma brasileira.

MÉDIA PONDERADA

A apuração do CMV e do estoque final na média é um pouco diferente do PEPS. A cada compra, a coluna de saldo informa a quantidade de mercadorias existente em estoque, o custo médio ponderado unitário e o custo total. A Ilustração 6.16 apresenta os cálculos para o exemplo considerado aqui.

Ilustração 6.16 – Média no inventário permanente

Data	Compras	CMV		Saldo	
1º/jan.				100 un. a R$ 300,00	R$ 30.000
4/maio	200 un. a R$ 301 = R$ 60.200			300 un. a R$ 300,67	R$ 90.200
20/ago.	400 un. a R$ 302 = R$ 120.800			700 un. a R$ 301,43	R$ 211.000
9/set.		650 un. a R$ 301,43	R$ 195.930	50 un. a R$ 301,41	R$ 15.071
14/nov.	300 un. a R$ 303 = R$ 90.900			350 un. a R$ 302,77	**R$ 105.971**

Cada vez que ocorreu uma compra, uma nova média do custo unitário é obtida. Seja a operação de compra do dia 4 de maio: foram adquiridas 200 unidades a R$ 301 cada, totalizando R$ 60.200; após essa compra, o estoque é composto de 300 unidades, com o valor total de R$ 90.200 ou R$ 30.000 mais R$ 60.200. O custo unitário médio é de R$ 300,67 (R$ 90.200/300 unidades). Esse mesmo procedimento é realizado no dia 20 de agosto. Ao realizar a venda no dia 9 de setembro, basta multiplicar a quantidade vendida em unidades pelo custo unitário médio anterior, de R$ 301,43.

Pequena e Média Empresa

Com o desenvolvimento das tecnologias modernas, as empresas de pequeno e médio porte passaram a ter acesso facilitado a controles sobre seus estoques. Sistemas que permitem a consulta ao preço, o registro da compra e a baixa no estoque tornaram-se comuns. Isso aumenta a possibilidade de o empresário reduzir as "perdas" com estoques e até mesmo usar, por exemplo, o inventário permanente.

Erros no inventário

Objetivo (6) → Mostrar os efeitos dos erros dos estoques nas demonstrações contábeis

A determinação do custo da mercadoria vendida e do estoque final depende da contagem física dos estoques. Esse procedimento, além de demorado, está sujeito a erros, seja na contagem, seja na determinação do custo. Os erros cometidos nos estoques afetam tanto o balanço patrimonial quanto a demonstração do resultado.

EFEITO NA DEMONSTRAÇÃO DO RESULTADO

No inventário periódico, os erros podem ocorrer tanto no estoque inicial quanto no estoque final. Afinal, o estoque final de um exercício torna-se o estoque inicial do exercício seguinte. Isso significa que o erro irá afetar a apuração do resultado de dois exercícios sociais.

Isso fica claro quando se analisa a expressão do Custo da Mercadoria Vendida:

Custo da Mercadoria Vendida = Estoque Inicial + Compras − Estoque Final

Se o estoque inicial foi subestimado, o valor do CMV estará subestimado. Se for o estoque final, o valor do CMV estará superestimado. A Ilustração 6.17 apresenta um resumo dos efeitos dos erros no estoque.

Ilustração 6.17 – Efeito do erro do estoque no resultado

Erro no Estoque	CMV	Lucro
Estoque Inicial Subestimado	Subestimado	Superestimado
Estoque Inicial Superestimado	Superestimado	Subestimado
Estoque Final Subestimado	Superestimado	Subestimado
Estoque Final Superestimado	Subestimado	Superestimado

Para melhor mostrar esses efeitos, a Ilustração 6.18 apresenta os valores para dois exercícios da empresa Dobro Papelaria, conforme apurado pelo PEPS. O erro ocorreu no estoque final de 20X8: em lugar de R$ 106 mil, o inventário foi de R$ 100 mil.

Ilustração 6.18 – Efeito do erro no estoque final

	20X8				20X9			
	Incorreto		Correto		Incorreto		Correto	
Receita de vendas		R$ 260.000		R$ 260.000		R$ 340.000		R$ 340.000
CMV								
Estoque inicial	R$ 30.000		R$ 30.000		R$ 100.000		R$ 106.000	
Compras	R$ 271.900		R$ 271.900		R$ 260.000		R$ 260.000	
Estoque final	R$ 100.000	R$ 201.900	R$ 106.000	R$ 195.900	R$ 80.000	R$ 280.000	R$ 80.000	R$ 286.000
Lucro Bruto		R$ 58.100		R$ 64.100		R$ 60.000		R$ 54.000
Despesas Operacionais		R$ 58.000		R$ 58.000		R$ 50.000		R$ 50.000
Lucro Antes de Impostos		R$ 100		R$ 6.100		R$ 10.000		R$ 4.000
Imposto de Renda (34%)		R$ 34		R$ 2.074		R$ 3.400		R$ 1.360
Lucro Líquido		R$ 66		R$ 4.026		R$ 6.600		R$ 2.640

Como é possível observar, o valor a menos do estoque final reduziu o lucro, de R$ 4.026 para R$ 66. No ano de 20X9, o erro irá aparecer no estoque inicial e irá aumentar o lucro, de R$ 2.640 para R$ 6.600. Um aspecto importante mostrado neste exemplo é que em dois exercícios sociais os erros se anulam. Assim, a soma do lucro líquido no biênio quando o estoque estava incorreto foi de R$ 6.666. Esse é o mesmo valor obtido com a soma do lucro líquido na apuração correta do resultado.

EFEITO NO BALANÇO PATRIMONIAL

Uma vez que tenha ocorrido um erro no estoque final de uma entidade, subestimando seu valor, o valor dessa conta no balanço patrimonial estará subestimado. Isso subestima o ativo e o patrimônio líquido. O passivo terá efeitos indiretos, já que alguns passivos podem ser calculados a partir do resultado da entidade, como é o caso do imposto de renda a pagar.

Ilustração 6.19 – Efeito do erro no estoque no balanço patrimonial

Estoque Final com Erro	Ativo	Patrimônio Líquido
Superestimado	Superestimado	Superestimado
Subestimado	Subestimado	Subestimado

Prática

Quando existe um erro e o mesmo foi descoberto pela entidade, o correto seria a empresa refazer as demonstrações contábeis. O refazimento, entretanto, pode ser mal recebido pelo usuário.

Análise dos estoques

Objetivo (7) → Calcular e analisar índices relacionados ao estoque

Em razão da importância da conta de estoques para as empresas comerciais, a sua análise também é relevante para quem deseja acompanhar o desempenho dessas entidades. Além disso, a análise dos estoques pode ser relevante para aqueles que fazem acompanhamento da economia de um país. Em geral, quando as entidades estão com estoques reduzidos, esse é um sinal de que deverá existir, nos próximos meses, aumento nas atividades econômicas, já que haverá reposição desses ativos. Se os estoques se acumulam acima do normal, as entidades tenderão a reduzir seus pedidos aos fornecedores, afetando a produção.

Neste capítulo, iremos tratar dos dois índices mais relevantes para se analisar os estoques de uma empresa comercial: a rotação dos estoques e o prazo médio de estocagem. Além deles, trazemos o retorno sobre estoques que, embora não seja tão popular na literatura quanto os anteriores, possui uma grande importância na análise da política de estocagem de uma entidade.

ROTAÇÃO DOS ESTOQUES

A rotação dos estoques é obtida dividindo o custo das mercadorias vendidas pelo estoque médio da empresa. Esse índice indica a rapidez com que a entidade vende seus produtos, ou seja, quantas vezes o estoque "rodou" (é vendido) durante um período de tempo. Em geral, calcula-se a rotação dos estoques em valores anuais; para isso, basta usar o custo anual das mercadorias vendidas. Caso se queira calcular a rotação em termos semestrais é só utilizar o CMV semestral. E assim por diante.

A rotação dos estoques pode variar conforme o setor de atuação da entidade, o tipo de estoque, a situação da economia, a época do ano, a localização física da entidade, seu porte, entre outras variáveis. Em geral, a rotação dos estoques é muito elevada nos grandes varejistas (supermercados e hipermercados), mas reduzida nas lojas de conveniência. Rotação elevada indica que a entidade investe proporcionalmente menos em estoques.

Considere a Cecil Veículos, que apresentou um estoque final em 31 de dezembro de 20X5 de R$ 45.000. No exercício anterior, esse estoque era de R$ 38.000. O CMV em 20X5 foi de R$ 290 mil. Para determinar a rotação dos estoques, é necessário inicialmente calcular o estoque médio da empresa. Nesse caso, o estoque médio é de R$ 41.500 ou (38.000 + 45.000)/2. A rotação é dada pela divisão do CMV pelo estoque médio. Para esse caso, a rotação dos estoques será:

Rotação dos Estoques = CMV/Estoque Médio	
	20X5
Cecil Veículos	290.000
	41.500
Resultado da Empresa	6,99

Esse número indica que, durante o exercício social da empresa em 20X5, os estoques giraram (rodaram) quase sete vezes.

Pergunta	Informação Necessária	Fórmula	Uso
?	🗁	ΣΔΦΓ	⌒
Quantas vezes as mercadorias giraram durante o ano?	Estoque inicial, estoque final e custo das mercadorias vendidas	Rotação dos Estoques = CMV/Estoque Médio	Quanto maior o valor, mais rápido o estoque está girando na entidade

PRAZO DE ESTOCAGEM

O prazo de estocagem fornece quanto tempo a mercadoria permanece nas prateleiras da entidade. Representa o inverso da rotação de estoques. Maiores prazos de estocagem indicam que a entidade mantém estoques por mais tempo, podendo, em certas situações, sinalizar problemas. Prazos mais curtos são desejáveis, desde que isso não signifique a redução exagerada de estoque, com perdas de venda.

Em geral, o prazo de estocagem é apresentado em dias. Por essa razão, a fórmula de cálculo é a seguinte: Prazo Médio de Estocagem = 3.600/Rotação de Estoques. Caso a rotação de estoques tenha sido calculada para um semestre, a fórmula seria alterada para: Prazo Médio de Estocagem = 180/Rotação de Estoques. Além disso, se desejar expressar o prazo em meses, é necessário substituir por: Prazo Médio de Estocagem = 12/Rotação de Estoques.

No exemplo apresentado anteriormente, podemos obter este índice facilmente:

Prazo Médio de Estocagem = 360/Rotação de Estoques	
	20X5
Cecil Veículos	360
	6,99
Resultado da Empresa	51,5

Os estoques dessa empresa levam, em média, 51,5 dias para serem comercializados.

Pergunta	Informação Necessária	Fórmula	Uso
?	🗁	ΣΔΦΓ	⌒
Qual o tempo médio de estocagem dos produtos de uma entidade?	Rotação de estoques ou estoque inicial, estoque final e CMV	Prazo Médio de Estocagem em dias = 360/Rotação de Estoques	Maior prazo significa que a empresa leva mais tempo para comercializar seus produtos

RETORNO SOBRE ESTOQUES

Em geral, quando uma entidade reduz sua margem, isso deve aumentar a rotação dos estoques. Afinal, os clientes comprarão mais da entidade, pois o preço ficou convidativo. Nessa situação, a entidade ganha no "giro" (ou rotação). Um grande comércio varejista vende mais com margens menores.

O retorno sobre estoques contempla estas duas variáveis: margem e rotação dos estoques. Além disso, o índice mostra a rapidez na recuperação do investimento realizado em mercadorias por parte da entidade.

A fórmula do Retorno sobre Estoques é a seguinte: Retorno sobre Estoques = (Margem Bruta × Rotação dos Estoques)/(1 − Margem Bruta).

Para a empresa do exemplo, admitindo uma margem bruta de 20%, o retorno sobre estoques é dado por:

Retorno sobre Estoques = (Margem Bruta × Rotação dos Estoques)/(1 − Margem Bruta)

	20X5
Cecil Veículos	(20% × 6,99)
	(1 − 20%)
Resultado da Empresa	1,75

O retorno sobre estoques ganha relevância quando é possível comparar com concorrentes ou linhas de produtos dentro da mesma entidade. A Ilustração 6.20 apresenta duas empresas comerciais. A primeira, uma loja de conveniência, onde a margem bruta é elevada, mas a rotação dos estoques é baixa. Nesse caso, o retorno sobre estoques é de 3. Já o supermercado possui uma margem bruta menor, mas consegue uma rotação maior. Seu retorno também é maior. O supermercado está ganhando na rotação dos estoques, enquanto a loja de conveniência obtém sua rentabilidade na margem.

Ilustração 6.20 – Retorno dos estoques

	Loja de Conveniência	Supermercado
Margem Bruta	60%	30%
Rotação de Estoques	2,00	9,00
Retorno sobre Estoques	3,00	3,86

Uma entidade pode usar a expressão para fixação de sua política com os estoques. Alguns estoques possuem uma rotação reduzida; nesse caso, a entidade deverá aumentar a margem daqueles produtos para compensar essa baixa rotação. Já os produtos com elevada rotação podem ter uma margem menor.

Pergunta	Informação Necessária	Fórmula	Uso
❓	🗁	ΣΔΦΓ	✍
A entidade está ganhando na rotação ou na margem?	Rotação de estoques e margem bruta	Retorno sobre Estoques = (Margem x Rotação)/ (1 – Margem)	Maior índice, maior retorno. É possível comparar a origem do retorno dos estoques

ANTES DE PROSSEGUIR

A JJZ Comércio teve receita de R$ 300 mil durante o exercício de 20X1. O CMV da empresa foi de R$ 220 mil. O estoque inicial era de R$ 40 mil e o estoque final apurado foi de R$ 50 mil. Com base nesses valores, determine a rotação dos estoques, o prazo médio de estocagem e o retorno sobre estoques.

Resposta

Estoque médio = (40.000 + 50.000)/2 = 45.000

Margem Bruta = Lucro Bruto/Receitas = 80.000/300.000 = 26,67%

Rotação dos Estoques = CMV/Estoque Médio = 220.000/45.000 = 4,89 vezes

Prazo Médio de Estocagem = 360/Rotação dos Estoques = 360/4,89 = 73,64 dias

Retorno sobre Estoques = (Margem x Rotação dos Estoques)/(1 – Margem)
Retorno sobre Estoques = (26,67% x 4,89)/(1 – 26,67%) = 1,78

APÊNDICE

IMPOSTOS INCIDENTES SOBRE MERCADORIAS

Objetivo (1) → Apresentar os impostos incidentes nas compras e vendas de mercadorias

Quando uma empresa comercializa mercadorias, seja comprando ou vendendo, ocorre a incidência dos principais tributos:

1. ICMS: Imposto sobre Operações de Mercadorias e sobre Prestação de Serviços de Transportes Interestadual e Intermunicipal e de Comunicação
2. PIS: Programa de Integração Social
3. Cofins: Contribuição Social sobre o Faturamento
4. IPI: Imposto sobre Produtos Industrializados

Existem produtos que, de acordo com a Constituição Federal, não estão sujeitos à tributação (possuem imunidade), como é o caso de livros, jornais e revistas que possuem isenção do ICMS e do IPI. Há também aqueles que, sob certas condições, possuem benefícios fiscais. Isso significa que não há a incidência de determinado tributo (produtos isentos) ou mesmo a sua alíquota foi reduzida por um determinado período de tempo. Exemplo dessa situação ocorre com os eletrodomésticos da chamada "linha branca", cuja alíquota de IPI é eventualmente reduzida com o objetivo de aquecer a economia em momentos de crise. O mesmo também já ocorreu com veículos de motor 1.0.

DIFERENÇA ENTRE TRIBUTOS "POR FORA" E "POR DENTRO"

Existem tributos que são cobrados "por fora", ou seja, seu valor é calculado sobre o valor dos produtos vendidos e, em seguida, são a ele adicionados. Esse é o caso do IPI. Considere o seguinte exemplo: a empresa Andorinha comprou liquidificadores da Indústria Master que totalizaram R$ 20.000. Considerando uma alíquota de IPI de 10% incidente sobre o valor dos produtos, teremos que:

Base de cálculo do IPI	R$ 20.000
IPI incidente (alíquota = 10%)	R$ 2.000
Valor total pago pelos produtos	R$ 22.000

Já no caso de tributos que são cobrados "por dentro", seu valor já está incluído no preço total das mercadorias adquiridas, ou seja, no valor total da nota fiscal. Com base nos dados acima e considerando que a alíquota do ICMS é de 18%, teremos:

Base de cálculo do ICMS	R$ 22.000
ICMS incorrido (alíquota = 18%)	(R$ 3.960)
Valor dos produtos sem ICMS	R$ 18.040

Como podemos observar, o valor total da nota fiscal da venda é de R$ 22.000 (preço dos liquidificadores acrescido do IPI). Já no caso do ICMS, o valor cobrado do imposto já está dentro do valor da nota fiscal e, ao subtrairmos o valor devido, teremos o valor dos produtos sem o imposto, ou seja, R$ 18.040. Esse é o caso do ICMS, do PIS e da Cofins.

DIFERENÇA ENTRE IMPOSTOS RECUPERÁVEIS E NÃO RECUPERÁVEIS

Há situações em que os tributos poderão ser recuperáveis, ou seja, a cada operação de compra e venda, o valor pago referente ao imposto na operação anterior poderá ser abatido na operação seguinte. Essa situação também pode ser chamada de tributos não cumulativos.

Quando a empresa não puder recuperar os tributos calculados na situação anterior, estes são denominados de não recuperáveis ou cumulativos.

Vejamos o exemplo a seguir, considerando uma alíquota de ICMS de 18%:

A. Uma indústria vendeu mercadorias a uma atacadista no valor total de R$ 10.000;
B. A atacadista revendeu seus estoques a um mercadinho de bairro por R$ 15.000;
C. O mercadinho revendeu esses mesmos produtos a um consumidor por R$ 20.000.

Ilustração 6.A1 – Diferença entre imposto recuperável e não recuperável

				Preço de Venda		ICMS (18%)		ICMS a Recolher
A.	Indústria	→	Atacadista	R$ 10.000,00	R$	1.800,00	R$	1.800,00
B.	Atacadista	→	Mercadinho	R$ 15.000,00	R$	2.700,00	R$	900,00
C.	Mercadinho	→	Consumidor	R$ 20.000,00	R$	3.600,00	R$	900,00
					R$	8.100,00	R$	3.600,00

Na situação A, ao realizar a venda para a Atacadista, a Indústria terá que recolher ICMS sobre a venda no valor de R$ 1.800. Sendo o ICMS um imposto recuperável, temos que a empresa Atacadista terá o direito de recuperar o mesmo valor.

Ao revender o produto, na situação B, a empresa Atacadista calculará um imposto devido de R$ 2.700 (R$ 15.000 × 18%), mas poderá compensar o ICMS recolhido na aquisição (situação A), no valor de R$ 1.800. Assim, a Atacadista terá que recolher apenas a diferença, de R$ 900.

Quando o Mercadinho vende os produtos (situação C) ao consumidor, ele terá que recolher um imposto de R$ 3.600 (R$ 20.000 × 18%). Entretanto, ele tem o direito de recuperar os R$ 2.700 pagos na situação B. Como o valor pago nas situações A e B totalizaram os R$ 2.700, o Mercadinho terá que recolher apenas o valor da diferença, de R$ 900. Dessa forma, temos que o valor total do ICMS que será pago é de R$ 3.600.

Caso esse imposto fosse não recuperável, o valor total do ICMS seria de R$ 8.100, como podemos verificar na Ilustração 6.A1.

ICMS

O Imposto sobre Operações de Mercadorias e Serviços de Transportes Interestadual e Intermunicipal e de Comunicação (ICMS) é um imposto de competência estadual, o que significa dizer que as alíquotas imputadas aos produtos dependem da legislação de cada estado e do Distrito Federal. Como já dissemos anteriormente, é denominado de imposto "por dentro", visto que o seu valor já está incluído no valor total na nota fiscal.

O valor da alíquota a ser aplicada também poderá variar dependendo do tipo de produto ou serviço, bem como da sua origem e destino.

Trata-se de um imposto não cumulativo que, como já vimos, a cada compra e venda, o valor pago referente ao imposto na operação anterior poderá ser abatido na operação seguinte. Entretanto, só se tornam créditos do ICMS:

a. as entradas de mercadorias que estão destinadas à revenda; e
b. os insumos adquiridos para o processo produtivo (embalagens, matéria-prima, outros produtos acabados, mas que fazem parte da fabricação, etc.).

Nas demais situações, o imposto sobre os produtos adquiridos será não recuperável. Vejamos alguns exemplos a seguir referentes à contabilização de compra e venda de mercadorias com a incidência de ICMS. Como a alíquota do ICMS varia de acordo com o estado e com o tipo de produto, para fins didáticos vamos utilizar aqui uma alíquota hipotética de 18%.

Compra de mercadorias

Considere o seguinte evento de compra de mercadorias para revenda:

A empresa Felicitá Materiais de Escritório comprou, em 10/09/20X6, mercadorias para revenda que totalizaram R$ 1.000 à vista. Considerando que o valor da nota fiscal é de R$ 1.000 e o valor do imposto é "por dentro", temos que o valor líquido da mercadoria é de R$ 820 (R$ 1.000 – R$ 180). Como a mercadoria será revendida, o ICMS é não cumulativo. Portanto, o valor do imposto incorrido na operação de compra gerará um crédito que será compensado quando a empresa realizar a venda. Assim, o registro contábil do imposto representa um direito para a empresa e ocorrerá na conta de ICMS a Recuperar (conta de ativo). O lançamento contábil da compra será feito da seguinte forma:

Ilustração 6.A2 – Lançamento de compra de mercadorias no diário

Data		Débito	Crédito
10/set	Estoques	820	
	ICMS a Recuperar	180	
	Caixa		1.000

Nos razonetes, teríamos os seguintes registros, considerando que havia um saldo inicial (SI) de caixa:

Ilustração 6.A3 – Registros de compra de mercadorias nos razonetes

Caixa				Estoques			ICMS a Recuperar	
SI	1.000	10/set		10/set	820		10/set	180

Venda de Mercadorias

Considere que a Felicitá em 25.09.20X6 vendeu todo o estoque adquirido em 10/09/20X6 a um escritório de advocacia por R$ 1.400 a prazo, e que a alíquota do ICMS é a mesma. Nesse caso, o valor do imposto devido será R$ 252. Considerando que a empresa adota inventário permanente, temos, portanto, o seguinte lançamento de diário:

Ilustração 6.A4 – Lançamentos de venda de mercadorias no diário

Data		Débito	Crédito
25/set	Clientes	1.400	
	Receita de Vendas		1.400
25/set	ICMS sobre vendas	252	
	ICMS a Recolher		252
25/set	Custo da Mercadoria Vendida	820	
	Estoques		820

Conforme a Ilustração 6.A4, podemos observar que foram realizados três registros contábeis. O primeiro se refere à contabilização da receita de vendas a prazo, que totalizou R$ 1.400. O segundo registro é o reconhecimento do imposto devido sobre a venda. Como o valor do imposto devido integra o total da receita bruta, é necessário que haja a exclusão desse valor, com o objetivo de calcularmos a receita líquida. Isso é feito por meio da contraconta ICMS sobre Vendas, que é uma conta redutora da receita bruta de vendas. A contrapartida do registro acontece na conta de passivo, ICMS a Recolher, já que esse valor representa a obrigação que deverá ser liquidada pela empresa. O último registro se refere à baixa do estoque de mercadorias, feita pelo valor de custo.

Nos razonetes, os registros contábeis serão:

Ilustração 6.A5 – Registros de venda de mercadorias nos razonetes

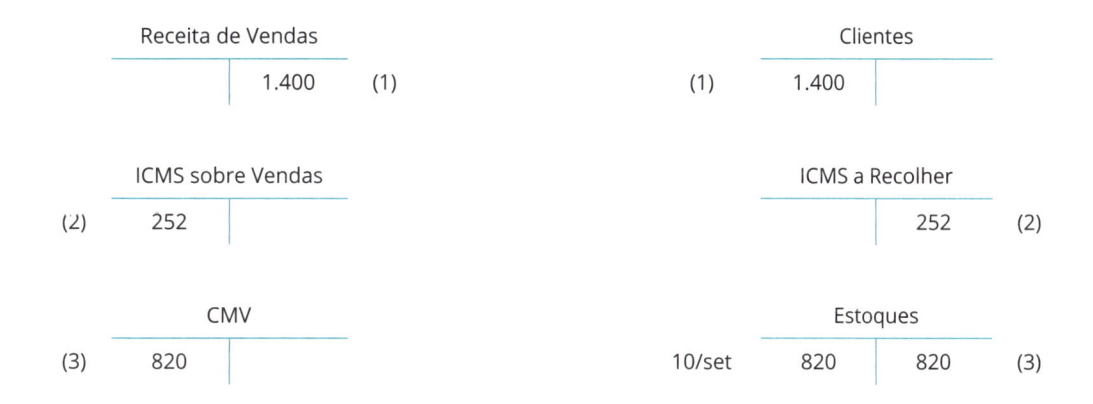

	Receita de Vendas				Clientes	
	1.400	(1)	(1)	1.400		

	ICMS sobre Vendas				ICMS a Recolher	
(2)	252				252	(2)

	CMV				Estoques	
(3)	820		10/set	820	820	(3)

Como os materiais foram adquiridos pelo escritório de advocacia para utilização, ele é considerado um consumidor final dos produtos. Isso significa dizer que ele não poderá recuperar o crédito do ICMS.

Ao final do mês, a Felicitá deverá apurar o saldo do imposto devido. Essa apuração é feita por meio da confrontação entre o valor recuperável e o valor a recolher. Como podemos observar, no ato da compra, a empresa incorreu em um direito de recuperar o imposto no valor de R$ 180. Na venda, o valor do imposto a recolher é de R$ 252. Observando os dois saldos, podemos verificar que o valor do ICMS a Recolher é superior ao ICMS a Recuperar em R$ 72. Para apurarmos contabilmente esse valor, encerramos a conta com menor saldo, que neste caso é a de ICMS a Recuperar. A contrapartida é feita na conta de maior saldo, de ICMS a Recolher, da seguinte forma:

Ilustração 6.A6 – Apuração do valor do ICMS devido ao governo estadual em diário

Data		Débito	Crédito
30/set	ICMS a Recolher	180	
	ICMS a Recuperar		180

O registro contábil nos razonetes seria:

Ilustração 6.A7 – Registro do ICMS devido ao governo estadual nos razonetes

	ICMS a Recolher				ICMS a Recuperar	
30/set	180	252	25/set	10/set	180	180	30/set
		72			-	

Neste caso, observamos que a empresa deverá recolher à receita estadual um ICMS de R$ 72. O pagamento será feito debitando-se a conta ICMS a Recolher e creditando-se Caixa ou Bancos.

> **ANTES DE PROSSEGUIR**
>
> Em situação oposta, poderíamos ter que o valor do ICMS a Recuperar fosse superior ao do ICMS a Recolher. Neste caso, significa que as compras foram superiores às vendas realizadas no período. Como a conta de menor saldo é a que deve ser encerrada, o saldo é transportado para a conta de maior saldo. Considere o seguinte exemplo complementar, com os saldos de ICMS a Recolher de R$ 120 e ICMS a Recuperar de R$ 200. A diferença é o valor de R$ 80. Neste caso, temos: D – ICMS a Recolher e C – ICMS a Recuperar no valor de R$ 120. O saldo final da conta ICMS a Recuperar será mantido no ativo circulante da empresa, nada devendo de imposto no período. Nos razonetes, teremos:

	ICMS a Recolher		ICMS a Recuperar		
(a)	120	120	200	120	(a)
		-	80		

PIS E COFINS

O Programa de Integração Social (PIS) **é um programa do Governo Federal** criado pela Lei Complementar nº 7/1970 que tem como objetivo promover a integração do empregado com seu empregador.

Já Contribuição para Financiamento da Seguridade Social (Cofins) foi instituída pela Lei Complementar nº 70/1991 e hoje é regida pela Lei 9.718/98. Ambos são tributos federais.

As alíquotas desses tributos variam de acordo com o modelo de tributação escolhido pela empresa. Se ela optar pela modalidade "lucro real", as alíquotas a serem aplicadas serão de 1,65% para o PIS e de 7,6% para a Cofins. Caso a empresa opte pelo "lucro presumido", as alíquotas serão 0,65% e 3% para o PIS e Cofins, respectivamente. Entretanto, há determinadas operações em que a alíquota poderá ser diferente.

Os valores apurados no cálculo do PIS e da Cofins também são não cumulativos se a empresa optar pelo lucro real. Nesse sentido, os valores decorrentes da aquisição de produtos podem ser compensados quando a venda é realizada. Caso a empresa adote o regime de tributação pelo lucro presumido, ela não terá o direito de recuperar os tributos, sendo, portanto, cumulativos.

Prática

Para optar pela modalidade de tributação denominada de **lucro presumido**, a empresa deverá ter uma receita bruta total no ano anterior igual ou inferior a R$ 78.000.000,00 ou a R$ 6.500.000,00 multiplicado pelo número de meses de atividade do ano anterior, quando inferior a 12 (doze) meses (art. 13 da Lei nº 12.814, de 2013).

Já as empresas que tiverem receitas totais superiores a esses limites são obrigadas a adotar o **lucro real** como regime de tributação. Além dessas, ficam também obrigadas a adotar o lucro real as empresas que exercem atividade financeira, como bancos comerciais, sociedades corretoras, etc.; empresas com ganhos de capital, vindos do exterior; ou que possuam benefícios fiscais.

Compra de mercadorias

Considerando o exemplo anterior, referente à compra de mercadorias em R$ 1.000 pela Felicitá, supondo que a empresa adote a modalidade de lucro real (1,65% para o PIS e 7,6% para a Cofins), teríamos os seguintes registros:

Ilustração 6.A8 – Lançamento referente à compra de mercadorias em diário

Data		Débito	Crédito
10/set	Estoques	727,50	
	ICMS a Recuperar	180,00	
	PIS a Recuperar	16,50	
	Cofins a Recuperar	76,00	
	Caixa		1.000,00

Neste caso, assim como no exemplo anterior, a empresa apurou créditos para o PIS e a Cofins, que poderão ser recuperáveis quando realizar a venda dos produtos. Essas contas também são incluídas no ativo circulante da empresa.

Venda de mercadorias

Da mesma forma que para o ICMS, as empresas incidiram em PIS e Cofins sobre a receita de venda. Considerando o exemplo anterior, de 25/09/20X6, no qual a Felicitá vendeu todo o seu estoque de materiais adquiridos em 10/09/20X6 a um escritório de advocacia por R$ 1.400 a prazo, que as alíquotas são de: 18% para o ICMS; 1,65% para o PIS; e 7,6% para a Cofins, e que a empresa adota inventário permanente, agora, de forma mais completa, teremos:

Ilustração 6.A9 – Lançamentos referentes à venda de mercadorias em diário

1. Reconhecimento da venda

Data		Débito	Crédito
25/set	Clientes	1.400	
	Receita de Vendas		1.400

2. Tributos sobre a venda

Data		Débito	Crédito
25/set	ICMS sobre Vendas	252,00	
	ICMS a Recolher		252,00
25/set	PIS sobre Vendas	23,10	
	PIS a Recolher		23,10
25/set	Cofins sobre Vendas	106,40	
	Cofins a Recolher		106,40

3. Registro do CMV

Data		Débito	Crédito
25/set	Custo da Mercadoria Vendida	727,50	
	Estoques		727,50

Ao final do mês, a empresa compensará os valores dos tributos a recuperar com os tributos a recolher. Assim, verificamos os saldos das contas e aquelas que apresentaram menor saldo são encerradas.

Neste caso, temos:

Ilustração 6.A10 – Compensação dos tributos a recolher em diário

Data		Débito	Crédito
30/set	ICMS a Recolher	180,00	
	ICMS a Recuperar		180,00
30/set	PIS a Recolher	16,50	
	PIS a Recuperar		16,50
30/set	Cofins a Recolher	76,00	
	Cofins a Recuperar		76,00

Com a compensação entre os valores dos tributos a recolher e a recuperar, os saldos finais serão apresentados no passivo da seguinte forma: ICMS a Recolher – R$ 72,00; PIS a Recolher – R$ 6,60; e Cofins a Recolher – R$ 30,40.

IPI

De competência federal, o Imposto sobre Produtos Industrializados (IPI) incide sobre a saída de produtos fabricados por empresas industriais ou equiparadas. É um imposto por fora, já que seu valor será somado ao valor das mercadorias. A alíquota do IPI varia de acordo com o tipo de produto.

O IPI é considerado um imposto recuperável se: (1) tratar-se de uma indústria ou equiparada e esta for contribuinte do IPI; (2) a compra for de matérias-primas ou produtos que serão utilizados no processo produtivo. Caso a empresa que adquirir as mercadorias não seja contribuinte do IPI ou os produtos adquiridos não sejam utilizados no processo produtivo, o imposto é considerado não recuperável. O valor do imposto será, portanto, incluído ao custo de aquisição da mercadoria.

Consideremos três exemplos a seguir: um referente à compra de materiais usados no processo produtivo, com incidência de IPI recuperável, e dois com IPI não recuperável. Vamos utilizar uma alíquota hipotética de 10% incidente sobre o valor dos produtos.

IPI RECUPERÁVEL

Compra de matéria-prima

A fábrica de sapatos Irresistível Ltda. adquiriu em 19/06/X7 solados e outros materiais que serão utilizados na produção por R$ 8.000 a prazo. As alíquotas são de: 18% para o ICMS; 10% para o IPI; 1,65% para o PIS; e 7,6% para a Cofins.

O IPI é recuperável, pois:

→ trata-se de uma indústria contribuinte do IPI; e
→ os materiais representam matéria-prima que será consumida no processo de fabricação.

Assim, antes de realizarmos o registro contábil, é necessário calcular o valor referente aos tributos, da seguinte forma:

Ilustração 6.A11 – Cálculo do IPI recuperável sobre a compra de materiais

Cálculo do IPI

Base de cálculo do IPI	R$ 8.000
IPI iniciante (alíquota = 10%)	R$ 800
Valor total pago pelos produtos	R$ 8.800

Cálculo do ICMS, PIS e Cofins

Base de cálculo dos tributos	R$ 8.000
ICMS (alíquota = 18%)	(R$ 1.440)
PIS (alíquota = 1,65%)	(R$ 132)
Cofins (alíquota = 7,6%)	(R$ 608)
Valor total pago pelos produtos	R$ 8.800
(−) IPI a Recuperar	(R$ 800)
(−) ICMS a Recuperar	(R$ 1.440)
(−) PIS a Recuperar	(R$ 132)
(−) Cofins a Recuperar	(R$ 608)
Valor dos produtos sem tributos	R$ 5.820

Observamos na Ilustração 6.A11 que o IPI é acrescido ao valor total dos produtos. Com isso, o valor da nota fiscal será de R$ 8.800. Entretanto, a base de cálculo dos demais tributos será o valor total dos produtos, já que serão usados no processo de industrialização. Assim, o valor calculado para o ICMS é de R$ 1.440; do PIS, R$ 132; e R$ 608 da Cofins. Como são todos recuperáveis, o valor registrado na conta de estoques será o valor líquido dos tributos, ou seja, R$ 5.820. Assim, no diário, teremos o seguinte registro referente à compra:

Ilustração 6.A12 – Lançamento em diário do IPI recuperável sobre a compra

Data		Débito	Crédito
19/jun	Estoques	5.820	
	IPI a Recuperar	800	
	ICMS a Recuperar	1.440	
	PIS a Recuperar	132	
	Cofins a Recuperar	608	
	Fornecedores		8.800

Venda de produtos acabados

Quando os produtos se tornarem acabados, estarão disponíveis para a venda. Neste caso, o valor referente ao seu custo unitário de produção é apurado por meio de uma das metodologias desenvolvidas pela contabilidade de custos. No nosso caso, não entraremos nesse mérito. Vamos utilizar valores de CMV já definidos para facilitar o entendimento.

Vamos considerar o seguinte exemplo: a fábrica de sapatos Irresistível realizou, em 30/08/X7, uma venda a prazo de 1.000 unidades a R$ 50.000 para a loja de sapatos AnaBela de um modelo de sapato cujo custo unitário era de R$ 20,00. Considerando que as alíquotas são as mesmas, temos:

Ilustração 6.A13 – Apuração dos valores dos tributos a recolher referentes à venda

Cálculo do IPI

Base de cálculo do IPI	R$ 50.000
IPI incidente (alíquota = 10%)	R$ 5.000
Faturamento bruto	R$ 55.000

Cálculo dos Tributos sobre Vendas

Base de cálculo dos tributos	R$ 50.000
ICMS a Recolher (alíquota = 18%)	R$ 9.000
PIS a Recolher (alíquota = 1,65%)	R$ 825
Cofins a Recolher (alíquota = 7,6%)	R$ 3.800
Total dos tributos sobre vendas	R$ 13.625

Como o valor do IPI é acrescido ao preço total dos produtos, o valor da nota fiscal é de R$ 55.000, que representa o total do faturamento bruto da empresa. Os tributos sobre a venda também incidem sobre o preço dos produtos, ou seja, R$ 50.000.

Assim, teremos que fazer quatro registros contábeis. O primeiro se refere ao faturamento bruto realizado pela fábrica Irresistível, que totalizou R$ 55.000. O segundo registro se trata do reconhecimento do IPI a recolher. Seu valor será subtraído do faturamento total da empresa, já que ele foi somado anteriormente. Já o ICMS, o PIS e a Cofins, como incidem sobre a receita bruta, seus valores a recolher são reconhecidos em contrapartida às contas redutoras da receita (ICMS sobre Vendas, PIS sobre Vendas e Cofins sobre Vendas), como fizemos no terceiro registro. Por último, reconhecemos o custo da mercadoria vendida (1.000 unidades a R$ 20,00 = R$ 20.000) da seguinte forma:

Ilustração 6.A14 – Registro em diário do IPI recuperável sobre a venda

1. Reconhecimentos da venda

Data		Débito	Crédito
30/ago	Cliente	55.000	
	Faturamento Bruto		55.000

2. Registo referente ao IPI

Data		Débito	Crédito
30/ago	IPI sobre Faturamento Bruto	5.000	
	IPI a Recolher		5.000

3. Registro referente ao IPI

Data		Débito	Crédito
30/ago	ICMS sobre Vendas	9.000	
	ICMS a Recolher		9.000
	PIS sobre Venda	825	
	PIS a Recolher		825
	Cofins sobre Venda	3.800	
	Cofins a Recolher		3.800

4. Registro do CMV

Data		Débito	Crédito
30/ago	CMV	20.000	
	Estoques		20.000

Prática

A receita bruta de vendas será deduzida das devoluções, dos abatimentos, dos descontos comerciais e dos tributos sobre vendas (o ICMS, o PIS e a Cofins). Já o valor do IPI integra o faturamento bruto da empresa, como vimos anteriormente. Assim, na Demonstração de Resultado do Exercício, teremos a seguinte estrutura

Faturamento Bruto de Vendas	55.000
(–) IPI sobre Faturamento Bruto	(5.000)
Receita Bruta de Vendas	50.000
(–) Deduções da Receita	
ICMS sobre Vendas	(9.000)
PIS sobre Vendas	(825)
Cofins sobre Vendas	(3.800)
Receita Líquida	36.375

IPI NÃO RECUPERÁVEL

Bem para uso

A fábrica de sapatos Irresistível adquiriu em 25/09/X7 uma nova máquina de corte, cujo valor é de R$ 60.000, a prazo. As alíquotas são de: 18% para o ICMS; 10% para o IPI; 1,65% para o PIS; e 7,6% para a Cofins.

O IPI é não recuperável, pois:

→ trata-se de uma indústria contribuinte do IPI;
→ PORÉM, a máquina representa um ativo imobilizado adquirido para uso próprio e que não será revendida como estoque.

Da mesma forma, antes de realizarmos o registro contábil, precisamos calcular o valor referente aos tributos:

Ilustração 6.A15 – Cálculo do IPI não recuperável na compra de imobilizado

Cálculo do IPI

Base de cálculo do IPI	R$ 60.000
IPI iniciante (alíquota = 10%)	R$ 6.000
Valor total pago pelos produtos	R$ 66.000

Cálculo dos Tributos

Base de cálculo dos tributos	R$ 66.000
ICMS a Recuperar (alíquota = 18%)	R$ 11.880
PIS a Recuperar (alíquota = 1,65%)	R$ 1.089
Cofins a Recuperar (alíquota = 7,6%)	R$ 5.016
Total dos tributos sobre o bem	R$ 17.985
Valor total pago pelo ativo	R$ 66.000
(–) ICMS	(R$ 11.800)
(–) PIS	(R$ 1.089)
(–) Confins	(R$ 5.016)
Valor do ativo sem tributo	R$ 48.015

Como podemos observar na Ilustração 6.A15, o valor calculado para o IPI é de R$ 6.000. Neste caso, como se trata de um ativo imobilizado que não será revendido, o IPI é não recuperável e o valor referente ao imposto integrará o custo do bem adquirido. Isso significa que a base de cálculo dos tributos será os R$ 66.000. Assim, como o ICMS, o PIS e a Cofins são recuperáveis*, o valor do ativo será a diferença entre o valor pago pelo bem e os tributos recuperáveis. No diário, teremos o seguinte registro referente à compra:

Ilustração 6.A16 – Registro em diário da compra de imobilizado com IPI não recuperável

Data		Débito	Crédito
25/set	Máquinas e Equipamentos	5.000	
	ICMS a Recuperar	11.880	
	PIS a Recuperar	1.089	
	Cofins a Recuperar	5.016	
	Duplicatas a Pagar		66.000

Prática

Neste caso, de acordo com a Lei Complementar nº 87/1996, conhecida como Lei Kandir, que trata sobre o ICMS, a compra de bens que compõem o ativo imobilizado poderá ter o ICMS recuperável em 4 anos, sendo que, a cada mês, a empresa recuperará 1/48 do ICMS sobre a compra do ativo. Já o PIS e a Cofins, em geral, podem ser recuperáveis na fração de 1/24 (exceto em situações especiais, sendo necessário verificar a legislação específica). Aqui, para fins didáticos, não abordaremos este diferimento.

Mercadorias para revenda

Compra de mercadorias

A loja de calçados AnaBela adquiriu em 30/08/X7 um lote de 1.000 calçados para revenda, com preço total de R$ 50.000, a prazo. As alíquotas incidentes sobre os produtos são de: 18% para o ICMS; 10% para o IPI; 1,65% para o PIS; e 7,6% para a Cofins.

Neste caso, o IPI é não recuperável, pois:

→ trata-se de uma empresa comercial que não é contribuinte do IPI (não é uma indústria ou equiparada);

→ as mercadorias são produtos acabados adquiridos para serem revendidos, não fazendo parte de um processo fabril.

Para fazermos o registro contábil, vamos calcular o valor referente aos tributos:

Ilustração 6.A17 – Cálculo do IPI não recuperável de mercadorias para revenda

Cálculo do IPI	
Base de cálculo do IPI	R$ 50.000
IPI iniciante (alíquota = 10%)	R$ 5.000
Valor total pago pelos produtos	R$ 55.000
Cálculo dos Tributos	
Base de cálculo dos tributos	R$ 50.000
ICMS a Recuperar (alíquota = 18%)	R$ 9.000
PIS a Recuperar (alíquota = 1,65%)	R$ 825
Cofins a Recuperar (alíquota = 7,6%)	R$ 3.800
Total dos tributos sobre os produtos	R$ 13.625
Valor total pago pelos produtos	R$ 55.000
(–) ICMS	(R$ 9.000)
(–) PIS	(R$ 825)
(–) Confins	(R$ 3.800)
Valor dos produtos sem tributo	R$ 41.375

A Ilustração 6.A17 mostra que o valor do IPI é de R$ 5.000. Por se tratar de empresa comercial não contribuinte de IPI, esse valor não é recuperável. Entretanto, como as mercadorias são adquiridas para revenda, a base de cálculo dos demais tributos (ICMS, PIS e Cofins) é o valor dos produtos sem a incidência do IPI, ou seja, os R$ 50.000. Apesar disso, o valor referente ao imposto integra o custo do produto adquirido, de forma que os estoques serão líquidos apenas dos tributos recuperáveis, nesse caso, no valor de R$ 41.375. Dessa forma, o registro contábil da compra ficaria como mostramos na Ilustração 6.A18:

Ilustração 6.A18 – Lançamento em diário da compra de mercadorias com IPI não recuperável

Data		Débito	Crédito
30/ago	Estoques	41.375	
	ICMS a Recuperar	9.000	
	PIS a Recuperar	825	
	Cofins a Recuperar	3.800	
	Fornecedores		55.000

Venda de mercadorias

A loja AnaBela realizou em 30/09/X7 vendas de metade do seu estoque por R$ 40.000 à vista. Considerando que a loja não tem o direito de recuperar o valor do IPI, os valores referentes aos tributos incidentes sobre a venda são:

Ilustração 6.A19 – Cálculo dos tributos sobre a venda de mercadorias com IPI não recuperável

Cálculo dos Tributos

Base de cálculo dos tributos	R$ 40.000
ICMS a Recuperar (alíquota = 18%)	R$ 7.200
PIS a Recuperar (alíquota = 1,65%)	R$ 665
Cofins a Recuperar (alíquota = 7,6%)	R$ 3.040
Total dos tributos sobre vendas	R$ 10.900

Com base nos valores apurados na Ilustração 6.A19 referentes aos tributos incidentes sobre a venda e que a empresa adota inventário permanente, o registro contábil da venda é feito em apenas três registros contábeis, como veremos na Ilustração 6.A20.

Ilustração 6.A20 – Lançamento em diário da venda de mercadorias com IPI não recuperável

1. Reconhecimentos da venda

Data		Débito	Crédito
30/set	Caixa	40.000	
	Receita de Vendas		40.000

2. Tributo de Venda

Data		Débito	Crédito
30/set	ICMS sobre Vendas	7.200	
	IPI a Recolher		7.200
	PIS sobre Vendas	660	
	PIS a Recolher		660
	Cofins sobre Vendas	3.040	
	Cofins a Recolher		3.040

3. Registro do CMV

Data		Débito	Crédito
30/ago	CMV	20.688	
	Estoques		20.688

FATOS QUE ALTERAM A COMPRA E A VENDA DE PRODUTOS

Algumas situações que ocorrem na prática alteram as compras e vendas de mercadorias. Como no caso em que as mercadorias que, quando chegam ao estabelecimento, estão danificadas ou o produto entregue foi diferente daquele adquirido. Assim, cabe ao fornecedor conceder um abatimento no valor pago pelo produto, quando o cliente concordar em manter a compra, ou recebê-lo em devolução. No primeiro caso, o produto permanece com o comprador, havendo apenas uma redução na receita de vendas. Já na devolução, os produtos retornam ao vendedor, ou seja, haverá também uma redução no custo das mercadorias vendidas, com o retorno do estoque (e, por consequência, nos impostos incidentes sobre a venda). Vejamos exemplos da contabilização desses eventos a seguir.

Devoluções

Devolução de compras

Vamos considerar o exemplo anterior, no qual a AnaBela adquiriu 1.000 pares de calçados para revenda em 30/08/X7. Considerando que a empresa adota inventário permanente para controlar seus estoques, a devolução de compra é feita com um estorno na própria conta de estoque. Neste caso, vamos considerar que a empresa, no dia seguinte, devolveu metade do lote adquirido por apresentar defeito. Assim, teremos:

Ilustração 6.A21 – Cálculo dos tributos referentes à devolução de compras

Cálculo do IPI

Base de cálculo do IPI	R$ 25.000
IPI iniciante (alíquota = 10%)	R$ 2.500
Valor total pago pelos produtos	R$ 27.500

Cálculo dos Tributos

Base de cálculo dos tributos	R$ 25.000
ICMS a Recuperar (alíquota = 18%)	R$ 4.500
PIS a Recuperar (alíquota = 1,65%)	R$ 413
Cofins a Recuperar (alíquota = 7,6%)	R$ 1.900
Total dos tributos sobre os produtos	R$ 6.813
Valor total pago pelos produtos	R$ 27.500
(−) ICMS	(R$ 4.500)
(−) PIS	(R$ 413)
(−) Cofins	(R$ 1.900)
Valor dos produtos sem tributo	R$ 20.688

Da mesma forma que apuramos os tributos que incidiram sobre a compra, teremos que calcular os valores que serão estornados na devolução, como se vê na Ilustração 6.A21. O registro contábil da devolução da compra será:

Ilustração 6.A22 – Lançamento em diário da devolução de compras

Data		Débito	Crédito
31/ago	Fornecedores	27.500	
	Estoques		20.688
	ICMS a Recuperar		4.500
	PIS a Recuperar		413
	Cofins a Recuperar		1.900

Caso a empresa adote inventário periódico para controlar seus produtos, o registro da devolução é idêntico ao acima, porém a conta de estoques seria substituída pela conta Devolução de Compras.

Devolução de vendas

Para a indústria Irresistível, que vendeu os 1.000 pares de sapato e teve em devolução as 500 unidades, deve-se considerar também o estorno nos quatro registros anteriormente contabilizados. Assim, considerando que o preço de venda era de R$ 50 e o custo de R$ 20 por unidade, precisamos calcular os valores incidentes dos impostos como na Ilustração 6.A23.

Ilustração 6.A23 – Cálculo dos tributos referentes à devolução de vendas

Cálculo do IPI

Base de cálculo do IPI	R$ 25.000
IPI iniciante (alíquota = 10%)	R$ 2.500
Faturamento bruto	R$ 27.500

Cálculo dos Tributos

Base de cálculo dos tributos	R$ 25.000
ICMS a Recuperar (alíquota = 18%)	R$ 4.500
PIS a Recuperar (alíquota = 1,65%)	R$ 413
Cofins a Recuperar (alíquota = 7,6%)	R$ 1.900
Total dos tributos sobre a devolução	R$ 6.813

Assim, ao contrário do registro realizado na devolução da compra de mercadorias, quando se adota o inventário permanente, em que o estorno foi feito na conta de estoques, para a devolução de vendas não podemos fazer o estorno da conta de receita, mas pela conta específica, que é redutora da receita bruta de vendas. Como a receita era de R$ 50.000, a devolução de metade dos produtos terá um débito em Devolução de Vendas no valor de R$ 25.000.

Porém, ainda é necessário retirar o valor referente ao IPI que incidiu sobre o Faturamento Bruto, conforme fizemos no registro 1 anteriormente. Como o valor apurado do IPI foi de R$ 5.000, faz-se o estorno de metade deste valor. Para os demais registros contábeis, faremos os estornos pelos valores proporcionais à devolução.

Ilustração 6.A24 – Lançamentos em diário referentes à devolução de vendas

1. Reconhecimentos da venda

Data		Débito	Crédito
31/ago	Devolução de Vendas	25.000	
	Faturamento Bruto	2.500	
	Clientes		27.500

2. Registo referente ao IPI

Data		Débito	Crédito
31/ago	IPI a Recolher	2.500	
	IPI sobre Faturamento Bruto		2.500

3. Registro sobre a Venda

Data		Débito	Crédito
31/ago	ICMS a Recolher	4.500	
	ICMS sobre Vendas		4.500
	PIS a Recolher	413	
	PIS sobre Venda		413
	Cofins a Recolher	1.900	
	Cofins sobre Venda		1.900

4. Registro do CMV

Data		Débito	Crédito
31/ago	Estoques	10.000	
	CMV		10.000

Abatimentos

Abatimentos de compras

Os abatimentos sobre compras ocorrem em função de uma mercadoria que não apresenta a qualidade esperada ou em virtude de o produto não estar em acordo com o que foi solicitado. Assim, na maioria dos casos, ocorre após o recebimento do produto.

Considerando o exemplo anterior, da venda a prazo de 1.000 pares de sapato. Devido aos defeitos apresentados em metade das unidades adquiridas, não houve a devolução destas, visto que o fornecedor concordou em nos conceder uma redução de 10% no preço de venda do produto. Assim, como a receita de vendas era de R$ 50.000, a empresa obteve R$ 5.000 de abatimento, reconhecido da seguinte forma:

Ilustração 6.A25 – Lançamento em diário do abatimento de compras

Data		Débito	Crédito
31/ago	Fornecedores	5.000	
	Estoques		5.000

Quando a empresa adota inventário permanente, o abatimento sobre a compra é contabilizado na própria conta de estoques, como mostra a Ilustração 6.A25. Entretanto, se utilizar o inventário periódico, o crédito seria feito na conta Abatimentos sobre Compras.

Como o abatimento fora concedido após a emissão da nota fiscal e a correspondente saída dos produtos do estabelecimento (o que é o usual ocorrer), não é possível haver o estorno para o ICMS e demais tributos destacados.

Abatimentos de vendas

Para a empresa que realizou a venda dos produtos, os abatimentos reduzem a receita bruta. Da mesma forma como ocorreu para o comprador, o abatimento não gera estorno dos tributos, de modo que o registro contábil será:

Ilustração 6.A26 – Lançamento em diário do abatimento de vendas

Data		Débito	Crédito
31/ago	Abatimento sobre Vendas	5.000	
	Clientes		5.000

Descontos comerciais

Os descontos comerciais são aqueles que ocorrem no ato da negociação, em virtude de um grande volume de vendas ou por ser um cliente especial, por exemplo. São também chamados de descontos incondicionais, pois independem da forma como ocorrerá o pagamento da compra.

Descontos comerciais de compras

Vamos considerar novamente os dados da compra efetuada pela AnaBela em 30/08/X7 de R$ 50.000, a prazo, por um lote de 1.000 calçados. Como se trata de um cliente pontual e que faz compras em grandes volumes, foi concedido um desconto de 10% sobre a compra. Considerando que as alíquotas incidentes sobre os produtos são de: 18% para o ICMS; 10% para o IPI; 1,65% para o PIS; e 7,6% para a Cofins, teremos:

Ilustração 6.A27 – Cálculo dos tributos incidentes na compra com desconto comercial

Cálculo do IPI

Base de cálculo do IPI	R$ 50.000
IPI iniciante (alíquota = 10%)	R$ 5.000
Valor total dos produtos	R$ 55.000
Cálculo dos tributos	
Base de cálculo dos tributos	R$ 40.000 (20% = desconto)
ICMS a Recuperar (alíquota = 18%)	R$ 7.200
PIS a Recuperar (alíquota = 1,65%)	R$ 660
Cofins a Recuperar (alíquota = 7,6%)	R$ 3.040
Total dos tributos sobre os produtos	R$ 10.900
Valor total pago pelos produtos	R$ 45.000
(–) ICMS	(R$ 7.200)
(–) PIS	(R$ 660)
(–) Confins	(R$ 3.040)
Valor dos produtos sem tributo	R$ 34.100

Observe que, no cálculo dos tributos incidentes, o desconto de 20% obtido na compra não altera a base de cálculo do IPI, sendo ele calculado sobre o valor total dos produtos, ou seja, R$ 50.000. Entretanto, para os demais tributos, a base de cálculo é o valor reduzido, ou seja, R$ 40.000 (R$ 50.000 – 20%). O registro contábil será, portanto:

Ilustração 6.A28 – Lançamento em diário da compra com desconto comercial

Data		Débito	Crédito
30/ago	Estoques	34.100	
	ICMS a Recuperar	7.200	
	PIS a Recuperar	660	
	Cofins a Recuperar	3.040	
	Fornecedores		45.000

Como se trata de uma empresa comercial, não contribuinte do IPI, seu valor é não recuperável, de modo que seu valor integra o custo do produto, como vimos anteriormente. Como a empresa adota inventário permanente, a aquisição é feita na conta de estoques, já líquida do desconto. Caso adotasse inventário periódico, o registro seria um débito na conta Compras, e o valor do desconto, na conta Desconto sobre Compras.

Descontos comerciais na venda

Como no caso da compra, teremos situação idêntica dos descontos impactando os tributos sobre a venda. Os valores referentes aos tributos serão:

Ilustração 6.A29 – Cálculo dos tributos incidentes na venda com desconto comercial

Cálculo do IPI

Base de cálculo do IPI	R$ 50.000
IPI incidente (alíquota = 10%)	R$ 5.000
Faturamento bruto	R$ 55.000
Valor dos produtos vendidos	R$ 50.000
(−) Desconto Comercial	(R$ 10.000)
Base de cálculo dos tributos	R$ 40.000
(+) IPI incidente (alíquota = 10%)	R$ 5.000
Valor da nota fiscal	R$ 45.000

Cálculo dos tributos sobre vendas

Base de cálculo dos tributos	R$ 40.000	(20% = desconto)
ICMS a Recuperar (alíquota = 18%)	R$ 7.200	
PIS a Recuperar (alíquota = 1,65%)	R$ 660	
Cofins a Recuperar (alíquota = 7,6%)	R$ 3.040	
Total dos tributos sobre os produtos	R$ 10.900	

Como vimos anteriormente, quando se trata de desconto sobre a compra, o valor do desconto comercial concedido não altera a base de cálculo do IPI sobre os produtos, já que o seu valor é calculado sobre o preço dos produtos.

Ao contrário do registro feito na compra com desconto, a empresa deverá reconhecer o desconto sobre a venda, que será apresentado na DRE reduzindo a receita bruta. Dessa forma, os registros da venda com desconto comercial concedido ficariam assim contabilizados:

Ilustração 6.A30 – Lançamentos em diário da venda com desconto comercial

1. Reconhecimentos da venda

Data		Débito	Crédito
30/ago	Clientes	45.000	
	Desconto Comercial sobre Vendas	10.000	
	Faturamento Bruto		55.000

2. Registo referente ao IPI

Data		Débito	Crédito
30/ago	IPI sobre Faturamento Bruto	5.000	
	IPI a recolher		5.000

3. Registro sobre a Venda

Data		Débito	Crédito
30/ago	ICMS sobre Vendas	7.200	
	ICMS a Recolher		7.200
	PIS sobre Vendas	660	
	PIS a recolher		660
	Cofins sobre Vendas	3.040	
	Cofins a Recolher		3.040

4. Registro do CMV

Data		Débito	Crédito
30/ago	CMV	20.000	
	Estoques		20.000

Perceba que o valor referente aos tributos sobre a venda (registro 3) ficaram reduzidos quando comparamos com a venda realizada sem o desconto comercial concedido.

FRETES

Frete sobre compras

Há situações em que a empresa incorre em certos gastos para que esses produtos estejam disponíveis em seu estoque. Esse é o caso dos fretes e dos seguros sobre as compras que deverão ser acrescidos ao custo das mercadorias. Aos valores pagos sobre o frete há a incidência de tributos que também poderão ser recuperados.

Considere que, na aquisição dos sapatos, a AnaBela tenha pago um frete sobre a compra no valor de R$ 1.500 (alíquota do ICMS = 18%; PIS = 1,65% e Cofins = 7,6%). O registro contábil do frete sobre a compra, considerando que a empresa adota inventário permanente, será:

Ilustração 6.A31 – Registro em diário do frete sobre compras

Data		Débito	Crédito
30/ago	Estoques	1.230	
	ICMS a Recuperar	270	
	PIS a Recuperar	25	
	Cofins a Recuperar	114	
	Caixa		1.500

Caso a empresa adotasse inventário periódico no lugar de Estoques, a conta debitada seria Fretes sobre Compras.

Frete sobre vendas

No caso da venda de mercadorias ao cliente, há situações em que os compradores retiram normalmente os produtos no estabelecimento comercial ou são os responsáveis por sua retirada (assumem o pagamento do frete sobre a compra). Em outras, porém, o próprio vendedor incorre no gasto do frete sobre a venda.

A contabilização desse evento, considerando que o pagamento foi efetuado no ato, será:

Ilustração 6.A32 – Registro em diário do frete sobre vendas

Data		Débito	Crédito
30/ago	Despesas com Fretes	1.500	
	Caixa		1.500

Neste caso, o valor pago se refere a uma despesa que será levada diretamente ao resultado do exercício como despesa operacional de venda.

QUESTÕES DE MÚLTIPLA ESCOLHA

1. **Exemplo de tributo cobrado "por fora":**
   a) ICMS – Imposto sobre Operações de Mercadorias e sobre Prestação de Serviços de Transportes Interestadual e Intermunicipal e de Comunicação.
   b) PIS – Programa de Integração Social.
   c) Cofins – Contribuição Social sobre o Faturamento.
   d) IPI – Imposto sobre Produtos Industrializados.

2. **Exemplos de tributos cobrados "por dentro":**
   a) ICMS, PIS e Cofins.
   b) PIS, Cofins e IPI.
   c) IPI, ICMS e PIS.
   d) ICMS, IPI e PIS.

3. **O ICMS é considerado não recuperável quando a empresa:**
   a) Adquire materiais de limpeza para consumo.
   b) Adquire matéria-prima que será consumida na produção.
   c) Adquire maquinário usado na produção.
   d) Paga frete sobre a compra de mercadorias.

4. **O PIS e a Cofins são considerados recuperáveis quando a empresa:**
   a) Adquire materiais de limpeza para consumo.
   b) Adota a modalidade de lucro real como regime de tributação do imposto de renda.
   c) Adota a modalidade de lucro presumido como regime de tributação do imposto de renda.
   d) Paga frete sobre a venda de mercadorias.

5. **O IPI é considerado um imposto recuperável, se:**
   a) Tratar-se de uma indústria ou equiparada e esta for contribuinte do IPI; e a compra for de máquinas ou equipamentos que serão utilizados no processo produtivo.
   b) Tratar-se de uma empresa mercantil e esta for contribuinte do IPI; e a compra for de matérias-primas ou produtos que serão utilizados no processo produtivo.
   c) Tratar-se de uma empresa mercantil e esta for contribuinte do IPI; e a compra for de máquinas ou equipamentos que serão utilizados no processo produtivo.
   d) Tratar-se de uma indústria ou equiparada e esta for contribuinte do IPI; e a compra for de matérias-primas ou produtos que serão utilizados no processo produtivo.

6. **Os fatos que afetam as compras e que não geram impacto sobre os tributos são:**
   a) As devoluções de compras.
   b) Os abatimentos sobre compras.
   c) Os descontos de compras
   d) Os fretes sobre as compras.

7. **Os fatos que afetam as vendas e que geram impacto sobre os tributos são:**
   a) As devoluções e os descontos de vendas.
   b) Os abatimentos e os descontos de vendas.
   c) Os descontos e os fretes sobre as vendas.
   d) As devoluções e os abatimentos sobre vendas.

QUESTÕES PARA REVISÃO

1. Explique a diferença entre tributos "por fora" e "por dentro" e dê exemplos.
2. Qual a diferença entre tributos recuperáveis e não recuperáveis?
3. Em que situações o ICMS é considerado um tributo recuperável?
4. Qual a condição para que o PIS e a Cofins sejam considerados tributos recuperáveis?
5. O IPI somente será considerado recuperável se atender a duas condições. Quais são?
6. Qual a diferença entre receita bruta e faturamento bruto?

EXERCÍCIOS BREVES

EB 1. A Comercial Araguaína, no mês de outubro de 20X7, realizou as seguintes operações:

06/10 – Comprou um veículo para revenda, da fabricante JKV, pagando R$ 45.000 a prazo.

29/10 – Vendeu o veículo a prazo por R$ 92.000.

Considere as alíquotas de: 18% para ICMS; 1,65% para PIS; e 7,6% para Cofins.

Pede-se:

1. Contabilize as operações no diário e em razonetes.
2. Em 31/10/20X7, faça a confrontação do saldo referente às contas de tributos e efetue os registros contábeis.
3. Faça o registro do pagamento em 05/11/20X7 dos tributos a recolher, caso haja, considerando que a empresa possuía um saldo na conta Caixa de R$ 30.000.

EB2. No mês de janeiro de 20X5, a Loja de Enxovais Ternurinha efetuou as seguintes operações de mercadorias para revenda:

07/01 – Comprou mercadorias à vista, no valor de R$ 120.000.

12/01 – Venda de mercadorias a prazo, no valor de R$ 90.000. Essas mercadorias estavam no estoque pelo valor de R$ 30.000.

26/01 – Vendeu o restante das mercadorias à vista, no valor de R$ 140.000.

Considerando que a empresa adota inventário permanente e que as alíquotas são: de ICMS é de 18%; de PIS, 1,65%; e 7,6% de Cofins.

Pede-se:

1. Faça os registros contábeis das operações no diário.
2. Lance os saldos em razonetes.
3. Faça em 31/01 a compensação dos tributos em diário e razonetes.
4. Considerando que a empresa teve um total de despesas operacionais de R$ 45.000, faça os lançamentos do encerramento do exercício e calcule o lucro do período.
5. Elabore a Demonstração do Resultado do Exercício.

EB3. No mês de fevereiro de 20X0, ocorreram as seguintes operações:

03/02 – A Indústria de Pneus San Martin S.A. efetuou uma compra à vista de matérias-primas do fornecedor América S.A. O valor das matérias-primas foi de R$ 10.000.

15/02 – A Indústria de Pneus San Martin S.A. vendeu mercadorias de sua fabricação, a prazo, para a Loja de Pneus José Ltda. O valor das mercadorias é de R$ 15.000, com ICMS incluso de 18% e IPI calculado pela alíquota de 10%. O custo da mercadoria vendida é de R$ 4.000.

Considerando que a empresa adota inventário permanente e que as alíquotas são 0,65% de PIS e 3% de Cofins, pede-se:

1. Contabilize as operações no diário e em razonetes.
2. Faça a confrontação do saldo referente às contas de tributos e faça os registros contábeis.
3. Faça o registro do pagamento dos tributos a recolher, caso haja.

EB4. No mês de fevereiro de 20X0, ocorreram as seguintes operações:

15/02 – A Loja de Pneus José Ltda. adquiriu da Indústria de Pneus San Martin S.A. mercadorias, a prazo, no valor de R$ 15.000.

Considerando que a empresa adota inventário permanente e que as alíquotas são: IPI, 10%; ICMS, 18%; PIS, 1,65%; e Cofins, 7,6%.

Pede-se:

1. Faça os registros contábeis das operações no diário.
2. Lance os saldos em razonetes.

PROBLEMAS

PB 1. A Comércio de Geladeiras Lira Ltda. adota o inventário permanente para controlar o estoque do modelo WZ. Durante o mês de janeiro, a empresa possuía 20 unidades do produto a R$ 800 cada, líquidos dos impostos.

As alíquotas incidentes são: ICMS, 18%; PIS, 1,65%; Cofins, 7,6%; Imposto de Renda, 15%.

Durante o mês, foram realizadas as seguintes transações:

02/01 – Comprou 50 unidades, por um valor na nota fiscal que totalizou R$ 65.292,00 a prazo.

03/01 – Devolveu 3 unidades adquiridas no dia anterior, por estarem queimadas.

09/01 – Vendeu a prazo 57 unidades R$ 1.700 cada.

11/01 – Pagou frete sobre a venda: R$ 3500.

13/01 – Algumas unidades foram arranhadas e amassadas no transporte. A empresa concedeu um abatimento no total de R$ 1.900.

20/01 – Recebeu antecipadamente pela venda e concedeu 10% de desconto.

31/01 – Pagou despesas de aluguel: R$ 10.000; de salários: R$ 3.500; de energia: R$ 1.700.

Pede-se:

1. Faça a ficha de controle de estoque, sabendo que a empresa adota o método do PEPS.
2. Faça os registros contábeis dos eventos 1 a 7.
3. No final do período, faça os registros contábeis da confrontação dos tributos a recolher e a recuperar.
4. Faça os registros do encerramento do resultado.
5. Elabore a Demonstração do Resultado do Exercício.

PB 2. A Comercial Esmeralda Ltda. vende cadeiras de praia. Em 01/12/20X0, havia um estoque com 20 unidades a R$ 10,00 cada (já líquidos dos tributos). A empresa também possuía um saldo de caixa de R$ 5.000,00 e capital social de R$ 5.200,00. No mês de dezembro de 20X0, foram realizadas as seguintes operações:

05/12 – Compra de 40 unidades à vista, com nota fiscal emitida de R$ 687,29.

10/12 – Constatou-se que algumas unidades que haviam sido adquiridas no dia 05 estavam danificadas e houve um abatimento concedido pelo fornecedor, de R$ 22,00.

20/12 – Venda a prazo de 30 unidades, ao preço de R$ 25,00 cada. A empresa pagou um frete para a entrega dos produtos ao cliente, de R$ 30,00.

23/12 – Comprou 50 unidades de novas cadeiras a prazo, no valor total de R$ 1031,00.

27/12 – Verificou-se que 10 unidades não eram da marca solicitada e foram devolvidas ao fornecedor.

28/12 – Pagou antecipadamente a compra realizada no dia 23.12 e a obteve um desconto de 10%.

As alíquotas dos impostos incidentes são de ICMS = 18%; PIS – 1,65%; Cofins = 7,60%.

Pede-se:

1. Faça os registros contábeis em razonetes, elaborando a ficha de controle de estoque (inventário permanente e a Média Ponderada Móvel, com duas casas decimais).
2. Após os registros do período, confrontar os Impostos.
3. Faça o encerramento do resultado do exercício e apure o lucro líquido, considerando que a alíquota do Imposto de Renda é de 15%.

GABARITO

Questões De Múltipla Escolha

1. D; **2.** A; **3.** A; **4.** B; **5.** D; **6.** B; **7.** A.

Exercícios

EB 1. 12/11: D: ICMS a Recolher – R$ 8.460,00; D: PIS a Recolher - R$ 775,50; D: Cofins a Recolher – R$ 3.572,00; C: Caixa – R$ 12.807,50;

EB 2. Lucros Acumulados R$ 35.025;

EB 3. IPI a Recolher – R$ 500; ICMS a Recolher – R$ 900;

EB 4. D: Estoques – R$ 13.800,00; D: ICMS a Recuperar - R$2.700,00; C: Fornecedores - R$ 16.500,00.

Problemas

PB 1. Lucros Acumulados – R$ 1.551,08; ICMS a Recuperar – R$ 4.652,81; PIS a Recuperar – R$ 426,51; Cofins a Recuperar – R$ 1.964,52;

PB 2. Lucros Acumulados – R$ 220,24; ICMS a Recuperar – R$ 137,18; PIS a Recuperar – R$ 12,57; Cofins a Recuperar – R$ 57,92.

EXERCÍCIO DE REVISÃO

A empresa Assipa Ltda. apresentou as seguintes informações referentes ao estoque:

Data	Evento	Unidades	Custo Unitário	Total
1º/jan.	Estoque inicial	100	R$ 6	R$ 600
8/mar.	Compras	150	R$ 8	R$ 1.200
20/jun.	Compras	200	R$ 9	R$ 1.800
6/out.	Compras	250	R$ 10	R$ 2.500
Disponíveis para venda		700		R$ 6.100

O inventário físico dos estoques em 31/12 verificou a existência de 320 unidades.

Pede-se:

a) Calcule o inventário final dos estoques e o custo da mercadoria vendida pelos métodos PEPS, UEPS e média ponderada.

b) Faça os registros de ajuste referente ao estoque, de acordo com o valor do CMV apurado em cada método, no diário e nos razonetes.

c) Apure o resultado do exercício.

d) Elabore a Demonstração do Resultado para cada método.

Solução
PEPS

Custo das Mercadorias Disponíveis para Venda				
Data	Explicação	Unidades	Custo Unitário	Custo Total
1º/jan.	Estoque inicial	100	R$ 6	R$ 600
4/maio	Compra	150	R$ 8	R$ 1.200
20/ago.	Compra	200	R$ 9	R$ 1.800
14/nov.	Compra	250	R$ 10	R$ 2.500
	Mercadorias Disponíveis para Venda	700		R$ 6.100

Passo 1: Estoque Final

Data	Unidades	Custo Unitário	Custo Total
14/nov.	250	R$ 10	R$ 2.500
20/ago.	70	R$ 9	R$ 630
Total	320		R$ 3.130

Passo 2: Custo das Mercadorias Vendidas

Mercadorias Disponíveis para Venda	R$ 6.100
Menos Estoque Final	R$ 3.130
Custo das Mercadorias Vendidas	R$ 2.970

Ajuste do Estoque

a) CMV   600
    Mercadorias   600

b) CMV   5.500
    Compras   5.500

c) Mercadorias   3.130
    CMV   3.130

Encerramento

1. Receita de Vendas   5.000
    Resultado do Exercício   5.000

2. Resultado do Exercício 2.970
    CMV   2.970

3. Resultado do Exercício 2.030
    Lucros Acumulados   2.030

Mercadorias

EI	600	600	a)
c)	3.130		

CMV

a)	600		
b)	5.500		
	6.100	3.130	c)
	2.970	2.970	2.

Resultado do Exercício

2.	2.970	5.000	1.
3.	2.030	2.030	

Compras

b) 5.500	5.500

Receita de Vendas

1. 5.000	5.000

Lucros Acumulados

	2.030 3.

UEPS

Custo das Mercadorias Disponíveis para Venda				
Data	Explicação	Unidades	Custo Unitário	Custo Total
1º/jan.	Estoque inicial	100	R$ 6	R$ 600
4/maio	Compra	150	R$ 8	R$ 1.200
20/ago.	Compra	200	R$ 9	R$ 1.800
14/nov.	Compra	250	R$ 10	R$ 2.500
	Mercadorias Disponíveis para Venda	700		R$ 6.100

Passo 1: Estoque Final

Data	Unidades	Custo Unitário	Custo Total
1º/jan.	100	R$ 6	R$ 600
14/nov.	250	R$ 8	R$ 1.200
20/ago.	70	R$ 9	R$ 630
Total	320		R$ 2.430

Passo 2: Custo das Mercadorias Vendidas

Mercadorias Disponíveis para Venda	R$ 6.100
Menos Estoque Final	R$ 2.430
Custo das Mercadorias Vendidas	R$ 3.670

Ajuste do Estoque

a) CMV   600
       Mercadorias   600

b) CMV   5.500
       Compras   5.500

c) Mercadorias   2.430
       CMV   2.430

Encerramento

1. Receita de Vendas   5.000
       Resultado do Exercício   5.000

2. Resultado do Exercício   3.670
       CMV   3.670

3. Resultado do Exercício   1.330
       Lucros Acumulados   1.330

Mercadorias

EI	600	600 a)
	–	
c)	2.430	

CMV

a)	600	
b)	5.500	
	6.100	2.430 c)
	3.670	3.670 2.

Resultado do Exercício

2.	3.670	5.000 1.
3.	1.330	1.330
	–	

Compras

b) 5.500	5.500
–	

Receita de Vendas

1. 5.000	5.000
	–

Lucros Acumulados

	2.030 3.

MÉDIA

Custo das Mercadorias Disponíveis para Venda				
Data	Explicação	Unidades	Custo Unitário	Custo Total
1º/jan.	Estoque inicial	100	R$ 6	R$ 600
4/maio	Compra	150	R$ 8	R$ 1.200
20/ago.	Compra	200	R$ 9	R$ 1.800
14/nov.	Compra	250	R$ 10	R$ 2.500
	Mercadorias Disponíveis para Venda	700		R$ 6.100

Passo 1: Estoque Final

R$ 6.000/700 = R$ 8,57

Unidades	Custo Unitário	Custo Total
320	R$ 8,71	R$ 2.789

Passo 2: Custo das Mercadorias Vendidas

Mercadorias Disponíveis para Venda	R$ 6.100
Menos Estoque Final	R$ 2.789
Custo das Mercadorias Vendidas	R$ 3.311

Ajuste do Estoque

a) CMV   600
      Mercadorias   600

b) CMV   5.500
      Compras   5.500

c) Mercadorias   2.789
      CMV   2.789

Encerramento

1. Receita de Vendas   5.000
      Resultado do Exercício   5.000

2. Resultado do Exercício   3.311
      CMV   3.311

3. Resultado do Exercício   1.689
      Lucros Acumulados   1.689

Mercadorias

EI 600	600 a)
	–
c) 2.789	

Compras

b) 5.500	5.500
	–

CMV

a) 600	
b) 5.500	
6.100	2.789 c)
3.311	3.311

Receita de Vendas

1. 5.000	5.000
	–

Resultado do Exercício

2. 3.311	5.000 1.
3. 1.689	1.689
	–

Lucros Acumulados

	1.689 3.

Demonstração do Resultado do Exercício

	PEPS	UEPS	Média
Receita líquida	R$ 5.000	R$ 5.000	R$ 5.000
(–) CMV	(R$ 2.970)	(R$ 3.670)	(R$ 3.311)
Lucro bruto	R$ 2.030	R$ 1.330	R$ 1.689

Um exemplo mais completo...

Na prática, as empresas apresentam várias operações com suas mercadorias e não apenas as de compras e vendas. Como vimos no Capítulo 5, as mercadorias podem ser adquiridas ou vendidas com descontos comerciais. Podem apresentar danos e serem devolvidas ou terem abatimentos concedidos, entre outras situações.

Veja o exemplo a seguir, que apresenta como são reconhecidos esses eventos quando a empresa adota o inventário permanente, pelos três métodos de controle de estoque.

A Papelaria Veneza vende tipos diferentes de materiais escolares. Por ter dúvidas de qual seria o método de fluxo do custo que teria informações mais precisas para a sua empresa, o proprietário decidiu que testaria os três métodos para seus cadernos de capa dura. A empresa teve a seguinte movimentação para o período:

1. Adquiriu da empresa Arco Íris de Papel 10 unidades a R$ 6,50 cada, a prazo.
2. Pagou um frete pela compra, de R$ 10,00 à vista.
3. Dois dos cadernos adquiridos apresentaram defeitos e foram devolvidos.
4. Vendeu à vista 4 unidades a R$ 12,00.
5. Por ser um cliente especial, consentiu em fazer a entrega: fretes pagos à vista por R$ 5,00.
6. A empresa localizou um novo fornecedor que apresentou preços melhores e comprou 20 unidades de cadernos a R$ 5,00.
7. Pela quantidade adquirida, o fornecedor concedeu um abatimento de 10% sobre o total da compra efetuada no item 6.
8. Vendeu 25 unidades de cadernos a R$ 13,20, com um desconto especial de R$ 0,20 por unidade.
9. Recebimento em devolução de 2 unidades da venda anterior.
10. Concedeu um abatimento de 5% no valor total da venda do item 8.

Sabendo-se que os saldos iniciais do estoque de cadernos da empresa eram 3 unidades a R$ 5,00 e 5 unidades a R$ 6,30, cada, pede-se:

1. Elaborar a ficha de controle de estoque, efetuar os registros contábeis no diário e nos razonetes da Papelaria Veneza utilizando o PEPS.

Ficha de Controle – PEPS

PEPS		ENTRADAS			SAÍDAS			TOTAIS		
Data	Histórico	Qtde.	Vr. Un.	Vr. Total	Qtde.	Vr. Un.	Vr. Total	Qtde.	Vr. Un.	Vr. Total
	Estoque final							3	R$ 5,00	R$ 15,00
								5	R$ 6,30	R$ 31,50
								8		R$ 46,50
1	Compra	10	R$ 6,50	R$ 65,00				3	R$ 5,00	R$ 15,00
								5	R$ 6,30	R$ 31,50
								10	R$ 6,50	R$ 65,00
								18		R$ 111,50
2	Frete s/ compra			R$ 10,00				3	R$ 5,00	R$ 15,00
								5	R$ 6,30	R$ 31,50
								10	R$ 7,50	R$ 75,00
								18		R$ 121,50
3	Devolução compra	(2)	R$ 6,50	(R$ 13,00)				3	R$ 5,00	R$ 15,00
								5	R$ 6,30	R$ 31,50
								8	R$ 7,75	R$ 62,00
								16		R$ 108,50
4	Venda				3	R$ 5,00	R$ 15,00	4	R$ 6,30	R$ 25,20
					1	R$ 6,30	R$ 6,30	8	R$ 7,75	R$ 62,00
					4		R$ 21,30	12		R$ 87,20
6	Compra	20	R$ 5,00	R$ 100,00				4	R$ 6,30	R$ 25,20
								8	R$ 7,75	R$ 62,00
								20	R$ 5,00	R$ 100,00
								32		R$ 187,20
7	Abatim. compra			(R$ 10,00)				4	R$ 6,30	R$ 25,20
								8	R$ 7,75	R$ 62,00
								20	R$ 4,50	R$ 90,00
								32		R$ 177,20
8	Venda				4	R$ 6,30	R$ 25,20	7	R$ 4,50	R$ 31,50
					8	R$ 7,75	R$ 62,00			
					13	R$ 4,50	R$ 58,50			
					25		R$ 145,70			
9	Devol. Venda				(2)	R$ 4,50	(R$ 9,00)	9	R$ 4,50	R$ 40,50
		Compras totais		**R$ 152,00**	**CMV**		**R$ 158,00**			

Livro Diário

1. Estoques de Mercadorias   65,00
         Fornecedores   65,00

2. Estoque de Mercadorias   10,00
         Caixa   10,00

3. Fornecedores   13,00
         Estoques de Mercadorias   13,00

4. Caixa   48,00
         Receita de Vendas   48,00

    CMV   21,30
         Estoques de Mercadorias   21,30

5. Fretes sobre Vendas   5,00
         Caixa   5,00

6. Estoques de Mercadorias   100,00
         Fornecedores   100,00

7. Fornecedores   10,00
         Estoques de Mercadorias   10,00

8. Caixa   325,00
         Receita de Vendas   325,00

    CMV   145,70
         Estoques de Mercadorias   145,70

9. Devolução de Vendas   26,00
         Caixa   26,00

    Estoques de Mercadorias   9,00
         CMV   9,00

10. Abatimento de Vendas   14,95
         Caixa   14,95

Razonetes

Caixa

	xxx	R$ 10,00	2
4	R$ 48,00	R$ 5,00	5
8	R$ 325,00	R$ 26,00	9
		R$ 14,95	10
	R$ 317,05		

Estoques de Mercadorias

EI	R$ 46,50	R$ 13,00	3
1	R$ 65,00	R$ 21,30	4
2	R$ 10,00	R$ 10,00	7
6	R$ 100,00	R$ 145,70	8
9	R$ 9,00		
	R$ 40,50		

Fornecedores

3	R$ 13,00	R$ 65,00	1
7	R$ 10,00	R$ 100,00	6
		R$ 142,00	

Receita de Vendas

		R$ 48,00	4
		R$ 325,00	8
		R$ 373,00	

Devolução de Vendas

9	R$ 26,00	

Abatimento de Vendas

10	R$ 14,95	

CMV

4	R$ 21,30	R$ 9,00	9
8	R$ 145,70		
	R$ 158,00		

Fretes sobre Vendas

5	R$ 5,00	

2. Elaborar a ficha de controle de estoque, registros contábeis no diário e nos razonetes da Papelaria Veneza utilizando o UEPS.

Ficha de Controle – UEPS

	PEPS	ENTRADAS			SAÍDAS			TOTAIS		
Data	Histórico	Qtde.	Vr. Un.	Vr. Total	Qtde.	Vr. Un.	Vr. Total	Qtde.	Vr. Un.	Vr. Total
	Estoque final							3	R$ 5,00	R$ 15,00
								5	R$ 6,30	R$ 31,50
								8		R$ 46,50
1	Compra	10	R$ 6,50	R$ 65,00				3	R$ 5,00	R$ 15,00
								5	R$ 6,30	R$ 31,50
								10	R$ 6,50	R$ 65,00
								18		R$ 111,50
2	Frete s/ compra			R$ 10,00				3	R$ 5,00	R$ 15,00
								5	R$ 6,30	R$ 31,50
								10	R$ 7,50	R$ 75,00
								18		R$ 121,50
3	Devolução compra	(2)	R$ 6,50	(R$ 13,00)				3	R$ 5,00	R$ 15,00
								5	R$ 6,30	R$ 31,50
								8	R$ 7,75	R$ 62,00
								16		R$ 108,50
4	Venda				4	R$ 7,75	R$ 31,00	3	R$ 5,00	R$ 15,00
								5	R$ 6,30	R$ 31,50
								4	R$ 7,75	R$ 31,00
								12		R$ 77,50
6	Compra	20	R$ 5,00	R$ 100,00				3	R$ 5,00	R$ 15,00
								5	R$ 6,30	R$ 31,50
								4	R$ 7,75	R$ 31,00
								20	R$ 5,00	R$ 100,00
								32		R$ 177,50
7	Abatim. compra			(R$ 10,00)				3	R$ 5,00	R$ 15,00
								5	R$ 6,30	R$ 31,50
								4	R$ 7,75	R$ 31,00
								20	R$ 4,50	R$ 90,00
								32		R$ 167,50
8	Venda				20	R$ 4,50	R$ 90,00	3	R$ 5,00	R$ 15,00
					4	R$ 7,75	R$ 31,00	4	R$ 6,30	R$ 25,20
					1	R$ 6,30	R$ 6,30	7		R$ 40,20
					25		R$ 127,30			
9	Devol. Venda				(1)	R$ 6,30	(R$ 6,30)	3	R$ 5,00	R$ 15,00
					(1)	R$ 7,75	(R$ 7,75)	5	R$ 6,30	R$ 31,50
					(2)		(R$ 14,05)	1	R$ 7,75	R$ 7,75
								9		R$ 54,25
		Compras totais		**R$ 152,00**	**CMV**		**R$ 144,25**			

Livro Diário

1. Estoques de Mercadorias   65,00
        Fornecedores   65,00

2. Estoque de Mercadorias   10,00
        Caixa   10,00

3. Fornecedores   13,00
        Estoques de Mercadorias   13,00

4. Caixa   48,00
        Receita de Vendas   48,00

   CMV   31,00
        Estoques de Mercadorias   31,00

5. Fretes sobre Vendas   5,00
        Caixa   5,00

6. Estoques de Mercadorias   100,00
        Fornecedores   100,00

7. Fornecedores   10,00
        Estoques de Mercadorias   10,00

8. Caixa   325,00
        Receita de Vendas   325,00

   CMV   127,30
        Estoques de Mercadorias   127,30

9. Devolução de Vendas   26,00
        Caixa   26,00

   Estoques de Mercadorias   14,05
        CMV   14,05

10. Abatimento de Vendas   14,95
         Caixa   14,95

Razonetes

	Caixa		
	xxx	R$ 10,00	2
4	R$ 48,00	R$ 5,00	5
8	R$ 325,00	R$ 26,00	9
		R$ 14,95	10
	R$ 317,05		

	Estoques de Mercadorias		
EI	R$ 46,50	R$ 13,00	3
1	R$ 65,00	R$ 31,00	4
2	R$ 10,00	R$ 10,00	7
6	R$ 100,00	R$ 127,30	8
9	R$ 14,05		
	R$ 54,25		

	Fornecedores		
3	R$ 13,00	R$ 65,00	1
7	R$ 10,00	R$ 100,00	6
		R$ 142,00	

	Receita de Vendas		
		R$ 48,00	4
		R$ 325,00	8
		R$ 373,00	

	Devolução de Vendas	
9	R$ 26,00	

	Abatimento de Vendas	
10	R$ 14,95	

	CMV		
4	R$ 31,00	R$ 14,05	9
8	R$ 127,30		
	R$ 144,25		

	Fretes sobre Vendas	
5	R$ 5,00	

3. Elaborar a ficha de controle de estoque, registros contábeis no diário e nos razonetes da Papelaria Veneza utilizando a MPM.

Ficha de Controle – MPM

MPM		ENTRADAS			SAÍDAS			TOTAIS		
Data	Histórico	Qtde.	Vr. Un.	Vr. Total	Qtde.	Vr. Un.	Vr. Total	Qtde.	Vr. Un.	Vr. Total
	Estoque final							8	R$ 5,81	R$ 46,50
1	Compra	10	R$ 6,50	R$ 65,00				18	R$ 6,19	R$ 111,50
2	Frete s/ compra			R$ 10,00				18	R$ 6,75	R$ 121,50
3	Devolução compra	(2)	R$ 6,50	(R$ 13,00)				16	R$ 6,78	R$ 108,50
4	Venda				4	R$ 6,78	R$ 27,13	12	R$ 6,78	R$ 81,38
6	Compra	20	R$ 5,00	R$ 100,00				32	R$ 5,67	R$ 181,38
7	Abatim. compra			(R$ 10,00)				32	R$ 5,36	R$ 171,38
8	Venda				25	R$ 5,36	R$ 133,89	7	R$ 5,36	R$ 37,49
9	Devol. Venda				(2)	R$ 5,36	(R$ 10,71)	9	R$ 5,36	R$ 48,20
		Compras totais		**R$ 152,00**	**CMV**		**R$ 150,30**			

Livro Diário

1.	Estoques de Mercadorias	65,00		7.	Fornecedores	10,00	
	Fornecedores		65,00		Estoques de Mercadorias		10,00
2.	Estoque de Mercadorias	10,00		8.	Caixa	325,00	
	Caixa		10,00		Receita de Vendas		325,00
3.	Fornecedores	13,00			CMV	133,89	
	Estoques de Mercadorias		13,00		Estoques de Mercadorias		133,89
4.	Caixa	48,00		9.	Devolução de Vendas	26,00	
	Receita de Vendas		48,00		Caixa		26,00
	CMV	27,13			Estoques de Mercadorias	10,71	
	Estoques de Mercadorias		27,13		CMV		10,71
5.	Fretes sobre Vendas	5,00		10.	Abatimento de Vendas	14,95	
	Caixa		5,00		Caixa		14,95
6.	Estoques de Mercadorias	100,00					
	Fornecedores		100,00				

Razonetes

	Caixa		
	xxx	R$ 10,00	2
4	R$ 48,00	R$ 5,00	5
8	R$ 325,00	R$ 26,00	9
		R$ 14,95	10
	R$ 317,05		

	Estoques de Mercadorias		
EI	R$ 46,50	R$ 13,00	3
1	R$ 65,00	R$ 27,13	4
2	R$ 10,00	R$ 10,00	7
6	R$ 100,00	R$ 133,89	8
9			
	R$ 37,49		

	Fornecedores		
3	R$ 13,00	R$ 65,00	1
7	R$ 10,00	R$ 100,00	6
		R$ 142,00	

	Receita de Vendas		
		R$ 48,00	4
		R$ 325,00	8
		R$ 373,00	

	Devolução de Vendas	
9	R$ 26,00	

	Abatimento de Vendas	
10	R$ 14,95	

	CMV		
4	R$ 27,13	R$ 10,71	9
8	R$ 133,89		
	R$ 150,30		

	Fretes sobre Vendas	
5	R$ 5,00	

4. Elaborar a DRE e indicar em qual dos três métodos apresenta o maior valor para a receita, para a CMV e para o lucro no período.

Demonstração do Resultado do Exercício

Demonstração do Resultado do Exercício			
	PEPS	UEPS	MPM
Receita Bruta de Vendas	R$ 373,00	R$ 373,00	R$ 373,00
(–) Devolução de Vendas	(R$ 26,00)	(R$ 26,00)	(R$ 26,00)
(–) Abatimento de Vendas	(R$ 14,95)	(R$ 14,95)	(R$ 14,95)
Receita Líquida de Vendas	R$ 332,05	R$ 332,05	R$ 332,05
(–) CMV	(R$ 158,00)	(R$ 144,25)	(R$ 150,30)
Lucro Bruto	R$ 174,05	R$ 187,80	R$ 181,75

Pela comparação entre os três fluxos de custo do inventário (PEPS, UEPS e MPM), podemos identificar os seguintes pontos:

1. Qualquer que seja o método empregado, o valor das compras líquidas é sempre o mesmo. A razão das diferenças entre os métodos está no CMV, que, portanto, altera o valor do estoque final.
2. Como a diferença entre os fluxos está no cálculo do CMV, o valor nos registros de diário será diferente apenas para o segundo registro da venda (o registro referente à baixa do estoque). O registro da receita será o mesmo, qualquer que seja o método utilizado.
3. No caso de frete sobre compras, o seu valor onera o custo da mercadoria vendida, sendo acrescido ao valor da mercadoria adquirida. Desse novo valor das mercadorias, calculamos um custo médio da compra (evento 2). Se por algum motivo a mercadoria for devolvida, o valor que foi pago pelo frete não será devolvido. Portanto, a devolução da compra é feita com base no valor pago pela mercadoria (evento 3).
4. O valor da receita bruta de vendas também será o mesmo qualquer que seja o fluxo de custo utilizado, posto que este se baseia no *preço de venda* adotado da empresa e não de custo. Da mesma forma, os valores dos descontos, devoluções e abatimentos de vendas, por consequência, também serao os mesmos, independentemente do método utilizado.
5. Como o abatimento sobre as vendas reduz o valor da receita bruta de vendas e não afeta o custo da mercadoria, o mesmo não é reconhecido na ficha de controle de estoques, qualquer que seja o método utilizado. O valor do abatimento sobre as vendas apenas afetará a demonstração de resultado, reduzindo a receita bruta de vendas.
6. Em economias inflacionárias, o PEPS apresenta um menor valor para o custo da mercadoria vendida e um valor maior para o lucro. O inverso ocorre para o UEPS, que apresentará maior valor do CMV e menor lucro. Observe os valores do CMV no evento 4: no PEPS – R$ 21,30; MPM – R$ 27,13; e UEPS – R$ 31,00. O contrário ocorre quando há deflação. Veja no evento 8: o PEPS – R$ 145,70; MPM – R$ 133,89; e UEPS – R$ 127,30.

Usando a informação contábil

Parte I

A SET Comércio apresentou as seguintes informações sobre o único produto que comercializa:

	Quantidade	Unitário	Total
Estoque inicial	10	R$ 850,00	R$ 8.500,00
10/nov.	15	R$ 860,00	R$ 12.900,00
18/nov.	25	R$ 870,00	R$ 21.750,00

Ao final do período, a contagem física mostrou a existência de cinco unidades do produto. O preço de venda é de R$ 1.200. Apure o CMV e Estoque Final usando o PEPS e a média ponderada.

Solução

PEPS

Estoque final = 5 unidades a R$ 870,00 = R$ 4.350,00

CMV = (Estoque Inicial + Compras) − Estoque Final = R$ 43.150,00 − R$ 4.350,00 = R$ 38.800,00

Média Ponderada

Custo Unitário = R$ 43.150,00/50 unidades = R$ 863,00

Estoque Final = 5 unidades a R$ 863,00 = R$ 4.315,00

CMV = R$ 43.150,00 − R$ 4.315,00 = R$ 38.835,00

Parte II

Considere que a SET Comércio adote o inventário permanente. No dia 15 de novembro, foram vendidas 22 unidades, e no dia 27, 23 unidades. Apure o CMV e o Estoque Final usando o PEPS e a média ponderada.

Solução

PEPS

Estoque Inicial							10	R$ 850,00	R$ 8.500,00
10/nov.	15	R$ 860,00	R$ 12.900,00				10	R$ 850,00	R$ 8.500,00
							15	R$ 860,00	R$ 12.900,00
15/nov.				10	R$ 850,00	R$ 8.500,00			
				12	R$ 860,00	R$ 10.320,00	3	R$ 860,00	R$ 2.580,00
18/nov.	25	R$ 870,00	R$ 21.750,00				3	R$ 860,00	R$ 2.580,00
							25	R$ 870,00	R$ 21.750,00
27/nov.				3	R$ 860,00	R$ 2.580,00			
				20	R$ 870,00	R$ 17.400,00	5	R$ 870,00	R$ 4.350,00

Média Ponderada

Estoque Inicial							10	R$ 850,00	R$ 8.500,00
10/nov.	15	R$ 860,00	R$ 12.900,00				25	R$ 856,00	R$ 21.400,00
15/nov.				22	R$ 856,00	R$ 18.832,00	3	R$ 856,00	R$ 2.568,00
18/nov.	25	R$ 870,00	R$ 21.750,00				28	R$ 868,50	R$ 24.318,00
27/nov.				23	R$ 868,50	R$ 19.975,50	5	R$ 868,50	R$ 4.342,50

Parte III

Considere que a empresa use o inventário periódico, média. Apure: (1) lucro bruto; (2) rotação dos estoques; (3) prazo médio de estocagem; e (4) retorno sobre estoques.

Resposta:

Lucro Bruto = R$ 1.200,00 × 45 unidades − R$ 38.800,00 = R$ 15.200,00

Rotação dos Estoques = CMV/Estoque médio = R$ 38.800,00/6.425,00 = R$ 6,04

Prazo Médio de Estocagem = 360/Rotação = 360/6,04 = 59,6 dias

Margem Bruta = R$ 15.200,00/R$ 54.000,00 = 28,15%

Retorno sobre Estoques = (28,15% × 6,04)/(1 − 28,15%) = 23,35

RESUMO DOS OBJETIVOS

Mostrar como determinar a quantidade em estoques – Os passos são: (1) fazer o levantamento do inventário físico dos estoques e (2) determinar se existem mercadorias em trânsito ou em consignação, que não devem ser contabilizadas no inventário.

Explicar os métodos para determinar o custo de estoques no inventário periódico – O primeiro passo para determinar o valor dos estoques que serão registrados no balanço patrimonial é calcular o custo. Para determiná-lo pelo método do inventário periódico, é necessário determinar o valor do custo das mercadorias disponíveis para venda, que inclui o saldo inicial da conta de mercadorias e o custo das mercadorias compradas. Os métodos de fluxo de custo de inventário são: PEPS, UEPS e média ponderada.

Mostrar os efeitos da escolha do método sobre as demonstrações contábeis – O custo das mercadorias disponíveis para venda pode ser alocado com base em uma suposição do método do fluxo de custo. Quando os preços aumentam, o método do PEPS resulta em um menor custo das mercadorias vendidas e maior lucro que a média ponderada e o UEPS. Já quando os preços caem, ocorre o inverso. No balanço patrimonial, o PEPS resulta em um saldo de estoque final mais próximo do valor corrente, ao passo que o UEPS se distancia desse valor. O UEPS gera um menor imposto sobre o lucro a pagar, pois o resultado apurado por esse método é o menor e a sua utilização não é permitida nem no Brasil nem nos países que adotam as normas internacionais.

Explicar a regra custo ou valor realizável líquido – Quando o valor realizável líquido dos produtos for menor que o custo, a perda nos estoques deverá ser reconhecida. O valor realizável líquido corresponde ao preço de venda, deduzidos os custos necessários para efetuar a venda.

Mostrar os métodos para determinar o custo de estoques no inventário permanente – No inventário permanente, o custo das mercadorias vendidas é apurado a cada venda realizada, e esse controle é realizado por meio de uma ficha de controle de estoques. Pelo PEPS, as vendas realizadas são dos produtos mais antigos, enquanto no UEPS os produtos mais novos sairão primeiro. Para a média, a cada nova compra deverá ser calculada uma nova média ponderada.

Mostrar os efeitos dos erros dos estoques nas demonstrações contábeis – Os erros cometidos nos estoques afetam tanto o balanço patrimonial, gerando um estoque sub ou superestimado, quanto a demonstração do resultado, do valor do CMV e do resultado do exercício. No inventário periódico, os erros podem ocorrer tanto no estoque inicial quanto no estoque final, já que o estoque final de um exercício torna-se o estoque inicial do exercício seguinte. Isso significa que o erro irá afetar a apuração do resultado de dois exercícios sociais.

Calcular e analisar índices relacionados ao estoque – A rotação dos estoques é calculada dividindo-se o custo da mercadoria vendida pela média dos estoques. Ela também pode ser convertida para a média de dias em que os produtos ficam estocados, bastando dividir seu valor por 360. Esse indicador é denominado de prazo de estocagem. Há ainda o retorno sobre estoques, que aponta se a empresa está ganhando no giro ou na margem.

DECISÃO

Pergunta	Informação Necessária	Fórmula	Uso
Quantas vezes as mercadorias giraram durante o ano?	Estoque inicial, estoque final e custo das mercadorias vendidas	Retorno dos Estoques = CMV/Estoque Médio	Quanto maior o valor, mais rápido o estoque está girando na entidade
Qual o tempo médio de estocagem dos produtos de uma entidade?	Rotação de estoques ou estoque inicial, estoque final e CMV	Prazo Médio de Estocagem em dias = 360/Rotação de Estoques	Maior prazo significa que a empresa leva mais tempo para comercializar seus produtos
A entidade está ganhando na rotação ou na margem?	Rotação de estoques e margem bruta	Retorno sobre Estoques = (Margem x Rotação)/(1 – Margem)	Maior índice, maior retorno. É possível comparar a origem do retorno dos estoques

DICIONÁRIO

Contabilidade de custos – Ramo específico da contabilidade que analisa o processo de produção com o objetivo de determinar o custo dos estoques.

Contagem física de estoques – Vide levantamento de inventário.

Custo específico – O custo da mercadoria vendida é o custo de aquisição da unidade que foi vendida.

Custo médio (ou média ponderada) – Aloca um custo médio unitário ao custo das mercadorias vendidas.

Ficha de controle de estoque – Ficha elaborada pela contabilidade com o objetivo de apurar o custo das mercadorias vendidas e o estoque final.

Insumos – São produtos ou serviços utilizados pelas indústrias no processo produtivo, com o objetivo de obter novos produtos.

Inventário periódico – Método de determinação do custo da mercadoria vendida e do estoque final, no qual não se dá baixa na mercadoria a cada operação de venda.

Inventário permanente – Método de determinação do custo da mercadoria vendida em que cada venda é baixada no estoque.

Levantamento de inventário – Atividade realizada pela empresa, geralmente no encerramento do exercício social, para apurar a quantidade e o valor do estoque final existente.

Matéria-prima – Um tipo de insumo utilizado na fabricação de novos produtos.

PEPS – Método **P**rimeiro a **E**ntrar, **P**rimeiro a **S**air, também denominado de FIFO (*first-in, first-out*). Por ele, a empresa determina o custo do estoque final usando o custo da unidade mais recentemente comprada.

Produtos acabados – São os produtos que já foram fabricados e que se encontram disponíveis para venda.

Produtos consignados – Produtos que estão fisicamente nas dependências da entidade, mas são de propriedade de terceiros, geralmente o fornecedor. Caso não consiga vender o produto, o mesmo será devolvido ao fornecedor.

Produtos em elaboração – Estoques que começaram a ser fabricados, mas que ainda não se encontram concluídos.

Produtos em trânsito – Mercadorias que foram solicitadas ao fornecedor e que ainda não estão na entidade.

UEPS – Método **Ú**ltimo a **E**ntrar, **P**rimeiro a **S**air, que também recebe a denominação de LIFO (*last-in, first-out*). Por esse método, a empresa determina o custo do estoque final usando o custo unitário mais antigo.

Unidades disponíveis para venda – Refere-se à soma da quantidade do estoque inicial mais a quantidade comprada durante o período.

Valor realizável líquido – Corresponde ao preço de venda, deduzidos os custos necessários para efetuar a venda.

PROBLEMA DEMONSTRAÇÃO

A empresa Casa Real, que comercializa móveis residenciais de alto padrão, foi criada pelos irmãos Ana, Maria, Márcia e José, em 1º/1/20X4. Considere os eventos a seguir:

2/1 – Os sócios foram à junta comercial e abriram a firma, com um capital subscrito de R$ 1.000.000, cada um com 25% do capital.

2/1 – Abriram uma conta-corrente para a empresa e o sócio José fez o depósito referente à sua parcela no capital.

2/1 – Contrataram uma funcionária, para trabalhar como vendedora na loja, com salário de R$ 1.200.

2/1 – Fecharam um seguro contra roubos, incêndios e vários tipos de danos, no valor de R$ 2.400, por um ano, pagos à vista.

3/1 – Alugaram um galpão com pagamento antecipado de seis meses, no valor de R$ 30.000.

5/1 – Contataram um fornecedor e adquiriram à vista dois modelos de sofás: 10 unidades do modelo retrátil para três lugares (MR3) – R$ 1.500 cada; e 8 unidades do modelo em couro para quatro lugares (MC4) – R$ 2.200 cada.

10/1 – Pagaram frete sobre a compra, no valor de R$ 450.

15/1 – Maria e Márcia integralizaram suas cotas do capital, da seguinte forma: dois veículos – R$ 50.000 cada; móveis e utensílios para a loja – R$ 30.000; um terreno – R$ 300.000; e o restante depositado na conta-corrente da empresa.

17/1 – Uma venda foi realizada: 2 sofás MR3; e 3 do MC4. A venda foi a prazo. O comprador ficou de retirar a mercadoria.

24/1 – O fornecedor decidiu fazer uma "queima de estoques" e uma nova compra foi realizada: 10 unidades do modelo MR3 = R$ 1.200 cada; e 5 unidades do MC4 = R$ 1.800 cada, a prazo. O frete sobre a compra foi de R$ 350, pagos pelo fornecedor.

26/1 – Dois dos produtos MR3 adquiridos não estavam com o sistema retrátil funcionando e foram devolvidos ao fornecedor.

27/1 – Foi feita uma visita a um condomínio de luxo e uma grande venda foi realizada: 12 unidades do modelo MR3 e 8 do modelo MC4. Na ocasião, foi concedido um desconto de 10% caso o pagamento fosse realizado à vista. O comprador concordou com esse desconto e pagou no ato. O frete, de R$ 130, foi uma cortesia da empresa ao comprador.

28/1 – Na colocação dos produtos no caminhão, um dos sofás MC4 foi danificado. O comprador manteve a compra, mas com a condição de conceder um abatimento: R$ 300.

31/1 – Um cliente de outro Estado pagou antecipadamente por dois sofás MR3, que serão entregues em 2/2.

31/1 – Pagaram fornecedores, referente à compra do dia 24 e às seguintes despesas: de energia elétrica = R$ 500; de materiais de consumo = R$ 1.200; de impostos = R$ 6.000.

Os ajustes a serem feitos são os seguintes:

1. As despesas de aluguel do mês foram apropriadas.
2. Os seguros antecipados do mês devem ser baixados.
3. O salário de janeiro será pago em 05/02.
4. Os veículos possuem vida útil de 10 anos e os móveis e utensílios de 5 anos.
5. A empresa descobriu que a compra foi realizada com um bom preço, pois os produtos não serão mais fabricados. Verificou, assim, que o valor realizável líquido de cada unidade do modelo MR3 é de R$ 1.200 e do MC4 de R$ 1.900.

Obs.: (1) a integralização do capital será feita por Ana em fevereiro; (2) a empresa utiliza o PEPS para contabilizar os sofás de couro MC4 e a média para os retráteis MR3; (3) o frete pago deverá ser rateado igualmente entre os produtos; (4) os veículos e móveis são novos e foram apropriados pelo seu valor contábil; (5) o preço de venda unitário dos sofás MR3 é R$ 3.200; e MC4, R$ 5.000.

Pede-se:

a) Faça os registros contábeis da Casa Real referentes ao período e os ajustes em diário e nos razonetes.
b) Elabore o balancete de verificação com os saldos das contas após os ajustes e antes do encerramento.
c) Faça o encerramento do exercício.
d) Elabore o balanço patrimonial, a demonstração do resultado e o fluxo de caixa da empresa no período.

Solução

a) *Diário*

Data	Conta	Débito	Crédito
2/jan.	Capital a Integralizar	1.000.000	
	Capital Social		1.000.000
2/jan.	Bancos	250.000	
	Capital a Integralizar		250.000
2/jan.	Não é um evento contábil		
2/jan.	Seguros Antecipados	2.400	
	Bancos		2.400
3/jan.	Aluguéis Antecipados	30.000	
	Bancos		30.000
5/jan.	Estoques – MR3	15.000	
	Estoques – MC4	17.600	
	Bancos		32.600
10/jan.	Estoques – MR3	250	
	Estoques – MC4	200	
	Bancos		450
15/jan.	Veículos	100.000	
	Móveis e Utensílios	30.000	
	Terrenos	300.000	
	Bancos	70.000	
	Capital a Integralizar		500.000
17/jan.	Clientes	21.400	
	Receita de Vendas		21.400

	CMV	9.725	
	Estoques – MR3		3.050
	Estoques – MC4		6.675
24/jan.	Estoques – MR3	12.000	
	Estoques – MC4	9.000	
	Fornecedores		21.000
26/jan.	Fornecedores	2.400	
	Estoques – MR3		2.400
27/jan.	Bancos	70.560	
	Desconto Comercial	7.840	
	Receita de Vendas		78.400
	CMV	32.875	
	Estoques – MR3		16.350
	Estoques – MC4		16.525
28/jan.	Abatimento sobre Vendas	300	
	Bancos		300
31/jan.	Bancos	6.400	
	Receitas Antecipadas		6.400
31/jan.	Fornecedores	18.600	
	Despesa de Energia	500	
	Despesa de Materiais	1.200	
	Despesa de Impostos	6.000	
	Bancos		26.300

Ajustes:

1. Despesa de Aluguel   5.000
   Aluguéis Antecipados   5.000

2. Despesa de Seguros   200
   Seguros Antecipados   200

3. Despesa de Salários   1.200
   Salários a Pagar   1.200

4. Despesa de Depreciação   1.333
   D.A. Móveis   500
   D.A. Veículos   833

5. Despesa de Perda Estimada para Redução do Valor Recuperável   650
   Perda Estimada para Redução do Valor Recuperável   650

Estoques – MR3		Preço de Venda:		R$ 3.200,00				Método:		MÉDIA
Data	Evento	Entrada			Saída			Saldo		
		Qtde.	Vr. Unit.	Vr. Total	Qtde.	Vr. Unit.	Vr. Total	Qtde.	Vr. Unit.	Vr. Total
5/jan.	Compra	10	R$ 1.500,00	R$ 15.000,00				10	R$ 1.500,00	R$ 15.000,00
10/jan.	Fretes			R$ 250,00				10	R$ 1.525,00	R$ 15.250,00
17/jan.	Venda				2	R$ 1.525,00	R$ 3.050,00	8	R$ 1.525,00	R$ 12.200,00
24/jan.	Compra	10	R$ 1.200,00	R$ 12.000,00				18	R$ 1.344,44	R$ 24.200,00
26/jan.	Devol. Compra	(2)	R$ 1.200,00	(R$ 2.400,00)				16	R$ 1.362,50	R$ 21.800,00
27/jan.	Venda				12	R$ 1.362,50	R$ 16.350,00	4	R$ 1.362,50	R$ 5.450,00

Estoques – MC4		Preço de Venda:		R$ 5.000,00				Método:		PEPS
Data	Evento	Entrada			Saída			Saldo		
		Qtde.	Vr. Unit.	Vr. Total	Qtde.	Vr. Unit.	Vr. Total	Qtde.	Vr. Unit.	Vr. Total
5/jan.	Compra	8	R$ 2.200,00	R$ 17.600,00				8	R$ 2.200,00	R$ 17.600,00
10/jan.	Fretes			R$ 200,00				8	R$ 2.225,00	R$ 17.800,00
17/jan.	Venda				3	R$ 2.225,00	R$ 6.675,00	5	R$ 2.225,00	R$ 11.125,00
24/jan.	Compra	5	R$ 1.800,00	R$ 9.000,00				5	R$ 2.225,00	R$ 11.125,00
								5	R$ 1.800,00	R$ 9.000,00
27/jan.	Venda				5	R$ 2.225,00	R$ 11.125,00	2	R$ 1.800,00	R$ 3.600,00
					3	R$ 1.800,00	R$ 5.400,00			

Razonetes

Bancos

2/jan.	R$ 250.000	R$ 2.400	2/jan.	
15/jan.	R$ 70.000	R$ 30.000	3/jan.	
27/jan.	R$ 70.560	R$ 32.600	5/jan.	
31/jan.	R$ 6.400	R$ 450	10/jan.	
		R$ 300	28/jan.	
		R$ 26.300	31/jan.	
	R$ 396.960	R$ 92.050		
	R$ 304.910			

Perda Estimada – VRL

	R$ 650	5.

Clientes

17/jan.	R$ 21.400

Estoques – MR3

5/jan.	R$ 15.000	R$ 3.050	17/jan.
10/jan.	R$ 250	R$ 2.400	26/jan.
24/jan.	R$ 12.000	R$ 16.350	27/jan.
	R$ 27.250	R$ 21.800	
	R$ 5.450		

Estoques – MC4

5/jan.	R$ 17.600	R$ 6.675	17/jan.
10/jan.	R$ 200	R$ 16.525	27/jan.
24/jan.	R$ 9.000		
	R$ 26.800	R$ 23.200	
	R$ 3.600		

Seguros Antecipados					Aluguéis Antecipados			
2/jan.	R$ 2.400	R$ 200	2.		3/jan.	R$ 30.000	R$ 5.000	1.
	R$ 2.200					R$ 25.000		

Móveis e Utensílios				Deprec. Acum. – Móv. e Utens.		
15/jan.	R$ 30.000				R$ 500	4.

Veículos				Deprec. Acum. – Veículos		
15/jan.	R$ 100.000				R$ 833	4.

Terrenos				Receitas Antecipadas		
15/jan.	R$ 300.000				R$ 6.400	31/jan.

Salários a Pagar				Fornecedores			
		R$ 1.200	3.	26/jan.	R$ 2.400	R$ 21.000	24/jan.
				31/jan.	R$ 18.600		
						R$ –	

Capital Social				Capital a Integralizar			
		R$ 1.000.000	2/jan.	2/jan.	R$ 1.000.000	R$ 250.000	2/jan.
						R$ 500.000	15/jan.
					R$ 250.000		

Receita de Vendas				Desconto Comercial	
		R$ 21.400	17/jan.	27/jan.	R$ 7.840
		R$ 78.400	27/jan.		
		R$ 99.800			

				Abatimento de Vendas	
				28/jan.	R$ 300

CMV				Despesa de Energia	
17/jan.	R$ 9.725			31/jan.	R$ 500
27/jan.	R$ 32.875				
	R$ 42.600				

				Despesa de Impostos	
				31/jan.	R$ 6.000

Despesa de Seguros				Despesa de Salários	
2.	R$ 200			3.	R$ 1.200

Despesa de Perda Estimada VRL				Despesa de Materiais	
5.	R$ 650			31/jan.	R$ 1.200

Despesa de Aluguel				Despesa de Depreciação	
1.	R$ 5.000			4.	R$ 1.333

b)

Balancete de Verificação – 31/1/20X4

	Saldo após Ajustes	
	Débito	Crédito
Bancos	R$ 304.910	
Seguros Antecipados	R$ 2.400	R$ 200
Aluguéis Antecipados	R$ 30.000	R$ 5.000
Estoques – MR3	R$ 5.450	
Estoques – MC4	R$ 3.600	
Perda Estimada para Redução ao Valor Recuperável		R$ 650
Clientes	R$ 21.400	
Veículos	R$ 100.000	
D.A. Veículos		R$ 833
Móveis e Utensílios	R$ 30.000	
D.A. Móveis		R$ 500
Terrenos	R$ 300.000	
Fornecedores		R$ –
Receitas Antecipadas		R$ 6.400
Salários a Pagar		R$ 1.200
Capital a Integralizar	R$ 250.000	
Capital Social		R$ 1.000.000
Lucros Acumulados		
Receita de Vendas		R$ 99.800
Desconto Comercial	R$ 7.840	
Abatimento sobre Venda	R$ 300	
CMV	R$ 42.600	
Despesa de Energia	R$ 500	
Despesa de Materiais	R$ 1.200	
Despesa de Impostos	R$ 6.000	
Despesa de Aluguel	R$ 5.000	
Despesa de Seguros	R$ 200	
Despesa de Salários	R$ 1.200	
Despesa de Depreciação	R$ 1.333	
Desp. de Perda Estimada para Redução ao Valor Recuperável	R$ 650	
Total	**R$ 1.114.583**	**R$ 1.114.583**

c)

Encerramento

a) Receita de Vendas — R$ 8.140
    Desconto Comercial — R$ 7.840
    Abatimento sobre Vendas — R$ 300

b) Receita de Vendas — R$ 91.660
    Resultado do Exercício — R$ 91.660

c) Resultado do Exercício — R$ 42.600
    CMV — R$ 42.600

d) Resultado do Exercício — R$ 16.083
    Despesa de Energia — R$ 500
    Despesa de Materiais — R$ 1.200
    Despesa de Impostos — R$ 6.000
    Despesa de Aluguel — R$ 5.000
    Despesa de Seguros — R$ 200
    Despesa de Salários — R$ 1.200
    Despesa de Depreciação — R$ 1.333
    Despesa de Perda Estimada VRL — R$ 650

e) Resultado do Exercício — R$ 32.977
    Lucros Acumulados — R$ 32.977

Receita de Vendas

		R$ 21.400	17/jan.
		R$ 78.400	27/jan.
a)	R$ 8.140	R$ 99.800	
b)	R$ 91.660	R$ 91.660	
		R$ –	

Desconto Comercial

27/jan.	R$ 7.840	R$ 7.840	a)
	R$ –		

Abatimento de Vendas

28/jan.	R$ 300	R$ 300	a)
	R$ –		

CMV

17/jan.	R$ 9.725		
27/jan.	R$ 32.875		
	R$ 42.600	R$ 42.600	
	R$ –		

Despesa de Energia

31/jan.	R$ 500	R$ 500	d)
	R$ –		

Despesa de Materiais			
31/jan.	R$ 1.200	R$ 1.200	d)
	R$ –		

Despesa de Impostos			
31/jan.	R$ 6.000	R$ 6.000	d)
	R$ –		

Despesa de Seguros			
2.	R$ 200	R$ 200	d)
	R$ –		

Despesa de Salários			
3.	R$ 1.200	R$ 1.200	d)
	R$ –		

Despesa de Perda Estimada VRL			
5.	R$ 650	R$ 650	d)
	R$ –		

Despesa de Aluguel			
1.	R$ 5.000	R$ 5.000	d)
	R$ –		

Resultado do Exercício			
c)	R$ 42.600	R$ 91.660	b)
d)	R$ 16.083		
e)	R$ 32.977	R$ 32.977	

Despesa de Depreciação			
4.	R$ 1.333	R$ 1.333	d)
	R$ –		

Lucros Acumulados		
	R$ 32.977	e)

d)

Empresa Casa Real			
Balanço Patrimonial em 31/1/20X4			
Ativo Circulante	R$ 361.910	**Passivo Circulante**	R$ 7.600
Bancos	R$ 304.910	Receitas Antecipadas	R$ 6.400
Seguros Antecipados	R$ 2.200	Salários a Pagar	R$ 1.200
Aluguéis Antecipados	R$ 25.000		
Estoques – MR3	R$ 5.450		
Estoques – MC4	R$ 3.600		
(–) Perda Estimada para Redução ao Valor Recuperável	(R$ 650)		
Clientes	R$ 21.400	**Patrimônio Líquido**	R$ 782.977
		Capital Social	R$ 1.000.000
Ativo Não Circulante	R$ 428.667	(–) Capital a Integralizar	(R$ 250.000)
Veículos	R$ 100.000	Lucros Acumulados	R$ 32.977
D.A. Veículos	(R$ 833)		
Móveis e Utensílios	R$ 30.000		
D.A. Móveis	(R$ 500)		
Terrenos	R$ 300.000		
Total do Ativo	R$ 790.577	**Total do Passivo + PL**	R$ 790.577

Empresa Casa Real
Demonstração do Resultado – 1º/1/20X4 a 31/12/20X4

Receita de Vendas		R$ 99.800
(–) Deduções:		
Desconto Comercial	(R$ 7.840)	
Abatimento sobre Vendas	(R$ 300)	(R$ 8.140)
Receita Líquida de Vendas		R$ 91.660
(–) CMV		(R$ 42.600)
Lucro Bruto		R$ 49.060
(–) Despesas Operacionais		
Despesa de Energia	R$ 500	
Despesa de Materiais	R$ 1.200	
Despesa de Impostos	R$ 6.000	
Despesa de Aluguel	R$ 5.000	
Despesa de Seguros	R$ 200	
Despesa de Salários	R$ 1.200	
Despesa de Depreciação	R$ 1.333	
Desp. de Perda Estimada para Redução ao Valor Recuperável	R$ 650	(R$ 16.083)
Lucro Líquido		R$ 32.977

Empresa Casa Real
Demonstração dos Fluxos de Caixa – 1º/1/20X4 a 31/12/20X4

Recebimento de Clientes	**R$ 76.660**
Pagamento de Seguros Antecipados	**(R$ 2.400)**
Pagamento de Despesas de Aluguel	**(R$ 30.000)**
Aquisição de Estoques	**(R$ 33.050)**
Pagamento de Despesas de Energia	**(R$ 500)**
Pagamento de Despesas de Impostos	**(R$ 6.000)**
Pagamento de Materiais	**(R$ 1.200)**
Pagamento de Fornecedores	(R$ 18.600)
Fluxo de Caixa Consumido pelas Atividades Operacionais	**(R$ 15.090)**
Integralização do Capital	R$ 320.000
Fluxo de Caixa Gerado pelas Atividades de Financiamento	**R$ 320.000**
Variação de Caixa e Equivalentes	**R$ 304.910**
Saldo Inicial de Caixa e Equivalentes	R$ 0
Saldo Final de Caixa e Equivalentes	**R$ 304.910**

QUESTÕES DE MÚLTIPLA ESCOLHA

1. Em qual das situações a seguir o inventário físico de estoques não necessitaria ser feito?
   a) Quando a companhia tem um grande volume de estoques.
   b) Quando as mercadorias não são vendidas ou recebidas.
   c) No final de um período, quando a empresa utiliza o inventário periódico.
   d) Se a empresa for vítima de um acidente, tal como um incêndio ou uma enchente.

2. Qual das seguintes situações deve ser incluída na contagem do inventário físico das empresas?
   a) Mercadorias mantidas em consignação pertencentes a outra empresa.
   b) Mercadorias adquiridas de um fornecedor de outro Estado que estão sendo transportadas.
   c) Produtos remetidos à empresa, que estão em trânsito, e que são de propriedade de outra empresa.
   d) Todas as mercadorias de propriedade da empresa, inclusive aquelas que estejam sob a custódia de terceiros.

3. Em períodos de aumento de preços, o método UEPS produzirá:
   a) Um lucro líquido maior do que o PEPS.
   b) O mesmo lucro líquido que o PEPS.
   c) Um lucro líquido menor do que o PEPS.
   d) Um lucro líquido maior do que o custo médio.

4. A escolha de um dos três métodos de custo do inventário gera efeito sobre as demonstrações. Das contas a seguir, aquela que não terá efeito, independentemente do método utilizado, é:
   a) Impostos a Pagar.
   b) Clientes.
   c) Custo da mercadoria vendida.
   d) Estoques.

5. A regra de avaliação dos inventários baseada no custo ou valor realizável líquido é um exemplo de aplicação do(a):
   a) Materialidade.
   b) Princípio do custo histórico.
   c) Conservadorismo.
   d) Comparabilidade.

6. Acerca do custo específico, é correto afirmar:
   a) Não é necessário que a entidade tenha informações sobre o custo de cada item do estoque.
   b) É uma solução econômica, utilizada por entidades que comercializam produtos de baixo custo unitário, que podem ser identificados.
   c) Fornece uma informação precisa sobre o custo da mercadoria vendida e do estoque final.
   d) É fácil para ser usado nas situações em que os estoques são semelhantes e seu custo unitário é reduzido.

7. Das informações a seguir, a escolha pela administração de um dos três métodos de custo do inventário não levará em consideração:
   a) Qual método as empresas do setor costumam adotar.
   b) Se a empresa pretende evidenciar maiores ou menores valores de lucro e de estoque.
   c) Se o método é permitido por lei ou normas contábeis.
   d) A regra custo ou valor recuperável, o menor.

8. O estoque final da empresa Teresina S.A. está subestimado em R$ 1.500. O efeito desse erro no custo das mercadorias vendidas no ano corrente e no lucro líquido é, respectivamente:
   a) Subestimado e superestimado.
   b) Superestimado e subestimado.
   c) Superestimado e superestimado.
   d) Subestimado e subestimado.

9. O estoque inicial da empresa Teresina S.A. está superestimado em R$ 500. Qual o efeito desse erro nas demonstrações da empresa no período:
   a) O estoque final será subestimado.
   b) O estoque final será superestimado.
   c) O custo das mercadorias vendidas será superestimado.
   d) O custo das mercadorias vendidas será subestimado.

10. O estoque final da empresa Teresina S.A. está superestimado em R$ 1.500. Qual o efeito desse erro nas demonstrações da empresa no período seguinte:
    a) O estoque inicial será subestimado.
    b) O estoque inicial será superestimado.
    c) O lucro do exercício será superestimado.
    d) O custo das mercadorias vendidas será superestimado.

11. Em economias deflacionárias (o preço dos produtos reduz com o passar do tempo), o método de custo do inventário que permite à empresa manter o valor do saldo de estoque mais próximo do corrente é:
    a) PEPS.
    b) UEPS.
    c) Média ponderada.
    d) Preço específico.

12. Nos países que apresentam economias inflacionárias (o preço dos produtos aumenta com o passar do tempo), o método de custo do inventário que permite à empresa manter o valor do saldo de estoque mais próximo do corrente é:
    a) PEPS.
    b) UEPS.
    c) Média ponderada.
    d) Preço específico.

13. Qual dos eventos a seguir aumenta a rotação dos estoques?
    a) Aumento no volume do inventário apenas.
    b) Manter o volume do inventário constante, mas aumentar as vendas.
    c) Manter o volume do inventário constante, mas reduzir as vendas.
    d) Reduzir as vendas.

QUESTÕES PARA REVISÃO

1. Quais são os tipos de estoques que as empresas industriais possuem? Explique-os.

2. O que significa produtos em trânsito? Eles devem ser contabilizados no inventário de estoques?

3. Os produtos em consignação devem ser reconhecidos nos estoques de qual entidade?

4. Explique como é feita a contabilização do inventário quando a empresa utiliza o método do custo específico.

5. Quais são as restrições na utilização do custo específico?

6. Quando a empresa não consegue utilizar o custo específico, que tipo de suposições ela faz para apurar o custo das mercadorias vendidas?

7. O que significa PEPS? Como é feito o processo de apuração do custo por esse método quando a empresa adota o inventário periódico?

8. O que significa UEPS? Explique o processo de apuração do custo por esse método quando a empresa adota o inventário periódico.

9. Quando a empresa adota o inventário periódico, de que maneira será apurado o custo dos estoques pelo método do custo médio? E quando utiliza o inventário permanente?

10. Por que motivo a escolha do método é tão importante para a empresa? Justifique.

11. Explique o significado de comparabilidade e consistência.

12. O que é a regra do custo ou valor realizável líquido, o menor? Explique o que é valor realizável líquido.

13. O que significa prudência ou conservadorismo?

14. Quais efeitos sobre as demonstrações poderão ocorrer se os inventários contiverem erros?

15. Como é calculada a rotação do estoque? Qual o significado desse indicador?

16. De que maneira é apurado o prazo de estocagem e qual o seu significado?

17. Quais variáveis são utilizadas no cálculo do retorno dos estoques? O que esse indicador demonstra?

EXERCÍCIOS BREVES

EB 1. A empresa Revisão Cópias e Produtos de Papelaria identificou os seguintes produtos passíveis de serem incluídos ou não no levantamento físico do estoque. Indique se cada item deve ser incluído ou não:

1. 40 unidades de papel de carta, entregues para venda em consignação por outra empresa.
2. 200 resmas de papel, já encaminhadas pelo fabricante, mas que estão em trânsito.
3. 20 unidades de papel de carta, já vendidas, mas ainda não entregues ao cliente.
4. 10 unidades de blocos produzidos pela empresa, entregues para venda em consignação em uma banca de revista.

EB 2. A KLS realizou o inventário físico dos seus estoques. Na contagem, a empresa chegou a um resultado de R$ 300 mil. Ao revisar o levantamento, você encontrou os seguintes itens que não foram considerados:

1. A empresa mandou R$ 20 mil de mercadorias para que Itaim S.A. vendesse em consignação. Todas as mercadorias ainda estão na Itaim, já que não foram vendidas.
2. Não estão inclusos os estoques vendidos há dois dias, no valor de R$ 15 mil, que estão em trânsito para serem entregues ao cliente.

Pede-se:

Calcule o valor correto do estoque.

EB 3. Vermer está solicitando um empréstimo no Banco Fiandeiras. O contador da Vermer informa que a empresa possui R$ 400 mil de estoques. As discussões revelaram o que segue:

1. A Vermer vendeu R$ 20 mil em mercadorias, que ainda não foram entregues ao cliente, mas já saíram da empresa. Os produtos devem chegar ao cliente três dias após o encerramento do exercício social.
2. A contagem não incluiu R$ 30 mil de estoques que foram adquiridos pela Vermer, mas que ainda estão em trânsito.
3. A Vermer vendeu R$ 5 mil de estoques, que ainda estão na empresa. Essas mercadorias não entraram na contagem física.
4. A empresa possui R$ 40 mil de mercadorias da empresa Nova Vitória, para venda na forma de consignação. Esses produtos entraram na contagem física.

Pede-se:

Determine o valor correto do estoque.

EB 4. A SBB fez o levantamento físico dos seus estoques em 31 de dezembro. Em cada situação apresentada a seguir, indique os efeitos sobre o CMV e o Estoque Final:

1. Produto Alfa = Existia 56 unidades do produto no sistema. Ao realizar a contagem física, descobriu-se que havia 53 unidades.

2. Produto Beta = O sistema de estoque da empresa indicava a existência de 90 unidades, mas a contagem revelou 91 unidades.

EB 5. A Max Lux realizou três compras de estoques na seguinte sequência: 30 unidades a R$ 10; 50 unidades a R$ 12; e 10 unidades a R$ 14. No final do período, existiam 40 unidades. Calcule o custo do estoque final pelos métodos PEPS e UEPS, sabendo que a empresa adota o inventário periódico.

EB 6. Carson Comércio utiliza o inventário periódico. Durante determinado mês, para seu principal produto, a empresa comprou 600 unidades a R$ 3,90, 400 unidades a R$ 4,00 e 700 unidades a R$ 3,80. O estoque inicial era composto de 100 unidades, avaliadas a R$ 3,70. Ao final do período, existiam 200 unidades. Determine o CMV e o valor do estoque final pela média.

EB 7. A Eletrônica ELE apresentou as seguintes informações: estoque inicial de 1.000 unidades a R$ 13,00; aquisição de 7.000 unidades, a R$ 15,00 cada; e vendas de 7.300 unidades. Determine o custo dos produtos vendidos pelo PEPS, UEPS e média ponderada.

EB 8. A Esportes Tec vende diversos produtos esportivos. Durante o mês de abril a empresa fez uma grande liquidação da bola oficial do campeonato regional e vendeu 400 unidades do produto. Os dados existentes são apresentados a seguir:

Data	Histórico	Unidades	Custo Unitário	Custo Total
1º/abr.	Estoque inicial	200	R$ 30,00	R$ 6.000,00
11/abr.	Compras	100	R$ 34,00	R$ 3.400,00
18/abr.	Compras	50	R$ 37,00	R$ 1.850,00
28/abr.	Compras	80	R$ 36,00	R$ 2.880,00

Pede-se:

a) Determine o estoque final de abril usando o PEPS e o UEPS. Prove o resultado encontrado.
b) Calcule a soma do estoque final e o CMV para ambos os métodos. O que você observou?

EB 9. O administrador da Itapuã Comercial S.A. está considerando os efeitos da escolha entre os diversos métodos de determinar o valor dos estoques. Considerando que o preço pago pela empresa nos seus produtos está aumentando ao longo do tempo, qual o método que irá:

a) Apresentar maior lucro.
b) Apresentar maior valor do estoque final.
c) Apresentar menor pagamento de imposto de renda.
d) Apresentar valores mais estáveis do lucro ao longo do tempo.
e) Ser aceito pelas normas de contabilidade.

EB 10. A Fantasma Ltda. começou suas operações em fevereiro de 20X0 com as seguintes aquisições: 1.000 unidades a R$ 12,00; 2.000 unidades a R$ 14,00; e 1.400 unidades a R$ 16,00. O estoque final era de 1.800 unidades.

Pede-se:

a) Apure o CMV e o estoque final pelo PEPS e UEPS no inventário periódico.
b) Discuta o termo *phantom profit* (lucro fantasma) usado para explicar a diferença no resultado em situações de aumento no custo unitário dos produtos.

EB 11. A Casa Mais tinha, no dia 1º de maio, três máquinas de lavar roupas da marca Artemp, modelo Lucx. Todas possuem preço de venda de R$ 1.200. Uma das máquinas, a de número #45689, foi adquirida em fevereiro, com custo de R$ 800. Outra máquina, a de número #46701, foi comprada em março, com custo de R$ 780. A última máquina, a #46888, foi adquirida em abril, com custo de R$ 760.

Pede-se:

a) Apure o resultado da empresa com este produto, considerando o PEPS no inventário periódico, e que foram vendidas duas unidades.

b) Usando o preço específico, considere que as máquinas #45689 e #46888 foram vendidas. Apure o resultado da empresa.

c) Discuta qual método deveria ser usado.

EB 12. A Casa Mais apresentou, em setembro, a seguinte movimentação para aparelhos celulares, modelo Kiano 8400:

Data	Histórico	Unidades	Custo Unitário	Custo Total
01/set.	Estoque inicial	20	R$ 60,00	R$ 1.200,00
15/set.	Compras	40	R$ 58,00	R$ 2.320,00
21/set.	Compras	50	R$ 57,00	R$ 2.850,00

Pede-se:

a) Determine o custo do estoque final e o CMV usando o PEPS e a média. Considere que o levantamento físico do estoque constatou a existência de 15 unidades na empresa.

b) Qual o método que poderá gerar o menor lucro e, consequentemente, o menor imposto sobre o lucro? A sua resposta diverge do que se encontra no livro-texto? Se sim, qual a razão?

EB 13. A Rodrigues Center apresentava dados de custo e valor realizável líquido para três grupos de produto:

Categoria	Custo	VRL
Alfa	R$ 43.000,00	R$ 44.500,00
Beta	R$ 18.000,00	R$ 19.000,00
Gama	R$ 26.000,00	R$ 24.600,00

Pede-se:

Calcule o valor do estoque, com base na regra "custo ou valor realizável líquido, o menor".

EB 14. A Bell Ltda. vende quatro tipos de produtos (pequeno, médio, grande e extra). O custo e o valor realizável líquido são apresentados a seguir:

Produto	Custo	VRL
Pequeno	43.000	39.000
Médio	90.000	87.000
Grande	27.000	28.000
Extra	7.000	8.000

Pede-se:

Calcule o valor do estoque da empresa com a regra "custo ou valor realizável líquido".

EB 15. A JP utiliza inventário permanente. Dados das compras de um produto estão apresentados a seguir:

Dia	Número	Preço Unitário
13/jan.	90	R$ 90,00
25/jan.	30	R$ 100,00

No dia 15 de janeiro, a empresa vendeu 74 unidades e no dia 27 de janeiro mais 32 unidades. Determine o CMV pelo PEPS e pela média.

EB 16. Considere o exercício EB 8, da Tec. Suponha que a empresa utilize o inventário permanente. No dia 3 de abril, foram vendidas 140 unidades; no dia 15 abril, mais 110 unidades foram vendidas; e no dia 29 de abril outras 150 unidades foram comercializadas.

Pede-se:

a) Determine o valor do estoque final usando o PEPS e o UEPS.
b) Compare com os resultados encontrados no EB 8.

EB 17. A Cia Brasmota comercializa motores para barcos. Durante o exercício de 20X5, um dos modelos, o Aquaqua, apresentou a seguinte movimentação:

Data	Histórico	Quantidade	Valor Unitário	Custo Total
1º/jan.	Estoque Inicial	5	R$ 3.000,00	R$ 15.000,00
14/maio	Venda	2		
15/jun.	Compra	3	R$ 3.500,00	R$ 10.500,00
18/out.	Venda	4		

Pede-se:

Determine o valor do estoque final usando o inventário permanente, método PEPS.

EB 18. A Guerra Ltda. apresentou um lucro de R$ 200 mil em 20X2. Entretanto, o estoque final foi subestimado em R$ 5.000. Qual o lucro correto para 20X2?

EB 19. A Malina S.A. apresentou o seguinte CMV:

	20X4	20X3
Estoque inicial	30.000	12.000
Compras	240.000	270.000
Mercadorias Disponíveis para Venda	270.000	282.000
Estoque Final	15.000	30.000
CMV	255.000	252.000

A empresa cometeu dois erros: (1) o estoque final de 20X3 estava superestimado em R$ 2 mil; (2) o estoque final de 20X4 estava subestimado em R$ 1.000.

Pede-se:

Calcule o valor correto do CMV para cada ano.

EB 20. A Mesmo Ltda. apresentou o seguinte trecho da demonstração de resultado para dois anos:

	20X6	20X5
Receita de Vendas	1.000.000	840.000
CMV		
Estoque Inicial	160.000	128.000
Compras	808.000	692.000
Estoque Final	220.000	160.000
	748.000	660.000
Lucro Bruto	252.000	180.000

A empresa usa o inventário periódico, método da média. A contagem física do estoque ao final de 20X5 está incorreta; o valor deveria ser R$ 150.000.

Pede-se:

a) Faça a demonstração com o valor correto.
b) Qual o efeito cumulativo do erro para os dois períodos?

EB 21. A empresa Correta S.A. apresentava as seguintes informações:

	20X5	20X4
Receita de Vendas	500.000	420.000
CMV		
Estoque Inicial	74.000	64.000
Compras	404.000	348.000
Estoque Final	108.000	74.000
	370.000	338.000
Lucro Bruto	130.000	82.000

Pede-se:

Calcule a rotação dos estoques, o prazo médio de recebimento e o retorno sobre os estoques para ambos os anos. Discuta os resultados.

EB 22. A seguir, estão apresentadas as informações da empresa Seis e Meia:

	20X7	20X8	20X9
Receita de Vendas	39.000	43.000	43.000
CMV			
EI	2.000	2.200	2.500
Compras	18.200	20.700	20.200
EF	2.200	2.500	2.600
CMV	18.000	20.400	20.100
Lucro	21.000	22.600	22.900

Pede-se:

Calcule a rotação dos estoques, o prazo médio de recebimento e o retorno sobre os estoques para ambos os anos. Discuta os resultados.

PROBLEMAS

PB 1. No começo de abril, a SOCD tinha 2.500 produtos, com custo unitário de R$ 21. Nesse mês, a empresa fez as seguintes compras:

	Quantidade	Custo Unitário
5/abr. Compras	2.000	R$ 24,00
12/abr. Compras	3.500	R$ 27,00
20/abr. Compras	5.000	R$ 30,00
25/abr. Compras	2.000	R$ 33,00

Durante o mês foram vendidas 12 mil unidades do produto. A empresa usa o inventário periódico.

Pede-se:

a) Determine o custo das mercadorias disponíveis para venda.
b) Calcule o estoque final e o CMV para o PEPS, UEPS e média. Prove o valor obtido pelo CMV.
c) Qual método traz valor de maior estoque final e maior CMV?

PB 2. A Eletrônicos Elétricos começou a funcionar este ano. Durante o exercício, comprou as seguintes unidades do *modem* KWW:

	Quantidade	Custo Unitário
15/maio Compras	60	R$ 120,00
20/maio Compras	50	R$ 110,00
12/set. Compras	40	R$ 100,00
10/dez. Compras	10	R$ 90,00

A empresa usa o inventário periódico. Ao fazer a contagem física dos estoques, descobriu-se que tinham sido vendidas 150 unidades do produto.

Pede-se:

a) Determine o custo das mercadorias disponíveis para venda para a empresa.
b) Calcule o estoque final e o CMV para PEPS, UEPS e média.
c) Qual método traz maior lucro para a empresa?

PB 3. A empresa OBER possuía 10 unidades de um produto, com valor de R$ 28,00 a unidade, no seu estoque inicial. Durante o ano, efetuou três compras do produto: 20 de abril, 60 unidades a R$ 34,00; 10 de junho, 80 unidades a R$ 38,00; e 14 de outubro, 40 unidades a R$ 43 cada. O estoque final da empresa era de 40 unidades.

Pede-se:

a) Determine a demonstração do resultado, sabendo que o preço de venda do produto era de R$ 60,00. As despesas operacionais da empresa são de R$ 3.000,00 e sua alíquota de imposto é de 15%.

b) A partir do exemplo numérico responda aos seguintes itens:

1. Qual o método que apresenta valores de estoque mais próximos aos do custo de reposição?
2. Qual método que determina um maior lucro para a empresa?
3. Qual o método que deve se aproximar mais do fluxo físico dos produtos?
4. Qual o método que será mais otimista com respeito à lucratividade da empresa?

PB 4. A Padaria Pão Pão adota o inventário periódico, e o estoque de um produto durante o mês de fevereiro apresentou a seguinte movimentação:

Data	Histórico	Unidades	Custo Unitário
2	Estoque inicial	40	R$ 50,00
5	Compras	30	R$ 53,00
8	Vendas	50	R$ 80,00
10	Compras	35	R$ 55,00
18	Vendas	38	R$ 85,00
22	Compras	23	R$ 56,00
29	Vendas	34	R$ 85,00

Pede-se:

a) Determine o estoque final, o CMV e a margem bruta usando o PEPS.
b) A empresa está pensando em mudar o método para um que aumente a rentabilidade e seja permitido pelas normas brasileiras. Baseado nos resultados, qual deveria ser esse método?

PB 5. Durante determinado mês, a KVW apresentou a seguinte movimentação no seu estoque:

Data	Histórico	Quantidade	Valor Unitário
5	Compras	250	R$ 4,50
12	Compras	625	R$ 4,70
19	Compras	450	R$ 4,90
26	Compras	275	R$ 5,10

A empresa adota o inventário periódico e não tinha estoque inicial, mas terminou o mês com 35 unidades.

Pede-se:

a) Determine o estoque final e o CMV usando o PEPS e a Média, no inventário periódico.
b) Um aluno fez a seguinte pergunta para seu professor: "se não existisse nem estoque inicial nem estoque final, haveria diferença entre os valores apurados pelos diferentes métodos?". Verifique se essa questão é verdadeira, usando o exemplo acima e assumindo que o estoque final era zero.

PB 6. A Comércio Latino usa inventário permanente, com PEPS, nos seus estoques mais valiosos. A seguir, apresentamos um desses produtos e a movimentação ocorrida em janeiro.

Data	Histórico	Quantidade	Valor Unitário
31/dez.	Estoque Final	300	R$ 20,40
2/jan.	Compra	417	R$ 20,74
9/jan.	Venda	467	R$ 40,80
16/jan.	Compra	245	R$ 20,98
23/jan.	Venda	120	R$ 40,80
30/jan.	Compra	83	R$ 21,95

Pede-se:

a) Determine o custo das mercadorias vendidas para esse produto.

b) Suponha que a empresa esteja estudando a possibilidade de alterar para a média. Qual seria o efeito sobre o CMV?

PB 7. A empresa BRZ Centre Ltda. vende artigos esportivos. Com a chegada da Copa de Quadribol, a empresa decide adquirir o modelo das novas camisas da seleção brasileira. As movimentações de estoque no mês de maio foram as seguintes:

1. A empresa adquiriu 30 unidades de camisas que tinham o preço da etiqueta de R$ 45, mas que na negociação obteve um desconto de R$ 5 em cada uma.
2. Devolução de 5 unidades adquiridas no dia anterior, por defeito.
3. Com a proximidade de um jogo, a empresa decidiu fazer uma nova compra de camisas: 20 unidades a R$ 50 cada.
4. Venda de 30 unidades de camisas, ao preço de R$ 90 cada.
5. Recebimento em devolução de duas unidades da venda anterior, por estarem manchadas. A empresa concedeu ainda um abatimento de 20% na venda de 3 camisas, por estarem descosturando na manga.

Obs.: 1. A empresa utiliza o inventário permanente. 2. Considere as operações como realizadas a prazo. 3. Quando necessário, considerar duas casas decimais.

Pede-se:

a) Elaborar as Fichas de Controle de Estoque pelos métodos do FIFO (PEPS), LIFO (UEPS) e MPM (média ponderada móvel).

b) Elaborar a DRE para cada método.

PB 8. A Perfumaria Au Revoir Ltda. compra e revende diversos tipos de perfumes franceses. A empresa utiliza o inventário permanente para controlar seus produtos. O perfume De Fleur, mais vendido pela empresa, apresentava um saldo inicial constituído de 5 unidades adquiridas a R$ 100 cada (já convertidos em moeda local). A empresa apresentou ao longo do mês as seguintes transações:

1. Adquiriu a prazo 20 unidades a R$ 110 cada.
2. Por se tratar de uma mercadoria frágil, pagou um frete sobre à compra do dia anterior, no valor de R$ 100.

3. Vendeu 8 unidades a R$ 160 cada. Como o cliente pagou à vista e em dinheiro, foi concedido um desconto comercial de R$ 10 por unidade.
4. Das unidades vendidas no dia anterior, duas estavam com o lacre danificado. O cliente optou por não devolvê-las, pois concordou em conceder-lhe um abatimento de R$ 25 por unidade danificada.
5. Com o objetivo de melhorar as suas vendas, a Au Revoir fez um contrato de publicidade com a empresa Publicity.com, pagando mensalmente um valor de R$ 150 para que seu nome seja veiculado em uma revista de grande circulação local.

Pede-se:

a) Elaborar as Fichas de Controle de Estoque pelos métodos do FIFO (PEPS), LIFO (UEPS) e MPM (média ponderada móvel).
b) Elaborar a DRE em cada método.

PB 9. A empresa VÊTV comercializa antenas parabólicas de altíssima tecnologia. No dia 1º/3, seu estoque apresentava um saldo de 15 unidades, avaliadas a R$ 300 cada. A empresa realizou no mês as seguintes transações (as operações foram realizadas a prazo; desconsiderar os centavos):

1. Comprou 20 antenas pelo valor unitário de R$ 260.
2. Pagou frete sobre a compra, no valor de R$ 200.
3. Venda de 19 unidades, por R$ 420.
4. O cliente se mostrou insatisfeito por verificar que duas unidades estavam com defeito e pediu a devolução. Para não cancelar toda a venda, foram recebidas em devolução as duas unidades e concedido um abatimento de R$ 280 sobre as demais.
5. Efetuou nova compra de 12 unidades, a R$ 250 cada. Por ser um cliente especial, o fornecedor concedeu um desconto de R$ 10 por unidade.
6. Pagou antecipadamente aos fornecedores, do item 1, e obteve um desconto de 10%.
7. Vendeu 25 unidades a R$ 330. Pagou o frete da entrega da mercadoria ao cliente, no valor de R$ 50.

Pede-se:

a) Sabendo-se que a empresa utiliza o inventário permanente, elaborar as Fichas de Controle de Estoque pelos critérios do FIFO (PEPS), LIFO (UEPS) e MPM (média ponderada móvel).
b) Fazer os registros no diário e no razão.
c) Elaborar a DRE em cada critério.

PB 10. A BrasiliTech Tecnologia Ltda. é uma empresa de eletrônicos que comercializa três produtos: computadores, celulares e impressoras. A empresa adota o inventário permanente e o controle de estoques é feito da seguinte forma: para computadores, adota-se o PEPS; para celulares, a MPM; e UEPS para as impressoras.

Os estoques iniciais eram: computadores: 5 unidades a R$ 1.000 cada; celulares: 3 unidades a R$ 120 cada; e impressoras: 8 a R$ 275 cada. A empresa realizou as seguintes operações com mercadorias no período:

1. Compra de 10 unidades de impressoras a R$ 300 cada uma.
2. Devolução de uma das unidades adquiridas no dia anterior, por defeito.
3. Venda de dois computadores, por R$ 1.550 cada. Como era um cliente especial, o gerente de vendas concedeu um desconto de R$ 50 por unidade.
4. Pagamento do frete relativo à venda do item anterior, R$ 35 (cliente especial).

5. Compra de 12 unidades de celulares a R$ 110 cada uma.
6. Frete pago sobre a compra desse dia, R$ 60.
7. Compra de 8 unidades de computadores a R$ 1.150 cada.
8. Foi concedido um abatimento de 10% sobre a compra efetuada no item 7, em virtude de um atraso na entrega.
9. Venda de 7 unidades de computadores pelo valor total de R$ 10.000.
10. Venda de 10 unidades de celulares a R$ 160 cada.
11. Recebimento, em devolução, de duas unidades da venda anterior.
12. Venda de 10 unidades de impressoras pelo valor de R$ 350 cada uma.

Obs.: 1. Considerar as operações como realizadas a prazo. 2. Quando necessário, considerar duas casas decimais.

Pede-se:

a) Elaborar as Fichas de Controle de Estoque pelos critérios do FIFO (PEPS), LIFO (UEPS) e MPM (média ponderada móvel) para os respectivos produtos.
b) Faça os registros contábeis no diário e nos razonetes.
c) Elaborar a DRE de cada produto e informar a margem bruta de cada produto.

GABARITO

Questões de múltipla escolha

1. B; **2.** D; **3.** C; **4.** B; **5.** C; **6.** C; **7.** D; **8.** B; **9.** C; **10.** B; **11.** A; **12.** A; **13.** B.

Exercícios breves

EB 5 – CMV = R$ 500 (PEPS) e R$ 420 (UEPS);

EB 6 – Estoque final = R$ 774,44 e CMV = R$ 6.195,56;

EB 7 – PEPS = R$ 107.500; UEPS = R$ 108.900; e Média = R$ 107.675;

EB 8 – Estoque final = R$ 1.080 (PEPS) e R$ 900 (UEPS); a soma corresponde ao valor das mercadorias disponíveis para venda e são iguais. Isso ocorre toda vez que o estoque inicial é o mesmo para ambos os métodos;

EB 9 – PEPS; PEPS; UEPS; Média; Média e PEPS;

EB 10 – PEPS = R$ 34.400 e R$ 28.000; UEPS = R$ 39.200 e R$ 23.200. O lucro aumenta em R$ 4.800 pelo uso do PEPS;

EB 11 – Lucro = R$ 820 (PEPS); R$ 840 (Específico);

EB 12 – PEPS: EF = R$ 855 e CMV = R$ 5.515; Média: EF = R$ 868,64 e CMV = R$ 5.501,36. O método que gera menor lucro é o PEPS. É diferente, pois existe uma redução nos preços.

EB 13 – R$ 85.600;

EB 14 – R$ 160.000;

EB 15 – PEPS = R$ 9.700; Média = R$ 9.748,70;

EB 16 – PEPS = R$ 1.080; UEPS = R$ 900;

EB 17 – R$ 7.000;

EB 18 – Lucro é maior;

EB 19 – CMV = 252.000;

EB 20 – Lucro Bruto de 20X6 = R$ 262.000; os erros se anulam.

EB 21 – Rotação = 4,07 e 4,90; PME = 88,45 e 73,47; Retorno = 1,43 e 1,19; a empresa melhorou o retorno, pela maior margem, apesar da menor rotação dos estoques;

EB 22 – Rotação = 8,57; 8,68 e 7,88; Retorno = 10; 9,62; e 8,98. O retorno piorou por conta da queda da margem e da rotação.

Problemas

PB 1 – **a.** R$ 411.000; **b.** PEPS: EF = R$ 96.000; CMV = R$ 315.000; UEPS: EF = R$ 64.500; R$ 346.500; Média: EF = R$ 82.200; R$ 328.800;

PB 2 – **a.** R$ 17.600; **b.** PEPS: EF = R$ 900; CMV = R$ 16.700; UEPS: EF = R$ 1.200; CMV = R$ 16.400; Média: EF = R$ 1.100; CMV = R$ 16.500;

PB 3 – Lucro líquido: PEPS = R$ 544,00; UEPS = R$ 187,00; Média = R$ 348,95;

PB 4 – **a.** Estoque final: R$ 336; **b.** Lucro Bruto: PEPS = R$ 3.653; Margem bruta: 36%, não mudaria;

PB 5 – CMV = R$ 7.491,50 (PEPS); R$ 7.502,22 (Média);

PB 6 – **a.** CMV = R$ 12.072,38; **b.** Média = R$ 12.113,80;

PB 7 – **a.** PEPS: Estoque Final = R$ 850; Lucro Bruto = R$ 1.316; **b.** UEPS: Estoque Final = R$ 680; Lucro Bruto = R$ 1.146; **c.** MPM: Estoque Final = R$ 755,56; Lucro Bruto = R$ 1.222;

PB 8 – PEPS: CMV = R$ 845; Lucro Líquido = R$ 155; UEPS: CMV = R$ 920; Lucro Líquido = R$ 80; MPM: CMV = R$ 896; Lucro Líquido = R$ 104;

PB 9 – Lucro Líquido: PEPS = R$ 4.000; UEPS = R$ 4.300; MPM = R$ 4.129;

PB 10 – Computadores: Lucro Líquido = R$ 3.825; Margem Bruta = 30%; Celulares: Lucro Líquido = R$ 352; Margem Bruta = 28%; Impressoras: Lucro Líquido = R$ 525; Margem Bruta = 15%.

CAIXA E EQUIVALENTES

INICIANDO A CONVERSA

Por que a máquina registradora foi denominada de "caixa incorruptível"?

A registradora foi patenteada em 1879 por James Ritty. Ritty era dono de um *saloon*, um bar antigo, em Dayton, nos Estados Unidos. A máquina que ele inventou era feita de madeira mas, além de somar, também tinha uma função importante no controle interno da entidade. O barulho proposital que fazia alertava o dono do estabelecimento de que a máquina tinha sido aberta. Além disso, conforme o nome diz, a máquina gravava as operações realizadas, informando o que tinha ocorrido. O invento de Ritty ainda permanece sendo utilizado na sua essência nos dias de hoje. Basta que você vá a um supermercado para ver como a registradora é fundamental para esses estabelecimentos.

Apesar do exagero do termo "caixa incorruptível", a registradora foi um avanço importante na existência de controles físicos sobre o caixa.

Objetivos do capítulo:

(1) Compreender a relevância do controle interno e seus princípios
(2) Aplicar os princípios do controle interno ao caixa
(3) Mostrar o uso adequado da conta-corrente
(4) Discutir os aspectos contábeis relacionados com as aplicações financeiras
(5) Compreender os motivos para reter caixa e equivalentes
(6) Ressalvar a importância do uso do orçamento de caixa na entidade
(7) Definir o ciclo financeiro de uma entidade

O objetivo deste capítulo é estudar a gestão dos ativos de maior liquidez da entidade. Este ativo é tão importante que é comum escutar a seguinte expressão: "o Caixa é o Rei". A gestão do caixa inclui não somente sua contabilização, mas também o controle deste recurso.

Nos capítulos 1 a 6, apareceram operações nas quais existiam pagamentos e recebimentos realizados por meio das contas Caixa ou Bancos. Este capítulo terá um foco distinto, concentrando-se na administração.

O objetivo do capítulo é compreender como é possível uma entidade reduzir os problemas que ocorrem com o seu caixa. Para isso existem ferramentas úteis, que podem auxiliar no controle desse recurso.

Controle interno

⊕ Objetivo (1) → Compreender a relevância do controle interno e seus princípios

O controle interno refere-se ao processo numa organização desenhado para ajudar a alcançar os objetivos. Isso inclui um papel relevante na prevenção e detecção de fraude, protegendo os recursos da organização. Para a contabilidade, o controle interno refere-se aos métodos adotados para assegurar que os ativos estejam salvos de roubos e usos não autorizados, assim como garantir que a contabilidade dos eventos seja realizada sem erros ou irregularidades.

Espera-se que as entidades possam manter um sistema de controle interno que garanta um bom uso dos seus ativos. O controle interno pode reduzir os riscos de problemas na contabilidade.

PRINCÍPIOS DO CONTROLE INTERNO

Existe uma série de regras básicas que toda entidade deve observar visando preservar seu patrimônio. Os aspectos apresentados aqui correspondem a uma listagem mínima de princípios de controle interno de uma organização. Sua observância permite a redução do chamado **risco de controle interno**, que é o risco decorrente das falhas existentes nos mecanismos de controle interno de uma organização. A listagem desses princípios encontra-se na Ilustração 7.1.

A observância desses princípios não garante a ausência de irregularidades na entidade. A rigor, não existe um sistema de controle ótimo, que elimine estes problemas. Ao gestor responsável pela implantação do controle interno é necessário ponderar entre o custo de implantar e manter um sistema de controle interno e o custo das irregularidades e erros que podem ser evitados com o sistema.

Ilustração 7.1 – Princípios do controle interno

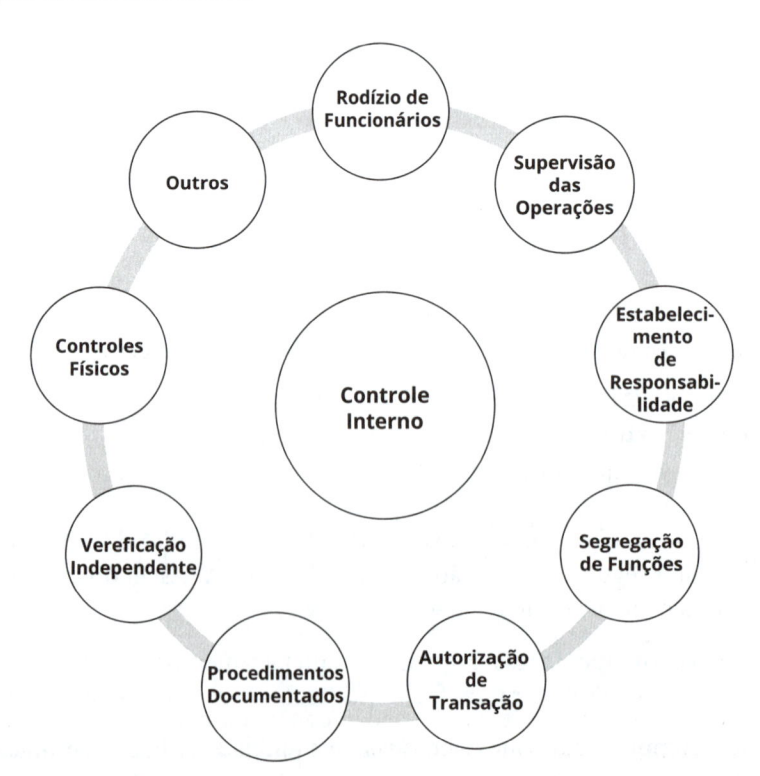

Rodízio de funcionários

Nas entidades é importante que os funcionários tenham um rodízio das suas funções. Isso significa dizer que se deve evitar que um funcionário fique muito tempo numa mesma função. É muito comum as entidades descobrirem desfalques quando fazem rodízios dos funcionários. Outra prática de um bom controle interno é exigir que os funcionários tirem férias. Quando um funcionário permanece muito tempo na mesma função existe mais chance de agir de maneira inapropriada.

Supervisão das operações

Os funcionários devem ser supervisionados na execução das suas funções. A supervisão irá garantir que as tarefas estão sendo executadas para atingir os objetivos da organização. A supervisão também reduz a probabilidade de desfalques e furtos, tanto por parte dos funcionários como de pessoas externas.

A supervisão das operações pode ser feita por um funcionário superior na escala hierárquica. Mas mesmo o mais elevado nível da hierarquia de uma organização deve ter seu trabalho monitorado. Em grandes entidades, o presidente reporta suas estratégias e ações a um conselho de administração, garantindo a existência da supervisão das operações.

Estabelecimento de responsabilidade

Dentro de uma organização, as tarefas devem ser delegadas aos funcionários. Para cada tarefa, deve existir somente um funcionário responsável por sua execução. Usando este princípio é mais fácil para a entidade gerenciar a execução das atividades. Em tais situações, é possível determinar claramente a responsabilidade por um erro. Além disto, numa organização onde existe uma premiação baseada no mérito, determinar claramente a responsabilidade para cada tarefa facilita o pagamento por desempenho.

Segregação de funções

A segregação de funções permite aumentar o controle das ações internas da entidade. Quando uma mesma pessoa é responsável por muitas tarefas, o potencial de erro e irregularidades aumenta.

Um exemplo de segregação de função ocorre numa entidade comercial, quando a pessoa que efetua a venda não é a mesma que recebe o dinheiro. Outra situação ocorre na área financeira da entidade, na qual o responsável pela autorização de um gasto não é o mesmo que faz o registro contábil.

Autorização de transação

Determinados procedimentos, como os pagamentos realizados por uma entidade, por exemplo, devem ser devidamente autorizados pela pessoa responsável. Algumas entidades criam um processo padronizado de autorização de despesa, no qual os gastos somente são realizados após cumprir todos os requisitos necessários.

Apesar disso representar uma redução na velocidade com que os negócios são realizados pela entidade, acredita-se que a cautela nos procedimentos pode prevenir fraudes e irregularidades.

Procedimentos documentados

As atividades realizadas na entidade devem ser devidamente documentadas. Isso inclui, quando for o caso, o registro contábil das transações. A posterior verificação será possível com essa documentação. A ausência de documentação facilita a ação de pessoas desonestas.

É importante notar que uma entidade pode adotar procedimentos documentados e mesmo assim funcionar de maneira ágil e sem burocracia.

Verificação independente

A verificação dos atos que ocorrem dentro da entidade deve estar sujeita a verificação independente. Essa verificação deve ser periódica, sendo que os problemas devem ser relatados para a administração resolvê-los.

Nas grandes entidades essa verificação pode ser feita pelos auditores internos e externos. Os auditores internos são funcionários da entidade que avaliam os controles e os registros contábeis. Os auditores externos são contratados para emitir um relatório de auditoria para os usuários externos.

Pequena e Média Empresa

A aplicação de alguns desses princípios nas empresas de pequeno porte pode ser difícil na prática. Nesses estabelecimentos, essas recomendações geralmente são substituídas por um dito popular: "o olho do dono é que engorda a boiada". Ou seja, o dono fica "de olho" no que ocorre dentro da sua empresa.

Controles físicos

Uma entidade deve ter controles físicos para suas operações. Existe uma ampla gama de instrumentos que podem ser usados, entre os quais citamos: câmeras de vídeos, cofres, máquinas registradoras, alarmes, programas antivírus, ponto eletrônico, senhas em computadores, entre outras possibilidades.

ANTES DE PROSSEGUIR

1. Por que se costuma dizer que "o Caixa é o Rei"?
2. Por que é importante que uma entidade estabeleça controles internos?
3. Quais são os princípios do controle interno?

Caixa

⊕ Objetivo (2) → Aplicar os princípios do controle interno ao caixa

O caixa, no sentido restrito do termo, representa a moeda corrente existente na entidade. São as notas e as moedas. A importância do caixa para uma entidade irá variar, sendo que nas pequenas e médias entidades pode ser um ativo relevante. Em organizações maiores as transações realizadas em moeda corrente são menos importantes.

Em razão das suas características, o caixa de uma entidade é um alvo potencial para erros e irregularidades. Por esse motivo, aplicam-se ao Caixa os princípios de controle interno considerados anteriormente. Além disso, existem alguns instrumentos de controle que são específicos desse ativo.

É importante salientar que, apesar de o caixa corresponder a moeda corrente, os aspectos considerados neste item do texto também são válidos para cheques em trânsito, comprovantes de venda com cartão de crédito e de débito e outros documentos que podem estar fisicamente armazenados junto com o caixa.

Caixa e os princípios do controle interno

O caixa de uma entidade irá fazer pagamentos e recebimentos. Os clientes da entidade podem adquirir os produtos e serviços pagando em moeda corrente. Algumas despesas podem ser quitadas em moeda corrente. Essa movimentação de dinheiro permite que os princípios do controle internos sejam aplicáveis para o caixa. Naturalmente isso poderá variar conforme a entidade.

Em entidades com um horário de trabalho acima de oito horas por dia é comum mais de um funcionário exercer a função de caixa. Neste caso, o **rodízio de funcionários** inclui a passagem do caixa de um funcionário para outro, com a contagem física do dinheiro, cheques e outros documentos, além da entrega do relatório de movimento do caixa. Esse rodízio existente no caixa permite que a entidade possa comparar a movimentação de caixa ocorrida em turnos diferentes e, eventualmente, detectar irregularidades.

Em grandes lojas de departamentos, aos caixas existentes não é permitido fazer certas operações. Em algumas lojas, o cancelamento de uma compra já registrada é feito por um supervisor. Isso permite a existência de uma **supervisão das operações**, importante para o controle interno.

O funcionário responsável pelo caixa de uma entidade deve zelar por esse ativo. Isso inclui a **responsabilidade** de ao final do dia as operações registradas corresponderem ao valor existente em moeda corrente, cheques e comprovantes de operações de venda com cartão de crédito e débito. Existindo diferenças, denominadas de **quebra de caixa,** o funcionário será responsável por isso.

Mesmo em pequenos comércios, a segregação de função é aconselhável com respeito ao caixa. Assim, o funcionário que trabalha na função geralmente não possui outra responsabilidade. A **segregação de funções** permite deixar claro que erros existentes no final do dia no fechamento do caixa são de responsabilidade do funcionário.

Durante o horário de trabalho, pode ocorrer a necessidade de uma operação não usual no caixa da entidade. Isso ocorre, por exemplo, quando um funcionário usa a moeda corrente existente no caixa para efetuar um pagamento. Essa transação deverá ser devidamente autorizada pelo funcionário responsável, respeitando a necessidade de **autorização de transação**.

Esse tipo de situação demanda a existência de documentos que comprovem a retirada do dinheiro do caixa. Na realidade, quaisquer entrada e saída de dinheiro devem estar vinculadas com a existência de **procedimentos documentados**.

Quando um funcionário entrega moeda corrente para outro deve existir uma **verificação independente** dos valores. Após a conferência dos valores, a entidade poderá adotar um procedimento em que cada um dos funcionários deverá assinar o documento reconhecendo que o valor foi entregue.

Finalmente, o **controle físico** é plenamente aplicável ao caixa. Em geral as registradoras possuem chaves que permitem a abertura da gaveta onde está o dinheiro. Até o momento em que a moeda corrente é depositada numa instituição financeira, a mesma pode ficar armazenada num cofre, evitando o acesso de terceiros.

RELATÓRIO DE CAIXA

O relatório de caixa é um documento interno preparado pelo funcionário responsável pela atividade de recebimento e pagamento. O seu preenchimento acontece quando ocorre a troca de funcionário responsável por cada caixa existente na entidade. A Ilustração 7.2 apresenta um relatório deste tipo.

O relatório da Ilustração 7.2 apresenta no início a data, o horário e o nome do funcionário responsável pelo caixa. Com isso tem-se o responsável pela movimentação do dinheiro. O saldo inicial representa a quantia em dinheiro no início do turno do funcionário. O valor das vendas corresponde à quantia obtida no relatório da máquina registradora. A soma do saldo inicial mais as vendas, apresentada como total, deve ser comprovada pelo funcionário. A seguir há os diferentes valores: em dinheiro, cartão de débito, cartão de crédito e vales. A soma desses valores deve ser igual ao total anterior. Eventuais diferenças correspondem a quebra de caixa.

Ilustração 7.2 – Relatório do caixa

```
                    Lojas Segredo

    Relatório            11014
    Data                 28 de março de T8
    Horário              14 horas
    Funcionário          José Damasceno Jr

    Saldo Inicial        R$       800,00
    Vendas               R$    45.784,18
    Total                R$    46.584,18

    Dinheiro             R$     1.950,12
    Cartão – Débito      R$    17.372,21
    Cartão – Crédito     R$    19.960,41
    Vales                R$     7.300,00
    Total                R$    46.582,74

    Quebra de Caixa      – R$        1,44

    Funcionário          José Damasceno Jr.

    Supervisor           Matilde Arraes de Souza
```

No exemplo da Ilustração 7.2, o total de dinheiro, comprovantes de débito, de crédito e os tíquetes foram inferiores ao primeiro total do relatório, indicando uma quebra de caixa de R$ 1,44. Esse valor pode ocorrer em razão da existência de falta temporária de troco ou por erro do funcionário. Ao final do relatório, as assinaturas do funcionário e da supervisora, que atestam a veracidade da informação.

Observe que esse mecanismo satisfaz os princípios do controle: existe a supervisão de um funcionário, o caixa é o responsável pelo ativo da entidade, as funções estão segregadas, o supervisor tem a autorização do seu chefe para atestar os relatórios e faz uma verificação independente, o procedimento é documentado e o relatório é o instrumento de controle dos ativos.

CAIXA PEQUENO

O caixa pequeno, também denominado de fundo fixo, é um instrumento importante de descentralização da gestão dos recursos financeiros de uma entidade. Por esse instrumento, a gerência financeira da entidade delega para um funcionário um pequeno montante de dinheiro para pagamento de pequenas despesas. Entre as despesas que podem ser pagas com o caixa pequeno tem-se transporte público, reprografias, lanches, entre outras. Esse volume de recursos é reforçado periodicamente.

Uma característica importante do caixa pequeno é que o funcionário responsável pela gestão financeira deve prestar contas dos gastos periodicamente. Essa comprovação pode ser através de notas fiscais; entretanto, para alguns tipos de despesas, a assinatura do beneficiário é suficiente.

A adoção do caixa pequeno exige a designação de um responsável pela movimentação do dinheiro. Além disso, existem procedimentos documentados, sob a forma de formulários, que a entidade pode criar.

Na criação do caixa pequeno, a contabilidade da entidade pode fazer o seguinte lançamento:

Data		Débito	Crédito
1/10/20X1	Caixa Pequeno	1.000,00	
	Caixa		1.000,00
	Constituição do Caixa Pequeno da empresa, sob responsabilidade do Sr. José Damasceno Jr.		

Com isso o registro representa o valor da constituição do caixa pequeno, saindo recursos do caixa ou da conta Bancos para o caixa pequeno.

Ao longo do ano, o caixa pode ser reforçado sempre que necessário. Admitindo que 20 dias depois da constituição seja necessário colocar mais dinheiro, o lançamento do reforço pode ser feito da seguinte forma:

Data		Débito	Crédito
21/10/20X1	Despesas Diversas	820,00	
	Caixa		820,00
	Reforço do Caixa Pequeno da empresa, sob responsabilidade do Sr. José Damasceno Jr.		

Prática

Utilizamos no lançamento contábil anterior a conta de Despesas Diversas. Obviamente seria possível fazer o lançamento de maneira mais discriminada, indicando o tipo de despesa. Se isso, por um lado, melhora o controle e evidenciação da informação, por outro lado aumenta seu custo. Como o caixa pequeno trata de pequenas despesas, acreditamos que o uso de "despesas diversas" possui uma melhor relação custo-benefício da informação para a maioria das empresas.

Bancos

Objetivo (3) → Mostrar o uso adequado da conta-corrente

Com o desenvolvimento do sistema bancário, a maior parte do volume de recursos de alta liquidez de uma entidade encontra-se na conta-corrente em uma instituição financeira. Assim, a gestão do caixa lida com uma parcela reduzida dos ativos da entidade. Já os valores existentes na conta-corrente e aplicações financeiras podem ser relevantes.

Optar por deixar dinheiro na conta-corrente, em lugar de reter no caixa, apresenta uma série de vantagens. A principal é a segurança que traz para a entidade ter os recursos sob a guarda de uma instituição financeira. Desse modo, é razoável que a grande maioria dos pagamentos e recebimentos feitos por uma entidade ocorra através da sua conta-corrente.

EXTRATO BANCÁRIO

A principal informação sobre este ativo é obtida no extrato bancário. Esse documento permite que a entidade acompanhe as principais movimentações da sua conta. Isso inclui os depósitos dos clientes, os pagamentos realizados e as aplicações financeiras.

A Ilustração 7.3 apresenta um exemplo de extrato bancário de uma entidade. O extrato mostra a movimentação ocorrida na conta-corrente. É possível perceber que o saldo inicial era de R$ 8.460,67. No dia 18 de março o saldo existente era de R$ 6.753,64.

Ilustração 7.3 – Exemplo de extrato bancário

Banco $extante

Conta nº 210240-03
Agência 0150-3

Data	Histórico	Valor	D/C
14/03/20X5	Saldo Anterior	8.460,67	C
15/03/20X5	Cheque Compensado 1338	– 770,00	D
15/03/20X5	Conta de Energia	– 1.107,46	D
15/03/20X5	Depósito Recebido	5.599,83	C
16/03/20X5	Pagamento Duplicata 452	– 1.000,00	D
16/03/20X5	Depósito em Dinheiro	526,33	C
16/03/20X5	Depósito em Cheque	1.934,33	C
17/03/20X5	Tarifa Bancária	– 45,00	D
17/03/20X5	Conta Telefônica	– 270,00	D
17/03/20X5	Depósito em Dinheiro	559,27	C
17/03/20X5	Depósito em Cheque	2.200,00	C
17/03/20X5	Devolução de Cheque	– 1.934,33	D
17/03/20X5	Cheque Compensado 1335	– 380,00	D
18/03/20X5	Depósito em Dinheiro	500,00	C
18/03/20X5	Depósito em Cheque	600,00	C
18/03/20X5	Cheque Compensado 1339	– 2.400,00	D
18/03/20X5	Cheque Compensado 1340	– 720,00	D
18/03/20X5	Aplicação Financeira	– 5.000,00	D
18/03/20X5	Saldo Final	6.753,64	C

Os valores que reduzem o saldo existente na conta são apresentados com o sinal negativo e correspondem a cheques compensados, pagamentos efetuados, tarifas bancárias e aplicações financeiras. Existe um cheque que foi depositado no dia 16 e devolvido no dia seguinte. Os valores dos depósitos são apresentados com o sinal positivo, indicando que aumentam o saldo existente na conta da entidade.

Prática

No extrato bancário, os valores que entram na conta-corrente são "creditados", enquanto os que saem são "debitados". Essa aparente inversão, na verdade, decorre da ótica com que olhamos o documento, já que quem está registrando os eventos é o banco e não os correntistas. E esses representam para o banco um passivo e, por isso, quando é aplicado dinheiro na conta-corrente, está aumentando a obrigação do banco perante os seus clientes.

CONCILIAÇÃO BANCÁRIA

O extrato bancário é uma importante fonte de informação para uma entidade. Os valores que aparecem nesse documento devem ser confrontados com aqueles que estão na conta Bancos. Esse processo de comparação entre o extrato bancário e a conta Bancos recebe o nome de **conciliação bancária**. A conciliação não fica somente na comparação: existindo diferenças entre os dois, isso pode resultar em lançamentos contábeis atualizando e corrigindo a conta Bancos.

É importante destacar que se a entidade tiver mais de uma conta bancária deverá proceder à conciliação bancária em cada uma delas de maneira periódica. O processo apresentado aqui deverá ser executado em cada uma das contas.

Exemplo

A Ilustração 7.4 apresenta o razonete da conta Bancos durante o período de 14 a 18 de março. Este razonete será usado para fazer a conciliação bancária entre a contabilidade da entidade e o extrato bancário.

Ilustração 7.4 – Conta Bancos

Bancos	
8.460,67	
	770,00
	1.107,46
	1.000,00
526,33	
1.934,33	
589,27	
2.200,00	
5.599,83	
	380,00
	2.400,00
	830,00
500,00	
600,00	
	5.000,00
	1.015,00
7.907,97	

A Ilustração 7.5 apresenta as Ilustrações 7.3 e 7.4 lado a lado. Os valores coincidentes foram marcados com o sinal de "✓". Para estes casos, como não existe diferença entre o extrato e a conta Bancos, a conciliação não irá aprofundar a análise. Entretanto, existem alguns valores no extrato bancário e na conta Bancos que não foram marcados. No processo de conciliação é necessário fazer uma análise detalhada desses valores, para saber se irão ensejar alteração na contabilidade da entidade.

Ilustração 7.5 – Extrato bancário e a conta bancos

Banco $extante
Conta nº 210240-03
Agência 0150-3

Data	Histórico	Valor	D/C			Bancos		
14/03/20X5	Saldo Anterior	8.460,67	C			8.460,67		
15/03/20X5	Cheque Compensado 1338	– 770,00	D	✓			770,00	✓
15/03/20X5	Conta de Energia	– 1.107,46	D	✓			1.107,46	✓
15/03/20X5	Depósito Recebido	5.599,83	C	✓			1.000,00	✓
16/03/20X5	Pagamento Duplicata 452	– 1.000,00	D	✓	✓	526,33		
16/03/20X5	Depósito em Dinheiro	526,33	C	✓	✓	1.934,33		
16/03/20X5	Depósito em Cheque	1.934,33	C	✓		589,27		
17/03/20X5	Tarifa Bancária	– 45,00	D		✓	2.200,00		
17/03/20X5	Conta Telefonica	– 270,00	D		✓	5.599,83		
17/03/20X5	Depósito em Dinheiro	559,27	C				380,00	✓
17/03/20X5	Depósito em Cheque	2.200,00	C	✓			2.400,00	✓
17/03/20X5	Devolução de Cheque	– 1.934,33	D				830,00	
17/03/20X5	Cheque Compensado 1335	– 380,00	D	✓	✓	500,00		
18/03/20X5	Depósito em Dinheiro	500,00	C	✓	✓	600,00		
18/03/20X5	Depósito em Cheque	600,00	C	✓			5.000,00	✓
18/03/20X5	Cheque Compensado 1339	– 2.400,00	D	✓			1.015,00	
18/03/20X5	Cheque Compensado 1340	– 720,00	D			7.907,97		
18/03/20X5	Aplicação Financeira	– 5.000,00	D	✓				
18/03/20X5	Saldo Final	6.753,64	C					

Fontes de diferença

É importante destacar que a existência de valores que aparecem no extrato, mas não na conta Bancos, ou vice-versa, pode ocorrer em razão dos seguintes fatos:

a) Erros cometidos na contabilidade da entidade.

b) Despesas que foram consideradas na conta-corrente e que não foram lançadas pela contabilidade.

c) Depósitos realizados que foram devolvidos pela instituição financeira por algum problema ou por falta de fundos.

d) Depósitos realizados, que ainda não foram compensados pela instituição financeira.

e) Cheques emitidos pela entidade que ainda não foram depositados pelo favorecido.

f) Erros cometidos pela instituição financeira; entre outros.

Esses fatos estão apresentados na Ilustração 7.6, que mostra essas possíveis situações. Após a identificação e o processo de conciliação será possível ter um valor da conta Bancos correto.

Ilustração 7.6 – Conciliação bancária

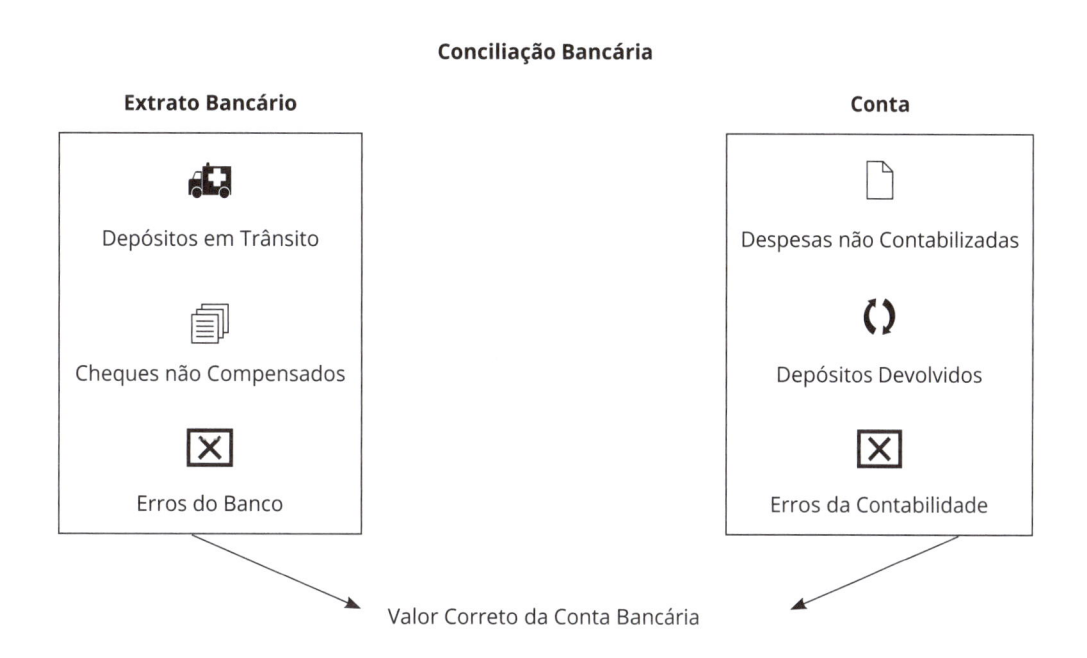

Conciliação Bancária

Extrato Bancário
- Depósitos em Trânsito
- Cheques não Compensados
- Erros do Banco

Conta
- Despesas não Contabilizadas
- Depósitos Devolvidos
- Erros da Contabilidade

Valor Correto da Conta Bancária

Descobrindo as razões das diferenças

Voltando à Ilustração 7.5 é possível perceber as principais diferenças entre o extrato e a conta Bancos. No extrato bancário cinco itens não estão marcados com o sinal de "✓". Correspondem a tarifa bancária (R$ 45,00), a conta telefônica (R$ 270), depósito em dinheiro (R$ 559,27), devolução de cheque (R$ 1.934,33) e um cheque compensado (R$ 720). Na conta Bancos aparecem três itens não marcados com o sinal de "✓": R$ 589,27; R$ 830,00 e R$ 1.015,00. Essas diferenças necessitam ser cuidadosamente analisadas na conciliação bancária. Iniciamos com a análise dos fatos obtidos no extrato bancário:

a) Despesas que aparecem no extrato bancário, mas que não foram contabilizadas pela entidade – No extrato existe uma tarifa bancária, de R$ 45,00, e uma conta telefônica, de R$ 270. A entidade não tinha registrado essas despesas na sua contabilidade, seja por não ter conhecimento das mesmas (tarifa bancária) ou por alguma outra razão (conta telefônica). É necessário fazer o lançamento contábil para corrigir esse problema.

b) Erro cometido – No extrato bancário aparece um depósito em dinheiro de R$ 559,27. Existe um valor na conta Bancos de R$ 589,27. Ao investigar a diferença, a entidade constatou que ocorreu um erro de lançamento do depósito. Esse erro também necessita ser corrigido, já que ocorreu na contabilidade da entidade.

c) Devolução de Cheque – Um cheque depositado pela entidade, no valor de R$ 1.934,33, foi devolvido por falta de fundos. Tratava-se de um pagamento de uma dívida de cliente. O pagamento da dívida tinha sido contabilizado. Entretanto, como o cheque foi devolvido, a entidade precisa fazer um lançamento contábil indicando que ainda existe pendência nessa dívida.

d) Cheque depositado – O cheque nº 1340, usado pela entidade para pagar um passivo, foi depositado antes da data acordada. A contabilidade precisa reconhecer que não existe mais esse passivo.

Agora passamos para os três itens não marcados com o sinal "✓" da conta Bancos. O primeiro deles, de valor R$ 589,27, refere-se a um erro de lançamento na entidade, conforme comentado anteriormente. Os dois outros, de valores R$ 830 e R$ 1.015, são lançamentos a crédito da conta Bancos. Uma investigação mostrou que esses valores correspondem a cheques emitidos que ainda não foram compensados pelo banco. Nesses dois casos, não é necessário nenhuma ação por parte da contabilidade.

Ao final desse processo, as dúvidas com respeito às diferenças encontradas já devem estar sanadas. O próximo passo é fazer a correção da contabilidade da entidade.

Pequena e Média Empresa

É muito comum a confusão entre a conta-corrente da entidade e a conta-corrente do proprietário. Assim, o proprietário muitas vezes usa a conta-corrente da entidade para pagar despesas pessoais ou usa sua conta para pagar despesas da entidade. A abordagem aqui apresentada pressupõe que exista essa separação. Afinal, somente evitando essa "confusão" é que poderemos saber qual o verdadeiro desempenho da entidade.

Lançamentos contábeis

Os problemas encontrados na contabilidade da entidade necessitam ser corrigidos. Esses problemas correspondem ao lado direito da Ilustração 7.6. Iremos, então, fazer os lançamentos contábeis necessários para corrigir no exemplo apresentado aqui.

Despesa bancária. O extrato mostrou a existência de uma despesa bancária de R$ 45 que não foi contabilizada pela entidade. É necessário um lançamento contábil para reconhecer essa despesa:

Data		Débito	Crédito
18/03/20X5	Despesas Bancárias	45,00	
	Bancos		45,00
	Referente a despesa com conta-corrente, conforme extrato bancário.		

Despesa de telefone. A despesa de telefone consta do extrato e não foi registrada na contabilidade. O lançamento contábil não apresenta muito problema e corrige facilmente esse item.

Data		Débito	Crédito
18/03/20X5	Despesa de Telefone	270,00	
	Bancos		270,00
	Corresponde a conta telefônica da empresa.		

Erro cometido. Um depósito realizado pela entidade foi registrado como R$ 589,27, mas seu valor é R$ 559,27. Existe, pois, uma diferença de R$ 30, referente a esse erro. Como se trata de valores referentes às receitas da entidade, a correção pode ser feita de duas formas: (a) dois lançamentos contábeis, sendo um deles invertido do lançamento original (denominado de estorno), com valor de R$ 589,27, e outro com o valor correto; (b) fazer um lançamento invertido, já que o valor lançado foi a maior. A primeira alternativa seria a seguinte:

Data		Débito	Crédito
18/03/20X5	Receita de Serviços	589,27	
	Bancos		589,27
	Referente ao lançamento de estorno, em razão do erro cometido anteriormente.		

Data		Débito	Crédito
18/03/20X5	Bancos	559,27	
	Receita de Serviços		559,27
	Referente ao lançamento correto, em razão do erro cometido anteriormente.		

A segunda alternativa seria:

Data		Débito	Crédito
18/03/20X5	Receita de Serviços	30,00	
	Bancos		30,00
	Referente ao lançamento de estorno, em razão do erro cometido anteriormente.		

Devolução de cheque. Um cheque de um cliente foi devolvido. É necessário fazer um lançamento contrário ao lançamento de recebimento da dívida:

Data		Débito	Crédito
18/03/20X5	Valores a Receber	1.934,33	
	Bancos		1.934,33
	Cheque XXX, do Cliente YYY, devolvido por falta de fundos.		

Cheque depositado. O cheque 1340, no valor de R$ 720, referente ao pagamento de um passivo, foi depositado antes do prazo acordado. É necessário fazer o lançamento, reduzindo o passivo e retirando o mesmo valor da conta Bancos:

Data		Débito	Crédito
18/03/20X5	Fornecedores	720,00	
	Bancos		720,00
	Pagamento de fornecedores, com Cheque 1340.		

Ética!

Existe no Brasil a figura do cheque pré-datado. Apesar de o cheque ser um instrumento de pagamento à vista, na prática tem sido usado para pagamento a prazo. Assim, as entidades emitem cheques que, por acordo entre as partes, serão descontados numa data futura prevista. Este acordo funciona, na maioria das vezes, mas pode ocorrer de o depósito ser efetuado antes do previsto, como foi o caso do cheque 1340 do exemplo apresentado.

Efeito sobre a contabilidade. Após os lançamentos realizados, a conta Bancos passa a ter um novo saldo: R$ 4.908,64, conforme pode ser visualizado na Ilustração 7.7. Observe que todos os itens estão marcados com o sinal "✓", exceto dois. Estes dois valores correspondem a cheques emitidos pela entidade e que ainda não apareceram no extrato bancário.

Ilustração 7.7 – Conta Bancos após a conciliação

		Bancos		
		8.460,67		
			770,00	✓
			1.107,46	✓
			1.000,00	✓
✓	526,33			
✓	1.934,33			
✓	589,27			
✓	2.200,00			
✓	5.599,83			
			380,00	✓
			2.400,00	✓
			830,00	
✓	500,00			
✓	600,00			
			5.000,00	✓
			1.015,00	
			45,00	✓
			270,00	✓
✓	559,27		589,27	✓
			1.934,33	✓
			720,00	✓
		4.908,64		

É interessante notar que o valor do saldo final do extrato bancário está vinculado com o saldo da conta Bancos da seguinte forma:

Ilustração 7.8 – Extrato bancário após a conciliação

Saldo Final do Extrato	6.753,64
Cheque não Depositado	(830,00)
Cheque não Depositado	(1.015,00)
Saldo após Conciliação	4.908,64

Isso demonstra que os saldos estão coerentes.

Prática

Os procedimentos que foram explicados podem ser usados para as finanças pessoais. A forma como deve ser feita a conciliação é basicamente a mesma, talvez alterando o número de transações que ocorre na conta pessoal, que será muito menor que de uma entidade.

Pergunta	Informação Necessária	Fórmula	Uso
❓	📁	ΣΔΦΓ	✍
O saldo existente na conta-corrente está correto?	Razonete e extrato bancário	Comparam-se as duas informações. Existindo diferença no razonete, é necessário fazer o lançamento contábil.	Verificar a existência de erros nos lançamentos contábeis da conta Bancos ou eventuais erros na conta bancária

Aplicações financeiras

Objetivo (4) → Discutir os aspectos contábeis relacionados com as aplicações financeiras

As aplicações financeiras de curtíssimo prazo fazem parte do termo "equivalentes" existente na expressão "Caixa e Equivalentes". Por serem investimentos realizados através das instituições financeiras por um período de curtíssimo prazo, correspondem a um "quase" caixa. Para algumas aplicações, como aquelas em fundos de investimento, existe a possibilidade de transformar o ativo em dinheiro em poucos dias.

Apesar de serem tratadas isoladamente no plano de contas da entidade, as aplicações financeiras são consideradas, juntamente com o Caixa e Bancos, um único item para fins da demonstração dos fluxos de caixa. Assim, a movimentação de aplicar ou resgatar recursos dessa conta, apesar de representar um lançamento contábil, não afeta essa demonstração.

A contabilização das operações com aplicações financeiras é simples e diz respeito a quatro eventos possíveis: aplicação dos recursos, resgate, reconhecimento das receitas financeiras e despesas bancárias.

APLICAÇÃO

Nesse evento a entidade faz a aplicação financeira, debitando essa conta e creditando Bancos, conforme mostrado a seguir:

Data		Débito	Crédito
10/04/20X9	Aplicação Financeira	1.000,00	
	Bancos		1.000,00
	Aplicação num fundo de investimento do Banco Sextante.		

RESGATE

Quando solicitado o resgate, existe a possibilidade de a solicitação corresponder a um valor exato. Nesse caso, faz-se o lançamento inverso da aplicação, debitando Bancos e creditando aplicação:

Data		Débito	Crédito
30/04/20X9	Bancos	1.000,00	
	Aplicação Financeira		1.000,00
	Resgate do fundo de investimento do Banco Sextante.		

Em alguns casos a entidade pode solicitar o resgate total do fundo. Neste momento é importante reconhecer o aumento da conta Bancos e também a receita financeira. Considere que no final do mês a entidade tenha solicitado o resgate total do fundo e tenham sido creditados na conta R$ 1.020. Nessa situação, R$ 20 refere-se à receita financeira. Assim, os lançamentos seriam:

Data		Débito	Crédito
30/04/20X9	Bancos	1.000,00	
	Aplicação Financeira		1.000,00
	Resgate do fundo de investimento do Banco Sextante.		

Data		Débito	Crédito
30/04/20X9	Bancos	20,00	
	Receita Financeira		20,00
	Referente à receita financeira do fundo no Banco Sextante resgatado nesta data.		

RECONHECIMENTO DA RECEITA

Em geral, a instituição financeira informa para a entidade a posição dos investimentos realizados. Ao final de cada mês a entidade necessita fazer lançamento de ajuste para reconhecer o aumento do ativo. Considere o caso da entidade que aplicou R$ 1 mil no fundo de investimento e no final do mês este fundo tinha um valor de R$ 1.020. A aplicação foi demonstrada anteriormente. Já o reconhecimento da receita será feito da seguinte forma:

Data		Débito	Crédito
30/04/20X9	Aplicação Financeira	20,00	
	Receita Financeira		20,00
	Referente a receita financeira do fundo no Banco Sextante.		

Gestão de caixa

Objetivo (5) → Compreender os motivos para reter caixa e equivalentes

O caixa, bancos e aplicações financeiras de curto prazo são ativos que geram pouca rentabilidade para as entidades. Apesar disso, as entidades procuram administrá-los de maneira cuidadosa. Em algumas, existe um grande volume desses ativos.

A primeira razão para a importância do caixa e equivalentes decorre do fato de que as transações numa entidade são em dinheiro ou através de uma instituição financeira. As compras de estoques, o pagamento de salários, os recebimentos de clientes e os gastos com energia elétrica são alguns dos exemplos de fatos que envolvem dinheiro ou a conta Bancos. Assim, as entidades utilizam os ativos de maior liquidez para **fazer transações**.

Em algumas situações, uma entidade pode acumular recursos para aproveitar oportunidades de negócios. Isso inclui ter dinheiro para comprar mais estoques com um desconto maior. Mas também é o caso de ter ativos de maior liquidez para uma aquisição de um concorrente. Quando uma entidade guarda recursos para as situações em que podem ser usados para fazer bons negócios, trata-se de ter dinheiro para **especulação**. O termo *especulação* é usado aqui no sentido financeiro, associado a situações nas quais se fazem bons negócios aproveitando situações favoráveis. Algumas vezes o fornecedor necessita de dinheiro e pode oferecer para a entidade a venda de estoques em situações vantajosas.

Finalmente, uma entidade pode deixar dinheiro em caixa ou em bancos por **precaução**. Nessas situações, fatores adversos podem ocorrer e a existência de recursos em ativos mais líquidos traz segurança para a entidade. Imprevistos sempre podem ocorrer e ter uma reserva financeira pode ser importante quando acontecerem esses fatos.

Prática

A quantidade de dinheiro existente no caixa e equivalentes das entidades é sempre acompanhada de perto pelos investidores. Quando existe muito dinheiro em caixa, isso pode ser um sinal de que a entidade deve estar próxima de fazer uma importante aquisição ou então irá fazer distribuição maior de dividendos. Os investidores fazem comparações com a existência de caixa em concorrentes e ao longo da história da entidade para tentar verificar se a entidade possui muito ou pouco dinheiro.

Orçamentos de caixa

Objetivo (6) → Ressaltar a importância do uso do orçamento de caixa na entidade

Para melhor gerir os recursos mais líquidos, o principal instrumento de que a entidade dispõe é o fluxo de caixa. Para fatos já ocorridos no passado, a demonstração dos fluxos de caixa é um instrumento relevante para a decisão. Para decisões futuras, as entidades podem preparar um fluxo de caixa projetado, também denominado de **orçamento de caixa**.

O orçamento de caixa é um instrumento útil para a gestão interna da entidade. Ao contrário da demonstração dos fluxos de caixa, que é regulada pelo Comitê de Pronunciamentos Contábeis, o orçamento de caixa não possui uma norma de apresentação. Cada entidade pode preparar seu orçamento de caixa.

É possível preparar um orçamento de caixa de **curto prazo**, contemplando as movimentações financeiras para os próximos dias. Também se pode elaborar um orçamento de **médio e longo prazo**, com ênfase nos pagamentos e recebimentos que ocorrem num período de tempo maior. O orçamento de longo prazo está mais associado com a estratégia da entidade, revelando, em termos financeiros, os seus planos de investimentos. Já o orçamento de curto prazo é mais operacional, preocupado com as alterações diárias da liquidez da entidade.

Numa entidade, os diferentes tipos de orçamento podem se comunicar, de forma que um possa influenciar o outro. É comum que o orçamento de curto prazo esteja contido no orçamento estratégico de longo prazo. E que, à medida que o orçamento de curto prazo for sendo executado, o orçamento de longo prazo será adaptado às novas realidades.

A Ilustração 7.9 apresenta uma estrutura básica de orçamento de caixa. A primeira linha apresenta o saldo existente no início do período em caixa e equivalentes. A esse valor somam-se os valores que serão recebidos pela entidade no período e subtraem-se as previsões de pagamentos.

Ilustração 7.9 – Orçamento de caixa básico

Saldo Inicial em Caixa e Equivalentes	XXXX
Mais: Entradas Previstas	XXXX
Total do Caixa Disponível	XXXX
Menos: Saídas Previstas	XXXX
Igual a Excesso (Falta) de Caixa	XXXX
Financiamento Necessário	XXXX
Saldo Final de Caixa e Equivalentes	XXXX

Caso o resultado final seja negativo, a entidade necessita de alguma providência para cobrir a diferença. Uma possibilidade é obter um financiamento para capital de giro, cobrindo a diferença existente e fazendo com que o saldo final (última linha da Ilustração 7.9) seja positivo. A entidade também pode tentar receber antes dos seus clientes (oferecendo descontos para pagamento à vista) ou retardar o pagamento de algumas contas, negociando com seus fornecedores, por exemplo.

Mesmo que o resultado seja positivo, o orçamento de caixa pode provocar algumas ações por parte da entidade. Com a existência de folga no caixa, a entidade poderá antecipar pagamentos, por exemplo.

A Ilustração 7.10 apresenta um exemplo de orçamento de caixa diário de uma entidade. No primeiro dia do orçamento, uma sexta-feira, a entidade possuía R$ 10.700 de caixa e equivalentes. Durante o dia existe a projeção de recebimento de R$ 103.800, sendo parte em dinheiro referente à venda à vista e parte em vendas que foram realizadas no passado e que serão recebidas nesse dia. A soma do saldo inicial e recebimentos corresponde a R$ 114,5 mil. Durante o dia a empresa terá pagamentos de R$ 115,5 mil, sendo a maior parte para fornecedores. Como este valor é superior ao caixa disponível, haverá uma falta de caixa de mil reais. Ou seja, é necessário um financiamento neste valor.

Ilustração 7.10 – Orçamento de caixa da Ceafi S.A.

Ceafi S.A. Orçamento de Caixa				
	13/04/20X2	16/04/20X2	17/04/20X2	18/04/20X2
Saldo Inicial em Caixa e Equivalentes	R$ 10.700	–	18.600	22.500
Recebimento em Dinheiro	32.700	36.000	32.400	37.300
Recebimento por Cartões	62.700	51.600	36.100	43.300
Recebimento de Vales	7.400	3.700	4.400	4.800
Receitas Diversas	1.000	–	–	500
Total do Caixa Disponível	114.500	91.300	91.500	108.400
Pagamento de Fornecedores	(86.900)	(56.700)	(60.000)	(90.000)
Pagamento de Funcionários	(20.500)	–	–	–
Pagamento de Despesas	(8.100)	(16.000)	(9.000)	–
Excesso (Falta) de Caixa	(1.000)	18.600	22.500	18.400
Financiamento Necessário	1.000	–	–	–
Saldo Final de Caixa e Equivalentes	–	18.600	22.500	18.400

Uma opção para a entidade é tentar negociar o pagamento de outras despesas. No exemplo, um atraso de sexta-feira para segunda é suficiente para a entidade não necessitar obter um financiamento. Pode-se observar que no dia 16 a empresa terá um saldo projetado de R$ 18.600, suficiente para cobrir a diferença existente no dia 13. Essa situação mostra como o orçamento de caixa pode ser útil na gestão da liquidez da entidade.

Pergunta	Informação Necessária	Fórmula	Uso
❓	📁	ΣΔΦΓ	✍
Os recursos existentes no caixa são suficientes?	Orçamento de Caixa	Seção de recebimentos de caixa; de desembolsos de caixa; e de financiamento	Após a projeção, verifique se o saldo final é positivo

ORÇAMENTO DE CAIXA E GESTÃO DE CURTO PRAZO

O orçamento de caixa é bastante ilustrativo para uma política de administração de curto prazo de uma entidade. No exemplo apresentado na ilustração 7.10 a entidade, ao fazer seu orçamento de caixa, percebeu uma falta de caixa no primeiro dia. Nos demais dias, as entradas de caixa eram superiores às saídas, indicando um sinal positivo.

Em tais situações, a existência do orçamento de caixa permite que a entidade possa agir antes que ocorra o problema de caixa. Entre as possíveis soluções pode-se:

a) Aumentar a rapidez dos recebimentos de clientes: nessa opção, a entidade reduz o processo de recebimento, através de descontos para pagamentos à vista, redução do prazo concedido ao cliente, melhoria na seleção dos clientes que obterão crédito, entre várias alternativas. O aumento da rapidez dos recebimentos tem como consequência a redução dos saldos existentes em valores a receber e contas similares.

b) Reduzir o nível de estoques: ter muito estoque pode ajudar a entidade a vender mais. Mas um nível muito elevado de estoque pode trazer perdas e investimentos desnecessários nesse ativo. Trabalhar com um volume de estoques reduzido reduz os pagamentos a fornecedores. Em termos contábeis, isso significa que a conta de estoques deve ser reduzida.

c) Conseguir mais prazo com fornecedores: em geral, os fornecedores não cobram juros das compras efetuadas pela entidade. Conseguir um prazo mais elevado pode ajudar no orçamento de caixa, já que atrasa os pagamentos de caixa. Essa política com fornecedores irá implicar num aumento no saldo dessa conta.

d) Controlar os gastos: isso pode ser realizado através da análise histórica dos valores pagos pela entidade.

e) Reduzir a quantidade de dinheiro no caixa e equivalentes – recursos em excesso no caixa ou em aplicações financeiras de curto prazo geram um retorno reduzido para a entidade.

Ciclo financeiro

Objetivo (7) → Definir o ciclo financeiro de uma entidade

O ciclo financeiro de uma entidade apresenta o processo de aquisição, estocagem, venda e recebimento dos seus produtos e serviços. Considere, para fins de exemplo, uma empresa comercial. Ela irá adquirir mercadorias, que ficarão em estoques até o momento da sua venda. Se a venda for a prazo, a empresa somente irá obter caixa após o recebimento das vendas. O **ciclo financeiro** corresponde ao período de tempo que uma entidade leva entre a compra da mercadoria e seu pagamento, a estocagem, a venda e seu recebimento.

O **ciclo financeiro** também pode ser considerado em termos do tempo entre o desembolso inicial para aquisição da mercadoria e o momento em que a venda é recebida. Nesse sentido, o **ciclo financeiro** corresponde ao número de dias que uma entidade leva entre o desembolso e seu recebimento.

A Ilustração 7.11 mostra que o ciclo financeiro inicia quando a entidade paga seu fornecedor. E termina quando recebe de seu cliente. Cada uma das etapas do ciclo financeiro pode ser analisada separadamente. O tempo entre a aquisição de mercadorias e a venda do estoque é denominado de **prazo de estocagem**. O tempo entre a compra do estoque e seu pagamento é o **prazo de pagamento a fornecedores**. E o período entre a venda e o recebimento corresponde ao **prazo de recebimento de clientes.**

Ilustração 7.11 – Ciclo financeiro

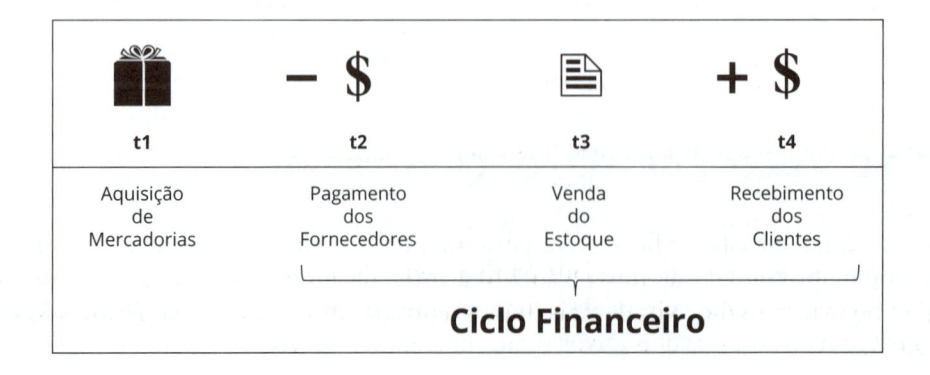

Em geral, entidades que trabalham com o ciclo financeiro muito longo possuem um volume de investimento de capital de giro expressivo. Já algumas entidades conseguem um prazo de estocagem tão curto, não efetuando vendas a crédito, que o ciclo financeiro é reduzido, podendo, em alguns casos excepcionais, ser negativo. Nessa situação específica, geralmente o volume de recursos investidos em estoque e clientes é inferior ao montante a pagar para os fornecedores. Nesses casos, é como se a entidade estivesse trabalhando com dinheiro dos fornecedores para financiar o período de estocagem e recebimento.

Outro aspecto importante do ciclo financeiro é o relacionamento de cada uma das etapas com as contas do ativo e passivo circulante. A Ilustração 7.12 apresenta a relação entre cada uma das etapas do ciclo financeiro e os lançamentos contábeis. Na etapa de aquisição de mercadorias temos que as contas de Estoques e Fornecedores serão afetadas. O saldo de fornecedores será quitado com o pagamento. A venda do estoque irá trazer como consequência a baixa da mercadoria e ao mesmo tempo o registro da receita de venda (isso está mais detalhado no Capítulo 5). Finalmente, o recebimento de clientes reduz esse item do ativo circulante e aumenta a conta Bancos.

Ilustração 7.12 – Ciclo financeiro e lançamentos contábeis

Aquisição de Mercadorias		
Descrição	Débito	Crédito
Estoques	XXX	
Fornecedores		XXX
Pagamento de Fornecedores		
Descrição	Débito	Crédito
Fornecedores	XXX	
Bancos		XXX
Venda do Estoque		
Descrição	Débito	Crédito
CMV	XXX	
Estoques		XXX
Descrição	Débito	Crédito
Clientes	YYY	
Receita de Vendas		YYY
Recebimento de Clientes		
Descrição	Débito	Crédito
Bancos	YYY	
Clientes		YYY

É possível notar que o processo comercial pode estar muito vinculado às contas de curto prazo da entidade, que são: Estoques, Clientes, Fornecedores e, obviamente, Caixa e Equivalentes. Além disso, também existe um vínculo com cada uma das etapas descritas no ciclo financeiro. Finalmente, observe que as movimentações contábeis apresentadas na Ilustração 7.12 estão vinculadas ao orçamento de caixa: recebimentos de clientes, pagamentos de fornecedores, entre outras movimentações que irão afetar o caixa e equivalentes da entidade.

A gestão do ciclo financeiro de uma entidade é importante. Quando se consegue reduzir o prazo de estocagem e de recebimento de clientes, o volume de estoques e clientes também diminui. Nessas situações, a quantidade de recursos para financiar esses dois ativos reduz, liberando esses recursos para outros investimentos.

Pergunta	Informação Necessária	Fórmula	Uso
❓	📁	ΣΔΦΓ	👁
Qual o ciclo financeiro da empresa?	Prazos de pagamento, estocagem e recebimento	Ciclo Financeiro = Prazo de Estocagem + Prazo de Recebimento – Prazo de Pagamento	Ajuda na estimativa da necessidade de recursos para o capital de giro. Quanto maior, maior a necessidade desses recursos

EXERCÍCIO DE REVISÃO

A empresa da Heloísa, a ELO Ltda., deseja manter um orçamento mínimo de caixa e equivalentes de R$ 40.000. No início de agosto, as disponibilidades no balanço totalizavam R$ 43.500. A expectativa de recebimentos do mês soma R$ 122.400; enquanto os desembolsos esperados são de R$ 127.900. Verifique se a empresária terá que captar recursos para manter a quantia mínima de disponíveis para o mês.

Solução

ELO Ltda. Orçamento de Caixa	
	Agosto
Saldo Inicial em Caixa e Equivalentes	R$ 43.500
(+) Recebimentos esperados	R$ 122.400
Total do Caixa Disponível	R$ 165.900
(–) Desembolsos esperados	(R$ 127.900)
Excesso (Falta) de Caixa	R$ 38.000
Financiamento Necessário	R$ 2.000
Saldo Final de Caixa e Equivalentes	R$ 40.000

Para manter o valor mínimo desejado de Caixa e equivalentes no balanço, a Heloísa deverá captar R$ 2.000.

Um exemplo mais completo...

A empresa Arte é Vida Ltda. possui uma conta bancária no Banco XYKZ S.A. Seu extrato bancário apresentava a seguinte movimentação em agosto/20X2:

Data	Histórico	Documento	Valor	Saldo
31/07/20X2	Saldo do Mês Anterior	850		1.769 C
03/08/20X2	Pagamento de Telefone	504	46 D	
06/08/20X2	Compra com Cartão	109	53 D	
16/08/20X2	Cheque Compensado	849	959 D	
19/08/20X2	Pagto. Energia Elétrica	40	23 D	
22/08/20X2	Cheque Compensado	850	2.000 D	1.312 D
27/08/20X2	Tarifa Pacote de Serviços	8.724	13 D	1.325 D
31/08/20X2	Recebimento de Duplicatas	711	2.285 C	960 C

Por outro lado, a sua ficha de razão da contabilidade efetuada pela empresa se apresentava da seguinte maneira:

Data	Histórico	Débito	Crédito	Saldo	D/C
31/07/20X2	Saldo do Mês Anterior			1.769	C
03/08/20X2	Pagamento de Telefone		46	1.723	C
06/08/20X2	Compra com Cartão		53	1.670	C
16/08/20X2	Pagamento de Aluguel		995	675	C
19/08/20X2	Pagamento Energia Elétrica		23	652	C
22/08/20X2	Cheques nº 319		200	452	C
27/08/20X2	Cheques nº 320		120	332	C
30/08/20X2	Depósito em envelope ref. ao recebimento da Dupl. 12	1.300		1.632	D

Obs: 1. O cheque nº 849 se refere à despesa de aluguel e foi contabilizado incorretamente; 2. O cheque nº 850, emitido pela Cia. da Arte e Sonho, foi erroneamente debitado na conta da empresa.

Pede-se:

a) Efetue a conciliação bancária da empresa Arte é Vida e determine o saldo correto em 31/08/20X2.
b) Faça os registros contábeis de ajuste do saldo da conta Bancos.

Solução

a) *Confrontando o razão com o extrato bancário da Arte é Vida, podemos verificar as seguintes diferenças:*

Bancos			Data	Histórico	Documento	Valor	
	46	✓	31/07/20X2	Saldo do Mês Anterior	850		
	53	✓	03/08/20X2	Pagamento de Telefone	504	46 D	✓
	995	x	06/08/20X2	Compra com Cartão	109	53 D	✓
	23	✓	16/08/20X2	Cheque Compensado	849	959 D	x
	200	x	19/08/20X2	Pagto. Energia Elétrica	40	23 D	✓
	120	x	22/08/20X2	Cheque Compensado	850	2.000 D	x
x	1.300		27/08/20X2	Tarifa Pacote de Serviços	8.724	13 D	x
			31/08/20X2	Recebimento de Duplicatas	711	2.285 C	x

Saldo bancário:	R$ 960
Cheque emitido nº 319	(R$ 200)
Cheque emitido nº 320	(R$ 120)
Cheque nº 850 contabilizado erroneamente pelo banco	R$ 2.000
Depósito em trânsito	R$ 1.300
Saldo bancário ajustado:	**R$ 3.940**
Saldo contábil:	R$ 1.632
Pag. cartão de crédito contabilizado errado	R$ 36
Tarifa pacote de serviços	(R$ 13)
Recebimento de duplicatas	R$ 2.285
Saldo contábil ajustado:	**R$ 3.940**

b) Os registros contábeis de ajuste da conta Bancos são:

Data	Contas	Débito	Crédito
1.	Bancos	36	
	Despesa de Aluguel		36
2.	Despesas Bancárias	13	
	Bancos		13
3.	Bancos	2.285	
	Clientes		2.285

Usando a informação contábil

A RJ Produções fez seu orçamento mensal para o final do ano. As projeções para vendas, compras, salários, despesas administrativas e despesas com vendas são apresentadas a seguir:

	Novembro	Dezembro
Vendas	400.000,00	520.000,00
Compras	180.000,00	234.000,00
Salários	30.000,00	45.000,00
Despesas Administrativas	38.000,00	42.000,00
Despesas de Vendas	80.000,00	104.000,00

Outras informações:

1. Todas as despesas administrativas são pagas no próprio mês. Do valor, R$ 8.000 diz respeito à depreciação de computadores e equipamentos.
2. As despesas de vendas são pagas no início do mês seguinte. As despesas de vendas de outubro foram de R$ 70 mil.
3. Recebimento de clientes: novembro = R$ 370 mil; dezembro = R$ 420 mil.

4. Pagamento de compras: novembro = R$ 150 mil; dezembro = R$ 200 mil.
5. Outros pagamentos: novembro = R$ 15 mil; dezembro = R$ 28 mil.
6. A RJ tinha um caixa inicial de R$ 30 mil e deseja terminar dezembro com um caixa de R$ 140 mil para pagamento de uma grande despesa que irá ocorrer em janeiro do próximo ano.
7. Os salários são pagos no próprio mês.

Pede-se:

a) Prepare o orçamento de caixa.
b) Verifique se a RJ terá condições de efetuar o pagamento com os recursos existentes no final de dezembro.

Solução

a)

	Novembro	Dezembro
Recebimentos:	370.000,00	420.000,00
(–) Pagamentos:		
Compras	150.000,00	200.000,00
Salários	30.000,00	45.000,00
Despesas Administrativas	30.000,00	34.000,00
Despesas de Vendas	70.000,00	80.000,00
Outros	15.000,00	28.000,00
	295.000,00	387.000,00
Saldo inicial de Caixa	30.000,00	105.000,00
Variação do mês	75.000,00	33.000,00
Saldo Final	105.000,00	138.000,00

b) *Com base no orçamento de caixa, podemos observar que a RJ Produções não terá condições de efetuar o pagamento da despesa prevista para janeiro do exercício seguinte, no valor de R$ 140.000,00. Haverá uma falta de caixa de R$ 2.000,00.*

RESUMO DOS OBJETIVOS

Compreender a relevância do controle interno e seus princípios – Os princípios do controle interno são: rodízio de funcionários; supervisão das operações; estabelecimento de responsabilidades; segregação de funções; autorização de transação; procedimentos documentados; verificação independente; controles físicos e outros.

Aplicar os princípios do controle interno ao caixa – Os controles internos sobre os recebimentos de caixa incluem: (a) designar um responsável para os recebimentos de caixa; (b) atribuir tarefas de recebimentos de caixa, registros de caixa e pagamentos de caixa a diferentes pessoas; (c) obter recibos de remessas de dinheiro, fitas de registros da máquina registradora, depósitos e extratos bancários e outros comprovantes possíveis; (d) usar cofres na empresa ou de bancos com acesso limitado a pessoas autorizadas; (e) fazer contagem diária e independente dos valores e comparar com os recibos; (f) solicitar que as pessoas responsáveis pelo caixa tirem férias etc.

Mostrar o uso adequado da conta-corrente – Os controles internos sobre os desembolsos de caixa incluem: (a) autorizar pessoas específicas a emitir cheques e pagamentos; (b) usar cheques enumerados e registrá-los na contabilidade, com os recibos dos pagamentos aprovados; (c) comparar cada cheque com a fatura aprovada antes de emitir o cheque e; (d) fazer a conciliação bancária mensalmente. É comum que o saldo da conta Bancos e o saldo da conta-corrente, apresentado no extrato bancário, apresentem divergências. A conciliação bancária é o meio pelo qual essas diferenças serão identificadas e, consequentemente, o ajuste dos saldos será realizado. As principais diferenças nesses saldos podem ser: erros cometidos na contabilidade da entidade ou pela instituição financeira; despesas que foram consideradas na conta-corrente e que não foram lançadas pela contabilidade; cheques emitidos pela entidade que ainda não foram depositados pelo favorecido, entre outras.

Discutir os aspectos contábeis relacionados com as aplicações financeiras – Os quatro eventos recorrentes na conta de aplicações financeiras são: aplicação dos recursos, resgate, reconhecimento das receitas financeiras e despesas bancárias.

Compreender os motivos para reter caixa e equivalentes – Os principais motivos para reter caixa e equivalentes são: (a) fazer especulação: no sentido financeiro, está associado a situações em que se faz bons negócios aproveitando situações favoráveis; e (b) por precaução: refere-se aos imprevistos que sempre podem ocorrer, e ter uma reserva financeira pode ser importante quando acontecerem esses fatos.

Ressalvar a importância do uso do orçamento de caixa na entidade – Os principais elementos de um orçamento de caixa são: a seção dos recebimentos de caixa, a dos pagamentos de caixa e a seção de financiamento. O orçamento de caixa permite que a entidade possa agir antes que ocorra o problema de caixa.

Definir o ciclo financeiro de uma entidade – É o tempo que se leva do desembolso inicial para aquisição da mercadoria até o momento em que a venda é recebida. Os seguintes índices também são apresentados: (1) prazo de estocagem – tempo entre a aquisição de mercadorias e a venda do estoque; (2) prazo de pagamento a fornecedores – tempo entre a compra do estoque e seu pagamento; e (3) prazo de recebimento de clientes – período entre a venda e o recebimento.

DECISÃO

Pergunta	Informação Necessária	Fórmula	Uso
O saldo existente na conta-corrente está correto?	Razonete e extrato bancário	Comparam-se as duas informações. Existindo diferença no razonete, é necessário fazer o lançamento contábil.	Verificar a existência de erros nos lançamentos contábeis da conta Bancos ou eventuais erros na conta bancária
Os recursos existentes no caixa são suficientes?	Orçamento de Caixa	Seção de recebimentos de caixa; de desembolsos de caixa; e de financiamento	Após a projeção, verifique se o saldo final é positivo
Qual o ciclo financeiro da empresa?	Prazos de pagamento, estocagem e recebimento	Ciclo Financeiro = Prazo de Estocagem + Prazo de Recebimento − Prazo de Pagamento	Ajuda na estimativa da necessidade de recursos para o capital de giro. Quanto maior, maior a necessidade desses recursos

DICIONÁRIO

Autorização de transação – Determinados procedimentos, como os pagamentos realizados por uma entidade.

Caixa pequeno – É um instrumento importante de descentralização da gestão dos recursos financeiros de uma entidade no qual a gerência financeira delega para um funcionário um pequeno montante de dinheiro para pagamento de pequenas despesas.

Ciclo financeiro – Corresponde ao período de tempo entre a compra da mercadoria e seu pagamento, a estocagem, a venda e seu recebimento por uma entidade.

Controle interno – Refere-se aos métodos adotados para assegurar que os ativos estejam salvos de roubos e usos não autorizados, assim como garantir que a contabilidade dos eventos seja realizada sem erros ou irregularidades.

Controles físicos – Uma entidade deve ter controles físicos para suas operações, tais como câmeras de vídeo, cofres, máquinas registradoras etc.

Estabelecimento de responsabilidades – O estabelecimento de tarefa torna mais fácil para a entidade gerenciar a execução das atividades e determinar claramente a responsabilidade por um erro.

Orçamento de caixa – É o mesmo que fluxo de caixa projetado, e é um instrumento útil para decisões futuras.

Prazo de estocagem – É o tempo entre a aquisição de mercadorias e a venda do estoque.

Prazo de pagamento a fornecedores – É o tempo entre a compra do estoque e seu pagamento.

Prazo de recebimento de clientes – É o período entre a venda e o recebimento pelos clientes.

Procedimentos documentados – Tornam possível a posterior verificação. A ausência de documentação facilita a ação de pessoas desonestas.

Risco do controle interno – É o risco decorrente das falhas existentes nos mecanismos de controle interno de uma organização.

Rodízio de funcionários – É muito comum as entidades descobrirem desfalques quando fazem rodízios dos funcionários. Quando um funcionário permanece muito tempo na mesma função existe mais chance de ele agir de maneira inapropriada.

Segregação de funções – Quando uma mesma pessoa é responsável por muitas tarefas, o potencial de erro e irregularidades aumenta.

Supervisão das operações – Garante que as tarefas estejam sendo executadas para atingir os objetivos da organização. A supervisão também reduz a probabilidade de desfalques e furtos, tanto por parte dos funcionários como de pessoas externas.

Verificação independente – Uma entidade deve estar sujeita a verificação independente (auditorias). Essa verificação, na qual os problemas devem ser relatados, para a administração resolvê-los, deve ser periódica.

PROBLEMA DEMONSTRAÇÃO

Uma empresa comercial pretende preparar um orçamento de caixa para o segundo trimestre do ano. O ciclo financeiro da empresa é de 2 meses, já que a mesma paga suas compras à vista, estoca os produtos por um mês e concede um prazo para seus clientes de um mês. No final de março a empresa tinha R$ 13 mil em caixa e equivalentes. As compras de mercadorias de fevereiro e março foram de R$ 30 mil e R$ 35 mil, nesta ordem. Sobre o valor das compras, a empresa coloca 40% para definir o preço de venda. As compras projetadas para o segundo trimestre são de R$ 40 mil, R$ 45 mil e R$ 50 mil para abril, maio e junho, respectivamente. Outras despesas, todas pagas no mês de sua competência, são de R$ 7.200, 7.900 e 8.600, na ordem dos meses. O valor do saldo inicial de caixa e equivalentes é de R$ 13 mil. Pede-se:

a) Apresente o orçamento de caixa da empresa.

b) Suponha que a conciliação bancária no final de março tenha mostrado que o saldo correto de caixa e equivalentes foi de R$ 10 mil. Em que isso altera sua resposta?

c) A empresa está estudando a possibilidade de obter prazo com seus fornecedores. Qual seria o efeito sobre o orçamento? E se a empresa resolvesse aumentar o prazo de recebimento para seus clientes?

Solução

a) O ciclo financeiro de dois meses é decorrente de as compras serem pagas à vista. As compras de fevereiro, de R$ 30 mil, serão vendidas em março e recebidas em abril. O valor recebido será de R$ 30.000 × (1 + 40%) = 42 mil. Os recebimentos de clientes em maio serão de R$ 35.000 × (1 + 40%) = 49 mil; em junho serão de R$ 40.000 × (1+ 40%) = R$ 56 mil. O orçamento de caixa será o seguinte:

	Abril	Maio	Jun.
Saldo Inicial de Caixa e Equivalentes	10.000	4.800	900
Recebimento de Clientes	42.000	49.000	56.000
Pagamento de Fornecedores	(40.000)	(45.000)	(50.000)
Outros Pagamentos	(7.200)	(7.900)	(8.600)
Excesso (falta) de Caixa	4.800	900	(1.700)
Financiamento Necessário	–	–	–
Saldo Final de Caixa e Equivalentes	4.800	900	(1.700)

b) Sendo o valor do saldo inicial de R$ 10 mil, o orçamento de caixa irá indicar que em junho haverá uma falta de caixa de R$ 1.700 (ou R$ 1.300 menos a diferença encontrada no saldo inicial). Ou seja, a empresa necessitará de um financiamento para cobrir essa diferença.

c) Obter mais prazo com os fornecedores dá uma folga financeira para a empresa. Assim, o saldo de caixa tende a aumentar num primeiro momento. Já o aumento do prazo de recebimento tem o efeito contrário: haverá uma necessidade de financiamento, dependendo do tamanho do prazo.

QUESTÕES DE MÚLTIPLA ESCOLHA

1. O controle interno é usado nos negócios para aumentar a acurácia e a confiabilidade nos registros contábeis e para:
   a) Salvaguardar seus ativos.
   b) Prevenir fraudes.
   c) Produzir demonstrações contábeis corretas.
   d) Deter empregados desonestos.

2. Os princípios do controle interno não incluem:
   a) Estabelecimento de responsabilidades.
   b) Procedimentos documentados.
   c) Responsabilidade da administração.
   d) Verificação interna independente.

3. Controles físicos não incluem:
   a) Cofres para guardar dinheiro.
   b) Conciliação bancária.
   c) Armários fechados para estoques.
   d) Senhas pessoais de acesso aos computadores.

4. Permitir que apenas uma pessoa determinada faça a movimentação do dinheiro do caixa é uma aplicação de qual princípio?
   a) Verificação interna independente.
   b) Procedimentos documentados.
   c) Estabelecimento de responsabilidades.
   d) Segregação de tarefas.

5. O uso de cheques numerados nos pagamentos é uma aplicação de qual princípio?
   a) Estabelecimento de responsabilidades.
   b) Segregação de tarefas.
   c) Controles físicos, mecânicos e eletrônicos.
   d) Procedimentos documentados.

6. As características do controle de uma conta bancária não incluem:
   a) Verificação de irregularidades do saldo bancário dos livros contábeis feita pelos auditores do banco.
   b) Reduzir a quantidade de dinheiro em mãos e ainda assim realizar pagamentos.
   c) Proporcionar um duplo registro de todas as transações bancárias.
   d) Salvaguardar o dinheiro, usando o banco como um depositário.

7. Em uma conciliação bancária, os depósitos em trânsito são:
   a) Deduzidos do saldo contábil.
   b) Adicionados ao saldo contábil.
   c) Adicionados ao saldo bancário.
   d) Deduzidos do saldo bancário.

8. Qual dos itens a seguir está na gaveta do caixa, em 30 de novembro, mas não pode ser considerado dinheiro:
   a) Recibo de depósito em conta-corrente da empresa.
   b) Moedas e notas.
   c) Um cheque de cliente datado para 30 de dezembro.
   d) Um cheque de cliente datado para 28 de novembro.

9. Sobre as aplicações financeiras de curtíssimo prazo, é correto afirmar:
   a) Sua movimentação afeta a Demonstração dos Fluxos de Caixa.
   b) São classificadas como equivalentes de caixa, já que podem se transformar em dinheiro em poucos dias.
   c) São classificadas no subgrupo realizável do ativo circulante.
   d) As receitas geradas pelas aplicações financeiras são reconhecidas apenas nos extratos bancários da empresa.

10. Dos eventos a seguir, aquele que não se refere a uma operação na conta Aplicações Financeiras é:
    a) Aplicação de recursos financeiros em caderneta de poupança.
    b) Reconhecimento de juros e atualização monetária no período.
    c) Transferência do valor aplicado em um fundo de investimento para a conta-corrente da empresa.
    d) Aplicação de recursos financeiros em obras de arte.

11. Não é objetivo do orçamento de caixa:
    a) Demonstrar as alterações diárias da liquidez da entidade.
    b) Identificar se há diferenças entre o saldo da conta Bancos e o saldo da conta-corrente, apresentado no extrato bancário.
    c) Evidenciar a existência de folga no caixa ou a necessidade de alguma providência para cobrir a diferença.
    d) Revelar, em termos financeiros, os seus planos de investimento.

12. Qual dos itens a seguir não é uma seção do orçamento de caixa:
    a) Seção de recebimentos de caixa.
    b) Seção de desembolsos de caixa.
    c) Seção de financiamento.
    d) Dinheiro na seção de operações.

QUESTÕES PARA REVISÃO

1. O que significa controle interno para a contabilidade? Quais são os seus objetivos?

2. Quais são os riscos do controle interno?

3. Quais são os princípios do controle interno?

4. Explique por que é importante que os funcionários façam rodízio.

5. Qual o objetivo de se supervisionar as operações?

6. Por que é importante o estabelecimento de tarefas?

7. Dê um exemplo de segregações de funções e explique a sua importância.

8. O que significa autorização de transações? Exemplifique.

9. Por que uma entidade deve criar procedimentos documentados?

10. O que é a verificação independente?

11. De que maneira uma entidade estabelece controles físicos? Dê exemplos.

12. Cite três exemplos de como estabelecer controles internos no caixa de uma entidade.

13. Qual o objetivo do caixa pequeno?

14. Em alguns momentos, o saldo da conta Bancos na contabilidade é diferente do saldo apresentado no extrato. Quais as razões para essa diferença?

15. Quais os eventos recorrentes na conta Aplicações Financeiras?

16. Explique o significado dos termos *especulação* e *precaução* relacionados ao caixa.

17. O que é orçamento de caixa? Que soluções podem ser propostas, baseadas em um orçamento de caixa?

18. Explique o significado de ciclo financeiro.

19. Defina prazo de estocagem.

20. Explique a diferença entre o prazo de pagamento de fornecedores e o prazo de recebimento de clientes.

EXERCÍCIOS BREVES

EB 1. Os empregados de um banco usam um sistema contábil computadorizado. Nele, determinado funcionário efetua um registro no livro diário e então outro funcionário supervisiona, verifica e aprova essa entrada. Antes, o funcionário entra com a sua senha pessoal e faz todos os registros. Em seguida, o supervisor, também com sua senha, acessa o sistema e verifica se todas as transações foram corretamente registradas e as aprova.

Analise os procedimentos narrados no texto e identifique quais princípios do controle interno foram seguidos.

EB 2. Os procedimentos de controle usados pela Papelaria Imperial para os recebimentos de caixa são:

1. Os caixas são experientes; por isso, não houve necessidade de fazer treinamentos.
2. As entradas de caixa são realizadas por três funcionários que dividem uma mesma caixa registradora.
3. Para minimizar os riscos de roubos, o excesso de caixa (valores acima de R$ 500) é armazenado em uma maleta escondida nos estoques, até ser depositado no banco.
4. No final de todo dia, os recibos de recebimentos e pagamentos são conferidos pelos responsáveis pelo caixa.
5. A contabilidade da empresa é responsável pelos depósitos bancários e registra seus recibos no dia.

Pede-se:

a) Para cada procedimento, explique as fraquezas do controle interno e informe como os princípios estão sendo violados.

b) Para cada fraqueza, sugira uma mudança para uma melhoria do controle interno.

EB 3. A Revisão Mecânica Ltda. apresentou, no final do dia, um relatório da movimentação financeira sem "quebra de caixa". O saldo no início do dia era de R$ 200 em dinheiro. No final do dia existiam R$ 1.800 em dinheiro e documentos de vendas através de cartão de débito, cartão de crédito e vales, no valor de R$ 18.400. Qual o valor das vendas realizadas no dia?

EB 4. A High-Tech S.A. tinha, no início do dia, R$ 1 mil em dinheiro. Durante o dia foram realizadas vendas de R$ 20 mil. Ao final do dia existiam R$ 3.960 em dinheiro e cheques, além de R$ 17 mil em comprovantes de vendas de crédito e débito. A empresa não realiza vendas em vales. Ocorreu quebra de caixa? Se sim, de qual valor?

EB 5. A Brief Ltda. possui um caixa pequeno de R$ 1.500 para pequenas despesas. No dia 13 de abril ocorreu um reforço de R$ 870. Qual o valor das despesas que foram pagas com o caixa pequeno?

EB 6. José é um funcionário com pouca experiência e está com dificuldades de fazer a conciliação bancária da empresa em que trabalha. A sua conciliação é apresentada a seguir:

Saldo bancário no extrato:	R$ 1.550,00
(+) Cheque depositado por um cliente	R$ 250,00
(–) Tarifas bancárias	R$ 25,00
Saldo bancário ajustado:	R$ 1.825,00
Saldo contábil nos livros da empresa:	R$ 2.735,00
(–) Depósitos em trânsito	R$ 1.150,00
(+) Cheques emitidos pendentes	R$ 200,00
Saldo contábil ajustado:	R$ 4.085,00

1. Quais os erros cometidos por José na conciliação?
2. Qual valor deve ser apresentado no saldo bancário e no saldo contábil ajustado?
3. Quais registros deverão ser realizados no diário da empresa?

EB 7. Takuo Itoh possui uma vida financeira muito desorganizada, sem nenhum controle sobre sua conta bancária. Explique os benefícios de fazer uma verificação rotineira do extrato e fazer a conciliação bancária regularmente.

EB 8. No final de maio, a empresa Gotas D'Alma tinha as seguintes informações: saldo da conta Bancos = R$ 9.045,00; saldo do extrato bancário = R$ 10.337,00; cheques não compensados = R$ 2.309,00; depósitos em trânsito = R$ 983,00; e despesa bancária não contabilizada na empresa = R$ 34,00. Qual o valor do saldo conciliado da empresa?

EB 9. Em janeiro de 20X2, o Lar da Terceira Idade emitiu cheques no valor de R$ 86.260,00. No mês seguinte os cheques emitidos foram de R$ 79.323,00. Durante o mês de janeiro foram descontados da conta-corrente da entidade R$ 77.634,00. Já no mês de fevereiro foram descontados R$ 81.323,00. Qual o valor de cheques não compensados em janeiro? Qual o valor no final de fevereiro?

EB 10. No início de maio a Dias Lopes S.A. possuía R$ 30 mil em aplicações financeiras. Durante o mês foram investidos R$ 10 mil e ocorreu resgate de R$ 5.000. Ao final de maio o extrato das aplicações acusava um valor de R$ 35.670. Sabe-se que a aplicação financeira não possui despesa. Qual o valor da receita financeira?

EB 11. A Seixas Indústria Ltda. apresentava um total de disponibilidades de R$ 5 mil ao final de agosto. Durante o mês de setembro a empresa deverá efetuar pagamentos de R$ 65 mil e irá receber R$ 72 mil de seus clientes, conforme sua previsão. Além disso, a empresa pretende comprar computadores pelo valor de R$ 10 mil. Sabendo que o caixa mínimo é de R$ 4 mil, prepare o orçamento de caixa para empresa.

EB 12. Uma empresa comercial compra seus estoques a prazo, com pagamento em 20 dias. Estes estoques ficam em média na empresa por 18 dias. Após a sua venda, a empresa leva 30 dias para receber. Qual o seu ciclo financeiro?

PROBLEMAS

PB 1. Algumas empresas que fazem vendas por telefone adotam um sistema de confirmação de venda. A funcionária do telemarketing, depois de convencê-lo a adquirir um determinado produto, como uma assinatura de revista, preenche alguns dados. Antes de finalizar a compra, a funcionária passa o telefone para uma funcionária responsável (supervisora), que irá confirmar alguns dados e certificar que você realizou a compra. Somente após você falar com a supervisora é que a compra é considerada concluída.

Pede-se:

Analise esse caso, identificando os princípios do controle interno.

PB 2. Quando um cliente de uma instituição financeira vai realizar uma transação bancária pela Internet, além da senha para entrar na conta-corrente, pede-se outra senha. Esta senha é encaminhada para o celular ou *e-mail* do correntista.

Pede-se:

Identifique os princípios do controle interno envolvido neste exemplo.

PB 3. Uma empresa comercial adota os seguintes procedimentos:
1. Os caixas são experientes e não possuem vínculos de parentesco com nenhum funcionário da empresa.
2. Quando a quantidade de dinheiro exceder a R$ 500, o valor é depositado num cofre existente no estabelecimento até o depósito.
3. O recolhimento do dinheiro para depósito é realizado por uma empresa de transporte de valores.
4. Ao final de cada turno, o caixa é contado em conjunto com um funcionário responsável. A diferença existente é anotada.
5. O auditor interno faz uma conferência nos procedimentos ao longo do ano, de forma aleatória.
6. "Clientes" fictícios são contratados para verificar o processo de recebimento por parte dos funcionários, oferecendo sugestões para melhorar o processo.
7. Câmaras são instaladas em cada caixa, monitorando as operações. As imagens são armazenadas para uso futuro.

Pede-se:

Discuta os procedimentos da empresa. Identifique os princípios de controle interno em cada caso.

PB 4. A seguir são apresentados procedimentos que ocorrem numa empresa comercial:
1. Os cheques recebidos são colocados num envelope que fica na gaveta do gerente.
2. Os cheques recebidos são preenchidos pelos clientes, sendo o nome da empresa e a conta carimbados somente no final do dia.
3. O gerente aprova pessoalmente os pagamentos, antes de preencher e assinar os cheques.
4. Os recibos de pagamentos realizados pelo caixa pequeno não são numerados ou identificados o tipo de despesa.

5. O contador preparar a conciliação bancária mensal, mas não é obrigado a relatar a existência de discrepância para o gerente.
6. As câmeras existentes nos estabelecimentos só possuem capacidade limitada de gravação. Elas são desligadas após o fechamento das lojas e os arquivos gravados são automaticamente apagados.

Pede-se:

Em cada procedimento discuta as fraquezas do sistema de controle interno. Determine o princípio que não foi atendido.

PB 5. Roberto Possi é dono de um pequeno estabelecimento comercial. Trabalham na sua loja um funcionário no caixa e dois funcionários como vendedores. Os vendedores, depois de efetuarem as vendas, solicitam que o cliente efetue o pagamento no caixa. Possi recomenda aos seus funcionários que não façam a função de outros: assim, o funcionário responsável pelo caixa não pode efetuar venda e os vendedores não fazem o recebimento da venda. Entretanto, em alguns momentos do dia isso não é plenamente observado: no horário de almoço ou numa saída eventual. Algumas vezes, Possi precisa de dinheiro para pagar suas contas pessoais e ele pega esse dinheiro no caixa. O funcionário anota o dinheiro que foi retirado para o acerto do final do dia. Em outras situações, Possi pega o dinheiro do caixa para pagar despesas. A empresa usa câmeras de vídeo e caixas registradoras associadas ao sistema de estoques, que registram as vendas de cada produto. Semanalmente Possi faz um levantamento físico do estoque para atualizar o sistema de informação da empresa. Esse levantamento é feito pelos próprios vendedores. Não existe um lugar para guardar o dinheiro após o fechamento do expediente bancário; Possi geralmente leva para sua casa os recursos, para que seja feito o depósito no dia seguinte. Como o funcionário do caixa é um primo de Possi, ele evita fazer a conferência do caixa ao final do dia.

Pede-se:

Identifique as fraquezas do sistema de controle interno da empresa.

PB 6. O cine Melodia funciona no *shopping center* da cidade. Dois funcionários trabalham no caixa, em horários distintos. Cada caixa recebe do cliente o dinheiro do bilhete, que é impresso pelo sistema da empresa. O cliente entrega o bilhete para o porteiro, que fica com uma via, depositada numa urna, e entrega outra ao cliente, com um furo. No final de cada dia, os bilhetes são retirados da urna e conferidos com os vendidos pelo caixa para verificar erro ou falsificação. Essa conferência é feita pelo gerente, que preenche um relatório e o deposita num cofre do cine Melodia, que fica no próprio cinema. No dia seguinte, durante o horário bancário, um veículo da empresa de transporte de valores recolhe o dinheiro para depósito no banco, enquanto os comprovantes de pagamento com cartão de crédito ou débito são entregues para o contador do cine Melodia. O contador confere o relatório do movimento do dia, feito pelo gerente. O trabalho do contador é verificado por um auditor, contratado pelos acionistas do cine Melodia.

Pede-se:

Identifique os princípios do controle interno e sua aplicação na empresa. O que pode ser melhorado?

PB 7. Pero Caminha possui uma empresa de encomendas situada no bairro comercial da cidade. A empresa Caminhos possui bastantes clientes, incluindo o governo municipal, as empresas de médio porte e pessoas físicas. Pero criou sua empresa há dez anos e desde então tem expandido rapidamente. Os antigos funcionários ainda estão na empresa e gozam de plena confiança do proprietário. José cuida da parte operacional; Marcos conhece tudo dos recursos humanos; e Paulo é o homem de confiança das finanças. José, Marcos e Paulo estão trabalhando na empresa Caminhos desde sua inauguração.

Em geral, quando algum cliente procura a empresa, os funcionários fazem o atendimento no balcão, recebem o dinheiro e encaminham a encomenda para área operacional, que irá providenciar o transporte. Ao final do dia, Paulo confere o valor registrado no caixa com a via de encaminhamento do setor operacional. Também faz o levantamento do dinheiro que a empresa recebeu durante o dia e supervisiona o transporte dos valores para o banco. Para os clientes corporativos, Paulo trata diretamente com os mesmos, fazendo um contrato para prestação de serviço, com pagamento posterior. Assim, quando esses clientes querem mandar uma encomenda, basta chegar ao atendimento e solicitar o serviço, preenchendo uma guia de encaminhamento do malote. Ao final do mês, Paulo faz a conferência da quantidade de encomendas transportadas e recebe do cliente corporativo. Por sua posição fundamental dentro da empresa, Paulo evita tirar férias ou quando o faz é por poucos dias. O mesmo ocorre também com Marcos e José.

Durante muitos anos essa maneira de gerenciar funcionou muito bem. Nos últimos tempos, o proprietário, o senhor Pero, notou que a situação financeira não estava muito boa, apesar do aumento do número de clientes e da ausência de concorrentes. Após contratar a empresa júnior de contabilidade da faculdade local, os alunos descobriram que a quantidade de carga transportada não estava de acordo com o volume de dinheiro que deveria entrar no caixa. E que o problema parecia estar no setor financeiro.

Pede-se:

Faça uma análise do sistema de controle interno e apresente as falhas existentes. O que poderia ser melhorado?

PB 8. A Dinheiro Fácil apresenta na conta Bancos um valor de R$ 7.230, antes da conciliação. O extrato bancário apresentava um valor de R$ 7.840. Uma comparação mostrou o seguinte:

1. Despesa bancária no valor de R$ 35, referente à conta Cliente Plus.
2. O banco recebeu uma duplicata atrasada, no valor de R$ 1.500. O cliente teve que pagar R$ 30 de multa.
3. A empresa recebeu R$ 1.200 em cheque, que ainda não foram depositados.
4. Um cheque de R$ 384, do pagamento de energia elétrica, foi registrado na contabilidade como R$ 348.
5. A empresa emitiu R$ 700 em cheques que ainda não foram depositados.
6. Um depósito de R$ 349, realizado por um cliente, ainda não apareceu no extrato bancário.

Pede-se:

a) Prepare a conciliação bancária.
b) Faça os lançamentos contábeis necessários.

PB 9. Ao receber o extrato mensal do Banco AiBrasil, o contador da Lar das Crianças Carentes ficou assustado: enquanto o razonete acusava um valor de R$ 9.514,16, o extrato apresentava um saldo de R$ 4.311,38. Ao proceder à análise comparativa, o contador do Lar das Crianças Carentes encontrou o seguinte:

1. O banco cobrou R$ 15 por um talão adicional.
2. O cheque número 3470 se refere a um pagamento ao fornecedor, por compras de mercadorias, e deveria ser depositado somente no próximo mês. Entretanto, o fornecedor do Lar das Crianças Carentes fez o depósito antes do prazo acordado. O cheque tinha um valor de R$ 2.381,43.
3. A empresa já emitiu três cheques que ainda não foram depositados. O valor desses cheques é de R$ 1.800,00.
4. A empresa fez um depósito no dia 25 no valor de R$ 983,15. Entretanto, o banco o registrou erroneamente, no valor de R$ 913,15.
5. Um cliente que adquiriu os produtos vendidos pelo Lar das Crianças Carentes efetuou o pagamento no banco de uma dívida no valor de R$ 918,43. O banco cobrou uma multa de R$ 45,92 pelo atraso;

6. O cheque número 3491 foi registrado pela contabilidade como R$ 819. Seu valor correto é de R$ 891. Esse cheque foi utilizado para o pagamento de um fornecedor.

7. Um total de depósitos de R$ 5.428,70 não aparecia no extrato bancário. Ao fazer a verificação, o Lar das Crianças Carentes descobriu que o mesmo não tinha sido realizado por seu funcionário, que desviou todo o dinheiro. Esse funcionário, ao ser confrontado com o ato, fez um acordo com a entidade e devolveu imediatamente o dinheiro.

Pede-se:

a) Prepare a conciliação bancária.
b) Faça os lançamentos contábeis necessários.

PB 10. Uma entidade está fazendo o orçamento para o mês de agosto. Em julho a entidade teve vendas de R$ 120 mil, sendo R$ 50 mil à vista e o restante será recebido em agosto. As compras foram de R$ 72 mil, com R$ 47 pagos no próprio mês. Ao final de julho a entidade apresentava R$ 10 mil no caixa. A estimativa para o mês de agosto indicava: (a) vendas de R$ 140 mil, sendo que R$ 60 mil serão recebidos no próprio mês; (b) compras de R$ 75 mil, sendo R$ 46 mil à vista e o restante serão pagos em setembro; (c) compra de equipamentos, sendo a primeira parcela, de R$ 23 mil, paga à vista; (d) pagamento de salários de R$ 18 mil; (e) pagamento de dividendos de R$ 7 mil. A entidade deseja manter em caixa R$ 10 mil.

Pede-se:

Prepare o orçamento de caixa para agosto. Determine se a entidade irá necessitar de recursos para o seu giro.

GABARITO

Questões de múltipla escolha

1. A; **2.** C; **3.** B; **4.** C; **5.** D; **6.** A; **7.** C; **8.** C; **9.** B; **10.** D; **11.** B; **12.** D.

Exercícios breves

EB 3 – R$ 20 mil;

EB 4 – Sim; R$ 40; **EB 5** – R$ 630;

EB 8 – R$ 9.011;

EB 9 – R$ 8.626 e R$ 6.626;

EB 10 – R$ 670;

EB 11 – Financiamento necessário de = R$ 2 mil;

EB 12 – 28 dias.

Problemas

PB 8 – R$ 8.689;

PB 9 – R$ 8.010,08;

PB 10 – Caixa projetado = R$ 21 mil.

8

VALORES A RECEBER

INICIANDO A CONVERSA

Nos pequenos estabelecimentos existentes no nosso país é comum vender fiado. Ou seja, venda a prazo. Isso atrai os clientes que muitas vezes não possuem condições de levar a mercadoria, mas que são honestos e bons pagadores.

Em outras entidades, em razão dos maus pagadores, não se vende a prazo: "fiado só amanhã" é um cartaz típico das empresas que não querem conceder crédito. Mas existem outros: "fiado só para maiores de 90 anos, acompanhados dos pais"; "fiado só para Deus"; "fiado nem ao cunhado"; "promoção: peça fiado e ganhe um não"; "Deus inventou o dinheiro, o diabo inventou o fiado"; "quem vende fiado, arrepende dobrado"; "nunca fiar de quem uma vez te enganar"; "fiado era só até ontem" e muitas outras. Todos esses dizeres mostram uma ojeriza pela venda a prazo.

Mas existe um grande exagero nesse ódio à concessão de prazo para pagamento dos clientes. Na prática, a venda a prazo é uma interessante opção para a entidade. De um lado, aumenta o volume de venda e permite reduzir o volume de estoques. Isso permite aumentar o poder de negociação da entidade. Por outro lado, o grande problema da concessão de prazo é o não pagamento, conforme visto nas frases acima. Além disso, a venda a prazo pode aumentar as despesas operacionais, com a necessidade de analisar a concessão e controlar o recebimento.

Para a contabilidade, a existência de valores a receber exige um conjunto de registros específicos e mais complexos. Iremos mostrar como isso ocorre neste capítulo. Para fins didáticos, ao longo deste capítulo iremos tratar de valores a receber sem fazer a baixa nos estoques. Isso já foi estudado em capítulos anteriores.

Objetivos do capítulo:

(1) Identificar os diferentes tipos de valores a receber
(2) Explicar como os valores a receber são reconhecidos
(3) Explicar a perda estimada com créditos de liquidação duvidosa e o desconto de duplicatas
(4) Descrever os registros de baixa de valores a receber
(5) Mostrar como é calculada a perda estimada com créditos de liquidação duvidosa

(6) Explicar a apresentação dos recebíveis
(7) Descrever os princípios para administração de valores a receber
(8) Identificar os índices de análise dos recebíveis de uma entidade

O termo *Valores a Receber* diz respeito aos itens do ativo que representam um direito da empresa a obter um fluxo de caixa no futuro por parte de um terceiro. Geralmente são originários de uma transação com um cliente e é possível encontrar no plano de contas das empresas denominações como Contas a Receber, Duplicatas a Receber, Notas Promissórias a Receber, entre outras.

Em razão da sua origem, os Valores a Receber estão associados à concessão do crédito e sua cobrança. Por essa razão, este capítulo irá dedicar uma especial atenção a esses aspectos. Outro ponto relevante que será discutido aqui é a questão do não recebimento. Valores a Receber estão associados à chance de que o ativo seja transformado em caixa. Também discutiremos neste capítulo a estimativa do montante em que existe probabilidade de não recebimento e sua contabilização.

Tipos de valores a receber

Objetivo (1) → Identificar os diferentes tipos de valores a receber

Existem diferentes maneiras de realizar uma venda a prazo. Essa venda pode ser feita através de um cartão de crédito, da assinatura de uma nota promissória ou outro documento em que se reconhece a dívida ou através de uma simples anotação numa folha de papel.

Pequena e Média Empresa

Nas pequenas e médias empresas, nas quais o contato com o cliente é menos formal, chega-se a usar a simples anotação numa folha de papel ou num caderno comum como comprovante da venda ou prestação do serviço. Nesses casos, prevalece a confiança entre o cliente e a empresa. Vale o que está escrito na folha.

Além desse tipo de valores a receber, existem aqueles originários de transações com empresas controladas e coligadas, os cheques em cobrança, os adiantamentos realizados para terceiros, os valores adiantados a funcionários (os chamados "vales"), entre outros.

Os cheques em cobrança merecem um destaque em nosso país. Formalmente o cheque em cobrança é um instrumento de pagamento à vista. Entretanto, na prática, é comum as empresas aceitarem cheque com uma data para depósito no futuro. Esse cheque recebe a denominação de **cheque pré-datado.** Apesar de na forma ser um equivalente de caixa, na essência assume as características de um valor a receber.

Ética!

O cheque pré-datado é um acordo informal entre a empresa e seu cliente. Esse acordo pode ser rompido pelo empresário, depositando o cheque antes do prazo. Apesar de não ser possível haver uma punição para isso, o rompimento do acordo informal pode trazer prejuízos futuros para a empresa, sob a forma de perda de vendas. Não se trata, a rigor, de um problema de ética, mas será considerado um desvio de conduta pelo cliente.

Reconhecimento de valores a receber

Objetivo (2) → Explicar como os valores a receber são reconhecidos

O reconhecimento de valores a receber está associado ao registro da receita na empresa. Numa empresa de serviços, os valores a receber são reconhecidos quando o serviço é prestado. Já na empresa comercial, o reconhecimento ocorre quando a venda do produto é realizada. Em ambos os casos existe um aumento (débito) de valores a receber e um aumento (crédito) de receita.

No processo de realização da venda pode ocorrer uma série de eventos. Por exemplo, o comprador pode não aceitar os produtos e, para evitar que ocorra a sua devolução, a empresa poderá conceder um abatimento. Isso irá reduzir os valores a receber, assim como as receitas. Além do abatimento, também temos a situação de devolução e desconto, conforme vimos no Capítulo 5.

Prática

Em muitas empresas comerciais o registro das vendas é automático, quando a venda é realizada. Já o desconto e o abatimento são mais burocráticos, exigindo que exista uma autorização da chefia superior. Essa medida burocrática tenta evitar potenciais fraudes.

A Ilustração 8.1 apresenta algumas das situações de contabilização envolvendo valores a receber. O primeiro lançamento diz respeito ao reconhecimento da receita a prazo. Dias depois desse lançamento a empresa registra uma devolução e um abatimento. (Para fins didáticos deixamos de lado o efeito sobre os estoques.) E o último evento é do recebimento com um desconto financeiro concedido pela empresa.

Ilustração 8.1 – Eventos com valores a receber

Data		Débito	Crédito
04/out.	Valores a Receber	2.400	
	Receita de Vendas		2.400
06/out.	Devolução de Vendas	900	
	Valores a Receber		900
06/out.	Abatimento de Vendas	50	
	Valores a Receber		50
30/out.	Caixa	1.350	
	Descontos Concedidos	100	
	Valores a Receber		1.450

O primeiro lançamento irá aumentar o ativo e o patrimônio líquido. O segundo e o terceiro eventos reduzem o ativo e o patrimônio líquido. O último lançamento aumenta o ativo caixa e reduz os valores a receber e o patrimônio líquido.

Como foi dito no início do capítulo, existem outros tipos de valores a receber, como aqueles associados a funcionários e a outras empresas dentro do mesmo grupo. A contabilidade desses valores a receber segue a mesma lógica. Suponha, por exemplo, o adiantamento que a empresa faz a seus funcionários. Esses adiantamentos, também conhecidos como vales, podem acontecer em qualquer dia do mês. Quando o funcionário recebe o adiantamento, registra-se a operação debitando uma conta de adiantamento ou de valores a receber e creditando uma conta de caixa. No momento do pagamento do salário, o montante a ser pago será descontado do adiantamento. Nessa data, a empresa irá registrar um débito em despesa de salários, e creditará uma parcela de caixa e outra do adiantamento.

Em todos os exemplos que citamos até aqui, os valores a receber são reconhecidos como ativo circulante, por se tratar de recebimentos que ocorrerão no curto prazo, ou seja, dentro do exercício social subsequente. Porém, existem situações em que as datas dos recebimentos são superiores a esse período, sendo esses valores reconhecidos como ativo não circulante. Exemplo recorrente é o de empresas da construção civil, que quando vendem seus apartamentos terão valores a receber por dois ou três anos, até que sejam concluídos e entregues aos proprietários.

Além desse caso, podemos também verificar que os adiantamentos ou empréstimos concedidos a diretores, acionistas ou a participantes no lucro da empresa ou a sociedades coligadas ou controladas, quando não se tratar de negócios usuais da empresa, também são classificados, independentemente do prazo de vencimento, como ativo não circulante por determinação legal. Nesse caso, os valores a receber de longo prazo estão sujeitos ao ajuste a valor presente.

Ajuste a valor presente

As operações relacionadas com os recebíveis estão sujeitas ao **ajuste a valor presente**. Isso significa dizer que os valores devem ser trazidos a valor presente utilizando um custo médio de captação da empresa, o prazo médio de recebimento, além de outros fatores. O transcorrer do tempo reverte esse valor para o resultado.

Considere uma empresa que possua um valor a receber de um cliente de R$ 40 mil. Esse valor será recebido em 60 dias da data do encerramento do resultado ou dois meses. A taxa utilizada para fazer o ajuste a valor presente é de 2% ao mês e refere-se ao custo médio da empresa. Inicialmente é necessário calcular o valor presente de R$ 40 mil, que é feito através da seguinte operação:

$$\text{Valor Presente} = \frac{R\$\ 40.000}{(1 + 0,02)^2} \cong R\$\ 38.447$$

O registro contábil realizado no momento da operação de captação é feito da seguinte forma:

Data		Débito	Crédito
30/nov.	Valores a Receber	40.000	
	Ajuste a VP (redutor da Receita)	1.553	
	Receita de Vendas		40.000
	Ajuste a VP (redutor de V. Rec.)		1.553

No final do exercício, calcula-se o novo valor presente através da seguinte operação:

$$\text{Valor Presente} = \frac{R\$\ 40.000}{(1 + 0,02)^1} \cong R\$\ 39.216$$

Como a diferença entre o valor presente no dia 30 de novembro e 31 de dezembro é de R$ 769, é necessário fazer o seguinte lançamento:

Data		Débito	Crédito
31/dez.	Receita Financeira de Vendas	769	
	Ajuste a VP (redutor V. Rec.)		769

A conta de Valores a Receber, no balanço patrimonial, irá aparecer da seguinte forma:

Valores a Receber	40.000
(–) Ajuste a Valor Presente	– 784
Valores a Receber Líquido	39.216

Cartão de crédito

Uma operação com um cliente com o pagamento através do cartão de crédito segue, em linhas gerais, a contabilização apresentada no capítulo. Nesse tipo de transação, a administradora do cartão faz o repasse dos recursos para a empresa em torno de 30 dias, recebendo um percentual da venda. Ou seja, é uma transação a prazo, com uma despesa relacionada envolvida.

Suponha uma venda de R$ 1.000, sendo que a empresa irá receber o valor em 30 dias e sobre o mesmo incide 3% de despesa da administradora do cartão. O lançamento seria o seguinte:

Data		Débito	Crédito
28/fev.	Valores a Receber	970	
	Despesa com tarifas bancárias	30	
	Receita de Vendas		1.000

A despesa com tarifas bancárias é uma conta de resultado e, na DRE, será incluída no conjunto das despesas financeiras.

Após o período de 30 dias, a empresa receberá o valor da venda menos a comissão da administradora:

Data		Débito	Crédito
28/mar.	Caixa	970	
	Valores a Receber		970

Mensurando valores a receber

🎯 Objetivo (3) → Explicar a perda estimada dos créditos de liquidação duvidosa e o desconto de duplicatas

O montante registrado de valores a receber corresponde às obrigações de terceiros com a empresa. Essas obrigações são decorrentes da geração das transações da empresa, em especial a venda de produtos ou a prestação de serviços para os clientes.

Entretanto, pela experiência histórica, a empresa sabe que nem todos os clientes irão pagar suas dívidas. Existe um risco do não recebimento em toda compra que não é realizada à vista. Isso foi comentado no início do capítulo, com os dizeres populares sobre o fiado. Assim, nem toda quantidade registrada em valores a receber deverá ser convertida em dinheiro por conta do não pagamento de alguns clientes, sendo este valor denominado de **perda estimada dos créditos de liquidação duvidosa**. Essa quantia não paga tem relação com uma série de fatores: situação financeira atual e futura do cliente, taxa de juros da economia, rigor na cobrança da dívida, grau de honestidade do cliente, desemprego, tipo de produto, entre outros. A experiência histórica da empresa pode ajudar a estimar quanto dos valores a receber será transformado em dinheiro: (1) por meio da análise de cada cliente, de forma individual, considerando o histórico de cada cliente, bem como indícios de problemas financeiros; (2) pela experiência da empresa, considerando a estimativa de perdas efetivas ocorridas no passado; (3) se existem bens dados em garantia de pagamento, já que tal existência anularia a expectativa de perdas efetivas.

ANTES DE PROSSEGUIR

A apresentação da informação da quantidade de valores a receber, sem levar em consideração a possibilidade real do não recebimento de parte desse montante, é otimista. É importante que a contabilidade também faça uma estimativa da quantidade que não será recebida. Essa estimativa recebe a denominação de perdas estimadas dos créditos de liquidação duvidosa. Os termos *provisão para créditos de liquidação* ou *provisão com devedores duvidosos* foram amplamente usados, até a introdução das normas internacionais, que passaram a adotar a terminologia de "provisão" apenas para as contas classificadas como passivo. Mesmo com essa alteração, é possível, ainda, encontrar empresas que adotam em suas demonstrações contábeis esses termos. Assim, um estudante, quando for pesquisar as demonstrações contábeis publicadas no passado, deverá atentar para essa mudança.

Ao fazer a comparação entre o montante bruto de valores a receber e a perda estimada dos créditos de liquidação duvidosa, temos a quantia de valores a receber que a empresa espera transformar em caixa. Para o usuário, é importante que as duas informações sejam mostradas. A Ilustração 8.2 mostra um exemplo de uma possível evidenciação da perda estimada dos créditos de liquidação duvidosa para uma empresa em dois exercícios sociais. No exercício encerrado em 31 de dezembro de 20X2 a quantidade de valores a receber era de R$ 800 mil. Mas existia uma previsão de que R$ 24 mil seriam de liquidação duvidosa. Isso corresponde a 3% dos valores a receber. No exercício anterior, existia uma menor quantidade de valores a receber e a perda também era menor: correspondia a 1% desse ativo. Essa empresa teve um aumento no ativo de valores a receber, mas também aumentou o volume da perda.

Ilustração 8.2 – Exemplo de evidenciação de valores a receber

	31/12/20X2	31/12/20X1
Valores a Receber Total	R$ 800.000,00	R$ 700.000,00
(–) Perda Estimada dos Créditos de Liquidação Duvidosa	(R$ 24.000,00)	(R$ 7.000,00)
Valores a Receber Líquido	R$ 776.000,00	R$ 693.000,00

O leitor poderá observar na Ilustração 8.2 que a conta de perda estimada dos créditos de liquidação duvidosa é apresentada logo após valores a receber. Ou seja, apesar de ser uma conta com o saldo credor, trata-se de uma conta de ativo. Por ter essas características, essa perda é um exemplo de **contraconta**.

Outra situação importante refere-se à parcela de valores a receber que é usada como garantia em empréstimos bancários. Nessa situação, a empresa dirige-se a uma instituição bancária e troca o direito de receber o dinheiro no futuro por um valor a menor em dinheiro. A diferença entre o valor de face do ativo e o dinheiro recebido corresponde aos juros da operação. No entanto, essa operação, denominada de **desconto de duplicatas**, não transfere os riscos para a instituição bancária; pelo contrário, caso o cliente não efetue o pagamento, a empresa será responsável por cobrir a diferença. Nesse caso, o modelo de negócios da empresa precisa ser definido em relação ao seu objetivo quanto às duplicatas de clientes: a empresa pretende esperar pelo recebimento dos títulos até o seu vencimento, ou a empresa pretende negociar esses títulos com terceiros. O primeiro caso é o que abordaremos com mais profundidade neste livro. No caso de empresas que optam por efetuar um desconto de duplicatas, esses títulos são avaliados a valores justos, considerando que são instrumentos financeiros (assunto que requer mais profundidade e que está fora dos objetivos introdutórios deste livro).

De forma bem simplificada, suponha o caso da empresa da Ilustração 8.2, que possuía valores a receber de R$ 800 mil. Precisando de recursos para os próximos dias, o gestor trocou no banco R$ 400 mil, tendo recebido R$ 380 mil. Nesta operação, a diferença entre o valor contábil e o valor recebido corresponde aos juros da operação. Os registros necessários são os seguintes:

Data		Débito	Crédito
	Bancos	380.000	
	Encargos Financeiros a Transcorrer	20.000	
	Duplicatas Descontadas		400.000

O valor de encargos financeiros a transcorrer corresponde aos juros que serão reconhecidos com o passar do tempo (*pro rata tempore*), tendo como contrapartida uma conta de resultado de despesas financeiras ou análoga. A conta de **Duplicatas Descontadas** é uma conta do passivo, na medida em que, em essência, trata-se de uma captação financeira de recursos feita com uma instituição bancária (semelhante aos empréstimos bancários).

Pequena e Média Empresa

A operação de desconto pode ser atrativa para a pequena e média empresa, pelo custo reduzido em comparação com às alternativas existentes de financiamento. Entretanto, o seu uso constante pode ser um sinal de frágil saúde financeira, em razão da ausência de capital de giro.

Baixa de valores a receber

Objetivo (4) → Descrever os registros de baixa de valores a receber

Para a empresa que faz venda de mercadorias ou prestação de serviços a prazo é necessário estimar o valor da perda estimada dos créditos de liquidação duvidosa. Suponha que uma empresa tenha um total de valores a receber de R$ 50 mil. Desse valor, a empresa não deverá receber R$ 1 mil. Depois de realizada essa estimativa, o registro contábil deverá ser realizado conforme apresentado a seguir:

Data		Débito	Crédito
	Despesa com Perda Estimada com Créditos de Liquidação Duvidosa	1.000	
	Perda Estimada dos Créditos de Liquidação Duvidosa		1.000

Lembrando que a conta de Perda Estimada dos Créditos de Liquidação Duvidosa faz parte do ativo, com um saldo credor (é uma **contraconta**), e o lançamento deverá ter como contrapartida uma conta de resultado. Assim, quando a estimativa da perda indicar um aumento no risco do não recebimento por parte dos clientes, isso irá reduzir o resultado da empresa.

A partir desse lançamento inicial, diversas situações podem ocorrer. Como se trata de uma estimativa, o valor pode ser exatamente igual ao que irá acontecer. Nessa situação, o valor estimado foi preciso, exato.

Mas a estimativa pode ser maior ou menor do que o valor ocorrido na prática. Ocorre aqui um "erro" na previsão, que também irá gerar lançamentos contábeis. Iremos detalhar cada um dos casos.

Situação 1 – Perda igual ao valor efetivamente incobrável

Nessa situação, a estimativa foi exata. Certamente que essa seria a situação ideal, já que não haveria um erro na previsão realizada. Para esses casos, após a confirmação de que uma parcela dos valores a receber tornou-se incobrável, é necessário proceder ao reconhecimento da perda com valores a receber. Isso significa dar "baixa" nesse ativo.

Suponha o exemplo apresentado anteriormente, com valores a receber de R$ 50 mil e perdas estimadas de R$ 1 mil; o valor incobrável é igual à perda. O lançamento contábil será:

Data		Débito	Crédito
	Perda Estimada dos Créditos de Liquidação Duvidosa	1.000	
	Valores a Receber		1.000

Com isso, reduz-se o ativo de valores a receber e também deixa de existir a perda que foi constituída.

Pequena e Média Empresa

A situação na qual a estimativa da perda estimada dos créditos de liquidação duvidosa é **exatamente** igual ao valor que se tornou incobrável é mais comum numa pequena empresa, onde o número de valores a receber é reduzido. Além disso, a experiência do dono do negócio permite uma razoável precisão nessa estimativa.

Situação 2 – A perda é menor que o valor efetivamente incobrável

Nessa situação, a estimativa foi otimista, já que seu valor é menor do que ficou efetivamente incobrável. Isso pode ocorrer por alguns motivos. Por exemplo, a situação financeira dos clientes pode ter se alterado desde a concessão do fiado, como o aumento na taxa de desemprego. Ou, então, existiu um otimismo de quem fez a estimativa da perda. Em qualquer um dos casos, é necessário fazer um "reforço" na perda.

Em termos contábeis, seriam necessários dois lançamentos. No primeiro, é dada baixa na conta de Valores a Receber até o limite da estimativa realizada para a perda estimada dos créditos de liquidação duvidosa. O valor adicional também necessita de ter sua perda reconhecida, sendo feito um lançamento creditando valores a receber e debitando despesa operacional.

Suponha no exemplo numérico apresentado anteriormente que o valor que se tornou incobrável seja de R$ 1.800. Os lançamentos necessários estão apresentados a seguir:

Data		Débito	Crédito
	Perda Estimada dos Créditos de Liquidação Duvidosa	1.000	
	Valores a Receber		1.000

Data		Débito	Crédito
	Perdas com Clientes Incobráveis	800	
	Valores a Receber		800

Nessa situação, os dois lançamentos garantem que todos os valores a receber não estão mais sendo considerados como um ativo da empresa e que no resultado irão aparecer todas essas perdas.

Situação 3 – A perda é maior que o valor efetivamente incobrável

Essa é a situação em que a estimativa foi pessimista, já que o valor foi superior ao que ocorreu. Assim, parte da perda estimada dos créditos de liquidação duvidosa, que quando da sua constituição foi considerada uma despesa, não foi usada. O lançamento contábil deverá considerar que parte dos clientes pagou, quando existia uma expectativa de que isso não ocorreria.

Suponha, na situação apresentada anteriormente que, do total de valores a receber de R$ 50 mil, a empresa não recebeu R$ 800. A perda que foi constituída foi de R$ 1.000. O lançamento contábil será:

Data		Débito	Crédito
	Perda Estimada com Créditos de Liquidação Duvidosa	800	
	Valores a Receber		800

Data		Débito	Crédito
	Perda Estimada dos Créditos de Liquidação Duvidosa	200	
	Receita com Reversão de PECLD		200

Situação 4 – Incobrável efetua o pagamento

Depois que um valor a receber é considerado como perda, pode ocorrer de o mesmo ser recebido. Por exemplo, uma padaria vende para alguns clientes a prazo. Um desses clientes faleceu e, não sabendo da existência de parentes, decidiu-se considerar o montante como incobrável. Tempos depois, a padaria recebe de um dos filhos do antigo cliente. Nessa situação não existe mais o ativo referente ao valor a receber. O lançamento contábil será:

Data		Débito	Crédito
	Caixa	150	
	Recuperação de Créditos Baixados		150

Prática

O valor da perda estimada dos créditos de liquidação duvidosa pode ser muito relevante para certos tipos de empresas, como no caso das instituições financeiras. Se um banco divulga que aumentou sua estimativa de perda, isso é um sinal que essa entidade está esperando um aumento no volume de "calote". Essa informação é acompanhada de perto pelos usuários da informação contábil, já que afeta diretamente seu resultado.

Estimando o valor da perda

⌖ Objetivo (5) → Mostrar como é calculada a perda estimada com créditos de liquidação duvidosa

Mostramos como a contabilidade faz o registro das situações mais comuns relacionadas com a perda estimada com créditos de liquidação duvidosa. Agora iremos discutir sobre o cálculo dessa estimativa.

Em primeiro lugar iremos determinar quando um valor a receber será considerado uma "perda". Quando um cliente da empresa fecha as portas e as chances de receber são reduzidas em razão das suas dívidas, pode-se considerar que temos uma situação típica na qual é necessário reconhecer a perda. Ou então, quando a empresa sofre uma derrota judicial numa cobrança também temos um exemplo claro de perda. Nessa situação, a entidade já sabe de fatos que permitem considerar que dificilmente receberá de seu cliente.

No desenrolar dos negócios é possível imaginar situações nas quais a empresa pode determinar essas perdas, tendo por base a experiência histórica, por uma regra simples ou até mesmo um modelo mais sofisticado. Uma regra simples é tomar a percentagem tradicional de perda em relação ao volume de valores a receber, 3% por exemplo, e fazer a estimativa tendo por base a posição atual de valores a receber. Mas é possível fazer uma classificação dos clientes tendo por base suas características (como renda, gênero, idade, há quanto tempo é cliente, garantia etc.) e fazer a estimativa por cada tipo de cliente. Este último método é mais trabalhoso, mas pode ser mais preciso.

Como a demonstração do resultado do exercício é usada pelo governo para cálculo dos tributos, como o imposto de renda, é necessário verificar se as regras fiscais aceitam ou não a estimativa da perda realizada pela empresa. Já que o governo tem interesse na arrecadação, as regras fiscais não estão interessadas na melhor estimativa da perda. Essa é uma discussão antiga e bastante controversa, que não será realizada nesta obra.

Prática

A estimativa de perda tem sido usada pelas entidades para fazer o chamado "alisamento do resultado". Isso significa que a contabilização da perda permite tornar o lucro mais estável no tempo. Quando a empresa tem um desempenho ruim, a previsão é reduzida; quando o desempenho é bom, a estimativa de perda é aumentada, fazendo crescer as despesas.

Evidenciação de valores a receber

⌖ Objetivo (6) → Explicar a apresentação dos recebíveis

O grupo de valores a receber deve ser apresentado no balanço patrimonial, no lado do ativo. Mas, além disso, as notas explicativas devem trazer informações valiosas sobre esse item patrimonial. Entre essas informações, são possíveis as seguintes, entre outras:

a) Informações sobre a política de crédito, indicando se ocorreu alguma mudança no período, as medidas de precaução que foram tomadas nessa área, a evolução da inadimplência, entre outros aspectos.

b) Risco de crédito, comentando como um problema de insolvência pode afetar o resultado da empresa e o que ela fez para reduzir ou eliminar esse risco.

c) Comportamento do crédito por tipo de cliente, mostrando no período a relevância dos clientes de maior risco e sua influência sobre a provisão.

d) Política de crédito, com informações gerais sobre o atraso por tipo de cliente.

e) Constituição da perda estimada dos créditos de liquidação duvidosa durante o período, incluindo as baixas realizadas.

A Ilustração 8.3 apresenta um exemplo dessas informações divulgadas por uma empresa.

Ilustração 8.3 – Exemplo de informações sobre política de crédito

---

POLÍTICA DE CRÉDITO

Aspectos Gerais

Ao longo do período a empresa manteve a política de crédito já praticada em períodos anteriores com uma pequena ressalva: a empresa decidiu incentivar as vendas com cartões de crédito. Apesar desse tipo de venda apresentar uma despesa da administração com a cobrança média de 3% sobre o valor da venda por parte da administradora do cartão e de postergar a entrada de caixa na empresa, estudos realizados pela área financeira comprovaram sua atratividade. Em geral o ticket médio pago com cartão de crédito é maior que aquele pago à vista ou com cheque. Como a administradora do cartão assume o risco do não pagamento, acreditamos que isso não irá alterar a probabilidade de não recebimento de clientes, embora possa alterar o perfil de venda.

Perda Estimada dos Créditos de Liquidação Duvidosa

Apesar de não ter ocorrido nenhuma alteração substancial na política de crédito, a empresa optou por aumentar a perda estimada dos créditos de liquidação duvidosa durante o último período. Essa decisão está relacionada com o cenário futuro da economia, que poderá resultar no aumento das dificuldades dos clientes em quitar suas dívidas. Trata-se de uma medida de precaução. Ao mesmo tempo a empresa decidiu fazer uma revisão geral nos procedimentos de concessão de crédito para reduzir os potenciais impactos do desempenho futuro da economia sobre o fluxo de caixa. Essa análise não encontrou nenhum problema substancial na política de crédito da empresa.

Risco de Crédito

Cerca de 70% das transações da empresa são realizadas à vista. Com o incentivo das vendas com cartões de crédito esse percentual deve reduzir para 60% nos próximos exercícios. Dos 40% de vendas a prazo que ocorrerão no futuro, 25% serão realizadas com o cartão de crédito, em que o risco é transferido para administradora do cartão. O percentual restante corresponde a concessão de crédito direto ao cliente, estando passível de risco de crédito. Para minimizar esse risco, a empresa possui convênio com uma entidade de consulta de crédito, além de limitar as compras dos novos clientes. A administração acredita que essas medidas sejam suficientes para mitigar o risco de crédito.

Evolução do aging

Do volume de valores a receber do período, 85% estão dentro do prazo normal de recebimento. Do restante, 8% estão com até 30 dias de atraso, 5% com 30 a 60 dias de atraso e 2% estão com mais de 60 dias de atraso. Estes valores foram baixados como incobráveis. Quando se compara com o período anterior, o comportamento do aging manteve-se praticamente o mesmo dos exercícios anteriores.

Administração de valores a receber

Objetivo (7) → Descrever os princípios para a administração de valores a receber

A decisão de conceder crédito deveria ser precedida de uma análise da definição da política de crédito. Existem muitos instrumentos que ajudam essa decisão.

Tradicionalmente a decisão é baseada nos **5 Cs do crédito**, que se referem aos cinco aspectos relevantes que deveriam ser considerados nessa decisão. O primeiro aspecto refere-se ao Caráter, ou seja, o histórico da pessoa que está solicitando o crédito, em termos do cumprimento passado das obrigações. A Capacidade é o potencial do solicitante em pagar o crédito pedido. O Capital é a solidez financeira daquele que está pedindo o crédito. As Condições dizem respeito às condições existentes e outros fatores que podem afetar o crédito. Finalmente, as Garantias (do inglês *Collateral*) são os bens que são colocados à disposição para suportar o crédito.

Os 5 Cs do crédito são um bom início para a administração de valores a receber de uma empresa. Entretanto, não fornecem um instrumento prático. Para isso é necessário definir medidas que permitam verificar a qualidade da decisão. Isso é feito com as medidas de gestão do crédito e com os elementos de crédito.

Elementos do crédito

Os elementos caracterizam uma política de crédito de uma empresa. Através dos elementos pode-se determinar se ela é favorável ou não à concessão de crédito. Os principais elementos de crédito são os seguintes:

Prazo – Refere-se à quantidade de dias que a empresa concede para que o cliente faça o pagamento das vendas a prazo. Maiores prazos tendem a atrair clientes, mas podem aumentar o volume de valores a receber e atrasar o fluxo de caixa da empresa.

Política de cobrança – Diz respeito aos mecanismos que a empresa utiliza para tentar recuperar os valores a receber. A política de cobrança pode envolver diversas etapas: um telefonema para o cliente, correspondência, visita de cobradores, envio do nome para entidades de consulta de crédito ao consumidor e cobrança judicial. Uma política liberal tende a fazer com que o processo de cobrança seja mais demorado, passando por muitas etapas antes da cobrança judicial. Isso reduz potenciais atritos com os clientes, mas tende a elevar a despesa de cobrança.

Desconto – Como as vendas à vista significam uma entrada imediata de caixa, a empresa pode conceder um desconto para esse recebimento ou antecipação de recebimento de vendas a prazo. O desconto também pode ser visto como um prêmio para os clientes pontuais. Conforme discutimos no Capítulo 7, quando tratamos sobre o Caixa, o orçamento poderá indicar períodos nos quais a empresa possua maiores necessidades de recursos, seja em razão da redução das vendas ou pelo aumento dos desembolsos. Para evitar a contratação de empréstimos, a empresa poderá aumentar o desconto, permitindo a antecipação dos recebimentos.

Padrões – Os padrões são as condições para que um cliente possa ter acesso ao crédito da empresa. A definição dos padrões pode permitir que muitos clientes possam comprar a prazo; nesse caso, os padrões são considerados frouxos. Mas podem ser rigorosos, impedindo que a maioria dos clientes não compre a prazo.

Medidas da política de crédito

As medidas da política de crédito permitem a mensuração dos efeitos de uma política de crédito, ajudando o processo decisório do gestor. As principais medidas são as seguintes:

Valores a receber – O montante de valores a receber indica a relevância do crédito numa empresa. Quanto maior a participação desse grupo de contas no ativo de uma empresa, mais importante será o crédito.

Vendas – A mudança na política de crédito tem reflexo sobre o volume de vendas e sua composição. Por exemplo, se uma empresa passar a vender a prazo, é bem provável que se tenha um aumento nas vendas.

Despesa de crédito e cobrança – Mostra a quantidade de recursos que a empresa utiliza para fazer o processo de concessão do crédito e de cobrança. Isso inclui, entre outros, os funcionários que fazem análise do crédito, os contratos com empresas de cadastro de clientes, desenvolvimento de ferramentas de análise e despesas com a cobrança.

Perda com devedores duvidosos – Corresponde ao valor das vendas que a empresa deverá reconhecer que não irá receber. Enquanto numa venda à vista o risco é praticamente zero, na venda a prazo a chance do não recebimento pode ultrapassar a 2% ou 3% do valor concedido.

Análise de Decisão de Política de Crédito

A análise da decisão de crédito deve levar em consideração os efeitos que a alteração dos elementos de crédito irá provocar sobre as medidas da política de crédito. Se uma empresa decide aumentar o desconto concedido para pagamento à vista, isso poderá reduzir o volume de valores a receber, as vendas a prazo, as despesas de crédito e de cobrança, além de reduzir a estimativa de perda. Mas o fluxo de caixa total será menor em razão do desconto. Numa outra situação, uma empresa que concede incentivos para venda a prazo poderá aumentar suas vendas, mas isso aumentará o montante de valores a receber, as despesas com crédito e cobrança e a perda com devedores duvidosos.

Assim, a decisão de política de crédito envolve alguns ganhos e algumas perdas. Optar por mudar essa política significa abrir mão de certas vantagens para obter outras. Para verificar se esse padrão de crédito proposto é melhor que a situação atual, o gestor deverá verificar os efeitos nas medidas da política de crédito, ou seja, no investimento em valores a receber, na variação das vendas e nas despesas relacionadas ao crédito (despesa de crédito e cobrança e perda). A comparação entre a situação atual e a situação proposta poderá indicar uma possível decisão.

Vamos mostrar como isso pode ser feito através de um exemplo da empresa CrediFácil Comércio S.A. Essa empresa comercial tem atualmente vendas mensais de 60 mil, sendo R$ 40 mil à vista. O custo da mercadoria vendida corresponde a 60% do preço de venda. As despesas operacionais correspondem a R$ 9 mil e as despesas com o departamento de crédito são de 3% das vendas a prazo. O volume de não recebimento nas operações a prazo tradicionalmente é de 5% dessas operações. Finalmente, o prazo médio de recebimento é de 2 meses.

A partir dessa situação atual, o gestor analisa a possibilidade de incentivar as vendas a prazo, afrouxando os padrões de crédito. Isso irá aumentar a perda estimada dos créditos de liquidação duvidosa para 7% e as despesas do departamento de crédito, principalmente na atividade de cobrança, para 6% do valor das vendas a prazo. O prazo de recebimento também será afetado, aumentando para 3 meses. A análise indica que a mudança não irá alterar as vendas à vista, mas haverá um aumento de R$ 15 mil nas receitas a prazo.

Para determinar se a mudança nos padrões de crédito é interessante é necessário elaborar uma demonstração do resultado do exercício da situação atual e da situação prevista. Inicialmente vamos elaborar a demonstração da situação atual, que se encontra na Ilustração 8.4. Os valores constantes nessa Ilustração foram obtidos a partir das informações apresentadas anteriormente e os montantes foram destacados em três colunas: a primeira, referente à receita à vista; a segunda, à receita a prazo; e a terceira, à receita total. Essa separação facilita os cálculos. Um aspecto importante que merece destaque: algumas despesas estão diretamente relacionadas com as receitas a prazo e, por esse motivo, só aparecem na coluna desse tipo de receita. É o caso das despesas com o departamento de crédito e a perda estimada.

Ilustração 8.4 – CrediFácil, situação atual

Atual	À Vista	A Prazo	Total
Receita	40.000,00	20.000,00	60.000,00
CMV	(24.000,00)	(12.000,00)	(36.000,00)
Lucro Bruto	16.000,00	8.000,00	24.000,00
Despesas Operacionais			(9.000,00)
Despesas Crédito		(600,00)	(600,00)
Perda Estimada		(1.000,00)	(1.000,00)
Lucro Operacional			13.400,00

Na situação atual, a empresa possui um lucro operacional de R$ 13.400 para uma receita total de R$ 60 mil. A Ilustração 8.5 mostra a situação proposta da empresa. É possível observar que na proposta haverá um aumento na receita para R$ 75 mil, sendo que a previsão é que o lucro aumente para R$ 16.450.

Ilustração 8.5 – CrediFácil, situação proposta

Proposta	À Vista	A Prazo	Total
Receita	40.000,00	35.000,00	75.000,00
CMV	(24.000,00)	(21.000,00)	(45.000,00)
Lucro Bruto	16.000,00	14.000,00	30.000,00
Despesas Operacionais			(9.000,00)
Despesas Crédito		(2.100,00)	(2.100,00)
Perda Estimada		(2.450,00)	(2.450,00)
Lucro Operacional			16.450,00

O dilema do gestor é saber se é interessante adotar a proposta ou não. Se por um lado existe o aumento das vendas, haverá também um aumento em duas despesas. Na soma, haverá um aumento no lucro. Das medidas da política de crédito falta determinar o volume de valores a receber. Na situação atual, as vendas a prazo são de R$ 20 mil e a empresa demora 2 meses para receber. Isso significa valores a receber de R$ 40 mil. Na proposta, as vendas aumentam para R$ 35 mil e o prazo passa para 3 meses. Assim, valores a receber aumentam para R$ 105 mil.

Em linhas gerais, o lucro aumenta R$ 16.450, mas é necessário um aumento em valores a receber de R$ 105 mil. Vale a pena? Ao dividir o lucro pela variação na conta do ativo temos a rentabilidade, que, neste caso é de 4,7%. Cabe ao gestor verificar se a rentabilidade é adequada ou não.

Avaliando valores a receber de uma entidade

⊕ Objetivo (8) → Identificar os índices de análise dos recebíveis de uma entidade

Uma empresa deve ter um acompanhamento regular do seu volume de valores a receber. Se ocorrer um aumento, sem que tenha existindo um acréscimo nas vendas, isso pode ser um sinal de problemas na concessão do crédito ou na sua cobrança. Assim, a existência de índices poderá ajudar a alertar a administração de uma empresa para esse tipo de problema. Existem diversos métodos para fazer esse acompanhamento. Neste capítulo iremos destacar quatro índices comumente utilizados.

GIRO DE VALORES A RECEBER

O giro de valores a receber corresponde à divisão entre as vendas a prazo e o montante de valores a receber. Esse índice mostra quantas vezes as vendas realizadas a prazo pela empresa "giraram" durante um determinado período. Se o valor desse índice for elevado, indica que os valores a receber estão sendo transformados em caixa rapidamente. Quando o índice reduz, sem nenhuma alteração aparente nas vendas, pode significar um problema no recebimento das vendas a prazo realizadas.

Considere a empresa Hardcred, que realizou vendas a prazo no primeiro semestre no valor de R$ 120 mil. No dia 30 de junho existia um saldo de valores a receber de R$ 60 mil. No semestre seguinte, as vendas a prazo atingiram R$ 150 mil e os valores a receber eram de R$ 100 mil. O cálculo do giro pode ser realizado facilmente para os dois períodos:

Ilustração 8.6 – Giro dos valores a receber da Hardcred

Giro Dos Valores a Receber = Vendas a Prazo/Valores a Receber

	1º semestre	2º semestre
Hardcred	120.000	150.000
	60.000	100.000
Resultado da Empresa	2,00	1,50

Prática

Esse índice pode ser calculado utilizando as vendas totais. Em alguns casos a informação das vendas a prazo não foi divulgada, como pode ocorrer para o usuário externo. Ao usar as vendas totais é preciso ter cuidado de considerar eventuais mudanças na política de crédito, que alterariam o percentual de vendas a prazo no total das vendas.

O aumento nas vendas a prazo em R$ 30 mil expandiu o volume de valores a receber em R$ 40 mil. Assim, o giro reduziu de 2,0 para 1,5. É necessário fazer uma análise aprofundada para descobrir o que ocorreu.

Pergunta	Informação Necessária	Fórmula	Uso
Quantas vezes as vendas giraram?	Vendas a prazo e valores a receber	Vendas a Prazo/Valores a Receber	Determinar se os valores a receber estão se transformando em caixa rapidamente

ÍNDICE DE INADIMPLÊNCIA

O índice de inadimplência relaciona os devedores duvidosos em relação às vendas totais. Em geral, espera-se que esse índice seja relativamente estável no tempo, se não ocorreu nenhuma alteração na concessão do crédito ou na política de cobrança. No entanto, o valor desse índice pode ser influenciado por diversas variáveis como a taxa de juros da economia, índice de desemprego e acesso ao crédito pelo cliente.

Suponha que na Hardcred, apresentada anteriormente, a estimativa de devedores duvidosos ao final dos dois semestres tenha sido de R$ 3 mil. E que todas as receitas sejam a prazo. Isso significa dizer que, apesar do aumento nas vendas a prazo, o índice de inadimplência reduziu:

Ilustração 8.7 – Índice de inadimplência da Hardcred

Índice de Inadimplência = (Devedores Duvidoso/Vendas Totais) × 100		
	1º semestre	2º semestre
Hardcred	3.000	3.000
	120.000	150.000
Resultado da Empresa	2,50%	2,00%

Assim, apesar da redução no giro, a inadimplência da empresa reduziu no período, de 2,5% para 2%.

Pergunta	Informação Necessária	Fórmula	Uso
❓	🗁	ΣΔΦΓ	᧞
Qual o percentual de inadimplência?	Devedores duvidosos e vendas totais	(Devedores Duvidosos/Vendas Totais) × 100	Verificar se a inadimplência da empresa é elevada e se tem alterado no tempo

DIAS DE VENDAS A RECEBER (DVR)

Esse índice é derivado do giro. Relaciona o volume de valores a receber com as vendas diárias da empresa. Conforme o próprio nome diz, mostra o número de dias de vendas a receber (DVR). Quando o DVR é elevado, temos que o crédito é relevante para a empresa; se o DVR for reduzido, isso indicaria que o volume de valores a receber é pouco expressivo.

Podemos calcular o DVR para Hardcred. É importante destacar que no denominador é necessário dividir as vendas por 180 dias, que corresponde ao número de dias do semestre. O DVR seria:

Ilustração 8.8 – Dias de vendas a receber (DVR) da Hardcred

DVR = Valores a Receber/Vendas Diárias		
	1º semestre	2º semestre
Hardcred	60.000	100.000
	667	833
Resultado da Empresa	90	120

Assim, o volume de valores a receber correspondia a 90 dias de vendas no final do primeiro semestre. Seis meses depois, ao final do segundo semestre, esse volume de valores a receber atingia 120 dias de vendas.

Pergunta	Informação Necessária	Fórmula	Uso
❓	📁	ΣΔΦΓ	👓
Quantos dias de valores a receber a empresa possui?	Valores a receber e vendas diárias	DVR = (Valores a Receber/Vendas Diárias)	Mostra o montante de valores a receber em número de dias de venda

CRONOLOGIA

A cronologia, também denominada de *aging*, mostra a estrutura do volume de valores a receber, classificando esses números em "a vencer" e "vencidos". Em "a vencer" encontram-se os ativos que a empresa possui que ainda não ultrapassaram a data de vencimento. O item "vencido" mostra os ativos que já venceram; ou seja, estão em atraso. Um grande volume de "vencidos" pode indicar um problema, seja na concessão do crédito, seja na cobrança.

A Ilustração 8.9 mostra o exemplo da cronologia da Hardcred. Como é possível perceber, a empresa tinha metade dos valores a receber classificados como "a vencer" nos dois períodos. A outra metade era de valores a receber vencidos. Ocorreu uma pequena variação na cronologia, mas nada expressivo.

Ilustração 8.9 – Exemplo de cronologia

	1º Semestre	2º Semestre
A Vencer	30.000	50.000
Vencidos		
de 0 a 30 dias	14.000	24.000
de 31 a 90 dias	7.000	12.000
de 91 a 180 dias	4.000	8.000
de 181 a 360 dias	3.000	4.000
Acima de 360 dias	2.000	2.000
Total	60.000	100.000

A informação existente na cronologia geralmente encontra-se dividida em dois grupos: os valores a receber a vencer e os vencidos. Espera-se que a quantidade do segundo grupo seja a menor possível. Com respeito a esse grupo, os valores podem ser divididos a critério de cada empresa. No caso da Ilustração 8.9 tem-se que o atraso está dividido em até 30 dias, depois até o final do primeiro trimestre (de 31 a 90 dias), até o final do semestre (de 91 a 180 dias), até o final do próximo ano (de 181 a 360 dias) e acima desse valor.

Pergunta	Informação Necessária	Fórmula	Uso
❓	📁	ΣΔΦΓ	👓
Qual a composição da conta de valores a receber?	Valores a receber em termos da data do seu vencimento	Trata-se de uma tabela, com a frequência dos valores a receber pela data de vencimento	Verificar o comportamento da inadimplência no tempo

EXERCÍCIO DE REVISÃO

A Cansaço Comércio de Materiais Esportivos possui uma matriz e duas filiais. Como a empresa vende a prazo, a constituição da perda estimada é feita por unidade. Para a matriz, a perda estimada para 20X6 foi de R$ 10.000; para a filial Alfa foi de R$ 4.000 e para a Filial Beta estimou-se R$ 2.000. Ao final do período verificou-se que a perda efetiva da filial Beta foi exatamente o valor estimado. Mas a perda da filial Alfa foi maior, de R$ 4.500, enquanto da matriz foi menor, de R$ 7.000. *Pede-se:*

a) Faça o lançamento da constituição das Perdas Estimadas por unidade.
b) Faça os lançamentos de correções necessárias no final do ano.

Solução

a) *Filial Alfa*

Despesa com Perda Estimada em Créditos de Liquidação Duvidosa	4.000	
Perda Estimada em Crédito de Liquidação Duvidosa		4.000

Filial Beta

Despesa com Perda Estimada em Créditos de Liquidação Duvidosa	2.000	
Perda Estimada em Crédito de Liquidação Duvidosa		2.000

Matriz

Despesa com Perda Estimada em Créditos de Liquidação Duvidosa	10.000	
Perda Estimada em Crédito de Liquidação Duvidosa		10.000

b) *Filial Alfa*

Perda Estimada em Crédito de Liquidação Duvidosa	4.000	
Valores a Receber		4.000
Despesa com Perda Estimada em Créditos de Liquidação Duvidosa	500	
Valores a Receber		500

Filial Beta

Perda Estimada em Crédito de Liquidação Duvidosa	2.000	
Valores a Receber		2.000

Matriz

Despesa com Perda Estimada em Créditos de Liquidação Duvidosa	7.000	
Valores a Receber		7.000
Perda Estimada em Crédito de Liquidação Duvidosa	3.000	
Receita com Reversão de PECLD		3.000

Um exemplo mais completo...

A Nova Varejo começou a operar em maio de 20X8, quando obteve receita de R$ 400 mil, sendo 80% a prazo. A venda com cartão de crédito foi de R$ 192.000 e a venda com cheques com prazo de compensação de 45 dias foi de R$ 96.000. O restante corresponde à receita através de duplicatas com um prazo de 60 dias.

Pede-se:

a) Faça a contabilização da venda do cartão de crédito. Suponha que a administradora do cartão cubra 3% de taxa de administração e o prazo de recebimento seja de 30 dias.

b) Faça os lançamentos das vendas com duplicatas. Suponha que os eventos ocorreram todos no final de maio de 20X8 e que a taxa de juros seja de 4% para o período de dois meses.

c) Faça os lançamentos para cheques a compensar. Admita que a operação a prazo tenha uma taxa de juros de 3% para o período ao fazer o ajuste a valor presente.

d) Apresente as contas do balanço patrimonial. Faça uma estimativa de perda de R$ 6.000.

Solução

a) Venda no Cartão

Cartão de Crédito a Receber	192.000,00	
Ajuste a VP (Redutora da Receita)	5.760,00	
Receita de Venda		192.000,00
Ajuste a VP (Redutora de Cartão de Crédito a Receber)		5.760,00

b) Venda com Duplicata

Duplicatas a Receber	32.000,00	
Ajuste a VP (Redutora da Receita)	1.230,77	
Receita de Venda		32.000,00
Ajuste a VP (Duplicatas a Receber)		1.230,77

c) Venda com Cheques

Cheques a Compensar	96.000,00	
Ajuste a VP (Redutora da Receita)	2.796,12	
Receita de Venda		96.000,00
Ajuste a VP (Redutora de Cheques a Compensar)		2.796,12

d)

C. Crédito a Receber	192.000,00
Duplicatas a Receber	32.000,00
Cheques a Compensar	96.000,00
Ajuste a VP	(9.786,89)
PECLD	(6.000,00)
Valores a Receber	304.213,11

Usando a Informação Contábil

Um investidor da BlackModas verificou que a empresa tornou mais rígida a cobrança dos valores em atraso. Em consequência disso, ocorreu uma redução nas vendas, mas aparentemente melhoraram os problemas com as perdas com valores a receber. Para verificar se isso estava correto, o investidor obteve a informação de dois exercícios, antes e depois da nova política de cobrança. As informações encontram-se a seguir:

	20X2	20X3
Valores a Receber	600.000	500.000
A vencer	480.000	425.000
Vencidos de 0 a 30 dias	66.000	50.000
Vencidos de 31 a 90 dias	30.000	20.000
Vencidos com mais de 90 dias	24.000	5.000

	20X2	20X3
Receita de Vendas	1.200.000	1.000.000
CMV	(840.000)	(720.000)
Lucro Bruto	360.000	280.000
Despesas Operacionais	(120.000)	(150.000)
Perda Estimada	(24.000)	(5.000)
Lucro Operacional	216.000	125.000

Pede-se:

a) Calcule a cronologia em percentagem, o DVR, o giro e o índice de inadimplência da empresa nos dois períodos. Determine a percentagem de valores a receber em atraso.

b) Discuta se efetivamente ocorreu uma mudança na gestão de valores a receber da empresa.

c) Com base na DRE da empresa, determine se a mudança na política de cobrança foi vantajosa. Utilize, na sua resposta, a variação no resultado *versus* o volume de investimento adicional em valores a receber.

Solução

a)

Cronologia	31/Dez./20X2	31/Dez./20X3
A vencer	80%	85%
Vencidos de 0 a 30 dias	11%	10%
Vencidos de 31 a 90 dias	5%	4%
Vencidos com mais de 90 dias	4%	1%
Em Atraso	20%	15%
DVR	15	15
II	2,00%	0,50%
Giro	1,00	1,00

b) Ocorreu uma mudança na gestão, já que foram reduzidos o percentual em atraso e o número de valores a receber vencidos com mais de 90 dias. O DVR e o Giro não se alteraram em razão da redução nas vendas.

c) A empresa teve uma redução no investimento em valores a receber de R$ 100 mil, mas o lucro caiu em R$ 90 mil. Assim, apesar do melhor controle da política de cobrança, a maior rigidez afastou muitos clientes, reduzindo o lucro, sendo, portanto, desvantajosa para a empresa.

RESUMO DOS OBJETIVOS

Identificar os diferentes tipos de valores a receber – Os valores a receber podem englobar os itens resultantes das vendas a prazo, bem como os originários das transações entre empresas do mesmo grupo, dos cheques em cobrança, dos adiantamentos realizados para terceiros, entre outros.

Explicar como os valores a receber são reconhecidos – O reconhecimento dos valores a receber decorrente da prestação de serviço ou venda de um produto está associado ao registro da receita. Outras operações, como valores a receber de funcionários (adiantamentos) e de empresas do mesmo grupo, seguem a lógica da contabilização apresentada no livro.

Explicar a perda estimada dos créditos de liquidação duvidosa e o desconto de duplicatas – A perda refere-se à parte dos valores a receber que não será transformada em dinheiro, sendo uma conta redutora (contraconta). Parte dos valores a receber pode ser transformada em dinheiro, através de uma operação de desconto, dependendo do modelo de negócios adotado pela empresa. Nesse caso, veja o tratamento contábil dado aos instrumentos financeiros.

Descrever os registros de baixa de valores a receber – A contabilização da perda é feita por estimativa, numa conta de despesa tendo como contrapartida uma contraconta do ativo. O valor previsto pode ser maior, igual ou menor do que o efetivamente ocorrido.

Mostrar como é calculada a perda estimada dos créditos de liquidação duvidosa – Geralmente a estimativa de perda é calculada com base na experiência histórica, seja através de uma regra simples (percentagem sobre as vendas, por exemplo) ou através da classificação do cliente.

Explicar a apresentação dos recebíveis – O grupo é apresentado no balanço patrimonial, no lado do ativo. As notas explicativas podem trazer informações adicionais sobre esse item.

Descrever os princípios para administração de valores a receber – A decisão de conceder crédito passa pela determinação dos padrões (prazo, política de cobrança, desconto e padrões) e pelas medidas (valores a receber, vendas, despesa de crédito e cobrança e perda). A análise é feita comparando os efeitos da mudança na política sobre o resultado e os valores do ativo.

Identificar os índices de análise dos recebíveis de uma entidade – Pode-se acompanhar e analisar a política de crédito através do giro de valores a receber, do índice de inadimplência, dos dias de vendas a receber (DVR) e da cronologia (*aging*).

DECISÃO

Pergunta	Informação Necessária	Fórmula	Uso
Quantas vezes as vendas girou?	Vendas a prazo e valores a receber	Vendas a Prazo/Valores a Receber	Determinar se os valores a receber estão se transformando em caixa rapidamente
Qual o percentual de inadimplência?	Devedores duvidosos e vendas totais	(Devedores Duvidosos/ Vendas Totais) × 100	Verificar se a inadimplência da empresa é elevada e se tem alterado no tempo
Quantos dias de valores a receber a empresa possui?	Valores a receber e vendas diárias	DVR = (Valores a Receber/ Vendas Diárias)	Mostrar o montante de valores a receber em número de dias de venda
Qual a composição da conta de valores a receber?	Valores a receber em termos da data do seu vencimento	Trata-se de uma tabela, com a frequência dos valores a receber pela data de vencimento.	Verificar o comportamento da inadimplência no tempo

DICIONÁRIO

5 Cs do Crédito – Decisão de conceder crédito baseada no Caráter, Capacidade, Capital, Condições e Garantia (do inglês *Collateral*).

Aging – Ver Cronologia.

Alisamento do resultado – Procedimentos contábeis que tornam o lucro mais estável no tempo.

Cheque pré-datado – Cheque emitido com data de depósito futuro.

Contraconta – Conta de saldo devedor classificada do lado direito do balanço ou de saldo credor classificada no ativo.

Cronologia – Estrutura de valores a receber, classificando os valores em "a vencer" e "vencidos" e, neste caso, os dias de atraso.

Desconto de duplicatas – Operação na qual a empresa troca valores a receber em uma instituição bancária ou terceiros, antecipando o recebimento por esses títulos.

Dias de Vendas a Receber – ver DVR.

Duplicatas descontadas – Conta do passivo referente ao volume de valores a receber descontado pela empresa.

DVR – Índice que apura quantos dias de vendas a empresa tem a receber.

Elementos do crédito – Aspectos que caracterizam a política de crédito da empresa: prazo, política de cobrança, desconto e padrões.

Giro de Valores a Receber – Divisão entre vendas a prazo e valores a receber.

Índice de inadimplência – Relação entre devedores duvidosos e vendas totais.

Medidas da Política de Crédito – Medidas que permitem a mensuração dos efeitos da política de crédito.

Perdas Estimadas dos Créditos de Liquidação Duvidosa – Estimativa de valores a receber que não serão recebidos pelos clientes.

PROBLEMA DEMONSTRAÇÃO

A Empresa Media apresentava, no final de março, valores a receber bruto de R$ 80 mil, sendo R$ 1.600 de perda estimada dos créditos de liquidação duvidosa. Durante o mês de abril a empresa passou a aceitar mais clientes nas vendas a prazo em razão de um novo sistema de concessão de crédito. Assim, ao final do mês, a conta de valores a receber bruto passou para R$ 96 mil. No final de março, uma receita de meses anteriores de R$ 900 foi considerada incobrável em razão da falência do cliente. É necessário efetuar o lançamento deste cliente. Com a decisão de adotar o novo sistema de concessão, a receita total da empresa deve aumentar de R$ 160 mil para R$ 200 mil por mês. As despesas devem variar de R$ 128 mil para R$ 158 mil. Mas a estimativa de perda não deve sofrer variação.

Instruções

a) Faça os lançamentos referentes ao valor incobrável. Verifique a necessidade de um reforço na perda no mês.

b) Mostre se a decisão da política de crédito foi adequada ou não.

c) Considere que a empresa pretenda fazer um desconto de R$ 50 mil, recebendo R$ 45 mil. Faça o lançamento correspondente.

d) Supondo que metade das vendas seja à vista, determine o giro, o índice de inadimplência e o DVR da empresa.

Solução

a) *Debita Perda e Credita Valores a Receber. O reforço seria debitando Despesa e creditando Perda.*

b) *O lucro aumentou de R$ 32 mil (ou R$ 160 mil menos R$ 128 mil) para R$ 42 mil (R$ 200 mil menos R$ 158 mil), mas não haverá aumento na perda. Para esse aumento, a empresa terá um investimento de R$ 16 mil em valores a receber. Com isso, a rentabilidade da decisão será de 62,5% ou R$ 10.000/R$ 16.000.*

c) Debita Bancos em R$ 45 mil e Encargos a Transcorrer em R$ 5 mil e credita Duplicatas Descontadas em R$ 50 mil.

d) Giro Março = 80.000/80.000 = 1,00; Giro Abril = 100.000/96.000 = 1,04;
Inadimplência Março = (1.600/160.000) × 100 = 1%; Abril = (1.600/200.000) × 100 = 0,8%;
DVR Março = [80.000/(160.000/30)] = 15 dias; Abril = [96.000/(2000.000/30)] = 14,4.

QUESTÕES DE MÚLTIPLA ESCOLHA

1. Não faz parte dos valores a receber de uma empresa:
   a) Cartões de crédito a receber.
   b) Cheque pré-datado a compensar.
   c) Duplicatas a receber.
   d) Fornecedores a pagar.

2. Uma empresa fez um vale para seu funcionário. No momento do pagamento do salário a empresa deve:
   a) Creditar o valor do vale, reduzindo o valor a ser pago ao funcionário.
   b) Creditar o valor do vale, sem efeito sobre o valor a ser pago.
   c) Debitar o valor do vale, reduzindo o valor a ser pago ao funcionário.
   d) Debitar o valor do vale, sem efeito sobre o valor a ser pago.

3. Exemplo de contraconta do balanço patrimonial, exceto:
   a) Depreciação acumulada.
   b) Lucro e prejuízo acumulado.
   c) Perda estimada dos créditos de liquidação duvidosa
   d) Valores a receber descontados

4. Quando existe uma recessão, um dos reflexos nas empresas é:
   a) Aumento na perda estimada dos créditos de liquidação duvidosa.
   b) Aumento no volume de caixa.
   c) Redução nas duplicatas descontadas.
   d) Redução nos encargos financeiros a transcorrer.

5. O "alisamento do resultado" pode ocorrer com a mudança no valor da seguinte conta patrimonial:
   a) Cartões de crédito a receber.
   b) Perda estimada dos créditos de liquidação duvidosa.
   c) Valores a receber.
   d) Valores a receber descontados.

6. Diz respeito ao mecanismo usado pela empresa para recuperar os valores a receber:
   a) Capacidade.
   b) Desconto para pagamento à vista.
   c) Garantias.
   d) Política de Cobrança.

7. Quando uma empresa decide conceder mais prazo para o pagamento do seu cliente, isto irá:
   a) Aumentar a despesa de crédito e cobrança.
   b) Reduzir a perda estimada dos créditos de liquidação duvidosa.
   c) Reduzir as receitas de vendas.
   d) Reduzir o volume de valores a receber.

8. Até recentemente, a empresa DRP não aceitava venda a prazo. Diante da concorrência, a empresa decidiu que seus clientes também poderiam pagar com cartão de crédito. Para não prejudicar os que compram à vista, a DRP concede um desconto de 5% na compra em dinheiro. Nessa situação, não é possível afirmar que:
   a) Haverá um aumento em valores a receber.
   b) Não será necessário contratar funcionário para cobrança.
   c) O prazo de recebimento será o mesmo da situação original.
   d) Os padrões de crédito correspondem ao cliente que possui o cartão de crédito.

9. Considere a DRP da questão anterior. Na situação original, o lucro operacional da empresa era de R$ 800 mil. Com a proposta, o lucro aumentará para R$ 1.200 mil, com uma conta de cartões de crédito a receber de R$ 800 mil. A rentabilidade da alternativa é de:
   a) 150%.
   b) 100%.
   c) 67%.
   d) 50%.

10. O giro de uma empresa cresceu de 1,75 para 1,90. Qual das possibilidades a seguir poderia justificar este fato:
    a) Ocorreu um crescimento maior nas vendas a prazo do que um crescimento em valores a receber.
    b) Ocorreu um crescimento nas vendas a prazo, mas não em valores a receber.
    c) Ocorreu uma redução nas vendas a prazo menor que a redução em valores a receber.
    d) Ocorreu uma redução em valores a receber, mas as vendas a prazo ficaram constantes.

11. A Sincrona possui metade das suas vendas a prazo. No mês de janeiro um cliente tradicional decretou falência. Após analisar a situação, a Sincrona concluiu que dificilmente irá reaver os valores a receber desse cliente. É possível afirmar que:
    a) O índice de inadimplência de janeiro irá reduzir.
    b) O giro de valores a receber não será afetado, já que será dada baixa nas contas do cliente.
    c) Este evento irá provocar uma redução no fluxo de caixa da empresa.
    d) A empresa deverá dar baixa nos valores a receber desse cliente.

12. Uma empresa aumentou o prazo médio de recebimento dos seus clientes, de um mês para três meses. O efeito dessa medida sobre a cronologia é:
    a) A parcela proporcional de valores vencidos irá aumentar.
    b) Se não ocorrer variação na qualidade do crédito, a parcela de vencidos irá reduzir.
    c) Não existindo ajuste na perda, os valores a vencer permanecerão constantes.
    d) Considerando que as vendas permaneçam constantes, os valores vencidos entre 30 a 90 dias aumentarão.

QUESTÕES PARA REVISÃO

1. Qual a razão para que uma empresa coloque um cartaz como "fiado só amanhã"?

2. Cite razões para que uma empresa decida favoravelmente a venda a prazo.

3. A nota promissória é um típico instrumento usado na venda a prazo. Cite três outros.

4. Cite uma grande vantagem da venda a prazo através do cartão de crédito.

5. O que se pode dizer sobre o risco de crédito de uma empresa quando ocorre uma redução na perda estimada dos créditos de liquidação duvidosa?

6. Uma empresa resolveu descontar R$ 11 mil em valores a receber, tendo debitado R$ 10 mil de bancos. Qual o nome dessa diferença?

7. O que deve ser feito quando a estimativa de perda for subestimada?

8. O que é "alisamento do resultado"? Discuta vantagens e desvantagens.

9. Cite os 5 Cs do crédito.

10. Qual o efeito provocado por uma redução no prazo concedido para vendas a prazo?

11. Uma empresa modificou sua política de crédito e como efeito obteve um aumento nas vendas, nos valores a receber, na despesa de cobrança e na perda. Além disso, ocorreu um aumento nos estoques da empresa. Essa variação nos estoques deveria ser considerada na decisão de crédito? Se sim, como?

12. Ao analisar uma alteração na política de crédito, constatou-se que a mesma reduzia o lucro operacional e aumentava os investimentos. Qual seria a decisão nessa situação?

13. Uma empresa teve um aumento no giro de valores a receber, sem uma variação no risco de crédito, ou seja, na perda e nas vendas à vista. O que deve ter ocorrido com o índice de inadimplência?

14. Uma empresa adotou uma mudança nos controles internos do departamento de crédito. Isso permitiu que houvesse mais agilidade no processo de cobrança, sem efeitos nas demais variáveis. Qual o impacto sobre o DVR da empresa?

15. A Ex-quisita tinha no seu ativo circulante, em 31 de dezembro de 20X7, as seguintes contas: disponível, duplicatas a receber, estoques, despesas antecipadas, valores reembolsáveis de seguros e imposto diferido. Os valores reembolsáveis correspondem aos gastos incorridos com um incêndio numa instalação que estava segurada. Já o imposto diferido diz respeito à possibilidade de compensar prejuízos atuais no cálculo do imposto de renda dos próximos exercícios. Qual a contrapartida dessas contas?

EXERCÍCIOS BREVES

EB 1. Durante o mês de agosto uma empresa efetuou vendas de R$ 20 mil, todas a prazo, por meio de duplicatas a receber. Das vendas a prazo, houve uma devolução de R$ 1 mil. Faça os lançamentos contábeis.

EB 2. A Média Comunicações possui valores a receber no montante de R$ 400 mil. Entretanto, a contabilidade não utiliza o cálculo de perda estimada dos créditos de liquidação duvidosa. Acredita-se que 5% do ativo não deva ser recebido. Qual o efeito da não utilização da perda sobre o resultado da empresa? É possível mensurar o valor deste problema?

EB 3. Brasília Comércio possui valores a receber em torno de R$ 30 mil. Tradicionalmente, 4% do saldo da conta a empresa não recebe. No dia 3 de fevereiro, a empresa contratou um novo funcionário. Este realizou vendas no mês, mas concedeu crédito para clientes com um perfil de risco mais elevado. Como a contabilidade da empresa irá reconhecer o efeito dessa concessão de crédito?

EB 4. A Tadifícil reuniu diversos valores a receber e negociou com uma instituição financeira a antecipação do recebimento. O volume negociado foi de R$ 18 mil, sendo que a Tadifícil recebeu R$ 16 mil na sua conta-corrente. Como deverá ser o lançamento contábil dessa operação? Você saberia calcular a taxa de juros?

EB 5. Ao determinar o valor da perda estimada dos créditos de liquidação duvidosa da empresa Dados Pesquisa, o contador ficou na dúvida se a estimativa de R$ 5 mil seria suficiente. O que ele deverá fazer se o valor for menor ou maior do que estimado?

EB 6. Uma instituição financeira teve um lucro líquido no primeiro semestre de R$ 40 milhões, com uma perda estimada dos créditos de liquidação duvidosa de R$ 3 milhões. No segundo semestre, o lucro líquido foi de R$ 45 milhões e a perda foi aumentada para R$ 5 milhões. Entretanto, não existe nenhuma mudança no ambiente externo e interno capaz de justificar essa variação. Discuta.

EB 7. Ao receber um potencial cliente que desejava efetuar uma compra a prazo, o gerente da empresa: (a) verificou o histórico de crédito; (b) analisou o salário recebido para verificar se o cliente teria condições de pagar o valor no futuro; e (c) solicitou que o cliente trouxesse um fiador. Para cada item, associe com um dos 5 Cs do crédito.

EB 8. Uma empresa tradicionalmente vendia a prazo através de cheque pré-datado. Entretanto, o seu proprietário notou que as pessoas já estão trabalhando cada vez menos com cheque. Em razão disso, decidiu somente aceitar cartão de crédito de uma bandeira previamente cadastrada. O prazo que ele tradicionalmente concedia para seu cliente era em torno de 30 dias e isso não deverá mudar. Mas a política de cobrança e o risco de não recebimento já não existem mais. Entretanto, o proprietário paga uma comissão de 3% para a administradora do cartão. Sabendo que a alteração não irá influenciar no volume de vendas, quais as medidas que serão afetadas?

EB 9. A Brinquedoteca está pensando em adotar o recebimento através de cartão de crédito. A comissão da administradora é de 3% sobre o valor da venda. A estimativa é uma receita de R$ 60 mil com cartão de crédito e R$ 40 mil em dinheiro. Atualmente, a Brinquedoteca utiliza o cheque pré-datado para alguns clientes. O volume de pagamento a prazo é de R$ 30 mil, sendo R$ 60 mil em dinheiro. Assim, haverá um aumento previsto na receita com a mudança na política. Na situação atual, não existe despesa de cobrança, mas 5% dos cheques não têm fundo. Faça uma análise da proposta.

EB 10. Ao alterar a política de cobrança, uma empresa reduziu os valores a receber em R$ 300 mil. Mas os investimentos no departamento de crédito e cobrança aumentaram em R$ 9 milhões. Sabendo que a taxa utilizada pela empresa nas suas decisões é de 3%, verifique se a mudança foi vantajosa.

EB 11. Uma empresa mudou sua política de crédito, modificando o lucro operacional de R$ 70 mil para R$ 75 mil. O volume de investimento em valores a receber deverá reduzir, de R$ 480 mil para R$ 470 mil. Foi vantajosa a alteração?

EB 12. O pagamento no cartão de crédito pode ser feito em uma ou mais de uma parcela. Quando uma empresa aumenta o número de parcelas, qual a influência sobre o giro de valores a receber e o índice de inadimplência?

EB 13. Um grande cliente de uma empresa não efetuou o pagamento no prazo. No balanço trimestral encerrado em 31 de março esse cliente estava na linha dos "vencidos de 0 a 30 dias" na cronologia divulgada. No trimestre seguinte, o cliente ainda não havia quitado esse pagamento. Em qual linha esse cliente estaria?

EB 14. A mudança na política de crédito de uma empresa aumentou o risco de crédito. Tradicionalmente, o volume de valores a receber a vencer da cronologia era de 80%. Mas essa mudança fez alterar esse padrão. Explique como isso aconteceu.

PROBLEMAS

PB 1. Gestora Serviços prestou serviços no valor de R$ 900 mil durante o mês de novembro, sendo R$ 750 mil a prazo. No início do mês, o saldo da conta era de R$ 320 mil e em novembro foram recebidos R$ 280 mil. No dia 30 foi calculada a necessidade de uma perda estimada dos créditos de liquidação duvidosa de R$ 12 mil. Também nessa data a empresa fez uma operação de desconto, tendo recebido R$ 200 mil, com encargos a transcorrer de R$ 20 mil. Determine o valor líquido da conta de valores a receber da empresa.

PB 2. Uma empresa pretende fazer a estimativa da perda dos créditos de liquidação duvidosa para o mês de abril. Foram elaboradas três estimativas: R$ 300.000; R$ 350.000; e R$ 400.000. A empresa resolveu escolher a perda de R$ 350.000 para seu lançamento contábil.

Pede-se:

a) Qual seria o lançamento se a baixa no final do mês fosse de R$ 350.000?

b) Repita a alternativa anterior considerando que no final do mês a baixa seja de R$ 300 mil.

c) Considere agora que a baixa seja de R$ 400 mil.

PB 3. Uma instituição financeira divide seus clientes conforme o risco do crédito. Os clientes de excelente qualidade são denominados de AA; esses clientes não possuem risco e por esse motivo a instituição financeira não constitui perdas estimadas sobre os valores emprestados a eles. Os clientes com algum tipo de risco são divididos em A, B, C ... até H, sendo que, para este último, a instituição acredita que não exista mais probabilidade de receber os valores emprestados. Os demais percentuais de perda são os seguintes: A = 0,5% sobre o valor emprestado; B = 1%; C = 3%; D = 10%; E = 30%; F = 50% e G = 70%. Atualmente, a carteira de crédito dessa instituição é de R$ 1 bilhão, sendo assim dividida: AA até E = 150 milhões; F = 50 milhões; G = 40 milhões; H = 10 milhões.

Pede-se:

a) Determine o valor da perda dessa instituição.

b) Um cliente classificado como AA está deixando de fazer negócios com a instituição financeira. Para manter o volume da carteira de empréstimo, a instituição irá focar nos clientes A e B. Qual será o efeito desse fato sobre a perda?

PB 4. A Credtudo divulgou suas demonstrações. Sobre o risco de crédito, a empresa tinha a seguinte observação: "No segundo trimestre, em razão da deterioração da economia e seus desdobramentos no risco de crédito, a empresa adotou critérios mais rígidos na constituição da estimativa de perdas prudenciais. Acredita-se que os percentuais adotados sejam suficientes, já que a própria companhia adotou medidas para melhoria na qualidade da sua carteira de crédito. A evolução da perda e de outras medidas da carteira de crédito encontram-se a seguir:

Em R$ Mil	3º Trim.	2º Trim.	1º Trim.
Total das Operações de Crédito	10.500	10.500	10.600
PECLD	610	433	420
Devedores com parcelas vencidas acima de 90 dias	330	360	210
Carteira de clientes de risco médio-alto e alto	1.280	890	940
Carteira de clientes de risco alto	920	640	580"

Pede-se:

a) Determine a evolução percentual da perda. Isso está compatível com a afirmação da empresa?

b) Calcule também a porcentagem sobre o total das operações de crédito: (1) dos devedores com parcelas vencidas acima de 90 dias; (2) da carteira de clientes de risco médio-alto e alto; e (3) da carteira de clientes de risco alto. Verifique se isso ajuda na sua argumentação.

c) Qual a razão de as porcentagens calculadas na alternativa (b) serem menores que a porcentagem da PECLD?

PB 5. A Grandmother comercializa produtos parte à vista e parte a prazo. A empresa constitui perdas estimadas somente para os títulos em atraso de mais de 90 dias, ao contrário dos seus concorrentes, que estimam perdas tanto para os títulos a vencer como para os vencidos. Ao final do terceiro trimestre, a empresa possuía R$ 10.300 mil em títulos vencidos acima de 90 dias, sendo a perda constituída de R$ 2.800. O valor total dos títulos a receber era de R$ 560 mil.

Pede-se:

a) Determine o percentual da perda estimada da empresa.

b) A política contábil da Grandmother é mais conservadora ou mais agressiva que a de seus concorrentes?

c) Suponha que no final do segundo trimestre a empresa tinha R$ 7.200 mil de títulos vencidos acima de 90 dias, sob os quais foi constituída uma perda de R$ 3.200. Compare esses números com os dados mais recentes. A empresa está mais conservadora?

PB 6. A Xorex adota a seguinte política de crédito: concede prazo de 30 dias para os clientes que desejam pagar a prazo e oferece um desconto de 5% para aqueles que pagam à vista. O pagamento a prazo é feito com cartão de crédito e a despesa da empresa diz respeito aos valores pagos para a administradora do cartão que correspondem a 3% do valor da transação. Atualmente 30% das vendas são no cartão de crédito. A empresa está estudando aumentar o desconto para o pagamento à vista para 10%. Isso não irá afetar o valor das vendas, de R$ 400 mil, mas espera-se uma redução na venda com cartão de crédito para 20%.

Pede-se:

a) Faça uma análise comparativa da lucratividade da empresa, sabendo que o custo do produto corresponde a 70% do preço de venda e que as despesas operacionais são de R$ 40 mil.

b) Determine o investimento em valores a receber na situação atual e na proposta.

c) Calcule o retorno da proposta.

PB 7. Ao adotar um novo sistema de gestão de valores a receber, uma empresa espera ter condições de aumentar as suas receitas a prazo, de R$ 80 mil para R$ 120 mil, sem alterar as receitas à vista. O custo da mercadoria vendida representa 60% da receita e não deve ser alterado com a proposta. Esse novo sistema custa R$ 5 mil por mês. O prazo de recebimento, em média de 60 dias, e a despesa de crédito não serão alterados. A perda estimada dos créditos de liquidação duvidosa irá reduzir de 10% para 5% com o novo sistema.

Pede-se:

a) Apure o lucro adicional com a nova proposta.

b) Determine o investimento adicional em valores a receber da empresa.

c) Suponha que a taxa de rentabilidade da empresa seja de 4%. A proposta é vantajosa?

d) Qual seria o custo máximo que a empresa poderia pagar para o sistema?

PB 8. Mosenada pretende mudar sua política de crédito. Sabe que isso irá aumentar o volume de valores a receber, de R$ 1.200 mil para R$ 1.500 mil. Mas o volume de estoques irá reduzir em razão do aumento na quantidade vendida: de R$ 2.400 mil para R$ 2.100 mil. Ao mesmo tempo, e em razão do maior volume de compras, o seu fornecedor poderá dobrar o prazo de pagamento, de 1 mês para 2 meses. As compras mensais atualmente são de R$ 800 mil e poderão subir para R$ 1.100 mil.

Pede-se:

a) Calcule a variação no ativo da empresa em razão da alteração na política de crédito.

b) Com base no valor obtido anteriormente e no valor da conta de Fornecedores, determine a mudança no capital de giro líquido. (Lembre-se que capital de giro líquido corresponde à diferença entre o ativo circulante e o passivo circulante. Suponha que as outras contas não irão sofrer variação.)

c) A mudança no capital de giro líquido irá afetar a necessidade de financiamento para essa finalidade. Qual seria o benefício indireto da alteração da política de crédito?

PB 9. Wancara apresenta as seguintes informações para os dois primeiros meses do ano:

Em R$ Mil	Janeiro	Fevereiro
Valores a Receber	32.000	35.000
Vendas	18.300	17.000
Vendas a Prazo	12.800	11.400
PECLD	300	500

Pede-se:

a) Calcule os índices para análise da política de crédito da empresa.
b) Avalie se as mudanças foram positivas ou negativas.

PB 10. A empresa Pardal apresentava a seguinte cronologia dos valores a receber ao final de cada exercício:

Em R$	31/12/20X3	31/12/20X2	31/12/20X1	31/12/20X0
A vencer	253.0400	293.825	211.700	208.500
Vencidos 1 a 30 dias	62.450	4.550	13.175	171.875
Vencidos 31 a 60 dias	21.600	5.625	350	10.625
Vencidos 61 a 90 dias	13.175	4.150	225	375
Vencidos 91 a 120 dias	75	8.800	425	775
Vencidos acima de 121 dias	66.200	71.100	29.350	31.725
Total	416.900	388.050	255.225	423.875

Pede-se:

a) Calcule os valores percentuais de cada linha em relação ao total.
b) Avalie a situação da empresa nos últimos anos, em especial a evolução dos vencidos acima de 121 dias.
c) Compare a situação dos vencidos em até 30 dias. Qual o efeito futuro da evolução desse grupo de contas?

PB 11. Considere, a seguir, duas informações sobre os dois últimos meses da empresa Tupi:

	30/4/20X2	31/3/20X2
Duplicatas a Receber	45.046	31.736
PECLD	(8.495)	(8.168)
	36.551	23.568

	30/4/20X2	31/3/20X2
A vencer	33.650	21.369
Vencidos até 90 dias	2.534	2.040
Vencidos entre 91 e 180 dias	367	159
Vencidos há mais de 180 dias	8.495	8.168
	45.046	31.736

Pede-se:

a) Observando os valores, você seria capaz de determinar a regra de constituição da perda da empresa?
b) A empresa informou que a perda inclui a perda com um cliente específico no valor de R$ 6.500, efetuada no passado. Com base nessas informações, analise a cronologia da empresa.

GABARITO

Questões de múltipla escolha

1. D; **2.** A; **3.** B; **4.** A; **5.** B; **6.** A; **7.** A; **8.** C; **9.** D; **10.** D; **11.** D; **12.** B.

Exercícios breves

EB 1 – D: Valores a Receber e C: Receita 20.000; D: Devolução e C: Valores a Receber 1.000;

EB 2 – Lucro, ativo e patrimônio líquido superestimado em R$ 20 mil;

EB 3 – Aumento da perda;

EB 4 – D: Bancos, R$ 16 mil; D: Encargos financeiros a transcorrer, R$ 2 mil; C: Duplicatas Descontadas, R$ 18 mil; Taxa de juros = 12,5%;

EB 6 – Alisamento do resultado;

EB 7 – Caráter, capacidade e garantias;

EB 8 – A despesa de crédito e cobrança e a perda deixam de existir, sendo substituídas por uma despesa operacional;

EB 9 – Aumento do lucro em R$ 9.700 com aumento de valores a receber de R$ 30 mil;

EB 10 – Retorno de 3,3%, sendo vantajosa;

EB 11 – Sim;

EB 12 – Reduz o giro e não afeta o índice de inadimplência;

EB 13 – Vencido de 120 a 150 dias.

Problemas

PB 1 – R$ 578.000;

PB 3 – R$ 129.750;

PB 4 – **a)** 5,81%; 4,12%; e 3,96%; **b.1)** 3,14%; 3,43%; 1,98%; **b.2)** 12,19%; 8,48%; 8,87%; **b.3)** 8,76%; 6,10%; 5,47%;

PB 5 – 0,5%; agressiva; atualmente mais conservadora;

PB 6 – R$ – 16.800; – 40.000; 42%;

PB 7 – a) R$ 13.000; b) R$ 80.000; c) Sim; d) R$ 14.800;

PB 8 – 0; 1.400.000; redução de despesa financeira;

PB 9 – Giro = 0,4 e 0,33; Inadimplência = 1,64% e 2,94%; DVR = 52,46 e 61,76.

9

INFORMANDO E ANALISANDO OS ATIVOS NÃO CIRCULANTES[1]

INICIANDO A CONVERSA

Há séculos existiam as *guildas*, que eram associações de artesãos de uma mesma atividade profissional. Essas associações surgiram antes do primeiro milênio, mas foi na Idade Média que se desenvolveram, atuando como reguladoras da profissão, controladoras da qualidade do produto e escolas de ensino. Naquele tempo não existia proteção legal de uma patente ou um governo que regulasse as atividades econômicas. Para se manter no mercado era necessário vender produtos com características que permitissem a identificação diante de outros. O problema eram os "piratas" da época, que poderiam produzir por um custo menor ou com uma qualidade duvidosa.

Na Idade Média a questão da qualidade poderia ser catastrófica. Por duas razões: o custo de substituição de um produto era elevado para o homem medieval e a falta de qualidade poderia significar a morte para o caso de produtos como espada ou mesmo roupa. E não existia na época nenhum sistema de defesa do consumidor e o judiciário era (na época) caro e lento.

Entretanto, os fabricantes com boa reputação podiam vender seus produtos por um preço mais elevado, em grandes quantidades, em locais mais distantes do que os produtores sem um "bom nome". A confiança do cliente podia ser interessante para as guildas que tinham a pretensão de estabelecer uma "marca".

Para resolver os problemas de qualidade, o primeiro passo foi atuar no sentido da associação de artesãos que viviam numa mesma cidade e trabalhavam numa mesma indústria para que pudessem padronizar os produtos e regular a qualidade dos itens produzidos. Visando isso, as guildas adotaram uma série de medidas, como proibir a produção durante a noite, fiscalizar a qualidade de cada membro e incentivar a lealdade entre os membros. Aqueles que não atuavam nesse sentido eram expulsos das guildas, perdendo uma série de benefícios que essas proporcionavam. O segundo passo era evitar a ação dos piratas. As guildas procuravam dificultar a "cópia", introduzindo métodos secretos de produção ou que usassem recursos disponíveis somente no local.

As guildas tiveram um razoável sucesso nessa empreitada. É nessa época que surgiram associações entre produtos e cidades onde estavam localizadas as guildas (queijão parmesão é dessa época), da mesma forma que associamos hoje o produto com a marca. E o sucesso das guildas transformou-se em lucro. Os atributos dos produtos das guildas mais afamadas podiam significar um preço maior. Com o passar do tempo, algumas guildas

---

[1] Nossos agradecimentos à participação do professor José Lúcio Tozetti Fernandes, da Universidade de Brasília, que gentilmente se dispôs a nos auxiliar na revisão e atualização do conteúdo deste capítulo.

conseguiram transformar uma "marca" em uma propriedade legal, como é o caso da bebida Champanhe ou o vinho do Porto.

Objetivos do capítulo

(1) Apresentar os investimentos permanentes e os métodos de avaliação
(2) Descrever como o conceito de custo histórico se aplica nos ativos imobilizados
(3) Explicar o conceito de depreciação
(4) Calcular a despesa de depreciação usando o método da linha reta e comparar seus resultados com os outros métodos
(5) Apresentar o procedimento de revisão da despesa de depreciação
(6) Explicar como contabilizar a venda de ativos imobilizados
(7) Descrever os métodos para avaliar o uso dos ativos imobilizados
(8) Identificar as questões básicas relacionadas à evidenciação dos ativos intangíveis
(9) Indicar como os ativos não circulantes são apresentados no balanço patrimonial

Muitas entidades se veem no dilema entre comprar ou alugar máquinas, edificações, *softwares* etc. Veja o caso das companhias aéreas, por exemplo. As aeronaves são ativos imobilizados indispensáveis para o exercício da sua atividade operacional. Mas a administração precisa tomar algumas decisões: qual o melhor tipo de ativo a adquirir e quando? É melhor comprar ou arrendar? Como financiá-los? Quando descartá-los?

No Capítulo 2, mostramos que o ativo não circulante se divide em quatro grupos: realizável a longo prazo, investimentos, imobilizado e intangível.

O objetivo deste capítulo é aprofundar os estudos acerca desses ativos de longo prazo, inclusive em relação à sua gestão. Apresentamos que os valores a receber ou despesas antecipadas cujo prazo de realização seja superior ao exercício social estão classificados no realizável a longo prazo. Esse tópico foi abordado no capítulo anterior, "Valores a receber". Neste capítulo, iremos abordar os três últimos grupos.

Os investimentos permanentes representam recursos que a empresa emprega em ativos de longo prazo que não tenham relação com suas operações, mas que pretende obter ganhos (com o recebimento de dividendos ou aluguéis) ou valorização (é o caso de propriedades para aluguéis ou valorização, obras de arte ou ações de outras empresas). Já os investimentos temporários, também denominados instrumentos financeiros, não estão dentro do grupo dos ativos não circulantes, pois sua realização ocorre no curto prazo. Como se refere a um assunto mais avançado, não está no escopo deste livro.

Já nos dois últimos grupos, imobilizado e intangíveis, estão incluídos os ativos utilizados pelas entidades no exercício de suas atividades operacionais.

Os ativos imobilizados são aqueles que possuem natureza física (bens corpóreos): terrenos, edificações, máquinas e equipamentos que comumente vêm à mente quando se pensa na entidade. Além desses, as entidades possuem muitos ativos intangíveis importantes, como as marcas, as patentes, os *softwares*, que não possuem substância física, mas podem ser extremamente valiosos e vitais para o sucesso da entidade.

Investimentos

Objetivo (1) → Apresentar os investimentos permanentes e os métodos de avaliação

Os investimentos permanentes, classificados como não circulante, representam os recursos aplicados em ativos de longo prazo, mas que não sejam utilizados na atividade operacional da entidade. Pretende-se, com eles, obter ganhos, seja por meio de receitas de aluguéis, pela valorização, com a realização do ativo numa data futura, pelo recebimento de dividendos, ou ambos.

Nesse grupo, estão incluídas as **propriedades para investimentos** e as **participações permanentes em outras companhias**. São ainda classificados nesse grupo **outros investimentos permanentes:** ativos adquiridos com objetivo ainda incerto, como no caso de terrenos mantidos para uma possível futura ampliação do negócio, e obras de arte.

PROPRIEDADES PARA INVESTIMENTO

Classificam-se como propriedades para investimento aqueles imóveis, terrenos, edificações, entre outros, adquiridos com a finalidade de obter receitas de aluguéis ou arrendamento mercantil, ou a valorização do capital investido, ou ambos, e que não sejam utilizados nas atividades operacionais da entidade.

O reconhecimento inicial dessas propriedades é feito pelo custo de aquisição, incluídos a ele todos os custos de transação (impostos, taxas para escriturar etc.). Caso sejam adquiridas a prazo, as despesas financeiras deverão ser excluídas desse valor.

A partir daí, as propriedades poderão ser mensuradas pelo valor justo ou pelo método do custo depreciado. Na mensuração pelo valor justo, os ganhos ou perdas resultantes desses ajustes devem ser reconhecidos no resultado do período em que ocorrerem. O **valor justo** representa o valor que um ativo pode ser negociado em um mercado ativo, em que não haja vantagem (favorecimento) para nenhuma das partes.

Veja o exemplo da Fábrica de Tecidos Irmãs Fiandeiras Ltda., que em 10/09/20X6 adquiriu um terreno para valorização futura e que não será utilizado em suas atividades. O valor pago pelo terreno foi de R$ 300.000.

Data		Débito	Crédito
10/09/20X6	Propriedades para Investimento	300.000	
	Caixa		300.000
	Imóvel situado na Rua Girassol, adquirido para investimento.		

No exercício seguinte, por meio de uma análise do mercado, verificou-se uma valorização do metro quadrado do terreno naquela região, e o terreno poderia ser vendido a um valor de R$ 320.000. Como o valor econômico da propriedade (valor justo) é maior que o custo de aquisição, a empresa deverá reconhecer no resultado o ganho, pela valorização do bem. A contrapartida do ganho é feita em uma conta do ativo, que poderá ser retificadora, quando houver perda. O registro será feito da seguinte maneira:

Data		Débito	Crédito
31/12/20X7	Ajuste a Valor Justo de Imóvel	20.000	
	Ganho pela Variação a Valor Justo		20.000
	Ganho na avaliação a valor justo do imóvel situado na Rua Girassol, adquirido para investimento.		

A entidade poderá adotar o método do custo depreciado para mensurar suas propriedades, quando concluir que não existe um mercado ativo ou similar, capaz de avaliar corretamente seu ativo, ou quando esse método representar uma apresentação mais adequada.

No caso em que uma entidade adquira um imóvel com edificação e decida adotar o modelo do custo depreciado para contabilizá-lo, o valor referente à parcela do imóvel deverá ser contabilizado separado do valor da edificação, sendo apenas essa sujeita à depreciação.

A depreciação será calculada levando em consideração o valor do custo de aquisição, o seu valor residual e a vida útil estimada do ativo (veja o cálculo da despesa de depreciação, na sessão a seguir, em imobilizado).

PARTICIPAÇÕES PERMANENTES EM OUTRAS SOCIEDADES

Caracterizam-se como investimentos permanentes as participações no capital de outras sociedades, seja por meio de ações ou quotas, que não sejam adquiridas com objetivos especulativo ou temporário (nesse caso, representam ativos financeiros). Quando se tratar de investimentos temporários, esses devem ser classificados no ativo circulante ou no realizável a longo prazo, dependendo do prazo em que se pretenda realizá-los.

Nos investimentos permanentes em outras sociedades, a entidade adquirente faz a aquisição de participação por motivos estratégicos que possam vir a ter relação com a sua atividade econômica. Por exemplo, uma montadora dos veículos que adquire parte do capital de uma empresa que lhe fornecerá os estofados.

As participações em sociedades podem ser avaliadas de três formas: (1) por equivalência patrimonial; (2) pelo valor justo; ou (3) pelo custo. O método de avaliação do investimento vai depender do tipo de investimento e do percentual de participação no capital social da investida ou da influência que a investidora exerce nas atividades da investida, conforme podemos observar na Ilustração 9.1 a seguir:

Ilustração 9.1 – Métodos de avaliação dos investimentos em sociedades

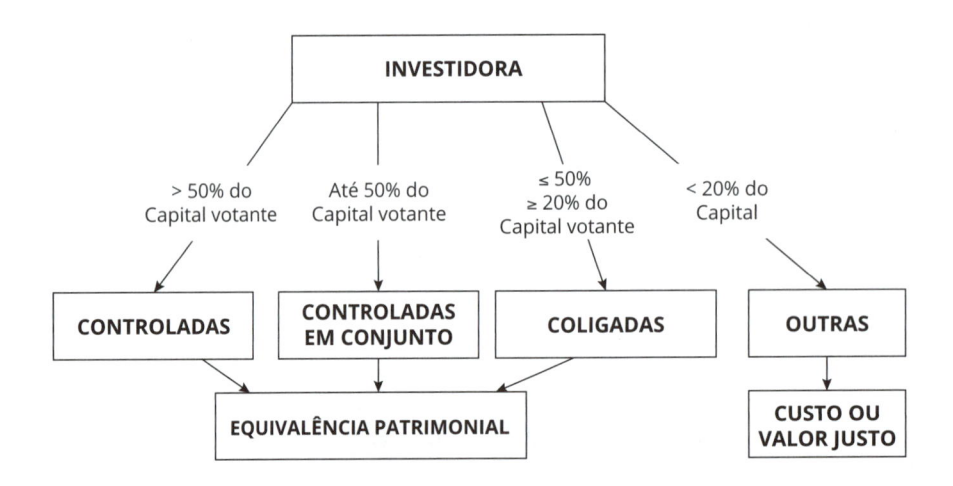

```
                          INVESTIDORA
        ┌──────────────┬──────────────┬──────────────┐
    > 50% do       Até 50% do      ≤ 50%          < 20% do
  Capital votante  Capital votante  ≥ 20% do       Capital
                                  Capital votante
        ↓              ↓              ↓              ↓
   CONTROLADAS    CONTROLADAS     COLIGADAS        OUTRAS
                  EM CONJUNTO
        ↓              ↓              ↓              ↓
        EQUIVALÊNCIA PATRIMONIAL              CUSTO OU
                                             VALOR JUSTO
```

Investimentos avaliados pelo método de equivalência patrimonial

São avaliados pelo método de equivalência patrimonial os investimentos no capital de sociedades **controladas**, **coligadas** ou em outras sociedades que estejam sob um **controle comum** ou de um **mesmo grupo**, independentemente de ser sociedade anônima ou limitada.

Sociedade controlada é aquela na qual a controladora tem poder de decidir de forma permanente nas suas deliberações sociais e de eleger a maioria de seus administradores, de forma direta ou por meio de outras controladas.

Considera-se coligada quando a empresa investidora possui influência significativa ou quando há participação em 20% ou mais no capital votante de outra sociedade (influência presumida). Influência significativa representa o poder que uma sociedade exerce nas decisões financeiras e operacionais de uma entidade, sem que isso se caracterize como controle. Como exemplos, podemos citar a representação no conselho de administração ou na diretoria ou participação na elaboração das políticas da empresa.

Por esse método, reconhece-se inicialmente o investimento pelo valor de aquisição e, nos períodos seguintes, pelo percentual que lhe cabe do patrimônio líquido da investida, adotando-se o regime de competência como critério de reconhecimento.

Considere o exemplo da Fábrica de Tecidos Irmãs Fiandeiras Ltda., que adquiriu em 05/01/20X8 uma participação de 75% do capital social da Lanzita Ltda. A empresa, que fabrica as matérias-primas utilizadas na fabricação dos tecidos, possuía, nessa data, um patrimônio líquido de R$ 800.000. O valor pago pela participação foi de R$ 600.000. O registro contábil da aquisição é o seguinte:

Data		Débito	Crédito
05/01/20X8	Investimentos Avaliados pelo MEP	600.000	
	Bancos		600.000
	Pela aquisição da participação de 75% do capital da empresa Lanzita Ltda.		

No final do exercício, o lucro do exercício da Lanzita Ltda. foi de R$ 100.000. A investidora deverá, portanto, fazer o reconhecimento da variação do patrimônio líquido da investida da seguinte forma (R$ 100.000 × 75% = R$ 75.000):

Data		Débito	Crédito
31/12/20X8	Investimentos Avaliados pelo MEP	75.000	
	Resultado de Equivalência Patrimonial		75.000
	Pela participação de 75% no lucro da empresa Lanzita Ltda.		

A conta de Resultado de Equivalência Patrimonial é uma conta de resultado. Em 31/12/20X8, com o lucro líquido gerado, a empresa destinará R$ 50.000 a título de dividendos. À Fábrica de Tecidos caberá receber dividendos no valor de R$ 37.5000 (75% dos dividendos). O registro contábil é:

Data		Débito	Crédito
31/12/20X8	Dividendos a Receber	37.500	
	Investimentos Avaliados pelo MEP		37.500
	Pelo reconhecimento de dividendos da empresa Lanzita Ltda.		

No recebimento dos dividendos, a empresa investidora reconhece:

Data		Débito	Crédito
20/01/20X9	Bancos	37.500	
	Dividendos a Receber		37.500
	Pelo recebimento dos dividendos da empresa Lanzita Ltda.		

O reconhecimento dos dividendos tem como contrapartida a conta Investimentos Avaliados pelo MEP, tendo em vista que primeiro a investidora irá reconhecer a sua participação na variação do patrimônio líquido da investida, em decorrência de lucro ou integralização de capital.

Investimentos avaliados pelo valor justo

Os investimentos permanentes em participações societárias nos quais a investidora não tem o controle ou influência significativa na investida devem ser avaliados pelo valor justo. Nessa forma, o investimento é registrado pelo custo de aquisição inicialmente, e, subsequentemente, a cada Balanço Patrimonial, deve ser atualizado ao seu valor justo.

Disponíveis para venda. Os ativos financeiros são classificados como disponíveis para venda quando o prazo máximo de realização desses investimentos for o exercício social seguinte. E por isso, são apresentados no ativo circulante no balanço patrimonial.

Vamos considerar o mesmo exemplo anterior, da Fábrica de Tecidos Irmãs Fiandeiras Ltda. que adquiriu em 05/01/20X8 uma participação do capital social da Lanzita Ltda., mas agora de 10%. O patrimônio líquido da investida é R$ 800.000 e o valor pago pela participação foi de R$ 80.000. O registro contábil da aquisição é:

Data		Débito	Crédito
05/01/20X8	Investimentos Disponíveis para Venda	80.000	
	Bancos		80.000
	Pela aquisição da participação de 10% do capital da empresa Lanzita Ltda.		

No final do exercício, verificou-se que o valor justo do investimento era de R$ 82.000. Assim, a contabilização será:

Data		Débito	Crédito
31/12/20X8	Investimentos Disponíveis para Venda	2.000	
	Receita de Valorização das Ações		2.000
	Pelo ajuste a valor justo do investimento.		

Nesse caso, o ajuste é reconhecido diretamente no resultado do exercício. Caso houvesse uma redução no valor justo dos investimentos, o registro seria efetuado em uma conta de perda com desvalorização das ações.

Considere ainda que, no final do exercício, a Lanzita Ltda. destinou uma parte dos seus lucros a título de dividendos (R$ 10.000). Desse total, 10% serão recebidos pela Fábrica de Tecidos Irmãs Fiandeiras, de R$ 1.000. O reconhecimento será:

Data		Débito	Crédito
31/12/20X8	Dividendos a Receber	1.000	
	Receita de Dividendos		1.000
	Pelo reconhecimento de dividendos da empresa Lanzita Ltda.		

Destinados à negociação. Por não haver definição certa do momento em que esses investimentos serão vendidos, os investimentos classificados como mantidos para negociação são apresentados no realizável a longo prazo. Nesse caso, a contabilização da aquisição das ações será, considerando os mesmos valores do exemplo anterior:

Data		Débito	Crédito
05/01/20X8	Investimentos Mantidos para Negociação	60.000	
	Bancos		60.000
	Pela aquisição da participação de 10% do capital da empresa Lanzita Ltda.		

No final do exercício, novamente apuramos o valor justo do investimento. A contabilização do ajuste será:

Data		Débito	Crédito
31/12/20X8	Investimentos Mantidos para Negociação	2.000	
	Ajuste de Avaliação Patrimonial		2.000
	Pelo ajuste a valor justo do investimento.		

O ajuste a valor justo, no caso dos investimentos de longo prazo, é reconhecido em conta do patrimônio líquido. Caso houvesse uma redução no valor justo dos investimentos, o registro seria efetuado na mesma conta, porém a débito.

Quanto ao evento do reconhecimento da receita de dividendos, o registro contábil será idêntico aos investimentos para negociação, apresentado anteriormente.

Investimentos avaliados pelo custo

Todas as demais participações em sociedades, que não sejam consideradas controladas (ou em conjunto), coligadas ou sob controle comum, são avaliadas pelo custo de aquisição, deduzido de provisão para perdas, quando não houver uma base confiável para mensurá-las a valor justo.

Por esse método, a investidora só reconhece os dividendos que lhe competem quando esses forem declarados pela investida. Da mesma forma, os prejuízos na investida também não são reconhecidos. Só são reconhecidos quando houver evidências de redução no valor recuperável do investimento, por meio de um teste de recuperabilidade (*impairment* – esse assunto é tratado na sessão seguinte deste capítulo) e a investidora deverá reconhecer a perda no valor do investimento.

Vamos considerar o mesmo exemplo anterior, da Fábrica de Tecidos Irmãs Fiandeiras Ltda. que adquiriu em 05/01/20X8 uma participação do capital social da Lanzita Ltda., mas agora de 10%. O patrimônio líquido da investida é R$ 800.000 e o valor pago pela participação foi de R$ 80.000. O registro contábil da aquisição é:

Data		Débito	Crédito
05/01/20X8	Investimentos Mantidos para Negociação	80.000	
	Bancos		80.000
	Pela aquisição da participação de 10% do capital da empresa Lanzita Ltda.		

Quando a empresa distribuir dividendos, deverá reconhecer da mesma forma que apresentamos nos exemplos anteriores.

OUTROS INVESTIMENTOS PERMANENTES

Os imóveis adquiridos com o objetivo de uso futuro, seja pela mudança ou pela ampliação das instalações, mas que ainda não tenham relação com as atividades operacionais, bem como as obras de arte, são exemplos de outros investimentos permanentes.

Os investimentos em imóveis são reconhecidos pelo custo de aquisição e deduzidos do seu valor líquido realizável, quando este for menor que o custo. Já as obras de arte são reconhecidas pelo seu valor de aquisição (custo), deduzido de perdas estimadas na realização do valor investido. Essas perdas podem decorrer de estragos, perda de prestígio da obra etc. A contrapartida da perda (conta redutora do ativo) é uma despesa, no resultado do exercício.

Ativo imobilizado

Objetivo (2) → Descrever como o princípio do custo se aplica nos ativos imobilizados

O ativo imobilizado representa os recursos que possuem substância física que uma entidade adquire para utilizar em sua atividade operacional e, por isso, não há intenção de vendê-los, como ocorre com os estoques.

Como esses bens são utilizáveis por vários períodos, seu potencial de serviço vai decrescendo com o passar dos anos, exceto no caso dos terrenos.

Uma fábrica, por exemplo, que não consegue atender a toda a sua demanda de clientes decide adquirir uma nova máquina para aumentar a produtividade e, consequentemente, a satisfação de seus consumidores. Os administradores precisam monitorar a necessidade de adquirir novos ativos ou otimizar a sua utilização com o objetivo de maximizar os resultados da entidade.

É, portanto, importante para a companhia: (1) manter seus ativos imobilizados em boas condições de uso; (2) substituir ativos depreciados ou desatualizados; e (3) adquirir novos ativos produtivos, quando for necessário.

DETERMINANDO O CUSTO DO ATIVO IMOBILIZADO

Os ativos imobilizados são registrados pelo custo de aquisição. Isso significa dizer que todos os gastos necessários para que esse ativo esteja pronto para ser utilizado deverão ser reconhecidos como custo desses ativos. Voltemos ao exemplo citado anteriormente, da fábrica que adquiriu uma nova máquina: o valor pago na sua aquisição, os gastos com frete e seguro, o valor pago pela instalação da máquina são todos considerados custos do ativo. Os encargos financeiros incorridos no período referente à aquisição de ativo imobilizado financiado também são registrados como custo desse ativo até o momento em que ele entrar em operação. No momento em que esse ativo começar a ser usado, os encargos passam a ser reconhecidos como despesas financeiras.

A determinação de quais gastos serão imputados ao custo do ativo imobilizado é, portanto, uma tarefa muito importante. Os gastos que não poderão ser reconhecidos como ativo são registrados como despesas e levados diretamente para o resultado. Esses valores são denominados de **despesas do período**. São exemplos de gastos do período as despesas de manutenção periódica, gastos com reparos etc. Por outro lado, os gastos contabilizados como custo do ativo imobilizado são denominados de **despesas de capital**.

Essa distinção dos gastos é importante, pois sua contabilização gera impacto material e imediato nas demonstrações contábeis. O reconhecimento de gastos de capital como despesa do período reduz o resultado apurado na demonstração de resultado. Suponhamos que um hospital tenha adquirido novos equipamentos para a unidade de urgências (UTI) que possuem vida útil de 10 anos. Esses equipamentos custaram R$ 100.000, mas a empresa ainda teve que pagar R$ 1.000 com despesas de frete, R$ 500 com seguros e R$ 1.200 com a instalação. Nesse caso, o valor contabilizado como ativo imobilizado será R$ 102.700 e que será depreciado pelos 10 anos. Lançar as despesas diretamente no resultado, ao invés de ativá-las, onera o resultado do exercício imediatamente, sendo que esses bens gerarão resultados para o hospital pelo período de 10 anos.

Outro equívoco que pode ocorrer é a capitalização de gastos do período. Esse evento aumenta indevidamente o valor do ativo imobilizado, no balanço patrimonial. Suponha que um hospital pagou R$ 15.000 por despesas com manutenção preventiva realizadas em seu maquinário, que ainda possui uma vida útil de 3,5 anos. Esses reparos não aumentarão a vida útil das máquinas, mas apenas farão com que elas continuem em uso, sem estragar. Ao contabilizar tais despesas como custo das máquinas, esses gastos vão aumentar o valor do ativo, que será depreciado pelo mesmo período que a máquina ainda possui de vida útil. Esses dois exemplos demonstram a importância da contabilização correta desses eventos.

O custo de um ativo é medido pelo valor pago de caixa ou de um equivalente de caixa. Uma vez identificado esse valor, é feito o registro contábil da aquisição do ativo imobilizado e esse valor é mantido no balanço patrimonial por toda a sua vida útil. Os valores de mercado ou de reposição não podem ser usados como base para elevar esse valor do custo de aquisição.

TERRENOS

Um terreno pode ser usado para construção de uma planta fabril ou escritório. O custo do terreno deverá incluir: (1) o valor pago na compra do imóvel; (2) a comissão do corretor de imóveis; (3) os gastos com advogados, impostos e taxas, escrituras etc. Por exemplo: se um terreno custa R$ 200.000, mas o adquirente pagou uma comissão ao corretor de 5%, o custo do terreno será R$ 210.000. Dessa forma, todos os custos incorridos para que o ativo esteja pronto para ser utilizado aumentam o custo do terreno e são, portanto, debitados à conta Terrenos. Se for o caso de um terreno baldio que se tornará um estacionamento, os gastos com limpeza e todos os outros gastos necessários para adequá-lo à atividade operacional são incluídos ao custo do bem. Se o terreno possui uma construção que será demolida, o custo com a demolição também será contabilizado.

Para ilustrar, veja o caso da Fábrica de Tecidos Irmãs Fiandeiras Ltda., que adquiriu um terreno para ampliação da fábrica. O valor pago pelo terreno foi de R$ 300.000. A propriedade contém uma velha edificação que será demolida para a construção do novo prédio. Os gastos com a demolição são de R$ 3.500, porém serão reaproveitados alguns materiais, avaliados a R$ 1.500. Despesas adicionais foram pagas: honorários advocatícios e custos de escritura, R$ 3.000; e comissão do corretor, de R$ 15.000. O custo do terreno será apresentado no ativo imobilizado conforme se observa na Ilustração 9.2:

Ilustração 9.2 – Cálculo do custo do terreno

Terreno		
Valor pago pelo terreno	R$	300.000
Gastos com demolição	R$	3.500
(–) Material reaproveitado	(R$	1.500)
Gastos com honorários advocatícios e com escritura	R$	3.000
Comissão paga ao corretor	R$	15.000
Custo do terreno	R$	320.000

O registro contábil será realizado debitando-se terreno e creditando-se caixa no valor de R$ 320.000.

BENFEITORIAS EM IMÓVEIS

As benfeitorias são gastos adicionais realizados nos imóveis, tais como calçadas, estacionamentos, cercas, paisagismo e aspersores subterrâneos. Novamente, esses gastos são incluídos nos custos dos imóveis se forem necessários para tornarem o terreno pronto para uso. Por exemplo, os gastos de pavimentação, com muros e iluminação devem ser incluídos no ativo imobilizado de uma empresa de estacionamentos. Portanto, todos esses desembolsos são debitados ao valor de benfeitorias em imóveis. Ao contrário da conta Terrenos, que possui uma vida útil ilimitada, as benfeitorias possuem vida útil limitada e, por isso, o seu custo deve ser depreciado com base nesse período.

EDIFICAÇÕES

As edificações são instalações utilizadas nas operações da entidade, tais como lojas, escritórios, fábricas, galpões, hangares de aeronaves etc. Todas as despesas relacionadas às compras ou necessárias à construção são contabilizadas na conta Edificações. Como no caso da aquisição de terrenos, os gastos relacionados com a aquisição de edificações (tais como honorários advocatícios, custos de escritura, comissão do corretor) serão registrados como ativo imobilizado. Além desses, caso sejam necessárias reformas, como no piso, telhado, fiação elétrica, pintura etc., os valores gastos serão reconhecidos como custo do ativo. No caso de uma nova edificação que será construída, todos os gastos necessários à construção serão registrados como custos das edificações, desde os honorários com arquitetos e engenheiros e taxas de licença à prefeitura aos desembolsos com a construção em si.

Além desses desembolsos que são reconhecidos como custos, há ainda os custos financeiros com a construção. Caso a entidade capte empréstimos bancários para a construção, os encargos financeiros pagos durante esse período são também reconhecidos como custo das edificações até o momento em que essas se tornam prontas para o uso. Depois de concluída a construção, seus valores são reconhecidos diretamente no resultado, como despesas financeiras.

EQUIPAMENTOS

Os equipamentos incluem ativos usados nas operações da entidade, tais como móveis e utensílios em uma loja, o maquinário de uma fábrica, os caminhões de uma empresa de transportes, as aeronaves de uma companhia aérea. Assim, os gastos necessários para a aquisição e para que o bem esteja pronto para ser utilizado são tratados como custo dos ativos, como mostrado no exemplo das máquinas adquiridas pelo hospital. Naquele caso, foi incluída a despesa de seguros. No caso de uma empresa de transportes, que adquire veículos e caminhões, as despesas com seguros pagos para que esses ativos cheguem até a empresa são capitalizadas juntamente com os custos do ativo. Porém aqueles seguros pagos com o objetivo de proteger esses ativos de acidentes ou roubos são tratados como despesas antecipadas e levados a resultado de acordo com a sua utilização. Isso porque se referem a uma despesa que beneficiará um exercício social e não vários períodos futuros. Portanto, dois critérios são aplicados para determinar o custo de um equipamento: (1) a frequência do custo – uma vez ou recorrente; e (2) o benefício futuro – a vida útil do ativo ou um ano.

Para exemplificar, vejamos o caso da Transportadora Florença, que comprou caminhões para entregas no valor de R$ 147.500. As despesas com fretes e seguros para o transporte até a empresa foram de R$ 750; a taxa de emplacamento foi R$ 1.250; os gastos com pintura e personalização do veículo foram R$ 500; e a despesa com seguros contra roubos e acidentes válidos para dois anos foi de R$ 3.000. O custo dos caminhões, conforme apresentado na Ilustração 9.3, foi:

Ilustração 9.3 – Cálculo do custo dos caminhões

Caminhões		
Valor pago pelos caminhões	R$	147.500
Gastos com fretes e seguros	R$	750
Taxa de emplacamento	R$	1.250
Gastos com pintura e personalização	R$	500
Custo dos caminhões de entrega	R$	150.000

A despesa com seguros válidos para os dois anos é considerado como uma despesa do período. O registro contábil da compra dos caminhões e despesas incorridas é o seguinte:

Data		Débito	Crédito
20/02/20X9	Caminhões	150.000	
	Seguros Antecipados	3.000	
	Bancos		153.000
	Aquisição de caminhões para entregas e contratação de seguros antecipados.		

No exemplo apresentado anteriormente, do hospital que adquiriu novos equipamentos para a unidade de urgências (UTI), teremos os seguintes custos: o valor dos equipamentos foi R$ 100.000; R$ 1.000 com despesas de frete; R$ 500 com seguros; e R$ 1.200 com a instalação. O custo dos equipamentos é apresentado na Ilustração 9.4.

Ilustração 9.4 – Cálculo do custo dos equipamentos

Equipamentos		
Valor pago pelos equipamentos	R$	100.000
Gastos com fretes	R$	1.000
Gastos com seguros	R$	500
Gastos com instalação do equipamento	R$	1.200
Custo dos equipamentos	R$	102.700

O registro contábil da compra dos equipamentos hospitalares é:

Data		Débito	Crédito
15/11/20X6	Equipamentos	102.700	
	Bancos		102.700
	Aquisição de equipamentos hospitalares e despesas relacionadas.		

COMPRAR OU ARRENDAR?

Até agora, nosso foco neste capítulo foi o de apresentar a compra de ativos imobilizados. Mas outra possibilidade que as empresas podem exercer é a de arrendar esses ativos. Muitas empresas utilizam-se dessa modalidade, como é o caso de algumas companhias aéreas. No arrendamento mercantil, uma parte possui um ativo (o arrendador) e concorda que a outra parte (o arrendatário) use esse ativo por um período e valor negociados em contrato.

Algumas vantagens do arrendamento, quando comparamos com a compra, são:

1. **Reduz o risco de obsolescência** – Os termos do contrato de arrendamento, frequentemente, permitem que o ativo arrendado seja trocado por um ativo mais moderno, quando o anterior se torna obsoleto. Muito mais fácil do que substituí-lo quando o bem é adquirido.
2. **Menor valor inicial** – A maioria das entidades, em sua fase inicial do ciclo de vida, não consegue obter alta lucratividade e gerar caixa. Para adquirir um bem, muitas entidades precisam desembolsar dinheiro para pagar à vista ou financiar. Em caso de financiamento, muitas vezes torna-se necessário pagar um valor de entrada. No arrendamento, os valores pagos são inferiores.
3. **Vantagens fiscais** – As despesas com arrendamento são dedutíveis para fins de apuração do imposto de renda.
4. **Ativos e passivos não evidenciados** – Existem duas modalidades de arrendamento mercantil: o financeiro e o operacional. O arrendamento financeiro é, em essência, uma compra financiada, na qual o arrendatário é responsável pelos riscos e benefícios gerados pelo ativo. Nesse caso, o arrendatário reconhece o ativo (que, assim como os demais, será depreciado) e o passivo no seu balanço patrimonial. Já o arrendamento operacional é uma espécie de aluguel, no qual o arrendatário não reconhece o ativo e o passivo em seu balanço.

ANTES DE PROSSEGUIR

1. Que tipo de decisões sobre imobilizado o gestor pode tomar?

2. Explique a diferença entre despesas do período e despesas de capital. Também explique como elas são apresentadas nas demonstrações.

3. Qual a melhor decisão para a entidade: comprar um imobilizado ou arrendar? Explique.

Depreciação

Objetivo (3) → Explicar o conceito de depreciação

DEPRECIAÇÃO

Como explicamos no Capítulo 2, a depreciação é um processo de alocar como despesa o custo do ativo imobilizado adquirido durante a sua vida útil em uma forma racional e sistemática. A alocação desses custos é feita ao longo da sua vida útil, pois esses ativos gerarão receitas durante todo esse período (veja a Ilustração 9.5).

Ilustração 9.5 – Depreciação como conceito de alocação

A depreciação afeta o balanço patrimonial, por meio da depreciação acumulada, que é evidenciada como uma redução do ativo imobilizado. Afeta, ainda, a demonstração de resultado, por meio da despesa de depreciação.

É importante entender que a depreciação é um processo de alocação de custo e não um processo de avaliação do ativo. Os valores do ativo imobilizado não são alterados para seu valor de mercado durante a posse, pois esses ativos não foram adquiridos para revenda. Portanto, o valor contábil – custo menos depreciação acumulada – de um ativo imobilizado pode diferir substancialmente do valor de mercado. De fato, se um ativo é totalmente depreciado, ele pode ter valor contábil zero, mas ainda possuir um valor de mercado significativo.

Dos ativos imobilizados que citamos até agora, imóveis, edificações e equipamentos estão sujeitos à depreciação. Já os terrenos, não. Isso ocorre, pois seu valor tende a valorizar com o passar do tempo, em virtude do crescimento e das melhorias que ocorrem nas cidades, em contrapartida da escassez de terrenos não utilizados.

Um veículo, quando adquirido, possui um desempenho muito melhor do que apresentará três ou quatro anos depois. Especialmente se for utilizado em condições adversas, como em estradas ruins ou de terra; se ficar exposto ao sol ou à maresia etc., provavelmente terá sua utilidade diminuída. Como os ativos são avaliados pela sua capacidade de geração de receitas, é natural supor que ela será diminuída com o passar do tempo.

Além disso, a obsolescência também é um fator que poderá afetar a capacidade da entidade de gerar receitas. A obsolescência é o processo no qual um ativo se torna desatualizado antes mesmo de se tornar fisicamente desgastado.

Veja o exemplo dos computadores utilizados aproximadamente dez anos atrás. Muitos deles apresentavam entrada para disquete, que hoje já nem vemos mais à venda no mercado. As entidades que adquiriram tais máquinas certamente as substituíram, pois esses computadores se tornaram obsoletos.

O reconhecimento da depreciação de um ativo não significa a acumulação de caixa para a substituição desse ativo (ou seja, não se trata de um fundo de caixa, para comprar um modelo mais novo, quando o velho não mais atender às necessidades da empresa). A conta de depreciação acumulada do balanço representa o quanto do custo do ativo já se tornou despesa até aquela data. Ela não representa um fundo de caixa.

Fatores que afetam o cálculo da depreciação

Três fatores são relevantes para o cálculo da depreciação conforme visualizamos na Ilustração 9.6:

Ilustração 9.6 – Fatores relevantes no cálculo da depreciação

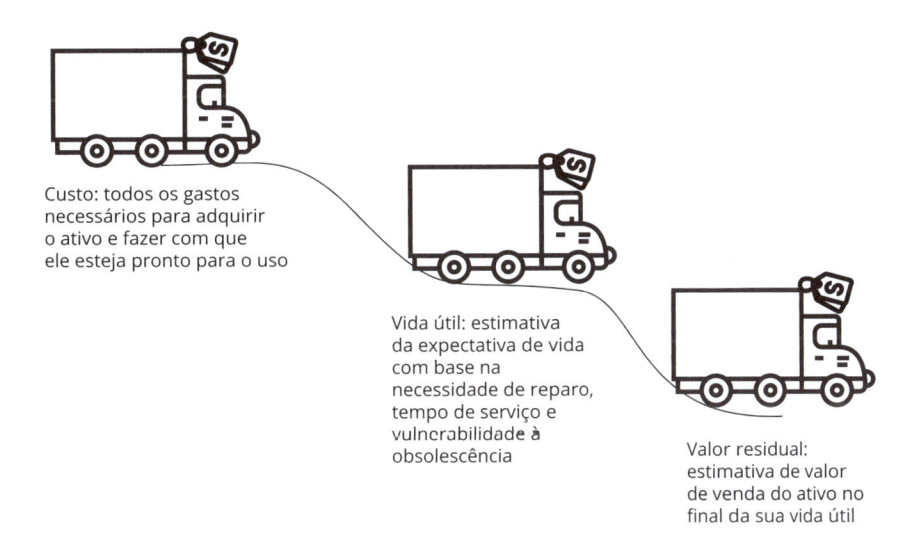

Custo: todos os gastos necessários para adquirir o ativo e fazer com que ele esteja pronto para o uso

Vida útil: estimativa da expectativa de vida com base na necessidade de reparo, tempo de serviço e vulnerabilidade à obsolescência

Valor residual: estimativa de valor de venda do ativo no final da sua vida útil

1. **Custo** – Como visto anteriormente, além do valor pago na aquisição de um ativo, existem outros valores que são acrescidos ao seu custo, como o gasto com o frete e seguros para entrega do bem e o gasto para a instalação. Desse modo, o cálculo da depreciação terá como base o valor do custo total do ativo.

2. **Vida útil** – Refere-se a uma estimativa de produtividade esperada, que também pode ser denominada de tempo de serviço do ativo. A vida útil do ativo pode ser expressa em termos de tempo, de unidades de atividade (como horas/máquina ou unidades produzidas). Essa estimativa é baseada na experiência dos gestores, que devem considerar, além da utilidade pretendida do ativo, as políticas de reparos e manutenção e a possibilidade de o ativo se tornar obsoleto. Os laudos elaborados por engenheiros também podem ser utilizados para essa estimação. Além disso, a experiência passada dos gestores, com ativos similares, também é útil na decisão de vida útil estimada.

3. **Valor residual** – É o valor estimado de venda do ativo no final da sua vida útil. O valor residual pode ser baseado no valor de sucata ou no valor de mercado de ativos semelhantes. Assim como a vida útil, o valor residual é uma estimativa. Novamente, os gestores também levam em consideração a sua experiência com ativos similares na estimação do valor residual.

Pequena e Média Empresa

A determinação da vida útil de um ativo ou do valor residual dos ativos de uma empresa pode ser cara. É muito comum nas empresas de menor porte a utilização de estimativa de vida útil dada pelo fabricante ou pelo Fisco.

ANTES DE PROSSEGUIR

1. Explique os termos: valor contábil, custo depreciável e depreciação acumulada.

2. Quais fatores afetam o cálculo da depreciação?

3. A depreciação acumulada é a aplicação de recursos em um fundo para a substituição do ativo. Explique se essa afirmação é ou não verdadeira.

Métodos de depreciação

Objetivo (4) → Calcular a despesa de depreciação usando o método da linha reta e comparar seus resultados com os outros métodos

A depreciação geralmente é calculada pela utilização de um desses três métodos:

1. Da linha reta (ou quotas constantes)
2. Da soma dos dígitos dos anos
3. Das unidades de atividade (unidades produzidas, horas de trabalho etc.)

Assim como discutimos no Capítulo 6, sobre as alternativas de métodos de inventário que podem ser adotados, todos os três métodos apresentados aqui podem ser aceitos. A administração poderá, para fins societários ou gerenciais, adotar aquele que julgar ser a melhor medida de contribuição do ativo durante a sua vida útil. Porém, da mesma forma que nos métodos de inventário, uma vez escolhido um método, deve-se adotá-lo com consistência durante toda a vida útil desse ativo, para garantir a comparabilidade nas demonstrações contábeis. Ainda, a lei societária determina que as taxas utilizadas, para fins de cálculo da despesa de depreciação, exaustão e amortização, sejam periodicamente revisadas a fim de que representem efetivamente a perda da vida útil econômica estimada.

Embora as entidades possam escolher qual método utilizar para fins societários ou gerenciais, a legislação fiscal determina a estimativa **de vida útil** dos ativos imobilizados e qual o **método** deverá ser utilizado. Ou seja, para fins de apuração dos tributos, as entidades devem utilizar o método da linha reta.

Vamos ilustrar os três métodos de cálculo de depreciação com o exemplo dos caminhões para entrega, adquiridos pela Transportadora Florença:

Custo – R$ 150.000

Expectativa de valor residual – R$ 15.000

Estimativa de vida útil (em anos) – 5 anos

Estimativa de vida útil (em unidades) – 500.000 unidades

Método da linha reta

Por esse método, divide-se o **custo depreciável** do bem por sua vida útil estimada. O valor depreciável é apurado subtraindo-se do valor do custo do ativo a expectativa de valor residual. A Ilustração 9.7 apresenta o cálculo do valor depreciável e da despesa de depreciação anual.

Ilustração 9.7 – Cálculo da despesa de depreciação pelo método da linha reta

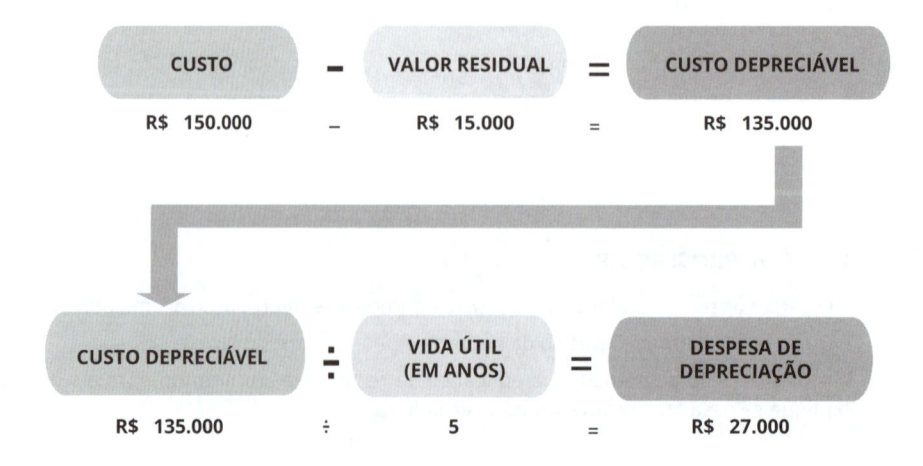

CUSTO − VALOR RESIDUAL = CUSTO DEPRECIÁVEL

R$ 150.000 − R$ 15.000 = R$ 135.000

CUSTO DEPRECIÁVEL ÷ VIDA ÚTIL (EM ANOS) = DESPESA DE DEPRECIAÇÃO

R$ 135.000 ÷ 5 = R$ 27.000

Outra opção é calcular o valor da taxa de depreciação anual, dividindo-se 100% pela vida útil do bem (que nesse exemplo é de 5 anos – 100% ÷ 5 anos = 20%). Assim, para calcular a despesa de depreciação basta aplicar a taxa de depreciação ao custo depreciável do ativo, como demonstrado na Ilustração 9.8.

Ilustração 9.8 – Tabela da despesa de depreciação pelo método da linha reta

	Transportadora Florença					
	Cálculo				Fim do Ano	
Ano	Custo Depreciável	× Taxa de Depreciação	=	Despesa de Depreciação Anual	Depreciação Acumulada	Valor Contábil
20X0	R$ 135.000 *	20%		**R$ 27.000**	R$ 27.000	R$ 123.000
20X1	R$ 135.000	20%		**R$ 27.000**	R$ 54.000	R$ 96.000
20X2	R$ 135.000	20%		**R$ 27.000**	R$ 81.000	R$ 69.000
20X3	R$ 135.000	20%		**R$ 27.000**	R$ 108.000	R$ 42.000
20X4	R$ 135.000	20%		**R$ 27.000**	R$ 135.000	**R$ 15.000**
			Total	R$ 135.000		

* R$ 150.000 – R$ 15.000

A Ilustração 9.8 mostra o cálculo da despesa de depreciação anual, a depreciação acumulada e o valor contábil líquido do ativo. Observe que o valor contábil do final do ano 20X0 é obtido da seguinte forma: R$ 150 mil menos R$ 27 mil. Note também que a despesa de depreciação é a mesma nos cinco anos, de R$ 27.000, e que o valor contábil no final do quinto ano é igual ao valor residual estimado, de R$ 15.000. Como observamos na Ilustração 9.9, a despesa de depreciação nos cinco anos é uma linha reta, daí a origem dessa terminologia.

Ilustração 9.9 – Gráfico da despesa de depreciação pelo método da linha reta

DESPESA DE DEPRECIAÇÃO – MÉTODO DA LINHA RETA

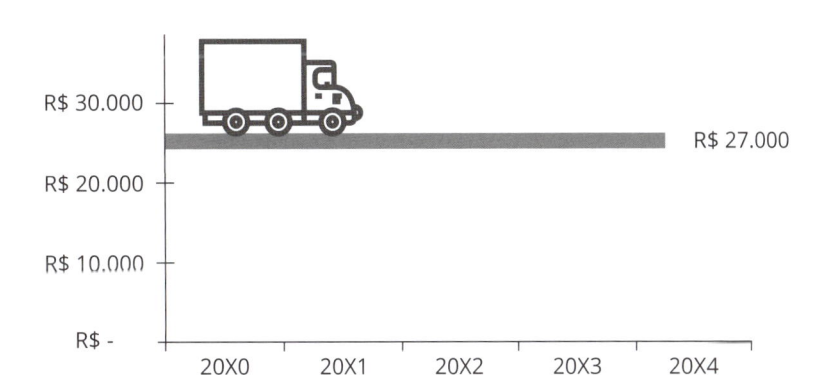

E como calcular o valor da despesa de depreciação, quando o bem for adquirido durante o ano, invés de ser em 1º de janeiro de 20X0? Nesse caso, é necessário calcular a taxa mensal de depreciação, e a despesa será calculada na proporção do ano que decorrerá. Por exemplo, verificamos que o valor apurado para a despesa anual foi de R$ 27.000. Para calcular a despesa mensal, basta dividirmos seu valor por 12 meses e depois, multiplicarmos pelo prazo que será depreciado do ativo. Suponhamos que a Transportadora Florença tenha adquirido os caminhões em 01 de outubro de 20X0. Portanto, o bem será depreciado em três meses (outubro, novembro e dezembro). O cálculo da despesa será: [(R$ 27.000 ÷ 12) × 3] = R$ 6.750. Ou pela taxa de depreciação, teríamos: (R$ 135.000 × 20%) × 3/12 do ano = R$ 6.750. Os exemplos aqui utilizados abordam o dia 01 dos meses. Mas como calcular a depreciação de um ativo adquirido no dia 07 ou 22? A regra que se costuma adotar é a seguinte: se o bem for adquirido em uma data qualquer no intervalo do dia 01 a 15 de janeiro, por exemplo, contabiliza-se esse mês todo. Caso o bem seja adquirido em uma data no intervalo de 16 a 31, contabilizaríamos a depreciação apenas para o mês de fevereiro. Isso facilita os cálculos, e não precisamos descer ao nível de valores de depreciação por dia, já que, materialmente, isso não seria significativo.

O método da linha reta é simples de ser usado e permite que a despesa seja confrontada com a receita de maneira apropriada. A utilização desse ativo também é uniforme durante a sua vida útil, como ocorre com móveis e utensílios, edificações, galpões, hangares ou armazéns.

Ética!

A taxa de depreciação anual deve ser a mais próxima possível da realidade. Além disso, a mudança da taxa utilizada deverá refletir o que está ocorrendo na empresa. Aumentar a taxa para com isso reduzir o lucro ou reduzi-la para melhorar o resultado do exercício é manipulação.

Método da soma dos dígitos dos anos

Esse método é considerado um método de depreciação acelerada, pois resulta em maiores valores de depreciação no início da vida útil do ativo, quando se compara com o método da linha reta. Já nos últimos anos da vida útil, o valor apurado por esse método será inferior ao método da linha reta. Os gestores podem escolher esse método quando estimam que a capacidade de produção desse ativo declina mais rapidamente no início da vida útil.

No exemplo anterior, da linha reta, vimos que a taxa de depreciação é de 20%. Nesse método, a taxa de depreciação é uma fração. Para o primeiro ano, o numerador é a vida útil estimada do bem (no nosso exemplo, 5 anos – 20X0 = 5). No ano seguinte, em 20X1, subtraímos 1 desse valor (5 – 1 = 4). Em 20X2, subtraímos 2 (5 – 2 = 3) e assim sucessivamente, até chegarmos a 1. Para o denominador, partimos da vida útil estimada do ativo e somamos os seus dígitos: 5 + 4 + 3 + 2 + 1 = **15**. A seguir, dividimos o numerador pelo denominador e multiplicamos por 100. A Ilustração 9.10 detalha o cálculo da taxa de depreciação por esse método.

Ilustração 9.10 – Cálculo da taxa de depreciação pelo método da soma dos dígitos

Ano	Cálculo Numerador	÷	Denominador	=	Taxa de Depreciação	Em %
20X0	5		15		0,3333	33,33%
20X1	4		15		0,2667	26,67%
20X2	3		15		0,2000	20,00%
20X3	2		15		0,1333	13,33%
20X4	1		15		0,0667	6,67%
Total	15				1	100%

Para calcularmos o valor da despesa de depreciação, basta multiplicarmos o custo depreciável do bem pelas taxas de depreciação do respectivo período, conforme calculamos na Ilustração 9.11.

Ilustração 9.11 – Cálculo da despesa de depreciação em 20X0 pelo método da soma dos dígitos

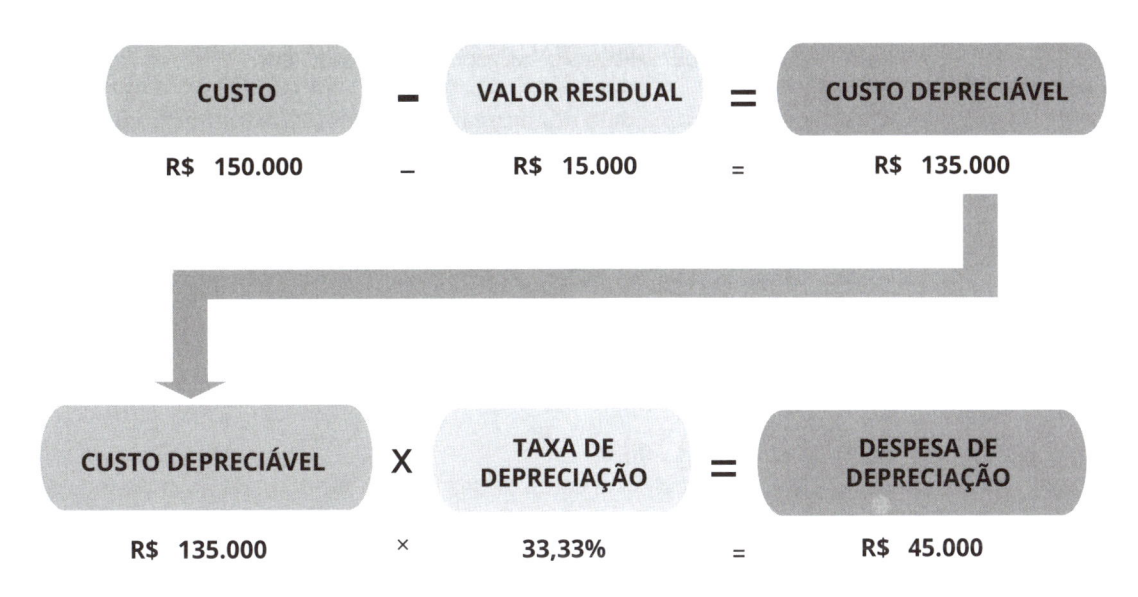

CUSTO − VALOR RESIDUAL = CUSTO DEPRECIÁVEL

R$ 150.000 − R$ 15.000 = R$ 135.000

CUSTO DEPRECIÁVEL × TAXA DE DEPRECIAÇÃO = DESPESA DE DEPRECIAÇÃO

R$ 135.000 × 33,33% = R$ 45.000

Para 20X1, o custo depreciável será multiplicado pela taxa de depreciação apurada para esse ano (R$ 135.000 × 26,67%). E assim é feito para todos os exercícios seguintes, conforme mostramos na Ilustração 9.12.

Ilustração 9.12 – Tabela da despesa de depreciação pelo método da soma dos dígitos

	Transportadora Florença					
	Cálculo				Fim do Ano	
Ano	Custo Depreciável	×	Taxa de Depreciação	= Despesa de Depreciação Anual	Depreciação Acumulada	Valor Contábil
20X0	R$ 135.000	*	33,33%	**R$ 45.000**	R$ 45.000	R$ 105.000
20X1	R$ 135.000		26,67%	**R$ 36.000**	R$ 81.000	R$ 69.000
20X2	R$ 135.000		20,00%	**R$ 27.000**	R$ 108.000	R$ 42.000
20X3	R$ 135.000		13,33%	**R$ 18.000**	R$ 126.000	R$ 24.000
20X4	R$ 135.000		6,67%	**R$ 9.000**	R$ 135.000	**R$ 15.000**
			Total	R$ 135.000		

* R$ 150.000 − R$ 15.000

Como podemos verificar na Ilustração 9.12, o valor da despesa de depreciação calculada por esse método será maior nos primeiros períodos da vida útil do bem, reduzindo com o passar do tempo. A defesa pela adoção desse método se deve ao fato de que, com o passar dos anos, os bens necessitam de gastos com manutenções e reparos, o que tornaria as despesas, de certa forma, mais uniformes. A Ilustração 9.13, demonstra graficamente a despesa de depreciação nos cinco anos.

Ilustração 9.13 – Gráfico da despesa de depreciação pelo método dos saldos decrescentes

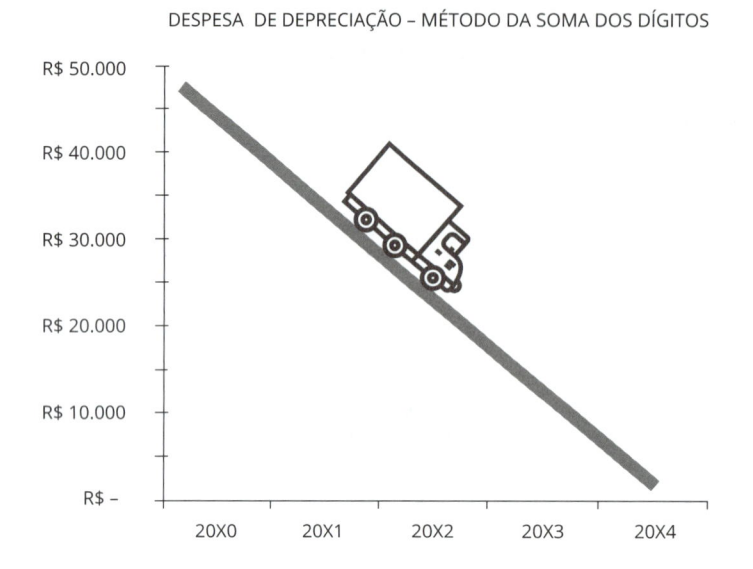

DESPESA DE DEPRECIAÇÃO – MÉTODO DA SOMA DOS DÍGITOS

Como podemos observar na Ilustração 9.13, nos primeiros anos da vida útil, seu valor é maior e vai diminuindo com o passar da vida útil.

Método das unidades de atividade

Como mostramos anteriormente, a vida útil pode ser estimada tanto em anos como em unidades de atividades. Pelo método das unidades de atividade usado para calcular a despesa de depreciação, a vida útil é expressa em termos de unidades totais de produção. Esse método é indicado para máquinas utilizadas nas fábricas e indústrias, pois a produção pode ser medida tanto em termos de unidades produzidas como em horas-máquina. Esse método também pode ser aplicado para veículos (por quilômetros rodados) e aeronaves (horas de uso). Porém, não é recomendado para ativos que não podem ser medidos por atividades, como móveis e utensílios e edificações.

Para calcular a despesa de depreciação pelo método das unidades produzidas nos caminhões para entrega da Transportadora Florença, vamos supor que esses veículos são capazes de rodar um total de 500.000 km. A Ilustração 9.14 demonstra como é feito o cálculo da despesa de depreciação por esse método.

Ilustração 9.14 – Cálculo da despesa de depreciação pelo método das unidades de atividade

CUSTO DEPRECIÁVEL ÷ TOTAL DE UNIDADES = DEPRECIAÇÃO POR UNIDADE

R$ 135.000 ÷ 500.000 km = R$ 0,27 / km

DEPRECIAÇÃO POR UNIDADE X UNIDADES DURANTE O ANO = DESPESA DE DEPRECIAÇÃO

R$ 0,27 × 25.000 km = R$ 6.750

Como cada ano apresentará uma quantidade de unidades produzidas, a despesa de depreciação variará em função desse total. Assim, basta multiplicarmos o valor da depreciação por unidade pela quantidade de unidades produzidas no período (25.000 km), como podemos ver na Ilustração 9.14.

Na Ilustração 9.15 é apresentada a tabela com o cálculo da despesa de depreciação utilizando-se o método das unidades de atividades. A primeira coluna traz a informação da quantidade de quilômetros rodados pelos caminhões nos cinco anos. Essa quantidade é multiplicada pelo custo de depreciação por unidade para obtermos a despesa de depreciação anual.

Ilustração 9.15 – Tabela da despesa de depreciação pelo método das unidades de atividade

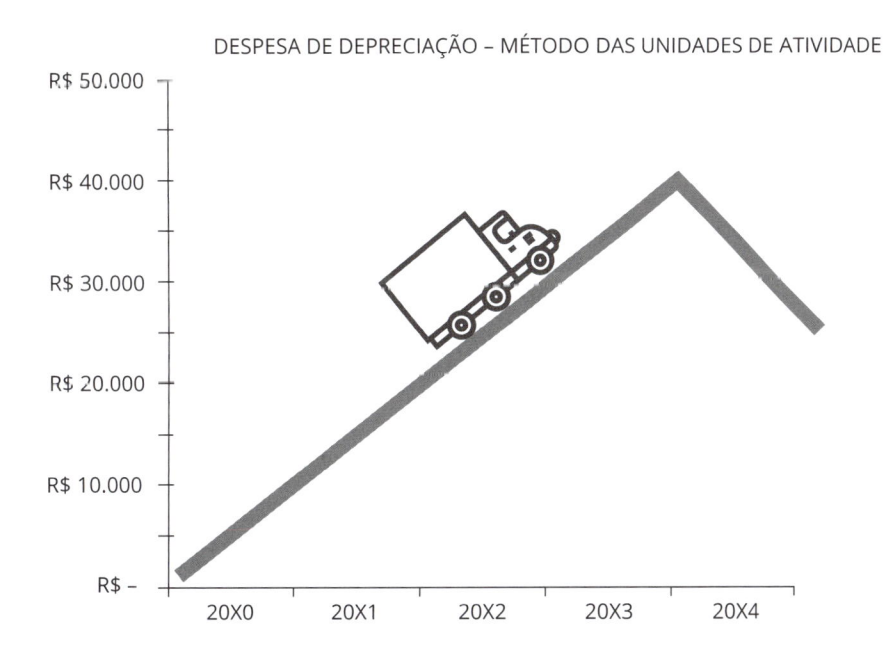

	Transportadora Florença					
	Cálculo				Fim do Ano	
Ano	Unidades de Atividade (Km)	× Custo de Depreciação por Unidade	= Despesa de Depreciação Anual		Depreciação Acumulada	Valor Contábil
20X0	25.000	R$ 0,27	**R$ 6.750**	R$	6.750	R$ 143.250
20X1	75.000	R$ 0,27	**R$ 20.250**	R$	27.000	R$ 123.000
20X2	125.000	R$ 0,27	**R$ 33.750**	R$	60.750	R$ 89.250
20X3	175.000	R$ 0,27	**R$ 47.250**	R$	108.000	R$ 42.000
20X4	100.000	R$ 0,27	**R$ 27.000**	R$	135.000	**R$ 15.000**
Total	500.000		R$ 135.000			

O gráfico da despesa de depreciação quando utilizamos o método das unidades de atividade é apresentado na Ilustração 9.16.

Ilustração 9.16 – Gráfico da despesa de depreciação pelo método das unidades de atividade

Como podemos observar na Ilustração 9.16, as unidades de atividades aumentaram de 20X1 a 20X3, por isso, temos uma reta crescente. Porém, em 20X4 houve uma redução nas atividades, por isso, a despesa decresce.

Escolha da administração: comparação dos métodos

A Ilustração 9.17 apresenta a comparação entre os três métodos de alocação da despesa de depreciação, tanto total, quanto ano a ano.

Ilustração 9.17 – Valores da despesa de depreciação nos três métodos

Ano	Linha Reta	Soma dos Dígitos	Unidades de Atividade
20X0	R$ 27.000	R$ 45.000	R$ 6.750
20X1	R$ 27.000	R$ 36.000	R$ 20.250
20X2	R$ 27.000	R$ 27.000	R$ 33.750
20X3	R$ 27.000	R$ 18.000	R$ 47.250
20X4	R$ 27.000	R$ 9.000	R$ 27.000
	R$ 135.000	R$ 135.000	R$ 135.000

Podemos observar que a despesa de depreciação anual varia consideravelmente entre os métodos, mas o total da depreciação é o mesmo para os cinco períodos.

Conforme exposto anteriormente, para fins gerenciais ou societários, as entidades podem optar por um dos três métodos aqui apresentados ou até mesmo mais de um deles (de acordo com a maneira de utilização do ativo imobilizado).

Divulgação da depreciação em notas explicativas

A escolha do método de depreciação deve ser evidenciada nas Notas Explicativas às demonstrações contábeis.

Prática

Um exemplo de nota explicativa encontra-se a seguir: "Os terrenos da empresa não são depreciados. Os outros ativos do imobilizado são depreciados utilizando o método linear, tendo por base a estimativa da vida útil, conforme demonstrado por tipo de ativo a seguir."

ANTES DE PROSSEGUIR

1. Explique como é alocada a despesa de depreciação do bem pelo método linear.
2. Por que se diz que o método da soma dos algarismos dos anos é um método decrescente de alocação da despesa de depreciação? Explique.
3. Como é estimada a vida útil no método das unidades de atividades?

Revisando a despesa de depreciação

⊕ Objetivo (5) → Apresentar o procedimento de revisão da despesa de depreciação

A despesa de depreciação anual deve ser revisada periodicamente. Se o desgaste ou obsolescência indicar que a depreciação anual é inadequada ou excessiva, a despesa de depreciação deverá ser recalculada.

Quando a mudança em uma estimativa é requerida, a mudança deve ser feita no ano corrente e futuro, mas não nos exercícios anteriores. A razão para não haver mudanças nos períodos já depreciados consiste no fato de que isso afetará negativamente a confiança do usuário nas demonstrações contábeis.

Além disso, mudanças significantes nas estimativas devem também ser evidenciadas nas notas explicativas da entidade. Isso ocorre, pois aumentar a vida útil estimada dos ativos reduz a despesa de depreciação e aumenta o lucro.

DESPESAS DURANTE A VIDA ÚTIL

Conforme explicamos na introdução, uma entidade terá gastos durante a vida útil de um ativo, seja por manutenção preventiva, como a troca de óleo em um veículo, a troca de uma correia em uma máquina ou mesmo a pintura de um prédio. Essas despesas são reparos para manter a eficiência das operações e a produtividade esperada do ativo imobilizado. Esses gastos são contabilizados como despesas do período e imediatamente confrontados com a receita do período.

Existem também aqueles gastos que aumentam a expectativa de vida útil do ativo ou aumentam a sua capacidade produtiva ou a sua eficiência operacional. Esses gastos, denominados despesas de capital, são geralmente valores materiais e que não ocorrem com frequência e que, por isso, são contabilizados ao valor do ativo imobilizado e também depreciados.

As despesas de capital precisam ser feitas com base na análise do custo × benefício entre desembolsar valores relevantes em um ativo usado ou adquirir um novo (e que pode, inclusive, ter direito a garantias).

IMPAIRMENTS

Conforme mencionado anteriormente, o valor contábil de um ativo raramente será o mesmo valor de mercado, já que um ativo pode se tornar obsoleto. Em certas situações, esses ativos que saíram de circulação podem apresentar um valor de mercado extremamente baixo ou, excepcionalmente, bastante valorizado. Um exemplo desse segundo caso são alguns modelos dos carros antigos que, por serem raros e objeto de desejos de colecionadores, passam a ter valores maiores do que a verdadeira utilidade.

O declínio permanente no valor de mercado ou do valor em uso de um ativo é chamado na literatura como impairment (perda). Em casos de valorização do ativo, esses valores não são reconhecidos, porém, se houver desvalorização, essa perda precisará ser contabilizada no exercício em que for reconhecida. Para verificar se há perda do benefício econômico esperado pelo ativo, é necessário fazer o teste de recuperabilidade *(impairment test)*.

O registro contábil da perda é feito na demonstração do resultado e seu efeito reduz o valor do ativo. Esse reconhecimento faz com que haja um recálculo na despesa de depreciação dos períodos após a baixa por *impairment*.

Alienação de ativos imobilizados

⊕ Objetivo (6) → Explicar como contabilizar a venda de ativos imobilizados

As entidades podem decidir vender aqueles ativos imobilizados que julgarem não serem mais úteis. Podemos citar três situações em que a alienação de um ativo imobilizado é feita: (1) o equipamento é vendido a um comprador interessado; (2) o equipamento será descartado; (3) o equipamento existente é trocado por um mais novo.

Para o registro da venda ou baixa do ativo, deve-se considerar o valor contábil do bem (valor pago pelo ativo menos a depreciação acumulada e menos ajuste por perda ocorrida no teste de *impairment*). Caso a depreciação seja contabilizada apenas anualmente, devemos reconhecer a proporcionalidade até a data em que a venda será realizada e, só aí, registrar a baixa. O valor referente à depreciação acumulada será debitado e o valor do custo do bem será creditado.

Venda de ativos imobilizados

No caso de alienação de um imobilizado, o valor contábil é comparado com o valor recebido pelo bem. Se esse valor for superior, haverá um ganho; caso seja inferior, ocorrerá uma perda na venda de imobilizado. É incomum que esses dois valores sejam coincidentes, sendo os ganhos e perdas mais frequentes.

Ganho na venda. Para ilustrar o registro contábil referente à venda de um ativo imobilizado com ganho, veja o seguinte exemplo: suponha que um escritório de arquitetura resolva redecorar suas instalações, desfazendo-se dos móveis antigos, em 30/09/20X9, por R$ 14.000. O custo de aquisição do imobilizado foi de R$ 50.000 e sua vida útil estimada é de 10 anos. O bem já fora depreciado por 7 anos. O valor da depreciação acumulada, portanto, é R$ 35.000 (R$ 50.000 ÷ 10 × 7).

O valor da despesa de depreciação anual é de R$ 5.000 (R$ 50.000 ÷ 10) e mensal de R$ 416,67 (R$ 5.000 ÷ 12). Como em 20X9 se passaram 9 meses, o valor da despesa de depreciação será R$ 3.750 (R$ 416,67 × 9). O registro da depreciação referente ao exercício de 20X9 será:

Data		Débito	Crédito
30/09/20X9	Despesa de Depreciação	3.750	
	Depreciação Acumulada		3.750
	Despesa de depreciação dos móveis e utensílios referente aos 9 meses de 20X9.		

Ilustração 9.18 – Cálculo do ganho na venda do imobilizado

Custo de aquisição dos móveis e utensílios			R$	50.000
(–) Depreciação acumulada				
– até 31/12/20X8	R$	35.000		
– de 31/12/20x8 a 30/09/20X9	R$	3.750	(R$	38.750)
Valor contábil na data da venda			R$	11.250
Valor da venda			R$	14.000
Ganho na venda dos móveis e utensílios			**R$**	**2.750**

A Ilustração 9.18 apresenta o cálculo do ganho na venda do imobilizado, de R$ 2.750. O registro contábil do ganho é apresentado a seguir:

Data		Débito	Crédito
30/09/20X9	Caixa	14.000	
	Depreciação Acumulada	38.750	
	Móveis e Utensílios		50.000
	Ganho na Venda do Imobilizado		2.750
	Venda de móveis e utensílios com ganho.		

Perda na venda. Suponha que, no exemplo apresentado anteriormente, o valor da venda dos móveis e utensílios fora de R$ 10.000, ao invés de R$ 14.000. Nesse caso, a perda na venda foi de R$ 1.250, conforme apresentado na Ilustração 9.19.

Ilustração 9.19 – Cálculo da perda na venda do imobilizado

Custo de aquisição dos móveis e utensílios			R$ 50.000
(–) Depreciação acumulada			
– até 31/12/20X8	R$	35.000	
– de 31/12/20X8 a 30/09/20X9	R$	3.750	(R$ 38.750)
Valor contábil na data da venda			R$ 11.250
Valor da venda			R$ 10.000
Perda na venda dos móveis e utensílios			**(R$ 1.250)**

O registro contábil da perda na venda do imobilizado é apresentado a seguir:

Data		Débito	Crédito
30/09/20X9	Caixa	10.000	
	Depreciação Acumulada	38.750	
	Perda na Venda do Imobilizado	1.250	
	Móveis e Utensílios		50.000
	Venda de móveis e utensílios com perda.		

Como vimos no Capítulo 5, o valor referente a ganhos ou perdas na venda do imobilizado é registrado na demonstração de resultado, na seção "outras receitas e despesas operacionais".

"Aposentando" um ativo imobilizado

Alguns ativos não são vendidos, pois são utilizados por toda a sua vida útil. Isso ocorre, pois esses bens não possuem mercado ativo, devido à sua especificidade, como certos bens utilizados em indústrias petrolíferas, por exemplo. Esses bens, após o final da sua vida útil, são "aposentados" ou "descartados".

Nesse caso, o registro é realizado como se estivesse sendo feita uma venda do bem, porém sem a entrada de caixa. A depreciação acumulada é debitada pelo valor do bem ao final de sua vida útil. O valor pago pelo ativo (custo histórico) será creditado. Portanto, não há ganho ou perda, já que o valor contábil do bem é o custo histórico subtraído da depreciação acumulada.

Existem situações, ainda, em que a empresa incorre em gastos para que esses ativos sejam desinstalados, descartados ou mesmo para a recuperação do local onde haviam sido instalados. São denominadas de obrigações pela retirada de ativos de longo prazo, conhecidas por AROs *(Asset Retirement Obligations)*. Nesse caso, as empresas devem estimar os valores que serão pagos ao final da utilização desse ativo e reconhecer a provisão, no passivo não circulante, em seu balanço patrimonial. A contrapartida é reconhecida diretamente no custo do ativo imobilizado, sendo o seu valor mensurado por meio de um fluxo de caixa descontado a valor presente por uma taxa de juros que melhor reflita as condições do mercado.

> **ANTES DE PROSSEGUIR**
> 1. O que é o teste de recuperabilidade (*impairment test*)?
> 2. Como são apurados os ganhos e perdas na venda de imobilizados?
> 3. Qual é o registro contábil efetuado quando um ativo imobilizado é "aposentado"?

Analisando os ativos imobilizados

Objetivo (7) → Descrever os métodos para avaliar o uso dos ativos imobilizados

Das informações apresentadas nas demonstrações contábeis é possível analisar qual o nível de utilização dos ativos imobilizados pelas companhias, auxiliando os gestores na tomada de decisão. Vamos apresentar três medidas utilizadas para analisar os ativos imobilizados: o **retorno sobre o ativo**; o **giro do ativo** e o **prazo de vida útil dos imobilizados**.

RETORNO SOBRE ATIVO

O retorno sobre ativo é calculado pela divisão do lucro líquido pela média do valor dos ativos (soma do total dos ativos no início do período e no fim, dividida por 2). Indica quanto do lucro líquido foi gerado por cada real investido nos ativos, sendo que, quanto maior o valor do retorno do ativo, maior a rentabilidade da entidade.

Sejam os dados da Tecelagem Flores e da Tecelagem Padrão:

	Tecelagem Flores	Tecelagem Padrão
Lucro líquido – 20X1	12	400
Lucro líquido – 20X2	39	300
Ativo total – 20X0	371	2.000
Ativo total – 20X1	625	5.000
Ativo total – 20X2	844	8.000
Receita líquida – 20X1	114	1.200
Receita líquida – 20X2	213	4.590
(Valores em Milhões R$)		

Os retornos sobre ativo das empresas para os anos de 20X1 e 20X2 são apresentados na Ilustração 9.20.

Ilustração 9.20 – Retorno sobre ativo

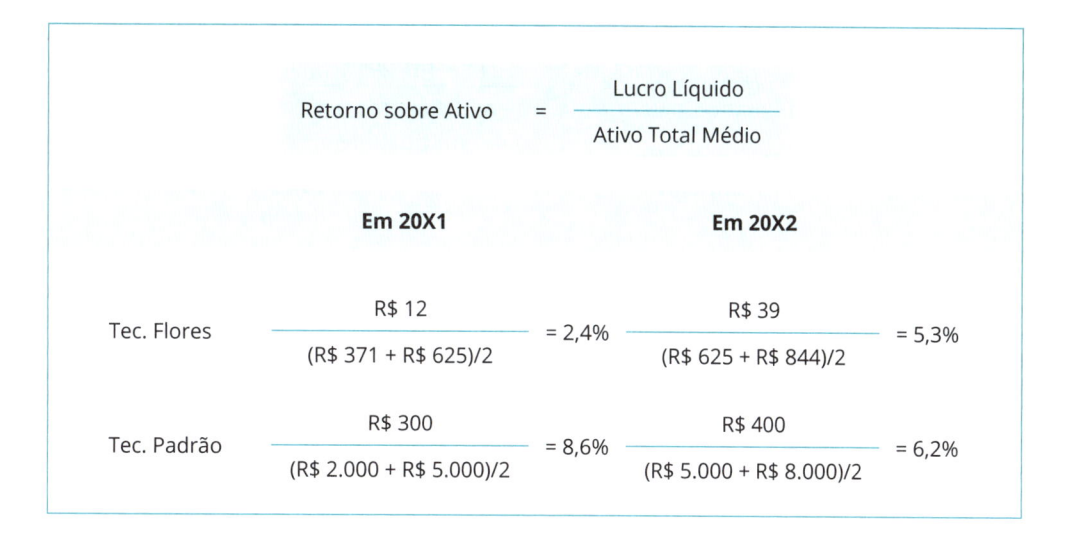

$$\text{Retorno sobre Ativo} = \frac{\text{Lucro Líquido}}{\text{Ativo Total Médio}}$$

	Em 20X1	Em 20X2
Tec. Flores	$\dfrac{R\$\ 12}{(R\$\ 371 + R\$\ 625)/2} = 2{,}4\%$	$\dfrac{R\$\ 39}{(R\$\ 625 + R\$\ 844)/2} = 5{,}3\%$
Tec. Padrão	$\dfrac{R\$\ 300}{(R\$\ 2.000 + R\$\ 5.000)/2} = 8{,}6\%$	$\dfrac{R\$\ 400}{(R\$\ 5.000 + R\$\ 8.000)/2} = 6{,}2\%$

Pela Ilustração 9.20, podemos observar que a Tecelagem Flores é uma empresa de menor porte, quando comparamos com a Padrão. Essa observação é feita baseada no valor dos seus ativos totais e da sua receita. Entretanto, quando comparamos os retornos, verificamos que, no ano de 20X2, os valores foram muito próximos (5,3% e 6,2%). Isso demonstra que, mesmo tendo um porte menor, a Tecelagem Flores se mostrou eficiente.

É importante notar que esse índice tem sido criticado na literatura. A razão disso é o fato de que o retorno dos ativos de uma empresa é dado pelo lucro operacional, sendo que os itens da DRE após esse lucro são distribuição do resultado. Dessa forma, alguns entendem que essa forma de cálculo não é a mais adequada. Entretanto, os autores mantiveram essa expressão pelo fato de ser amplamente utilizada.

Pergunta	Informação Necessária	Fórmula	Uso
A empresa usa seus ativos eficientemente?	Lucro líquido e ativo total médio	Retorno sobre Ativo = Lucro Líquido/ Ativo Total Médio	Quanto que a entidade está gerando de resultado a partir do uso de seus ativos. Retornos mais altos sugerem eficiência no uso dos ativos

GIRO DO ATIVO

O giro do ativo indica o nível de eficiência de uma entidade no uso de seus ativos, ou seja, quantos reais são gerados de receita para cada real investido em ativos. Esse índice é obtido pela divisão do valor das receitas líquidas pelo ativo total médio. O resultado obtido no índice demonstra que, quando comparamos duas empresas, aquela que apresentar o maior indicador está operando com maior eficiência, pois está gerando maiores receitas por valor de real investido em seus ativos.

Partindo das informações apresentadas para as Tecelagens Flores e Padrão, vamos calcular o giro do ativo para os anos de 20X1 e 20X2, conforme apresentamos na Ilustração 9.21.

Ilustração 9.21 – Giro do ativo

$$\text{Giro do Ativo} = \frac{\text{Receita Líquida}}{\text{Ativo Total Médio}}$$

	Em 20X1	Em 20X2
Tec. Flores	$\dfrac{R\$\ 114}{(R\$\ 371 + R\$\ 625)/2} = 0{,}23 \text{ vez}$	$\dfrac{R\$\ 213}{(R\$\ 625 + R\$\ 844)/2} = 0{,}29 \text{ vez}$
Tec. Padrão	$\dfrac{R\$\ 1.200}{(R\$\ 2.000 + R\$\ 5.000)/2} = 0{,}34 \text{ vez}$	$\dfrac{R\$\ 4.590}{(R\$\ 5.000 + R\$\ 8.000)/2} = 0{,}71 \text{ vez}$

Apesar de a Tecelagem Flores ter mostrado um aumento no indicador, de 20X1 para 20X2, ele ainda é inferior ao índice apurado pela Tecelagem Padrão, demonstrando que esta é mais eficiente na geração de receitas que aquela.

Esse indicador é uma medida útil de eficiência para comparação de empresas de um mesmo setor, porém pode variar consideravelmente, quando utilizado para comparar setores diferentes, perdendo sua utilidade.

Pergunta	Informação Necessária	Fórmula	Uso
A empresa é eficaz ao gerar receitas a partir de seus ativos?	Receita líquida de vendas e ativo total médio	Giro do Ativo = Receita Líquida/ Ativo Total Médio	Indica as receitas geradas pela entidade a partir dos seus ativos. Maiores margens sugerem que a entidade é eficaz na utilização dos seus recursos na geração de receitas

REVISÃO DA MARGEM DE LÍQUIDA

No Capítulo 5, aprendemos que a margem líquida é calculada pela divisão do lucro líquido pela receita líquida. Ela demonstra se a entidade é eficiente em obter lucros a partir de suas receitas – quanto de lucro é obtido por cada real de receitas geradas.

Aqui, podemos verificar que o retorno sobre ativo também pode ser obtido pela multiplicação da margem líquida com o giro do ativo como apresentado na Ilustração 9.22.

Ilustração 9.22 – Composição do retorno sobre ativo

$$\text{Margem Líquida} \times \text{Giro do Ativo} = \text{Retorno sobre Ativo}$$

$$\frac{\text{Lucro Líquido}}{\text{Receita Líquida}} \times \frac{\text{Receita Líquida}}{\text{Ativo Total Médio}} = \frac{\text{Lucro Líquido}}{\text{Ativo Total Médio}}$$

Essa relação torna-se importante aos gestores, visto que, se pretendem aumentar o retorno do ativo, devem aumentar ou a margem líquida (quanto a entidade ganha por cada venda realizada) ou o giro do ativo (ou o volume de produtos vendidos). Determinados setores apresentam um giro mais alto, como no caso de livrarias ou postos de gasolina, por exemplo. Outras já possuem maiores margens, como é o caso das concessionárias de veículos.

PRAZO DE VIDA ÚTIL DO IMOBILIZADO

É importante que o usuário acompanhe a evolução do prazo de vida útil do imobilizado. Uma empresa que apresenta uma vida útil curta para seu imobilizado provavelmente irá necessitar fazer elevados investimentos nos próximos anos. Já uma empresa com uma vida útil elevada poderá reduzir seus investimentos, o que poderá ter reflexos no fluxo de caixa, na distribuição de dividendos, entre outros aspectos.

Em algumas empresas existem ciclos de reinvestimento. Nestes períodos geralmente o fluxo de caixa é canalizado para a compra de equipamentos e renovação da planta industrial. Se o caixa existente não for suficiente, a empresa irá demandar novos empréstimos para fazer esses investimentos.

Assim, o acompanhamento da vida útil do imobilizado é fundamental para as empresas que renovam, de tempos em tempos, seu ativo imobilizado.

Pergunta	Informação Necessária	Fórmula	Uso
Qual o prazo da vida útil do imobilizado?	Valor do imobilizado líquido e despesa de depreciação do período	Vida útil = Imobilizado Líquido/Despesa de Depreciação	Mostra, em número de períodos, a vida remanescente do imobilizado

CAPEX

CAPEX é um acrônimo do termo em inglês *capital expenditure*. Em português, quer dizer despesas de capital ou investimento em bens de capital e pode ser definido como os valores despendidos para comprar um ativo imobilizado ou reformá-lo, quando esta reforma aumentar a sua vida útil.

ANTES DE PROSSEGUIR

1. Qual o propósito do índice retorno sobre ativo? Como ele é calculado?
2. Explique o índice giro do ativo. Como ele é calculado?
3. Quais são os dois componentes chave para explicar o retorno sobre ativo?

Ativos intangíveis

Objetivo (8) → Identificar as questões básicas relacionadas à evidenciação dos ativos intangíveis

Os ativos intangíveis são direitos, privilégios ou vantagens competitivas que resultam de ativos permanentes que não possuem substância física. Para muitas entidades, a maior parte dos seus ativos é de natureza incorpórea, como no caso das empresas de tecnologia e de Internet – seus maiores ativos são o **capital intelectual** dos funcionários, o **nome comercial** (como Google e HP) e a **marca** (a maçã mordida da Apple).

Muitos ativos intangíveis são evidenciados nas demonstrações contábeis, mas não todos. Como os valores que aparecem nas demonstrações contábeis representam o custo histórico dos ativos, podem não representar o verdadeiro valor da empresa, quando comparamos com seu valor de mercado. A diferença está nos ativos intangíveis que não são reconhecidos nas demonstrações.

Os ativos intangíveis podem ser evidenciados por contratos, licenças ou outros documentos e surgem de uma dessas formas:

1. Os órgãos reguladores ou governamentais emitem marcas, patentes, direitos autorais, franquias, nome comercial etc.
2. Pela aquisição de um negócio em que o preço pago inclui o pagamento de um *goodwill*.
3. Contratos de arrendamentos ou concessões, feitos pelo governo ou por monopólios privados.

CONTABILIZAÇÃO DOS ATIVOS INTANGÍVEIS

Os ativos intangíveis são reconhecidos nas demonstrações contábeis pelo custo. De acordo com as normas internacionais, os intangíveis são classificados de acordo com sua vida útil estimada: se é limitada ou indefinida. Se possuir vida útil **limitada**, o custo dos intangíveis deve ser alocado de acordo com a sua vida útil, em um processo de **amortização**, que é similar ao da depreciação. Os ativos que possuírem vida útil indefinida não devem ser amortizados.

O registro contábil é feito debitando-se a despesa de amortização. O crédito poderá ser feito de duas maneiras: (1) na própria conta de ativo; ou (2) em uma contraconta criada, denominada de amortização acumulada.

Os ativos intangíveis são tipicamente amortizados pelo método da linha reta. O custo do ativo será amortizado pelo período de vigência do contrato ou por sua vida útil, o que for menor. Por exemplo, se uma determinada patente tiver validade de 20 anos, este será o tempo utilizado. Caso essa patente seja de medicamento que será comercializado por apenas 15 anos e depois será retirado, esse será o prazo para a amortização.

Para ilustrar, suponha que o Life Laboratório S.A. tenha adquirido uma patente por R$ 40.000 e que sua vida útil estimada seja de 10 anos. A despesa de amortização anual é de R$ 4.000 (R$ 40.000 ÷ 10). O registro será:

Data		Débito	Crédito
31/12/20X7	Despesa de Amortização	4.000	
	Amortização Acumulada		4.000
	Amortização da patente do medicamento Beta.		

Ou:

Data		Débito	Crédito
31/12/20X7	Despesa de Amortização	4.000	
	Patente		4.000
	Amortização da patente do medicamento Beta.		

É importante avaliar corretamente a vida útil estimada do intangível e isso significa considerar fatores como obsolescência ou inadequação. Veja novamente o caso, por exemplo, das empresas de alta tecnologia, como de

Internet e computadores. Mesmo que, ao desenvolver uma nova tecnologia ou um novo componente, a empresa registre uma patente que tenha uma vida legal de 20 anos, por experiência, muitos desses itens raramente têm essa longevidade. Componentes menores, mais leves, de maior velocidade, etc., são desenvolvidos tão rapidamente, que deixariam esses itens obsoletos em tempo inferior à sua vida legal. Consequentemente, a despesa de amortização deverá ser computada conforme essa vida útil estimada, pois adotar a vida legal fará com que a despesa seja subestimada e o lucro líquido e o ativo intangível superestimados.

Pergunta	Informação Necessária	Fórmula	Uso
A amortização dos ativos intangíveis da entidade é razoável?	A vida útil estimada dos intangíveis apresentada nas notas explicativas da entidade e das entidades concorrentes	Se a vida útil estimada da entidade for significativamente superior à das concorrentes ou não parecer razoável às circunstâncias, as razões para as diferenças devem ser investigadas	Uma vida útil estimada muito alta resultará em uma despesa de amortização subestimada e em um lucro líquido superestimado

TIPOS DE ATIVOS INTANGÍVEIS

Patentes

Uma patente é um direito concedido pelo Instituto Nacional da Propriedade Industrial (INPI) a um inventor, para explorar com exclusividade esse invento. O INPI é a autarquia federal responsável pela concessão de marcas e patentes no Brasil. O direito de exclusividade é concedido por tempo limitado, geralmente, 20 anos a partir da data de concessão. Após esse período, esse direito cai em domínio público, ou seja, poderá ser usado por qualquer indivíduo, sem restrição.

Os valores gastos para o registro são os valores reconhecidos como ativo intangível. Caso a entidade necessite reconhecer judicialmente seu direito de exclusividade, os valores desembolsados nessas ações também serão ativados.

Gastos com pesquisa e desenvolvimento

Os gastos com pesquisa e desenvolvimento de novos produtos ou processos podem gerar marcas, patentes, direitos autorais e novos produtos. Para isso, muitas entidades despendem grande volume de dinheiro na condução de pesquisas e desenvolvimento de novos produtos ou processos.

Entretanto, há incertezas em identificar o tempo e a extensão dos benefícios desses gastos. Como resultado, os valores gastos com **pesquisas** deverão ser reconhecidos como despesas do período, dada a incerteza de sucesso. Já os gastos com **desenvolvimento** são ativados e serão amortizados assim que o produto for colocado no mercado.

Direitos autorais

Os direitos autorais são garantias concedidas pelos órgãos competentes a um inventor por sua obra – música, livro, programas de computador, aplicativos de celular, domínio literário, poemas etc. – impedindo que outros a utilizem indevidamente.

As normas internacionais, adotadas por muitos países, determinam que os direitos autorais sejam válidos mais 70 anos após o ano seguinte ao do falecimento do autor. Nos Estados Unidos, o período é de 50 anos após o falecimento. O reconhecimento do ativo é feito pelo custo do registro dos direitos autorais, acrescidos de eventuais gastos necessários para defender esses direitos. A vida útil do direito geralmente é significativamente menor que a sua vida útil legal.

Marcas e nomes comerciais

Uma marca ou nome comercial podem ser constituídos de letras, palavras, frase, símbolos ou formas gráficas que tornam a entidade ou um produto reconhecidos. Algumas marcas tornam-se tão conhecidas que acabam renomeando os produtos. Exemplos disso são: o amido de milho (Maizena), as hastes de flexíveis (Cotonetes), as fotocópias (Xerox), entre outros. O criador ou usuário da marca ou nome comercial que obtém o direito legal de utilização faz seu registro também no Instituto Nacional da Propriedade Industrial (INPI), e poderá utilizá-lo por 10 anos, podendo renová-lo por mais 10, quantas vezes tiver interesse.

Se uma marca ou nome comercial são criados internamente pela entidade, os valores pagos a *designers* gráficos, despesas com publicidade, advogados e taxas de registro e todos os custos necessários são reconhecidos como ativo, desde que sejam mensurados de forma direta e objetiva. Caso seja uma marca ou nome adquiridos, o preço pago é reconhecido como custo de aquisição. Como não possuem vida útil estimada, as marcas e nomes comerciais não estão sujeitos à amortização.

Franquias e licenças

As franquias são contratos nos quais o franqueador garante ao franqueado, sob o recebimento de um valor negociado (que pode ser um valor de investimento e/ou parte do faturamento), o direito de explorar sua marca ou nome comercial, de prestar serviços específicos, ou de vender seus produtos.

As licenças são direitos concedidos pelo poder público aos licenciados de prestar serviços públicos, tais como a exploração de linhas de ônibus e serviços de táxis; licenças para companhias telefônicas passar cabos subterrâneos; o uso de ondas de rádio ou televisão etc.

As franquias e licenças valem para um período predeterminado de tempo, indeterminado ou perpétuo. Quando o valor pago para a aquisição da franquia ou licença puder ser definido, esse valor é reconhecido como ativo intangível. Se a vida útil do contrato é definida, a amortização desse valor é feita usando esse período como base de cálculo; se for indefinida ou perpétua, esse valor não será amortizado. Caso sejam pagos valores referentes a parcelas do faturamento, esses valores são reconhecidos como despesas operacionais, no período em que incorrerem.

Goodwill

De modo geral, o intangível de maior valor em uma entidade é o *goodwill*. O *goodwill* representa o valor de todos os atributos favoráveis do negócio. Ele inclui todos os elementos que adicionam valor à entidade: como a alta qualidade dos seus produtos ou serviços, a habilidade ou o conhecimento intelectual dos empregados, a sinergia na produção ou prestação de serviços etc.

A grande dificuldade de reconhecimento do *goodwill* reside na mensuração do seu valor. Isso porque, diferentemente dos outros ativos, como terrenos, veículos, contas a receber, que podem ser vendidos separadamente, o *goodwill* só pode ser identificado no negócio "como um todo". É por esse motivo que a determinação do valor do *goodwill* sem a realização da venda torna-se extremamente subjetiva, o que pode contribuir para demonstrações contábeis não confiáveis. Portanto, o *goodwill* só é reconhecido nas demonstrações contábeis quando for adquirido em uma transação contábil que envolva a compra de um negócio. Assim, o *goodwill* é a diferença entre o valor pago pelo negócio e o valor contábil dos ativos líquidos (ativos menos passivos) adquiridos.

O registro contábil da aquisição será: debitam-se o valor dos ativos líquidos e o valor do *goodwill* e credita-se o valor pago pelo negócio. Como o *goodwill* não possui uma vida útil definida, seu valor não está sujeito à amortização. Entretanto, as entidades devem realizar o teste de recuperabilidade *(impairment test)* anualmente ou quando houver algum indício de perda (como danos físicos, obsolescência, mudança de operações etc.), com o objetivo de verificar se houve perda no valor do bem. Caso verifique a perda, esse valor deverá ser baixado.

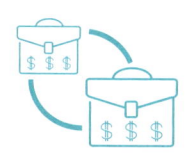

Pequena e Média Empresa

O ativo intangível não é exclusividade da grande empresa. Pequena e média empresa no setor de comércio podem possuir ponto comercial valorizado ou uma clientela fiel.

Ativos de longa duração nas demonstrações contábeis

Objetivo (9) → Indicar como os ativos não circulantes são apresentados no balanço patrimonial

APRESENTAÇÃO DO BALANÇO PATRIMONIAL

Os ativos de longa duração utilizados nas atividades operacionais das entidades são evidenciados no balanço patrimonial nos grupos do imobilizado, quando são materiais, ou no grupo dos intangíveis, quando não possuem substância física. São apresentados com as respectivas contracontas – depreciação ou exaustão acumulada e amortização acumulada, respectivamente; porém a amortização pode ser dispensada, quando for reduzida diretamente da própria conta.

A nota explicativa às demonstrações contábeis das entidades explica e detalha os tipos de ativos imobilizados, tais como edificações e benfeitorias, equipamentos etc., bem como os métodos utilizados para o cálculo da despesa de depreciação ou exaustão e a vida útil estimada dos bens.

Prática

A nota explicativa que trata da depreciação do imobilizado pode ter um texto como este: "A empresa apresenta a seguir o imobilizado pelo custo de aquisição ou custo de construção, conforme o caso. O custo de construção representa os custos necessários para colocar um ativo em condições de operação. O valor do imobilizado é apresentado líquido da depreciação acumulada e da perda por redução após a realização do teste de *impairment*. O valor detalhado da depreciação acumulada, da taxa de depreciação utilizada, do método de depreciação e do valor líquido encontram-se na tabela a seguir."

Para os intangíveis, a nota explicativa também informa quais bens a empresa possui, como direitos e concessões, marcas e patentes, *softwares* etc. Apresenta, ainda, a vida útil dos bens para explicar o valor calculado para a despesa de amortização. No caso dos investimentos, aqueles realizados em imóveis são reconhecidos pelo custo de aquisição e sujeitos à redução do valor realizável líquido, quando esse for menor que o custo. Para obras de arte, elas são reconhecidas pelo custo de aquisição deduzidas de perdas estimadas na realização do valor investido (como os decorrentes de estragos, perda de prestígio da obra etc.).

EXAUSTÃO

Destacamos até aqui a mensuração da depreciação e amortização. Para prédios, automóveis, máquinas, equipamentos, instalações, entre outros itens, associamos o conceito de depreciação. Para marcas, patentes, gastos com desenvolvimento, franquias etc., associamos o termo *amortização*. Já para os ativos que podem sofrer perda de potencial em razão da sua exploração, como é o caso de uma mina de ouro, o termo utilizado é **exaustão**. O processo contábil relacionado com a exaustão é basicamente o mesmo que apresentamos para depreciação e amortização.

APRESENTAÇÃO NA DEMONSTRAÇÃO DOS FLUXOS DE CAIXA

Na demonstração dos fluxos de caixa, vimos que as entidades evidenciam as aquisições e vendas de ativos de longo prazo na seção dos fluxos de caixa das atividades de investimento. Caso a entidade tenha realizado aquisições maiores que vendas, o fluxo será negativo, indicando que ela consumiu recursos nas atividades de investimento; caso contrário, se o fluxo é positivo, significa que a entidade gerou caixa ao se desfazer de ativos de longa duração.

ANTES DE PROSSEGUIR

1. Qual ativo intangível de maior valor e mais difícil de mensurar corretamente uma entidade pode apresentar?
2. Como uma entidade deve reconhecer os gastos referentes à pesquisa e desenvolvimento de novos produtos?
3. Em que situações as entidades não amortizam os ativos intangíveis? E de que maneira elas reconhecem as perdas?

EXERCÍCIO DE REVISÃO

Em 31/08/20X1, a Energy S.A. adquiriu novos equipamentos por R$ 12.000. Os custos com transporte e da instalação foram de R$ 1.500. A vida útil estimada, apresentada no seu manual de uso, informa que eles poderão ser usados por 8 anos, desde que realizadas as manutenções periódicas. Ao final desse período, os equipamentos poderão ser vendidos por um valor residual de R$ 900.

Pede-se:

a) Calcule o valor do custo depreciável.
b) Calcule os valores das despesas de depreciação anual da empresa pelos métodos linear e soma dos dígitos dos anos.
c) Faça o livro diário do registro da despesa de depreciação pelos dois métodos, para no primeiro ano.

Solução

Custo de aquisição	R$	12.000,00
Custo do transporte e instalação	R$	1.500,00
Total dos equipamentos	R$	13.500,00
Vida útil estimada		8 anos
Valor residual	R$	900,00

a) Valor depreciável = custo dos equipamentos − valor residual
   Valor depreciável = R$ 13.500,00 − R$ 900,00 = R$ 12.600,00
b) Método linear:
   Despesa de depreciação = valor depreciável ÷ vida útil estimada
   Despesa de depreciação = R$ 12.600,00 ÷ 8 anos = R$ 1.575,00
   Método da soma dos dígitos do ano:

Cálculo			Taxa de Depreciação	Em %	Custo depreciável		Despesa de Depreciação	
Numerador	÷	Denominador =						
8		36	0,2222	22,22%	R$	12.600,00	R$	2.800,00
7		36	0,1944	19,44%	R$	12.600,00	R$	2.450,00
6		36	0,1667	16,67%	R$	12.600,00	R$	2.100,00
5		36	0,1389	13,89%	R$	12.600,00	R$	1.750,00
4		36	0,1111	11,11%	R$	12.600,00	R$	1.400,00
3		36	0,0833	8,33%	R$	12.600,00	R$	1.050,00
2		36	0,0556	5,56%	R$	12.600,00	R$	700,00
1		36	0,0278	2,78%	R$	12.600,00	R$	350,00
Total		36					R$	12.600,00

c) Método linear:
   Despesa de Depreciação   R$ 1.575,00
       Depreciação Acumulada   R$ 1.575,00

   Método da soma dos dígitos do ano:
   Despesa de Depreciação   R$ 2.800,00
       Depreciação Acumulada   R$ 2.800,00

Um exemplo mais completo...

Em 31/12/20X8, a Rodys Incorporações S.A. apresentava um balanço composto pelos seguintes ativos imobilizados (valores em R$):

Terrenos		700.000
Edificações	2.500.000	
(−) Depreciação acumulada − Edificações	(350.000)	2.150.000
Equipamentos	230.000	
(−) Depreciação acumulada − Equipamentos	(86.250)	143.750
Total do Imobilizado		**2.993.750**

Durante 20X9 ocorreram as seguintes movimentações:

01/03: Compra de terrenos por R$ 200.000.

31/05: Venda de equipamentos que custaram R$ 60.000 (data de aquisição: 01/01/20X5). O equipamento foi vendido por R$ 40.000.

01/07: Venda de terrenos por R$ 100.000. O custo do terreno comprado em 01/03/20X0 foi de R$ 60.000.

01/10: Aquisição de novos equipamentos por R$ 35.000.

31/12: Aposentadoria dos equipamentos adquiridos há 10 anos, com custo de R$ 13.000 e sem valor residual.

Informações adicionais: (1) A vida útil estimada das edificações é de 25 anos e dos equipamentos de 10 anos; (2) os bens não possuem valor residual.

Pede-se:

a) Faça os registros em razonetes e diário e os ajustes referentes à depreciação do exercício de 20X9.

b) Elabore a seção do imobilizado no balanço patrimonial em 31/12/20X9.

Solução

Data	Conta	Débito	Crédito
01.03	Terrenos	200.000	
	Bancos		200.000
31.05	Despesa de depreciação	2.500	
	Depreciação acumulada		2.500
	Bancos	40.000	
	D.A. Equipamentos	26.500	
	Equipamentos		60.000
	Ganho na venda do imobilizado		6.500

Custo dos equipamentos	60.000
Vida útil	10 anos
Despesa de depreciação anual	6.000
Despesa de depreciação mensal	500
01/01/20X5 a 31/12/20X8	4 anos
01/01/20X9 a 31/05/20X9	5 meses
Depreciação acumulada	26.500
Valor contábil	33.500
Valor de venda	40.000
Ganho na venda	6.500

01.07	Bancos	100.000	
	Terrenos		60.000
	Ganho na venda do imobilizado		40.000
01.10	Equipamentos	35.000	
	Bancos		35.000
31.12	Despesa de depreciação	117.875	
	Depreciação acumulada – Edificações		100.000
	Depreciação acumulada – Equipamentos		17.875

Edificações	2.500.000
Vida útil	25 anos
Depreciação anual	100.000
Equipamentos – até 01/10	170.000
Vida útil	10 anos
Depreciação anual	17.000
Equipamentos – adquiridos 01/10	35.000
Vida útil	10 anos
Depreciação anual	3.500
Despesa de depreciação	875

31.12	Depreciação acumulada – Equipamentos	13.000	
	Equipamentos		13.000

Terrenos			
SI	700.000	60.000	01.07
01.03	200.000		
	840.000		

Edificações			
SI	2.500.000		
	2.500.000		

Equipamentos			
SI	230.000	60.000	31.05
01.10	35.000	13.000	31.12
	192.000		

D.A. Edific.			
		350.000	SI
		100.000	31.12
		450.000	

D.A. Equipam.			
31.05	26.500	86.250	SI
31.12	13.000	2.500	31.05
		17.875	31.12
		67.125	

Bancos			
SI	XXX	200.000	01.03
31.05	40.000	35.000	01.10
01.07	100.000		

Despesa de depreciação			
31.05	2.500		
31.12	117.875		
	120.375		

Ganho na venda do imobilizado			
		6.500	31.05
		40.000	01.07
		46.500	

b)

Terrenos		R$ 840.000
Edificações	R$ 2.500.000	
(–) Depreciação acumulada – Edificações	– R$ 450.000	R$ 2.050.000
Equipamentos	R$ 192.000	
(–) Depreciação acumulada – Equipamentos	– R$ 67.125	R$ 124.875
Total do Imobilizado		**R$ 3.014.875**

Usando a Informação Contábil

Considere a demonstração do resultado do exercício da Indústria Toy4Kids no exercício de 20X4 a seguir (valores em R$ Mil):

Demonstração do Resultado do Exercício		
	20X5	**20X4**
Receita de Vendas	3.420	2.050
(–) Devoluções de Vendas	(315)	(150)
Receita Líquida	3.105	1.900
(–) CMV	(2.018)	(1.330)
Lucro Bruto	1.087	570
(–) Despesas Operacionais	(525)	(260)
Lucro Antes das Receitas e Despesas Financeiras	562	310
(–) Despesas Financeiras	(300)	(30)
(+) Receitas Financeiras	150	80
Lucro Líquido	412	360

Os saldos do ativo, no balanço patrimonial eram (valores em R$ Mil):

	20X5	20X4	20X3
Ativo Total	12.680	8.550	6.320

Com base nessas informações, calcule:

a) Retorno sobre ativo.
b) Giro do ativo.

Solução

a) *Retorno sobre ativo = Lucro líquido/Ativo total médio. Em 20X5, o retorno sobre ativo = R$ 4.12/[(R$ 12.680 + R$ 8.550)/2] = 0,038 ou 3,8%; Em 20X4: R$ 360/[(R$ 8.550 + R$ 6.320)/2] = 0,048 ou 4,8%;*

b) *Giro do Ativo = Receita líquida / Ativo total médio. Em 20X5, o giro do ativo = R$ 3.105 /[(R$ 12.680 + R$ 8.550)/2] = 0,292 ou 29,2%; Em 20X4: R$ 1.900/[(R$ 8.550 + R$ 6.320)/2] = 0,255 ou 25,5%.*

Pelos cálculos realizados, podemos verificar que o retorno sobre o ativo reduziu, de 20X4 para 20X5, em um ponto percentual. Por outro lado, o giro do ativo aumentou em quase 4 pontos percentuais no mesmo período. Isso significa que a empresa aumentou as suas receitas, mas o lucro líquido não acompanhou a mesma proporção, devido ao aumento nas despesas operacionais e financeiras, em 20X5.

RESUMO DOS OBJETIVOS

Apresentar os investimentos permanentes e os métodos de avaliação – Os investimentos permanentes são aqueles que se adquire com o objetivo de obter ganhos, seja na forma de aluguéis, pela valorização, pelo recebimento de dividendos, ou ambos. Referem-se às propriedades para investimentos, às participações permanentes em outras companhias e outros investimentos permanentes, como as obras de arte. Podem ser avaliados pelo custo, valor justo ou pelo método de equivalência patrimonial.

Descrever como o princípio do custo se aplica nos ativos imobilizados – O custo do ativo imobilizado inclui todas as despesas necessárias para adquiri-lo e para que ele esteja pronto para ser usado. O custo é o valor referente à caixa ou equivalentes de caixa pagos pelo ativo.

Explicar o conceito de depreciação – É o processo de alocar o custo de aquisição de um ativo permanente como despesa, considerando sua vida útil estimada e um método sistemático. Não se trata de um fundo para a substituição do ativo e sim da recuperação de caixa de um desembolso que ocorreu no passado. A depreciação ocorre devido ao uso, desgaste ou obsolescência do bem.

Calcular a despesa de depreciação usando o método da linha reta e comparar seus resultados com os outros métodos – A fórmula para calcular a despesa de depreciação pelo método linear é: custo – valor residual/ vida útil estimada (em anos). Os três métodos de alocação da depreciação apresentados possuem as seguintes consequências: método da linha reta – valor da despesa de depreciação constante; método da soma dos dígitos dos anos – valor decrescente da despesa de depreciação; método das unidades de atividade – valor da despesa de depreciação variável (em função da quantidade produzida).

Apresentar o procedimento de revisão da despesa de depreciação – A revisão da depreciação periódica é realizada em períodos presente e futuro, não no passado. A nova despesa de depreciação anual é calculada pela divisão do custo depreciável no novo tempo de vida útil estimada restante do ativo.

Explicar como contabilizar a venda de ativos imobilizados – A contabilização de eventos referentes à venda de ativos imobilizados ou a sua retirada ("aposentadoria") faz-se: (a) creditando-se o valor contábil do bem na data do evento; (b) debitando-se o valor referente à entrada de caixa (caso haja); (c) debitando-se ou creditando-se a diferença entre o valor contábil e o valor de venda, se houver perda ou ganho, respectivamente.

Descrever os métodos para avaliar o uso dos ativos imobilizados – Os ativos imobilizados podem ser analisados por meio dos indicadores: retorno sobre ativo (ROA) e giro do ativo. O retorno sobre ativo pode ser obtido pela multiplicação da margem líquida e do giro do ativo.

Identificar as questões básicas relacionadas à evidenciação dos ativos intangíveis – Os ativos intangíveis são contabilizados pelo seu custo reduzido do valor amortizado. Se um intangível tem vida útil limitada, essa deve ser a base para a alocação da despesa de amortização. Caso o intangível tenha vida útil indefinida ou perpétua, ele não estará sujeito à amortização, mas deve-se fazer o teste de recuperabilidade (*impairment test*).

Indicar como os ativos não circulantes são apresentados no balanço patrimonial – Os ativos de longa duração utilizados na atividade operacional das entidades são classificados no balanço como imobilizados (se são bens corpóreos) ou intangíveis (se são bens incorpóreos). As notas explicativas trazem informações complementares às demonstrações, como: quais bens a entidade possui, qual a vida útil estimada e qual método é utilizado no cálculo das despesas de depreciação, amortização ou exaustão.

DECISÃO

Pergunta	Informação Necessária	Fórmula	Uso
A empresa usa seus ativos eficientemente?	Lucro líquido e ativo total médio	Retorno sobre Ativo = Lucro Líquido/Ativo Total Médio	Quanto que a entidade está gerando de resultado a partir do uso de seus ativos. Retornos mais altos sugerem eficiência no uso dos ativos
A empresa é eficaz ao gerar receitas a partir de seus ativos?	Receita líquida de vendas e ativo total médio	Giro do Ativo = Receita Líquida/Ativo Total Médio	Indica as receitas geradas pela entidade a partir dos seus ativos. Maiores margens sugerem que a entidade é eficaz na utilização dos seus recursos na geração de receitas
Qual o prazo da vida útil do imobilizado?	Valor do imobilizado líquido e despesa de depreciação do período	Vida útil = Imobilizado Líquido/Despesa de Depreciação	Mostra, em número de períodos, a vida remanescente do imobilizado.
A amortização dos ativos intangíveis da entidade é razoável?	A vida útil estimada dos intangíveis apresentada nas notas explicativas da entidade e das entidades concorrentes	Se a vida útil estimada da entidade for significativamente superior à das concorrentes ou não parecer razoável às circunstâncias, as razões para as diferenças devem ser investigadas	Uma vida útil estimada muito alta resultará em uma despesa de amortização subestimada e em um lucro líquido superestimado

DICIONÁRIO

Amortização – Processo de alocação do custo de um ativo intangível como despesa durante a sua vida útil estimada.

Arrendador – A parte que permite, mediante um contrato de arrendamento, que a outra parte use seu ativo, mediante o recebimento de uma contraprestação.

Arrendatário – A parte que concorda com um contrato de arrendamento mercantil para utilizar um ativo, mediante o pagamento de uma contraprestação, sem a necessidade de adquiri-lo.

Arrendamento financeiro – Contrato de longo prazo, no qual o arrendatário usa o ativo de um arrendador por quase toda a vida do ativo e, somente ao final, decide se quer adquiri-lo por um valor residual ou não. Sua contabilização é feita como a de uma compra financiada.

Arrendamento operacional – Contrato entre um arrendatário que usa um ativo de um arrendador, mediante o pagamento de uma contraprestação. Sua contabilização é feita como a de um aluguel.

Custo depreciável – Custo de aquisição de um ativo imobilizado menos seu valor residual.

Depreciação – Processo de alocação do custo de um ativo imobilizado como despesa durante a sua vida útil estimada de maneira sistemática.

Despesas de capital – Todos os gastos necessários para que esse ativo esteja pronto para ser utilizado deverão ser reconhecidos como custo do ativo imobilizado.

Despesas do período – São os gastos que não poderão ser reconhecidos como ativo, registrados como despesas e levados diretamente para o resultado. Exemplos: as despesas de manutenção periódica, gastos com reparos etc.

Direitos autorais – Direitos de exclusividade artística ou técnica adquiridos por um inventor, tais como uma música, livro, *software* etc. Possuem vida útil estimada de cerca de 70 anos após o falecimento do autor.

Exaustão – Processo de alocação do custo de ativos biológicos, como florestas ou animais reprodutores, ou de recursos naturais, como minas ou poços de petróleo, durante sua vida útil estimada.

Franquia – Um contrato em que o franqueado tem o direito de usar uma marca ou nome comercial, vender um produto ou prestar um serviço exclusivo, mediante o pagamento de um investimento e/ou de parcelas do seu faturamento.

Gastos com pesquisa e desenvolvimento – São gastos realizados com o objetivo de criar novos produtos ou processos que podem gerar marcas, patentes, direitos autorais ou novos produtos. Dada a incerteza, os valores referentes à pesquisa são contabilizados como despesas; já os gastos com desenvolvimento são ativados.

Giro do ativo – Medida de volume de vendas, calculada pela divisão da receita líquida pelo ativo total médio.

Goodwill – Valor de todos os atributos favoráveis de um negócio, tais como: a alta qualidade dos seus produtos ou serviços, a habilidade ou o conhecimento intelectual dos empregados, a sinergia na produção ou prestação de serviços etc.

Marca – Algo que distingue ou identifica uma determinada entidade ou produto, como letras, palavras, símbolos, figura etc.

Método da linha reta – Método no qual a despesa de depreciação do período é calculada dividindo-se o valor depreciável pela vida útil estimada. O valor calculado é o mesmo para todos os períodos (linear).

Método da soma dos dígitos do ano – Método no qual a despesa de depreciação do período é calculada multiplicando a taxa de depreciação pelo valor depreciável. A taxa de depreciação obtém-se dividindo a vida útil estimada do ativo pela soma dos dígitos dessa vida útil. A cada ano, o numerador vai sendo reduzido de 1.

Método das unidades de atividade – Método no qual a despesa de depreciação do período é calculada pela divisão do valor depreciável do ativo pela sua capacidade de produção estimada (quantidade de unidades produzidas, de horas trabalhadas etc.).

Método de custo – Por esse método os investimentos permanentes são reconhecidos pelo seu valor de aquisição deduzido de perdas prováveis na realização.

Método de equivalência patrimonial – São avaliados por esse método os investimentos permanentes em sociedades coligadas, controladas ou controladas em comum.

Método do valor justo – Os ganhos e perdas na avaliação dos investimentos permanentes devem ser reconhecidos no resultado em que incorreram, independentemente de terem sido realizados.

Nome comercial – O mesmo que marca.

Patente – Um direito exclusivo garantido a um inventor sobre seu invento, que pode ser um produto, um serviço, um processo etc. por um período estabelecido no registro (máximo de 20 anos).

Retorno sobre ativo – Mede a lucratividade da entidade gerada a partir dos seus ativos; seu cálculo é o lucro líquido dividido pelo ativo total médio.

Teste de recuperabilidade (impairment test) – Teste que verifica se o custo do ativo é recuperável ou não. Caso não seja recuperável, apura-se uma perda no valor do ativo e se deve baixá-lo.

Valor justo – Valor pelo qual um ativo pode ser negociado em um mercado ativo, em que não haja vantagem (favorecimento) para nenhuma das partes.

PROBLEMA DEMONSTRAÇÃO

A Majuri S.A. é uma montadora de veículos que adquiriu diversos investimentos à vista no ano de 20X4, conforme apresentados na tabela a seguir:

Obras de Arte	R$ 25.000,00
Propriedades para Investimento	R$ 130.000,00
Ações da Companhia BKM S.A.	R$ 35.000,00
Ações da Companhia HI-KA S.A.	R$ 250.000,00
Ações da Companhia Marinare S.A.	R$ 1.300.000,00
	R$ 1.740.000,00

Informações adicionais: (1) as ações da companhia BKM S.A. foram adquiridas para serem comercializadas nos exercícios seguintes; (2) as ações da HI-KA S.A. representam 25% do capital social da empresa; e (3) o investimento na Marinare S.A. representa 70% do capital social da empresa.

Com base nas informações apresentadas, faça os registros das aquisições no diário e elabore o balanço patrimonial da Majuri S.A.

Solução

Diário:

Obras de Arte	25.000	
Bancos		25.000
Propriedades para Investimento	130.000	
Bancos		130.000
Investimentos de Longo Prazo – BKM S.A.	35.000	
Bancos		35.000
Investimentos Avaliados pelo MEP – Coligada	250.000	
Bancos		250.000
Investimentos Avaliados pelo MEP – Controlada	1.300.000	
Bancos		1.300.000

Balanço Patrimonial

Ativo Não Circulante		
Realizável a Longo Prazo		
Ações da Companhia BKM S.A.	R$	35.000,00
	R$	**35.000,00**
Investimentos		
Obras de Arte	R$	25.000,00
Propriedades para Investimento	R$	130.000,00
Investimentos Avaliados pelo MEP – Coligada	R$	250.000,00
Investimentos Avaliados pelo MEP – Controlada	R$	1.300.000,00
	R$	**1.705.000,00**
TOTAL DO ATIVO NÃO CIRCULANTE	**R$**	**1.740.000,00**

QUESTÕES DE MÚLTIPLA ESCOLHA

1. Não são um ativo de longo prazo os(as):
    a) Máquinas e equipamentos.
    b) Investimentos em ações de outras sociedades mantidos para negociação.
    c) Obras de arte.
    d) Marcas e patentes.

2. Os investimentos permanentes em outras sociedades são avaliados pelo método do(a):
    a) Valor justo.
    b) Custo depreciado.
    c) Custo.
    d) Equivalência patrimonial.

3. São investimentos não avaliados pelo valor justo os(as):
   a) Imóveis adquiridos com o objetivo de uso futuro.
   b) Investimentos em ações de outras sociedades disponíveis para venda.
   c) Obras de arte.
   d) Propriedades para investimentos.

4. É exemplo de um ativo que pode sofrer depreciação:
   a) *Goodwill*.
   b) Terrenos.
   c) Propriedades para investimento.
   d) Nomes comerciais.

5. A depreciação é um processo de:
   a) Avaliação de ativos.
   b) Alocação de custos.
   c) Acumulação de caixa.
   d) A adequação do ativo a sua real capacidade de retorno econômico.

6. Uma entidade minimizará sua despesa de depreciação no primeiro ano de vida de ativo se usar:
   a) Uma alta vida útil estimada, um alto valor residual e o método das somas dos dígitos dos anos.
   b) Uma baixa vida útil estimada, um alto valor residual e o método de depreciação da linha reta.
   c) Uma alta vida útil estimada, um alto valor residual e o método de depreciação da linha reta.
   d) Uma baixa vida útil estimada, um baixo valor residual e o método das somas dos dígitos dos anos.

7. Quando há mudança na vida útil estimada:
   a) A depreciação passada deve ser revista.
   b) Somente a depreciação futura será corrigida.
   c) Somente a depreciação corrente deve ser revisada
   d) As depreciações corrente e futura devem ser revisadas.

8. Custos de fretes e montagem do imobilizado:
   a) Aumentam a conta de despesas com manutenção.
   b) Aumentam a conta de compras.
   c) São despesas de capital.
   d) São despesas do período.

9. Qual desses indicadores mensura a eficiência de uma companhia em empregar seus ativos?
   a) Retorno sobre ativo.
   b) Margem líquida.
   c) Giro do ativo.
   d) Tempo de uso.

10. Aponte qual dessas informações é verdadeira:
    a) Como os ativos intangíveis não possuem substância física, eles só serão evidenciados em notas explicativas às demonstrações contábeis.
    b) O *goodwill* será reconhecido em uma contraconta do patrimônio líquido.
    c) Os ativos intangíveis são combinados com os bens permanentes e com os recursos naturais e são evidenciados na seção do ativo imobilizado.
    d) Os bens de longa duração utilizados na atividade operacional e que não possuem substância física são classificados no grupo dos ativos intangíveis, no balanço patrimonial.

11. Se uma entidade evidencia o *goodwill* no seu balanço patrimonial, qual dessas informações você saberá com certeza:
    a) A entidade está bem avaliada e vale a pena investir nela.
    b) A entidade tem uma marca bem reconhecida.
    c) A entidade adquiriu outra entidade.
    d) O *goodwill* vai gerar muitas coisas "boas" para a entidade por muitos anos seguintes.

12. São exemplos de ativos sujeitos à depreciação, amortização e exaustão, respectivamente:
    a) Equipamentos, patentes e veículos.
    b) Desenvolvimento de produtos, direitos autorais e jazidas de minérios.
    c) Edificações, *goodwill* e poços de petróleo.
    d) Móveis e utensílios, concessões e florestas.

13. O significado do termo "valor residual" é:
    a) Valor de mercado do bem adquirido.
    b) Valor de revenda do ativo após a sua utilização.
    c) Valor de aquisição do ativo.
    d) Valor presente de um ativo adquirido de forma financiada.

14. Considerando o regime de competência e a continuidade das atividades de uma empresa, o ativo imobilizado terá como critério de avaliação:
    a) O custo de aquisição atualizado pela inflação e reduzido ao preço de mercado se este for menor.
    b) O custo de aquisição mais correção monetária deduzido de provisão para amortização.
    c) O custo de aquisição deduzido da depreciação, do desgaste ou perda de utilidade ou amortização ou exaustão.
    d) O custo de aquisição, ajustado pelo método da equivalência patrimonial.

QUESTÕES PARA REVISÃO

1. Como podem ser classificados os investimentos no balanço?
2. Quais são os principais tipos de investimento permanentes? Dê exemplos.
3. Como são mensuradas as propriedades para investimento? E as obras de arte?
4. O que significa método de equivalência patrimonial? Em que regime ele se baseia: caixa ou competência?
5. Qual a diferença entre o ativo imobilizado e o ativo intangível? Cite exemplos de cada grupo.
6. Os ativos imobilizados adquiridos a prazo podem incorrer em despesas financeiras. Como são contabilizados esses encargos?
7. O que são despesas do período? E despesas de capital? Diferencie esses dois conceitos.
8. Quando uma entidade adquire um ativo imobilizado e seu valor de mercado aumenta no período, ela deve reconhecer esse aumento? Explique.
9. Quando a entidade não tem condições de adquirir um ativo imobilizado, poderá arrendá-lo. Quais são as vantagens do arrendamento?
10. O que é a depreciação? Explique.
11. Que fatores afetam o cálculo da depreciação? Explique-os.
12. Como a despesa de depreciação é calculada quando a entidade utiliza o método da linha reta?
13. Qual a diferença entre o método de cálculo de depreciação da linha reta e o da soma dos dígitos dos anos?
14. Pelo método das unidades de atividade, como é estimada a vida útil dos ativos imobilizados?
15. É possível revisar a despesa de depreciação de um imobilizado? Se sim, qual é o procedimento?
16. O que é o *impairment test*? Qual seu efeito sobre o valor do imobilizado?
17. Quando uma entidade decide se desfazer de um imobilizado, como será contabilizada a venda? E se decidir "aposentá-lo"?
18. Como podemos calcular o retorno sobre ativo? Qual o significado desse indicador?
19. O que o giro do ativo indica? Como ele é calculado?
20. De que maneiras surgem os ativos intangíveis?
21. Quais são os tipos de ativos intangíveis mais comuns?
22. Os ativos intangíveis são depreciáveis? Explique.

EXERCÍCIOS BREVES

EB 1. Em contabilidade, os subgrupos investimentos (IV), imobilizado (IM) e intangível (IT) estão classificados no ativo não circulante. Leia os conceitos abaixo e identifique a que subgrupo se referem:

a) —————— Grupo composto por ativos de caráter permanente destinados à manutenção da atividade operacional da entidade.

b) ─────── Grupo que contempla os bens imateriais da entidade destinados à manutenção da companhia ou exercidos com essa finalidade.

c) ─────── Grupo formado por contas representativas de ativos de qualquer natureza, não classificáveis no ativo circulante e realizável a longo prazo, não relacionados diretamente à atividade operacional da entidade.

EB 2. A Cia. Souza e Sá adquiriu investimentos permanentes em obras de arte e propriedades para investimento no exercício de 20X7, cujos valores foram, respectivamente, de R$ 30.000 e R$ 200.000. No exercício seguinte, de 20X8, os valores justos dos investimentos no mercado eram de R$ 35.000 e de R$ 170.000, respectivamente. Os valores das propriedades reduziram, pois havia a expectativa de o governo asfaltar aquela região, o que não ocorreu. Faça a contabilização dos eventos em diário.

EB 3. A empresa de tecnologia Star S.A. adquiriu diversos investimentos no ano de 20X8. Verifique se esses investimentos devem ser avaliados pelo custo (C), custo depreciado (CD), valor justo (VJ) ou pela equivalência patrimonial (EP):

a) ─────── Terrenos que serão arrendados a terceiros, com o objetivo de obter receitas no período.

b) ─────── Uma participação de 10% no capital social da Cia. Beta, com o objetivo de vendê-la no exercício seguinte.

c) ─────── Um imóvel com edificação, que deverá ser alugado, para obtenção de receita de aluguéis.

d) ─────── Uma participação no capital social da empresa Gama S.A. de 55% do capital votante.

e) ─────── Uma obra de arte de um pintor que é referência no mercado de arte.

f) ─────── Uma participação de 15% no capital social da Ômega, que lhe dará direito de participar no conselho de administração.

EB 4. A Cia. Guerra adquiriu, em 02/01/20X3, 65% do capital votante da empresa Pacífica Ltda. à vista, por R$ 120.000. Em 31/12/20X3, o resultado líquido apurado pela Pacífica foi de R$ 15.000, dos quais foram destinados para dividendos um total de R$ 5.000 e o restante para reservas de lucros. Faça os registros dos eventos em diário.

EB 5. Em 03/10/20X7, Fabrícia Porto Ltda. decidiu comprar novos equipamentos para sua confecção. Os desembolsos efetuados todos à vista foram: preço pago pelos equipamentos = R$ 10.000; impostos incidentes = R$ 500; fretes e seguros = R$ 250; taxa de instalação = R$ 100; despesa de manutenção preventiva = R$ 350. Faça os registros contábeis da aquisição.

EB 6. Os equipamentos adquiridos pela Fabrícia Porto, no EB 5, possuem vida útil estimada de 5 anos e poderão ser vendidos por R$ 850, ao final de sua vida útil. Calcule a despesa de depreciação anual e mensal, adotando o método da linha reta.

EB 7. Ainda com respeito aos dados do EB 5, em 31/12/20X7, a confecção de Fabrícia precisará reconhecer a despesa de depreciação dos novos equipamentos. Faça o registro contábil necessário.

EB 8. A Cia. de Cimento Mármara adquiriu um terreno para expansão de sua empresa. Esse terreno, com valor de R$ 120.000, foi financiado em 5 anos. Os juros simples embutidos são de 5% ao ano. A construção de um galpão será finalizada no terceiro ano, no valor de R$ 100.000 quando iniciarão suas atividades. Qual o valor que deverá constar para esse imobilizado no balanço patrimonial, ao final do quinto exercício?

EB 9. A Indústria de Bebidas Vinhal Ltda. teve os seguintes gastos relacionados ao seu ativo imobilizado no ano de 20X9. Julgue os itens a seguir em (DP) se representam despesas do período ou em (DC) se se tratar de despesas de capital.

a) —————— Pagamento de comissão do corretor de imóveis na aquisição de terrenos.
b) —————— Gastos com advogados e escrituras do terreno adquirido.
c) —————— Pagamento do imposto IPTU, referente ao exercício de 20X9.
d) —————— Pagamento referente à instalação das novas máquinas.
e) —————— Despesas de seguro para cobrir possíveis acidentes de trabalho nas operações com as máquinas.
f) —————— Pagamento de despesa de publicidade, para pintar o *slogan* nos novos veículos adquiridos.
g) —————— Despesas com manutenção periódica das máquinas e equipamentos.

EB 10. Um caminhão foi adquirido em 01/01/20X3, pela Mineradora Forte, no valor de R$ 50.000. A vida útil estimada do veículo é de 8 anos ou de 100.000 km e sem valor residual. Responda:

a) Qual o valor da despesa de depreciação no primeiro ano, ao adotar o método da linha reta?
b) Qual o valor da depreciação acumulada do veículo, em 31/10/20X6?
c) Qual o valor da despesa de depreciação no oitavo ano, se a empresa adotar o método das unidades de atividade, sabendo que o veículo percorreu 7.900 km?

EB 11. Em 01/01/20X6, João Ribeiro adquiriu um veículo para utilizar como táxi, no valor de R$ 42.000. A quilometragem esperada do veículo é de 120.000 e, ao final, ele poderá vendê-lo pelo valor residual de R$ 12.000. Sabendo-se que o táxi percorreu 26.000 km, em 20X6, e 28.300, em 20X7, determine a despesa de depreciação para cada exercício.

EB 12. Em 01/09/20X4, uma copiadora da universidade decidiu adquirir uma nova máquina de tirar cópias, no valor de R$ 5.000. A máquina possui uma vida útil estimada de 1.000.000 cópias. Durante 20X4, a máquina tirou 60.000 cópias; em 20X5 – 216.000; em 20X6 – 264.000; em 20X7 – 294.000; em 20X8 – 166.000. Calcule a despesa de depreciação anual da máquina ao longo da sua vida útil, considerando que não haverá valor residual.

EB 13. Em 01/01/20X9, a Fábrica de Papel Colorido Ltda. possuía em seu balanço um equipamento cujo custo de aquisição foi de R$ 14.500 e depreciação acumulada de R$ 2.600. A depreciação acumulada foi calculada pelo método da linha reta, sendo o valor residual do bem de R$ 1.500 e vida útil estimada em 10 anos. Nessa data, a empresa concluiu que a vida útil do bem é de mais 4 anos apenas e mesmo valor residual. Calcule o valor da despesa de depreciação após a revisão da vida útil.

EB 14. Uma indústria de fabricação de massas resolveu, em 01/01/20X5, adquirir novas máquinas para sua planta. O valor total dos ativos foi de R$ 120.000. Como trabalharão em três turnos, esses equipamentos terão vida útil estimada de 5 anos com valor residual de R$ 15.000.

Pede-se:

a) Calcule a despesa de depreciação anual da máquina utilizando o método da soma dos dígitos.
b) Compare o resultado do item "a" com o encontrado quando utilizamos o método da linha reta.

EB 15. A empresa de tecnologia Sigma S.A. adquiriu o aplicativo de celular Star por R$ 1,5 milhão. O valor contábil líquido da Star registrado em seus livros era de R$ 1,2 milhão. Faça o registro contábil dessa aquisição.

EB 16. Uma fábrica de celulares desenvolveu um novo modelo de aparelho com uma tecnologia inovadora e pagou os seguintes valores no decorrer de dezembro de 20X3: gastos com pesquisas – R$ 120.000; desenvolvimento do produto – R$ 250.000; reconhecimento da marca e da patente do produto: R$ 20.000; gastos com registro do logotipo do aparelho: R$ 5.000. A empresa terá um direito de explorar com exclusividade o produto por 20 anos. Responda:

a) Qual o valor do intangível?
b) Qual o valor da despesa de amortização anual?
c) No final do quinto ano, qual o valor do intangível constará no balanço patrimonial?

EB 17. Um frigorífico vendeu à vista uma câmera refrigeradora de seu imobilizado por R$ 4.000. O custo de aquisição do bem foi de R$ 5.000 e a depreciação acumulada de R$ 1.300.

Pede-se:

Apure o valor do ganho ou perda dos equipamentos e faça o registro contábil do evento.

PROBLEMAS

PB 1. A Camisa Fina Ltda. adquiriu em 30/07/20X7 uma propriedade para investimento, para recebimento de aluguéis, no valor de R$ 400.000. Em 31/12/20X9, a prefeitura da cidade ampliou as linhas do metrô, o que fez com que a propriedade fosse valorizada, para R$ 500.000.

Pede-se:

Faça o registro contábil dos eventos.

PB 2. A Brasileirinha S.A. adquiriu 80% das ações da Argentus S.A. O patrimônio líquido da Argentus em 31/12/20X1 é de R$ 1.000.000, composto pelas contas: Capital Social = R$ 800.000; Reservas de Lucros = R$ 200.000. Ao final do exercício de 20X2, a companhia apurou o resultado de R$ 130.000. Destes, 50% foram destinados a título de dividendos e o restante foram para as reservas.

Pede-se:

a) Como se classifica o investimento realizado pela Brasileirinha?
b) Faça a contabilização em diário da aquisição da participação na Argentus.

PB 3. A Indústria Pinar S.A. foi organizada em 01/01/20X8. Durante o seu primeiro ano de operações, foram realizados os seguintes pagamentos e recebimentos:

1.	Aquisição de um imóvel para colocação da fábrica (terreno R$ 250.000 e edificação R$ 30.000)	R$ 280.000,00
2.	Impostos pagos pelo terreno no ato da compra	R$ 10.000,00
3.	Custo de demolição da edificação para construção de um novo prédio	R$ 5.000,00
4.	Recuperação de materiais na demolição do prédio	R$ 7.500,00
5.	Custo de terraplanagem do terreno	R$ 3.000,00
6.	Honorários do arquiteto e planta do novo prédio	R$ 12.000,00
7.	Pagamento integral da construção do novo prédio para a empresa de engenharia	R$ 300.000,00
8.	Custo do estacionamento e das calçadas	R$ 6.000,00

Pede-se:

Analise as transações e identifique quais delas se referem ao custo dos terrenos e quais são referentes às edificações. Aponte qual o custo total dos terrenos e das edificações.

PB 4. A Editora Win Ltda. adquiriu um veículo novo em 1º de janeiro de 20X7, com custo de aquisição de R$ 35.000,00. A vida útil do ativo foi estimada em cinco anos e valor residual de R$ 3.000,00. Utilizando-se o método linear, calcule os valores da despesa de depreciação e da depreciação acumulada do bem nos cinco anos.

PB 5. Ao final do exercício de 20X9, a Editora Win do PB 4 verificou que não haveria valor residual do veículo adquirido em 20X7 e que a depreciação terá que ser revisada. Qual o valor da despesa de depreciação após a revisão?

PB 6. O Laticínio Resende em 31/05/20X5 adquiriu quatro equipamentos por R$ 120.000. O quadro a seguir mostra as informações referentes a esses ativos:

	Equipamentos (em R$)			
	I	II	III	IV
Custo	15.000	30.000	51.000	24.000
Vida útil	3 anos	5 anos	10 anos	8 anos
Valor residual	2.250	6.000	5.100	1.800

Pede-se:

a) Calcule a despesa de depreciação anual de cada equipamento pelo método da linha reta.
b) Evidencie a conta de Equipamentos, no balanço patrimonial, em 31/12/20X7.

PB 7. Um hospital público pretende adquirir uma nova ambulância e quer analisar qual o efeito da depreciação, usando o método da linha reta e o método da soma dos dígitos. O valor pago pelo veículo é R$ 75.000,00 e o valor residual de R$ 15.000,00. Estima-se que a vida útil do bem é de 4 anos, conforme a política de segurança da entidade.

Pede-se:

Calcule a despesa de depreciação do veículo pelo método da linha reta e pelo método da soma dos dígitos.

PB 8. A Fábrica de Sucos Delícia Ltda. adquiriu em janeiro de 20X4 uma máquina de fabricar sucos por R$ 4.500,00. Não há valor residual e, segundo as especificações do fabricante, as horas estimadas de vida útil dessa máquina são de 10.000 horas ou 5 anos. No ano de 20X4 a máquina trabalhou 1.900 horas.

Pede-se:

a) Qual a taxa de depreciação por horas trabalhadas?
b) Qual o valor da despesa de depreciação de 20X4, adotando o método da unidade de atividade?
c) Calcule a despesa de depreciação pelo método da linha reta e informe qual obteve o maior valor.
d) Faça o registro contábil da despesa para 31/12/20X4, considerando o maior valor apurado para a despesa.

PB 9. Uma locadora de veículos em seu balanço patrimonial de 31.12.20X7 apresentava as seguintes contas e respectivos saldos:

Veículos	R$	200.000,00
Depreciação Acumulada de Veículos	R$	187.500,00

Considerando que desde o mês da sua entrada em funcionamento, os veículos só foram utilizados em um turno diário de 8 horas e que a taxa anual da despesa de depreciação é de 10%, calcule o período que falta ser depreciado.

PB 10. Um banco comercial realizou, em 01/03/20X3, benfeitorias em um imóvel alugado de terceiros, no montante de R$ 25.800,00. O contrato de locação é de 2 anos e o valor deverá ser totalmente amortizado.

Pede-se:

Calcule o valor da despesa de amortização a ser lançada ao final de cada exercício e faça os lançamentos em diário.

PB 11. Um geólogo estimou que uma das minas de minérios de ferro da Cia. Ferro Forte S.A. adquirida por R$ 3.000.000 terá capacidade produtiva de 800.000 toneladas. As quantidades de minérios extraídas nos cinco anos foram (em toneladas):

20X0	150.000
20X1	140.000
20X2	206.000
20X3	194.000
20X4	110.000
	800.000

Pede-se:

a) Calcule a quota de exaustão por tonelada.
b) Calcular a despesa de exaustão para os cinco anos.

PB 12. Em 31/12/20X4, a Melo S.A. apresentava um balanço composto pelos seguintes ativos imobilizados (valores em R$):

Terrenos		1.200.000
Edificações	8.550.000	
(–) Depreciação acumulada – Edificações	(3.630.000)	4.920.000
Equipamentos	14.400.000	
(–) Depreciação acumulada – Equipamentos	(1.500.000)	12.900.000
Total do Imobilizado		**19.020.000**

Durante 20X5 ocorreram as seguintes movimentações:

01/04 – Compra de terrenos por R$ 789.000.

01/05 – Venda de equipamentos que custaram R$ 202.500 (data de aquisição: 01/01/20X0). O equipamento foi vendido por R$ 105.000.

15/06 – Venda de terrenos por R$ 540.000. O custo dos terrenos comprados em 01/03/20X0 foi de R$ 90.000.

01/07 – Aquisição de novos equipamentos por R$ 300.000.

31/12 – Aposentadoria dos equipamentos adquiridos há 10 anos, com custo de R$ 141.000 e sem valor residual.

Informações adicionais: (1) A vida útil estimada das edificações é de 40 anos e dos equipamentos de 10 anos; (2) os bens não possuem valor residual.

Pede-se:

a) Faça os registros em razonetes e diário e os ajustes referentes à depreciação do exercício de 20X5.

b) Elabore a seção do imobilizado no balanço patrimonial em 31/12/20X5.

PB 13. Um analista quer investigar o desempenho dos ativos de longo prazo de duas companhias de distribuição de energia elétrica. Nas notas explicativas, ele verificou que as duas utilizam o método da linha reta para depreciar seus bens. As informações, retiradas das demonstrações contábeis das companhias, são apresentadas a seguir:

	Cia. Forever	Cia. Always
Lucro líquido	R$ 240.000	R$ 300.000
Vendas	R$ 480.000	R$ 390.000
Média dos ativos totais	R$ 750.000	R$ 510.000
Média do ativo imobilizado	R$ 420.000	R$ 360.000
Ativos intangíveis (goodwill)	R$ 180.000	R$ –

Pede-se:

a) Para cada companhia, calcular:
   (1) Retorno do ativo.
   (2) Margem líquida.
   (3) Giro do ativo.

b) Compare os resultados das duas companhias e aponte qual delas apresenta, na sua opinião, um melhor resultado.

GABARITO

Questões de múltipla escolha

1. B; **2.** D; **3.** A; **4.** C; **5.** B; **6.** C; **7.** D; **8.** C; **9.** C; **10.** D; **11.** C; **12.** D; **13.** B; **14.** C.

Exercícios breves

EB 1 – **a)** IM; **b)** IT; **c)** IV;

EB 3. a) VJ; **b)** VJ; **c)** VJ ou CD; **d)** EP; **e)** C ou VJ; **f)** EP.

EB 5 – D: Equipamentos – C: Caixa R$ 10.850;

EB 6 – Despesa de depreciação anual: R$ 2.000; mensal: R$ 167;

EB 7 – D: Despesa de depreciação – C: Depreciação acumulada R$ 500;

EB 8 – c) R$ 238.000;

EB 9 – **a)** DC; **b)** DC; **c)** DP; **d)** DC; **e)** DP; **f)** DC; **g)** DP;

EB 10 – **a)** R$ 6.250; **b)** R$ 23.958; **c)** R$ 3.950;

EB 11 – X6: R$ 6.500; X7: R$ 7.075.

EB 12 – X4: R$ 300; X5: R$ 1.080; X6: R$ 1.320; X7: R$ 1.470; X8: R$ 830;

EB 13 – R$ 2.600.

EB 14 – **a)** X5: R$ 35.000; X6: R$ 28.000; X7: R$ 21.000; X8: R$ 14.000; X9: R$ 7.000; **b)** R$ 21.000;

EB 15 – D: Investimentos – Star; D: *Goodwill*; C: Bancos;

EB 16 – **a)** R$ 275.000; **b)** R$ 13.750; **c)** R$ 206.250;

EB 17 – Ganho = R$ 300.

Problemas

PB 3 – Terrenos: R$ 290.500; Edificações: R$ 318.000;

PB 4 – Despesa de depreciação anual: R$ 6.400;

PB 5 – R$ 7.900;

PB 6 – **a)** I. R$ 4.250; II. R$ 4.800; III. R$ 4.590; IV. R$ 2.775; **b)** Valor contábil: R$ 77.595;

PB 7 – Linha reta: R$ 15.000; Soma dos dígitos: ano 1 – R$ 24.000; ano 2 – R$ 18.000; ano 3 – R$ 12.000; ano 4 – R$ 6.000;

PB 8 – **a)** R$ 0,45/hora; **b)** R$ 855; **c)** R$ 900; **d.** R$ 900;

PB 9 – 3 anos e 9 meses;

PB 10 – 20X3: R$ 10.750; 20X4: R$ 12.900; 20X5: R$ 2.150;

PB 11 – **a)** R$ 3,75 por tonelada;

PB 12 – Total do imobilizado: R$ 18.269.250;

PB 13 – **a)** Cia. Forever: (1) 0,32; (2) 0,5; (3) 0,64; Cia. Always: (1) 0,59; (2) 0,77; (3) 0,76.

10

INFORMANDO E ANALISANDO OS PASSIVOS

INICIANDO A CONVERSA

O termo *passivo* está associado à ideia de obrigação. Na sua origem, a palavra está associada a sofrer, aguentar. Para uma empresa, ter um passivo é ter uma obrigação com terceiros, que não sejam seus proprietários. Esta obrigação decorre de algo que ocorreu no passado, que gerou uma obrigação ainda não satisfeita. Por esse motivo, em geral, existe uma carga negativa no termo. Mas mesmo assim é difícil encontrar uma entidade que não tenha passivo. Eles surgem decorrentes da operação natural da empresa, como o pagamento que será realizado nos próximos dias aos empregados, ou de características da sua forma de atuação, como a compra de estoques a prazo que gera uma obrigação com fornecedores. Os empréstimos e financiamentos são decorrentes da necessidade de recursos. Há também as obrigações que aparecem em decorrência do ambiente legal da entidade, como as obrigações fiscais.

Ter passivo é também ter a capacidade de aproveitar os recursos de outros para aumentar os recursos necessários para a operação e o crescimento da empresa. Por essa razão, o termo também está associado a alavanca e alavancagem. Ou seja, ter passivo é usar recursos de terceiros para crescer mais do que seria possível sem esses recursos.

Finalmente, passivo também representa risco, já que existirá a obrigação de cumprir os compromissos assumidos. Empresas com maiores proporções de passivos são consideradas empresas mais arriscadas, já que necessitam ter que liquidar essas obrigações.

Objetivos do capítulo:

(1) Explicar a diferença entre passivo circulante e passivo não circulante
(2) Mostrar o reconhecimento de alguns passivos circulantes
(3) Explicar a contabilização de empréstimos e financiamentos não circulantes
(4) Preparar os registros para emissão de debêntures e despesas de juros
(5) Apresentar os registros quando as debêntures são resgatadas
(6) Explicar o que são passivos contingentes e como contabilizá-los
(7) Identificar os requirimentos para a apresentação das demonstrações contábeis e de análise dos passivos

Conforme estudamos nos primeiros capítulos do livro, os passivos representam a origem de recursos que as entidades captam com terceiros para manter suas operações. Decorrem de eventos que ocorreram no passado e que geraram obrigações presentes, que podem ser liquidadas de várias formas, seja pela saída de recursos do caixa (pagamento a fornecedores, por exemplo), pela entrega futura de bens (recebimento antecipado de vendas), pela prestação de serviços (receita antecipada de serviços) ou, até mesmo, pela troca de ativos (pagamento de um empréstimo com a entrega de um veículo).

Alguns passivos são mensurados por meio de estimativas, em virtude de certa subjetividade quanto ao momento da sua ocorrência ou de seu valor exato. Porém, para que o passivo seja reconhecido é necessário que seu valor possa ser medido em bases confiáveis. São os casos das garantias para consertar ou substituir um produto danificado e das ações judiciais em desfavor da entidade. Essas obrigações são denominadas de **provisões**. No primeiro caso, as empresas estimam os valores a serem contabilizados com base no seu conhecimento do negócio (histórico das vendas e percentual de reclamações – *recalls*). O importante é que os passivos sejam reconhecidos mesmo que ainda não haja um documento comprobatório para isso.

Se por um lado as dívidas são fundamentais para a longevidade dos negócios, elas podem também ser responsáveis por sua falência, se forem mal gerenciadas. Dado esse risco, por que então as entidades fazem empréstimos? Como escolher entre dívidas de curto prazo ou de longo prazo? Além de empréstimos, em que outros tipos de dívidas as entidades podem incorrer? O objetivo deste capítulo é trazer respostas a essas perguntas.

O que é um passivo circulante?

Objetivo (1) → Explicar a diferença entre passivo circulante e passivo não circulante

Como vimos anteriormente, os passivos são denominados de dívidas ou obrigações da entidade com terceiros ou, ainda, da parte dos recursos (ativos) da entidade que pertence a terceiros. Essas dívidas ou obrigações com credores devem ser pagas na data prevista, seja pela entrega de ativos ou por prestação de serviços. A data futura na qual os passivos são devidos ou pagos (data de vencimento) é um aspecto importante no estudo do passivo.

Como já apresentamos no Capítulo 2, o **passivo circulante** é uma dívida que se espera ser paga dentro de um ano ou do ciclo operacional da entidade, o que for maior. As dívidas que não forem classificadas nesse critério o serão como **passivo não circulante**.

Os usuários das demonstrações contábeis querem saber se as obrigações da entidade são de curto ou longo prazo. Uma entidade que possui mais dívidas de curto prazo do que ativos de curto prazo pode não ter capacidade para pagar suas dívidas (liquidez). Ainda, os usuários querem saber que tipo de dívidas a entidade possui. Se a entidade declara falência, existe uma ordem de pagamento desses passivos. Portanto, conhecer a quantia e o tipo de dívida são igualmente importantes.

ANTES DE PROSSEGUIR
1. O que significa passivo?
2. Qual é o critério e como estão classificados os passivos?

Tipos de passivos circulantes

⊕ Objetivo (2) → Mostrar o reconhecimento de alguns passivos circulantes

Há diferentes tipos de passivos circulantes, como notas promissórias a pagar, contas a pagar e as receitas antecipadas. Os passivos também são reconhecidos contabilmente de acordo com o regime de competência. Isso significa dizer que, mesmo quando ainda não houver um documento comprobatório, os passivos deverão ser reconhecidos, por meio de provisões, como ocorre com a provisão para causas trabalhistas, em que à medida que o funcionário trabalha, poderá adquirir alguns direitos. Além desses, também existem aqueles passivos que são contabilizados por meio de ajustes oriundos das despesas a pagar, como os salários a pagar e juros a pagar.

Incluem-se também no passivo circulante as parcelas dos empréstimos de longo prazo, quando se tornam vencíveis dentro do exercício social seguinte. Essa seção se dedica a alguns dos mais importantes e comuns tipos de passivos circulantes.

CONTAS BANCÁRIAS COM SALDO NEGATIVO

Os saldos devedores em contas correntes são classificados no ativo, conforme estudamos nos primeiros capítulos do livro. Entretanto, quando esses saldos se tornam negativos (credor), seja pelo uso do cheque especial ou do limite da conta corrente, passam a se caracterizar como um passivo circulante, configurando-se como uma espécie de empréstimo bancário.

Dada essa sua característica, esses valores podem ser considerados como atividade de financiamento, na demonstração dos fluxos de caixa. Entretanto, quando esses saldos forem flutuantes, ou seja, tornarem-se devedores e credores com relativa frequência, devem ser incluídos no valor total de caixa e equivalentes de caixa.

FORNECEDORES

As transações de compras de mercadorias ou materiais de consumo a prazo são registradas na conta Fornecedores. Portanto, quando uma entidade adquire a prazo materiais de consumo para uso em suas atividades ou mercadorias para revenda, debita-se a conta do ativo correspondente e credita-se a conta Fornecedores.

CONTAS A PAGAR

Em virtude de a contabilidade adotar o regime de competência, para reconhecer suas despesas, o consumo de serviços ou utilização de bens devem ser apropriados ao período a que competem. Assim, as despesas de energia e água, de publicidade ou honorários por serviços prestados, como advocatícios, são exemplos de contas a pagar.

Como as faturas desses serviços são, em geral, pagas no mês subsequente, ao final do mês, a entidade precisará reconhecer os ajustes do período, debitando despesa de energia elétrica e creditando contas a pagar, por exemplo.

NOTAS PROMISSÓRIAS A PAGAR

As obrigações geradas por notas promissórias a pagar se referem a promessas de pagamentos futuras entre duas pessoas, nas quais uma parte (o emitente) se compromete a pagar uma soma específica de dinheiro em uma data pré-determinada, com ou sem juros incorridos.

Esses títulos devem: (1) ser escritos e assinados pelo emitente; (2) conter a quantia em dinheiro que será paga; (3) apresentar a data em que o título será liquidado (vencimento).

As notas promissórias são usadas pelas seguintes razões: (1) o titular de uma nota promissória poderá antecipar o recebimento, por meio de um desconto de títulos; (2) as notas promissórias, por se tratar de um reconhecimento de dívida, podem ser executadas, em caso de falência; (3) facilitam a venda parcelada no longo prazo de ativos de longa duração, por exemplo.

Para ilustrar, veja o exemplo a seguir da Editora Brevis S.A., que em 01/10/20X5 tomou um empréstimo com terceiros mediante a emissão de uma nota promissória, no valor de R$ 50.000, vencível em 31/03/20X6 e juros simples anuais de 10%. Na data da captação, o registro contábil é o da entrada do dinheiro, pelo valor de face do título, como apresentamos a seguir:

Data		Débito	Crédito
01/10/20X5	Caixa	50.000	
	Notas Promissórias a Pagar		50.000
	Captação de recursos, com juros de 10% e prazo de 6 meses.		

Os juros são ajustes que, em virtude do regime de competência, devem ser reconhecidos periodicamente. Ao elaborar as demonstrações contábeis em 31/12/20X5, a Editora deverá reconhecer o valor referente aos juros incorridos de R$ 1.250 (R$ 50.000 × 10% × 3/12) decorrentes dos três meses que se passaram:

Data		Débito	Crédito
31/12/20X5	Despesa de Juros	1.250	
	Juros a Pagar		1.250
	Pelo acréscimo de juros por 3 meses decorridos das notas promissórias.		

No balanço patrimonial da Editora Brevis em 31/12/20X5, os juros a pagar são apresentados no passivo circulante, juntamente com as notas promissórias a pagar. Pode-se ainda contabilizá-los na própria conta, Notas Promissórias. E na demonstração do resultado, a despesa de juros é apresentada na seção das receitas e despesas financeiras.

Em 31/03/20X6, data do vencimento das notas promissórias, a Editora deverá fazer dois registros: (1) calcular novamente o ajuste do período, referente aos juros incorridos; e (2) o registro do pagamento da dívida referente às notas promissórias e aos juros.

Dessa forma, o primeiro registro é o ajuste referente à despesa de juros incorrida, em virtude da passagem do tempo:

Data		Débito	Crédito
31/03/20X6	Despesa de Juros	1.250	
	Juros a Pagar		1.250
	Pelo acréscimo de juros por 3 meses decorridos das notas promissórias.		

E do pagamento das notas promissórias e juros incorridos:

Data		Débito	Crédito
31/03/20X6	Notas Promissórias a Pagar	50.000	
	Juros a Pagar	2.500	
	Caixa		52.500
	Pagamento das notas promissórias com juros no vencimento.		

IMPOSTOS SOBRE VENDAS A RECOLHER

Quando uma empresa comercial ou prestadora de serviços vende um produto ou presta um serviço, alguns impostos incidem nessa venda ou prestação. Esses impostos, em geral, são calculados por meio de alíquotas estabelecidas pelos governos estaduais ou municipais que incidem sobre o valor total dos produtos ou serviços.

As empresas, portanto, atuam como agentes do governo, pois recolhem os impostos incidentes, que na verdade são pagos pelos consumidores finais.

Seja, por exemplo, uma venda efetuada pela Editora Brevis, no valor de R$ 1.000, com uma alíquota de impostos incidentes de 17%. O registro contábil da venda é:

Data		Débito	Crédito
20/02/20X6	Caixa	1.000	
	Receita de Vendas		1.000
	Impostos sobre Vendas	170	
	Impostos a Recolher		170
	Receita de vendas à vista e impostos a recolher.		

Nesse caso, a entrada de dinheiro ocorre na Editora, em função da venda realizada. Os impostos deverão ser recolhidos na data do vencimento que é informada na guia de impostos. Impostos sobre Vendas é uma conta de resultado, que reduz a receita de vendas, conforme vimos no Capítulo 5. Já Impostos a Recolher é uma conta do passivo circulante.

Alguns impostos sobre vendas são recuperáveis, ou seja, quando as mercadorias são compradas, o valor do imposto incidente sobre a compra gera um direito à empresa, que é deduzido do valor do imposto calculado sobre a venda. No Apêndice do Capítulo 6 trazemos vários exemplos de contabilização de impostos sobre vendas de mercadorias. Para maior aprofundamento sobre esse assunto, recomendamos obras que tratam de Contabilidade Tributária.

SALÁRIOS A PAGAR E ENCARGOS

Sobre os salários que devem ser pagos aos funcionários, existe a incidência de alguns encargos, tais como a contribuição para seguridade, imposto de renda da pessoa física, além de algumas contribuições sindicais. Portanto, a entrada de dinheiro ao funcionário ocorre líquida desses valores, cabendo à entidade fazer o recolhimento posterior desses encargos, na data devida.

Suponha o seguinte exemplo: Flávia Noda trabalhou durante o mês de janeiro de 20X6 na Editora Brevis e receberá R$ 2.500 de salário, que será pago em 05/02/20X6. Sobre esse valor, considere a incidência da contribuição para seguridade (INSS) de 11%, imposto de renda da pessoa física (IRRF) de 7,5% e contribuição sindical de 3%. A Ilustração 10.1 apresenta o cálculo dos encargos sociais sobre o salário da funcionária:

Ilustração 10.1 – Deduções do salário bruto

Salário bruto	2.500,00
(–) INSS	275,00
(–) IRPF	187,50
(–) Contribuição Sindical	75,00
Salário líquido	1.962,50

O ajuste desse evento em 31/01/20X6 é:

Data		Débito	Crédito
31/01/20X6	Despesa de Salários e Encargos	2.500,00	
	Salários a Pagar		1.962,50
	INSS a Recolher		275,00
	IRPF a Recolher		187,50
	Contribuição Social a Recolher		75,00
	Pelo reconhecimento da despesa de salários e encargos.		

Como resultado dessas deduções, a entidade pagará à Flávia o valor líquido do seu salário e recolherá aos órgãos competentes os respectivos encargos, de acordo com os seus vencimentos.

Em 05/02/20X6, quando do pagamento do salário, a Editora faz o seguinte registro contábil:

Data		Débito	Crédito
05/02/20X6	Salários a Pagar	1.962,50	
	Caixa		1.962,50
	Pelo pagamento dos salários referente a janeiro/20X6.		

Da mesma forma como ocorreu no exemplo anterior, dos impostos incidentes nas vendas, as entidades exercem o papel de recolhedoras desses encargos sociais. Supondo que o vencimento de todos os encargos seja em 10/02/20X6, o registro contábil referente ao recolhimento será:

Data		Débito	Crédito
10/02/20X6	INSS a Recolher	275,00	
	IRPF a Recolher	187,50	
	Contribuição Social a Recolher	75,00	
	Caixa		537,50
	Pelo pagamento dos encargos sobre salários referente a janeiro/20X6.		

No caso das férias ou do 13o salário são registrados mensalmente, como determina o regime de competência. Embora na prática sejam utilizados os termos *provisões para férias* e *provisão para 13º salário*, esses passivos carregam pouco grau de incerteza, pois não há dúvidas quanto à obrigação de liquidá-los. Assim, a melhor terminologia seria *férias a pagar* e *décimo terceiro a pagar*.

RECEITAS DIFERIDAS

Algumas entidades podem receber antecipadamente por serviços que serão prestados ou por produtos a serem entregues no futuro. Trata-se das receitas diferidas ou antecipadas ou a apropriar. É o caso da Editora Brevis, que recebe antecipadamente pela entrega futura de exemplares de suas revistas. O mesmo acontece com a venda de ingressos para jogos de futebol ou com uma companhia aérea que vende passagens antecipadamente. Como se dá essa contabilização?

1. Quando a receita diferida é recebida há um aumento de caixa (débito) e um aumento no passivo circulante, pela obrigação de prestar o serviço ou de entregar o ativo no futuro (crédito).
2. Quando o serviço é prestado ou o bem entregue, a receita é reconhecida. A receita diferida reduz (débito) e a receita de serviços ou de vendas aumenta (crédito).

Para ilustrar, suponhamos que a Editora Brevis recebeu antecipadamente R$ 4.800, por assinaturas anuais de novos clientes. O registro contábil da venda é:

Data		Débito	Crédito
01/05/20X5	Caixa	4.800	
	Receitas Diferidas		4.800
	Pelo recebimento antecipado pela assinatura de 10 novos clientes.		

No mês seguinte, a Editora deverá reconhecer o ajuste, referente ao mês decorrido:

Data		Débito	Crédito
01/06/20X5	Receitas Diferidas	400	
	Receita de Vendas		400
	Pelo reconhecimento da receita ganha.		

A receita diferida é reconhecida no balanço patrimonial, no grupo do passivo circulante, e vai sendo apropriada ao resultado do exercício quando for ganha, ou seja, na proporção dos serviços prestados ou dos produtos entregues. No nosso exemplo, a receita é ganha quando a revista é entregue ao cliente.

PARTICIPAÇÕES A PAGAR

Em determinadas situações, quando as sociedades anônimas apresentam lucro na sua demonstração de resultado, podem destinar uma parte a terceiros a título de participações, e o percentual é determinado conforme o seu estatuto social. Assim, as participações de debêntures, empregados e administradores, partes beneficiárias e de fundos de assistência e previdência aos empregados são calculadas na apuração do resultado, em razão do regime de competência. A contabilização ocorre como se fossem despesas e a contrapartida é a obrigação, como no exemplo da participação de debêntures demonstrada a seguir:

Data		Débito	Crédito
31/12/20X5	Participações de Debêntures	20.000	
	Participações de Debêntures a Pagar		20.000
	Participações de debêntures no lucro a pagar.		

A contabilização das demais participações é feita da mesma forma. O Capítulo 5 apresenta um exemplo de cálculo das participações.

DIVIDENDOS A PAGAR

As sociedades deverão, ao final de cada exercício, calcular a parcela do lucro do período que será destinada aos acionistas sob a forma de dividendos, conforme determina o estatuto social da companhia.

O cálculo dos dividendos e sua contabilização serão apresentados no próximo capítulo.

EMPRÉSTIMOS E FINANCIAMENTOS

Os empréstimos e financiamentos contratados pelas entidades podem ser realizados de diversas formas: (1) diretamente com o fornecedor ou com uma instituição financeira; (2) em moeda local ou em moeda estrangeira; (3) a curto prazo ou a longo prazo; (4) com ou sem carência; (4) com ou sem garantia etc.

Todos esses detalhamentos devem ser apresentados nas notas explicativas às demonstrações contábeis, bem como a data do vencimento, as taxas de juros, de correção monetária e da variação cambial (quando for em moeda estrangeira).

Seja o caso de Editora Brevis, que, em 01/10/20X3, adquiriu por meio de um financiamento uma máquina de última geração nos EUA, por US$ 30.000. Considerando que o câmbio na data da aquisição era de US$ 1,00 – R$ 2,00, o registro contábil da compra é:

Data		Débito	Crédito
01/10/20X3	Máquinas Industriais	60.000	
	Financiamentos em Moeda Estrangeira		60.000
	Aquisição de máquinas conforme NF 345.490 do fornecedor PrinterBook.		

Observe que o registro é feito com o valor do financiamento sendo convertido para a moeda nacional. No final do período, é importante verificar a cotação da moeda americana e reconhecer o ajuste em função da variação cambial. Assim, a conta Variação Cambial pode ser classificada em "ativa" ou "passiva", conforme o comportamento do câmbio. Trata-se de uma conta de resultado, lançada no grupo correspondente às receitas e despesas financeiras.

No final do período, a Editora Brevis verificou que a cotação da moeda americana em 31/12/20X3 estava em US$ 1,00 – R$ 2,30. Deve-se, portanto, calcular o valor referente ao financiamento na data do encerramento e reconhecer o valor da diferença como variação cambial. Nesse caso houve uma valorização da moeda estrangeira, o que aumenta a dívida da empresa em R$ 9.000 (US$ 30.000 × 2,30 = R$ 69.000) como segue:

Data		Débito	Crédito
31/12/20X3	Variação Cambial Passiva	9.000	
	Financiamentos em Moeda Estrangeira		9.000
	Pelo reconhecimento da variação cambial sobre o financiamento, conforme NF 345.490.		

Se, por outro lado, o valor da moeda estrangeira desvalorizasse, teríamos o caso de uma variação cambial ativa, o que representaria uma receita financeira e diminuiria o valor da obrigação.

Os empréstimos e financiamentos de curto prazo, captados em moeda nacional, devem ser contabilizados pelo seu de face, quando seu valor não for considerado material, bem como o prazo de vencimento for realmente considerado curto (de até 90 dias). Isso se deve ao fato de que o efeito do dinheiro no tempo não seria considerado tão relevante para efetuar o ajuste a valor justo. Nesse caso, a contabilização dos empréstimos e da despesa financeira incorrida é feita por competência, como no caso das notas promissórias a pagar.

ANTES DE PROSSEGUIR

1. Como pode ser classificado um saldo bancário negativo?
2. Quais são as vantagens de se utilizar uma nota promissória?
3. Quem são os participantes no lucro? Quais são as informações utilizadas para calcular o valor das participações?
4. Como são contabilizados os empréstimos captados em moeda estrangeira?

Empréstimos e financiamentos de longo prazo

Objetivo (3) → Explicar a contabilização de empréstimos e financiamentos não circulantes

Os passivos não circulantes são aqueles que possuem vencimento após o exercício social ou ciclo operacional seguinte. Os valores reconhecidos como passivo não circulante devem ser ajustados a valor presente. Nessa seção, vamos explicar a contabilização dos principais tipos de obrigações de longo prazo, apresentadas no balanço patrimonial.

VENCIMENTO DOS PASSIVOS DE LONGO PRAZO

Com o passar do tempo é natural que as companhias que possuem passivos de longo prazo vejam essas dívidas se tornarem de curto prazo. Vamos supor que, em 20X0, a Editora Brevis possua financiamentos bancários no valor de R$ 300.000 venciveis em 5 anos (20X1, 20X2, 20X3, 20X4 e 20X5). Ao encerrar seu balanço em 20X0, teremos R$ 100.000, no passivo circulante e R$ 400.000 compondo o passivo não circulante. Ao final de 20X1, a dívida referente ao exercício foi quitada e o novo balanço conterá R$ 100.000 de passivo circulante e R$ 300.000 de passivo não circulante.

Dessa forma, ao final do exercício, quando do fechamento do balanço, as obrigações de longo prazo das entidades que agora passam a ser vencíveis no próximo ano são classificadas como passivo circulante, fazendo-se o ajuste para reconhecer o novo vencimento dos passivos, conforme vemos no exemplo a seguir:

Data		Débito	Crédito
31/12/20X1	Financiamentos – Longo Prazo	100.000	
	Financiamentos – Curto Prazo		100.000
	Pela transferência do passivo não circulante para o passivo circulante.		

DETERMINANDO O VALOR PRESENTE DE UM EMPRÉSTIMO

Se um investidor captar hoje um empréstimo para um pagamento no valor de R$ 100.000 que só será realizado daqui a 10 anos, que valor seria pago se o investidor desejar pagar hoje? É claro que uma entrada de caixa de R$ 100.000 certamente não equivale aos mesmos R$ 100.000 daqui a 10 anos. Isso acontece por causa do efeito chamado "valor do dinheiro no tempo", que ocorre quando se investem recursos financeiros com a perspectiva de receber juros no final de um período, portanto, seria um valor muito maior que os R$ 100.000. Dessa forma, se alguém desejar receber um valor de R$ 100.000 daqui a 10 anos deverá buscar o valor equivalente hoje, ou seja, seu valor presente.

E é por esse motivo que os passivos não circulantes devem ser ajustados ao valor presente. O valor presente de um empréstimo é determinado por três fatores: (1) o valor futuro que será recebido; (2) o prazo em que a quantia permanecerá emprestada; e (3) a taxa de juros utilizada no mercado. A taxa de juros do mercado é a taxa usual que os investidores utilizam nos fundos de investimento às companhias. O método de cálculo do valor presente é o desconto a valor presente.

Para exemplificar o cálculo, consideremos o seguinte exemplo: um empréstimo será pago daqui a 5 anos no valor de R$ 500.000, com taxa de juros de 10% ao ano, conforme vemos na Ilustração 10.2.

Ilustração 10.2 – Fluxo de caixa do empréstimo

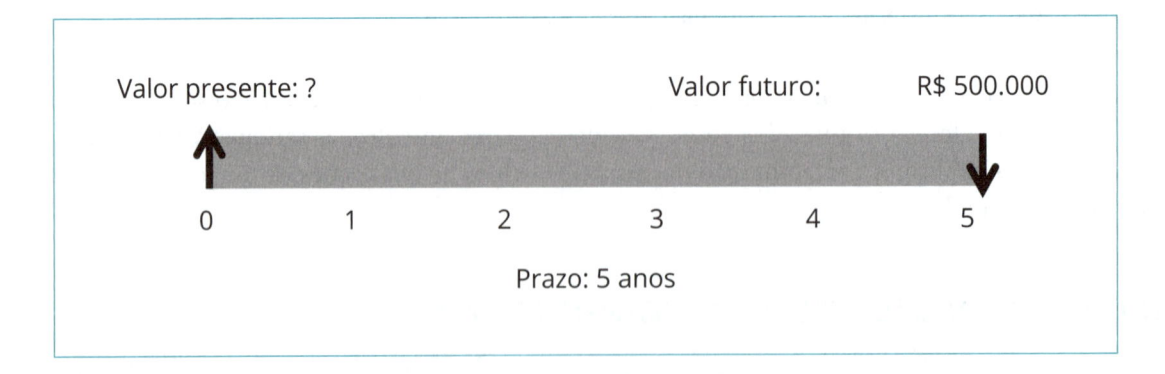

O valor presente dos empréstimos é de R$ 310.460 ($VP = VF/(1 + i)^n$) – Onde: VP (valor presente); VF (valor futuro) = 500.000; i (taxa de juros) = 10%; n (número de períodos) = 5.

Assim, a diferença entre o valor futuro e o valor presente representa juros a transcorrer, no valor de R$ 189.540.

CONTABILIZAÇÃO DOS EMPRÉSTIMOS E FINANCIAMENTOS A VALOR PRESENTE

Conforme apresentado na sessão anterior, os valores dos passivos de longo prazo devem ser contabilizados a valor presente. Dessa forma, a diferença entre o valor pago (ou a pagar) e o valor recebido representa os encargos financeiros, que se referem aos valores referentes ao custo da transação, tais como os prêmios, ágios, deságios, descontos etc. e as despesas financeiras. Os valores referentes aos encargos financeiros vão sendo apropriados ao resultado do exercício considerando o prazo de fluência do contrato, pelo método do custo amortizado utilizando a taxa interna de retorno (TIR) da operação, que representa o custo efetivo da dívida e não a taxa de juros descrita no contrato.

Vamos supor que a Editora Brevis adquiriu em 02/01/20X3 um maquinário, por R$ 300.000. O pagamento será realizado em 5 parcelas fixas anuais de 62.726,80, com juros prefixados de 1,5% ao ano.

Nesse caso, o valor futuro que será pago pela máquina, ao final dos cinco anos, será R$ 313.634,00 (R$ 62.726,80 × 5). A diferença entre o valor presente (R$ 300.000) e o valor futuro representa os encargos financeiros da compra financiada, R$ 13.634,00. O registro da compra será:

Data		Débito	Crédito
02/01/20X3	Máquinas Industriais	300.000,00	
	Juros a Transcorrer	13.634,00	
	Financiamentos		313.634,00
	Aquisição de máquinas conforme NF 12.531 do fornecedor Cores do Brasil Ltda.		

Observe que a conta Juros a Transcorrer é debitada, pois se trata de uma contraconta do passivo. Como os juros deverão ser apropriados ano a ano, precisamos calcular, por meio das prestações e da taxa de juros, o valor presente de cada parcela. O cálculo é feito na Ilustração 10.3.

Ilustração 10.3 – Cálculo da despesa financeira

Ano	Prestações	Valor Presente da Prestação			Despesa Financeira
1	R$ 62.726,80	R$ 62.726,80 ÷ 1,0150	=	R$ 61.799,80	R$ 927,00
2	R$ 62.726,80	R$ 62.726,80 ÷ $(1,0150)^2$	=	R$ 60.886,50	R$ 1.840,30
3	R$ 62.726,80	R$ 62.726,80 ÷ $(1,0150)^3$	=	R$ 59.986,70	R$ 2.740,10
4	R$ 62.726,80	R$ 62.726,80 ÷ $(1,0150)^4$	=	R$ 59.100,20	R$ 3.626,60
5	R$ 62.726,80	R$ 62.726,80 ÷ $(1,0150)^5$	=	R$ 58.226,80	R$ 4.500,00
	R$ 313.634,00			R$ 300.000,00	R$ 13.634,00

Na Ilustração 10.3, você poderá verificar que o valor presente da primeira prestação é R$ 61.799,80. A diferença entre o valor presente e o valor que será pago para cada uma das prestações representa o valor da despesa financeira. No primeiro ano, a despesa financeira é de R$ 927,00. A Ilustração 10.4 mostra como fica a apresentação dos financiamentos no balanço patrimonial, após a contratação da dívida:

Ilustração 10.4 – Balanço patrimonial da Editora Brevis na contratação da dívida

Balanço Patrimonial – em 02/01/20X3		
Passivo Circulante		
Financiamentos	R$	62.726,80
(–) Juros a Transcorrer	(R$	927,00)
	R$	**61.799,80**
Passivo Não Circulante		
Financiamentos	R$	250.907,19
(–) Juros a Transcorrer	(R$	12.706,99)
	R$	**238.200,20**
TOTAL DO PASSIVO	**R$**	**300.000,00**

Assim, em 31/12/20X3 a empresa deverá proceder aos registros contábeis de ajustes em função do decurso do tempo: (1) a despesa financeira e (2) a parcela referente ao longo prazo que se torna agora de curto prazo.

Data		Débito	Crédito
31/12/20X3	Despesas Financeiras	927,00	
	Juros a Transcorrer		927,00
	Pela apropriação dos juros incorridos no final do primeiro mês.		

Data		Débito	Crédito
31/12/20X3	Financiamentos – Longo Prazo	62.726,80	
	Juros a Transcorrer – Curto Prazo	1.840,29	
	Financiamentos – Curto Prazo		
	Juros a Transcorrer – Longo Prazo		62.726,80
	Pela transferência do passivo não circulante para o passivo circulante.		1.840,29

E, finalmente, reconhece-se o pagamento da primeira parcela do financiamento da seguinte forma:

Data		Débito	Crédito
31/12/20X3	Financiamentos	62.726,80	
	Bancos		62.726,80
	Pelo pagamento da primeira parcela do financiamento.		

A Ilustração 10.5 apresenta o efeito da passagem do tempo na conta de Financiamentos no balanço patrimonial:

Ilustração 10.5 – Balanço patrimonial da Editora Brevis ao final do exercício

Balanço Patrimonial – em 31/12/20X3	
Passivo Circulante	
Financiamentos	R$ 62.726,80
(–) Juros a Transcorrer	(R$ 1.840,30)
	R$ 60.886,50
Passivo Não Circulante	
Financiamentos	R$ 188.180,40
(–) Juros a Transcorrer	(R$ 10.866,70)
	R$ 177.313,70
TOTAL DO PASSIVO	**R$ 238.200,20**

ANTES DE PROSSEGUIR

1. Explique o que é o método do custo amortizado.
2. O que são encargos financeiros? Cite exemplos.

EMISSÃO DE DEBÊNTURES

Objetivo (4) → Preparar os registros para emissão de debêntures e despesas de juros

As debêntures são títulos emitidos pelas companhias abertas ou fechadas, de médio ou longo prazo, com o objetivo de captar recursos de terceiros normalmente menos onerosos que os empréstimos. Esses títulos são emitidos por meio de um documento denominado de escritura de emissão, que contém as cláusulas contratuais (como valor nominal, vencimento, juros etc.) e os direitos (se são conversíveis em ações, tipo de garantias etc.). As debêntures devem ser quitadas no vencimento, mas podem também ser resgatadas antecipadamente. As companhias também podem emitir as chamadas "debêntures perpétuas", que não apresentam data de vencimento. A quantidade de debêntures emitidas, na maioria dos casos, é limitada ao capital social da companhia.

PROCEDIMENTOS DE EMISSÃO

A emissão de debêntures pode ser pública ou privada. A emissão pública é aquela direcionada aos investidores em geral, feita por companhia aberta, com registro na Comissão de Valores Mobiliários (CVM). Já a emissão privada não necessita que a companhia tenha registro na CVM e é voltada a um grupo restrito de investidores.

A assembleia geral ou o conselho de administração da companhia decidem todas as condições quanto à colocação de debêntures. A companhia deve escolher uma instituição financeira (banco de investimento ou múltiplo, corretora ou distribuidora de títulos e valores mobiliários) para estruturar e coordenar todo o processo de emissão.

Quando uma companhia decide emitir debêntures, alguns gastos podem ser necessários, tais como os de contratação de uma instituição financeira. Esses gastos de captação de debêntures integram os encargos financeiros, que deverão ser amortizados durante o prazo de vigência das debêntures. Novamente, os encargos financeiros são apropriados ao resultado do período por competência, com base no método do custo amortizado.

O valor mínimo de colocação de debêntures é estipulado pela assembleia geral. Quando o valor de colocação é superior ao valor nominal, há um **prêmio** na emissão; caso o valor seja inferior, ocorre colocação com **deságio**.

EMISSÃO DE DEBÊNTURES PELO VALOR DE FACE

O registro do montante inicial deve ser o valor líquido recebido pela entidade, de modo que os encargos financeiros – pagamento de juros, variações monetárias e todos os gastos diretos e incrementais que surgiram da operação de captação – sejam reduzidos dos prêmios eventualmente existentes.

Considere a empresa Florência S.A. que emitiu 100 debêntures por um valor de face total de R$ 100.000, com custos de transação de R$ 12.000. A taxa de juros estipulada no certificado é de 10% ao ano e os títulos serão resgatados no prazo de dois anos.

O registro contábil das debêntures é feito pelo valor líquido de emissão (valor efetivamente captado), conforme apresentamos na Ilustração 10.6.

Ilustração 10.6 – Cálculo do recebimento na colocação de debêntures

Cálculo do valor líquido de recebimento:	
Valor de emissão das debêntures	100.000
(–) Custos na transação	(12.000)
Valor líquido de emissão	**88.000**

O registro da emissão das debêntures no livro diário é:

Data		Débito	Crédito
01/01/20X2	Bancos	88.000	
	Custos a Amortizar	12.000	
	Debêntures		100.000
	Emissão de debêntures conforme escritura de emissão.		

Como o prazo de pagamento é de dois anos, as debêntures são reconhecidas no balanço patrimonial como um passivo não circulante. A Ilustração 10.7 apresenta o balanço patrimonial da Florência em 01/01/20X2.

Ilustração 10.7 – Balanço patrimonial da Florência S.A.

Balanço Patrimonial – em 01/01/20X2			
Ativo Circulante		**Passivo Não Circulante**	
Bancos	88.000	Debêntures	100.000
		(–) Custos a Amortizar	(12.000)
			88.000
Total do Ativo	88.000	Total do Passivo + PL	88.000

PRÊMIO OU DESÁGIO SOBRE AS DEBÊNTURES

Existem situações em que as debêntures são colocadas em condições tão vantajosas que os investidores aceitam pagar valores superiores ao registrado – valor de face. Esse valor maior que o valor de face é denominado de prêmio. Quando o contrário ocorre, temos a situação de um deságio na emissão de debêntures.

Captação com prêmio

Considere o mesmo exemplo anterior da Florência S.A. que emitiu 100 debêntures por um valor total de face de R$ 100.000, com custos de transação de R$ 12.000, mas agora com o recebimento de um prêmio de R$ 20.000.

O registro contábil das debêntures será feito pelo valor líquido de emissão, conforme apresentamos na Ilustração 10.8.

Ilustração 10.8 – Cálculo do recebimento na colocação de debêntures com prêmio

Cálculo do valor líquido de recebimento:	
Valor de emissão das debêntures	100.000
(+) Prêmio na emissão	20.000
(–) Custos na transação	(12.000)
Valor líquido de emissão	**108.000**

O registro da emissão das debêntures com prêmio no livro diário é:

Data		Débito	Crédito
01/01/20X2	Bancos	108.000	
	Custos a Amortizar	12.000	
	Debêntures		100.000
	Prêmios a Amortizar		20.000
	Emissão de debêntures conforme escritura de emissão, com recebimento de prêmio.		

A Ilustração 10.9 apresenta o balanço patrimonial da Florência em 01/01/20X2.

Ilustração 10.9 – Balanço patrimonial da Florência S.A.

Balanço Patrimonial – em 01/01/20X2			
Ativo Circulante		**Passivo Não Circulante**	
Bancos	108.000	Debêntures	100.000
		(+) Prêmios a Amortizar	20.000
		(–) Custos a Amortizar	(12.000)
			108.000
Total do Ativo	108.000	Total do Passivo + PL	108.000

Captação com deságio

Supondo as mesmas condições de emissão da Florência S.A. anteriores, mas que agora tenha oferecido um deságio de R$ 8.000.

O cálculo do valor líquido de emissão é apresentado na Ilustração 10.10.

Ilustração 10.10 – Cálculo do recebimento na colocação de debêntures com deságio

Cálculo do valor líquido de recebimento:	
Valor de emissão das debêntures	100.000
(–) Deságio na emissão	(8.000)
(–) Custos na transação	(12.000)
Valor líquido de emissão	**80.000**

O registro da emissão das debêntures com deságio no livro diário é:

Data		Débito	Crédito
01/01/20X2	Bancos	80.000	
	Custos a Amortizar	12.000	
	Deságio a Apropriar	8.000	
	Debêntures		100.000
	Emissão de debêntures conforme escritura de emissão, com deságio.		

A Ilustração 10.11 apresenta o balanço patrimonial da Florência em 01/01/20X2.

Ilustração 10.11 – Balanço patrimonial da Florência S.A.

	Balanço Patrimonial – em 01/01/20X2	
Ativo Circulante	**Passivo Não Circulante**	
Bancos	80.000	Debêntures	100.000
		(–) Deságio a Apropriar	(8.000)
		(–) Custos a Amortizar	(12.000)
			80.000
Total do Ativo	80.000	Total do Passivo + PL	80.000

ANTES DE PROSSEGUIR

1. O que são debêntures? Quais são os principais tipos?
2. Qual é o limite para a emissão de debêntures?
3. O que é captação de debêntures com prêmio? E com deságio?

Contabilização do resgate de debêntures

Objetivo (5) → Apresentar os registros quando as debêntures são resgatadas

Como as debêntures são de longo prazo, no final do primeiro exercício torna-se necessário contabilizar a apropriação dos encargos financeiros, que é feita pelo método do custo amortizado.

Voltemos ao exemplo da empresa Florência, que colocou debêntures no valor total de R$ 100.000, com prêmio de R$ 20.000 e custos de R$ 12.000 (valor líquido = R$ 108.000). Como a taxa de juros é de 10% ao ano e o prazo de dois anos, o valor futuro é de R$ 121.000[1] e a despesa de juros ao final do prazo será de R$ 21.000 (R$ 121.000 – R$ 100.000).

A Ilustração 10.12 mostra como as despesas financeiras podem ser calculadas:

Ilustração 10.12 – Cálculo da despesa financeira

Despesas de Juros	21.000
(+) Custos de Transação	12.000
(–) Prêmio na Emissão de Debêntures	(20.000)
Encargos Financeiros	**13.000**

---

[1] $(VP = VF \times (1 + i)^n$ – em que: VP = R$ 100.000; VF (valor futuro) = ?; i (taxa de juros) = 10%; n (número de períodos) = 2

Como os encargos financeiros são apropriados usando a taxa interna de retorno (TIR), torna-se necessário calculá-la. Na planilha eletrônica, é possível calculá-la, da seguinte maneira:

Ilustração 10.13 – Cálculo da taxa interna de retorno (TIR)

A	B
0	108.000
1	-
2	(121.000)
TIR =	5,8475%

Na Ilustração 10.13, você poderá verificar como são inseridos os dados na planilha. Observe que se trata da elaboração de um fluxo de caixa no qual, na coluna A, são inseridos o prazo e na coluna B os valores referentes às entradas (R$ 108.000, valor de recebimento no momento da captação) e saídas (R$ 121.000, valor do pagamento no resgate das debêntures). Inserindo a fórmula da TIR, basta selecionar o fluxo de caixa (coluna B) que obteremos a informação referente ao seu valor.

Assim, embora a taxa de juros contratual seja de 10%, a TIR que obtivemos nesse caso foi de 5,8475%. E é com base nessa taxa que os encargos financeiros serão apropriados ao resultado, durante o prazo de vigência.

A Ilustração 10.14 apresenta o cálculo da amortização dos encargos financeiros e do prêmio e a sua apropriação ao resultado. Como o prazo do contrato é de dois anos, os fluxos seguem esse prazo.

Ilustração 10.14 – Cálculo da amortização dos encargos financeiros

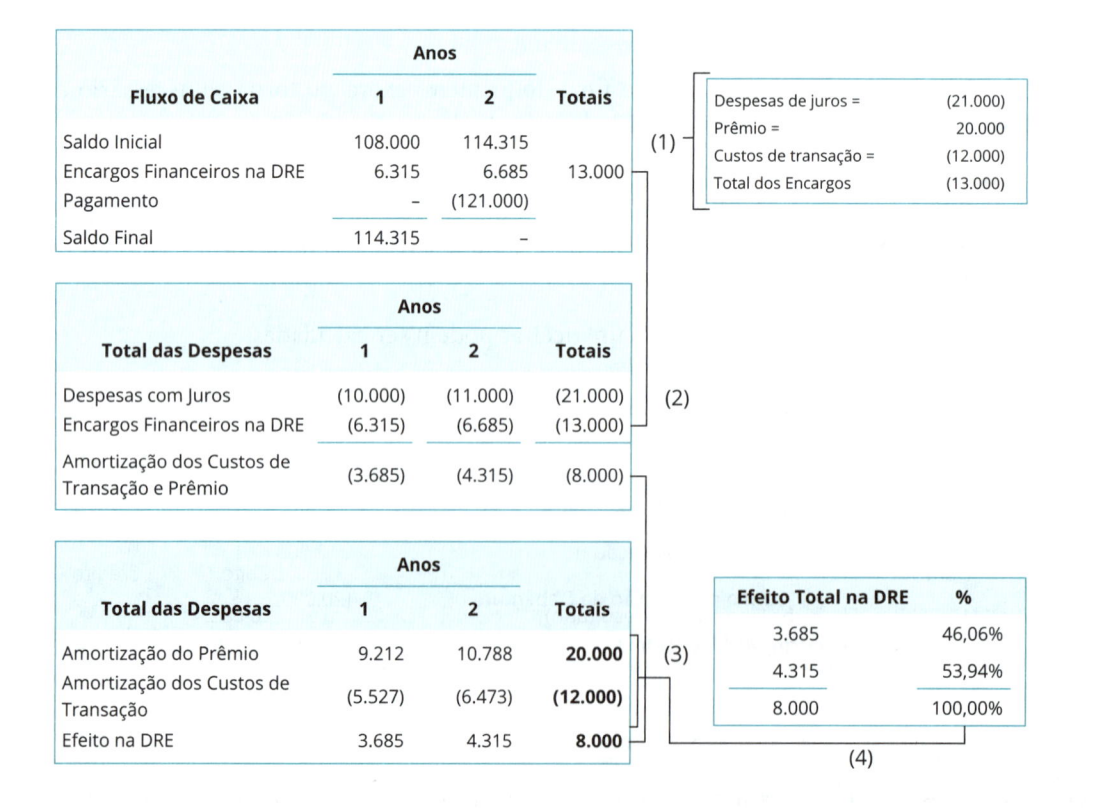

Fluxo de Caixa	Anos 1	Anos 2	Totais
Saldo Inicial	108.000	114.315	
Encargos Financeiros na DRE	6.315	6.685	13.000
Pagamento	-	(121.000)	
Saldo Final	114.315	-	

(1)

Despesas de juros =	(21.000)
Prêmio =	20.000
Custos de transação =	(12.000)
Total dos Encargos	(13.000)

Total das Despesas	Anos 1	Anos 2	Totais
Despesas com Juros	(10.000)	(11.000)	(21.000)
Encargos Financeiros na DRE	(6.315)	(6.685)	(13.000)
Amortização dos Custos de Transação e Prêmio	(3.685)	(4.315)	(8.000)

(2)

Total das Despesas	Anos 1	Anos 2	Totais
Amortização do Prêmio	9.212	10.788	**20.000**
Amortização dos Custos de Transação	(5.527)	(6.473)	**(12.000)**
Efeito na DRE	3.685	4.315	**8.000**

(3)

Efeito Total na DRE	%
3.685	46,06%
4.315	53,94%
8.000	100,00%

(4)

Como já havíamos apresentado antes, você poderá verificar novamente (em 1) que os encargos financeiros na DRE totalizam R$ 13.000. Dessa forma, na primeira tabela, o cálculo da apropriação dos encargos, para o primeiro ano, é feito pela multiplicação do valor captado e a TIR, que calculamos na Ilustração 10.14 (R$ 108.000 × 5,8475% = R$ 6.315). Por diferença entre o valor total e o do primeiro ano, encontramos o valor dos encargos financeiros para o ano 2 (R$ 13.000 − R$ 6.315 = R$ 6.585).

Na Tabela 2 da Ilustração 10.14 podemos ver que o valor das despesas com juros, no primeiro ano, é de R$ 10.000 (100.000 × 10%) e no segundo ano R$ 11.000 (110.000 × 10%), totalizando R$ 21.000. Os valores dos encargos financeiros na DRE (2) são os que calculamos na Tabela 1. Novamente, por diferença, podemos calcular os valores totais referentes à amortização dos custos de transação e do prêmio (R$ 10.000 − R$ 6.315 = R$ 3.685, no ano 1).

Finalmente, na Tabela 3, são apresentados os valores da amortização do prêmio e dos custos de transação individualmente (3). Esses valores serão calculados na mesma proporção, ou seja, como R$ 3.685 representa 46,06% do valor total, R$ 8.000, se aplicarmos esse percentual ao valor total do prêmio, que é de R$ 20.000, teremos o valor da amortização para o ano 1 (R$ 20.000 × 46,06% = R$ 9.212). Da mesma forma, podemos calcular os valores referentes à amortização dos custos de transação, aplicando os percentuais apurados em (4): R$ 12.000 × 46,06% = R$ 5.527, no primeiro ano; e depois, para o ano 2, calculamos com o percentual de 53,94%. O registro contábil, para o ano 1, dos encargos financeiros é:

Data		Débito	Crédito
31/12/20X2	Encargos Financeiros (resultado)	6.315	
	Prêmios a Amortizar	9.212	
	Debêntures		10.000
	Custos a Amortizar		5.527
	Apropriação dos encargos financeiros ao exercício.		

A Ilustração 10.15 apresenta o balanço patrimonial da Florença em 31/12/20X2:

Ilustração 10.15 – Balanço patrimonial no final do ano 1

Balanço Patrimonial – em 31/12/20X2	
Passivo Não Circulante	
Debêntures	110.000
(+) Prêmios a Amortizar	10.788
(−) Custos a Amortizar	(6.473)
Total do Passivo + PL	114.315

Para o ano 2, a apropriação é feita da seguinte forma:

Data		Débito	Crédito
31/12/20X3	Encargos Financeiros (resultado)	6.685	
	Prêmios a Amortizar	10.788	
	Debêntures		11.000
	Custos a Amortizar		6.473
	Apropriação dos encargos financeiros ao exercício.		

E o balanço patrimonial nessa data é apresentado na Ilustração 10.16:

Ilustração 10.16 – Balanço patrimonial no final do ano 2

Balanço Patrimonial – em 31/12/20X3	
Passivo Circulante	
Debêntures	121.000
(+) Prêmios a Amortizar	–
(–) Custos a Amortizar	–
Total do Passivo + PL	121.000

Como o pagamento é realizado no final do segundo ano, o registro do resgate das debêntures é:

Data		Débito	Crédito
01/01/20X4	Debêntures	121.000	
	Bancos		121.000
	Pelo pagamento das debêntures.		

CONVERSÃO DAS DEBÊNTURES EM AÇÕES

Existem situações em que as debêntures podem ser emitidas com cláusula que garanta ao debenturista o direito de convertê-las em ações.

O momento da conversão ocorre quando o titular da debênture manifesta seu interesse, no prazo determinado para a conversão. Desse modo, o capital deve ser alterado, tendo os administradores que providenciar a averbação do aumento, o cancelamento das debêntures e a inscrição nos livros de registro das ações.

Seja o exemplo anterior, da Florência S.A. que emitiu as 100 debêntures conversíveis em ações. Supondo que os debenturistas quiseram exercer, no prazo determinado, o seu direito de conversão de debêntures em ação. O registro contábil será:

Data		Débito	Crédito
01/01/20X4	Debêntures	121.000	
	Capital Subscrito		121.000
	Pela conversão das debêntures em ações.		

Passivos contingentes e provisões

⊕ Objetivo (6) → Explicar o que são passivos contingentes e como contabilizá-los

Os passivos são classificados quanto à expectativa de saída de recursos em: provável, possível ou remota. Se for provável (praticamente certo) que haverá um pagamento, o evento é um passivo. Caso seja provável, mas ainda houver incerteza quanto ao valor ou momento do pagamento, trata-se de uma provisão. Quando a probabilidade de ocorrer um pagamento for possível ou remota, o evento é um passivo contingente.

Vamos analisar o caso de ações judiciais. Suponha que um grupo de funcionários entre na justiça reivindicando questões trabalhistas para receber uma indenização. Grande parte desses processos leva bastante tempo até serem julgados e há uma incerteza sobre a decisão que será sentenciada pelo juiz. Nesse caso, como a empresa deve reconhecer essa ação trabalhista?

A resposta a essa pergunta é feita com base na probabilidade de ocorrência do evento. Recorre-se, portanto, à opinião de peritos, com o objetivo de avaliar, com base nas evidências, quais são os possíveis desfechos para o caso. A Ilustração 10.17 sintetiza como devem ser reconhecidos os passivos contingentes.

Ilustração 10.17 – Classificação e tratamento contábil dos passivos

Probabilidade de ocorrer desembolso		Tratamento Contábil	
Provável	Mensurável em base confiável	Provisão	Reconhece a provisão e divulga em notas explicativas
	Não mensurável, por não haver base confiável	Passivo contingente	Divulga em notas explicativas
Possível		Passivo contingente	Divulga em notas explicativas
Remota		Passivo contingente	Não divulga em notas explicativas

Deve-se, portanto, reconhecer como provisões quando elas atenderem às três seguintes condições:

1. A entidade tem uma obrigação presente (legal ou não formalizada) como resultado de um evento passado.
2. É provável que haja uma saída de recursos que incorporam benefícios econômicos para liquidar a obrigação.
3. Pode-se fazer uma estimativa confiável do valor da obrigação.

Uma obrigação não formalizada é aquela advinda de uma conduta de mercado, por exemplo, a de fornecer garantia aos produtos. Como o evento carrega a incerteza quanto ao valor da obrigação e quanto ao momento da ocorrência, a empresa reconhece a provisão para garantias.

Com base no exemplo anteriormente apresentado, vamos analisar a Ilustração 10.18, que apresenta os possíveis cenários para esse processo trabalhista:

Ilustração 10.18 – Probabilidades de ocorrência do desembolso

Cenários	Valor do desembolso	Probabilidade de ocorrência
1	R$ 50.000	20%
2	R$ 30.000	50%
3	R$ 10.000	30%

Podemos observar pela Ilustração 10.18 que o cenário 2 é o que apresenta a maior probabilidade de ocorrência, no qual a empresa terá que desembolsar R$ 30.000. Assim sendo, esse valor representa a melhor estimativa para reconhecer a provisão.

Assim, o registro contábil da provisão será efetuado da seguinte forma:

Data		Débito	Crédito
05/05/20X7	Despesas com Contingência Trabalhista	30.000	
	Provisão para Contingências Trabalhistas		30.000
	Reconhecimento de provável contingência trabalhista, conforme processo nº 5.422.		

É importante destacar que, sempre que houver uma mudança na estimativa, esse valor precisará ser revisado. Dessa forma, a revisão poderá ser feita com um lançamento igual ao anterior, com o valor complementar, ou com um estorno, reduzindo o valor provisionado.

Ao final do processo, quando haverá o pagamento da obrigação, o registro será:

Data		Débito	Crédito
23/09/20X8	Provisão para Contingências Trabalhistas	30.000	
	Bancos		30.000
	Pelo pagamento da contingência trabalhista, conforme processo nº 5.422.		

Outros exemplos de passivos contingentes que podem vir a gerar o reconhecimento de provisões, além dos mencionados aqui, são as provisões para riscos fiscais, para danos ambientais e a obrigação por retirada de ativos de longo prazo (AROs), que comentamos no Capítulo 9 deste livro.

ANTES DE PROSSEGUIR
1. O que é um passivo contingente?
2. Como são classificados os passivos contingentes e qual o tratamento contábil?

Apresentação nas demonstrações contábeis e análise

Objetivo (7) → Identificar os requerimentos para a apresentação das demonstrações contábeis e de análise dos passivos

APRESENTAÇÃO NO BALANÇO PATRIMONIAL

O passivo é apresentado no lado direito do balanço patrimonial e é dividido em passivo circulante, quando vencível no exercício social seguinte, e passivo não circulante, quando o vencimento for superior ao exercício seguinte. Os passivos são raramente listados na sua ordem de vencimento, já que existe uma prioridade de pagamento de passivos específicos. Uma maneira usual para essa apresentação é listá-los por ordem de grandeza, ou seja, os passivos maiores apareceriam primeiro.

À medida que os passivos não circulantes vão se aproximando do vencimento, eles são apresentados no balanço patrimonial como passivos circulantes, como mostramos nesse capítulo.

A apresentação das contas do passivo, muitas vezes, requer a divulgação de notas explicativas, como as informações sobre a data de vencimento das dívidas, as taxas de juros, os ativos dados em garantia etc.

APRESENTAÇÃO NA DEMONSTRAÇÃO DOS FLUXOS DE CAIXA

Enquanto a informação sobre o passivo no balanço patrimonial é estática, ou seja, mostra o total das dívidas de uma entidade em uma determinada data, na demonstração dos fluxos de caixa são apresentados os pagamentos e recebimentos das obrigações, durante um determinado período. Essas entradas e saídas de caixa são apresentadas na seção do fluxo de caixa das atividades de financiamento. Já as despesas de juros pagos pelos empréstimos são reconhecidas no fluxo de caixa das atividades operacionais.

ANÁLISES

Uma análise das obrigações de uma entidade permite que se verifique a sua capacidade de pagamento. Também auxilia verificar se as entidades têm condições de captar recursos de longo prazo, que são importantes para o seu crescimento.

Vamos utilizar as informações da empresa Sheng S.A., uma empresa de eletroeletrônicos, apresentadas no balanço patrimonial e na demonstração do resultado a seguir, para calcularmos os seus indicadores de liquidez corrente, dívida sobre ativo e Ebitda.

Ilustração 10.19 – Balanço patrimonial da Sheng S.A.

Sheng S.A. Balanço Patrimonial					
	31/12/20X5	31/12/20X4		31/12/20X5	31/12/20X4
Ativo			**Passivo**		
Ativo Circulante	54.000	42.000	Passivo Circulante	67.000	36.000
Disponível	12.000	8.700	Passivo Não Circulante	32.000	45.000
Realizável a Curto Prazo	42.000	33.300	Total do Passivo	99.000	81.000
Ativo Não Circulante	129.000	85.000	**Patrimônio Líquido**		
			Total do Patrimônio Líquido	84.000	46.000
Total do Ativo	183.000	127.000	Total do Passivo e PL	183.000	127.000

Ilustração 10.20 – Demonstração do resultado da Sheng S.A.

Sheng S.A. Demonstração do Resultado	20X5	20X4
Receitas	185.860	222.000
(–) CMV	(42.660)	(53.500)
Lucro Bruto	**143.200**	**168.500**
(–) Despesas Operacionais	(95.196)	(81.825)
Despesas com Vendas	(52.000)	(46.579)
Despesas Administrativas	(41.096)	(39.456)
Despesas Administrativas Gerais	(25.400)	(23.760)
(+) Despesas de Depreciação e Amortiz.	(15.696)	(15.696)
Outras Receitas e Despesas	(2.100)	4.210
Lucro antes das Receitas e Desp. Financeiras	**48.004**	**86.675**
Receitas Financeiras	6.325	1.355
(–) Despesas Financeiras	(2.227)	(4.905)
Lucro antes do IR e Participações	**52.102**	**83.125**
(–) Imposto de Renda	(15.631)	(24.938)
(–) Participações	(3.126)	(4.988)
Lucro Líquido	**33.345**	**53.200**

Liquidez Corrente

O índice de liquidez mede a habilidade da companhia em pagar suas obrigações no vencimento e de atender as suas necessidades inesperadas de caixa.

O índice de liquidez mais utilizado na prática é a liquidez corrente, como apresentamos no Capítulo 2. A liquidez corrente é calculada pela divisão do ativo circulante pelo passivo circulante. A Ilustração 10.21 apresenta a liquidez corrente da Sheng S.A.:

Ilustração 10.21 – Liquidez corrente da Sheng S.A.

Liquidez Corrente = Ativo Circulante/Passivo Circulante	31/12/20X5	31/12/20X4
Sheng S.A.	54.000	42.000
	67.000	36.000
Resultado da Empresa	0,81	1,17
Média do Setor	1,29	

Como podemos observar na Ilustração 10.21, a liquidez corrente da empresa Sheng, no ano de 20X5, foi inferior à unidade (0,81). Isso significa que a empresa não será capaz de liquidar seus passivos de curto prazo com seus ativos de curto prazo. Ou seja, para liquidá-los, terá que captar mais recursos de terceiros ou dos sócios, ou pior, desfazer-se de ativos de longo prazo.

Para o ano de 20X4, embora o indicador seja superior à unidade (1,17), podemos perceber que ele ainda é inferior à média do setor, que é de 1,29.

Algumas entidades podem optar por manter valores reduzidos em ativo circulante, visto que manter valores em caixa ou em estoques pode ser oneroso. Como no caso da Sheng em 20X5, em que seus recursos dos ativos circulantes seriam incapazes de liquidar suas dívidas de curto prazo. Mas para manter baixos valores em ativos circulantes, as entidades precisam apresentar certa facilidade na captação de recursos, sob o risco de se manterem inadimplentes. Um exemplo seria as linhas de créditos bancárias, nas quais os bancos liberam recursos emergenciais em caso de necessidade, com taxas de juros negociados previamente (menores que as usuais taxas do mercado para captação de empréstimos).

Pergunta	Informação Necessária	Fórmula	Uso
Qual o nível de liquidez da entidade?	Balanço Patrimonial	Liquidez Corrente = Ativo Circulante/Passivo Circulante	Quanto a entidade possui ativos de curto prazo em relação aos passivos de curto prazo. Maiores valores indicam maior liquidez.

Dívida sobre Ativo

O índice dívida sobre ativo é um dos indicadores de solvência que verifica a capacidade das entidades sobreviverem durante um período de tempo. É um indicador de análise importante para auxiliar os investidores a decidirem sobre quais ações adquirir ou a quem conceder empréstimos de longo prazo.

É calculado pela divisão do passivo total pelo ativo total. No Capítulo 2, nós também já o apresentamos. Esse indicador mostra o endividamento da entidade, ou seja, quanto de seus ativos é financiado por terceiros.

Ilustração 10.22 – Dívida sobre ativo da Sheng S.A.

Dívida sobre Ativo = Passivo/Ativo

	31/12/20X5	31/12/20X4
Sheng S.A.	99.000	81.000
	183.000	127.000
Resultado da Empresa	54,10%	63,78%
Média do Setor	59%	

Pela Ilustração 10.22, podemos observar que o resultado de 20X5 foi inferior à média do setor. Além disso, quando comparamos com o exercício anterior, verificamos que houve uma redução no percentual. Essa redução demonstra que a empresa melhorou sua posição de endividamento em relação ao ano anterior, além de estar menos endividada que o setor de eletroeletrônicos.

Pergunta	Informação Necessária	Fórmula	Uso
A entidade está endividada?	Balanço Patrimonial	Dívida sobre Ativo = Passivo / Ativo	Quanto do ativo está sendo financiado por capital de terceiros (passivo). Quanto maior o índice, maior o nível de endividamento.

Ebitda

A sigla Ebitda tem origem no termo em inglês *"Earnings Before Interest, Taxes, Depreciation and Amortization"*, que em português significa "Lucros antes de juros, impostos, depreciação e amortização" (Lajida). Representa quanto uma empresa gera de recursos vindos das atividades operacionais, subtraindo-se impostos e outros efeitos financeiros. É muito utilizado pelo mercado por analisar não apenas o resultado final da entidade, mas também todo o processo de geração.

O cálculo do Ebitda é feito com base no lucro antes do Imposto de Renda e Participações. A esse valor são somadas as despesas com juros e as de depreciação e amortização.

Ilustração 10.23 – Índice Ebitda da Sheng S.A.

Ebitda = LAIR + Desp. Financ. + Desp. Dep. + Desp. Amort.		
	31/12/20X5	31/12/20X4
Sheng S.A.	52.102 + 2.227 + 15.696	83.125 + 4.905 + 15.696
Resultado da Empresa	70.025	103.726
Média do Setor	100.000	

Podemos observar na Ilustração 10.23 que o Ebitda da Sheng de 20X5 sofreu uma redução, quando comparamos com o resultado de 20X4. Somado a isso, o resultado também ficou bem abaixo da média do setor, mostrando que a empresa teve uma piora na sua eficiência em gerar resultados por meio das suas atividades operacionais.

Pergunta	Informação Necessária	Fórmula	Uso
A entidade está sendo eficiente na geração de resultado operacional?	Demonstração de Resultado	Ebitda = LAIR + Despesas Financeiras + Despesas de Depreciação e Amortização	Representa quanto uma empresa gera de recursos vindos das atividades operacionais, subtraindo-se impostos e outros efeitos financeiros.

Dívida líquida

Os índices tradicionais de endividamento relacionam o passivo (circulante e não circulante) com o ativo, o patrimônio líquido ou alguma conta do resultado. Entretanto, dentro do passivo encontram-se desde empréstimos e financiamentos até contas relacionadas com o ciclo operacional da empresa. Se quisermos saber realmente a dívida de uma empresa, essa talvez não seja uma medida adequada.

A alternativa é considerar somente aquele passivo que gera despesa financeira, retirando as contas como Fornecedores, Obrigações Fiscais, Passivos com Partes Relacionadas, Dividendos a Pagar, Provisões, entre outras contas. Mas parte dessa dívida poderia ser paga com a reserva de caixa e equivalentes existente na empresa. Assim, um número interessante para verificar o endividamento de uma empresa é o conceito de dívida líquida.

A dívida líquida refere-se ao volume de empréstimos e financiamentos menos o caixa e equivalentes. Representa a quantidade de dinheiro que a empresa necessita para zerar o passivo que gera despesa financeira. Considerando que o passivo não circulante se refere a empréstimos e financiamentos, a dívida líquida da Sheng S.A. é apresentada na Ilustração 10.24.

Ilustração 10.24 – Índice dívida líquida da Sheng S.A.

Dívida Líquida = Empréstimos e Financiamentos – Caixa e Equivalentes		
	31/12/20X5	31/12/20X4
Sheng S.A.	32.000 – 12.000	45.000 – 8.700
Resultado da Empresa	20.000	36.300
Média do Setor	15.000	

Observe que a dívida líquida da Sheng reduziu nos últimos 12 meses, indicando redução no endividamento oneroso da empresa com o passar do tempo. A informação da dívida líquida deve ser considerada como complementar aos índices tradicionais de endividamento.

Pergunta	Informação Necessária	Fórmula	Uso
A entidade possui recursos financeiros suficientes para quitar seu passivo oneroso?	Balanço Patrimonial	Dívida Líquida = Empréstimos e Financiamentos – Caixa e Equivalentes	Representa a quantidade de dinheiro que a empresa necessita para zerar o passivo que gera despesa financeira.

ANTES DE PROSSEGUIR

1. Qual o índice que verifica a proporção de endividamento da entidade?
2. Como um analista poderá saber se uma empresa terá recursos para saldar seus passivos de curto prazo?
3. A geração de recursos pelas operações de uma empresa é medida com qual indicador?

EXERCÍCIO DE REVISÃO

A Luísa Empreendimentos S.A. foi organizada em 02/01/20X8. Durante o seu primeiro mês de operação foram realizados vários eventos e o saldo final das contas, em 31/01/20X8, foi:

Balancete de Verificação	Débito	Crédito
Caixa e Bancos	425	
Clientes	15.585	
Estoques	18.190	
Seguros Antecipados	12.000	
Máquinas e Equipamentos	27.000	
Depreciação Acumulada		225
Edificações	120.000	
Depreciação Acumulada		2.500
Fornecedores		13.700
Empréstimos		40.000
Receita Antecipada		18.000
Capital Social		100.000
Receita de Vendas		43.000
CMV	21.500	
Despesa de Depreciação	2.725	
TOTAL	217.425	217.425

Ainda são necessários os seguintes ajustes:

1. Os impostos incidentes sobre as vendas foram de R$ 5.100 e serão pagos no próximo mês.
2. A folha de pagamento, composta por R$ 15.000 de salários e R$ 3.200 de encargos sociais, é paga no quinto dia útil do mês.
3. Da receita antecipada, 70% dos produtos foram entregues no mês. O custo da mercadoria é 50% da receita.
4. Os empréstimos foram adquiridos no dia 02/01 e serão pagos no final do ano. A taxa de juros incidente é de 1% ao mês.

Pede-se:

a) Faça os registros contábeis em diário.
b) Elabore a demonstração de resultado e o balanço patrimonial após os ajustes.

Solução

Data		Débito	Crédito
31/01/20X8	Impostos sobre Vendas	9.452	
	Impostos a Recolher		9.452
31/01/20X8	Despesa de Salários	13.200	
	Salários a Pagar		10.000
	Encargos Sociais a Recolher		3.200
31/01/20X8	Receitas Antecipadas	12.600	
	Receitas de Vendas		12.600
	CMV	6.300	
	Estoques		6.300
31/01/20X8	Despesas Financeiras	430	
	Empréstimos		430

Luísa Empreendimentos S.A.	
Demonstração do Resultado do Exercício	
Receita de Vendas	55.600
(–) Impostos sobre Vendas	(9.452)
Receita Líquida	46.148
(–) CMV	(27.800)
Lucro Bruto	18.348
(–) Despesas Operacionais	
Despesa de Salários	(13.200)
Despesa de Depreciação	(2.725)
Lucro antes das Despesas Financeiras	2.423
(–) Despesas Financeiras	(6.300)
Lucro Líquido	(3.877)

	Luísa Empreendimentos S.A.			
	Balanço Patrimonial			
Ativo Circulante		39.900	*Passivo Circulante*	88.052
Caixa e Bancos		425	Fornecedores	13.700
Clientes		15.585	Empréstimos	46.300
Estoques		11.890	Receita Antecipada	5.400
Seguros Antecipados		12.000	Impostos a Recolher	9.452
			Salários a Pagar	10.000
Ativo Não Circulante		144.275	Encargos Sociais a Recolher	3.200
Máquinas e Equipamentos		27.000		
(−) Depreciação Acumulada		(225)	*Patrimônio Líquido*	96.123
Edificações		120.000	Capital Social	100.000
(−) Depreciação Acumulada		(2.500)	Prejuízos Acumulados	(3.877)
Total do Ativo		**184.175**	**Total do Passivo + PL**	**184.175**

Um exemplo mais completo...

Considere o balanço patrimonial da Coruja Artigos Esportivos S.A. em 31/12/20X7:

Balanço Patrimonial em 31/01/20X7			
Ativo Circulante	R$ 982.500	**Passivo Circulante**	R$ 299.720
Bancos	R$ 154.900	Receitas Antecipadas	R$ 56.400
Aplicações Financeiras	R$ 100.000	Salários a Pagar	R$ 35.000
Seguros Antecipados	R$ 12.200	Fornecedores	R$ 109.000
Aluguéis Antecipados	R$ 30.000	Impostos a Pagar	R$ 23.350
Estoques	R$ 545.000	Participações a Pagar	R$ 32.970
Clientes	R$ 120.400	Dividendos a Pagar	R$ 43.000
Adiantamento a Empregados	R$ 20.000		
Ativo Não Circulante	R$ 360.000		
Veículos	R$ 100.000	**Patrimônio Líquido**	R$ 1.042.780
D.A. Veículos	(R$ 15.000)	Capital Social	R$ 1.000.000
Móveis e Utensílios	R$ 30.000	Reserva de Lucros	R$ 42.780
D.A. Móveis	(R$ 5.000)		
Terrenos	R$ 250.000		
Total do Ativo	**R$ 1.342.500**	**Total do Passivo + PL**	**R$ 1.342.500**

Ocorreram os seguintes eventos no mês de janeiro:

1. Pagamento de salários com cheque (compensando o adiantamento a funcionários).
2. Fez uma transferência bancária de 30% do valor da dívida com fornecedores.
3. Comprou R$ 80.000 de mercadorias a prazo.

4. 85% dos produtos referentes às receitas antecipadas foram entregues. O custo da mercadoria é de 50% da receita.
5. Captou empréstimos no Banco Zebra, de R$ 50.000.
6. Pagou as participações sobre o lucro na data, com cheque.
7. Os dividendos foram pagos pontualmente com cheque.
8. Pagamento dos impostos com 10 dias de atraso, com juros de R$ 650.
9. Os salários do mês de janeiro serão pagos em 05/02, no valor de R$ 38.300.
10. As despesas de água, energia e internet totalizaram R$ 5.500 e serão pagas no próximo mês.

Pede-se:

a) Faça a contabilização dos eventos em diário.
b) Elabore o balancete de verificação em 31/01/20X8.

Solução

a)

Eventos		Débito	Crédito
1	Salários a Pagar	35.000	
	Adiantamento a Empregados		20.000
	Bancos		15.000
2	Fornecedores	54.500	
	Bancos		54.500
3	Estoques	80.000	
	Fornecedores		80.000
4	Receitas Antecipadas	47.940	
	Receita de Vendas		47.940
	CMV	23.970	
	Estoques		23.970
5	Bancos	50.000	
	Empréstimos Bancários		50.000
6	Participações a Pagar	32.970	
	Bancos		32.970
7	Dividendos a Pagar	43.000	
	Bancos		43.000
8	Impostos a Pagar	23.350	
	Despesa de Juros	650	
	Bancos		24.000
9	Despesa de Salários	38.300	
	Salários a Pagar		38.300
10	Despesas de Água, Luz e Internet	5.500	
	Contas a Pagar		5.500

b)

Balancete de Verificação – 31/01/20X8						
	Débito	Crédito	Débito	Crédito	Débito	Crédito
Bancos	154.900		50.000	169.470	35.430	
Aplicações Financeiras	100.000				100.000	
Seguros Antecipados	12.200				12.200	
Aluguéis Antecipados	30.000				30.000	
Estoques	545.000		80.000	23.970	601.030	
Clientes	120.400				120.400	
Adiantamento a Empregados	20.000			20.000	–	
Veículos	100.000				100.000	
D.A. Veículos		15.000				15.000
Móveis e Utensílios	30.000				30.000	
D.A. Móveis		5.000				5.000
Terrenos	250.000				250.000	
Receitas Antecipadas		56.400	47.940			8.460
Salários a Pagar		35.000	35.000	38.300		38.300
Fornecedores		109.000	54.500	80.000		134.500
Impostos a Pagar		23.350	23.350			–
Participações a Pagar		32.970	32.970			–
Dividendos a Pagar		43.000	43.000			–
Contas a Pagar				5.500		5.500
Empréstimos Bancários				50.000		50.000
Capital Social		1.000.000				1.000.000
Reserva de Lucros		42.780				42.780
Receita de Vendas				47.940		47.940
CMV			23.970		23.970	
Despesa de Juros			650		650	
Despesa de Salários			38.300		38.300	
Despesas de Água, Luz e Internet			5.500		5.500	
Total	1.362.500	1.362.500	435.180	435.180	1.347.480	1.347.480

Usando a Informação Contábil

Em 31/12/20X4, o balanço do Shopping Center Novo Luxo S.A. apresentava os seguintes saldos (valores em R$):

Novo Luxo S.A. Balanço Patrimonial					
Ativo	31/12/20X4	31/12/20X3	Passivo	31/12/20X4	31/12/20X3
Ativo Circulante	*175.450*	*234.500*	*Passivo Circulante*	*217.500*	*157.450*
Disponível	25.450	43.500			
Realizável a Curto Prazo	150.000	191.000	*Passivo Não Circulante*	*1.000.000*	*500.000*
Ativo Não Circulante	*1.542.050*	*922.950*			
Realizável a Longo Prazo	155.000	37.000	*Patrimônio Líquido*	*500.000*	*500.000*
Investimentos	1.000.000	600.000			
Imobilizado	237.050	135.950			
Intangível	150.000	150.000			
TOTAL	**1.717.500**	**1.157.450**	**TOTAL**	**1.717.500**	**1.157.450**

	Novo Luxo S.A.	
	Demonstração do Resultado do Exercício	
	20X4	**20X3**
Receitas	475.320	297.550
(–) CMV	(332.724)	(178.530)
Lucro Bruto	**142.596**	**119.020**
(–) Despesas Operacionais	*(92.172)*	*(80.620)*
Despesas com Vendas	(35.649)	(29.755)
Despesas Administrativas	(34.223)	(28.565)
Despesas Administrativas Gerais	(18.537)	(15.473)
(+) Despesas de Depreciação e Amortiz.	(15.686)	(13.092)
Outras Receitas e Despesas	(22.300)	(22.300)
Lucro antes das Receitas e Desp. Financeiras	**50.424**	**38.400**
Receitas Financeiras	2.521	1.920
(–) Despesas Financeiras	(7.564)	(5.760)
Lucro antes do IR e Participações	**45.382**	**34.560**
(–) Imposto de Renda	(13.614)	(10.368)
(–) Participações	(2.723)	(2.074)
Lucro Líquido	**29.044**	**22.119**

Pede-se:

Calcule os seguintes indicadores da empresa nos dois exercícios e informe qual a posição da empresa em relação aos seus passivos.

a) Liquidez corrente
b) Dívida sobre ativo
c) Ebitda
d) Dívida líquida

Solução

a) *Liquidez = Ativo Circulante/Passivo Circulante*
   20X3– R$ 175.450/R$ 217.500 = 1,48
   20X4 – R$ 234.500/R$ 157.450 = 0,80

A partir das informações apresentadas, podemos perceber que houve uma redução no indicador de liquidez da empresa, mostrando que a sua capacidade de pagamento de recursos de curto prazo piorou.

b) *Dívida sobre ativo = Passivo Circulante + Passivo Não Circulante/Ativo Total*
   20X3 – R$ 157.450 + R$ 500.000/R$ 1.717.500 = 56,80%
   20X4 – R$ 217.500 + R$ 1.000.000/R$ 1.157.450 = 70,89%

Pela análise do endividamento, verificamos que a proporção das dívidas da empresa em relação ao total dos ativos aumentou.

c) Ebitda = LAIR + Despesa Financeira + Despesa de Depreciação
20X3 – R$ 34.560 + R$ 5.760 + R$ 13.092 = R$ 53.412
20X4 – R$ 45.382 + R$ 7.564 + R$ 15.686 = R$ 68.631

Apesar de as dívidas terem aumentado, a empresa melhorou o Ebitda, que é sua capacidade de gerar recursos pelas suas atividades operacionais, desconsiderando impostos e efeitos financeiros.

d) Dívida líquida = Endividamentos e Financiamentos − Caixa e Equivalentes
20X3 – R$ 500.000 − R$ 43.500 = R$ 456.500
20X4 – R$ 1.000.000 − R$ 25.450 = R$ 974.550

Considerando que o passivo não circulante é a dívida onerosa da empresa, podemos verificar que a situação da dívida líquida nos dois períodos piorou, já que a empresa obteve novas dívidas e reduziu seus valores de disponíveis.

RESUMO DOS OBJETIVOS

Explicar a diferença entre passivo circulante e passivo não circulante – São classificados como passivo circulante as obrigações que vencerão no decorrer do exercício social ou do ciclo operacional seguinte. As obrigações vencíveis após essa data são classificadas como passivo não circulante.

Mostrar o reconhecimento de alguns passivos circulantes – Os passivos representam obrigações que uma entidade terá que liquidar com terceiros. Essas dívidas são reconhecidas contabilmente de acordo com o regime de competência; mesmo quando não houver ainda um documento comprobatório, devem ser reconhecidos, por meio de provisões ou ajustes.

Explicar a contabilização de empréstimos e financiamentos não circulantes – Os passivos não circulantes, ou seja, aqueles que possuem vencimento após o exercício social ou ciclo operacional seguinte, devem ser ajustados a valor presente. Isso significa considerar o "valor do dinheiro no tempo", que ocorre quando se investem recursos financeiros com a perspectiva de receber juros no final de um período.

Preparar os registros para emissão de debêntures e despesas de juros – Ao colocar debêntures, para captar recursos, uma companhia terá gastos, como de corretagem a uma instituição financeira. Todos esses custos e as despesas de juros são denominados de encargos financeiros, que devem ser apropriados pelo custo amortizado, conforme o regime de competência. O valor nominal é o valor mínimo de colocação das debêntures, que é estipulado em assembleia. Valores superiores ou inferiores representam, respectivamente, prêmio ou deságio na emissão das debêntures.

Apresentar os registros quando as debêntures são resgatadas – O prêmio na emissão, as despesas financeiras e os custos a apropriar são apropriados ao resultado pelo método do custo amortizado, com base na taxa interna de retorno, que representa o custo efetivo da dívida e não somente a taxa de juros descrita no contrato.

Identificar os requerimentos para a apresentação das demonstrações contábeis e de análise dos passivos – Enquanto o balanço patrimonial apresenta a composição das obrigações da empresa com terceiros, em uma data determinada, a demonstração dos fluxos de caixa mostra quais foram os pagamentos efetuados, em um período. Existem vários índices que podem analisar liquidez e solvência. Apresentamos os mais importantes: liquidez corrente e dívida sobre o ativo. Além desses, ainda trouxemos o Ebitda, que analisa a capacidade da entidade em gerar recursos a partir do resultado das suas atividades operacionais.

DECISÃO

Pergunta	Informação Necessária	Fórmula	Uso
Qual o nível de liquidez da entidade?	Balanço Patrimonial	Liquidez Corrente = Ativo Circulante / Passivo Circulante	Quanto a entidade possui ativos de curto prazo em relação aos passivos de curto prazo. Maiores valores indicam maior liquidez
A entidade está endividada?	Balanço Patrimonial	Dívida sobre Ativo = Passivo / Ativo	Quanto do ativo está sendo financiado por capital de terceiros (passivo). Quanto maior o índice maior o nível de endividamento
A entidade está sendo eficiente na geração de resultado operacional?	Demonstração de Resultado	Ebitda = LAIR + Despesas Financeiras + Despesas de Depreciação e Amortização	Representa quanto uma empresa gera de recursos vindos das atividades operacionais, subtraindo-se impostos e outros efeitos financeiros
A entidade possui recursos financeiros suficientes para quitar seu passivo oneroso?	Balanço Patrimonial	Dívida Líquida = Empréstimos e Financiamentos − Caixa e Equivalentes	Representa a quantidade de dinheiro que a empresa necessita para zerar o passivo que gera despesa financeira

DICIONÁRIO

Ajuste a valor presente – Por causa do efeito chamado "valor do dinheiro no tempo", um empréstimo ou financiamento que será pago no futuro terá a incidência de juros. Deve-se, portanto, buscar o valor equivalente hoje, ou seja, seu valor presente.

Conservadorismo – Refere-se à postura de reconhecer passivos mesmo quando a sua data de ocorrência ou o valor ainda não possam ser definidos de maneira precisa (feitos por estimativa).

Custo amortizado – Significa que os valores referentes aos encargos financeiros vão sendo apropriados (amortizados) ao resultado do exercício considerando o prazo de fluência do contrato.

Debêntures – As debêntures são títulos emitidos pelas companhias abertas ou fechadas, de médio ou longo prazo, com o objetivo de captar recursos de terceiros normalmente menos onerosos que os empréstimos.

Deságio – É o valor inferior ao valor mínimo de colocação das debêntures, estipulado em assembleia.

Ebitda – Indicador que verifica quanto a empresa obteve de recursos gerados por suas atividades operacionais, acrescendo ao lucro antes do imposto de renda as despesas financeiras e a de depreciação e amortização.

Encargos sociais – São valores calculados sobre os salários dos funcionários, tais como a contribuição para seguridade, imposto de renda da pessoa física, contribuições sindicais, que são recolhidos pelas entidades e destinados aos órgãos competentes.

Encargos financeiros – Referem-se aos valores referentes ao custo da transação, tais como os prêmios, ágios, deságios, descontos etc. e as despesas financeiras, ou seja, todos os custos de captação de uma obrigação.

Juros a transcorrer – Trata-se de uma contraconta do passivo, que representa a despesa financeira do contrato de empréstimo ou financiamento. Deve ser apropriada como despesa, com o passar do tempo, conforme o regime de competência.

Notas promissórias – São obrigações geradas por promessas de pagamentos futuras entre duas pessoas, nas quais uma parte (o emitente) se compromete a pagar uma soma específica de dinheiro em uma data predeterminada, com ou sem juros incorridos.

Prêmios – É o valor superior ao valor mínimo de colocação das debêntures, estipulado em assembleia.

Passivo contingente – É uma obrigação que carrega incerteza quanto a sua ocorrência ou quanto à estimação do seu valor.

Provisão – São passivos mensurados por meio de bases confiáveis, que apresentam certa subjetividade quanto ao momento da sua ocorrência ou de seu valor exato. Ex: Provisões para garantia e provisões para passivos trabalhistas.

Taxa interna de retorno – Representa o custo efetivo da dívida e não apenas a taxa de juros descrita no contrato.

PROBLEMA DEMONSTRAÇÃO

A Sul Saneamento Básico S.A. necessita captar recursos para suas obras, no total de R$ 2.000.000. Os recursos foram captados em 31/01/20X7 na forma de:

(1) Empréstimos de R$ 500.000, pagos em 01/07/20X7 com juros de 1,5% ao mês.

(2) Financiamentos no valor de R$ 1.500.000, em 36 prestações mensais e juros de 1% ao mês.

A empresa encerra o exercício semestralmente. Com base nas informações, faça os registros contábeis dos eventos em diário e elabore o balanço patrimonial em 31/01 e 30/06/20X7.

Solução

⊕ Na captação – 31/01/20X7

(1) Para os empréstimos:

Data		Débito	Crédito
31/01/20X7	Bancos	500.000	
	Empréstimos		500.000
	Captação de empréstimo com o Banco Oliveira S.A.		

(2) Para os financiamentos:

– Valor do financiamento = 36 parcelas × R$ 49.821,46 = R$ 1.793.572,73

– Total dos juros incorridos = 1.793.572,73 – 1.500.000,00 = 293.572,73

Data		Débito	Crédito
31/01/20X7	Bancos	1.500.000	
	Juros a Transcorrer – Curto Prazo	37.113	
	Juros a Transcorrer – Longo Prazo	256.460	
	Financiamentos de Curto Prazo		597.858
	Financiamentos de Longo Prazo		1.195.715
	Captação de empréstimo com o Banco Oliveira S.A.		

Balanço Patrimonial – em 31/01/20X7	
Passivo Circulante	
Empréstimos	R$ 500.000
Financiamentos	R$ 597.858
(–) Juros a Transcorrer	(R$ 37.113)
	R$ 1.060.744
Passivo Não Circulante	
Financiamentos	R$ 1.195.715
(–) Juros a Transcorrer	(R$ 256.460)
	R$ 939.256
TOTAL DO PASSIVO	**R$ 2.000.000**

No encerramento – 30/06/20X7

(1) Para os empréstimos:

– Valor futuro dos empréstimos = 538.642,00

– Total dos juros incorridos = 538.642,00 – 500.000,00 = 38.642,00

Data		Débito	Crédito
30/06/20X7	Despesa Financeira	38.642	
	Empréstimos		38.642
	Pela incorrência de juros do empréstimo com o Banco Oliveira S.A.		

(2) Para os financiamentos:

A despesa financeira é:

Ano	Prestações	Valor Presente da Prestação		Despesa Financeira
1	R$ 49.821,46	R$ 49.821,46 ÷ 1,01 =	R$ 49.328,18	R$ 493,28
2	R$ 49.821,46	R$ 49.821,46 ÷ (1,01)^2 =	R$ 48.839,79	R$ 981,68
3	R$ 49.821,46	R$ 49.821,46 ÷ (1,01)^3 =	R$ 48.356,22	R$ 1.465,24
4	R$ 49.821,46	R$ 49.821,46 ÷ (1,01)^4 =	R$ 47.877,45	R$ 1.944,02
5	R$ 49.821,46	R$ 49.821,46 ÷ (1,01)^5 =	R$ 47.403,41	R$ 2.418,05
Total	**R$ 249.107,32**		**R$ 241.805,05**	**R$ 7.302,27**

Data		Débito	Crédito
30/06/20X7	Despesas Financeiras	7.302	
	Juros a Transcorrer		7.302
	Pela apropriação dos juros incorridos no final do primeiro semestre.		

O total dos juros a transcorrer é R$ 37.113 – R$ 7.302 = R$ 29.811

Balanço Patrimonial – em 30/06/20X7

Passivo Circulante

Empréstimos	R$ 538.642
Financiamentos	R$ 597.858
(–) Juros a Transcorrer	(R$ 29.811)
	R$ 1.106.689

Passivo Não Circulante

Financiamentos	R$ 1.195.715
(–) Juros a Transcorrer	(R$ 256.460)
	R$ 939.255
TOTAL DO PASSIVO	**R$ 2.045.944**

QUESTÕES DE MÚLTIPLA ESCOLHA

1. Todas são contas passivas de saldo credor:
   a) Empréstimos, impostos a recolher e provisões para garantias.
   b) Salários a pagar, custos a amortizar e debêntures.
   c) Encargos sociais, tributos a recolher e juros a transcorrer.
   d) Deságio a apropriar, notas promissórias e financiamentos.

2. A classificação de um passivo como circulante é de:
   a) Um ano.
   b) Um ciclo operacional.
   c) Um ano ou ciclo operacional, o que for maior.
   d) Um ano ou ciclo operacional, o que for menor.

3. Sobre o passivo é correto afirmar:
   a) É necessária a existência de uma base contratual.
   b) O pagamento somente poderá ser realizado com caixa ou equivalentes de caixa.
   c) São reconhecidos apenas quando possuem prazo e quantia certos.
   d) São obrigações contraídas por uma entidade e podem ser liquidadas com ativos, passivos e patrimônio líquido.

4. Com relação à contabilização dos passivos é correto afirmar:
   a) As férias a pagar somente são contabilizadas quando o funcionário sinalizar o momento em que irá gozar à empresa.
   b) As receitas antecipadas aumentam o resultado no momento em que ocorre a entrada de caixa ou equivalentes.

c) Um empréstimo de longo prazo contratado por uma entidade será contabilizado a valor presente.
d) As ações trabalhistas são reconhecidas nas reservas de contingências.

5. **Os encargos financeiros de empréstimos e financiamentos de longo prazo deverão ser apropriados ao resultado do exercício considerando o prazo de fluência do contrato, pelo método:**
   a) Do custo corrente.
   b) Do valor justo.
   c) Do custo amortizado.
   d) De equivalência patrimonial.

6. **A taxa de apropriação dos encargos financeiros ao resultado é a taxa:**
   a) Interna de retorno.
   b) Selic.
   c) De juros do contrato.
   d) De inflação do período.

7. **Provisões são obrigações *** resultantes de evento ***, que terá uma saída *** de recursos cujo valor da obrigação é ***. Os termos que faltam nessa frase, respectivamente, são:**
   a) Passadas; presente; certa; conhecido.
   b) Presentes; passado; provável; estimado em base confiável.
   c) Passadas; futuro; remota; incerta.
   d) Futuras; passado; possível; estimado em base confiável.

8. **O tratamento contábil de um passivo contingente com uma alta probabilidade de saída de recursos e valor estimado em base confiável deverá ser:**
   a) Reconhecido como passivo e divulgar em notas explicativas.
   b) Divulgar apenas em notas explicativas.
   c) Reconhecido como passivo.
   d) Não reconhecer como passivo e não divulgar em notas explicativas.

9. **O tratamento contábil de um passivo contingente com uma alta probabilidade de saída de recursos, mas com valor não estimado com confiança, deverá ser:**
   a) Reconhecido como passivo e divulgar em notas explicativas.
   b) Divulgar apenas em notas explicativas.
   c) Reconhecido como passivo.
   d) Não reconhecer como passivo e não divulgar em notas explicativas.

10. **O tratamento contábil de um passivo com uma probabilidade remota de saída de recursos deverá ser:**
    a) Reconhecido como passivo e divulgar em notas explicativas.
    b) Divulgar apenas em notas explicativas.
    c) Reconhecido como passivo.
    d) Não reconhecer como passivo e não divulgar em notas explicativas.

11. **O tratamento contábil de um passivo contingente com uma possível saída de recursos deverá ser:**
    a) Reconhecido como passivo e divulgar em notas explicativas.
    b) Divulgar apenas em notas explicativas.
    c) Reconhecido como passivo.
    d) Não reconhecer como passivo e não divulgar em notas explicativas.

12. **A Sempre On Line vende celulares e adquiriu um grande lote de produtos em moeda estrangeira. O procedimento contábil é verificar, na data de encerramento do exercício, qual o valor da moeda. Ao verificar o câmbio, verificou-se uma redução na cotação da moeda estrangeira. A contabilização será:**
    a) Débito em fornecedores e crédito em variação monetária ativa.
    b) Débito em fornecedores e crédito em variação monetária passiva.
    c) Débito em variação monetária passiva e crédito em fornecedores.
    d) Débito em variação monetária ativa e crédito em fornecedores.

13. A Sempre On Line vende celulares e computadores e garante que seus clientes serão reembolsados contra prováveis defeitos. Ao julgar provável que tais defeitos venham a ocorrer, a empresa registra uma provisão para garantias. Esse evento irá:

a) Aumentar o resultado e aumentar o passivo.
b) Aumentar o resultado e reduzir o passivo.
c) Reduzir o resultado e aumentar o passivo.
d) Reduzir o resultado e reduzir o passivo.

QUESTÕES PARA REVISÃO

1. O que são passivos? Dê exemplos.
2. O que é provisão? Cite exemplos.
3. O que significa conservadorismo?
4. Qual o critério de apresentação dos passivos no balanço?
5. Por que é importante dividir as obrigações de curto prazo das de longo prazo?
6. Como deve ser reconhecido um saldo negativo da conta Bancos no balanço patrimonial? E na demonstração dos fluxos de caixa?
7. O que são notas promissórias? Por que elas são utilizadas?
8. O que significa ajuste a valor justo?
9. Como são avaliados os passivos de longo prazo?
10. O que são debêntures? Cite alguns tipos.
11. Explique os termos "prêmio" e "deságio" na emissão de debêntures.
12. O que são encargos financeiros? Como eles são apropriados ao resultado?
13. O que significa juros a transcorrer?
14. O que é passivo contingente? Cite exemplos.
15. Quais são os tratamentos contábeis para as contingências?
16. O que é taxa interna de retorno e onde ela é utilizada?
17. O que é Ebitda e como ele é calculado?

EXERCÍCIOS BREVES

EB 1. Jarvel S.A. apresentou as seguintes obrigações em 31/12/20X8: (a) uma nota promissória de R$ 200.000, pagável no final de 2 anos; (b) tributos a recolher de R$ 56.000; (c) contas a pagar de R$ 120.000; (d) um financiamento vencível em 10 anos, com pagamentos mensais iguais de R$ 10.000; (e) empréstimos de R$ 430.000, que serão pagos em 4 anos; dividendos a pagar de R$ 35.000. Calcule os valores do passivo circulante e do não circulante.

EB 2. A Cara de Concha Ltda. apresentou os dados extraídos da sua folha de pagamento de janeiro/20X1:

Empregados	Salário Bruto Mensal	INSS	IRPF	Contribuição Sindical
Ana	R$ 1.500,00	R$ 165,00	R$ 112,50	R$ 45,00
Beatriz	R$ 2.200,00	R$ 242,00	R$ 165,00	R$ 66,00
Guilherme	R$ 3.500,00	R$ 385,00	R$ 262,50	R$ 105,00
José	R$ 2.500,00	R$ 275,00	R$ 187,50	R$ 75,00
Maria	R$ 1.200,00	R$ 132,00	R$ 90,00	R$ 36,00

Considerando os dados acima e que a empresa faz os pagamentos dos funcionários e dos encargos sociais no quinto dia útil do mês, pede-se:

a) Faça os registros contábeis da despesa de salários empresa em 31/01/20X1.
b) E do pagamento, em 05/02/20X1.

EB 3. As vendas de 2.000 bilhetes para um campeonato de futebol são feitas com 3 meses de antecedência. Serão 24 partidas de jogos, cada bilhete custa R$ 50. A receita só é reconhecida no momento em que os jogos ocorrerem, em dezembro. Faça os registros contábeis dos eventos ocorridos.

EB 4. A AMPZ Ltda. é uma companhia aérea que vende passagens na internet. Os clientes compram os bilhetes de viagem e podem voar em um prazo de um ano. Após essa data, os bilhetes são cancelados e não há reembolso. No final de março de 20X6, a empresa verificou que houve um total de recebimento de clientes no valor de R$ 800.000. Desse total, R$ 300.000 referem-se a serviços prestados no mês e R$ 150.000 a serviços prestados no mês de fevereiro.

Pede-se:

Faça a contabilização dos ajustes.

EB 5. Considerando as informações do EB 4, a AMPZ verificou, em abril de 20X7, que 2% dos valores antecipados pelos clientes não foram utilizados (bilhetes que prescreveram sem ser utilizados).

Pede-se:

Faça a contabilização desse evento.

EB 6. A Maré Embarcações S.A. apresentou em 31/12/20X3 na sua demonstração de resultado um lucro antes do imposto de renda de R$ 245.000. O imposto de renda apurado foi de 30%, as participações para empregados de 10% e de administradores de 5%. Do lucro líquido, 50% serão destinados para dividendos.

Pede-se:

Faça os registros contábeis em diário dos eventos.

EB 7. A empresa Amazonas Ltda. adquiriu um empréstimo em 01/05/20X2, no valor de R$ 100.000. O pagamento será realizado em 3 meses com juros compostos de 1,5% ao mês.

Pede-se:

Faça os registros contábeis da aquisição nas datas da aquisição e do pagamento do empréstimo.

EB 8. Em julho de 20X5, a empresa Alfa adquiriu um empréstimo estrangeiro por US$ 130.000 e a taxa de câmbio era de R$ 1,70 nessa data. Em 31/12/20X5 a taxa de câmbio era de R$ 1,60.

Pede-se:

Faça a contabilização dos dois eventos em diário.

EB 9. A empresa Beta adquiriu mercadorias de um fornecedor estrangeiro, em 01/08/20X3, por US$ 150.000 e a taxa de câmbio era de R$ 1,30 nessa data. No final do exercício, a taxa de câmbio era de R$ 1,45.

Pede-se:

Faça a contabilização dos dois eventos em diário.

EB 10. A Companhia de Energia aprovou a emissão de 1.000 debêntures de longo prazo a um valor total de 1 bilhão de reais. A companhia pagou de serviços de terceiros, referentes à colocação das debêntures, 5% do valor captado. Qual o registro no momento da captação?

EB 11. Com base nos dados do EB 10, suponha que a colocação foi feita com um prêmio de 10% sobre o valor de emissão. Como fica o registro de colocação das debêntures nessa situação?

EB 12. A Companhia San Jose emitiu 2.500 debêntures ao preço unitário de R$ 10. Pagou custos de transação de R$ 1.500 e houve um deságio na emissão de R$ 2.000. Faça o registro contábil da emissão.

EB 13. A companhia Arroz Doce Ltda. classificou as chances de perda nos seus processos judiciais em 31/12/20X9:

Número do Processo	Natureza	Valor	Risco
1	Civil	R$ 500.000,00	Remota
2	Fiscal	R$ 1.200.000,00	Possível
3	Trabalhista	R$ 3.300.000,00	Provável

Com base nas informações apresentadas, pede-se:

a) Informe qual tratamento contábil para cada um dos processos acima.

b) Faça os registros contábeis que forem necessários.

PROBLEMAS

PB 1. Sejam os eventos a seguir:

1. A folha de pagamento da empresa apresenta um total de salários de R$ 13.900 e encargos sociais de R$ 2.300, que será paga no 5º dia útil do mês seguinte.
2. De R$ 28.000 das receitas antecipadas, 50% foram prestadas no mês.
3. Sobre a prestação de serviços, do item 2, houve a incidência de impostos sobre serviços, cuja alíquota é de 3%.
4. Os empréstimos captados no mês anterior no valor de R$ 115.000 possuem uma taxa de juros simples de 1,5% ao mês.

Pede-se:

Faça os registros contábeis em diário dos eventos.

PB 2. A Marroquina S.A. apurou um lucro antes do imposto de renda de R$ 450.000. Alíquota de imposto de renda é de 27%. As participações sobre o lucro são: (1) 10% para debêntures; (2) 15% para empregados; e (3) 5% para administradores. Do lucro líquido, a empresa destina 50% para dividendos.

Pede-se:

Faça os registros contábeis em diário dos eventos.

PB 3. A Indústria Flora Ltda. adquiriu um equipamento em 01/02/20X3. O custo de aquisição é de R$ 40.000, financiados em 15 parcelas de R$ 3.597,64, com taxa de 4% de juros. A empresa incorreu nos seguintes gastos que foram pagos no ato: R$ 1.000 de frete sobre a compra; e R$ 500 de taxa de instalação.

Pede-se:

Faça o registro contábil da aquisição do equipamento.

PB 4. Considere o balanço patrimonial da Libra S.A.

Libra S.A.			
Balanço Patrimonial em 31/12/20X3			
Ativo Circulante	R$ 27.900	*Passivo Circulante*	R$ 10.000
Caixa	R$ 500	Fornecedores	R$ 3.000
Bancos	R$ 1.970	Salários a pagar	R$ 7.000
Estoque de Mercadorias	R$ 25.430	Adiantamento de Clientes	R$ 12.000
Ativo Não Circulante	R$ 62.100		
Máquinas e Equipamentos	R$ 20.000	*Patrimônio Líquido*	R$ 68.000
Móveis e Utensílios	R$ 8.700	Capital social	R$ 65.000
Imóveis	R$ 34.700	Lucros acumulados	R$ 3.000
(–) Depreciação Acumulada	(R$ 1.300)		
TOTAL	**R$ 90.000**	**TOTAL**	**R$ 90.000**

Ocorreram os seguintes eventos no mês de janeiro:

1. Captação de R$ 100.000 com empréstimos bancários com taxa de juros de 1% ao mês, que serão pagos em seis meses.
2. Pagamento de salários com cheque.
3. Pagamento da dívida com fornecedores.
4. 70% dos produtos referentes ao adiantamento de clientes foram entregues. O custo da mercadoria é de 35% da receita.
5. Comprou R$ 5.000 de mercadorias a prazo.
6. As despesas de água e energia totalizaram R$ 370 e serão pagas no próximo mês.
7. O saldo da conta Lucros Acumulados é destinado a título de dividendos, que serão pagos no dia 10/02.

Pede-se:

a) Faça a contabilização dos eventos em diário.
b) Apure o resultado e elabore o balanço patrimonial.

PB 5. A Mendes Ltda. vende televisores com garantia de qualquer defeito de fabricação durante doze meses após a compra. A empresa estima que terá um custo de reparação de R$ 500.000, se todos os televisores vendidos apresentarem defeitos leves. Caso sejam defeitos graves, o custo com reparo será de R$ 1.200.000. Baseando-se na experiência do negócio e nas expectativas de vendas, a empresa estima que: 60% dos produtos vendidos não terão nenhum defeito; 30% terão leves defeitos e 10% dos televisores terão graves defeitos.

Pede-se:

Qual o valor da provisão que deverá ser constituída?

PB 6. Uma grande empresa consultou seu departamento jurídico para verificar a probabilidade de perda em seus processos judiciais, com o objetivo de estimar o valor das provisões do exercício. Os processos foram classificados da seguinte forma:

Tipo de Processo	Valor da Causa	Probabilidade de Perda
Processo Trabalhista	R$ 50.000,00	50%
Processo Ambiental	R$ 130.000,00	80%
Processo Tributário	R$ 600.000,00	95%
Processo Civil	R$ 1.000.000,00	20%

Pede-se:

Calcule o valor que a empresa deverá estimar de provisão para o ano.

PB 7. A Aloha S.A. verificou, no final do exercício de 20X7, a posição dos seus processos judiciais, com o objetivo de revisar as bases da provisão. Ao consultar o setor jurídico, foi repassada a seguinte posição dos processos:

Número do Processo	Provisão reconhecida em 31/12/20X7	Probabilidade de Perda em 31/12/20X8	Valor Estimado da Perda – 31/12/20X8
20X3.5.5739	R$ 20.000,00	Provável	R$ 40.000,00
20X4.2.1269	R$ 55.000,00	Possível	R$ 120.000,00
20X5.9.8642	não há	Possível	R$ 28.000,00
20X6.8.2481	não há	Provável	R$ 35.000,00

Pede-se:

a) Com base nas informações, verifique se a empresa Aloha deverá complementar, criar ou reverter as provisões para 31/12/20X8.

b) Faça os registros contábeis necessários.

PB 8. A Editora Modelo Ltda. captou em 01/05/20X5 um empréstimo bancário de R$ 600.000, que será pago em 6 meses. Os juros são de 1% ao mês.

Pede-se:

Faça os registros contábeis:

a) Da captação do empréstimo em 01/05.
b) Da despesa financeira em 01/06.
c) Do pagamento efetuado em 01/11.

PB 9. A Terceiro Empreendimentos S.A. adquiriu, em 02/01/20X5, um equipamento financiado no valor de R$ 800.000. Os pagamentos serão efetuados em 8 anos, sempre ao final do ano. Os juros são de 2% ao ano. O valor de cada prestação é de R$ 109.207.

Pede-se:

Faça os registros contábeis da aquisição do equipamento e do pagamento no primeiro ano.

PB 10. Em 01/01/20X5, a Companhia Ilhabela decidiu emitir 5.000 debêntures ao valor unitário de R$ 10 cada, pelo prazo de 3 anos. Os custos de emissão totalizaram R$ 2.000. A colocação foi feita com prêmio de R$ 3.500. A taxa de juros é de 10% ao ano.

Pede-se:

Faça os registros contábeis:

a) Da emissão de debêntures.
b) Da apropriação dos encargos financeiros no final dos períodos.

PB 11. A seguir é apresentado o balanço patrimonial da Bralhas Ltda., em 31/12/20X5:

Bralhas S.A.			
Balanço Patrimonial em 31/12/20X5			
Ativo Circulante	R$ 30.000	*Passivo Circulante*	R$ 40.000
Caixa	R$ 2.000	Fornecedores	R$ 30.000
Bancos	R$ 13.000	Salários a pagar	R$ 7.000
Estoque de mercadorias	R$ 15.000	Impostos a pagar	R$ 3.000
Ativo Não Circulante	R$ 70.000	*Patrimônio Líquido*	R$ 60.000
Máquinas e equipamentos	R$ 10.000	Capital social	R$ 65.000
Móveis e utensílios	R$ 5.000	Prejuízos acumulados	(R$ 5.000)
Imóveis	R$ 55.000		
TOTAL	**R$ 100.000**	**TOTAL**	**R$ 100.000**

Pede-se:
Com base nas informações acima, calcule os índices de liquidez e de dívida sobre ativo.

GABARITO

Questões de múltipla escolha

1. A; **2.** C; **3.** D; **4.** C; **5.** C; **6.** A; **7.** B; **8.** A; **9.** B; **10.** D; **11.** B; **12.** A; **13.** C.

Exercícios breves

EB 1 – Passivo circulante = R$ 331.000; Passivo não circulante = R$ 1.710.000;

EB 2 – Despesas de Salários = R$ 10.900; Salários a Pagar = R$ 8.556,50;

EB 3 – Receita Antecipada = R$ 2.400.000;

EB 4 – Receita de Serviços = R$ 300.000; Receita Antecipada = R$ 350.000; Clientes = R$ 150.000;

EB 5 – Outras Receitas = R$ 7.000;

EB 6 – Imposto de Renda = R$ 73.500; Dividendos a Pagar = R$ 73.316,25;

EB 7 – Despesa Financeira = R$ 4.567,84;

EB 8 – Variação Monetária Ativa = R$ 13.000;

EB 9 – Variação Monetária Passiva = R$ 2.250;

EB 10 – D: Bancos R$ 950.000;

EB 11 – D: Bancos R$ 1.050.000;

EB 12 – **1.** Não contabiliza nem divulga; **2.** Não contabiliza, mas divulga; **3.** Contabiliza e divulga.

EB 13 – D: Bancos R$ 21.500;

Problemas

PB 1 – **1.** D: Despesa de Salários 16.200; **2.** D: Receitas Antecipadas R$ 14.000; **3.** D: ISS sobre Serviços R$ 420; **4.** D: Despesa Financeira R$ 1.725;

PB 2 – Imposto de Renda = R$ 121.500; Dividendos a Pagar = R$ 119.368,69;

PB 3 – D: Equipamentos R$ 41.500; D: Juros a Transcorrer R$ 13.965; C: Financiamentos R$ 53.965; C: Bancos R$ 1.500;

PB 4 a) Ativo total: 182.060; Passivo Circulante: R$ 111.970;

PB 5 – R$ 135.000;

PB 6 – R$ 699.000;

PB 7 – **a)** Deverá: complementar o saldo da provisão constituída para o processo de 20X3. 5.5739; Constituir a provisão para o processo 20X5.8.2481; Reverter a provisão constituída para o processo 20X4.2.1269;

PB 8 b) Despesa Financeira = R$ 36.912,09;

PB 9 – Juros a Transcorrer = R$ 73.663; Despesa financeira no ano 1 = R$ 2.141,33;

PB 10 – **a)** D: Bancos R$ 51.500; Amortização do Prêmio: R$ 946; R$ 1.156,22; 1.397,78; **b)** Amortização dos Encargos: R$ 540,57; R$ 660,70; R$ 798,73;

PB 11 – Liquidez: 3,0; Dívida sobre Ativo: 40%.

11

INFORMANDO E ANALISANDO O PATRIMÔNIO LÍQUIDO

INICIANDO A CONVERSA

O patrimônio líquido de uma empresa apresenta uma espécie de "garantia", de "porto seguro". São várias as razões para isso: quando temos que olhar a capacidade de sustentação de uma instituição financeira, a base de análise é esse grupo patrimonial; se uma empresa possui um volume de passivo (circulante e não circulante) maior que seu ativo, denominamos a situação de passivo a descoberto; alguns analistas consideram que uma empresa só pode ter um crescimento sustentável se houver um aumento no seu patrimônio líquido; o valor do item é usado para atestar a capacidade de uma empresa em honrar seus compromissos nas licitações públicas; entre outras.

Em algumas línguas, como o inglês, o termo *patrimônio líquido* é traduzido por equidade. Em outras, como capital próprio. Certos países colocam o patrimônio líquido no início do lado direito do balanço. Isso já foi comum no Brasil no passado.

Em termos contábeis, o patrimônio líquido não gera muitos lançamentos contábeis, ao contrário das contas do ativo ou de resultado. Entretanto, geralmente esses lançamentos são relevantes para a estrutura patrimonial da empresa. É o que iremos estudar neste capítulo.

Objetivos do capítulo:

(1) Identificar e discutir as principais características de uma entidade
(2) Apresentar a estrutura do patrimônio líquido
(3) Explicar a emissão e contabilização de ações
(4) Mostrar a contabilização de ações com ágio, de partes beneficiárias e dos bônus de subscrição
(5) Explicar a contabilização de ações em tesouraria
(6) Registrar a destinação de lucros para dividendos
(7) Explicar o tratamento contábil da conta de Lucros ou Prejuízos Acumulados
(8) Apresentar a destinação do lucro para as reservas
(9) Explicar o objetivo e a natureza da conta de Ajuste de Avaliação Patrimonial
(10) Preparar as demonstrações contábeis
(11) Avaliar a distribuição de dividendos e a *performance* dos lucros sob a perspectiva dos acionistas

No Capítulo 1, já mostramos que as entidades, pela legislação brasileira, podem ser classificadas quanto ao seu propósito: se possuem fins lucrativos, como as sociedades de responsabilidade limitada e as sociedades anônimas; e as sem fins lucrativos, como as associações.

Neste capítulo, vamos nos ater aos detalhes das características essenciais das sociedades anônimas. São discutidas as contas e grupos de contas que compõem o patrimônio líquido, trazendo os seus conceitos, bem como exemplos de contabilização, desde a integralização do capital social em ações à destinação de dividendos aos acionistas.

Ao final deste capítulo mostramos como é feita a apresentação do patrimônio líquido nas demonstrações contábeis e também apresentamos alguns indicadores de decisão para o patrimônio líquido.

Formas de organização das entidades

Objetivo (1) → Identificar e discutir as principais características de uma entidade

As entidades são criadas juridicamente e existe todo um arcabouço jurídico que trata dos seus direitos e obrigações. Essas leis tratam desde assuntos relacionados à constituição da pessoa jurídica, de ordem tributária, até questões relacionadas à falência ou descontinuidade etc.

Como dissemos no Capítulo 1, as entidades podem ser criadas de várias formas. As classificações mais comuns são: quanto ao direito e quanto ao propósito.

Quanto ao direto, as pessoas jurídicas são classificadas em: de direito público, que são as fundações públicas e autarquias; e as de direito privado, como as associações, as fundações, as organizações religiosas, os partidos políticos, as sociedades e as empresas de responsabilidade limitada.

Quanto ao propósito, as entidades podem ser classificadas quanto ao objetivo de obter ou não lucro. No Brasil, as entidades mais comuns que visam ao lucro são: de pequeno porte, em geral, temos o Microempreendedor Individual (MEI) e a Empresa Individual de Responsabilidade Limitada (EIRELI) – esta última é uma modalidade criada em 2011; de médio porte, temos geralmente as Sociedades de Responsabilidade Limitada (Ltda.); e de grande porte, as sociedades anônimas (S.A.) de capital aberto e de capital fechado. Já entre as entidades sem propósito de obter lucros, as mais comuns são as associações, organizações religiosas e fundações.

CARACTERÍSTICAS DE UMA SOCIEDADE ANÔNIMA

Existência legal separada

Quando uma ou mais pessoas físicas decidem constituir uma entidade, cria-se uma pessoa jurídica separada e distinta do(s) seu(s) proprietário(s). Nesse sentido, a entidade passa a atuar em seu próprio nome e não em nome de seus acionistas. Isso significa que a entidade poderá comprar, vender, emprestar ou tomar dinheiro emprestado, fazer contratos e participar de licitações usando seu próprio nome. As entidades recolhem seus tributos separadamente da pessoa física. A entidade pode, ainda, processar e ser processada judicialmente.

Responsabilidade limitada dos acionistas

Devido à existência legal separada, os credores têm que recorrer apenas aos ativos da entidade para receber. Os passivos dos acionistas são, normalmente, limitados aos seus investimentos na entidade. Os credores não possuem direito legal de reivindicar os ativos pessoais dos proprietários, exceto se ficar comprovada fraude. Portanto, mesmo em casos de falência da entidade, as perdas dos acionistas estão limitadas ao total do capital que eles investiram.

Direitos de propriedades transferíveis

O capital social das sociedades é dividido em quotas, no caso de sociedades limitadas, ou em ações, no caso de sociedades anônimas. Para as sociedades anônimas de capital aberto, as ações são negociadas de modo que, quando um acionista decide deixar a sociedade, basta apenas se desfazer do total de suas ações. Para as sociedades limitadas, é necessário que os sócios concordem com a transferência das quotas para outra pessoa, ao contrário das sociedades anônimas, em que a decisão compete exclusivamente ao proprietário das ações.

A transferência de ações entre os proprietários, normalmente, não afeta as atividades operacionais da companhia, bem como os seus ativos, passivos e patrimônio líquido. A companhia não participa da transação, sendo apenas realizada entre as partes interessadas. Desse modo, nenhum registro é contabilizado.

Prática

Apesar de a transferência de ações não afetar as operações de uma empresa, a mesma acompanha essas transações de perto, como é o caso das companhias com ações negociadas na bolsa de valores. Neste caso, as transações de compra e venda de ações podem trazer índices importantes sobre a gestão da empresa ou seu futuro. Quando o preço da ação sobe, isso é um sinal de que as perspectivas futuras da empresa são boas.

Capacidade de adquirir capital

Uma companhia aberta capta recursos por meio da emissão de ações. A compra de ações é relativamente atraente aos investidores, pois eles têm responsabilidade limitada aos seus passivos e as ações podem ser vendidas no total ou em parte. Dessa maneira, muitos indivíduos podem adquirir ações e se tornar acionistas de uma companhia com uma pequena quantia de dinheiro. Portanto, a capacidade de uma companhia bem-sucedida de captar recursos por meio da emissão de ações é quase ilimitada.

Vida contínua

A vida de uma sociedade é estabelecida em seu estatuto social (sociedade anônima) ou no contrato social (sociedade limitada) e pode ser perpétua ou limitada a um número específico de anos. Se for limitada, o período de existência poderá ser estendido por meio da revisão do estatuto. Uma vez que a vida de uma entidade está separada da de seus proprietários ou controladores, a morte deles não significa a sua extinção: a entidade pode sobreviver por gerações e por esse motivo consideramos que está em continuidade.

Gestão da entidade

Os acionistas são legalmente os proprietários da empresa e, em geral, administram-na direta ou indiretamente. Nas empresas de maior porte é comum os acionistas se utilizarem de administradores e conselhos, que atuam em seu nome. Nestes casos, o presidente é o executivo principal da empresa e tem a autoridade para agir em nome dos acionistas; esse presidente pode, usando da sua função, designar outros funcionários.

Nas grandes empresas, o executivo financeiro pode receber a denominação de diretor financeiro ou *controller*. Entre suas funções temos a de manter a contabilidade em funcionamento e de estruturar um sistema de controle interno adequado, além de preparar as informações contábeis para os usuários internos e externos, incluindo o fisco.

> **Pequena e Média Empresa**
>
> Nas pequenas e médias empresas, geralmente, a presidência é feita pelo acionista controlador ou por alguém da família. Mas, mesmo nessas empresas, será necessária a delegação de tarefas para algumas atividades. Nesse sentido, as questões relacionadas com os sistemas de controle interno, que estudamos no Capítulo 7, são de suma importância.

Regulação do governo

Uma sociedade anônima está sujeita à regulamentação de vários órgãos governamentais. Por exemplo, é uma lei que determina quais demonstrações contábeis devem ser elaboradas e publicadas e como as empresas farão a distribuição de dividendos. Cabe à Comissão de Valores Mobiliários (CVM) definir quais sociedades anônimas podem captar recursos por meio da abertura de seu capital social. Além disso, a companhia aberta também se sujeita às normas dessa Comissão, que tem por objetivos regulamentar, desenvolver, controlar e fiscalizar o mercado de valores mobiliários no Brasil. Se for uma empresa de energia, estará sujeita às normas da Agência Nacional de Energia Elétrica (Aneel), ou se for uma financeira, às normas do Banco Central do Brasil (Bacen), assim por diante. Além das normas da Receita Federal, no que diz respeito às questões tributárias.

Impostos e taxas

Os acionistas recebem parcela do lucro divulgado na demonstração de resultado da empresa. E esse recebimento é também reconhecido na sua declaração de imposto de renda de pessoa física. Como vimos no Capítulo 5, o lucro apurado pela empresa já é líquido do Imposto de Renda e Contribuição Social e, por isso, não será novamente tributado.

Outra possibilidade para as empresas é destinar aos acionistas **Juros sobre Capital Próprio**, que é uma modalidade brasileira de distribuição de parte do lucro aos acionistas. Esse valor é reconhecido como uma despesa na DRE e poderá ser deduzido na apuração do Imposto de Renda e da Contribuição Social, sob certas condições. A utilização dessa modalidade de distribuição do lucro deve ser considerada cuidadosamente, já que pode afetar o imposto a ser pago pela empresa e pelo acionista.

> **ANTES DE PROSSEGUIR**
>
> 1. Quais são as formas mais comuns usadas para classificar as entidades? Explique-as.
> 2. Quais são as principais características de uma entidade?

Estrutura do patrimônio líquido

⊕ Objetivo (2) → Apresentar a estrutura do patrimônio líquido

A seção do patrimônio líquido no balanço patrimonial de uma companhia inclui: (1) capital social e (2) lucros retidos. A diferença entre esses dois elementos é importante, do ponto de vista legal e econômico. O capital social é a parcela entregue pelos investidores à companhia em troca de suas ações ou quotas. Já os lucros retidos representam a parcela do lucro líquido ocorrido no passado que ficou na empresa para uma futura distribuição, aumento de capital ou incorporação nas reservas de lucros.

De acordo com a legislação brasileira, o patrimônio líquido será dividido nos seguintes grupos de contas:

- Capital Social (integralizado ou a integralizar);
- Reservas de Capital;
- Ações em Tesouraria;
- Dividendo Adicional Proposto
- Prejuízos Acumulados;
- Reservas de Lucros;
- Ajustes de Avaliação Patrimonial.

As seções a seguir objetivam explicar e detalhar as contas que compõem cada um desses grupos e apresentar a contabilização dos principais eventos contábeis que alteram a posição do patrimônio líquido.

Capital social

Objetivo (3) → Explicar a emissão e contabilização de ações

Já vimos que o capital social é a parcela que os proprietários "doam" à entidade, no momento da sua constituição. Porém, existem algumas considerações importantes a serem feitas sobre esse grupo. Como informamos anteriormente, o capital pode ser dividido em ações, no caso de sociedades anônimas, ou em quotas, nos demais casos. Nessa seção, vamos nos dedicar aos aspectos do capital social das companhias abertas, já que a subscrição e a integralização das demais empresas já foram apresentadas nos capítulos anteriores.

TIPOS DE AÇÕES

As ações existem fisicamente por meio de um documento denominado **certificado de ação.** Nas sociedades anônimas, as ações podem ser classificadas em duas categorias: (1) quanto aos diretos ou vantagens; e (2) quanto à forma.

Quanto aos direitos ou vantagens, as ações podem ser, basicamente, de dois tipos: **ordinárias** e **preferenciais**. As ações ordinárias dão direito a voto e participação nos lucros. Já as ações preferenciais dão aos investidores, por meio de direitos contratuais, direitos preferenciais em relação: (1) ao pagamento de dividendos fixo ou mínimo; (2) ao reembolso de capital (ativos líquidos com ou sem prêmio), no caso de liquidação ou falência. Entretanto, as ações preferenciais podem ou não ter direito a voto.

Quanto à forma, as ações são obrigatoriamente nominativas, ou seja, presume-se como proprietário a pessoa que possuir o nome registrado no livro de "Registro de Ações Nominativas" (**nominativas registradas**) ou que possua um extrato fornecido pela instituição financeira custodiante (**nominativa escritural**).

Quando uma companhia decide abrir seu capital, algumas questões precisam ser decididas, tais como: (1) Quantas ações serão colocadas à venda? (2) De que espécie e classe? (3) Como as ações serão emitidas? (4) Qual o valor de emissão das ações? Essas questões serão discutidas a seguir.

AÇÕES AUTORIZADAS

A quantidade de ações que uma companhia aberta decide negociar está indicada em seu estatuto social. Cabe à Assembleia Geral Extraordinária (AGE) decidir todas as condições referentes à abertura de capital e emissão de ações. A seguir, para que a empresa consiga negociar suas ações em um mercado aberto, precisa obter os registros de companhia aberta e de emissora pública de títulos e valores mobiliários na Comissão de Valores Mobiliários.

A colocação de ações em circulação não garante que todas serão vendidas. Porém, se todas as ações autorizadas forem vendidas, então a companhia deverá obter um novo consentimento da CVM para alterar seu estatuto antes de emitir novas ações e negociá-las.

A simples autorização da CVM de emitir e de comercializar ações não significa que a empresa fará registros contábeis, visto que não se trata de uma transação que alterará a equação contábil básica da empresa. Esse evento deve ser evidenciado nas notas explicativas da empresa, incluindo o detalhamento do número, espécie e classe das ações que serão comercializadas, bem como se possuem ou não valor nominal. O registro contábil será efetuado apenas quando as ações forem vendidas.

EMISSÃO DE AÇÕES

Uma companhia pode emitir ações ordinárias **diretamente** ao investidor ou **indiretamente**, por meio de uma instituição financeira especializada. A colocação direta de ações é típica de companhias de capital fechado, enquanto a colocação indireta ocorre frequentemente nas companhias abertas. Nesse caso, cabe à instituição financeira a tarefa de coordenar a colocação das ações junto ao mercado, numa operação que se denominada "*underwriting*" ou **oferta primária**. As ações podem ser negociadas em bolsas de valores, sendo no Brasil a Brasil, Bolsa, Balcão (B3) a mais conhecida.

AÇÕES COM E SEM VALOR NOMINAL

O **valor nominal** de uma ação é a parcela atribuída por ação do capital social definida no estatuto social. Algumas companhias determinam um valor nominal à ação, que muitas vezes não reflete o seu valor de mercado, sendo até mesmo imaterial. É por isso que se tornou usual a não definição do valor nominal no estatuto social. Nesse caso, trata-se de uma **ação sem valor nominal.**

CONTABILIZAÇÃO DA EMISSÃO DE AÇÕES

Vamos mostrar aqui como é feita a contabilização da subscrição e da integralização do capital social, bem como de uma nova emissão de ações com e sem valor nominal.

Ações com valor nominal

Como dissemos anteriormente, o valor nominal da ação não representa, necessariamente, o seu valor de mercado. O valor recebido na emissão de ações poderá ser igual, maior ou menor que o valor nominal. Assim, o registro desse evento será: debitamos o valor em caixa, pelo recebimento, e creditamos o valor nominal das ações em capital social. A diferença entre o valor pago e o valor nominal é reconhecida em uma conta separada do capital social.

Veja o exemplo da companhia aberta ABHT S.A. que emitiu 10.000 novas ações a um valor nominal de R$ 1,50 por ação, em 09/10/20X2. As ações foram vendidas em 15/10/20X2 por seu valor nominal. O registro contábil da subscrição e da integralização do capital será:

Data		Débito	Crédito
09/10/20X2	Capital a Integralizar	15.000,00	
	Capital Social Subscrito		15.000,00
	Emissão de 10.000 ações ordinárias ao valor nominal de R$ 1,50 cada.		

Data		Débito	Crédito
15/10/20X2	Caixa	15.000,00	
	Capital a Integralizar		15.000,00
	Pela venda de 10.000 ações ordinárias pelo valor nominal.		

O primeiro registro se refere à subscrição do capital. Como podemos observar, a contrapartida do capital social é a conta de capital a integralizar. É claro que a integralização do capital não necessariamente ocorrerá com a entrega de caixa. Poderá ser feita em conta bancária, com a entrega de terrenos, veículos etc. Caso a companhia não consiga vender todas as ações emitidas, o patrimônio líquido apresentaria a conta devedora de capital a integralizar, reduzindo o saldo do capital social.

Prática

Quando uma empresa emite ações, uma das tarefas mais difíceis é determinar o preço da ação. Se o valor for muito elevado, muitas ações não serão vendidas e a empresa não fará a captação de recursos de que necessita; se for baixo, as ações serão rapidamente vendidas com lucro para os compradores e a empresa perdeu uma oportunidade de captar mais recursos.

Ações sem valor nominal

Caso a companhia não defina um valor nominal da ação, o registro contábil será feito conforme o exemplo da ABHT S.A., ou seja, o valor recebido na venda será reconhecido como capital realizado.

DIREITOS DOS ACIONISTAS

Quando a companhia emite ações, poderá registrá-las em diferentes classes. Cada classe poderá conceder um direito identificado na ação. Os direitos podem ser: (1) a voto na eleição do conselho de administração, bem como o direito de decidir sobre atos que requeiram a aprovação dos acionistas na assembleia-geral; (2) ao recebimento de partes dos lucros auferidos, por meio de dividendos; (3) de manter o mesmo percentual de participação na sociedade quando são emitidas novas ações (direito de preferência); (4) ao recebimento de ativos na proporção de sua participação (direito de reivindicação residual), em caso de liquidação e após o pagamento de todos os passivos.

Além disso, a legislação possui um conjunto de normas que tentam proteger os acionistas minoritários, hoje denominados de **acionistas não controladores**. Esses acionistas possuem uma pequena parcela do capital da empresa e, por esse motivo, sua influência na administração é reduzida. Já o **acionista controlador** é aquele que é dono de um volume de ações suficiente para garantir o controle da administração da empresa. A legislação procura proteger os acionistas não controladores das decisões do controlador que possam ser prejudiciais, como forma de aumentar a atratividade do mercado de capitais, em especial para o pequeno poupador.

> **ANTES DE PROSSEGUIR**
>
> 1. De acordo com a lei, como está dividido o patrimônio líquido?
> 2. Quais são as classificadas das ações? Explique.
> 3. Qual a diferença entre ações com valor nominal e sem valor nominal?
> 4. Quais são os direitos concedidos aos acionistas?

Reservas de capital

Objetivo (4) → Mostrar a contabilização de ações com ágio, de partes beneficiárias e dos bônus de subscrição

As reservas de capital são oriundas de receitas que não tramitam pelo resultado do exercício, por determinação da lei. As reservas de capital estabelecidas pela legislação são: ágio na emissão de ações, produto da alienação de partes beneficiárias e dos bônus de subscrição.

ÁGIO NA EMISSÃO DE AÇÕES

O ágio na emissão de ações é o valor excedente ao valor nominal da ação, pago pelo subscritor. Caso sejam ações sem valor nominal, o ágio será fixado na constituição da companhia ou no aumento do capital, quando forem subscritas novas ações.

Ágio de ações com valor nominal

Suponha que a ABHT S.A. tenha recebido um valor de R$ 1,65 por cada ação vendida. A empresa emitiu mil ações. O registro contábil seria:

Data		Débito	Crédito
09/10/20X2	Capital a Integralizar	15.000,00	
	Capital Social Subscrito		15.000,00
	Emissão de 10.000 ações ordinárias ao valor nominal de R$ 1,50 cada.		

Data		Débito	Crédito
15/10/20X2	Caixa	16.500,00	
	Capital a Integralizar		15.000,00
	Ágio na Emissão de Ações		1.500,00
	Pela venda de 10.000 ações ordinárias com ágio.		

O valor pago por ação foi R$ 0,15 maior que o valor nominal. Esse valor representa um ágio na venda e será reconhecido no balanço patrimonial no grupo denominado "reservas de capital". Assim, o patrimônio líquido da ABHT S.A. nesse segundo exemplo será apresentado conforme a Ilustração 11.1.

Ilustração 11.1 – Patrimônio líquido da empresa ABHT S.A.

ABHT S.A. Balanço Patrimonial	
Em 15/10/20X2	Em R$
Patrimônio Líquido	
Capital Social Realizado	R$ 15.000
Reservas de Capital	
Ágio na Emissão de Ações	R$ 1.500
Total do Patrimônio Líquido	R$ 16.500

Ágio de ações sem valor nominal

Nesse caso, como as ações não possuem um valor determinado (valor nominal), não há valor pago em excesso (ágio na emissão de ações).

O ágio na emissão de ações somente irá existir no caso de a empresa destinar uma parcela do valor recebido à constituição da reserva de capital. Nesse caso, seria exatamente como ocorreu no exemplo anterior: a empresa recebeu R$ 1,65 pela venda de cada ação, entretanto destinou R$ 0,15 para a constituição da reserva (creditando o ágio na emissão de ações).

PRODUTO DA ALIENAÇÃO DE PARTES BENEFICIÁRIAS E BÔNUS DE SUBSCRIÇÃO

No Capítulo 5, já introduzimos uma breve explicação sobre as partes beneficiárias. Trata-se de títulos emitidos apenas por sociedades anônimas de capital fechado, que podem ser doados ou negociáveis, sem valores nominais, sendo diferentes do capital social. Se as partes beneficiárias forem doadas gratuitamente a empregados, clientes etc., pela vontade da empresa, não haverá registro contábil – apenas uma menção em nota explicativa.

Já os bônus de subscrição são títulos negociáveis emitidos por sociedades anônimas que conferem aos seus titulares o direito de subscrever ações do capital social, mediante a apresentação do título e do pagamento do preço de emissão das ações. A emissão deve ser feita dentro do limite de aumento de capital autorizado no estatuto.

Veja o exemplo da companhia ABHT S.A. que, em 20/05/20X6, emitiu partes beneficiárias e bônus de subscrição, que serão negociáveis pelos valores de R$ 15.000 e R$ 20.000, respectivamente. Os registros contábeis são:

Data		Débito	Crédito
20/05/20X6	Caixa	15.000,00	
	Reserva de Capital – Alienação de Partes Beneficiárias		15.000,00
	Pela alienação de partes beneficiárias.		

Data		Débito	Crédito
20/05/20X6	Caixa	20.000,00	
	Reserva de Capital – Alienação de Bônus de Subscrição		20.000,00
	Pela alienação de bônus de subscrição.		

As reservas de capital somente podem ser utilizadas para: (a) absorver prejuízos que ultrapassem as reservas de lucros; (b) resgatar, reembolsar ou comprar ações; (c) resgatar partes beneficiárias; (d) incorporar ao capital social; (e) pagar dividendos às ações preferenciais, quando essa vantagem lhes for assegurada.

> **ANTES DE PROSSEGUIR**
> 1. Explique o que são as reservas de capital.
> 2. O que é o ágio na emissão de ações?
> 3. Qual a diferença entre partes beneficiárias e bônus de subscrição?

Ações em tesouraria

Objetivo (5) → Explicar a contabilização de ações em tesouraria

As ações em tesouraria (ou quotas em tesouraria, no caso de sociedade limitada) são as ações adquiridas pela própria empresa e colocadas "em tesouraria". As ações em tesouraria possuem natureza devedora e devem ser destacadas no balanço como dedução da conta de patrimônio líquido que registra a origem dos recursos aplicados na sua aquisição.

A lei somente permite que as empresas adquiram suas ações nos seguintes casos: (1) quando se tratar de operações de resgate, reembolso ou amortizações das ações; (2) quando pretendem mantê-las em tesouraria ou cancelá-las, desde que seu valor não seja superior ao saldo das contas de lucros acumulados ou reservas (exceto a legal) e que não haja diminuição do capital social, ou por doação; (3) para redução do capital social.

No caso de aquisição para redução do capital, as companhias abertas deverão observar as normas da CVM e o valor pago pelas ações deverá ser igual ou inferior ao valor de mercado. Ainda, as ações em tesouraria não possuem direito a dividendo e a voto.

COMPRA DE AÇÕES EM TESOURARIA

A compra de ações é contabilizada pelo método de custo, ou seja, as ações são debitadas pelo valor pago na aquisição e, quando vendidas, credita-se o mesmo valor.

Vejamos o exemplo da ABHT S.A. que em 25/11/20X3 decide adquirir 1.000 ações de sua própria emissão. O valor pago pelas ações é o valor de mercado das ações, R$ 3,20 por ação. O registro contábil é:

Data		Débito	Crédito
25/11/20X3	Ações em Tesouraria	3.200,00	
	Caixa		3.200,00
	Compra de 1.000 ações ordinárias de própria emissão, colocadas em tesouraria.		

Ao saldo da conta Capital Social será apresentada a conta redutora de ações em tesouraria. O valor do capital não será alterado, a menos que, no futuro, os acionistas decidam pela retirada definitiva dessas ações de circulação.

Nesse caso, o patrimônio líquido da empresa ABHT S.A. será apresentado conforme Ilustração 11.2

Ilustração 11.2 – Patrimônio líquido da empresa ABHT S.A. com ações em tesouraria

ABHT S.A. Balanço Patrimonial	
Em 21/11/20X3	Em R$
Patrimônio Líquido	
Capital Social Realizado	R$ 15.000
(–) Ações em Tesouraria	(R$ 3.200)
Capital Social Líquido	R$ 11.800

As ações em tesouraria, conforme vemos na Ilustração 11.2, reduziram a conta Capital Social por seu valor de mercado, de modo que as ações em circulação ficaram subavaliadas. Ações em circulação significa o número de ações emitidas que estão nas mãos dos acionistas.

É importante salientar que nas companhias abertas a aquisição de ações próprias pode ter uma finalidade financeira de médio e longo prazo. Quando um acionista decide se retirar do negócio e o preço das ações no mercado está muito reduzido, a administração pode optar por adquirir as suas ações, esperando uma mudança no mercado. Quando as ações aumentarem, a empresa poderá colocar essas ações novamente no mercado, obtendo recursos com a venda.

Dividendo adicional proposto

Objetivo (6) → Registrar a destinação de lucros para dividendos

Como dito anteriormente, os acionistas preferenciais têm direito à prioridade na distribuição de dividendos, recebendo-os antes dos acionistas ordinários. Essa preferência, entretanto, não garante o seu recebimento, visto que a destinação dos dividendos depende de alguns fatores, tais como: que a empresa obtenha lucro; que não haja prejuízos acumulados; e que haja disponibilidade de caixa.

DIVIDENDO OBRIGATÓRIO

A Lei 6.404/76 traz determinações acerca do dividendo obrigatório que será destinado às ações ordinárias e preferenciais. Segundo a lei, o estatuto social da companhia deve estabelecer as normas referentes ao cálculo do dividendo obrigatório. Caso o estatuto não determine o percentual destinado a dividendos, o dividendo será de 50% do lucro líquido ajustado, calculado da seguinte forma:

Lucro Líquido do Exercício

(–) Prejuízos Acumulados

(–) 5% para a Constituição da Reserva Legal (até 20% do Capital Social)

(–) Formação da Reserva para Contingências

(+) Reversão da Reserva para Contingências anterior

(=) Lucro Líquido Ajustado

As companhias que, quando constituídas, omitiram informações sobre o cálculo do dividendo obrigatório no estatuto social e decidam, posteriormente, incluí-las não poderão destinar um percentual inferior a 25% do lucro líquido ajustado. Suponha que o lucro líquido ajustado da ABHT S.A. tenha sido de R$ 1.900 e que seu estatuto é omisso quanto à destinação dos dividendos. Nesse caso, a companhia terá que destinar 50% do valor calculado para o lucro líquido ajustado (R$ 950).

A Assembleia-Geral Ordinária (AGO) é convocada pela diretoria para verificar o resultado do exercício e decidir pela aprovação ou não do valor destinado aos dividendos e, por isso, o dividendo inicialmente é contabilizado na conta de provisão do passivo.

O registro contábil do dividendo obrigatório será:

No fechamento do balanço patrimonial:

Data		Débito	Crédito
31/12/20X5	Lucros Acumulados	950,00	
	Provisão para Dividendos Propostos		950,00
	Proposta de destinação dos dividendos.		

A data da AGO ocorre até 30 de abril do ano subsequente. Com a aprovação da assembleia, o dividendo deixa de ser provisão e se torna uma obrigação.

Caso a proposta seja aprovada na Assembleia-Geral Ordinária:

Data		Débito	Crédito
06/01/20X6	Provisão para Dividendos Propostos	950,00	
	Dividendos a Pagar		950,00
	Pelo reconhecimento dos dividendos a pagar.		

O pagamento do dividendo deverá ser efetuado em até 60 dias após a sua aprovação em assembleia ou ao longo do exercício social. Algumas companhias pagam dividendos intermediários ao longo do ano, que serão deduzidos do dividendo obrigatório, quando forem calculados.

No pagamento:

Data		Débito	Crédito
06/02/20X6	Dividendos a Pagar	950,00	
	Caixa		950,00
	Pelo pagamento dos dividendos a pagar.		

Há situações em que o lucro contabilizado pela empresa ainda não se tornou caixa. Nesse caso, a companhia poderá destinar parte do dividendo não realizado à constituição da reserva de lucros a realizar. No momento em que esses lucros vão se realizando, o valor do dividendo referente a esses lucros será somado aos primeiros dividendos declarados após a realização, desde que não sejam absorvidos por prejuízos subsequentes.

Lucro Líquido do Exercício

(–) Resultado líquido positivo da equivalência patrimonial

(–) Lucro, rendimento ou ganho líquidos em operações ou contabilização de ativo e passivo pelo valor de mercado, cujo prazo de realização financeira ocorra após o término do exercício social seguinte

(=) Lucro Líquido Realizado

Suponha o exemplo da ABHT S.A., que apurou um lucro líquido no período de R$ 2.500. Desse lucro, R$ 1.800 se refere a um resultado positivo de equivalência patrimonial, sem efeitos sobre o caixa da empresa. O valor calculado do dividendo obrigatório foi de R$ 950, como vimos anteriormente. No entanto, o lucro realizado do período é de R$ 700 e, como o dividendo obrigatório é superior ao valor do lucro realizado, o valor da diferença será destinado à constituição da reserva de lucros a realizar.

Lucro Líquido do Exercício	R$ 2.500,00
(−) Lucros a Realizar	(R$ 1.800,00)
(=) Lucro Realizado	R$ 700,00
Dividendo Obrigatório	R$ 950,00
(−) Lucro Realizado	(R$ 700,00)
(=) Reserva de Lucros a Realizar	R$ 250,00

DIVIDENDO ADICIONAL PROPOSTO

Como nas empresas com ações negociadas na bolsa de valores, todo o lucro do período deverá ser destinado aos acionistas, de modo que não haja saldo na conta de Lucros Acumulados; a companhia poderá destinar o saldo residual a um pagamento adicional de dividendos. Novamente, caberá à Assembleia-Geral decidir sobre essa destinação. Neste caso, debita-se a conta de Lucros Acumulados e credita-se **Dividendo Adicional Proposto**, conta do patrimônio líquido.

DESDOBRAMENTO E GRUPAMENTO DE AÇÕES

O **desdobramento de ações** envolve a emissão de novas ações aos acionistas, de acordo com a quantidade que eles possuíam. O desdobramento resulta em um aumento na quantidade de ações e em uma redução proporcional do seu valor nominal. O desdobramento de ações não tem efeito sobre o valor do capital social realizado, lucros acumulados ou patrimônio líquido. Esse evento também não gera nenhum registro contábil no diário da companhia, pois não afeta a equação contábil básica. Mas pode ser feita uma nota explicativa detalhando esse evento. O objetivo de se desdobrar ações é o de aumentar o valor negociável, em função da redução do seu valor de mercado.

O contrário também poderá ocorrer, caso a empresa decida reduzir a quantidade de ações em circulação. Esse evento denomina-se **grupamento de ações.** Nesse caso, a quantidade de ações é reduzida e o seu valor nominal será aumentado, de maneira equivalente.

Suponha o exemplo a seguir: a ABHT S.A. possui 100.000 ações com valor nominal de R$ 0,50. Foi decidido em assembleia pelo grupamento das ações. Assim, as 100.000 ações serão substituídas por 25.000 ações e o seu valor nominal passará a ser R$ 2,00. Veja que o valor do capital não alterou (R$ 50.000 nos dois casos).

ANTES DE PROSSEGUIR

1. O que são as ações em tesouraria? Qual o saldo dessa conta (credor ou devedor)?
2. Qual a diferença entre dividendo obrigatório e o dividendo adicional proposto?
3. O que significam desdobramento e grupamento de ações?

Lucro ou prejuízo acumulado

Objetivo (7) → Explicar o tratamento contábil da conta de Lucros ou Prejuízos Acumulados

O lucro líquido é o resultado credor gerado pelo confronto das receitas com as despesas, apurado na conta transitória, denominada de Resultado do Exercício. Para encerrá-la, o saldo final é transferido para a conta de **Lucros Acumulados.**

O saldo da conta de lucros acumulados é a parte do balanço no total de ativos da companhia que pertence aos acionistas. E esses lucros acumulados não caracterizam um ativo específico, como caixa ou um terreno. Por exemplo, uma empresa ter R$ 10.000 na conta de Lucros Acumulados não significa que ela tenha que ter o mesmo valor na conta Caixa, já que esse valor obtido nas vendas pode já ter sido reinvestido na compra de imóveis, pagamento de dívidas etc.

Quando as despesas são maiores que as receitas, ocorre um prejuízo líquido e, caso a empresa tenha saldo na conta de Lucros Acumulados, o prejuízo consumirá esse saldo. Caso não haja saldo ou já tenha saldo negativo, o valor dos **prejuízos acumulados** irá aumentar. Os prejuízos acumulados não são debitados da conta Capital Social Realizado. Porém, o saldo devedor dos prejuízos reduz o valor do patrimônio líquido da empresa, podendo, inclusive, torná-lo negativo (**passivo a descoberto**).

Como dissemos anteriormente, as sociedades anônimas e as limitadas de grande porte não poderão mais apresentar saldo credor na conta de Lucros Acumulados. Caso isso ocorra, ele deverá ser integralmente destinado para aumento de capital, pagamento de dividendos adicionais ou para reservas de lucros.

Reservas de lucros

Objetivo (8) → Apresentar a destinação do lucro para as reservas

Por pertencerem aos acionistas, os lucros acumulados geralmente são destinados ao pagamento de dividendos. Em alguns casos, eles serão ou não retidos na entidade. A retenção dos lucros se dá por meio do aumento do capital ou da formação das **reservas de lucros** e são constituídas por motivos legais, estatutários ou voluntários. Por motivos legais, as sociedades anônimas deverão reter parte dos seus lucros para a criação da **reserva legal**. Ou deverão, em se tratando de uma sociedade anônima e as sociedades limitadas de grande porte, ter seu saldo zerado, ou seja, totalmente destinado. Por motivos estatutários, temos a **reserva estatutária** e, por motivos voluntários, as demais reservas: **para contingências, de incentivos fiscais, de retenção de lucros, de lucros a realizar** e, finalmente, a **reserva especial para dividendo obrigatório não distribuído**. Quando tratamos dos dividendos, já abordamos a reserva de lucros a realizar. Agora falaremos um pouco sobre as demais.

Reserva legal

Como já dissemos, a reserva legal é constituída por imposição legal e sua finalidade é assegurar a integridade do capital social. A reserva legal somente pode ser utilizada na compensação de prejuízos ou para aumentar o capital social da companhia.

A reserva legal é a primeira destinação dos lucros acumulados. Caso a entidade tenha prejuízos acumulados, esses devem, primeiramente, ser compensados antes de calculá-la. A base de cálculo da reserva legal é, portanto, o lucro líquido do exercício deduzido dos prejuízos acumulados, quando houver. O percentual aplicado à base é de 5%. A entidade não mais constituirá a reserva legal quando o seu saldo for superior a 20% do capital social realizado. Ainda, a entidade poderá deixar de destinar parte dos seus lucros à reserva legal, quando o seu saldo somado às reservas de capital for superior a 30% do capital social realizado.

Reserva estatutária

A reserva estatutária será constituída conforme determina o estatuto social da entidade. A lei diz que a entidade pode criar reservas, desde que: (1) indique, de modo preciso e completo, a sua finalidade; (2) fixe os critérios para determinar a parcela anual dos lucros líquidos que serão destinados à sua constituição; (3) estabeleça o limite máximo da reserva.

Reserva para contingências

Com o objetivo de compensar perdas prováveis que possam ser estimadas financeiramente, a assembleia-geral poderá destinar parte dos lucros acumulados para a formação da reserva de contingências. A intenção de constituí-la é que a entidade reserve parte de seus lucros, quando ocorrerem para poder destinar dividendos mais homogêneos, já que prevê perdas futuras. Para sua constituição, devem-se observar as seguintes características: (1) o evento futuro que se prevê é incerto; (2) caso esse evento ocorra, haverá uma perda que reduzirá os resultados da companhia; (3) a perda pode ser estimada, baseando-se em eventos passados semelhantes. Caso a perda não ocorra, o valor da reserva para contingências deverá ser revertido à conta de Lucros Acumulados.

Reserva de incentivos fiscais

Quando uma entidade recebe doações e subvenções governamentais para investimentos, esses valores devem transitar pelo resultado do exercício, como receita de doações e subvenções. Para que o valor desses incentivos não seja destinado aos acionistas, por meio dos dividendos, a parcela do lucro referente às doações e subvenções deve ser excluída da base de cálculo. E essa exclusão é feita por meio da constituição da reserva de incentivos fiscais.

Reserva de retenção de lucros

A entidade poderá reter parte dos lucros acumulados para aplicar em novos investimentos de capital, seja fixo ou circulante, desde que seja previamente aprovado em assembleia. A retenção ocorre por um prazo máximo de 5 exercícios sociais ou, quando já em execução, por prazo maior.

Reserva de lucros a realizar

A entidade poderá, facultativamente, constituir reserva de lucros a realizar com o objetivo de evitar o pagamento de dividendos sobre lucros que ainda não foram recebidos financeiramente.

Reserva especial para dividendos obrigatórios não distribuídos

Quando a entidade obtém lucro, mas a sua situação financeira não permite o pagamento de dividendos, o valor calculado deverá ser destinado à constituição da reserva especial para dividendos obrigatórios não distribuídos. Essa situação é diferente da anterior, já que nesse caso não se trata de lucros não realizados financeiramente, mas de a entidade estar passado por dificuldades financeiras, como estar em regime de recuperação judicial, por exemplo.

A reserva estatutária e a reserva de retenção de lucros são calculadas após o dividendo obrigatório, pois não podem afetar o seu cálculo.

Ajuste de avaliação patrimonial

⊕ Objetivo (9) → Explicar o objetivo e a natureza da conta de Ajustes de Avaliação Patrimonial

A função da conta de Ajustes de Avaliação Patrimonial é de registrar as contrapartidas de acréscimos ou reduções nos valores dos ativos ou passivos para os quais seja aceita a avaliação a valores justos. Os ajustes a valor justo dos ativos e passivos, enquanto não forem realizados (vendidos, depreciados ou baixados), não podem ser reconhecidos como receitas ou despesas. Portanto, em obediência ao regime de competência, os aumentos ou reduções têm como contrapartida, respectivamente, créditos ou débitos nessa conta. À medida que esses ativos e passivos são realizados, os valores registrados nessa conta são transferidos para o resultado. Tendo a conta saldo devedor, essa será tratada como redutora do patrimônio líquido.

De acordo com a lei, essa conta receberá as contrapartidas de ajustes a valores justos de ativos e passivos, decorrentes de transações envolvendo: reestruturações societárias e avaliações de instrumentos financeiros.

Suponha que a ABHT S.A. possua investimentos em ações classificados como mantidos para negociação com valor contábil de R$ 1.200, mas seu valor de mercado é de R$ 1.350. O registro do evento é:

Data		Débito	Crédito
31/12/20X9	Investimentos Mantidos para Negociação	150,00	
	Ajuste de Avaliação Patrimonial		150,00
	Pela atualização dos investimentos em ações a valores de mercado.		

ANTES DE PROSSEGUIR

1. O que significa passivo a descoberto?
2. Quais são as contas das reservas de lucros? Explique-as.
3. Explique o que é ajuste de avaliação patrimonial.

Apresentação do patrimônio líquido nas demonstrações contábeis

⊕ Objetivo (10) → Preparar as demonstrações contábeis

APRESENTAÇÃO NO BALANÇO PATRIMONIAL

No balanço patrimonial, o grupo do patrimônio líquido é composto pelos grupos de contas que discutimos neste capítulo: (1) capital social realizado; (2) reservas de capital; (3) ações em tesouraria; (4) prejuízos acumulados; (5) reservas de lucros; (6) ajustes de avaliação patrimonial.

Verificamos que o saldo da conta de Ajustes de Avaliação Patrimonial poderá ser credor ou devedor. Desse modo, com essa, temos três contas redutoras do patrimônio líquido (Prejuízos Acumulados e Ações em Tesouraria).

> ### *Prática*
>
> As notas explicativas podem detalhar melhor diversos aspectos do patrimônio líquido. Eis um exemplo: "O capital social da empresa é composto tanto por ações ordinárias quanto por ações preferenciais. Os valores despendidos na emissão das ações são considerados como dedução do patrimônio líquido. As ações preferenciais possuem prioridade no reembolso de capital e no recebimento dos dividendos. A empresa distribui no mínimo 3% do valor do patrimônio líquido da ação, tanto para ações ordinárias quanto para ações preferenciais. As ações preferenciais não possuem direito de voto e não são conversíveis em ações ordinárias. De igual modo, as ações ordinárias possuem direito a voto, sendo respeitada a regra 'uma ação, um voto'. Estas ações não podem ser convertidas em preferenciais."

APRESENTAÇÃO NA DEMONSTRAÇÃO DAS MUTAÇÕES DO PATRIMÔNIO LÍQUIDO

Enquanto o balanço patrimonial traz as informações do patrimônio líquido em uma data específica, a demonstração das mutações do patrimônio líquido mostra as mudanças que ocorreram no patrimônio da entidade em um determinado período de tempo (20X0 – 20X1).

Desse modo, a DMPL demonstra se houve novos aportes de capital pelos investidores ou por destinação dos lucros; se os lucros retidos foram destinados a quais reservas de lucros ou ao pagamento de dividendos; se ao emitir novas ações, houve ágio na emissão etc. Além disso, a DMPL apresenta a informação sobre o dividendo por ação.

APRESENTAÇÃO NA DEMONSTRAÇÃO DOS FLUXOS DE CAIXA (DFC)

A demonstração dos fluxos de caixa apresenta as entradas e saídas de caixa que impactaram o patrimônio líquido. Nesse sentido, a DFC apresentará, no fluxo de caixa das atividades de financiamento, se o capital social da entidade foi realizado em caixa ou equivalentes, se houve pagamento de dividendos, ou se houve colocação de ações em tesouraria etc.

Caso os recebimentos sejam superiores aos pagamentos de caixa e equivalentes, o fluxo de caixa das atividades de financiamento será positivo, o que poderá significar que a entidade está em constituição ou ampliação.

Avaliando o desempenho da companhia

Objetivo (11) → Avaliar a distribuição de dividendos e a performance dos lucros sob a perspectiva dos acionistas

Os investidores têm interesse pelo desempenho da entidade na geração de lucros e no recebimento de dividendos. Vamos apresentar aqui alguns indicadores que podem auxiliar a avaliar o patrimônio líquido das companhias.

Payout

Uma maneira de recompensar os investidores pelo seu investimento é pela distribuição de dividendos. O ***payout*** mede o percentual dos lucros distribuídos aos acionistas. O cálculo do índice é feito pela divisão do total do dividendo declarado pelo lucro líquido.

Baixos pagamentos de dividendos podem sinalizar que a entidade se encontra em dificuldades financeiras, baixa liquidez ou inclusive processo falimentar e está tentando pagar seus passivos com os lucros retidos. Entretanto, entidades que possuem altas taxas de crescimento são caracterizadas por um baixo índice *payout*, pois reinvestem grande parte de seus lucros no negócio. Portanto, um baixo índice não necessariamente significa uma notícia ruim, e, por consequência, a razão para um baixo pagamento de dividendos deve ser investigada.

Vejam as informações da fábrica de bebidas Vila Rica S.A. extraídas da demonstração das mutações do patrimônio líquido e os índices *payout* para os anos de 20X1 e 20X2, calculados a seguir (valores em milhões de reais):

	20X1	20X2
Dividendos Declarados	R$ 6.257	R$ 4.858
Lucro Líquido	R$ 8.640	R$ 10.508

Ilustração 11.3 – Índice *payout* da Vila Rica S.A.

$$Payout = \frac{\text{Dividendos Declarados}}{\text{Lucro Líquido}}$$

	Em 20X1	Em 20X2
Vila Rica S.A.	$\frac{R\$\ 6.257}{R\$\ 8.640} = 72\%$	$\frac{R\$\ 4.858}{R\$\ 10.508} = 46\%$

Pela análise da Ilustração 11.3, podemos verificar que, embora o lucro de 20X2 tenha aumentado em 18%, a destinação a dividendos reduziu em 29%, provocando a redução no *payout*.

Pergunta	Informação Necessária	Fórmula	Uso
?	🗁	ΣΔΦΓ	✍
Que porção dos lucros da entidade está sendo destinada ao pagamento de dividendos?	Lucro líquido e o total dos dividendos declarados	*Payout* = Dividendos Declarados / Lucro Líquido	Um índice baixo sugere que a companhia está reinvestindo seus lucros para o crescimento futuro.

Retorno do patrimônio líquido

Outra medida de desempenho da entidade é a do **retorno do patrimônio líquido**, que verifica a rentabilidade da companhia sob o ponto de vista dos proprietários. Esse índice mostra o quanto do lucro líquido foi gerado por seus investimentos. O cálculo é feito pela divisão do lucro líquido pelo patrimônio líquido médio.

A seguir são apresentadas as informações da fábrica de bebidas Vila Rica S.A. e o cálculo do retorno do patrimônio dos anos de 20X1 e 20X2 (valores em milhões de reais):

	20X0	20X1	20X2
Lucro Líquido	R$ 7.561	R$ 8.640	R$ 10.508
Patrimônio Líquido	R$ 24.361	R$ 25.611	R$ 28.863

Ilustração 11.4 – Retorno do patrimônio líquido da Vila Rica S.A.

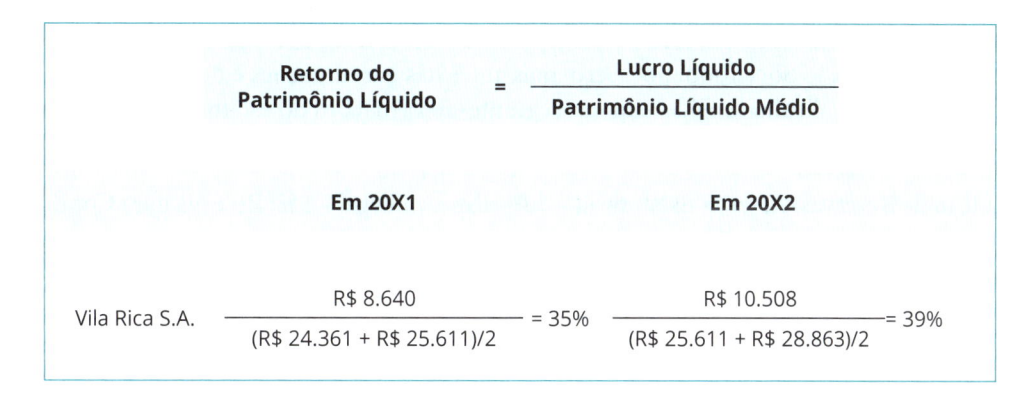

$$\text{Retorno do Patrimônio Líquido} = \frac{\text{Lucro Líquido}}{\text{Patrimônio Líquido Médio}}$$

Em 20X1

Em 20X2

Vila Rica S.A. $\quad \dfrac{R\$\ 8.640}{(R\$\ 24.361 + R\$\ 25.611)/2} = 35\% \quad \dfrac{R\$\ 10.508}{(R\$\ 25.611 + R\$\ 28.863)/2} = 39\%$

A ilustração 11.4 nos mostra que houve uma melhora no retorno do patrimônio líquido, no ano de 20X2, quando comparamos com o ano anterior.

Pergunta	Informação Necessária	Fórmula	Uso
Qual é a rentabilidade obtida pela companhia do investimento dos proprietários?	Lucro líquido e o patrimônio líquido médio	Retorno do Patrimônio Líquido = Lucro Líquido / Patrimônio Líquido Médio	Um alto índice sugere uma alta rentabilidade da entidade na perspectiva dos proprietários.

Dividendo por ação

O valor do dividendo por ação é o valor apurado para o dividendo dividido pela quantidade total de ações da companhia (ações ordinárias e preferenciais). Isso significa que, se um acionista possui 5% das ações ordinárias, ele terá direito a receber 5% do dividendo obrigatório.

Pergunta	Informação Necessária	Fórmula	Uso
Qual o valor do dividendo por ação?	Dividendos a pagar e a quantidade de ações ordinárias e preferenciais da companhia	Dividendo por Ação = Dividendos a Pagar/ Quantidade de Ações	Maior quantidade de ações significa maior percentual dos dividendos distribuídos. Quanto mais alto o índice, maior o percentual de dividendos distribuídos aos proprietários.

ANTES DE PROSSEGUIR

1. Explique o significado do índice *payout* e como calculá-lo.
2. O que é retorno do patrimônio líquido e como ele é calculado?
3. Qual sinalização uma entidade passa ao pagar altos dividendos? E ao reter seus lucros?

EXERCÍCIO DE REVISÃO

A empresa Feelings S.A. encerrou seu resultado em 31/12/20X4. O lucro apurado após a provisão para Imposto de Renda e para a Contribuição Social sobre o Lucro, mas antes das participações é de R$ 50.000. A destinação do resultado do exercício será realizada considerando as seguintes informações do estatuto social da empresa:

1. Participações no Lucro: para debêntures – 10% e para empregados – 5%.
2. Constituição de Reservas: Reserva Estatutária – 10%; Reserva Legal – 5%; Reserva para Contingências – 8%.

A empresa apresentava um prejuízo acumulado de R$ 9.000. Considerando que a empresa destina 30% dos seus lucros aos acionistas, por meio de dividendo obrigatório, e o restante do lucro para dividendo adicional, calcule esses valores.

Solução

Cálculo das participações:

Lucro após o IR	R$ 50.000
(–) Prejuízos Acumulados	(R$ 9.000)
	R$ 41.000
(–) Participações de Debêntures (10%)	(R$ 4.100)
	R$ 36.900
(–) Participações de Empregados (5%)	(R$ 1.845)
	R$ 35.055

Demonstração do Resultado do Exercício	
Lucro Após Imposto de Renda e Antes das Participações	R$ 50.000
(–) Participações de Debêntures	(R$ 4.100)
(–) Participações de Empregados	(R$ 1.845)
Lucro Líquido	R$ 44.055

Cálculo do dividendo e das reservas:

Lucro Líquido	R$ 44.055
(–) Prejuízos Acumulados	(R$ 9.000)
Base de Cálculo da Reserva Legal	R$ 35.055
(5%) alíquota da Reserva Legal	**(R$ 1.753)**
Lucros Acumulados após Reserva Legal	R$ 33.302
(8%) alíquota da Reserva de Contingências	**(R$ 2.664)**
Lucros Acumulados após Reserva para Contingências	R$ 30.638
(30%) destinação para dividendos	**(R$ 9.191)**
Lucros Acumulados após a destinação dos dividendos	R$ 21.447
(10%) alíquota da Reserva Estatutária	**(R$ 2.145)**
Lucros acumulados após a Reserva Estatutária	R$ 19.302
Destinação para Dividendo Adicional Proposto	**R$ 19.302**

Um exemplo mais completo...

Veja o exemplo a seguir: a Garramond Montadora de Veículos S.A. obteve em 31/12/20X9 um lucro líquido, apurado na demonstração de resultado, de R$ 219.760. Em 31/12/20X8, os saldos das contas do patrimônio líquido eram: prejuízos acumulados = R$ 130.000; capital social realizado = R$ 1.140.000; reserva legal = R$ 150.000; reserva estatutária = R$ 220.000; reservas de capital = R$ 70.000. Seu estatuto social é omisso quanto à distribuição de dividendos, mas informava que: (1) a destinação para a reserva estatutária é de 20%, aplicada sobre a base de cálculo da reserva legal deduzida, ainda, do próprio valor destinado para a reserva legal e dos dividendos obrigatórios; (2) o saldo remanescente do lucro do período também será destinado aos acionistas.

O limite para a destinação da reserva legal é de 20% do capital (nesse caso, de R$ 228.000). Portanto, a companhia poderá constituir a reserva legal até o limite de R$ 78.000 (R$ 228.000 − R$ 150.000). O cálculo da reserva legal é:

Lucro Líquido do Exercício	R$ 219.760,00
(−) Prejuízos Acumulados	(R$ 130.000,00)
Base de cálculo da Reserva Legal	R$ 89.760,00
(× 5%) Alíquota da Reserva Legal	(R$ 4.488,00)
Lucros Acumulados após a Reserva Legal	R$ 85.272,00

Como o valor calculado para a reserva legal é inferior a R$ 78.000, os R$ 4.488 dos lucros deverão ser destinados e o registro contábil é:

Data		Débito	Crédito
31/12/20X9	Lucros Acumulados	4.488,00	
	Reserva Legal		4.488,00
	Destinação dos lucros acumulados à reserva legal.		

A seguir, temos a destinação à reserva para contingências. A companhia estima que suas perdas serão na ordem de 10%, esse será o percentual aplicado sobre os lucros. O cálculo é feito da seguinte forma:

Lucros Acumulados após a Reserva Legal	R$ 85.272,00
(× 10%) alíquota da Reserva para Contingências	(R$ 8.527,20)
Lucros Acumulados após a Reserva para Contingências	R$ 76.744,80

O registro contábil da constituição da reserva para contingências é:

Data		Débito	Crédito
31/12/20X9	Lucros Acumulados	8.527,20	
	Reserva para Contingências		8.527,20
	Destinação dos lucros acumulados à reserva para contingências.		

Como não há saldo anterior nessa conta, não há reversão desse saldo. Quando houver, o registro contábil é o estorno do anterior: debita a reserva para contingências e credita lucros acumulados. Nesse caso, o lucro após a reserva para contingências é o lucro ajustado, base de cálculo para o dividendo obrigatório. Em virtude da omissão do estatuto social da companhia, o percentual destinado aos dividendos é metade do lucro líquido ajustado (R$ 76.744,80 ÷ 2 = R$ 38.372,40). O registro contábil dos dividendos é:

Data		Débito	Crédito
31/12/20X9	Lucros Acumulados	38.372,40	
	Provisão para Dividendos Propostos		38.372,40
	Proposta de destinação de dividendos.		

Lembrando que se trata de uma provisão, ainda sujeita à aprovação da Assembleia-Geral Ordinária. Do saldo restante, R$ 38.372,40, são destinados 20% à reserva estatutária, como vemos a seguir:

Lucros Acumulados após a Reserva para Contingências	R$ 76.744,80
(50%) Dividendo obrigatório	(R$ 38.372,40)
Lucros Acumulados após o dividendo obrigatório	R$ 38.372,40
(20%) Reserva estatutária	(R$ 7.674,48)
Lucros Acumulados após a reserva estatutária	R$ 30.697,92

Portanto, o saldo final, de R$ 30.697,92 será proposto aos acionistas como dividendo adicional. Os registros contábeis da destinação do lucro à reserva estatutária e aos dividendos adicionais são:

Data		Débito	Crédito
31/12/20X9	Lucros Acumulados	7.674,48	
	Reserva Estatutária		7.674,48
	Destinação dos lucros acumulados à reserva estatutária.		

Data		Débito	Crédito
31/12/20X9	Lucros Acumulados	30.697,92	
	Dividendo Adicional Proposto		30.697,92
	Proposta de destinação a dividendos adicionais.		

A demonstração das mutações do patrimônio líquido da Garramond S.A. em 31.12.20X9 (desconsiderando os centavos) é apresentada a seguir:

Garramond S.A.
Demonstração das Mutações do Patrimônio Líquido

	Capital Social	Reservas de Capital	Reserva Legal	Reserva Contingências	Reserva Estatutária	Dividendo Adicional Proposto	Lucros (Prejuízos) Acumulados	Total
Saldo em 31.12.20X8	1.140.000	70.000	150.000	–	220.000	–	(130.000)	1.450.000
Lucro Líquido do Exercício							219.760	219.760
TOTAL							89.760	1.669.760
Destinações:								
Reserva Legal			4.488				(4.488)	–
Reserva para Contingências				8.527			(8.527)	–
Dividendo Mínimo Obrigatório							(38.372)	(38.372)
Reserva Estatutária					7.674		(7.674)	–
Dividendo Adicional Proposto						30.698	(30.698)	–
Saldo em 31.12.X9	1.140.000	70.000	154.488	8.527	227.674	30.698	–	1.631.388

Como podemos observar, a demonstração mostra os saldos iniciais e finais das contas do patrimônio líquido e das mudanças que ocorreram no exercício. Podemos verificar que as destinações do lucro às reservas foram subtraídas da conta de Lucros Acumulados e seu saldo levado à respectiva conta do patrimônio. Essas mudanças não aumentam nem diminuem o total do patrimônio líquido (possuem efeito nulo). Porém, a destinação para dividendos reduz o saldo do patrimônio líquido, como verificamos na coluna do total.

Por fim, o patrimônio líquido da Garramond S.A. é apresentado da seguinte forma no balanço patrimonial:

Garramond S.A.
Balanço Patrimonial

	Em milhares de R$	
Patrimônio Líquido	**31.12.20X8**	**31.12.20X9**
Capital Social Realizado	1.140.000	1.140.000
Reservas de Capital	70.000	70.000
Reserva de Lucros		
Reserva Legal	150.000	154.488
Reserva para Contingências	–	8.527
Reserva Estatutária	220.000	227.674
Dividendo Adicional Proposto	–	30.698
Lucros (Prejuízos) Acumulados	(130.000)	–
Total do Patrimônio Líquido	1.450.000	1.631.388

Usando a informação contábil

Considere a demonstração das mutações do patrimônio líquido da Brinquedos e Cia. para os anos de 20X0 a 20X2:

Brinquedos e Cia.

Demonstração das Mutações do Patrimônio Líquido

Em 20X0, 20X1 e 20X2 — Em R$

	Capital Social	Reservas de Lucros	Lucros (Prejuízos) Acumulados	Patrimônio Líquido
Saldo Inicial em 31/12/20X0	53.000	9.300	(5.600)	56.700
Aumento do Capital	15.000			15.000
(+) Lucro Líquido			7.400	7.400
Destinação:				
Reservas de Lucros		800	(800)	0
Dividendos			(1.000)	(1.000)
Saldo em 31/12/20X1	68.000	10.100	0	78.100
Aumento do Capital com Reservas	5.000	(5.000)		0
(+) Lucro Líquido			13.500	13.500
Destinação:				
Reservas de Lucros		3.500	(6.500)	(3.000)
Dividendos			(7.000)	(7.000)
Saldo em 31/12/20X2	73.000	8.600	0	81.600

Considerando que o capital da companhia é composto por 2.000 ações preferenciais e 1.000 ações ordinárias e com base nas informações acima, calcule os indicadores:

a) *Payout*.
b) Retorno do patrimônio líquido.
c) Dividendo por ação.

Solução

a) *Payout = Dividendos a Pagar/Lucro Líquido. Em 31/12/20X2, R$ 7.000/R$ 13.500 = 0,52; em 31/12/20X1, R$ 1.000/R$ 7.400 = 0,14.*

b) *Retorno do Patrimônio Líquido = Lucro Líquido/Patrimônio Líquido médio. Em 31/12/20X2, R$ 13.500/[(R$ 78.100 + R$ 81.600)/2] = 0,17; em 31/12/20X1, R$ 7.400/[(R$ 56.700 + R$ 78.100)/2] = 0,11.*

c) *Dividendo por Ação = Dividendos a Pagar/Quantidade de Ações. Em 31/12/20X2, R$ 7.000/3.000 = 2,33; em 31/12/20X1, R$ 1.000/3.000 = 0,33.*

RESUMO DOS OBJETIVOS

Identificar e discutir as principais características de uma sociedade anônima – São características de uma sociedade anônima: (1) existência legal separada; (2) responsabilidade limitada dos acionistas; (3) direitos de propriedades transferíveis; (4) capacidade de adquirir capital; (5) vida contínua; (6) gestão da entidade; (7) regulação do governo; (8) impostos ou taxas.

Apresentar a estrutura do patrimônio líquido – O patrimônio líquido é constituído pelos seguintes grupos de contas: Capital Social (integralizado ou a integralizar); Reservas de Capital; Ações em Tesouraria; Dividendo Adicional Proposto; Prejuízos Acumulados; Reservas de Lucros e Ajustes de Avaliação Patrimonial.

Explicar a emissão e contabilização de ações – As ações podem ser classificadas em ações ordinárias, que dão direito a voto e participação nos lucros, e em preferenciais, que dão aos investidores direitos preferenciais em relação ao pagamento de dividendos e ao reembolso de capital. As ações são emitidas com ou sem valor nominal.

Mostrar a contabilização de ações com ágio, de partes beneficiárias e dos bônus de subscrição – O ágio na emissão de ações ocorre quando o valor pago na aquisição é superior ao valor nominal, ou quando a entidade destina uma parcela do valor pago para esse fim (a ação sem valor nominal). As partes beneficiárias e os bônus de subscrição são títulos emitidos e negociados por sociedades anônimas que não tramitam pelo resultado do exercício e, por isso, são contabilizados em conta de reservas de capital.

Explicar a contabilização de ações em tesouraria – As ações em tesouraria são as ações adquiridas pela própria empresa. Possuem natureza devedora e não possuem direito a dividendo e a voto. Na compra, as ações são debitadas pelo valor pago na aquisição e, quando vendidas, credita-se o mesmo valor.

Registrar a destinação de lucros para dividendos – A lei determina que o estatuto social da companhia estabeleça as normas referentes ao cálculo do dividendo. Como todo o lucro do período deverá ser destinado nas sociedades anônimas, o saldo residual pode ser destinado a um pagamento adicional de dividendos.

Explicar o tratamento contábil da conta de Lucros ou Prejuízos Acumulados – O saldo da conta de Lucros Acumulados é a parte do balanço que pertence aos acionistas. As sociedades anônimas, quando apresentarem saldo credor, deverá destiná-lo para aumento de capital, pagamento de dividendos adicionais ou para reservas de lucros. Quando o saldo é devedor, a empresa apresenta prejuízos acumulados.

Apresentar a destinação do lucro para as reservas – A retenção dos lucros pode ser feita por meio da formação das reservas de lucros. São elas: reserva legal, estatutária, para contingências, de incentivos fiscais, de retenção de lucros, de lucros a realizar, a reserva especial para dividendo obrigatório não distribuído.

Explicar o objetivo e a natureza da conta de ajuste de avaliação patrimonial – A conta de Ajustes de Avaliação Patrimonial registra as contrapartidas de acréscimos ou reduções nos valores dos ativos ou passivos para os quais seja aceita a avaliação a valores justos.

Preparar as demonstrações contábeis – O balanço traz os saldos das contas e total do grupo em uma data específica, a demonstração das mutações do patrimônio líquido mostra as mudanças que ocorreram no patrimônio da entidade em um determinado período de tempo. Já a demonstração dos fluxos de caixa apresenta, no fluxo de caixa das atividades de financiamento, as entradas e saídas de caixa referentes à integralização do capital, quando feita em caixa ou equivalentes, ao pagamento de dividendos etc.

Avaliar a distribuição de dividendos e a performance **dos lucros sob a perspectiva dos acionistas** – Os investidores têm interesse pela *performance* da entidade na geração de lucros e no recebimento de dividendos e os indicadores *payout*, retorno do patrimônio líquido e dividendo por ação podem auxiliá-los na decisão.

DECISÃO

Pergunta	Informação Necessária	Fórmula	Uso
Que porção dos lucros da entidade está sendo destinada ao pagamento de dividendos?	Lucro líquido e o total dos dividendos declarados	Payout = Dividendos Declarados/Lucro Líquido	Um índice baixo sugere que a companhia está reinvestindo seus lucros para o crescimento futuro.
Qual é a rentabilidade obtida pela companhia do investimento dos proprietários?	Lucro líquido e o patrimônio líquido médio	Retorno do Patrimônio Líquido = Lucro Líquido/ Patrimônio Líquido Médio	Um índice alto sugere uma alta rentabilidade da entidade na perspectiva dos proprietários.
Qual o valor do dividendo por ação?	Dividendos a pagar e a quantidade de ações ordinárias e preferenciais da companhia	Dividendo por Ação = Dividendos a Pagar/ Quantidade de Ações	Maior quantidade de ações significa maior percentual dos dividendos distribuídos. Quanto mais alto o índice, maior o percentual de dividendos distribuídos aos proprietários.

DICIONÁRIO

Ações preferenciais – Parcela do capital que pode ou não dar aos proprietários do título direito a voto, mas dá prioridade no recebimento dos lucros ou reembolso de capital.

Ações ordinárias – Parcela do capital que dá aos proprietários do título direito a voto e participação nos lucros.

Acionistas não controladores – São aqueles que possuem uma pequena parcela do capital da empresa e, por esse motivo, sua influência na administração é reduzida.

Acionista controlador – É aquele que possui um volume de ações suficiente para garantir o controle da administração da empresa.

Ações em tesouraria – São as ações adquiridas pela própria empresa e colocadas "em tesouraria". É uma conta do patrimônio líquido que possui natureza devedora.

Ações com valor nominal – Não representam, necessariamente, o seu valor de mercado. O valor recebido na emissão de ações poderá ser igual, maior ou menor que o valor nominal.

Ações nominativas escriturais – Presume-se como proprietário da ação a pessoa que possuir um extrato fornecido pela instituição financeira custodiante.

Ações nominativas registradas – Presume-se como proprietário da ação a pessoa que possuir o seu nome registrado no livro de "Registro de Ações Nominativas".

Ágio na emissão de ações – É o valor excedente ao valor nominal da ação, pago pelo subscritor. Caso sejam ações sem valor nominal, o ágio será fixado na constituição da companhia ou no aumento do capital, quando forem subscritas novas ações.

Ajustes de avaliação patrimonial – Conta de patrimônio líquido que registra as contrapartidas de acréscimos ou reduções nos valores dos ativos ou passivos para os quais seja aceita a avaliação a valores justos.

Assembleia-Geral Extraordinária (AGE) – É convocada pela diretoria para decidir todas as condições referentes à abertura de capital e emissão de ações.

Assembleia-Geral Ordinária (AGO) – É convocada pela diretoria para verificar o resultado do exercício e decidir pela aprovação ou não do valor destinado a dividendos.

Bônus de subscrição – São títulos negociáveis emitidos por sociedades anônimas que conferem aos seus titulares o direito de subscrever ações do capital social, mediante a apresentação do título e o pagamento do preço de emissão das ações.

Capital social – É a parcela que os proprietários "doam" à entidade, no momento da sua constituição.

Certificado de ação – As ações existem fisicamente por meio deste documento.

Desdobramento de ações – Resulta em um aumento na quantidade de ações e em uma redução proporcional do seu valor nominal.

Direitos de propriedades transferíveis – As ações são negociadas, de modo que, quando um acionista decide deixar a sociedade, basta apenas se desfazer do total de suas ações.

Dividendo adicional proposto – Como nas empresas com ações negociadas na bolsa de valores todo o lucro do período deverá ser destinado, de modo que não haja saldo na conta de Lucros Acumulados, a companhia poderá destinar o saldo residual para um pagamento adicional de dividendos.

Dividendo por ação – É o valor apurado para o dividendo dividido pela quantidade total de ações da companhia (ações ordinárias e preferenciais).

Existência legal separada – Pessoa jurídica separada e distinta do(s) seu(s) proprietário(s).

Grupamento de ações – Caso a empresa decida reduzir a quantidade de ações em circulação, o seu valor nominal será aumentado, de maneira equivalente.

Juros sobre capital próprio – É uma modalidade brasileira de distribuição de parte do lucro aos acionistas.

Lucros acumulados – É o lucro líquido gerado pelo confronto das receitas com as despesas. O saldo da conta de Lucros Acumulados é a parte do balanço no total de ativos da companhia que pertence aos acionistas.

Oferta primária – É a colocação das ações junto ao mercado (em inglês, *underwriting*).

Partes beneficiárias – Trata-se de títulos emitidos apenas por sociedades anônimas de capital fechado, que podem ser doados ou negociáveis, sem valores nominais, sendo diferentes do capital social.

Passivo a descoberto – Trata-se de uma situação em que o saldo devedor dos prejuízos reduz o valor do patrimônio líquido da empresa, até o ponto de torná-lo negativo.

Payout – Mede o percentual dos lucros distribuídos aos acionistas. O cálculo do índice é feito pela divisão do total do dividendo declarado pelo lucro líquido.

Prejuízos acumulados – Quando as despesas são maiores que as receitas, ocorre um prejuízo líquido e, caso a empresa tenha saldo na conta de Lucros Acumulados, o prejuízo consumirá esse saldo. Caso não haja saldo ou já tenha saldo negativo, o valor irá aumentar.

Reservas de capital – São oriundas de receitas que não tramitam pelo resultado do exercício. As contas que compõem as reservas de capital são: Ágio na Emissão de Ações, Produto da Alienação de Partes Beneficiárias e dos Bônus de Subscrição.

Reserva de contingências – A intenção de constituí-la é de que a entidade reserve parte de seus lucros para, quando ocorrerem contingências, poder destinar dividendos mais homogêneos.

Reserva de incentivos fiscais – Refere-se ao valor recebido por doações e subvenções governamentais para investimentos, que deve transitar pelo resultado do exercício. Para que não seja destinado aos acionistas, por meio dos dividendos, constitui-se a reserva.

Reservas de lucros – Trata-se de retenções de lucros feitas na forma de reservas e são constituídas por motivos legais, estatutários ou voluntários.

Reserva de lucros a realizar – A entidade poderá, facultativamente, constituir reserva de lucros a realizar com o objetivo de evitar o pagamento de dividendos sobre lucros que ainda não foram recebidos financeiramente.

Reserva de retenção de lucros – Refere-se à parte dos lucros acumulados que será aplicada em novos investimentos de capital, desde que seja previamente aprovado em assembleia.

Reserva especial para dividendos obrigatórios não distribuídos – É constituída quando a entidade obtém lucro, mas a sua situação financeira não permite o pagamento de dividendos.

Reserva estatutária – É constituída conforme determina o estatuto social da entidade. A lei diz que a entidade pode criar reservas, desde que: (1) indique a sua finalidade; (2) fixe os critérios para determinar a parcela anual dos lucros líquidos; (3) estabeleça o limite máximo da reserva.

Reserva legal – É constituída por imposição legal e sua finalidade é assegurar a integridade do capital social. É a primeira destinação dos lucros acumulados.

Responsabilidade limitada dos acionistas – Os passivos dos acionistas são, normalmente, limitados aos seus investimentos na entidade.

Retorno do patrimônio líquido – Mostra o quanto do lucro líquido foi gerado por seus investimentos. O cálculo é feito pela divisão do lucro líquido pelo patrimônio líquido médio.

Vida contínua – A vida de uma sociedade é estabelecida em seu estatuto social (sociedade anônima) ou no contrato social (sociedade limitada) e pode ser perpétua ou limitada a um número específico de anos.

PROBLEMA DEMONSTRAÇÃO

O balanço patrimonial e a demonstração do resultado do exercício da Companhia Ilhabela, em 31/12/20X2, apresentaram os seguintes saldos:

Companhia Ilhabela
Balanço Patrimonial – 31/12/20X2

Ativo Circulante	**31.300**	***Passivo Circulante***	**17.600**
Caixa e Bancos	3.500	Fornecedores	11.200
Clientes	25.000	Impostos a Pagar	6.400
Despesas Antecipadas	2.800		
		Passivo Não Circulante	**23.500**
Ativo Não Circulante	**66.500**	Financiamentos	23.500
Investimentos	24.000		
Imobilizado	50.000	***Patrimônio Líquido***	**56.700**
(–) Depreciação Acumulada	(7.500)	Capital	53.000
		Reservas de Lucros	9.300
		Prejuízos Acumulados	(5.600)
TOTAL DO ATIVO	**97.800**	**TOTAL DO PASSIVO + PL**	**97.800**

Companhia Ilhabela
Demonstração do Resultado do Exercício – 01/01/20X2 a 31/12/20X2

Receitas de Vendas		35.500
Abatimentos sobre Vendas		(200)
(=) Receita Líquida de Vendas		35.300
(–) Custo das Mercadorias Vendidas		(10.000)
(=) Resultado Bruto com Vendas		25.300
(–) Despesas Operacionais		
Despesas com Vendas		
Comissões sobre Vendas	(1.500)	
Fretes sobre Vendas	(500)	(2.000)
Despesas Administrativas		
Salários	(2.880)	
Aluguel	(3.000)	
Depreciação	(1.500)	(7.380)
(+) Outras receitas e despesas		
Resultado na venda de imobilizado		(2.320)
(=) Resultado antes das Receitas e Despesas Financeiras		13.600
Receitas Financeiras	400	
(–) Despesas Financeiras	(300)	100
(=) Resultado Líquido		13.500

Durante o exercício de 20X3 ocorreram as seguintes mutações no patrimônio líquido da companhia:

a) A companhia emitiu 1.000 novas ações, com valor nominal de R$ 25. Houve um ágio de R$ 5 na aquisição.

b) Os acionistas aumentaram o capital da empresa da seguinte forma: R$ 10.000 com reserva de capital; e R$ 5.000 com reservas de lucros.

c) Dos lucros acumulados, R$ 4.500 foram destinados a dividendos e o restante para reservas.

Considerando as informações acima, elabore a demonstração das mutações do patrimônio líquido da companhia.

Solução

Companhia Ilhabela
Demonstração das Mutações do Patrimônio Líquido
Em 20X2 — Em R$

	Capital	Reservas de Capital	Reservas de Lucros	Prejuízos Acumulados	Patrimônio Líquido
	63.000	17.200	9.300	(5.600)	83.900
Emissão de Novas Ações	25.000	5.000			30.000
Aumento do Capital	15.000	(10.000)	(5.000)		0
(+) Lucro Líquido				13.500	13.500
Destinação:					
Reservas de Lucros			4.900	(3.400)	1.500
Dividendos				(4.500)	(4.500)
TOTAL	103.000	12.200	9.200	0	124.400

QUESTÕES DE MÚLTIPLA ESCOLHA

1. São entidades que não visam lucro:
   a) Empresa Individual de Responsabilidade Limitada e Fundações.
   b) Sociedades Anônimas de Capital Fechado e Associações.
   c) Organizações religiosas e Microempreendedor Individual.
   d) Organizações religiosas e Fundações.

2. Quais dessas alternativas não é uma característica de uma entidade:
   a) Existência legal separada.
   b) Vida contínua.
   c) Capacidade de adquirir capital.
   d) Obter lucro.

3. São contas do patrimônio líquido com saldo devedor:
   a) Capital social, Prejuízos Acumulados e Reservas de Lucros.
   b) Ações em Tesouraria, Ajustes de Avaliação Patrimonial e Reservas de Capital.
   c) Capital a Integralizar, Prejuízos Acumulados e Ações em Tesouraria.
   d) Capital a Integralizar, Reservas de Capital e Prejuízos Acumulados.

4. Sobre os direitos das ações, é correto afirmar:

    a) As ações preferenciais podem ter direito a voto.
    b) As ações ordinárias não dão direito a voto, mas garantem aos acionistas participação nos lucros.
    c) As ações de fruição dão prioridade no recebimento dos lucros.
    d) As ações preferenciais podem ser distribuídas aos acionistas para substituir as ações amortizadas pela companhia.

5. Acerca da emissão de ações, é correto afirmar:

    a) O valor nominal de uma ação é a parcela atribuída por ação do capital social definida no certificado de ação.
    b) A colocação das ações junto ao mercado é denominada "*underwriting*" ou **oferta primária** de ações.
    c) A colocação direta de ações é feita por meio de uma instituição financeira especializada.
    d) A Comissão de Valores Mobiliários é quem define as condições referentes à abertura de capital e à emissão de ações de uma companhia aberta.

6. As reservas de capital não podem ser utilizadas para:

    a) Absorver prejuízos que ultrapassem as reservas de lucros.
    b) Liquidar dívidas de empréstimos de longo prazo.
    c) Resgatar, reembolsar ou comprar ações.
    d) Resgatar partes beneficiárias.

7. As companhias abertas não poderão adquirir suas próprias ações quando:

    a) Se tratar de operações de resgate, reembolso ou amortizações das ações.
    b) Pretender mantê-las em tesouraria ou cancelá-las.
    c) Decidir reduzir o capital social.
    d) O seu valor estiver em queda, para esperar que haja uma valorização e então revendê-las.

8. Haverá pagamento dos dividendos mesmo quando:

    a) A empresa não obtiver lucros.
    b) Houver prejuízos acumulados.
    c) Não houver disponibilidade de caixa.
    d) Não houver percentual definido no estatuto social.

9. Sobre as reservas de capital, é correto afirmar:

    a) São oriundas do resultado do exercício.
    b) Um tipo de reserva de capital é o ágio na emissão de ações, que é o valor excedente ao valor nominal da ação, pago pelo subscritor.
    c) A reserva legal é um tipo de reserva de capital, que representa um percentual do lucro destinado por imposição legal e sua finalidade é assegurar a integridade do capital social.
    d) O produto da alienação de debêntures é contabilizado como reservas de capital.

10. Acerca das reservas de lucros, não podemos afirmar que:

    a) O valor destinado para a reserva de contingências em um determinado exercício deverá ser mantido na conta por vários exercícios até que a perda ocorra.
    b) A retenção dos lucros se dá por meio da formação das reservas de lucros e são constituídas por motivos legais, estatutários ou voluntários.
    c) A base de cálculo da reserva legal é o lucro líquido do exercício deduzido dos prejuízos acumulados, quando houver.
    d) A reserva estatutária será constituída conforme determina o estatuto social da entidade.

11. As doações e subvenções governamentais para investimentos devem ser excluídas da base de cálculo dos dividendos. E essa exclusão é feita por meio da constituição da reserva:

    a) De retenção de lucros.
    b) De contingências.
    c) De incentivos fiscais.
    d) Especial para dividendos obrigatórios não distribuídos.

12. São constituídas com o objetivo de evitar o pagamento de dividendos sobre lucros que ainda não foram recebidos financeiramente as reservas:
    a) Legal.
    b) Especial para dividendos obrigatórios não distribuídos.
    c) De retenção de lucros.
    d) De lucros a realizar.

13. Quando a entidade obtém lucro, mas a sua situação financeira não permite o pagamento de dividendos, o valor desses dividendos deverá ser destinado à constituição da reserva:
    a) Especial para dividendos obrigatórios não distribuídos.
    b) De retenção de lucros.
    c) De contingências.
    d) De lucros a realizar.

14. Sobre a conta de ajustes de avaliação patrimonial é correto afirmar:
    a) A função dessa conta é registrar as contrapartidas de acréscimos ou reduções nos valores dos ativos ou passivos sujeitos ao ajuste a valor presente.
    b) Os aumentos ou reduções têm como contrapartida, respectivamente, créditos ou débitos nessa conta. Quando seu saldo é credor, é tratada como redutora do patrimônio líquido.
    c) Os aumentos ou reduções nos valores dos ativos e passivos, enquanto esses não são realizados, são reconhecidos na conta de ajustes de avaliação patrimonial.
    d) Somente os ativos decorrentes de transações envolvendo reestruturações societárias e avaliações de instrumentos financeiros estão sujeitos à avaliação a valor justo.

15. O retorno do patrimônio líquido aumenta por todos esses fatores, menos:
    a) Um aumento nas receitas de vendas.
    b) Um aumento no lucro líquido.
    c) Um aumento no preço da ação.
    d) Um aumento dos investimentos dos proprietários.

16. Um professor aposentado decidiu pegar parte das suas economias e investir em uma companhia aberta, comprando as ações que irão fornecer uma fonte de renda estável. A sua melhor escolha deverá se basear em ações com:
    a) Alta liquidez.
    b) Alto *payout*.
    c) Elevado lucro por ação.
    d) Baixo endividamento.

QUESTÕES PARA REVISÃO

1. Qual o tipo mais comum de classificação das entidades? Exemplifique.
2. O que significa ter existência legal separada?
3. O que é a responsabilidade limitada dos acionistas?
4. Como ocorre a transferência de direitos de propriedade em sociedades limitadas? E em sociedades anônimas?
5. Qual o limite para uma companhia aberta captar recursos por meio de ações?
6. Qual entidade regulamenta as companhias abertas? Quais são as suas atribuições?
7. Como está dividido o patrimônio líquido?
8. De quais maneiras são classificadas as ações? Explique.
9. O que são reservas de capital e quais são as contas que as constituem?
10. O que são partes beneficiárias?
11. O que significa bônus de subscrição?
12. Em que situações uma empresa pode deixar de pagar dividendos?
13. O que ocorre quando o estatuto social da companhia é omisso quanto à destinação dos dividendos?
14. O que é dividendo adicional proposto?
15. Explique o que são ações em tesouraria e como elas são apresentadas no balanço.

16. O que são reservas de lucros? Quais são elas?
17. Qual a função da conta de Ajuste de Avaliação Patrimonial e como ela é contabilizada?
18. O que é o *payout*? Como ele é calculado?
19. Como calculamos o retorno do patrimônio líquido e o que ele verifica?

EXERCÍCIOS BREVES

EB 1. Sejam as seguintes contas da World Jet S.A., em 31/12/20X2: capital social: R$ 1.000.000; prejuízos acumulados: R$ 45.000; capital a integralizar: R$ 340.000; reservas de capital: R$ 120.000; reservas de lucros: R$ 230.000; ações em tesouraria: R$ 150.000. Calcule o valor do patrimônio líquido.

EB 2. Considere as informações apresentadas no EB 1. Durante o ano de 20X3, ocorreram os seguintes eventos:

1. Integralização do capital restante.
2. Emissão de novas 1.000 ações, com valor de emissão de R$ 300 cada. A venda foi realizada no valor de R$ 350.
3. As ações em tesouraria foram revendidas.
4. A empresa apurou um lucro líquido no período de R$ 150.000.
5. Do lucro, 50% foram destinados a reservas e o restante foi distribuído aos acionistas.

Pede-se:

Qual o valor final do patrimônio líquido em 31/12/20X3.

EB 3. Para cada um dos casos apresentados a seguir, identifique o tipo de reserva de lucros:

a) _____ É constituída quando a entidade obtém lucro, mas a sua situação financeira não permite o pagamento de dividendos.

b) _____ Refere-se ao valor de doações e subvenções, que é excluído da base de cálculo dos dividendos, para que não seja destinado aos acionistas.

c) _____ A intenção de constituí-la é de que a entidade reserve parte de seus lucros, quando ocorrerem para poder destinar dividendos mais homogêneos, já que prevê perdas futuras.

d) _____ É constituída com o objetivo de evitar o pagamento de dividendos sobre lucros que ainda não foram recebidos financeiramente.

e) _____ É constituída com o objetivo de aplicar recursos em novos investimentos de capital.

f) _____ Deverá observar o que determina o estatuto social da entidade.

g) _____ É constituída por imposição legal e sua finalidade é assegurar a integridade do capital social.

EB 4. A Americana do Brasil S.A., durante o primeiro ano de atividade, fez as seguintes operações:

01/05/20X3: Emissão de 10.000 ações com valor nominal de R$ 5 por ação.

20/11/20X3: Emissão de 15.000 ações com valor nominal de R$ 6 por ação.

Pede-se:

Faça a contabilização dos eventos, considerando que as ações foram vendidas na data da colocação por seu valor nominal.

EB 5. Considere as informações apresentadas no EB 1. Suponha que as ações emitidas no dia 01/05 foram vendidas por R$ 5,90 cada e que apenas metade das ações emitidas no dia 20/11 foram vendidas.

Pede-se:

Faça a contabilização dos eventos.

EB 6. A Morro Azul S.A. emitiu partes beneficiárias e bônus de subscrição, em 23.05.20X6, que foram negociadas pelos valores de R$ 200.000 e R$ 150.000, respectivamente.

Pede-se:

Faça os registros contábeis dos eventos.

EB 7. A Moinho de Vento S.A. decidiu adquirir 3.000 ações de sua própria emissão e pagou pelas ações o valor de mercado, de R$ 1,60 por ação.

Pede-se:

Faça o registro contábil.

EB 8. A Moinho S.A. apurou um lucro líquido no período de R$ 120.000. Desse lucro, R$ 80.000 se referem a um resultado positivo de equivalência patrimonial. O valor calculado do dividendo obrigatório foi de R$ 50.000.

Pede-se:

a) Calcule o valor do lucro realizado do período.
b) Como deverá ser constituída a reserva de lucros a realizar?
c) Faça a contabilização desse evento.

EB 9. Suponha que a Moinho S.A. possua instrumentos financeiros classificados como disponíveis para venda com valor contábil de R$ 500.000. Seu valor justo é de R$ 465.000.

Pede-se:

Faça o registro contábil.

EB 10. A empresa Excellence S.A. apurou um lucro líquido no final do ano de 20X5 de R$ 120.000. O saldo da conta de Lucros Acumulados era de R$ 20.000, devedor. Calcule o lucro líquido ajustado, considerando que a empresa constituirá reserva de contingências de 10% e que não havia saldo anterior nessa conta.

EB 11. Com base nas informações do EB 10, calcule o valor do dividendo obrigatório, considerando que o estatuto social da empresa é omisso.

PROBLEMAS

PB 1. Uma companhia fechada iniciou suas atividades no início do ano de 20X0 e integralizou o capital social no valor de R$ 250.000,00. Durante o exercício, ocorreram as seguintes mutações em seu patrimônio líquido:

Lucro Líquido do Período – R$ 30.000,00

Aquisição de ações da própria companhia – R$ 25.000,00

Integralização de Capital – R$ 15.000,00

Destinação do lucro para reservas – R$ 20.000,00

Destinação do lucro para dividendos obrigatórios – R$ 10.000,00

Incorporação de Reservas ao Capital – R$ 15.000,00.

Pede-se:

Elabore a demonstração das mutações do patrimônio líquido da companhia em 31/12/20X0.

PB 2. Ao encerrar o exercício social, em 31/12/20X1, a empresa Happy S.A. apurou um lucro após a provisão para Imposto de Renda e para a Contribuição Social sobre o Lucro, mas antes das participações de R$ 320.000. Ao promover a destinação do resultado do exercício, a empresa deverá considerar os seguintes eventos:

1. Participações no Lucro: para empregados – 10% e para diretores – 5%;
2. Constituição de Reservas: Reserva Estatutária – R$ 30.000; Reserva Legal – R$ 10.000; e Reversão de Reserva para Contingências – R$ 12.000.

Após a contabilização desses fatos, e considerando que a empresa não prevê no estatuto a forma de distribuição de dividendos, calcule o valor do Dividendo Mínimo Obrigatório sobre o lucro ajustado nos termos da lei.

PB 3. A Cia. Libra é uma Sociedade Anônima, que apresenta um Lucro Antes dos Tributos e Participações totalizando R$ 30.000. Sendo S.A., seu lucro deverá ser integralmente destinado, da seguinte forma:

– A alíquota de Imposto de Renda e de Contribuição Social sobre o lucro é de 30%.
– As participações no lucro aos diretores e funcionários representam 10%, calculados após a dedução dos tributos sobre a renda.
– A destinação da Reserva Legal é de 5%, aplicada sobre o lucro deduzido dos tributos sobre a renda e das participações dos diretores e funcionários.
– Os dividendos mínimos obrigatórios correspondem a 25% do resultado do período após as distribuições e destinações acima.
– A destinação da Reserva Estatutária é de 10%, aplicada sobre a base de cálculo da Reserva Legal deduzida, ainda, do próprio valor destinado para a Reserva Legal e dos dividendos obrigatórios.

Pede-se:

Fazer os lançamentos contábeis em diário.

PB 4. A empresa Pneus Roda Dura S.A. fabrica e comercializa pneus de alta qualidade. Ao apurar o resultado do exercício, verificou-se que o Lucro antes dos Impostos e Contribuições era de R$ 2.447. Seu Balancete de Verificação inicial apresentava os seguintes saldos: Capital Social: R$ 7.007; Lucros Acumulados: 0; Reserva Estatutária: R$ 51; Reserva Legal: R$ 25; Reservas de Capital: R$ 59.

Sabe-se que:

– A alíquota de Imposto de Renda e Contribuição Social sobre o Lucro é de 30%, após a compensação de eventuais prejuízos.
– As participações no lucro aos diretores e funcionários representam 10% e são calculadas sobre a base de cálculo dos impostos e contribuições, após deduzidos destes tributos.
– A destinação da Reserva Legal é de 5%, aplicada sobre o lucro deduzido de eventuais prejuízos, dos tributos sobre a renda e das participações dos diretores e funcionários.

- Os dividendos mínimos obrigatórios são de 25%, aplicada sobre a base de cálculo da Reserva Legal deduzida, ainda, do próprio valor destinado para a Reserva Legal.
- A destinação para a Reserva Estatutária é de 20%, aplicada sobre a base de cálculo da Reserva Legal deduzida, ainda, do próprio valor destinado para a Reserva Legal e dos Dividendos Obrigatórios.
- O saldo remanescente do lucro do período será destinado para o aumento do Capital Social, juntamente com as Reservas de Capital.

Pede-se:

a) Elaborar a DRE e apurar o resultado do exercício.
b) Fazer as destinações do resultado, conforme as informações apresentadas no estatuto da empresa.
c) Elaborar a demonstração das mutações do patrimônio líquido.

PB 5. A Antártida Refrigeradores S.A., no exercício findo em 31/12/20X8, apresentou os seguintes saldos após os ajustes e antes do encerramento: Receita Bruta de Vendas: R$ 453.000; Deduções da Receita Bruta: R$ 28.500; CMV: R$ 150.000; Despesas com Vendas: R$ 10.500; Despesas Administrativas: R$ 34.500; Outras Despesas: R$ 2.700; Outras Receitas: R$ 9.600; Encargos Financeiros Líquidos: R$ 18.000.

O saldo da conta de Prejuízos Acumulados era igual a R$ 3.000.

O estatuto da companhia constava que do lucro líquido após 30% de Imposto de Renda e Cont. Social apurados no exercício seriam destacados:

- 10% para gratificação aos administradores.
- 5% para a formação da Reserva Legal.
- 10% para a formação da Reserva de Contingências.
- O estatuto da empresa é omisso quanto à destinação de dividendos.
- E o restante deve ser destinado à Reserva Estatutária.

Pede-se:

a) Elaborar a DRE e apurar o resultado do exercício.
b) Fazer as destinações do resultado, conforme as informações apresentadas no estatuto da empresa.
c) Elaborar a demonstração das mutações do patrimônio líquido, considerando que, no início de 20X8 o capital social era de R$ 15.000 e a reserva legal de R$ 2.250.

PB 6. O Balancete da Cia. América em 31/12/20X1 era composto pelos saldos das seguintes contas: Aluguel Antecipado R$ 15.000; Bancos: R$ 180.000; Edificações: R$ 217.500; Máquinas e Equipamentos: R$ 90.000; Capital Social: R$ 750.000; Clientes R$ 50.000; Custos das Mercadorias Vendidas: R$ 225.000; Despesa de Aluguel: R$ 225.750; Despesa de Salários: R$ 360.000; Empréstimos: R$ 73.500; Despesas Gerais: R$ 4.500; Despesa de Seguros: R$ 30.000; Fornecedores: R$ 150.000; Mercadorias: R$ 45.000; Receita de Vendas: R$ 1.050.000; Receita Financeira: R$ 3.000; Reservas de Contingências R$ 11.250; Salários a Pagar: R$ 30.000; Notas Promissórias a Pagar (650 dias): R$ 75.000; Títulos a Receber (500 dias): R$ 700.000.

Pede-se:

a) Efetue as partidas de encerramento das contas de resultado em diário e razão.
b) Calcule as distribuições do lucro, na seguinte proporção:
   - 30% para o Imposto de Renda e Contribuição Social (a pagar em 20X2);
   - 30% aos acionistas;

- 5% para Reserva Legal;
- 10% para Reserva Estatutária;
- o restante será encaminhado para Dividendo Adicional Proposto.

c) Efetue os registros da distribuição do resultado.
d) Elabore o balanço patrimonial e a demonstração do resultado.

PB 7. A Cia. Inovação S.A. apresentava em 31/12/20X2 saldos nas seguintes contas:

Contas	Saldos	Contas	Saldos
Abatimento de Vendas	R$ 1.200	Duplicatas a Receber	R$ 5.000
Amortização Acumulada	R$ 6.000	Duplicatas a Receber de Longo Prazo	R$ 2.000
Capital	R$ 100.000	Duplicatas Descontadas	R$ 2.300
CMV	R$ 10.300	Encargos Financeiros a Apropriar	R$ 250
Bancos	R$ 9.430	Fornecedores	R$ 1.000
Depreciação Acumulada - Máq. e Equip.	R$ 3.000	Fretes sobre Vendas	R$ 40
Descontos Financeiros Obtidos	R$ 70	Máquinas e Equipamentos	R$ 90.000
Despesas com Comissão	R$ 300	Mercadorias	R$ 1.000
Despesas com Impostos	R$ 350	Patentes	R$ 30.000
Despesas com Publicidade	R$ 240	Perdas com Clientes Incobráveis	R$ 30
Despesas de Aluguel	R$ 80	Prejuízos Acumulados	R$ 3.000
Despesas de Energia Elétrica	R$ 190	Provisão p/Créditos Liquidação Duvidosa	R$ 260
Despesas de Salários	R$ 500	Receita de Serviços	R$ 9.500
Despesas de Seguros Antecipados	R$ 1.600	Receita de Vendas	R$ 25.000
Despesas Diversas	R$ 120	Receitas Antecipadas	R$ 7.000
Devolução de Vendas	R$ 2.000	Títulos a Pagar Longo Prazo	R$ 3.500

Ajustes:

1. As patentes expiram em 10 anos.
2. A empresa possui seguros que foram contratados em 01/05/20X1 com vigência de dois anos.
3. Os encargos referentes às duplicatas descontadas no período foram de R$ 130.
4. As máquinas e equipamentos foram adquiridos nas datas:

a) 2.1.20X1 = R$ 30.000 – valor residual = R$ 0;
b) 30.6.20X2 = R$ 70.000 – valor residual = R$ 5.000;

A taxa de depreciação é de 10% a.a.

Notas:

a) O capital da empresa é composto por 10.000 ações.
b) A alíquota do Imposto de Renda (IR) é de 40% sobre o lucro apurado, deduzido de eventuais prejuízos.
c) A gratificação dos empregados é de 10% do lucro apurados após o Imposto de Renda e compensação de prejuízos.
d) O lucro do exercício, se houver, será distribuído da seguinte forma (sempre considerando os eventuais prejuízos):

i. Reserva Legal (RL) – 5%.
ii. Dividendos Mínimos Obrigatórios (DMO), após a Reserva Legal – 25%.
iii. Reserva Estatutária (RE), após o DMO – 10%.
iv. O saldo remanescente será proposto aos acionistas.

Pede-se:

a) Faça os registros de ajustes.
b) Elabore a demonstração de resultado e a demonstração das mutações do patrimônio líquido para o exercício findo.

PB 8. A empresa Generosa S.A. realizou a apuração do resultado do período e está calculando os valores que deverão ser destinados às reservas e aos acionistas. O seu patrimônio líquido (em 31.12.20X1, antes da destinação do resultado do exercício) estava constituído da seguinte maneira:

Patrimônio Líquido	R$
Capital Social	555.000
Reserva Legal	85.000
Reserva para Investimentos	200.000
Reserva de Contingências	80.000
(–) Ações em Tesouraria	(70.000)
(–) Prejuízos Acumulados	(30.000)
	820.000

Considere que:

1. O capital social da empresa é dividido em: 8.000 ações ordinárias (1.000 ações ordinárias em tesouraria) e 2.000 ações preferenciais.
2. O lucro líquido do exercício foi de R$ 130.000. Do lucro líquido, R$ 38.500 foram realizados.
3. Estima-se, para o exercício de 20X2, que haverá ocorrência de contingências em um valor de R$ 95.000.
4. Se necessário, a empresa constituirá a reserva de lucros a realizar.

Pede-se:

Calcule os seguintes valores:

a) Do lucro líquido ajustado.
b) Da reserva de lucros a realizar.
c) Do dividendo obrigatório por ação.

PB 9. Considere as informações extraídas do balanço da Companhia Melo:

	20X2	20X1
Dividendos a Pagar	R$ 4.500,00	R$ 3.600,00
Lucro Líquido	R$ 22.300,00	R$ 19.950,00
Patrimônio Líquido	R$ 120.000,00	R$ 95.000,00

Com base nos saldos acima e sabendo-se que a empresa apresenta um capital dividido em 1.000 ações preferenciais e 500 ações ordinárias, calcule os seguintes indicadores:

a) *Payout*.
b) Retorno do Patrimônio Líquido.
c) Dividendo por ação.

GABARITO

Questões de múltipla escolha

1. D; **2.** D; **3.** C; **4.** A; **5.** B; **6.** B; **7.** D; **8.** D; **9.** B; **10.** A; **11.** C; **12.** D; **13.** A; **14.** C; **15.** C; **16.** B.

EXERCÍCIOS BREVES

EB 1 – R$ 950.000;

EB 2 – R$ 1.752.500;

EB 3 – a) Reserva especial de dividendo obrigatório não distribuído; **b)** reserva de incentivos fiscais; **c)** reserva de contingências; **d)** reserva de lucros a realizar; **e)** reserva de retenção de lucros; **f)** reserva estatutária; **g)** reserva legal;

EB 4 – 1. D: Capital a Integralizar R$ 50.000; **2.** D: Capital a Integralizar R$ 90.000;

EB 5 – 1. C: Ágio na Emissão de Ações R$ 9.000; **2.** C: Capital a Integralizar: R$ 45.000;

EB 6 – C: Reserva de Capital – Partes beneficiárias: R$ 200.000; e Bônus de Subscrição: R$ 150.000;

EB 7 – D: Ações em Tesouraria R$ 4.800;

EB 8 – a. R$ 40.000; **b.** R$ 10.000;

EB 9 – D: Ajuste de Avaliação Patrimonial R$ 35.000;

EB 10 – R$ 85.500;

EB 11 – R$ 42.750.

PROBLEMAS

PB 1 – Total do PL: R$ 260.000;

PB 2 – R$ 137.800;

PB 4 – Total do PL: R$ 8.317;

PB 5 – Lucro Líquido: R$ 138.702; Dividendos: R$ 58.013;

PB 6 – Lucro líquido: R$ 145.425; Dividendo Adicional Proposto: R$ 87.037;

PB 7 – Lucro líquido: R$ 5.905; Dividendo Adicional Proposto: R$ 1.966,90;

PB 8 – a) R$ 80.000; **b)** R$ 1.500; **c)** 4,28;

PB 9 – a) 0,20; **b)** 0,05; **c)** 3,00.

12

DEMONSTRAÇÃO DOS FLUXOS DE CAIXA

INICIANDO A CONVERSA

Em 2012, a agência de notícias Reuters levantou a suspeita sobre as dificuldades da empresa finlandesa Nokia. A base para a especulação sobre os problemas da empresa estava na sua demonstração dos fluxos de caixa. Ao observar a quantidade de dinheiro que a Nokia apresentava no curto prazo, a Reuters constatava que este montante estava reduzindo a cada ano. Isso era denominado "queima de caixa".

Cinco anos antes, a Nokia apresentou um lucro de 10,5 bilhões de dólares e uma geração de dinheiro com suas operações de 11,5 bilhões. E os números mais recentes eram diferentes desses valores. Em especial, preocupava o fato da empresa não estar mais conseguindo obter dinheiro com a venda dos seus produtos. No mesmo período, as maiores empresas do mundo estavam aumentando a quantidade de dinheiro em aplicações financeiras de curto prazo.

As informações acima foram obtidas na demonstração dos fluxos de caixa. Esta demonstração é muito útil para verificarmos a capacidade de sobrevivência de uma entidade. Afinal, sem gerar caixa com seu negócio uma entidade pode colocar em risco sua continuidade. Essa informação é tão relevante que existe uma expressão muito usada no mundo dos negócios: O *Caixa é o Rei*. Isto indica o papel central do caixa na gestão financeira de uma entidade. Cabe à demonstração dos fluxos de caixa mostrar como a entidade está obtendo e usando seu caixa.

Objetivos do capítulo:

(1) Apresentar o objetivo da demonstração dos fluxos de caixa
(2) Separar as atividades em operacional, de investimento e de financiamento
(3) Explorar a relação entre o ciclo de vida da entidade e seu fluxo de caixa
(4) Preparar uma demonstração dos fluxos de caixa usando o método direto e o método indireto
(5) Utilizar a demonstração dos fluxos de caixa para analisar uma entidade

A demonstração dos fluxos de caixa é uma informação contábil relativamente recente. Somente há 40 anos tornou-se obrigatória em alguns países do mundo, sendo que no Brasil isso ocorreu no início do século XXI. Isso é surpreendente, já que é uma informação útil para analisar e gerenciar uma entidade. Apesar desse atraso, hoje é uma demonstração muito utilizada pelos usuários da contabilidade.

Embora seu nome se restrinja ao caixa, essa demonstração diz respeito às movimentações ocorridas em todo o disponível da entidade. Isso inclui o dinheiro vivo, as promessas de pagamento como o cheque, a conta bancária e as aplicações financeiras de curtíssimo prazo. Em razão disso, é possível encontrar a denominação de *demonstração dos fluxos de caixa e equivalentes* e, em menor escala, demonstração dos fluxos do disponível. E também a sigla DFC.

Finalmente, é importante salientar que essa demonstração pode ser usada para analisar o comportamento passado das contas de curtíssimo prazo ou para fins de projeções. O primeiro caso ocorre quando a DFC é usada para avaliar o comportamento passado do caixa e equivalentes. Essa utilização é para fins de contabilidade societária. No segundo caso, a demonstração dos fluxos de caixa é o principal instrumento do planejamento financeiro, sendo útil para fins gerenciais. Neste capítulo adotamos a primeira abordagem.

Demonstração dos fluxos de caixa: objetivo e formato

Objetivo (1) → Apresentar o objetivo da demonstração dos fluxos de caixa

O balanço patrimonial traz informações sobre o patrimônio das entidades, composto pelo ativo, passivo e patrimônio líquido. A demonstração do resultado do exercício apura o desempenho pela confrontação das receitas e despesas do período, independentemente de terem sido pagas ou recebidas. E a demonstração das mutações do patrimônio líquido apresenta as mudanças ocorridas nas contas do patrimônio líquido. Já a **demonstração dos fluxos de caixa** é útil por informar aos usuários sobre a capacidade das entidades de gerar e utilizar o caixa e os equivalentes de caixa. Essa informação é importante, pois os usuários querem saber se as entidades apresentaram recursos financeiros suficientes para pagar salários, fornecedores, outras despesas e, ainda, gerar retorno aos investidores.

A demonstração dos fluxos de caixa propicia ao gestor realizar um melhor planejamento financeiro, visto que não é aconselhável ter excesso de recursos em caixa, mas apenas aquilo que é necessário para honrar seus compromissos. Com a DFC, o usuário possui maiores informações sobre as necessidades de caixa da entidade, tais como quando deverá contrair empréstimos ou aplicar o excesso de dinheiro.

Dessa forma, a demonstração dos fluxos de caixa tem as seguintes finalidades: (1) ajudar os usuários das demonstrações contábeis na análise da capacidade da entidade de gerar caixa e equivalentes de caixa; (2) apresentar informações sobre recebimentos e pagamentos durante um período; (3) possibilitar o planejamento e o controle dos recursos financeiros; (4) permitir analisar a liquidez, solvência e flexibilidade financeira da entidade, e pode ser utilizada na sua avaliação.

As informações sobre a existência de recursos financeiros nas entidades são relevantes, pois, para continuarem em operação, elas devem liquidar corretamente seus vários compromissos. A insuficiência de caixa pode significar cortes nos créditos, como a suspensão de entregas de materiais e mercadorias, por exemplo. Além disso, elas devem honrar seus compromissos tributários, sob o risco de sanções penais, podendo não participar de concorrências públicas.

A Lei 11.638, de 2007, tornou obrigatória a elaboração e a evidenciação da demonstração dos fluxos de caixa para as companhias abertas e para as fechadas que possuírem patrimônio líquido igual ou superior a dois milhões de reais. Essa lei também estabelece a estrutura dessa demonstração, que deverá apresentar as alterações que ocorrerão nos saldos de caixa e equivalentes de caixa segregadas em três fluxos: fluxo das atividades das operações, de investimentos e dos financiamentos.

É importante nesse momento destacar o significado do termo **equivalente de caixa** usado na demonstração. Os equivalentes de caixa são os recursos financeiros que a entidade possui em moeda corrente, na sua conta-corrente ou em aplicações financeiras de curtíssimo prazo. Essas aplicações financeiras têm como característica a liquidez imediata, ou seja, são conversíveis em dinheiro rapidamente e com insignificante perda de valor. Assim, os equivalentes de caixa têm que atender conjuntamente a três requisitos, conforme apresentado na Ilustração 12.1.

Ilustração 12.1 – Equivalentes de caixa

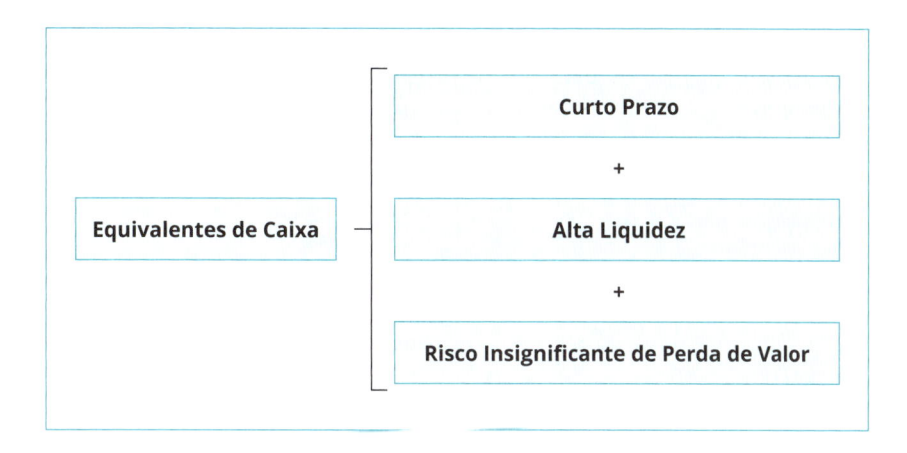

```
                        ┌─── Curto Prazo ───┐
                        │         +         │
Equivalentes de Caixa ──┤   Alta Liquidez   │
                        │         +         │
                        └ Risco Insignificante de Perda de Valor ┘
```

Classificação dos fluxos de caixa

Objetivo (2) → Separar as atividades em operacional, de investimento e de financiamento

As entradas e saídas que afetam o disponível em um período são classificadas de acordo com as atividades que representam: se são fluxos de caixa relacionados às atividades operacionais, de investimento ou de financiamento. Essa estrutura da demonstração dos fluxos de caixa possibilita que os usuários avaliem quais são os impactos dessas atividades sobre a posição financeira da entidade e o montante de seu caixa e equivalentes de caixa.

Atividades operacionais

O fluxo das atividades operacionais tem relação com os pagamentos e recebimentos que geram receitas e despesas. Exemplos de atividades operacionais são as compras e vendas de mercadorias; os recebimentos de clientes e pagamentos de fornecedores; e os pagamentos a funcionários, tributos e despesas operacionais.

Atividades de investimento

O fluxo das atividades de investimento é aquele referente à aquisição e venda de ativos de longo prazo e investimentos não incluídos nos equivalentes de caixa. Como exemplos das atividades de investimento, podemos citar: concessão de empréstimos, compra e venda de fábricas, máquinas e equipamentos e outros ativos produtivos, excluindo-se os materiais que compõem o estoque da entidade. Os títulos patrimoniais e não patrimoniais são exemplos de investimentos, exceto quando forem classificados como destinados à venda, pois serão classificados como das atividades operacionais.

Atividades de financiamento

As atividades de financiamento são aquelas que resultam em mudanças no tamanho e na composição do capital próprio e endividamento da entidade. Em outras palavras, o fluxo das atividades de financiamento está geralmente relacionado com o passivo não circulante e o patrimônio líquido como os casos de aumento do capital e empréstimos obtidos. Mas também há informações do passivo circulante que se trata de atividades de financiamento, como os pagamentos de dividendos e os empréstimos de curto prazo.

Ilustração 12.2 – As atividades da demonstração dos fluxos de caixa

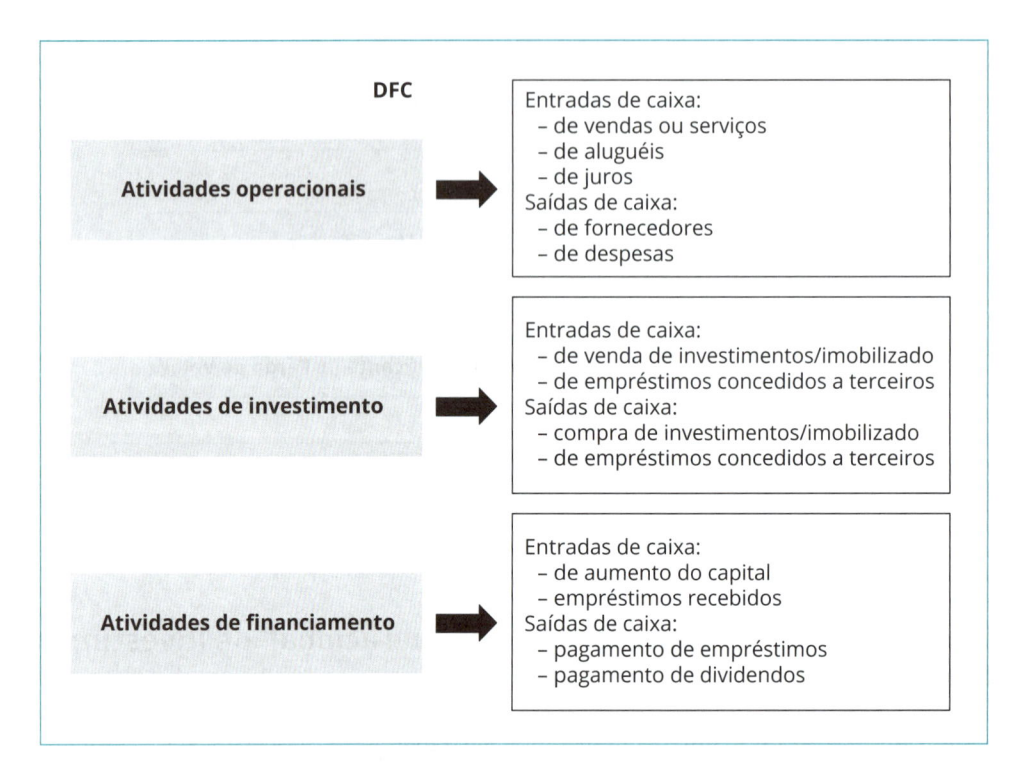

DFC

- **Atividades operacionais**
  - Entradas de caixa:
    - de vendas ou serviços
    - de aluguéis
    - de juros
  - Saídas de caixa:
    - de fornecedores
    - de despesas

- **Atividades de investimento**
  - Entradas de caixa:
    - de venda de investimentos/imobilizado
    - de empréstimos concedidos a terceiros
  - Saídas de caixa:
    - compra de investimentos/imobilizado
    - de empréstimos concedidos a terceiros

- **Atividades de financiamento**
  - Entradas de caixa:
    - de aumento do capital
    - empréstimos recebidos
  - Saídas de caixa:
    - pagamento de empréstimos
    - pagamento de dividendos

Das três atividades, a operacional é a mais importante. O saldo final mostra se a entidade está obtendo dinheiro com suas operações. Lembramos que uma entidade **só é viável quando consegue obter caixa com as suas operações**.

A Ilustração 12.2 apresenta um resumo da classificação das atividades que compõem a demonstração dos fluxos de caixa. Uma forma simples de lembrar essa classificação é a seguinte: as atividades operacionais estão relacionadas com a demonstração do resultado e com os ativos e passivos de curto prazo. As atividades de investimento, com o ativo não circulante. E as atividades de financiamento, com o passivo não circulante e o patrimônio líquido. Essas três regras permitem que o leitor classifique corretamente a maioria das operações que afetam o caixa da entidade.

ATIVIDADES QUE NÃO ENVOLVEM CAIXA

Existem, entretanto, atividades significativas nas entidades que não afetam o disponível, tais como: a emissão de ações ordinárias para adquirir ativos ou pagar dívidas, a permuta de ativos da entidade ou a conversão de dívida em capital. Atividades de investimento e financiamento que não afetam o disponível **não são apresentadas** na demonstração dos fluxos de caixa. Mas isso não impede que estas transações sejam divulgadas nas notas explicativas.

FORMATO DA DEMONSTRAÇÃO DOS FLUXOS DE CAIXA

Uma demonstração dos fluxos de caixa apresenta o grupo das atividades de forma separada, seguida da explicação do aumento ou redução do caixa no período. Isto se encontra detalhado na Ilustração 12.3.

Ilustração 12.3 – Formato da demonstração dos fluxos de caixa

Fluxos de Caixa das Atividades Operacionais	
(Listagem dos itens)	xxx
Caixa Líquido Proveniente das Atividades Operacionais	xxx
Fluxos de Caixa das Atividades de Investimento	
(Listagem dos itens)	xxx
Caixa Líquido usado (gerado) nas Atividades de Investimento	xxx
Fluxo de Caixa das Atividades de Financiamento	
(Listagem dos itens)	xxx
Caixa Líquido usado (gerado) nas Atividades de Financiamento	xxx
Aumento (Redução) Líquido do Caixa e Equivalentes de Caixa	xxx
Caixa e Equivalentes no início do período	xxx
Caixa e Equivalentes no final do período	xxx

De acordo com as normas, os itens relacionados às atividades operacionais aparecem primeiro. Logo após são listados as atividades de investimento e de financiamento, nessa ordem. A soma desses três grandes grupos resulta no aumento ou redução do caixa e equivalentes de caixa. Esse valor, por sua vez, quando somado ao montante existente no caixa e equivalentes constante do balanço patrimonial no início do período irá resultar no saldo existente no final do período.

ANTES DE PROSSEGUIR

1. Qual a finalidade da demonstração dos fluxos de caixa?
2. Qual a classificação dos itens que compõem essa demonstração? Cite alguns exemplos.
3. O que são atividades que não envolvem caixa?

Ciclo de vida da entidade

Objetivo (3) → Explorar a relação entre o ciclo de vida da entidade e seu fluxo de caixa

O ciclo de vida de uma entidade diz respeito às fases pelas quais ela passa: o **início**, o **crescimento**, a **maturidade** e o **declínio**. Na fase inicial a entidade está preocupada com fazer investimentos; nesse momento, ela gera pouco dinheiro com suas operações, já que não é conhecida do mercado. O crescimento ainda irá demandar financiamento para aquisição de ativos de longo prazo, mas ela já começa a gerar mais caixa com suas operações. Na maturidade, a entidade já conquistou seu mercado e o volume de recursos que irá necessitar se reduz fortemente. Nessa fase ela já consegue gerar caixa suficiente para fazer seus investimentos e assegurar o pagamento das obrigações com os financiadores. A última fase é voltada para gerar caixa, sem fazer muitos investimentos.

A Ilustração 12.4 mostra a relação existente entre o fluxo de caixa e os ciclos de vida. Durante a **fase inicial** são necessários recursos para fazer investimentos em ativos de longo prazo. O fluxo das atividades de financiamento é positivo, indicando a entrada de caixa para as aquisições de máquinas, terrenos, computadores, etc. Nessa fase a entidade não possui condições de gerar dinheiro com suas atividades.

Com o passar do tempo, a necessidade de recursos diminui em razão da melhoria do fluxo das operações e da redução dos investimentos. Na **fase de crescimento**, o fluxo de financiamento é positivo pela necessidade de compra de ativos não circulantes. Em algumas entidades ainda não é possível obter fluxo operacional positivo, já que a mesma está em processo de conquista de mercado. Um aspecto importante é a necessidade que a entidade possui de comprar mais estoques. Ao mesmo tempo, é necessário muitas vezes financiar os clientes, através das receitas a prazo. Isso tende a aumentar os dispêndios com fornecedores, sem a entrada imediata de recursos dos clientes.

Ilustração 12.4 – Ciclo de vida e fluxo de caixa

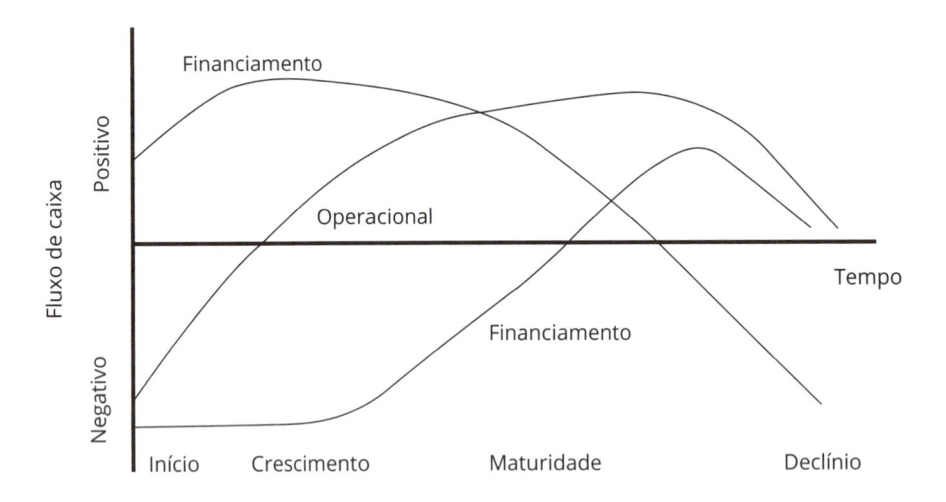

A **fase da maturidade** irá demandar menos recursos para o financiamento da entidade. Ao mesmo tempo, já não é mais necessário fazer grandes investimentos. E começam a gerar dinheiro pelas operações, sendo que os pagamentos operacionais são menores que os recebimentos de clientes. Nessa fase, alguns dos recursos captados anteriormente começam a serem pagos, como é o caso dos financiamentos.

A **fase do declínio** é aquela em que a entidade já não consegue gerar mais caixa com as operações nas mesmas condições da fase anterior. Também não é necessário fazer investimentos, sendo que em alguns casos é possível obter dinheiro com a venda de ativos não circulantes.

Pequena e Média Empresa

Nas empresas de menor porte o ciclo de vida também existe. Neste tipo de entidade, a grande dificuldade é sobreviver aos primeiros meses. Em geral, o empresário erra no cálculo do volume de recurso necessário para investir na empresa. A falta de dinheiro para financiamento torna difíceis os investimentos na fase de crescimento e maturidade, colocando em risco sua sobrevivência.

Para melhorar o entendimento da relação entre o ciclo de vida e os fluxos de caixa a Ilustração 12.5 a seguir, mostra seis entidades e os valores dos seus fluxos.

Ilustração 12.5 – Fases do ciclo de vida e fluxos de caixa

Entidade	Lucro Líquido	FC Operações	FC Investimento	FC Financiamento	Fase do Ciclo
Alfa	(20.000)	(24.000)	(35.000)	28.000	Início
Beta	(1.400)	(900)	(3.500)	5.000	Início
Gama	40.000	4.000	(11.000)	7.200	Crescimento
Delta	18.000	46.000	(43.000)	200	Maturidade
Epsilon	4.500	9.000	(700)	1.300	Maturidade
Digama	9.400	4.700	500	(3.400)	Declínio

As duas primeiras entidades, denominadas de Alfa e Beta, apresentam prejuízo e fluxo das operações negativo. Para cobrir os investimentos que ainda são necessários, Alfa e Beta utilizam de captação de recursos dos seus financiadores. Gama já consegue obter lucro e um fluxo operacional positivo, embora relativamente reduzido. Na fase em que se encontra essa entidade, ainda necessita fazer investimentos elevados; por esse motivo o fluxo de financiamento ainda mostra entrada de recursos, típica da fase de crescimento. Delta e Epsilon estão na maturidade: geram lucro e caixa das operações e o volume para financiar a entidade já não é tão elevado. A última entidade, a Digama, já começa a quitar seus compromissos com as fontes de financiamento, utilizando-se de recursos do ativo não circulante. Essa é uma situação típica de quem está na fase de declínio.

ANTES DE PROSSEGUIR

Uma empresa possui os seguintes ativos: Caixa = R$ 1.000; Bancos = R$ 20.000; Aplicações Financeiras de Curto Prazo = R$ 40.000; Estoques = R$ 30.000; Valores a Receber = R$ 10.000; Ativo Não Circulante = R$ 100.000.

Pede-se:

Qual o valor de caixa e equivalentes?

Resposta:

O termo caixa e equivalentes *refere-se à moeda corrente existente na empresa, às aplicações financeiras de curto prazo e aos recursos existentes na conta corrente. Assim, o valor de caixa e equivalentes é de R$ 61.000 ou R$ 1.000 + R$ 20.000 + R$ 40.000.*

Métodos direto e indireto

Objetivo (4) → Preparar uma demonstração dos fluxos de caixa usando o método direto e o indireto

Como a demonstração do resultado é elaborada considerando-se o regime de competência, existem duas maneiras de fazermos a conversão para o regime de caixa das atividades operacionais: pelos métodos direto ou indireto. A diferença é que, pelo método indireto, faz-se a conciliação entre o lucro líquido do período e o caixa no próprio corpo da demonstração dos fluxos de caixa, enquanto no método direto a conciliação é feita de forma separada.

Considere os dados do balanço patrimonial, da demonstração do resultado e da demonstração das mutações do patrimônio líquido da empresa Correta S.A. a seguir:

Ilustração 12.6 – Balanço patrimonial da Empresa Correta

Empresa Correta S.A.
Balanço Patrimonial em 31 de dezembro

	31/12/20X2	31/12/20X1		31/12/20X2	31/12/20X1
Ativo Total	294.700	268.060	**Passivo Total**	294.700	268.060
Ativo Circulante	*169.700*	*158.060*	*Passivo Circulante*	*47.000*	*27.860*
Caixa e Bancos	3.500	1.000	Fornecedores	23.000	13.000
Aplicações Financeiras	1.200	60	Salários e Encargos	15.000	8.860
Clientes	123.000	145.000	Dividendos e JCP a Pagar	9.000	6.000
Estoques	42.000	12.000			
Ativo Não Circulante	*125.000*	*110.000*	*Passivo Não Circulante*	*60.000*	*80.000*
Imobilizado	125.000	110.000	Empréstimos	60.000	80.000
Terrenos	0	20.000			
Máquinas e Equipamentos	150.000	100.000	*Patrimônio Líquido*	*187.700*	*160.200*
(–) Depreciação Acumulada	(25.000)	(10.000)	Capital Social	160.200	150.000
			Reservas de Lucros	27.500	10.200

Ilustração 12.7 – Demonstração do resultado do exercício da Empresa Correta

Empresa Correta S.A.
Demonstração do Resultado do Exercício

		20X2
Receita de Vendas		100.000
(–) Custo da Mercadoria Vendida		(35.000)
(=) Lucro Bruto		65.000
(–) Despesas Operacionais		
Com Vendas	(16.500)	
Gerais e Administrativas		
Despesas de Salários	(10.000)	
Despesa de Depreciação	(15.000)	
Outras despesas	(2.000)	
(+) Outras Receitas		(43.500)
Ganho com Venda do Imobilizado	15.000	15.000
(=) Lucro Líquido do Exercício		36.500

Ilustração 12.8 – Demonstração das mutações do patrimônio líquido da Empresa Correta

Empresa Correta S.A.
Demonstração das Mutações do Patrimônio Líquido

	Capital	Reservas de Lucros	Lucros Acumulados	Total
Saldo em 31.12.20X1	150.000	10.200	–	160.200
Aumento do Capital	10.200	(10.200)		–
Lucro Líquido do Período			36.500	36.500
Destinação do lucro				
Reservas de Lucros		27.500	(27.500)	–
Dividendos a pagar			(9.000)	9.000
Saldo em 31.12.20X2	160.200	27.500	–	187.700

Ainda, considere as seguintes informações:

1. As aplicações financeiras da empresa referem-se a caderneta de poupança e CDBs, que podem ser resgatáveis a qualquer momento.
2. O aumento de capital foi realizado com reserva de lucros.
3. A empresa vendeu seus terrenos com um resultado positivo de R$ 15.000.
4. O lucro do período foi destinado parte para dividendos e reserva de lucros.

Primeiramente, é possível verificar no balanço que os valores de caixa e equivalentes de caixa (caixa e bancos somados às aplicações financeiras) totalizam: R$ 1.060 em 20X1 e R$ 4.700 em 20X2. Ou seja, houve um aumento de caixa de R$ 3.640. E o que gerou esse aumento? A resposta está na análise da DFC.

Com base nessas informações, vamos elaborar o fluxo de caixa das atividades operacionais pelo **método direto**. As contas do balanço que afetam as atividades operacionais são as originadas do ativo circulante (clientes e estoques) e passivo circulante (fornecedores e salários e encargos). Conforme já apresentamos no tópico anterior, a conta de Dividendos é classificada como das atividades de financiamento.

Sabe-se que as vendas realizadas nem sempre são todas recebidas à vista. Além disso, parte das vendas realizadas a prazo, no ano anterior (20X1), podem ter sido recebidas durante o exercício corrente (20X2). Para verificarmos, portanto, o total dos recebimentos de clientes no ano de 20X2 é necessário fazermos a seguinte análise:

a) Apuração dos valores recebidos de clientes

Saldo Inicial de Clientes	145.000
(+) Receita de Vendas	100.000
(–) Saldo Final de Clientes	(123.000)
Recebimento de Clientes	**122.000**

Conforme se observa, existia um saldo inicial de clientes em 20X1, de R$ 145.000. Se todas as vendas da Empresa Correta tivessem sido realizadas a prazo, ela teria a receber de seus clientes R$ 245.000. Entretanto, ao observarmos o saldo final da conta, na última data do ano, ela só tem R$ 123.000 a receber. Conclui-se, portanto, que a empresa recebeu R$ 122.000 de seus clientes.

A próxima conta a ser analisada é a de estoques. Em 20X1, seu saldo era de R$ 12.000 e, ao final do período, esse valor passou para R$ 42.000. É muito comum que as compras efetuadas por uma entidade sejam a prazo. Temos, portanto, que verificar quanto foi o total do pagamento realizado aos fornecedores. No balanço, verificamos que o saldo inicial de fornecedores era de R$ 13.000. Caso todas as compras realizadas pela empresa tivessem sido feitas a prazo, ela teria de pagar um total de R$ 78.000 aos fornecedores. Entretanto, o saldo final da conta é de R$ 23.000, ou seja, já foi pago um total de R$ 55.000.

Mas de onde surgiu o valor das compras? Da fórmula básica da apuração do custo da mercadoria vendida (CMV = estoque inicial + compras – estoque final). Buscando na DRE, verificamos que o CMV foi de R$ 35.000.

b) Apuração dos pagamentos efetuados a fornecedores

Saldo Inicial de Fornecedores	13.000
(+) Compras	65.000
(–) Saldo Final de Fornecedores	(23.000)
Pagamento de Fornecedores	55.000

Estoque Inicial	12.000
(+) Compras	65.000
(–) Estoque Final	(42.000)
(=) CMV	35.000

A conta de Salários e Encargos, também no balanço, tinha um saldo inicial de R$ 8.860. Pelo regime de competência, a Empresa Correta reconheceu na DRE um total de despesas de salários de R$ 10.000. Portanto, a empresa teria que pagar a título de salários um total de R$ 18.860. Entretanto, o saldo final da conta é de R$ 15.000. Conclui-se, portanto, que ela pagou apenas R$ 3.860.

b) Apuração dos valores pagos referente a salários e encargos

Saldo Inicial de Salários a Pagar	8.860
(+) Despesas de Salários	10.000
(–) Saldo Final de Salários a Pagar	(15.000)
Pagamento de Salários e Encargos	3.860

Pela análise das contas da DRE, podemos verificar que a Empresa Correta reconheceu despesas com vendas, no valor de R$ 16.500, e outras despesas, de R$ 2.000. Como no balanço não existe nenhuma conta a elas associada (tais como: Contas a Pagar ou Títulos a Pagar), conclui-se que essas despesas foram pagas.

Assim, é possível finalizar a elaboração do fluxo das atividades operacionais, como segue:

Ilustração 12.9 – Fluxo de caixa das operações pelo método direto

Empresa Correta S.A.
Demonstração dos Fluxos de Caixa

	20X2
Fluxo das Atividades Operacionais	
Recebimento de Clientes	122.000
Pagamento de Fornecedores	(55.000)
Pagamento de Despesas	(22.360)
com Vendas	(16.500)
de Salários	(3.860)
Outras Despesas	(2.000)
Caixa líquido gerado pelas atividades/operações	44.640

Pelo **método indireto** partimos do lucro líquido do período apurado na DRE e fazemos alguns ajustes nesse valor. Vamos mostrar como funciona este método através do exemplo apresentado anteriormente.

Um dos ajustes que temos que fazer no lucro líquido para obter o fluxo das operações diz respeito à depreciação, já que essa despesa reduz o lucro do exercício, porém não representa uma saída de caixa. Por isso, ela deve ser somada ao lucro do período. Outro ajuste decorre da venda do terreno com resultado positivo. Esse valor deverá ser retirado do lucro, por se tratar de uma atividade de investimento e não das operações. Sendo assim, como o lucro líquido da Empresa Correta S.A. foi de R$ 36.500, a despesa de depreciação de R$ 15.000 e o ganho na venda também de R$ 15.000, o lucro ajustado é R$ 36.500.

Prática

Para fins didáticos, colocamos apenas dois exemplos de itens que devem ser considerados no ajuste do lucro líquido quando elaboramos a DFC. Entretanto, existem outras informações que, embora afetem o lucro líquido apurado na DRE, devem ser retiradas por não afetarem o caixa, tais como as despesas com perdas estimadas em créditos de liquidação duvidosa, as perdas pelo valor recuperável de ativos imobilizados ou intangíveis (*impairment*) ou de estoques, entre outras.

Em seguida, calculamos as variações nas contas de ativo e passivo circulantes, do balanço, conforme a Ilustração 12.10:

Ilustração 12.10 – Variação nas contas de ativo e passivo circulante

	20X1	20X2	Variação	Impacto
Ativo Circulante				
Clientes	145.000	123.000	(22.000)	Diminuição
Estoques	12.000	42.000	30.000	Aumento
Passivo Circulante				
Fornecedores	13.000	23.000	10.000	Aumento
Salários e Encargos	8.860	15.000	6.140	Aumento

Pela análise da variação nas contas, verificamos que o impacto na conta Caixa e Equivalentes seria: um aumento de R$ 46.140 (R$ 30.000 + R$ 10.000 + R$ 6.140) e uma redução de R$ 22.000. Entretanto, a interpretação dos resultados é feita da seguinte maneira: a conta Clientes diminuiu R$ 22.000, demonstrando que houve recebimento dos clientes, o que aumenta o caixa – sinal positivo. O aumento de R$ 30.000 nos estoques representa saída de caixa – sinal negativo. O aumento nas contas de fornecedores, em R$ 10.000, e de salários, de R$ 6.140, significa que a Empresa Correta deixou de pagar esses passivos, representando uma "economia" de caixa – sinais positivos. Ou seja, há aumentos de caixa de R$ 38.140 e saídas de R$ 30.000. Dessa forma, o fluxo das atividades operacionais, pelo método indireto é retratado da seguinte forma:

Ilustração 12.11 – Fluxo de caixa das operações pelo método indireto

Empresa Correta S.A.	
Demonstração dos Fluxos de Caixa – em R$	
	20X2
Fluxo das Atividades Operacionais	
Lucro Líquido	36.500
Mais Depreciação	15.000
Menos Lucro na Venda do Imobilizado	(15.000)
Lucro Líquido Ajustado	36.500
Aumento em Estoques	(30.000)
Aumento em Fornecedores	10.000
Aumento em Salários e Encargos	6.140
Diminuição em clientes	22.000
Caixa Líquido gerado pelas atividades/operações	44.640

Podemos observar, seja pelo método direto ou indireto, que o total do caixa gerado pelas atividades operacionais é de R$ 44.640. Esse resultado é maior que o lucro líquido do exercício, de R$ 36.500.

ANTES DE PROSSEGUIR

Você saberia explicar a razão da diferença entre o caixa gerado pelas atividades operacionais e o lucro líquido do exercício?

Resposta: a demonstração dos fluxos de caixa pelo método indireto permite verificar essa diferença. Observe que a mesma informa que a redução na conta Clientes foi a principal razão para que o caixa gerado fosse maior que o lucro líquido.

Para concluir a demonstração, o próximo passo é a elaboração dos fluxos das atividades de investimentos e de financiamento. O fluxo das atividades de investimento, como já mencionado, tem relação com os ativos não circulantes, enquanto o dos financiamentos relaciona-se com o exigível de longo prazo e patrimônio líquido.

Analisando o ativo não circulante no balanço da Empresa Correta S.A., é possível identificar a conta de Terrenos, que apresentava um saldo inicial em 20X1 de R$ 20.000, mas já em 20X2 não apresenta saldo. Conforme já exposto no item 3 das informações adicionais, esses terrenos foram vendidos com um resultado de R$ 15.000. Portanto, houve uma entrada de caixa de R$ 35.000. A conta Máquinas e Equipamentos apresentava um saldo de R$ 100.000 em 20X1 e esse saldo aumentou R$ 50.000 em 20X2. Esse aumento se refere à nova aquisição de máquinas e equipamentos, que representa uma saída de caixa. O aumento na variação na conta de Depreciação

Acumulada, no valor de R$ 15.000, é decorrente dessa nova aquisição (no ano anterior, era R$ 10.000). Portanto, as atividades de investimento consumiram caixa em R$ 15.000 (R$ 50.000 – R$ 35.000).

Compõe o fluxo das atividades de financiamento a conta de Empréstimos do Passivo não Circulante. Seu saldo em 20X1 era de R$ 80.000 e passou para R$ 60.000, em 20X2. Essa redução de R$ 20.000 significa que houve pagamento dos empréstimos, o que consume recursos do caixa.

Além dos empréstimos, é necessário analisar as variações que ocorreram no patrimônio líquido. Conforme também informado nas notas adicionais 2 e 4, o aumento do capital foi realizado com as reservas de lucros, ou seja, não houve entrada de recursos no caixa. E que o lucro líquido do período foi destinado para reservas de lucros e dividendos. Pela análise da conta de Dividendos, no balanço, verifica-se que, inicialmente, seu saldo era de R$ 6.000. Como houve uma nova destinação do lucro para dividendos de R$ 9.000 em 20X2, percebe-se que os R$ 6.000 anteriores foram pagos, evento que reduziu o caixa. Assim, as atividades de financiamento também consumiram recursos do caixa, em R$ 26.000.

A seguir, temos a DFC elaborada pelo método direto da Empresa Correta referente ao exercício de 20X2. Do somatório dos caixas líquidos em cada uma dessas atividades tem-se o aumento ou redução nos valores de caixa e equivalentes de caixa (no exemplo, R$ 44.640 – R$ 15.000 – R$ 26.000 = R$ 3.640).

Ilustração 12.12 – Demonstração dos fluxos de caixa pelo método direto

Empresa Correta S.A.

Demonstração dos Fluxos de Caixa – em R$

	20X2
Fluxo das Atividades Operacionais	
Recebimento de Clientes	122.000
Pagamento de Fornecedores	(55.000)
Pagamento de Despesas	(22.360)
com Vendas	(16.500)
de Salários	(3.860)
Outras Despesas	(2.000)
Caixa líquido gerado pelas atividades operações	44.640
Fluxo das Atividades de Investimento	
Venda de Terrenos	35.000
Aquisição de Máquinas e Equipamentos	(50.000)
Caixa líquido consumido pelas atividades de investimento	(15.000)
Fluxo das Atividades de Financiamento	
Pagamento de Empréstimos	(20.000)
Pagamento de Dividendos	(6.000)
Caixa líquido consumido pelas atividades de financiamento	(26.000)
Aumento Líquido de Caixa e Equivalentes de Caixa	3.640
Caixa e Equivalentes de Caixa em 31.12.20X1	1.060
Caixa e Equivalentes de Caixa em 31.12.20X2	4.700

A DFC, pelo método indireto, é apresentada a seguir.

Ilustração 12.13 – Demonstração dos fluxos de caixa pelo método indireto

Empresa Correta S.A.	
Demonstração dos Fluxos de Caixa – em R$	
	20X2
Fluxo das Atividades de Investimento	
Venda de Terrenos	35.000
Aquisição de Máquinas e Equipamentos	(50.000)
Caixa líquido consumido pelas atividades de investimento	(15.000)
Fluxo das Atividades de Financiamento	
Pagamento de Empréstimos	(20.000)
Pagamento de Dividendos	(6.000)
Caixa líquido consumido pelas atividades de financiamento	(26.000)
Aumento Líquido de Caixa e Equivalentes de Caixa	3.640
Caixa e Equivalentes de Caixa em 31.12.20X1	1.060
Caixa e Equivalentes de Caixa em 31.12.20X2	4.700

Como se pode observar nas Ilustrações 12.12 e 12.13, não há diferenças entre os fluxos dos investimentos e dos financiamentos entre os métodos direto e indireto.

Também é possível fazer a DFC começando pelo Lucro antes das Despesas Financeiras. Nesse caso, o objetivo é obter um fluxo de caixa das atividades operacionais sem considerar a despesa financeira como parte das operações da empresa. Embora seja mais trabalhosa, essa forma de elaboração é mais rigorosa em termos técnicos. Neste livro, iremos usar a estrutura apresentada na Ilustração 12.13, mas deixando a ressalva sobre a possibilidade de não considerar, no caixa das operações, a despesa financeira.

Prática

Em geral, os reguladores recomendam o método direto. Entretanto, a maioria das empresas opta por apresentar a sua DFC pelo método indireto, pois, quando opta por fazê-la pelo método direto, terá que fazer a conciliação do lucro em caixa em suas notas explicativas. Existem vantagens e desvantagens em adotar um método ou outro. Uma vantagem é a "economia" de esforços, por não requerer uma nota explicativa adicional. Porém, o método direto é muito mais simples de ser entendido para a maioria dos usuários.

Analisando o fluxo de caixa

⊕ Objetivo (5) → Utilizar a demonstração dos fluxos de caixa para analisar uma entidade

Em geral a análise do fluxo de caixa tem como foco o fluxo de caixa das operações. A razão é simples: para sobreviver no médio e longo prazo a entidade necessita gerar dinheiro com suas operações. Caso isso não ocorra, a entidade irá necessitar de aporte de recursos ou irá vender seus ativos não circulantes, o que nem sempre é viável. Desse modo, os índices mais comuns geralmente usam essa linha da demonstração dos fluxos de caixa.

FLUXO DE CAIXA LIVRE

Corresponde ao fluxo que sobra para pagar os financiadores da entidade. Em linhas gerais, é o caixa oriundo das atividades operacionais mais os investimentos realizados no longo prazo. A expressão para obtenção do fluxo de caixa livre é a seguinte:

Fluxo de Caixa Livre = Fluxo das Atividades Operacionais + Gastos com a manutenção de capital, onde os gastos com a manutenção referem-se ao caixa utilizado na aquisição do imobilizado da entidade. Como é possível notar, o fluxo de caixa livre está expresso em reais. Isso significa dizer que o intervalo pode variar bastante, podendo ser positivo ou negativo. Quando o fluxo de caixa livre é positivo, isso significa que o caixa gerado é suficiente para remunerar o capital de terceiros e o capital próprio.

Uma observação importante sobre esse índice é que não existe uma padronização no seu cálculo. Alguns analistas retiram também os dividendos pagos, pois acreditam que a entidade deve gerar um mínimo de dividendos para seus acionistas. Outros somam a linha do fluxo das operações mais a linha do fluxo de investimento, considerando no valor os recebimentos com a venda de ativos não circulantes.

A determinação do fluxo de caixa livre é importante no longo prazo. Essa medida é considerada importante indicador de sobrevivência. Situações de valores negativos indicariam que a entidade não consegue gerar dinheiro para pagar seus financiadores. Mas, como todo índice, deve-se ter cuidado no seu uso, em especial naquelas entidades com investimentos cíclicos. Nesse caso, períodos de fluxo de caixa livre positivo podem ser seguidos de valores negativos em razão do elevado volume de investimento. Outra situação que merece cuidado ocorre quando a entidade não consegue gerar caixa nas operações e opta por reduzir o volume de investimento. Isso pode fazer com que o fluxo de caixa seja positivo no curto prazo, mas pode comprometer a entidade no longo prazo. Por esse motivo, alguns analistas optam por fazer uma estimativa dos gastos necessários com a manutenção do capital da entidade, em lugar de usar os dados contábeis. Essa substituição pode gerar uma informação mais útil.

A Ilustração 12.14 apresenta parte da demonstração dos fluxos de caixa da Iks. A partir dessa informação é possível obter o fluxo de caixa livre.

Ilustração 12.14 – DFC da Iks

Fluxo de Caixa das Operações		135.000
Fluxo de Caixa de Investimento		
Compras de Máquinas e Equipamentos	(10.800)	
Compra de Terrenos	(45.000)	
Venda de Investimentos	76.000	
Caixa usado nas atividades de investimento		20.200

Do fluxo das atividades de investimento é necessário considerar somente os gastos de capital. Ou seja, não se deve levar em conta a venda de investimentos. O fluxo de caixa livre seria obtido da seguinte forma:

Ilustração 12.15 – Fluxo de caixa livre da Iks

Fluxo de Caixa das Operações	135.000
Compras de Máquinas e Equipamentos	(10.800)
Compra de Terrenos	(45.000)
Fluxo de Caixa Livre	79.200

A análise pode ser mais completa usando dados de períodos anteriores, de entidades do mesmo porte ou relacionando o valor com outro item, como a receita.

Pergunta	Informação Necessária	Fórmula	Uso
Quanto sobra de caixa após a entidade fazer os investimentos de capital?	Fluxo das atividades operacionais e gastos com manutenção de capital, ambas na Demonstração dos Fluxos de Caixa	Fluxo de Caixa Livre = Fluxo de Caixa das Operações + Gasto com Manutenção de Capital	Determinar se a empresa está gerando dinheiro suficiente após fazer os investimentos necessários em capital

FLUXO SOBRE LUCRO

O índice fluxo sobre lucro mostra quanto do lucro foi transformado em caixa das operações. Relaciona uma medida do regime de competência, o lucro, com uma do regime de caixa, o fluxo de caixa das atividades operacionais. A fórmula do índice é a seguinte:

Fluxo sobre Lucro = Fluxo de Caixa das Operações/Lucro Líquido

No longo prazo esse índice deve ser igual à unidade, indicando que o lucro gerado transformou-se em caixa. Quando o valor é menor que um pode-se afirmar que nem todo lucro foi transformado em caixa. Um problema desse índice é que tanto o numerador quanto o denominador podem assumir valores positivos e negativos. E isso pode gerar uma pequena confusão no momento da análise.

A Ilustração 12.16 apresenta esse índice para duas empresas, em cinco exercícios sociais:

Ilustração 12.16 – Fluxo sobre lucro para empresas Zeta e Eta

	Empresa Zeta			Empresa Eta		
Exercício	FC Operações	Lucro Líquido	Fluxo/Lucro	FC Operações	Lucro Líquido	Fluxo/Lucro
20X5	4.000	6.000	0,67	49.000	54.000	0,91
20X6	4.200	8.000	0,53	55.000	54.000	1,02
20X7	5.000	10.000	0,50	56.000	60.000	0,93
20X8	5.500	12.000	0,46	66.000	57.000	1,16
20X9	6.000	15.000	0,40	72.000	78.000	0,92

A empresa Eta possui um índice que está variando ao longo do tempo. Em alguns anos o valor é superior à unidade, em outros menor. A média do índice nos cincos anos está próxima de um. Isso é um sinal de que o lucro líquido apurado pela contabilidade tem sido convertido em dinheiro. A empresa Zeta possui valores do fluxo das operações e do lucro líquido crescente. Mas durante o período de cinco anos o fluxo tem sido sempre inferior ao lucro. Mais ainda, o índice de fluxo sobre lucro tem-se mostrado cada vez menor. Isso é um indício de que a empresa Zeta não está conseguindo converter o lucro gerado em caixa. Nesse caso o analista deve ter bastante cautela e tentar investigar as razões deste fato.

Quando os valores desse índice são, de forma consistente, inferiores a unidade, pode estar ocorrendo um **gerenciamento de resultados**.

Ética!

O gerenciamento de resultados corresponde a um conjunto de técnicas utilizadas para aumentar (ou diminuir) o resultado de uma entidade. Algumas técnicas podem estar dentro das normas, embora outras não. Entretanto, como as demonstrações devem expressar a realidade de uma entidade, o gerenciamento de resultados é questionável sob o ponto de vista ético. Existem diversas formas de tentar descobrir essa atitude; uma delas é através da utilização de índices como o fluxo sobre o lucro.

Pergunta	Informação Necessária	Fórmula	Uso
Qual a parcela do lucro que é transformada em caixa?	Fluxo das atividades operacionais e lucro líquido do exercício, da demonstração dos fluxos de caixa e da DRE	Fluxo sobre Lucro = Fluxo de Caixa das Operações/Lucro Líquido do Exercício	Mede a quantia do lucro transformada em caixa. Além disso, pode ser usado para medir o gerenciamento de resultados

COBERTURA DO INVESTIMENTO

A cobertura do investimento mostra quanto do investimento da entidade é financiado com o caixa gerado nas operações. O indicador apresenta o volume de autofinanciamento. A expressão de cálculo é a seguinte:

Cobertura de Investimento = Fluxo de Caixa das Operações/Fluxo de Caixa de Investimento, sendo que o valor do caixa de investimento deve ser negativo para que o índice seja usado. Mas na expressão do índice utiliza-se o valor sem o sinal. Caso o resultado do índice seja superior à unidade isso evitaria, a princípio, a necessidade de buscar recursos adicionais de terceiros. A Ilustração 12.17 apresenta o cálculo desse índice para cinco entidades distintas.

Ilustração 12.17 – Cobertura de investimento para cinco entidades

Entidade	FC Operações	FC Investimento	Cobertura de Investimento
Teta	200.000	(140.000)	1,43
Iota	450.000	(650.000)	0,69
Capa	124.000	(340.000)	0,36
Lambda	70.000	(700.000)	0,10
Mi	380.000	(560.000)	0,68

A Teta possui um índice de cobertura de 1,43. Isso significa que o fluxo gerado nas operações é superior aos investimentos que estão sendo realizados. Quando o índice de cobertura for muito elevado, como nesse caso, pode representar que a entidade não está conseguindo investir aquilo que está sendo gerado nas operações. O analista deve tomar cuidado em verificar se a entidade não está evitando fazer os investimentos necessários para sua continuidade no futuro. Nos demais casos têm-se valores inferiores à unidade. Destaca-se a Lambda, que possui uma cobertura d e 0,10, a menor entre as entidades listadas. Ou seja, o fluxo gerado é pouco em relação aos investimentos, sendo um sinal da necessidade de recursos para esses gastos. Isso pode ocorrer em entidades que estão no início do ciclo de vida, conforme apresentado anteriormente. Ou naquelas entidades que possuem necessidade de investimentos de longo prazo.

Deve ser destacado que esse índice perde parte do seu sentido quando a entidade possui fluxos de investimentos positivos.

Pergunta	Informação Necessária	Fórmula	Uso
Qual o valor do autofinanciamento da entidade?	Fluxo das atividades operacionais e de investimento, ambas na Demonstração dos Fluxos de Caixa e da DRE.	Cobertura do Investimento = Fluxo de Caixa das Operações/Fluxo de Caixa das Atividades de Investimento	Usado para verificar a quantia do investimento da entidade que é financiada com recursos oriundos das atividades operacionais

COBERTURA DA DÍVIDA

Parte do caixa gerado na entidade pode ser usada para quitar as dívidas da entidade. O índice de cobertura da dívida mede isso. Ao calcular esse índice o analista poderá verificar se o dinheiro que está entrando na entidade é suficiente para quitar as dívidas.

Alguns analistas usam somente o passivo circulante, que corresponde às dívidas da entidade que irão vencer até o próximo exercício social. Outros preferem usar somente as dívidas que geram despesas financeiras. A escolha ficaria a critério de cada analista. A sua expressão é a seguinte:

Cobertura da Dívida = Fluxo de Caixa das Operações/Passivo Circulante

A Ilustração 12.18 mostra cinco empresas e o valor calculado da cobertura da dívida:

Ilustração 12.18 – Cobertura da dívida para cinco empresas

Entidade	FC Operações	Passivo	Cobertura da Dívida
Teta	200.000	50.000	4,00
Iota	450.000	800.000	0,56
Capa	124.000	250.000	0,50
Lambda	70.000	600.000	0,12
Mi	380.000	990.000	0,38

Uma forma alternativa de analisá-lo é calcular o inverso do índice. O resultado corresponde ao tempo que é necessário para a entidade pagar sua dívida. Como a entidade Capa apresentou um valor de cobertura da dívida igual a 0,5, significa dizer que ela irá levar dois exercícios sociais. Já para a Lambda seriam mais de oito exercícios sociais (0,12 × 8 = 0,96). A entidade Teta é a única que consegue pagar todas as suas obrigações em um exercício, e as entidades Iota e Capa teriam que contar com dois exercícios para quitar o seu passivo.

Pergunta	Informação Necessária	Fórmula	Uso
O caixa gerado nas operações é suficiente para quitar as obrigações?	Fluxo das atividades operacionais e passivo, da DFC e do Balanço patrimonial	Cobertura da Dívida = Fluxo de Caixa das Operações/Passivo Circulante	Se o valor for maior que a unidade, a entidade gera caixa suficiente para quitar a dívida.

ANTES DE PROSSEGUIR

1. Qual a finalidade da demonstração dos fluxos de caixa?
2. Qual a classificação dos itens que compõe esta demonstração? Cite alguns exemplos.
3. O que são atividades que não envolvem caixa?

EXERCÍCIO DE REVISÃO

A Esperto Ltda. apresentava as seguintes demonstrações contábeis:

Balanço Patrimonial		
Ativo	**31/12/20X4**	**31/12/20X3**
Caixa e Bancos	404.000	242.000
Valores a Receber	439.000	190.000
Estoques	562.500	514.250
Despesas Antecipadas	142.000	130.000
Investimento de Longo Prazo	690.000	545.000
Fábricas	1.425.000	1.212.500
Depreciação Acumulada	(250.000)	(260.000)
	3.412.500	2.573.750
Passivo e Patrimônio Líquido	**31/12/20X4**	**31/12/20X3**
Fornecedores	510.000	336.500
Contas a Pagar	82.500	105.000
Empréstimos	550.000	730.000
Capital Social	1.100.000	875.000
Reservas	1.170.000	527.250
	3.412.500	2.573.750

Demonstração de Resultado do Exercício		
Receitas		1.942.300
CMV	677.300	
D. Operacionais	294.550	
D. Financeiras	23.650	
Impostos	136.400	
Venda de Imobilizado	37.500	1.169.400
Lucro Líquido do Exercício		772.900

Algumas informações sobre essa empresa:

1. Uma fábrica foi adquirida por R$ 500.000 em dinheiro durante o ano.
2. A fábrica antiga, com custo de R$ 287.500 e depreciação acumulada de R$ 242.500, foi vendida em dinheiro por R$ 7.500.
3. Os dividendos foram pagos no período: R$ 130.150.
4. A despesa de depreciação foi de R$ 232.500.

Considere que as compras a prazo sejam registradas como fornecedores, no passivo, e as despesas como contas a pagar e despesas antecipadas. Os impostos são pagos no próprio exercício.

Pede-se:

a) Elabore a DFC usando o método indireto.
b) Elabore a DFC pelo método direto.

Solução

a)

	31/12/20X4	31/12/20X3	Variação
Valores a Receber	439.000	190.000	249.000
Estoques	562.500	514.250	48.250
Despesas Antecipadas	142.000	130.000	12.000
Fornecedores	510.000	336.500	173.500
Contas a Pagar	82.500	105.000	(22.500)
Empréstimos	550.000	730.000	(180.000)

Demonstração dos Fluxos de Caixa – Método Indireto	
Lucro Líquido do Exercício	772.900
(+) Despesa de Depreciação	232.500
(+) Venda do Imobilizado	37.500
Lucro Líquido Ajustado	1.042.900
Aumento de Valores a Receber	(249.000)
Aumento de Estoques	(48.250)
Aumento de Despesas Antecipadas	(12.000)
Aumento de Fornecedores	173.500
Redução de Contas a Pagar	(22.500)
Caixa Líquido Gerado pelas Operações	884.650
Aplicação em Investimento de Longo Prazo	(145.000)
Aquisição de Fábrica	(500.000)
Venda de Fábrica	7.500
Caixa Líquido Consumido com Investimentos	(637.500)
Pagamento de Empréstimos	(180.000)
Pagamento de Dividendos	(130.150)
Integralização de Capital	225.000
Caixa Líquido Consumido com Financiamentos	(85.150)
Aumento do Caixa e Equivalentes em 20x4	162.000
Caixa e Equivalentes inicial	242.000
Caixa e Equivalentes Final	404.000

b)

Receitas	1.942.300
Aumento de Valores a Receber	(249.000)
Recebimento de Clientes	1.693.300
CMV	677.300
Estoque Inicial	514.250
Estoque Final	562.500
Compras	725.550

Compras	725.550
Fornecedores Inicial	336.500
Fornecedores Final	510.000
Pagamento a Fornecedores	552.050
Despesas Operacionais	294.550
Despesa de Depreciação	232.500
	62.050
Despesas Antecipadas Inicial	130.000
Despesas Antecipadas Final	142.000
Contas a Pagar Inicial	105.000
Contas a Pagar Final	82.500
Pagamento de Contas a Pagar	96.550
Pagamento de Impostos	136.400

Demonstração dos Fluxos de Caixa – Método Direto	
Recebimento de Clientes	1.693.300
Pagamento a Fornecedores	(552.050)
Pagamento de Contas a Pagar	(96.550)
Despesas Financeiras	(23.650)
Pagamento de Impostos	(136.400)
Caixa Líquido Gerado pelas Operações	884.650
Aplicação em Investimento de Longo Prazo	(145.000)
Aquisição de Fábrica	(500.000)
Venda de Fábrica	7.500
Caixa Líquido Consumido com Investimentos	(637.500)
Pagamento de Empréstimos	(180.000)
Pagamento de Dividendos	(130.150)
Integralização de Capital	225.000
Caixa Líquido Consumido com Financiamentos	(85.150)

Um exemplo mais completo...

As demonstrações contábeis da Guillari S.A. para os exercícios de 20X1 e 20X2 encontram-se a seguir:

Balanço Patrimonial					
	31/12/20X2	31/12/20X1		31/12/20X2	31/12/20X1
Ativo Circulante	**93.000**	**90.200**	**Passivo Circulante**	**91.600**	**73.000**
Caixa	15.000	21.500	Fornecedores	18.600	9.000
Bancos	10.000	7.000	Salários a Pagar	15.800	32.000
Clientes	20.000	32.000	Dividendos a Pagar	35.000	20.000
Estoques	40.000	23.200	Impostos a Pagar	22.200	12.000
Despesa Antecipada de Seguros	8.000	6.500			
			Passivo Não Circulante	**60.000**	**70.000**
Ativo Não Circulante	**201.600**	**164.800**	Financiamentos	60.000	25.000
Investimentos	*96.000*	*20.000*	Empréstimos	–	45.000
Imóveis para Aluguel	96.000	20.000			
Imobilizado	*105.600*	*144.800*	**Patrimônio Líquido**	**143.000**	**112.000**
Terrenos	66.000	100.000	Capital Social	131.000	100.000
Máquinas e Equipamentos	50.000	50.000	Reservas de Lucros	12.000	12.000
(–) Depreciação Acumulada	(10.400)	(5.200)			
TOTAL DO ATIVO	**294.600**	**255.000**	**TOTAL DO PASSIVO + PL**	**294.600**	**255.000**

Demonstração do Resultado do Exercício		
	20X202	20X201
Receita de Vendas	140.000	92.000
(–) Custo das Mercadorias Vendidas	(77.000)	(41.400)
Lucro Bruto	63.000	50.600
(–) Despesas Operacionais	(1.000)	(23.600)
Despesa de Depreciação	(5.200)	(5.200)
Despesa de Impostos	(22.200)	(12.000)
Despesas de Salários	(13.600)	(6.400)
Outras Receitas - Venda de Terrenos	40.000	0
Lucro antes das Receitas e Despesas Financeiras	62.000	27.000
(–) Despesas Financeiras	(6.000)	(7.000)
Despesas de Juros	(6.000)	(7.000)
Lucro Líquido	56.000	20.000

Demonstração das Mutações do Patrimônio Líquido				
	Capital Social	Reservas de Lucros	Lucros Acumulados	Total
Saldo em 31/12/10X0	100.000	12.000	–	112.000
Resultado do Exercício			20.000	20.000
Dividendos Propostos e Pagos			(20.000)	(20.000)
Saldo em 31/12/20X1	100.000	12.000	–	112.000
Resultado do Exercício			56.000	56.000
Dividendos Propostos			(35.000)	(35.000)
Aumento do Capital	31.000		(21.000)	10.000
Saldo em 31/12/20X2	131.000	12.000	–	143.000

Informações adicionais:

1. Imóveis para aluguel foram adquiridos, parte do pagamento à vista e o restante (R$ 35.000) foi financiado.
2. O aumento do capital social foi realizado parte em dinheiro e parte com o lucro do exercício.
3. Os empréstimos de longo prazo foram liquidados antes do vencimento.
4. Os juros incorridos sobre os empréstimos e financiamentos são pagos durante o exercício.
5. A venda dos terrenos foi realizada com ganho de R$ 40.000.
6. Os dividendos propostos foram apropriados no período.

Pede-se:

Elabore a Demonstração dos Fluxos de Caixa pelos métodos direto e indireto.

Solução

	20X2	20X1	Variação
Caixa	15.000	21.500	(6.500)
Bancos	10.000	7.000	3.000
Caixa e Equivalentes	25.000	28.500	(3.500)

Como podemos observar, houve uma redução no total de caixa e equivalentes de caixa. A explicação dessa variação pode ser explicada pela DFC.

Método Direto:

Clientes

Saldo Inicial	32.000
(+) Vendas	140.000
(−) Saldo Final	(20.000)
Recebimento de Clientes	152.000

Fornecedores

Saldo Inicial	9.000
(+) Compras	93.800
(−) Saldo Final	(18.600)
Pagamento de Fornecedores	84.200
Estoque Inicial	23.200
(+) Compras	93.800
(−) Estoque Final	(40.000)
CMV	77.000

Salários a Pagar

Saldo Inicial	32.000
(+) Despesas de Salários	13.600
(−) Saldo Final	(15.800)
Pagamento de Salários	29.800

Demonstração dos Fluxos de Caixa – Método Direto	
Recebimento de Clientes	152.000
Pagamento de Fornecedores	(84.200)
Pagamento de Salários	(29.800)
Pagamento de Despesas Antecipadas	(1.500)
Pagamento de Impostos	(12.000)
Pagamento de Juros	(6.000)
Fluxo de Caixa Gerado pelas Atividades Operacionais	**18.500**
Aquisição de Imóveis	(41.000)
Venda de Terrenos	74.000
Fluxo de Caixa Gerado pelas Atividades de Investimento	**33.000**
Pagamento de Empréstimos	(45.000)
Aumento do Capital em Dinheiro	10.000
Dividendos Pagos	20.000
Fluxo de Caixa Consumido pelas Atividades de Financiamento	**(15.000)**
Redução de Caixa e Equivalentes	36.500
Caixa e Equivalentes Inicial	28.500
Caixa e Equivalentes Final	65.000

Método Indireto:

	20X2	20X1	Variação
Clientes	20.000	32.000	(12.000)
Estoques	40.000	23.200	16.800
Despesa Antecipada de Seguros	8.000	6.500	1.500
Fornecedores	18.600	9.000	9.600
Salários a Pagar	15.800	32.000	(16.200)
Impostos a Pagar	22.200	12.000	10.200

Demonstração dos Fluxos de Caixa – Método Indireto	
Lucro Líquido	56.000
(+) Despesa de Depreciação	5.200
(–) Ganho na Venda de Terrenos	(40.000)
Lucro Líquido Ajustado	21.200
Redução de Clientes	12.000
Aumento de Estoques	(16.800)
Aumento de Despesas Antecipadas	(1.500)
Aumento de Fornecedores	9.600
Redução de Salários a Pagar	(16.200)
Aumento de Impostos a Pagar	10.200
Fluxo de Caixa Gerado pelas Atividades Operacionais	**18.500**
Aquisição de Imóveis	(41.000)
Venda de Terrenos	74.000
Fluxo de Caixa Gerado pelas Atividades de Investimento	**33.000**
Pagamento de Empréstimos	(45.000)
Aumento do Capital em Dinheiro	10.000
Dividendos Pagos	20.000
Fluxo de Caixa Consumido pelas Atividades de Financiamento	**(15.000)**
Aumento de Caixa e Equivalentes	36.500
Caixa e Equivalentes Inicial	28.500
Caixa e Equivalentes Final	65.000

Usando a informação contábil

A concessionária Gerard S.A. apresentou as seguintes demonstrações contábeis ao final de 20X6:

Balanço Patrimonial					
Ativo	**31/12/20X6**	**31/12/20X5**	**Passivo e Patrimônio Líquido**	**31/12/20X6**	**31/12/20X5**
Caixa	12.925	7.914	Fornecedores	10.256	7.488
Aplicação Financeira (60 dias)	144	182	Contas a Pagar	1.088	1.037
Clientes	2.340	3.175	Dividendos a Pagar	1.920	1.440
Estoques	7.220	6.911	*Passivo Circulante*	*13.265*	*9.965*
Ativo Circulante	*22.630*	*18.182*	Empréstimos de Longo Prazo	4.948	7.342
			Passivo Não Circulante	*4.948*	*7.342*
			Passivo Total	*18.212*	*17.306*
Ativo Realizável a Longo Prazo	2.756	3.583			
Ativo Imobilizado	16.896	15.096	Capital Social	14.400	13.200
(–) Depreciação Acumulada	(6.304)	(5.359)	Reservas de Lucros	3.366	996
Ativo Não Circulante	*13.349*	*13.320*	*Patrimônio Líquido*	*17.766*	*14.196*
Ativo Total	**35.978**	**31.502**	**Passivo + PL**	**35.978**	**31.502**

Demonstração do Resultado do Exercício		
	20X6	**20X5**
Receita Bruta	69.276	61.109
(–) CMV	(51.245)	(44.600)
Lucro Bruto	**18.031**	**16.508**
(–) Despesas Operacionais	(12.797)	(12.136)
(–) Despesa de Depreciação	(944)	(901)
Lucro Líquido	**4.290**	**3.472**

Considerando que o aumento do capital social foi realizado em dinheiro e os dividendos são pagos no exercício seguinte a que se referem, elabore a demonstração dos fluxos de caixa da Gerard para 20X6 e calcule os seguintes índices:

a) Fluxo de Caixa Livre.
b) Fluxo sobre Lucro.
c) Cobertura de Investimento.
d) Cobertura de Dívida.

Solução

	20X6	*20X5*	*Variação*
Clientes	*2.340*	*3.175*	*(835)*
Estoques	*7.220*	*6.911*	*310*
Fornecedores	*10.256*	*7.488*	*2.768*
Contas a Pagar	*1.088*	*1.037*	*52*

Demonstração dos Fluxos de Caixa – Método Indireto	
	20X6
Lucro Líquido do Exercício	4.290
(+) Despesa de Depreciação	944
Lucro Ajustado:	5.234
Redução de Clientes	835
Aumento de Estoques	(310)
Aumento de Fornecedores	2.768
Aumento de Contas a Pagar	52
Caixa Líquido Gerado pelas Operações	8.580
Recebimento de Aplicações de Longo Prazo	827
Aquisição de Imobilizado	(1.800)
Caixa Líquido Consumido com Investimentos	(973)
Pagamento de Empréstimos	(2.394)
Pagamento de Dividendos	(1.440)
Integralização de Capital	1.200
Caixa Líquido Consumido com Financiamentos	(2.634)
Aumento do Caixa e Equivalentes em 20x4	4.973
Caixa e Equivalentes inicial	8.096
Caixa e Equivalentes Final	13.069

a)	Fluxo de Caixa Livre	6.780
b)	Fluxo sobre Lucro	0,50
c)	Cobertura de Investimento	8,82
d)	Cobertura da Dívida	65%

RESUMO DOS OBJETIVOS

Apresentar o objetivo da demonstração dos fluxos de caixa – Os usuários querem saber se as entidades apresentam recursos financeiros suficientes para pagar salários, fornecedores, outras despesas e, ainda, gerar retorno aos investidores e é na DFC que eles encontram essas informações.

Separar as atividades em operacionais, de investimento e de financiamento – As atividades que afetam a DFC são classificadas em operacionais, financiamento e investimento. As atividades operacionais são aquelas que originam da demonstração do resultado; são oriundas das atividades da entidade relacionadas com a obtenção da receita e do esforço feito pela entidade. As atividades de investimento são derivadas dos ativos não circulantes. E as atividades de financiamento são decorrentes dos passivos não circulantes e do patrimônio líquido.

Explorar a relação entre o ciclo de vida da entidade e seu fluxo de caixa – O ciclo de vida de uma entidade é composto pelas fases inicial, crescimento, maturidade e declínio. Existe uma relação entre estas fases e a DFC. Nas fases inicial e parte do crescimento, o fluxo das operações e de investimento tem um sinal negativo e a entidade obtém recursos com o financiamento. Na maturidade, o caixa das operações torna-se positivo.

Preparar uma demonstração usando as duas abordagens: método direto e método indireto – Existem dois métodos para apresentação da DFC. O método indireto parte do lucro líquido do exercício e através de acréscimos e reduções obtém-se o fluxo das atividades operacionais. O método direto mostra os pagamentos e recebimentos dessa atividade. Não existe diferença nos métodos para os fluxos de investimento e de financiamento.

Utilizar a demonstração dos fluxos de caixa para analisar uma entidade – A DFC pode ser muito útil para analisar o desempenho de uma entidade. Em particular é importante destacar o fluxo das operações, que mede a capacidade da entidade em gerar dinheiro com suas atividades normais.

DECISÃO

Pergunta	Informação Necessária	Fórmula	Uso
Quanto sobra de caixa após a entidade fazer os investimentos de capital?	Fluxo das atividades operacionais e gastos com manutenção de capital, ambas na Demonstração dos Fluxos de Caixa	Fluxo de Caixa Livre = Fluxo de Caixa das Operações + Gasto com Manutenção de Capital	Determinar se a empresa está gerando dinheiro suficiente após fazer os investimentos necessários em capital
Qual a parcela do lucro que é transformada em caixa?	Fluxo das atividades operacionais e lucro líquido do exercício, da demonstração dos fluxos de caixa e da DRE	Fluxo sobre Lucro = Fluxo de Caixa das Operações/Lucro Líquido do Exercício	Mede a quantia do lucro transformada em caixa. Além disso, pode ser usado para medir o gerenciamento de resultados
Qual o valor do autofinanciamento da entidade?	Fluxo das atividades operacionais e de investimento, ambas na Demonstração dos Fluxos de Caixa e da DRE.	Cobertura do Investimento = Fluxo de Caixa das Operações / Fluxo de Caixa das Atividades de Investimento	Usado para verificar a quantia do investimento da entidade que é financiada com recursos oriundos das atividades operacionais
O caixa gerado nas operações é suficiente para quitar as obrigações?	Fluxo das atividades operacionais e passivo, da DFC e do Balanço patrimonial	Cobertura da Dívida = Fluxo de Caixa das Operações/ Passivo Circulante	Se o valor for maior que a unidade, a entidade gera caixa suficiente para quitar a dívida

DICIONÁRIO

Caixa – Conta que registra o valor dos recursos imediatamente disponíveis, advindos dos recebimentos de clientes e outras receitas e utilizados para efetuar pagamentos.

Ciclo de vida de uma entidade – Fases por que passa uma entidade: o início, o crescimento, a maturidade e o declínio.

Demonstração dos fluxos de caixa – Demonstração contábil que apresenta os valores que a entidade recebeu e os valores que a entidade pagou durante um determinado período de tempo.

Equivalentes de caixa – Recursos financeiros de curtíssimo prazo, liquidez imediata e que apresentam uma insignificante perda de valor.

Fluxo das operações – Pagamentos e recebimentos que geram receitas e despesas.

Fluxo de caixa livre – É o caixa oriundo das atividades operacionais mais os investimentos realizados no longo prazo.

Fluxo dos investimentos – Refere-se à aquisição e venda de ativos de longo prazo.

Fluxo dos financiamentos – Resulta das mudanças no tamanho e na composição do capital próprio e endividamento da entidade.

Gerenciamento de resultados – Conjunto de técnicas utilizadas para aumentar (ou diminuir) o resultado de uma entidade.

Índice de cobertura da dívida – Parte do caixa gerado na entidade pode ser usada para quitar as dívidas da entidade.

Índice de cobertura do investimento – Mostra quanto do investimento da empresa é financiado com o caixa gerado nas operações.

Índice fluxo sobre lucro – Mostra quanto do lucro foi transformado em caixa das operações.

PROBLEMA DEMONSTRAÇÃO

A NI Ltda. atua no setor de transportes. Um extrato das demonstrações contábeis da entidade encontra-se a seguir. Calcule os índices de análise da empresa.

Balanço Patrimonial em 31 de dezembro		
	20X1	20X0
Ativo Circulante	18.400	16.500
Ativo não Circulante	210.600	180.500
Ativo	229.000	197.000
Passivo Circulante	14.000	17.000
Passivo não Circulante	30.000	25.000
Patrimônio Líquido	185.000	155.000
Passivo e PL	229.000	197.000

Demonstração do Resultado do Exercício		
	20X1	20X0
Receitas	450.000	360.000
Despesas	(405.000)	(340.000)
Lucro Líquido	45.000	20.000

Demonstração dos Fluxos de Caixa		
	20X1	20X0
Das atividades operacionais	18.000	11.000
Das atividades de investimento	(7.000)	(13.000)
Das atividades de financiamento	12.000	5.000
Aumento/Redução do Caixa e Equivalentes	23.000	3.000

Sabe-se que em 20X1 os gastos com manutenção de capital foram de R$ 21.000 e que no ano anterior atingiram a R$ 17.000.

Solução

1. O fluxo livre de caixa é obtido da seguinte forma:

20X1 = 18.000 − 21.000 = − 3.000
20X0 = 11.000 − 17.000 = − 6.000

A empresa não está conseguindo gerar um caixa suficiente para fazer os investimentos de longo prazo. Entretanto, a posição melhorou, quando se compara 20X0 em relação ao ano seguinte.

2. O fluxo sobre o lucro para os dois anos é obtido a seguir:

20X1 = 18.000/45.000 = 0,40
20X0 = 11.000/20.000 = 0,55

A NI não está conseguindo transformar o lucro em caixa. Isso é percebido pelo fato do índice apresentar um resultado menor do que a unidade nos dois anos.

3. A cobertura do investimento mostra se o caixa das operações é suficiente para financiar a aquisição líquida de ativos não circulantes. Os valores da NI são os seguintes:

20X1 = 18.000/7.000 = 2,57
20X0 = 11.000/13.000 = 0,85

A situação da empresa melhorou, já que o caixa gerado nas operações em 20X1 é mais que suficiente para pagar os investimentos.

4. Finalmente, a cobertura da dívida da NI mostra se o dinheiro das atividades operacionais é suficiente para quitar as dívidas:

20X1 = 18.000/(14.000 + 30.000) = 0,41
20X0 = 11.000/(17.000 + 25.000) = 0,26

Também neste índice a situação melhorou, já que no último exercício o caixa das operações era suficiente para quitar 0,41 do passivo, enquanto no ano anterior correspondia a 0,26.

Questões de múltipla escolha

1. **Acerca das demonstrações contábeis, assinale a opção correta:**
   a) O balanço patrimonial apresenta as mudanças ocorridas nas contas do patrimônio líquido.
   b) Na demonstração do resultado são apresentadas as receitas e despesas que foram pagas, com o objetivo de apurar o resultado no exercício.
   c) A demonstração dos fluxos de caixa informa aos usuários a capacidade das entidades de gerar e utilizar o caixa e os equivalentes de caixa.
   d) A demonstração das mutações do patrimônio líquido traz informações sobre o patrimônio das entidades, composto pelo ativo, passivo e patrimônio líquido.

2. Sobre a demonstração dos fluxos de caixa é correto afirmar:

   a) A DFC tem esse nome, pois evidencia as movimentações que ocorreram na conta caixa da entidade.

   b) Apresenta as entradas e saídas que afetam o disponível em um determinado período de tempo.

   c) É uma peça contábil que apresenta uma situação estática.

   d) A Lei 11.638 de 2007 tornou obrigatória a elaboração e a evidenciação da demonstração dos fluxos de caixa para todas as entidades.

3. Sobre a utilidade da demonstração dos fluxos de caixa é correto afirmar que:

   a) Ajuda a analisar o comportamento passado das contas de curtíssimo prazo ou para fins de projeções.

   b) Propicia ao gestor realizar um melhor planejamento financeiro.

   c) Auxilia o gestor a avaliar quando deverá contrair empréstimos ou aplicar o excesso de dinheiro.

   d) Todas as alternativas estão corretas.

4. Sobre os equivalentes de caixa é incorreto afirmar:

   a) Estão compreendidos neste grupo do ativo: (1) os valores monetários; (2) as aplicações temporárias de disponibilidades em títulos negociáveis; e (3) as contas a receber.

   b) São os recursos financeiros que a entidade possui em moeda corrente, na sua conta corrente ou em aplicações financeiras de curtíssimo prazo.

   c) São conversíveis em dinheiro rapidamente.

   d) Apresentam uma insignificante perda de valor.

5. Sobre o formato da demonstração dos fluxos de caixa é correto afirmar:

   a) A DFC é segregada em três fluxos: fluxo das atividades das econômicas, de investimentos e dos financiamentos.

   b) Na demonstração, a atividade investimento é a mais importante, pois mede a capacidade da entidade em adquirir novos ativos produtivos.

   c) Pelo método direto, a única diferença que existe, comparando-o ao método indireto, está na elaboração do fluxo das atividades de financiamento.

   d) O formato dos fluxos divididos em atividades possibilita que os usuários avaliem quais são os impactos dessas sobre a posição financeira da entidade e o montante de seu caixa e equivalentes de caixa.

6. São exemplos de atividades operacionais, exceto:

   a) As compras de mercadorias.

   b) A aquisição de máquinas e equipamentos.

   c) Os recebimentos de clientes.

   d) Os pagamentos de fornecedores.

7. São exemplos de atividades de investimento, exceto:

   a) Obtenção de empréstimos.

   b) Compra de terrenos.

   c) Aquisição de participação acionária de outra companhia.

   d) Venda de veículos.

8. São exemplos de atividades de financiamento, exceto:

   a) Redução do capital.

   b) Pagamento de dividendos.

   c) Pagamento de impostos e taxas municipais.

   d) Empréstimos obtidos.

9. São exemplos de atividades que não afetam o disponível, exceto:

   a) A compra de terrenos com títulos de longo prazo.

   b) A emissão de ações ordinárias para o pagamento de dívidas.

   c) A captação de empréstimos de longo prazo.

   d) A permuta de ativos do imobilizado da entidade.

10. O aumento do capital é um exemplo de atividades que não afetam o disponível, exceto quando é realizado com:
    a) Terrenos.
    b) Veículos.
    c) Bancos.
    d) Reservas.

11. O ciclo de vida de uma entidade diz respeito às fases por que ela passa: o início, o crescimento, a maturidade e o declínio. Sobre essas fases é correto afirmar:
    a) Geralmente, na fase inicial os fluxos das atividades operacionais são positivos.
    b) Na fase de declínio, os fluxos das atividades de investimento e de financiamento são negativos.
    c) Na fase de crescimento, o fluxo das atividades de financiamento é positivo.
    d) A fase da maturidade demanda recursos para o financiamento da entidade.

12. A demonstração dos fluxos de caixa não deve ser usada para avaliar a capacidade de uma entidade:
    a) Gerar lucro líquido.
    b) Projetar fluxo de caixa futuro.
    c) Pagar dividendos.
    d) Cumprir suas obrigações.

13. Sobre os indicadores de análise da demonstração dos fluxos de caixa é correto afirmar:
    a) O fluxo de caixa livre é utilizado para verificar se a entidade está gerando caixa suficiente, após os investimentos de capital.
    b) O fluxo sobre o lucro é usado para verificar se o dinheiro que está entrando na entidade é suficiente para pagar suas dívidas.
    c) O índice de cobertura da dívida mostra quanto do lucro foi transformado em caixa das operações.
    d) O índice de cobertura dos investimentos é considerado um importante indicador de sobrevivência.

14. O fluxo de caixa livre fornece uma indicação da capacidade de uma empresa para:
    a) Gerar lucro líquido.
    b) Gerar caixa para pagar dividendos.
    c) Gerar dinheiro para investir em novos gastos de capital.
    d) Estão corretas as alternativas b e c.

15. Sobre o índice fluxo sobre o lucro é correto afirmar:
    a) Se seu valor é maior que a unidade, a entidade gera caixa suficiente para quitar suas dívidas.
    b) É o caixa oriundo das atividades operacionais mais os investimentos realizados no longo prazo.
    c) Se o resultado do índice for superior à unidade isto evitaria, a princípio, a necessidade de buscar recursos adicionais de terceiros.
    d) Quando os valores deste índice são, de forma consistente, inferior à unidade, pode estar ocorrendo um gerenciamento de resultados.

QUESTÕES PARA REVISÃO

1. A demonstração dos fluxos de caixa deveria ser denominada de demonstração de fluxos do disponível. Por quê?

2. Qual é o ativo mais líquido nas entidades?

3. Por que a DFC é útil para os usuários?

4. Quais são as empresas obrigadas a elaborar a DFC?

5. Qual a estrutura da DFC?

6. O que são equivalentes de caixa?

7. O fluxo das atividades operacionais tem relação com quais contas? Cite um exemplo de uma atividade operacional.

8. O fluxo das atividades de investimento tem relação com quais contas? Cite um exemplo de uma atividade de investimento.

9. O fluxo das atividades de financiamento tem relação com quais contas? Cite um exemplo de uma atividade de financiamento.

10. Dê exemplos de atividades significativas que ocorrem nas entidades, mas que não afetam o disponível.

11. A DFC pode ser elaborada pelo método direto ou indireto. Qual a diferença entre esses dois métodos?

12. A diferença que existe entre o método direto comparando-o ao método indireto está na elaboração de qual fluxo?

13. Qual é o indicador que analisa quanto sobra de caixa após as entidades fazerem investimentos de capital?

14. Qual o significado de um fluxo de caixa livre positivo?

15. E quando o fluxo de caixa livre é negativo, qual é o seu significado?

16. Qual é a informação obtida pela utilização do índice fluxo sobre lucro?

17. O que poderia estar ocorrendo quando os valores do fluxo sobre lucro são, de forma consistente, inferiores à unidade?

18. O que significa o termo "gerenciamento de resultados"?

19. O que mede o índice de cobertura dos investimentos?

20. O que acontece se resultado do índice de cobertura dos investimentos for superior à unidade?

21. O que mede o índice de cobertura da dívida?

22. Que interpretação pode ser feita se o índice cobertura da dívida for superior à unidade?

EXERCÍCIOS BREVES

EB 1. As contas do ativo da empresa Luz e Cor Ltda. apresentavam os seguintes saldos: Aplicações Financeiras de Liquidez Imediata = R$ 5.000; Bancos Conta Movimento = R$ 2.300; Caixa = R$ 200; Clientes = R$ 3.000; Estoques = R$ 12.000; Móveis e Utensílios = R$ 15.000; Veículos = R$ 24.000; Edificações = R$ 120.000. Calcule o total dos equivalentes de caixa.

EB 2. A conta de clientes apresentou um saldo em 20X1 de R$ 2.000 e 20X2 de R$ 5.000 e o total da receita de vendas do período é R$ 30.000. Calcule o total dos recebimentos de clientes.

EB 3. A Aldeia Azul Ltda. teve recebimentos de clientes no período de R$ 40.000. Sabendo-se que não havia saldo inicial de duplicatas a receber e saldo final era de R$ 4.500, apure o total das vendas.

EB 4. A loja de vestidos de noiva Luxo Ltda. pagou aos fornecedores durante o período R$ 35.000. Sabendo-se que o saldo da conta Fornecedores em 20X1 foi de R$ 5.000 e das Compras – R$ 30.000, calcule o valor do saldo final da conta Fornecedores.

EB 5. A Space Eletroeletrônicos Ltda. apresentou os seguintes saldos nas contas do Balanço:

	20X2	20X3
Fornecedores	12.000	19.450
Mercadorias	9.500	3.850

Sabendo-se que o valor do Custo da Mercadoria Vendida em 20X3 foi de R$ 30.000, calcule:

a) O valor total das compras.
b) O valor pago a fornecedores.

EB 6. A empresa Viagens Fantásticas Ltda. apurou os seguintes valores nos seus fluxos: das atividades operacionais negativo de R$ 20.000; das atividades de investimento positivo de R$ 11.000; e das atividades de financiamento positivo de R$ 8.000. Qual o valor da variação nas contas Caixa e Equivalentes de Caixa?

EB 7. A Art Mix Ltda. apresentou uma variação positiva nas contas de Caixa e Equivalentes de Caixa em R$ 11.000. Sabendo-se que o fluxo das atividades operacionais gerou caixa em R$ 15.000 e o fluxo das atividades de investimento consumiu caixa em R$ 30.000, calcule o valor das atividades de financiamento.

EB 8. As contas de Caixa e Equivalentes de Caixa do balanço patrimonial da Agropecuária do Sul S.A. apresentaram os seguintes saldos:

	20X0	20X1
Caixa	400	600
Bancos	2.000	300
Aplicações Financeiras – Poupança	11.000	4.000
Aplicações Financeiras – CDB	2.000	23.500

Sabendo-se que as atividades de investimento consumiram caixa de R$ 21.000 e as atividades de financiamento geraram caixa de R$ 15.000, calcule o fluxo das atividades operacionais.

EB 9. A papelaria Arco Íris Ltda. foi constituída em 31.12.20X0 com um capital social de R$ 25.000,00, dos quais R$ 1.000 foram integralizados em dinheiro no momento da constituição. Em janeiro de 20X1, os sócios integralizaram mais R$ 3.000 em dinheiro e R$ 14.000 em terrenos. Em fevereiro de 20X1, o restante do capital foi integralizado, com um veículo. A demonstração dos fluxos de caixa foi elaborada em janeiro de 20X1. Qual o valor do fluxo de caixa das atividades de financiamento, apresentado na DFC?

EB 10. A companhia XYZ S.A. apresentou no exercício de 20X3 a seguinte demonstração do resultado:

XYZ S.A.	
Demonstração de Resultado do Exercício	
	20X2
Receita de Vendas	204.000
(–) Custo da Mercadoria Vendida	(130.000)
(=) Lucro Bruto	74.000
(–) Despesas Operacionais	
Com Vendas	(13.000)
Gerais e Administrativas	
Despesas de Salários	(26.000)
Despesa de Depreciação	(6.000)
Outras despesas	(2.000)
(+) Outras Receitas e Despesas	(47.000)
Resultado com a venda de Terrenos	(15.000)
(=) Lucro Líquido do Exercício	12.000

O quadro a seguir apresenta algumas contas do balanço patrimonial:

	20X3	20X2
Clientes	600	500
Estoques	400	4.500
Fornecedores	3.200	2.800
Salários	5.400	1.000
Contas a Pagar	2.600	15.000

Elabore o fluxo de caixa das atividades operacionais, pelo método indireto.

PROBLEMAS

PB 1. A empresa IR e VIR fez as seguintes transações durante o exercício de 20X4:

a) Compra de terrenos por R$ 300.000 financiados em 2 anos.
b) Integralização de capital de R$ 450.000 de ações ordinárias em dinheiro.
c) Conversão de debêntures em ações, com valor nominal de R$ 110.000.
d) Pagamento de dividendos e juros sobre capital próprio de R$ 90.000.
e) Recebimento de clientes no valor de R$ 870.000.
f) Pagamento de R$ 430.000 aos fornecedores.

Pede-se:

Analise cada transação e indique se resulta no fluxo de caixa das atividades operacionais, de financiamento, de investimento ou não afeta o caixa.

PB 2. Ao fazer a Demonstração dos Fluxos de Caixa, o empregado separou as seguintes transações:

a) Troca de um terreno por uma fábrica.
b) Pagamento das despesas financeiras de um empréstimo.
c) Depreciação dos móveis da empresa.
d) Amortização de uma patente da empresa.
e) Compra de um terreno, com pagamento em dinheiro.
f) Recebimento de dividendos de um investimento de longo prazo.
g) Pagamento de dividendos.
h) Aquisição de parte do capital de uma empresa.
i) Venda de um imóvel pelo valor contábil.
j) Um cliente da empresa decretou falência e não irá pagar sua dívida.
k) Prestação de serviço à vista.
l) Pagamento do principal de um financiamento da empresa.

Pede-se:

Em cada item classifique em fluxo das atividades operacionais, de investimento, de financiamento ou evento que não afeta caixa.

PB 3. A seguir estão alguns eventos de uma empresa:

a) Compra de estoques a prazo.
b) Compra de estoques à vista.
c) Venda de mercadorias à vista.
d) Vendas de mercadorias a prazo.
e) Distribuição de dividendos aos acionistas.
f) Lançamento e venda de ações da empresa.
g) Recebimento de terreno em troca de ações da empresa.
h) Aquisição de equipamentos, através de um financiamento.
i) Pagamento de despesas financeiras do financiamento.
j) Despesa de depreciação do equipamento.

Pede-se:

Complete em cada item como fluxo das atividades operacionais (O), de investimento (I), de financiamento (F) ou não afeta caixa (NC). Informe também se irá aumentar ou diminuir o caixa da empresa (+ ou –).

PB 4. A informação a seguir mostra um extrato da demonstração dos fluxos de caixa, além da informação do lucro líquido, de uma empresa em momentos distintos no tempo.

Fluxos de Caixa	Períodos de Tempo			
	W	X	Y	Z
Das Atividades Operacionais	(6.000)	5.000	14.000	(3.000)
Das Atividades de Investimento	(10.000)	2.800	3.000	(4.000)
Das Atividades de Financiamento	8.000	(4.300)	(1.600)	7.200
Lucro Líquido	(1.300)	2.100	9.200	(600)

Pede-se:

Relacione cada período de tempo com a fase do ciclo de vida da entidade. Explique suas escolhas.

PB 5. Uma empresa obteve um lucro de R$ 13.000. No exercício a despesa de depreciação foi de R$ 24.000 e ocorreu um resultado da venda de um terreno no valor de R$ 7.000, negativo. Ao comparar os balanços, nota-se um aumento no valor da Conta clientes, de R$ 5.400, e uma redução nos Fornecedores, de R$ 1.300.

Pede-se:

Elabore o fluxo das atividades operacionais da demonstração dos fluxos de caixa da empresa para o período, usando o método indireto.

PB 6. A empresa Atlética Boys teve um lucro no mês de fevereiro de R$ 11.000 e uma despesa de depreciação de R$ 7.000. A seguir encontra-se a posição patrimonial:

Balanço Patrimonial em 31 de dezembro		
	28/02/20X8	31/01/20X7
Caixa	1.000	2.000
Bancos	54.000	72.000
Valores a Receber	96.000	82.000
Estoques	34.000	35.000
Despesas Antecipadas	6.000	5.000
Ativo Circulante	*191.000*	*196.000*
Salários a Pagar	4.700	4.700
Fornecedores	85.000	92.000
Passivo Circulante	*89.700*	*96.700*

Pede-se:

Determine o fluxo de caixa oriundo das atividades operacionais da empresa para o mês de fevereiro de 20X8 utilizando o método indireto.

PB 7. A empresa Arrow apresenta as seguintes informações em 31 de dezembro de 20X9:

	R$
Caixa e Equivalentes Inicial	8.000
Redução de Valores a Receber	1.400
Despesa de Depreciação	36.000
Aumento de Contas a Pagar	16.000
Aumento de Material de Consumo	2.100
Lucro Líquido	56.000
Caixa Recebido da Venda de Terreno pelo valor contábil	7.000
Dividendos pagos em dinheiro	2.200
Aumento de Impostos a Pagar	1.100
Caixa utilizado na aquisição de máquinas	57.000
Caixa obtido de empréstimos	40.000

Pede-se:

Prepare a demonstração dos fluxos de caixa pelo método indireto.

PB 8. Encontram-se a seguir os razonetes de três contas da John Marin S.A. referentes ao mês de abril de 20X6:

Edifícios

Data		Débito	Crédito	Saldo
1/abr.	Saldo Inicial			340.000
10/abr.	Compra de Imóvel	140.000		480.000
18/abr.	Venda de Imóvel		92.000	388.000

Depreciação Acumulada Edifícios

Data		Débito	Crédito	Saldo
1/abr.	Saldo Inicial			142.000
18/abr.	Depreciação do Imóvel Vendido	31.000		111.000
30/abr.	Depreciação do mês		1.300	112.300

Lucros e Prejuízos Acumulados

Data		Débito	Crédito	Saldo
1/abr.	Saldo inicial			210.000
14/abr.	Dividendos	32.000		178.000
30/abr.	Lucro Líquido		12.000	190.000

Pede-se:

Sabendo que o imóvel vendido apresentou uma perda de R$ 16.000, determine os lançamentos que irão aparecer na demonstração dos fluxos de caixa da empresa.

PB 9. Encontra-se, a seguir, o balanço patrimonial da Works Ltda.

Balanço Patrimonial em 31 de dezembro		
	20X4	20X3
Bancos	17.000	5.100
Valores a Receber	22.000	19.000
Estoques	42.000	47.000
Terrenos	20.000	25.000
Equipamentos	62.000	40.000
Depreciação Acumulada	(22.000)	(7.000)
	141.000	129.100
Fornecedores	10.000	11.100
Empréstimos	37.500	39.000
Capital Social	51.000	44.000
Reservas	42.500	35.000
	141.000	129.100

Informações adicionais da empresa referente ao ano de 20X4:

1. O lucro líquido do exercício é de R$ 23.000.
2. A despesa de depreciação é de R$ 15.000.
3. Os dividendos foram pagos no valor de R$ 15.500.
4. Houve um aumento do capital em dinheiro de R$ 7.000.
5. Venda de terreno em dinheiro por R$ 8.000.
6. Compra de equipamento em dinheiro no valor de R$ 8.000.
7. Pagamento de parte do empréstimo de R$ 1.500.

Pede-se:

Apresente a demonstração dos fluxos de caixa pelo método indireto e determine os índices de fluxo sobre lucro e cobertura da dívida.

PB 10. A demonstração do resultado da Empresa Cinquenta encontra-se a seguir:

Demonstração do Resultado do Exercício		R$ Mil
Receita		19.000
CMV		
Estoque Inicial	4.750	
Compras	11.000	
Estoque Final	4.000	11.750
Lucro Bruto		7.250
Despesas Operacionais		
Despesas de Vendas	1.125	
Despesas Administrativas	1.750	2.875
Lucro Líquido		4.375

Informações adicionais sobre a empresa:

1. Clientes reduziram R$ 950 mil durante o ano.
2. Estoques reduziram R$ 750 mil.
3. Despesas Antecipadas aumentaram R$ 375 mil.
4. Fornecedores reduziram em R$ 875 mil durante o ano.
5. Contas a Pagar reduziram R$ 250 mil.
6. Nas despesas administrativas existem R$ 275 mil de depreciação.

Pede-se:

Com base nestas informações, apresente o caixa líquido gerado pelas atividades operacionais pelo método indireto.

PB 11. Usando os dados da Empresa Cinquenta, apure o fluxo de caixa pelo método direto.

PB 12. A empresa Conteúdo apresentava a demonstração de resultado, em R$ milhões, para o ano de 20X8:

Demonstração do Resultado do Exercício		
Receitas		873,0
Despesas Operacionais	602,1	
Resultado da Venda de Imobilizado	14,4	616,5
Lucro Antes dos Impostos		256,5
Imposto de Renda e Cont. Social		50,4
Lucro Líquido		206,1

A despesa de depreciação encontra-se nas despesas operacionais e totaliza 49,5 milhões. No balanço patrimonial da Conteúdo tem-se:

	31/12/20X8	31/12/20X7
Valores a Receber	63,0	54,0
Contas a Pagar	36,9	28,8
Imposto a Pagar	11,7	6,3

Pede-se:

Prepare a seção do fluxo de caixa referente à movimentação originária das atividades operacionais da empresa, usando o método indireto.

PB 13. Considere os dados da Conteúdo, do exercício anterior.

Pede-se:

Prepare o fluxo de caixa das atividades operacionais pelo método direto.

PB 14. A Bar do Tênis apresentou as seguintes demonstrações contábeis:

Balanço Patrimonial		
Ativo	31/12/20X1	31/12/20X0
Caixa e Equivalentes	105.000	60.000
Cheques a Compensar	60.000	42.000
Estoques	84.000	60.000
Imobilizado	180.000	234.000
Depreciação Acumulada	(96.000)	(72.000)
	333.000	324.000
Passivo e Patrimônio Líquido		
Contas a Pagar	57.000	45.000
Imposto a Pagar	21.000	24.000
Empréstimos a Pagar	51.000	99.000
Capital Social	54.000	42.000
Reservas	150.000	114.000
	333.000	324.000

Demonstração do Resultado do Exercício		
		20X1
Receita de Vendas		726.000
Custo das Mercadorias Vendidas		(525.000)
Lucro Bruto		201.000
Despesas de Vendas	54.000	
Despesas Administrativas	18.000	(72.000)
Lucro Antes das Despesas Financeiras		129.000
Despesas Financeiras		(9.000)
Lucro Antes do Imposto		120.000
Imposto de Renda		(24.000)
Lucro Líquido		96.000

Dados adicionais:

1. A despesa de depreciação é de R$ 52.500.
2. Os dividendos declarados e pagos totalizaram R$ 60.000.
3. O imobilizado foi vendido em 20X1, por R$ 25.500 em dinheiro.
4. O valor contábil do imobilizado (líquido da depreciação) era de R$ 25.500.
5. O valor contábil do imobilizado é de R$ 54.000.

Pede-se:

Prepare a demonstração dos fluxos de caixa usando o método indireto. Calcule os índices necessários.

PB 15. Com respeito ao Bar do Tênis, do exercício anterior, considere que: (1) todos os valores de Contas a Pagar estão relacionados com os estoques; (2) as despesas são pagas em dinheiro, exceto depreciação; (3) os valores de depreciação estão em despesas de vendas; (4) despesa financeira é paga no exercício.

Pede-se:

Apure a demonstração dos fluxos de caixa do Bar do Tênis usando o método direto.

PB 16. A seguir são apresentadas informações de duas empresas:

	Elemento	Química
Caixa Líquido Gerado pelas Atividades Operacionais	50.000	72.000
Caixa Líquido Usado pelas Atividades de Investimento	(32.000)	(65.000)
Lucro Líquido	45.000	120.000
Passivo	95.000	130.000

Pede-se:

Usando as informações, faça uma análise comparativa entre as duas empresas em relação aos índices de caixa.

PB 17. A seguir são apresentadas transações que ocorreram na FAC, uma pequena empresa.

Transação	Fluxo de Caixa Livre	Fluxo sobre Lucro	Cobertura de Investimento	Cobertura da Dívida
Compra à vista de um computador				
Compra a prazo de uma mesa				
Prestação de serviço à vista				
Recebimento de cliente do exercício anterior				
Pagamento ao fornecedor de material de consumo				
Prestação de serviço a prazo				
Pagamento de despesa financeira de empréstimo				
Distribuição de Dividendos				

Pede-se:

Para cada transação listada mostre o efeito sobre os indicadores colocando: A = aumento; D = Redução; NA = não afeta.

GABARITO

Questões de múltipla escolha

1. C; **2.** B; **3.** D; **4.** A; **5.** D; **6.** B; **7.** A; **8.** C; **9.** C; **10.** C; **11.** C; **12.** A; **13.** A; **14.** D; **15.** D.

Exercícios breves

EB 1 – R$ 7.500;

EB 2 – R$ 27.000;

EB 3 – R$ 44.500;

EB 4 – 0;

EB 5 – **a)** R$ 24.350; **b)** R$ 16.900;

EB 6 – Redução de R$ 1.000;

EB 7 – R$ 26.000;

EB 8 – R$ 19.000;

EB 9 – R$ 3.000;

EB 10 – R$ 29.400.

Problemas

PB 1 – Não afeta; Financiamento; Não afeta; Financiamento; Operacionais; e Operacionais;

PB 2 – Não afeta; Operacionais; Não afeta; Não afeta; Investimento; Operacionais; Financiamento; Investimento; Investimento; Não afeta; Operacional; Financiamento;

PB 3 – NC; O –; O +; NC; F –; F +; NC; NC; O –; NC;

PB 4 – A ordem seria W Z Y e X;

PB 5 – R$ 37.300;

PB 6 – R$ 3.000, negativo;

PB 7 – Aumento no Caixa e Equivalentes = R$ 96.200;

PB 8 – FC Operações = R$ 29.300; FC Investimento = (R$ 95.000) e FC Financiamento = (R$ 32.000);

PB 9 – FCO = R$ 35.900; FCI = (14.000); FCF = 10.000; Fluxo sobre Lucro = 1,56 e Cobertura = 0,76;

PB 10 – R$ 4.850 mil;

PB 12 – R$ 274,50 milhões;

PB 14 – FCO = R$ 115.500; FCI = R$ 25.500; FCF = (R$ 96.000); Fluxo sobre Lucro = 1,20;

PB 16 – FCL = R$ 18 mil e R$ 7 mil; Fluxo sobre Lucro = 1,11 e 0,60; Cobertura de Investimento = 1,56 e 1,11; e Cobertura de Dívida = 0,53 e 0,55.

13

INTRODUÇÃO À CONTABILIDADE GERENCIAL

INICIANDO A CONVERSA

Na década de 1970, a empresa Lockhead tentou durante anos desenvolver um novo avião. Para isso, fez um elevado investimento no projeto. Em determinado momento, a empresa percebeu que a viabilidade do novo avião era questionável. Os custos de produção provavelmente seriam maiores que o preço estimado de venda. Além disso, a empresa já tinha investido uma grande quantidade de recursos no avião, e os gestores planejavam recuperar esse dinheiro. Diante dessa situação, os gestores da empresa foram ao senado dos Estados Unidos solicitar uma ajuda do governo para terminar o projeto. Argumentaram que a empresa já tinha investido uma grande quantidade de recursos e que o governo deveria evitar o desperdício do dinheiro.

Para fins de decisão, o dinheiro investido é "perdido"; já faz parte do passado e não deve ser considerado. O que importa para a empresa, e para os senadores, é avaliar se o que necessita ser gasto no futuro faz com que o avião seja viável. Os mais antigos têm um dito que expressa isso: "a Inez já é morta". Ou seja, esqueça o passado e concentre nos efeitos futuros da decisão. Para a Lockhead, o que importa é verificar até que ponto compensa colocar mais dinheiro no avião.

Este é um pequeno exemplo de como a contabilidade gerencial pode ser útil.

Objetivos do capítulo:

(1) Apresentar a classificação dos custos e os principais conceitos
(2) Mostrar como é possível analisar o comportamento do custo no tempo
(3) Apresentar o resultado dos custos na forma gerencial
(4) Aplicar a análise Custo-Volume-Lucro no processo decisório
(5) Mostrar qual o custo relevante para o processo decisório

Quando a contabilidade foi estruturada através do método das partidas dobradas, sua principal preocupação era o proprietário da empresa. Em outras palavras, a origem da contabilidade era principalmente gerencial. Somente a partir da necessidade de captação de recursos externos é que o foco da contabilidade voltou-se para o usuário externo, principalmente através das demonstrações contábeis publicadas.

Mas a contabilidade também pode ser útil para o usuário interno, o administrador, ajudando-o no processo decisório. Até este capítulo, estivemos mais preocupados com o usuário externo. Aqui, faremos uma demonstração da utilidade da contabilidade para fins gerenciais. Nesse sentido, são várias as possíveis decisões que a contabilidade poderá ajudar o administrador a responder: quanto devo produzir, qual produto devo enfatizar, se é rentável continuar produzindo determinado item, se a empresa deve produzir internamente ou comprar de um fornecedor, entre outras. Essas decisões são comuns a qualquer tipo de empresa, seja de grande ou pequeno porte, industrial ou de serviços.

Classificação de custos

Objetivo (1) → Apresentar a classificação dos custos e os principais conceitos

O termo **custo** diz respeito a uma quantidade de recursos usada para algum propósito específico. Na contabilidade gerencial, a palavra *custo* é usada de muitas formas. Apresentamos a seguir as várias categorias em que o custo pode ser classificado:

- função administrativa: custo de fabricação ou despesa operacional;
- relação ao objeto: custo direto ou custo indireto;
- confrontação com a receita: custo do período ou custo do produto;
- controlabilidade: controlável ou não controlável; e
- relação com a mudança na atividade: custo variável, fixo ou misto.

Vamos mostrar a seguir como esses conceitos são usados.

Função administrativa

Os chamados *custos de fabricação* são aqueles relacionados com as atividades de fabricação de um produto em uma indústria. Esses custos fazem parte, na demonstração do resultado do exercício, do custo do produto vendido. Já as *despesas operacionais* estão relacionadas com as despesas de vendas, gerais e administrativas. Uma forma simples de diferenciar esses dois termos é considerar que os custos de fabricação são aqueles que ocorrem enquanto o produto está no processo produtivo. Com o fim da produção, os esforços necessários para vender o produto e as despesas de gestão são denominados de despesas operacionais. Em termos de demonstração de resultado, os custos de fabricação aparecem logo após as receitas de vendas, sendo necessários para apurar o lucro bruto da empresa. Já as despesas operacionais irão compor o lucro operacional.

Os custos de fabricação estão divididos em material direto, mão de obra direta e custos indiretos de fabricação (CIF). O *material direto* refere-se a todo insumo que faz parte do produto final. Um exemplo: na fabricação de um telefone, o *chip* é um exemplo de material direto. Já a *mão de obra direta* refere-se aos gastos com os funcionários envolvidos no processo de produção. O valor da remuneração dos operários que fazem a montagem de um telefone faz parte desse item. Finalmente, o custo indireto de fabricação são todos os custos necessários para a produção, exceto o material direto e a mão de obra direta. Isso inclui a depreciação da fábrica, o aluguel do imóvel, materiais indiretos, entre outros itens.

O material direto e a mão de obra compõem os chamados *custos primários*. Os *custos de conversão* referem-se à soma da mão de obra direta e os custos indiretos e representam a parcela que foi adicionada pela empresa durante o processo produtivo. A Ilustração 13.1 resume os conceitos apresentados aqui.

Ilustração 13.1 – Custos por função administrativa

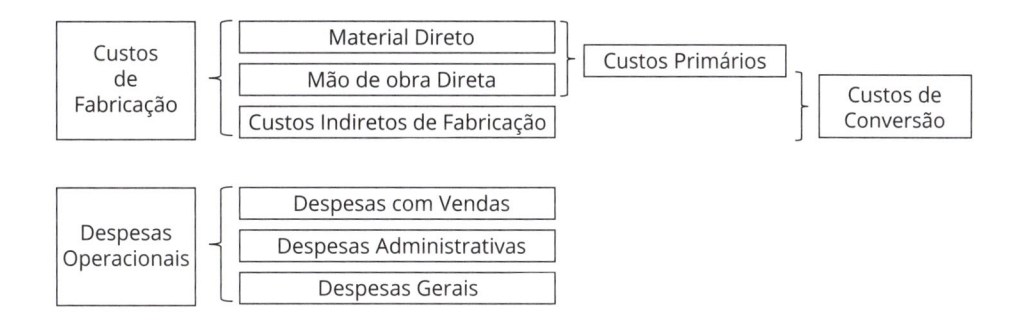

```
Custos de Fabricação ─┬─ Material Direto          ─┐
                      ├─ Mão de obra Direta        ─┤─ Custos Primários ─┐
                      └─ Custos Indiretos de Fabricação                   ├─ Custos de Conversão
                                                                          ┘

Despesas Operacionais ─┬─ Despesas com Vendas
                       ├─ Despesas Administrativas
                       └─ Despesas Gerais
```

RELAÇÃO COM O OBJETO

O objeto é qualquer saída possível de um sistema de informação gerencial. Assim, o objeto pode ser os produtos, a área geográfica, os setores de atividades de uma empresa, entre outros. Definido o objeto de custo, um custo pode ser considerado direto ou indireto. O *custo direto* é aquele que possui uma relação imediata, um vínculo direto, com o objeto de custo. Se uma empresa mensura seu custo considerando como objeto o produto fabricado, o custo do insumo usado no processo de produção é um custo direto ao produto. Se o objeto de custo é cada loja da empresa, a remuneração do funcionário que trabalha em determinado local seria custo direto dessa unidade. A determinação do que seria o objeto de custo é que irá fazer com que o custo seja classificado como direto ou indireto.

O *custo indireto* é aquele em que existe uma dificuldade de associar com determinado objeto. Se o objeto é o produto fabricado, os custos que não estão associados diretamente ao produto, como a depreciação e o salário dos seguranças da fábrica, são considerados indiretos. Se o objeto é a filial, o custo do sistema que faz o controle de estoque em cada local é indireto, já que teremos dificuldade de associar o seu valor a cada uma das unidades.

CONFRONTAÇÃO DA DESPESA

O custo pode ser considerado como *do período* ou *do produto*. Nesse caso, a classificação dos custos está associada ao processo de confrontação da despesa. O custo do produto está identificado com o estoque: eles "acompanham" o produto. Quando a empresa está produzindo, o custo está na conta de estoque em elaboração; quando já terminou a fabricação, mas ainda não realizou a venda, o custo encontra-se no estoque de produto acabado; e quando ocorre a venda, torna-se "custo do produto vendido". Os dois primeiros casos são contas patrimoniais; no último, conta de resultado.

Enquanto o custo do período não é confrontado com as receitas, como é o caso das despesas de propaganda, os custos do produto transitam pelo ativo antes de serem considerados no **resultado da empresa**.

CONTROLABILIDADE

A controlabilidade está associada à possibilidade que um funcionário tem de influenciar no montante de custo. Se determinado funcionário da empresa consegue aumentar ou reduzir um custo com suas decisões, este será um *custo controlável*. É o caso da energia elétrica da sala de um gerente da empresa. Esse gerente possui o "controle" sobre esse custo, já que o montante depende da sua decisão de ligar o ar-condicionado ou não.

O custo é considerado como *não controlável* quando o funcionário não possui influência sobre o mesmo. O gerente pode controlar o consumo de energia da sua sala, mas não consegue controlar o uso desse insumo por parte do seu chefe. Observe que a classificação de um custo como controlável ou não controlável irá depender da posição hierárquica do funcionário. Quanto mais baixa a posição do funcionário na hierarquia da empresa, maior a proporção de custo não controlável. Níveis mais elevados possuem maior proporção de custo controlável.

Essa classificação do custo pela controlabilidade pode ser útil quando desejamos que alguém seja responsável pelo custo. O mais lógico é responsabilizar cada funcionário somente pelos seus custos controláveis. Assim, em algumas empresas, são muito comuns relatórios que verificam o desempenho de um setor por essa classificação.

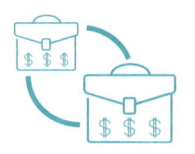

Pequena e Média Empresa

Numa empresa de menor porte, a controlabilidade não é tão importante, já que não existe uma grande segregação de funções.

RELAÇÃO COM A ATIVIDADE

Esta é a classificação mais importante para a análise gerencial dos custos de uma empresa. Nesse caso, os custos podem ser classificados de acordo com o seu comportamento diante de uma variação nas atividades de uma empresa em variáveis ou fixos. Os *custos variáveis* são aqueles que se modificam na proporção direta da alteração da atividade da empresa. Nos custos variáveis, quando existe um aumento na atividade da empresa, estes custos aumentam também. Um exemplo de custo variável é a quantidade de insumo utilizada no processo de produção. Quanto mais a empresa produz, maior será essa quantidade.

Prática

Tecnicamente, o termo mais adequado talvez seja "custo e despesa", porém, na prática, os gestores usam apenas "custo". Por esse motivo, estaremos tratando dos "custos variáveis" e não dos "custos e despesas variáveis" neste capítulo.

Os *custos fixos*, conforme o nome já indica, não se alteram com uma mudança na atividade. Um exemplo é o aluguel de um imóvel. O aumento ou redução da atividade não irá alterar o valor dessa despesa.

Em situações práticas, dificilmente o custo será totalmente fixo ou variável, apesar de adotarmos, para certas análises, essa simplificação. Suponha o caso do custo de energia elétrica. Nesse custo existe um consumo mínimo e uma parcela que aumenta com a quantidade de *quilowatt* consumida. Assim, parte da energia elétrica é fixa e parte é variável. Nesse caso, o custo da energia elétrica seria *semivariável, semifixo* ou *custo misto*.

ANTES DE PROSSEGUIR

Para cada um dos itens a seguir, marque a classificação mais adequada:
a) Consumo de papel numa gráfica referente a confecção de cartazes para um cliente.
b) Consumo de papel da secretária do presidente da gráfica usado na expedição de memorandos.
c) Papel usado para fazer formulários que serão vendidos para livrarias no próximo mês.

Comportamento do custo

Objetivo (2) → Mostrar como é possível analisar o comportamento do custo no tempo

A separação do custo em fixo, variável ou misto é muito utilizada na contabilidade gerencial para decisões: de comprar ou fazer, de oferta especial, de quanto produzir, se é vantajoso manter uma linha de produção etc.

Em termos práticos, existem duas formas de fazer a classificação dos custos: o método intuitivo ou o método da regressão.

MÉTODO INTUITIVO

Este é um método simples e prático para fazer a classificação dos custos em fixo ou variável. Nesse método, o responsável pelo sistema de custos usa sua observação prática e sua experiência para fazer a classificação.

Suponha uma empresa de transporte. É possível afirmar, por intuição, que os custos da gasolina e dos pneus são custos variáveis. Afinal, parece razoável supor que, quanto maior a atividade de transporte, maiores serão esses custos. Já o valor do imposto "IPVA" não se altera com a quilometragem rodada pelos veículos; assim, o IPVA será um custo fixo, pois não depende da atividade.

O método intuitivo possui dois problemas. O primeiro é o fato de ser subjetivo. A resposta pode variar conforme o analista. O outro problema é que, em alguns casos, pode ser difícil fazer a classificação somente por esse método. O método da regressão procura suprir suas deficiências.

MÉTODO DA REGRESSÃO

Alternativa ao método intuitivo, a regressão pode ser usada desde que a empresa tenha dados confiáveis sobre suas atividades no passado. Por exemplo, se o objetivo é fazer a classificação do custo da energia elétrica, são necessários dados sobre esse valor nos últimos meses, além de informações sobre a atividade da empresa.

A partir desses dados, podemos descobrir uma relação linear entre o custo e o volume de atividades. Essa relação pode ser expressa pela equação:

$C = a + b\,Q$

Na fórmula, o C corresponde ao custo que desejamos classificar como variável ou fixo. O termo a é o intercepto da equação, que representa o custo fixo. A variável Q representa a atividade da empresa (número de unidades produzidas numa indústria, quantidade de alunos de um curso, quantidade de quilômetros rodados num automóvel etc.). A variável b representa o valor que irá aumentar para cada quantidade de atividade. Em outras palavras, é o custo variável unitário.

A regressão linear é uma técnica que permite determinar os valores de a e b da expressão a partir dos dados históricos. Como para utilizar a regressão necessitamos de informações, o seu resultado irá depender da qualidade desses valores. Dados históricos questionáveis podem inviabilizar o uso desse método para determinar o valor do custo fixo e do custo variável.

O apêndice deste capítulo apresenta um exemplo prático da utilização desse método.

Apresentação do resultado

Objetivo (3) → Apresentar o resultado dos custos na forma gerencial

Após o entendimento da forma de segregação do custo em fixo e variável, iremos mostrar como essas informações podem ser apresentadas para fins gerenciais. O formato tradicional da apresentação das informações da demonstração do resultado já foi comentado e discutido no Capítulo 5. Esse formato é destinado ao usuário externo e começa com a receita de vendas, da qual se retira o custo da mercadoria vendida, numa empresa comercial, ou o custo do produto vendido, para uma indústria. A diferença entre a receita e esse custo denomina-se lucro bruto. Desse lucro, retiram-se as despesas operacionais, para chegar ao valor do lucro operacional e do lucro líquido.

Quando se faz a segregação dos custos em fixos e variáveis, o formato da apresentação se altera. Novamente começamos com as receitas e retiramos os custos variáveis. A diferença entre esses dois valores é denominada de margem de contribuição. Depois, retiram-se os custos, para se ter o mesmo lucro operacional da demonstração do resultado para o usuário externo. A Ilustração 13.2 apresenta um exemplo numérico no qual é possível notar a diferença entre a apresentação das informações.

Ilustração 13.2 – Apresentação do resultado

Formato Tradicional

Receita de Vendas		10.000
Menos Custo do Produto Vendido		(4.000)
Lucro Bruto		6.000
Menos Despesas Operacionais		
Vendas	1.200	
Administrativas	2.400	(3.600)
Lucro Líquido		2.400

Formato Gerencial

Receita de Vendas		10.000
Menos Custos Variáveis		
Fabricação	2.200	
Vendas	888	
Administrativas	528	(3.616)
Margem de Contribuição		6,384
Menos Custos Fixos		
Fabricação	1.800	
Vendas	312	
Administrativas	1.872	(3.984)
Lucro Líquido		2.400

ANTES DE PROSSEGUIR

No exemplo numérico apresentado na Ilustração 13.2, é possível notar que os valores finais são idênticos. Entretanto, é necessário destacar que nem sempre isso ocorre nas situações práticas. Por exemplo, quando um produto é fabricado, mas não foi efetuada sua venda, o valor irá aparecer no formato gerencial, mas não no formato tradicional.

A informação mais relevante apresentada na Ilustração 13.2 é o valor da margem de contribuição. Para que uma empresa seja viável, essa margem deve ser positiva. Caso contrário, o aumento no volume de atividades tende a aumentar o seu prejuízo.

Análise de Custo, Volume e Lucro (CVL)

Objetivo (4) → Aplicar a análise Custo-Volume-Lucro no processo decisório

Com a segregação dos custos, a análise de custo, volume e lucro (a partir de agora análise CVL) ajuda o gestor a tomar decisões. A análise CVL verifica o comportamento dos custos em resposta à mudança na atividade da empresa. A partir da análise CVL, poderemos responder a questões como: qual a quantidade de vendas necessária para que a empresa não tenha prejuízo; qual o volume de vendas para que um pedido possa ser aceito; qual o efeito sobre o lucro de determinado aumento ou diminuição nas vendas; quais os reflexos da mudança no preço do produto sobre o resultado; como a mudança na combinação de produtos vendidos pode influenciar no resultado, entre outras questões.

A Ilustração 13.2, apresentada anteriormente, mostra a estrutura da margem de contribuição de uma empresa. Basicamente, temos que:

Lucro = Receita – Custos Variáveis – Custos Fixos

Na expressão anterior, o valor da receita é decorrente da venda dos produtos e serviços. Considerando que a empresa possua somente um produto ou serviço, podemos dizer que esta receita será resultado do preço praticado pela quantidade vendida. Outro aspecto importante são os custos variáveis, nos quais os valores se alteram com o volume de atividades. Considerando que o volume de atividade diz respeito a um produto ou serviço, então podemos dizer que esses custos são resultados dos custos unitários multiplicados pela quantidade. Com isso, podemos refazer a expressão anterior da seguinte forma:

Preço = p

Quantidade = q

Receita = p q

Custos Variáveis = v q

Custos Fixos = F

Lucro = p q – v q – F

Essa expressão será útil na análise CVL que iremos fazer a seguir.

Prática

A demonstração da fórmula do ponto de equilíbrio é somente para fins didáticos. Em situações práticas, basta saber sua aplicação.

PONTO DE EQUILÍBRIO

O ponto de equilíbrio é o nível no qual a receita é igual aos custos. Assim, no ponto de equilíbrio a empresa não consegue obter nem lucro nem prejuízo. O ponto de equilíbrio indica qual a receita mínima necessária para se obter lucro. Na expressão anterior do lucro:

$Lucro = p\,q - v\,q - F$

Como no ponto de equilíbrio o lucro é igual a zero, temos:

$0 = p\,q - v\,q - F$

Iremos fazer algumas operações algébricas para apresentar a expressão de maneira mais didática:

$p\,q - v\,q = F$

$q\,(p - v) = F$

$q = F/(p - v)$

Ponto de equilíbrio = (custos fixos)/(preço − custo variável unitário)

Como a diferença entre o preço e o custo variável unitário corresponde à margem de contribuição unitária, temos que o ponto de equilíbrio é a divisão dos custos fixos por essa margem. É possível notar que uma condição necessária para que se possa ter um ponto de equilíbrio é que a margem de contribuição seja positiva.

Para mostrar a utilização do ponto de equilíbrio para a decisão, considere o caso de um professor que decidiu fazer um curso. Ele determinou que será necessário alugar uma sala de aula por R$ 1.000. Para ajudar na gestão do curso, o professor contratou um funcionário por R$ 400. Na divulgação do curso, através de propaganda, ele estimou gastar R$ 1.700. O material do curso foi entregue a um profissional para melhorar a sua apresentação, que deverá cobrar R$ 900. Cada aluno deverá receber uma apostila com uma caneta e bloco de anotações, que deverá custar R$ 30 por aluno. No intervalo do curso, haverá um cafezinho e lanches, com um custo estimado de R$ 20. Finalmente, no fechamento do curso, haverá distribuição de brindes para os participantes, com um custo estimado de R$ 10. O professor fixou o preço do curso em R$ 460 por participante.

Para analisar essa situação, é necessário inicialmente separar o custo fixo do variável. A quantidade de alunos será o parâmetro usado: se o custo não muda com o número de alunos, será classificado como fixo; caso contrário, variável. Ao observar as informações, é possível separar como fixo o aluguel da sala, o salário do ajudante, a produção do material e a propaganda. Se o curso tiver muitos alunos, esses custos não irão aumentar e, por esse motivo, são considerados como fixos. Já os custos do lanche, do material didático e dos brindes irão variar com o número de alunos: mais alunos indicariam maior custo. A Ilustração 13.2 mostra os custos segregados em fixos e variáveis. É possível perceber que os custos fixos correspondem a R$ 4.000 no total e os custos variáveis são R$ 60 por aluno. A Ilustração 13.3 apresenta essa separação dos custos. A coluna do custo variável apresenta os valores em termos unitários. Cada novo aluno irá aumentar os custos em R$ 60. Já a última coluna mostra os custos fixos totais, no montante de R$ 4.000. Esse valor não irá mudar, se o curso for um sucesso ou um fracasso.

Ilustração 13.3 – Exemplo de separação dos custos

Custos	Variável	Fixo
Aluguel		1.000,00
Funcionário		400,00
Produção		900,00
Propaganda		1.700,00
Apostila	30,00	
Lanches	20,00	
Brindes	10,00	
Total	60,00	4.000,00

Utilizando a expressão do ponto de equilíbrio, é possível determinar o número de alunos para que o professor não tenha nem lucro nem prejuízo.

Ponto de equilíbrio = F/(p – v)

Ponto de equilíbrio = 4.000/(460 – 60)

Ponto de equilíbrio = 10 alunos

O cálculo do ponto de equilíbrio indica que com 10 alunos o professor não terá nem lucro nem prejuízo; acima desse valor, haverá lucro, e abaixo, prejuízo. Ou seja, o professor deverá ter pelo menos 10 pagantes para que o curso possa gerar lucro. Caso o número seja menor que esse, não vale a pena fazer o curso.

Vamos verificar se o número obtido é correto. A Ilustração 13.4 faz essa demonstração.

Ilustração 13.4 – Comprovação do ponto de equilíbrio

Receita de Vendas	R$ 460 x 10 alunos		4.600,00
Apostila	R$ 30 x 10 alunos	300,00	
Lanche	R$ 20 x 10 alunos	200,00	
Brindes	R$ 10 x 10 alunos	100,00	
Custo Variável			600,00
Margem de Contribuição Total			4.000,00
Aluguel		1.000,00	
Funcionário		400,00	
Produção		900,00	
Propaganda		1.700,00	
Custo Fixo			4.000,00
Lucro			–

Inicialmente tem-se a receita, que corresponde à multiplicação do número de alunos (10) pelo preço da inscrição (R$ 460) ou R$ 4.600. Depois, têm-se os custos variáveis, que é resultado da multiplicação de cada custo variável unitário pela quantidade de alunos no ponto de equilíbrio. A diferença entre a receita e o custo variável total corresponde à margem de contribuição total ou R$ 4.000. A seguir, estão listados os custos fixos, que serão de R$ 4 mil. Assim, com os 10 alunos, o curso não terá nem lucro nem prejuízo.

Se o número de alunos for maior que aquele encontrado no ponto de equilíbrio, o professor terá um lucro; se for menor, prejuízo.

ANTES DE PROSSEGUIR

O nosso exemplo apresentou um valor exato para o ponto de equilíbrio. O que ocorre quando o valor não é exato? A análise continua válida: acima daquele valor será lucro; abaixo, prejuízo. Se o exemplo do curso apresentasse um resultado de 10,45, poderíamos usar esse valor para afirmar que a partir de 11 alunos o curso terá lucro, e com 10 ou menos, prejuízo.

No exemplo apresentado, mostramos uma situação em que um professor pretende fazer um curso e terá custos com material didático, alimentação (lanches), brindes, aluguel, funcionário, produção do material e propaganda. Mas o exemplo está incompleto, pois deixamos de considerar um custo importante: a remuneração do professor.

Todo esforço para montar o curso deve ser recompensado. Para o professor, o cálculo do ponto de equilíbrio não é suficiente: ele precisa saber quantos alunos são necessários para que, além de pagar os custos, ainda tenha alguma recompensa pelo seu esforço. Vamos considerar que seu objetivo é receber R$ 2 mil. O que isso altera no ponto de equilíbrio?

Podemos recalcular na expressão do ponto de equilíbrio, agora considerando esse valor. Como o professor deseja obter R$ 2 mil, independentemente do número de alunos, este valor também é fixo. Assim:

Ponto de equilíbrio = 6.000/(460 − 60) = 15 alunos

A Ilustração 13.5 mostra a comprovação desse resultado.

Ilustração 13.5 – Comprovação do ponto de equilíbrio com a remuneração do professor

Receita de Vendas	R$ 460 x 15 alunos		6.900,00
Apostila	R$ 30 x 15 alunos	450,00	
Lanche	R$ 20 x 15 alunos	300,00	
Brindes	R$ 10 x 15 alunos	150,00	
Custo Variável			900,00
Margem de Contribuição Total			6.000,00
Aluguel		1.000,00	
Funcionário		400,00	
Produção		900,00	
Propaganda		1.700,00	
Remuneração do professor		2.000,00	
Custo Fixo			6.000,00
Lucro			–

Pergunta	Informação Necessária	Fórmula	Uso
❓	🗂	ΣΔΦΓ	∿
Qual o ponto de equilíbrio?	Custos fixos e margem de contribuição unitária	Ponto de Equilíbrio = Custos Fixos/Margem de Contribuição Unitária	Para saber qual a quantidade para não ter nem lucro nem prejuízo

MARGEM DE CONTRIBUIÇÃO

O valor da margem de contribuição é uma informação muito relevante para os gestores. Isso ocorre por dois motivos. Em primeiro lugar, a margem de contribuição total deve ser positiva para que um serviço ou produto seja ofertado. Isso pode ser comprovado facilmente pela expressão do lucro que usamos anteriormente:

Lucro = $(p\,q - v\,q) - F$ = Margem de Contribuição Total – Custo Fixo

Na expressão anterior, caso a margem de contribuição seja negativa, significa necessariamente que o lucro também será. Assim, a margem de contribuição deve ser positiva para que o serviço ou produto seja viável. Quando a margem é negativa, a melhor alternativa para uma empresa é não ofertar o serviço ou produto.

Em segundo lugar, a margem de contribuição unitária mostra quanto de acréscimo no lucro uma empresa terá por uma unidade adicional vendida. Voltemos ao exemplo do curso. Sabemos que com 10 alunos o professor não terá nem lucro nem prejuízo. Qual será o resultado se for inscrito um aluno além do ponto de equilíbrio? Neste exemplo, seriam 11 alunos. O lucro seria obtido da seguinte forma:

Lucro = $(460 \times 11 - 60 \times 11) - 4.000 = 400$

Como sabemos que o resultado é zero com 10 alunos, com um aluno a mais o lucro será igual à margem de contribuição unitária, ou seja, R$ 400. Com 12 alunos será a margem de contribuição unitária vezes 2, ou R$ 800, e assim por diante. Cada estudante adicional na turma irá representar um acréscimo de R$ 400 no lucro. Em suma, a margem de contribuição unitária representa quanto o lucro irá crescer caso se tenha uma quantidade adicional.

Pergunta	Informação Necessária	Fórmula	Uso
❓	🗂	ΣΔΦΓ	∿
A margem de contribuição é positiva?	Receita e custos variáveis	Margem de Contribuição = Receita – Custos Variáveis	Verificar a viabilidade. Se o valor é negativo, a melhor decisão seria não produzir ou vender

SUPOSIÇÃO DA ANÁLISE CVL E DO PONTO DE EQUILÍBRIO

A análise CVL e o ponto de equilíbrio são importantes para o processo decisório pelo fácil entendimento e grande utilidade prática. Entretanto, esta análise está sujeita a algumas suposições às quais o gestor deve estar atento para não tirar conclusões apressadas.

Em primeiro lugar, as receitas e os custos possuem comportamento linear e são afetados somente pela quantidade de atividade. Assim, um aumento na quantidade não afeta o preço do produto, por exemplo. Ou mantém constante o custo variável. Outras variáveis relevantes para análise, como a qualidade do produto, também não são consideradas na análise CVL.

Segundo, os custos são classificados como fixos ou variáveis. Entretanto, nem sempre é fácil fazer essa classificação, já que existem os custos mistos. E mesmos os custos fixos podem variar quando ocorre uma grande variação no volume de atividade. É também óbvio que um erro de classificação poderá afetar os resultados obtidos na análise.

Em terceiro lugar, a análise geralmente é realizada com base em um único produto ou quando o *mix* de produtos é constante. Finalmente, não se leva em consideração as alterações no nível de estoques.

Como qualquer modelo analítico, a análise CVL sofre com suas suposições. Para isso, o leitor deve lembrar dois pontos: (a) existem modelos mais sofisticados que permitem utilizar a análise em situações mais complexas, como é o caso das situações em que o custo não é linear; (b) um modelo deve ser considerado pela capacidade de ajudar as pessoas; e nesse caso podemos dizer que a análise é extremamente útil ao gestor.

Custo relevante para decisão

Objetivo (5) → Mostrar qual o custo relevante para o processo decisório

A informação de custo é muito útil na decisão empresarial. Neste item iremos mostrar como isso pode ocorrer. Vamos apresentar diversos conceitos que serão importantes.

CUSTO INCREMENTAL

Inicialmente, é necessário conhecer o conceito de **custo incremental**. Esse conceito diz respeito aos valores que diferem entre duas ou mais alternativas que estão sendo analisadas. Quando estou avaliando dois automóveis com preços iguais, mas com consumo de combustível e custo de manutenção diferente, o custo incremental corresponde ao custo do combustível e de manutenção, pois são aqueles que diferem entre as alternativas avaliadas.

No processo decisório, não é necessário apurar o custo total de cada alternativa. Basta determinar o custo incremental, aquele valor que irá fazer diferença. No exemplo anterior, o custo de aquisição dos automóveis não é importante para a decisão, já que são idênticos. O cálculo deve focar nos valores que diferem.

O conceito de custo incremental é muito útil na prática por reduzir a complexidade do processo decisório. Imagine que você esteja avaliando dois automóveis para determinar aquele com menor custo. Como alguns itens de custos possuem valores iguais, ao utilizar o custo incremental, você deverá focar somente na diferença entre as alternativas.

Considere um gestor de uma empresa que pretenda adquirir um automóvel. Após diversas pesquisas, percebeu que a escolha encontra-se entre três marcas: Alfa, Beta e Gama. Todos os veículos custam R$ 40 mil e possuem um valor residual de R$ 15 mil ao final de cinco anos. A estimativa é que os automóveis rodem 30 mil quilômetros por ano. Uma análise cuidadosa observou os principais elementos de custos dos modelos, que estão apresentados na Ilustração 13.6.

Ilustração 13.6 – Informações sobre os modelos dos automóveis

	Alfa	Beta	Gama
Preço de Aquisição	40.000	40.000	40.000
Valor de Revenda	15.000	15.000	15.000
Distância Percorrida	30.000 por ano	30.000 por ano	30.000 por ano
Revisão	a cada 5mil km	a cada 10 mil km	a cada 10 mil km
Custo de cada Revisão	300	500	600
Consumo por Litro	12 km/l	11 km/l	10 km/l
Preço do Combustível	2,5 por litro	2,5 por litro	2,5 por litro
Preço do Seguro Anual	2.500	2.000	1.500

Para a decisão sobre qual modelo possui o menor custo é necessário utilizar na análise somente o custo incremental. Assim, o valor de aquisição e o valor residual podem ser desconsiderados da análise. O foco será no custo da revisão, do seguro e do combustível. A Ilustração 13.7 isola estes elementos e mostra o modelo que apresenta o menor custo.

Ilustração 13.7 – Decisão sobre os modelos dos automóveis

Custo Anual em R$	Alfa	Beta	Gama
Revisão	1.800,00	1.500,00	1.800,00
Consumo	6.250,00	6.818,18	7.500,00
Seguro	2.500,00	2.000,00	1.500,00
Custo Incremental	10.550,00	10.318,18	10.800,00

A Ilustração 13.7 permite visualizá-los para os três modelos de automóveis. Nesse caso, o modelo escolhido é o Beta. Seu custo anual é de R$ 10.318. Em relação ao modelo Alfa, esse custo é menor em R$ 231; já quando comparado com Gama o custo é menor em R$ 482. Você pode notar que não colocamos os valores de aquisição, nem o valor de revenda ou a despesa de depreciação anual, já que estes itens não são incrementais.

Pequena e Média Empresa

O custo incremental é muito útil para o gestor de uma empresa que não possua um sistema de informação gerencial completo, mas que necessite decidir sobre determinado assunto. Assim, esse gestor pode simplesmente reunir as informações incrementais. Situações como essas são comuns nas pequenas e médias empresas.

CUSTO PERDIDO

O custo perdido também é conhecido como *sunk cost* ou custo afundado. Basicamente, não devemos considerar os custos já incorridos no processo decisório; são custos perdidos, pois não afetam a decisão.

É um conceito bastante simples, mas muito difícil de ser incorporado ao processo decisório. Existem diversos estudos sobre este assunto, mas é como afirmamos: o que ocorreu no passado não importa.

Considere uma empresa que decidiu construir uma fábrica. Após a fase inicial do projeto, começam a surgir dúvidas sobre a viabilidade do investimento. Nesse momento, a análise que deve ser feita é se a empresa continua ou não o projeto. Assim, deve considerar somente os valores futuros; aquilo que já foi investido é considerado "perdido" para fins de análise.

Voltemos ao exemplo da escolha do automóvel. Considere que atualmente a empresa já tenha um automóvel que tenha sido adquirido por R$ 40 mil, com vida útil de cinco anos, também com valor de revenda de R$ 15 mil. A depreciação anual é de R$ 5 mil. Este automóvel possui gastos com revisão, de R$ 1.400, um consumo de combustível de R$ 7.200 e o seu seguro é de R$ 1.200. Uma primeira análise tenderia a considerar o custo do automóvel como R$ 14.800, bem acima do custo do automóvel Beta. Mas esta análise é incorreta, já que consideramos a depreciação, que é um custo perdido. Para fins da análise, interessa somente os valores referentes à revisão, ao consumo de combustível e ao seguro. Ou seja, R$ 9.800. Esse valor é inferior aos três modelos que estão sendo analisados pelos gestores da empresa.

Ética!

O conceito de custo perdido não implica abonar o gestor do seu erro. Para fins de controle das decisões passadas, é importante considerar os custos existentes no momento que a decisão foi tomada.

CUSTO RELEVANTE

Agora que já estudamos o conceito de custo perdido e de custo incremental, podemos afirmar que o custo relevante para uma decisão é o custo esperado futuro que será diferente entre duas ou mais alternativas disponíveis. O custo relevante desconsidera os custos perdidos e os custos que são idênticos entre duas decisões. Assim, para ter o custo relevante para uma decisão é necessário: (1) deixar de lado os custos perdidos; e (2) só apurar os custos que são incrementais associados a cada alternativa. Com isso, pode-se selecionar a alternativa que apresenta menor custo.

É importante notar que nem todo custo incremental é um custo relevante. Vamos supor uma situação em que existam duas máquinas na empresa e se deseja saber qual delas é a mais eficiente. Suponha que a depreciação seja diferente entre os dois modelos; mesmo existindo um custo incremental entre as duas máquinas, ele não é relevante, já que a depreciação não deve ser considerada para fins de tomada de decisão. Para que um custo seja relevante, é necessário desconsiderar os custos perdidos para a decisão.

Existem diversas situações nas quais aplicamos o conceito de custo relevante. Iremos discutir algumas das mais relevantes.

Pedidos especiais

Um pedido especial refere-se geralmente a uma solicitação de um grande cliente. Este cliente está disposto a fazer um pedido especial para a empresa, mas as condições diferem de um pedido normal. O cliente poderá exigir um processamento adicional que não existe no produto, um desconto no preço ou ambos. Nesse tipo de pedido, a empresa deverá levar em consideração tanto os aspectos mercadológicos quanto os custos envolvidos na proposta.

A regra básica para a decisão de pedidos especiais é a margem de contribuição positiva. A empresa só irá aceitar o pedido se a margem, seja unitária ou total, apresentar um valor maior que zero.

Considere o caso de uma editora que publica determinada obra cujo preço de venda é de R$ 70,00. Desse valor, metade é da livraria que realiza a venda e 10% são de direitos autorais. Os custos de impressão de cada exemplar são de R$ 5,00, sendo R$ 2,00 o custo de transporte e R$ 8,00 outros custos variáveis. Assim, os custos variáveis totalizam R$ 57,00. A editora recebeu uma proposta de um grande grupo educacional que estaria disposto a adquirir 1.000 exemplares da obra por R$ 25,00. À primeira vista, parece que a proposta não é vantajosa, já que o valor está bem abaixo do preço de venda e dos custos unitários. Entretanto, a proposta permite que a impressão da obra seja feita em um papel de qualidade inferior, o que reduz o custo de impressão para R$ 4,00; o custo do transporte unitário será menor, de R$ 1,50, pelo fato de a distribuição acontecer em somente alguns poucos locais, todos em grandes cidades brasileiras; e os outros custos variáveis também irão reduzir para R$ 4,50. Finalmente, não é necessário pagar a comissão da livraria e a editora conseguiu a aceitação dos autores em ganhar menos, em termos nominais, com a obra. A Ilustração 13.8 mostra a comparação entre a situação normal e do pedido especial.

Ilustração 13.8 – Pedido especial de um livro

	Edição Normal	Pedido Especial
Preço de Venda	70,00	25,00
Impressão	(5,00)	(4,00)
% Livraria	(35,00)	0,00
Direitos Autorais	(7,00)	(2,50)
Transporte	(2,00)	(1,50)
Outros	(8,00)	(4,50)
Margem	*13,00*	*12,50*

A margem de contribuição do pedido especial é de R$ 12,50, contra R$ 13 da situação normal. Apesar de a margem ser menor, ainda é positiva. A aceitação do pedido especial permitirá um aumento no lucro da editora de R$ 12.500, o que reforça a decisão. (O valor do lucro adicional é obtido multiplicando a margem de contribuição unitária pela quantidade do pedido. Ou seja, R$ 12,50 × 1.000 exemplares = R$ 12.500.)

Nesse caso é importante alertar que, na análise do pedido especial, deve-se levar em consideração todos os custos e despesas incrementais. Os custos passados, como o custo de editoração ou digitalização da obra, por exemplo, não são considerados, pois são custos perdidos.

Comprar ou fazer

A decisão de fazer internamente um produto ou serviço ou comprar externamente também pode ser objeto de análise. Novamente, nesse caso, somente os custos relevantes devem ser considerados. A comparação deverá apontar a decisão com menor valor, que será escolhida pela empresa. Esse tipo de decisão ocorre, por exemplo, nas situações de terceirização.

Suponha uma empresa que possua um automóvel com motorista. Esse veículo possui um custo de manutenção de R$ 3 mil por ano e consome R$ 9 mil em gasolina, além de outros R$ 4 mil em despesas diversas (seguro, imposto etc.). O motorista recebe uma remuneração de R$ 36 mil por ano, incluindo benefícios. O *controller* da empresa está estudando vender o veículo, que foi adquirido há dois anos por R$ 40 mil; uma pesquisa de mercado mostrou que o mesmo tem um preço de venda de R$ 28 mil. Em lugar do automóvel, a empresa utilizaria um serviço de aluguel com motorista incluso, que custaria R$ 1 por quilômetro rodado. O *controller* estima que seriam percorridos 30 mil quilômetros por ano.

Com base nas informações, é possível fazer uma análise se é interessante para a empresa manter a estrutura do automóvel existente ou contratar um serviço terceirizado. Nessa situação, o que importa é usar somente os custos relevantes. Nesse caso, o custo de aquisição não é importante, pois é custo perdido. Na situação atual, em que a empresa mantém o automóvel com motorista, os custos relevantes são o salário, a manutenção, a gasolina e despesas diversas. A soma desses valores corresponde a:

Situação Atual = Manutenção + Gasolina + Despesas Diversas + Motorista

Situação Atual = R$ 3.000 + R$ 9.000 + R$ 4.000 + R$ 36.000 = R$ 52 mil por ano

A proposta corresponde ao valor a ser pago por quilômetro rodado:

Situação Proposta = 1 × 30.000 = R$ 30 mil por ano

A comparação mostra que a proposta de usar o serviço de aluguel é mais vantajosa, já que seu custo é R$ 22 mil a menos que a situação atual. E isso porque não foi considerada no cálculo a receita proveniente da venda do automóvel atual, de R$ 28 mil, o que reduziria a proposta para R$ 2 mil no primeiro ano. Nessa decisão, o custo de aquisição do automóvel e a depreciação não seriam considerados, pois são custos perdidos.

Vender ou processar mais

Nesse tipo de situação, a empresa está diante do dilema entre efetuar a venda em determinado ponto do processo produtivo ou processar mais o produto, com possibilidade de aumentar o preço de venda e sua lucratividade. Novamente, a decisão deve ser considerada tendo em vista os custos relevantes.

Suponha uma empresa que extrai determinado minério. O preço de venda da tonelada é de R$ 10 e seus custos variáveis unitários são R$ 6 por tonelada do produto. Os custos fixos correspondem a R$ 40 mil. A empresa está estudando a possibilidade de processar mais o minério, gerando um produto mais caro. O novo produto terá um preço de venda de R$ 15, com um custo variável unitário de R$ 10. Além disso, haverá um custo fixo adicional de R$ 20 mil, passando de R$ 40 mil para R$ 60 mil.

Para determinar se a proposta é vantajosa ou não, podemos usar o conceito de custo incremental. No processamento adicional, a empresa irá aumentar o preço em R$ 5 por tonelada, assim como o custo variável unitário em R$ 4. Ou seja, haverá um acréscimo de R$ 1 por tonelada na margem de contribuição unitária. Como o custo fixo adicional é de R$ 20 mil, a proposta somente será vantajosa se a margem de contribuição total for pelo menos igual ao aumento no custo fixo. Em outros termos:

R$ 1 × Quantidade = R$ 20.000

Assim, é fácil perceber que somente produzindo e vendendo acima de 20 mil toneladas do produto é que a proposta é vantajosa. Se a quantidade for menor que este valor, a margem de contribuição total será menor que o custo fixo incremental, tornando-a inviável financeiramente. Nesse caso, a empresa deverá analisar quais as chances de conseguir colocar no mercado 20 mil toneladas do produto. Se forem elevadas, a decisão é pelo processamento adicional. Caso contrário, a decisão é permanecer como está.

Ilustração 13.9 – Vender ou processar mais

	Situação	
Dados Básicos	Atual	Proposta
Preço de Venda	10	15
Custo Variável Unitário	(6)	(10)
Margem de Contribuição Unitária	4	5
Custos Fixos	(40.000)	(60.000)
Quantidade = 15 mil toneladas	Atual	Proposta
Receita de Vendas	150.000	225.000
Custo Variável Total	(90.000)	(150.000)
Margem de Contribuição Total	60.000	75.000
Custos Fixos	(40.000)	(60.000)
Lucro	20.000	15.000
Quantidade = 20 mil toneladas	Atual	Proposta
Receita de Vendas	200.000	300.000
Custo Variável Total	(120.000)	(200.000)
Margem de Contribuição Total	80.000	100.000
Custos Fixos	(40.000)	(60.000)
Lucro	40.000	40.000
Quantidade = 25 mil toneladas	Atual	Proposta
Receita de Vendas	250.000	375.000
Custo Variável Total	(150.000)	(250.000)
Margem de Contribuição Total	100.000	125.000
Custos Fixos	(40.000)	(60.000)
Lucro	60.000	65.000

Outra forma de analisar é considerar a situação atual e comparar com a proposta. A Ilustração 13.9 apresenta três situações em termos da quantidade produzida e vendida. Na primeira, a empresa irá vender 15 mil toneladas. Na posição atual, isso significa uma receita de R$ 150 mil e custos variáveis de R$ 90 mil, gerando uma margem de contribuição total de R$ 60 mil. Como os custos fixos são de R$ 40 mil, o lucro atualmente, para esta quantidade, é de R$ 20 mil. Na proposta, a receita seria de R$ 225 mil, mas os custos variáveis aumentam para R$ 150 mil. Como a margem de contribuição total é de R$ 75 mil e os custos fixos são de R$ 60 mil, o lucro é de R$ 15 mil. Na situação proposta, o lucro é menor que na atual: R$ 15 mil *versus* R$ 20 mil.

Se a quantidade produzida e vendida for de 25 mil toneladas, a margem de contribuição total da situação atual será de R$ 100 mil, resultado da diferença entre a receita de R$ 250 mil e custos variáveis totais de R$ 150 mil. Com custos fixos de R$ 40 mil, o lucro seria de R$ 60 mil. Para a proposta, a margem de contribuição total será de R$ 125 mil (receita igual a R$ 375 mil e R$ 250 mil) e o lucro de R$ 65 mil (veja a parte inferior da Ilustração 13.9).

A Ilustração 13.9 mostra também que, com a quantidade produzida e vendida de 20 mil toneladas, a empresa é indiferente entre vender ou processar mais. Esse seria o "ponto de equilíbrio" da decisão: acima desse valor a empresa optaria por processar mais, abaixo não.

Pergunta	Informação Necessária	Fórmula	Uso
❓	📁	ΣΔΦΓ	✍
Qual a alavancagem operacional da empresa?	Margem de contribuição total e lucro	Alavancagem Operacional = Margem de Contribuição Total/Lucro	Mede o risco operacional da empresa e a proximidade do ponto de equilíbrio. O resultado indica quanto irá variar o lucro a uma mudança na receita

Adicionar ou retirar um produto

A decisão de adicionar ou retirar um produto do *mix* da empresa também pode ser tomada tendo por base os seus números de custos. Vamos utilizar o exemplo de uma empresa que vende quatro produtos. As receitas e os custos dos produtos encontram-se na Ilustração 13.10. É possível notar que a empresa possui uma receita total de R$ 157.500 e um custo variável total de R$ 24.500. Como o custo fixo é de R$ 14.500, o lucro da empresa é de R$ 10 mil. A empresa possui quatro produtos, sendo que o Produto 3 é o mais relevante, pois gera uma receita de R$ 60 mil e uma margem de contribuição de R$ 18 mil. Já o Produto 4 possui uma receita de R$ 22.500; como seu custo variável total é de R$ 25 mil, a margem de contribuição é negativa em R$ 2.500.

Ilustração 13.10 – Adicionar ou retirar um produto – exemplo

	Prod. 1	Prod. 2	Prod. 3	Prod. 4	Total
Receita	30.000	45.000	60.000	22.500	157.500
Custos Variáveis	(24.000)	(42.000)	(42.000)	(25.000)	(133.000)
Margem de Contribuição	6.000	3.000	18.000	(2.500)	24.500
Custos Fixos					(14.500)
Resultado					10.000

	Prod. 1	Prod. 2	Prod. 3	Prod. 4	Total
Receita	30.000	45.000	60.000		135.000
Custos Variáveis	(24.000)	(42.000)	(42.000)		(108.000)
Margem de Contribuição	6.000	3.000	18.000		27.000
Custos Fixos					(14.500)
Resultado					12.500

	Prod. 1	Prod. 2	Prod. 3	Prod. 4	Total
Receita	30.000		60.000		90.000
Custos Variáveis	(24.000)		(42.000)		(66.000)
Margem de Contribuição	6.000		18.000		24.000
Custos Fixos					(14.500)
Resultado					9.500

Com base nesses valores, o gestor da empresa está pensando em retirar o Produto 4. Nesse caso, a receita total da empresa irá reduzir para R$ 135 mil em razão da perda de receita de R$ 22.500. Mas o custo variável total também diminuirá, de R$ 133 para R$ 108 mil. Como os demais valores permanecem constantes, o lucro aumentou para R$ 12.500 (Ilustração 13.10). Assim, a decisão de eliminar o Produto 4 é interessante em termos de lucratividade para a empresa.

É interessante notar que o Produto 2 possui um lucro reduzido. Sua eliminação seria interessante para a empresa? A Ilustração 13.10 mostra que não. Ao proceder a essa eliminação, ficando somente com os Produtos 1 e 3, a empresa tem uma redução no lucro no montante da margem de contribuição do Produto 2. Essa última situação é importante para que seja possível estabelecer uma regra de decisão: deve-se manter todo produto que possua margem de contribuição positiva e eliminar aqueles com margem de contribuição negativa.

Recursos escassos

A última situação que iremos apresentar trata-se da decisão de utilização numa situação de recursos escassos. Muitas vezes, o gestor precisa decidir qual produto será produzido quando um ou mais insumos não estão disponíveis em quantidade suficiente. Aqui iremos tratar da situação de escassez de **um** insumo; quando a escassez afetar mais de um insumo, é necessário uma sofisticação maior, que foge ao escopo desta obra.

O foco da decisão com recursos escassos permanece na margem de contribuição. Mas agora a análise deve também levar em consideração essa margem em relação aos recursos escassos usados no processo produtivo.

Suponha uma empresa que produza dois produtos: X e Y. O produto X possui um preço de venda de R$ 10, com um custo variável por unidade de R$ 7, resultando numa margem de contribuição unitária de R$ 3. O produto Y tem um preço de venda de R$ 8, com custo variável unitário de R$ 4. Assim, o produto Y é mais rentável, em termos de margem, do que o X. Vamos admitir que ambos utilizem água na sua fabricação e existe uma crise, com imposição de racionamento. A empresa não tem condições de fabricar os dois produtos, sendo necessário priorizar um deles. Qual deveria ser a escolha? Baseado na margem de contribuição, a resposta seria o produto Y. Mas não estamos considerando a quantidade de água utilizada na produção de cada um deles.

Suponha que, para cada unidade fabricada de X, a empresa utilize meio litro de água e para cada unidade de Y o uso seja de 0,8 litro. Nesse caso, apesar de o produto Y ter maior margem, sua fabricação possui maior consumo de água. A decisão aqui deve contemplar a margem por insumo com escassez. A relação entre margem de contribuição unitária por quantidade de recursos escassos está calculada na Ilustração 13.11.

Ilustração 13.11 – Margem de contribuição por recursos escassos

	Produto X	Produto Y
Preço	10	8
Custo Variável Unitário	(7)	(4)
Margem de Cont. Unitária	3	4
Quantidade de litros necessária	0,5	0,8
Margem de Contrib. por Insumo com Escassez	6	5

Pela Ilustração 13.11, podemos observar que o produto X possui uma relação de 6; isso significa dizer que cada litro de água gera, na produção de X, uma margem de contribuição de R$ 6. Já o produto Y possui uma margem por recurso escasso de R$ 5. Assim, em razão do maior consumo de água de Y, a escolha da empresa deverá recair sobre o produto X.

Outra forma de olhar este problema é considerar que a empresa terá disponível na próxima semana 10 mil litros de água. Veja a Ilustração 13.12 a seguir:

Ilustração 13.12 – Recursos escassos

	Só X	Só Y
Receita	200.000	100.000
Custo Variável	(140.000)	(50.000)
Margem de Contribuição	60.000	50.000

Como podemos observar, a empresa só poderá produzir 20 mil unidades de X: afinal, para cada litro de água é possível fabricar duas unidades de X ou 10 mil litros por 0,5. Também com essa quantidade, a empresa só irá fabricar 12.500 unidades de Y ou 10 mil litros por 0,8. Produzindo 20 mil unidades de X e sendo a margem de contribuição por unidade do produto de R$ 3, a margem de contribuição total será de R$ 3 × 20 mil unidades = R$ 60 mil. Já para Y, a margem de contribuição total será de R$ 50 mil ou R$ 4 × 12.500.

APÊNDICE

Determinação do custo fixo e variável utilizando a regressão

Para mostrar como o método da regressão é usado na prática, considere o exemplo de uma empresa de reprografia. O objetivo é determinar qual parcela do custo da energia elétrica é variável.

Utilizando o valor das contas de energia elétrica dos últimos 16 meses, levantou-se a quantidade de cópias que foram executadas durante cada mês. Os resultados encontram-se a seguir, na Ilustração 13.A1:

Ilustração 13.A1 – Quantidade de cópias e custo da energia elétrica

Quantidade	Custo
39.803	551
38.383	506
41.650	543
40.076	539
39.639	544
39.232	529
39.825	528
41.168	562
40.816	558
42.092	568
39.824	555
40.127	529
41.563	564
42.266	579
38.581	537
39.455	536

Com esses valores, é possível calcular a regressão. Para isso, pode-se utilizar uma planilha eletrônica (como o Excel) ou um programa estatístico. O cálculo irá permitir expressar o custo da seguinte forma:

$Custo = a + b\,Q$

Em que a variável *a* corresponde ao custo fixo e *b* ao custo variável unitário. A variável *Q*, denominada de "dependente", refere-se ao volume de atividade que, no nosso exemplo, corresponde à quantidade de cópias. Assim, ao obter o valor de *a* e *b* através da regressão, estaremos determinando o custo fixo e o custo variável, nessa ordem, da energia elétrica da empresa.

Incluímos os valores da Ilustração 13.A2 numa planilha Excel e, por meio dos comandos específicos, determinamos o resultado da regressão linear. No caso da planilha Excel, usamos o suplemento "Análise de Dados" e selecionamos "Regressão". É necessário informar o intervalo da variável dependente (o custo, nesse caso) e independente (quantidade de energia elétrica). No *software* isso corresponde aos intervalos Y e X, respectivamente.

Ilustração 13.A2 – Cálculo da regressão na planilha Excel

	A	B
1	39.803	551
2	38.383	506
3	41.650	543
4	40.076	539
5	39.639	544
6	39.232	529
7	39.825	528
8	41.168	562
9	40.816	558
10	42.092	568
11	39.824	555
12	40.127	529
13	41.563	564
14	42.266	579
15	38.581	537
16	39.455	536

A saída obtida da planilha encontra-se na Ilustração 13.A3 a seguir. A primeira parte, Estatística de Regressão, corresponde às informações sobre a regressão. Quanto mais próximo de 1 o "R múltiplo" estiver, melhor será o resultado obtido.

Ilustração 13.A3 – Resultado da regressão

RESUMO DOS RESULTADOS

Estatística de regressão

R múltiplo	0,81536
R-Quadrado	0,66482
R-quadrado ajustado	0,64088
Erro padrão	11,0305
Observações	16

ANOVA

	gl	SQ	MQ	F	F de significação
Regressão	1	3378,65	3378,65	27,7684	0,00012
Resíduo	14	1703,42	121,673		
Total	15	5082,07			

	Coeficientes	Erro padrão	Stat t	valor-P	95% inferior	95% superior	Inferior 95,0%	Superior 95,0%
Interseção	37,0961	96,5184	0,38434	0,7065	-169,915	244,107	-169,915	244,107
Variável X 1	0,01262	0,0024	5,26957	0,00012	0,00748	0,01776	0,00748	0,01776

Aqui, o importante é obter o valor da constante (o custo fixo ou variável *a* da equação) e da variável *b* ou custo variável unitário. Essas informações se encontram na coluna "coeficiente" da última tabela. O resultado obtido foi o seguinte:

Custo = 37,096 + 0,01262 X

Isso indicaria um custo fixo de R$ 37, aproximadamente, e um custo variável de R$ 0,0126. Assim, cada cópia adicional na empresa de reprografia aumenta o custo da energia elétrica em R$ 0,0126.

O leitor poderá consultar um livro de estatística para aprender um pouco mais sobre este instrumento.

EXERCÍCIO DE REVISÃO

A Paraná Comércio fez um levantamento dos seus custos e obteve os seguintes valores mensais: despesa de salários = R$ 3.000; custo da mercadoria vendida = 70% do valor da receita; comissão de venda = 5% da receita; aluguel e outros valores = R$ 7.000. Estas últimas despesas não apresentam variação ao longo do tempo, para uma variação normal nas vendas.

Pede-se:

a) Classifique as despesas e custos em fixo e variável.

b) Determine qual o montante que a empresa deverá ter de receita para que a empresa não tenha prejuízo.

Solução

a) O CMV e a comissão de venda são variáveis; salários e aluguel e outros valores são fixos.

b) A demonstração seria a seguinte:

Lucro = Receita – CMV – Comissão de Venda – Salários – Aluguel e Outros Valores

0 = Receita – (70% Receita – 5% Receita) – 3.000 – 7.000

0 = 65% da Receita – 12.000

Receita = 12.000/25% = 48.000

Um exemplo mais completo...

A JSW, num mês típico, produz 2.000 unidades do produto JS. A estrutura de custos é a seguinte: material direto = R$ 10.000; mão de obra direta = R$ 6.000; CIF variáveis = R$ 3.500; CIF fixos = R$ 2.500; despesas com vendas variáveis = R$ 2.800; despesas com vendas fixas = R$ 1.200; e despesas administrativas fixas = R$ 1.000.

Pede-se:

a) Determine o custo primário, de conversão e de fabricação.

b) Suponha que os custos primários sejam todos variáveis. Apresente a demonstração do resultado pelo formato gerencial. A receita mensal é de R$ 40 mil.

c) Qual o ponto de equilíbrio da empresa?

d) A empresa pretende efetuar vendas para uma entidade do terceiro setor. O proprietário quer cobrar o menor preço possível, de modo a não ter lucro com a operação. Qual seria esse preço?

e) Um grande cliente fez um grande pedido diretamente ao proprietário da empresa. Por esse motivo, a operação não terá despesa de venda variável. O dono da empresa sabe que o pedido pode abrir um novo mercado e por esse motivo não deseja perder a oportunidade. Qual o preço mínimo para que o pedido possa ser aceito?

Solução

a) Custo Primário = Material Direto + Mão de obra = 10.000 + 6.000 = R$ 16.000

Custo de Conversão = Mão de obra + Custos Indiretos = 6.000 + 3.500 + 2.500 = R$ 12.000

Custo de Fabricação = Custo de Conversão + Material Direto = 12.000 + 10.000 = R$ 22.000

b)

Receita de Vendas		40.000
Material Direto	10.000	
Mão de Obra Direta	6.000	
Custos Indiretos Variáveis	3.500	
Despesas com Vendas Variáveis	2.800	22.300
Margem de Contribuição		17.700
Custos Indiretos Fixos	2.500	
Despesas com Vendas Fixas	1.200	
Despesas Administrativas Fixas	1.000	4.700
Lucro Operacional		13.000

c) Custos Fixos = 4.700; Preço de Venda Unitário = 20 ou 40.000/2.000; Custos Variáveis Unitários = 22.300/2.000 = 11,15. Ponto de Equilíbrio = 4.700/(20 − 11,15) ou 531,07 unidades.

d) Preço mínimo será de R$ 11,15 ou o valor do custo variável unitário.

e) Corresponde ao custo variável unitário conforme calculado anteriormente menos o custo variável unitário relacionado com as vendas ou R$ 2.800/2.000 ou R$ 1,40. Assim, o valor mínimo seria R$ 11,15 − 1,40 ou R$ 9,75.

Usando a informação contábil

A empresa ESP vende seis produtos. O preço de venda, seu custo variável unitário e a quantidade vendida estão apresentados a seguir:

	Prod. 1	Prod. 2	Prod. 3	Prod. 4	Prod. 5	Prod. 6
Preço de Venda	400,00	50,00	120,00	90,00	600,00	250,00
Custo Variável	− 300,00	− 45,00	− 130,00	− 70,00	− 300,00	− 170,00
Margem de Contribuição	100,00	5,00	− 10,00	20,00	300,00	80,00
Quantidade	2.000	10.000	3.500	3.000	500	4.000

Pede-se:

a) Com base nos valores apresentados, qual produto é o mais lucrativo por unidade vendida?

b) Qual o produto mais vantajoso em termos de margem total? Existiria algum produto que a empresa deveria eliminar?

c) Considere que o produto 6 basicamente só é comercializado em conjunto com o produto 3. Isso mudaria sua resposta?

d) Suponha que todos os produtos utilizam um recurso que se tornou escasso. Admita que cada unidade usa a mesma quantidade desse recurso. Qual deveria ser a prioridade maior em termos de produção da empresa?

Solução

a) Produto 5.

b) Produto 6; Produto 3.

c) Sim. Manteria a produção do Produto 3.

d) Produto 5.

RESUMO DOS OBJETIVOS

Apresentar a classificação dos custos e os principais conceitos – Os custos podem ser classificados por função administrativa (custos de fabricação ou despesa operacional); em relação ao objeto (direto ou indireto); em razão da confrontação com a receita (do período ou do produto); em razão da controlabilidade (controlável ou não controlável); e conforme a mudança na atividade (variável, fixo ou misto).

Mostrar como é possível analisar o comportamento do custo no tempo – Para classificar um custo conforme a mudança de atividade, podemos usar o método intuitivo ou o da regressão.

Apresentar o resultado dos custos na forma gerencial – Para fins de tomada de decisão, os custos variáveis são subtraídos da receita, obtendo-se a margem de contribuição. Em seguida, os custos fixos são subtraídos, para chegar ao resultado. A margem de contribuição é fundamental para um grande número de decisões gerenciais.

Aplicar a análise Custo-Volume-Lucro no processo decisório – A partir da segregação dos custos conforme a mudança na atividade, é possível determinar qual a quantidade para que a empresa não tenha lucro ou prejuízo, ou seja, o ponto de equilíbrio.

Mostrar qual o custo relevante para o processo decisório – Nas decisões, o gestor não deve considerar os custos já incorridos (custos perdidos) e tão somente os custos incrementais. A margem de contribuição positiva é o critério nessas decisões.

DECISÃO

Pergunta	Informação Necessária	Fórmula	Uso
A margem de contribuição é positiva?	Receita e custos variáveis	Margem de Contribuição = Receita – Custos Variáveis	Verificar a viabilidade. Se o valor é negativo, a melhor decisão seria não produzir ou vender.
Qual o ponto de equilíbrio?	Custos fixos e margem de contribuição unitária	Ponto de Equilíbrio = Custos Fixos/Margem de Contribuição Unitária	Para saber qual a quantidade para não ter nem lucro nem prejuízo
Qual a alavancagem operacional da empresa?	Margem de contribuição, total e lucro	Alavancagem Operacional = Margem de Contribuição Total/Lucro	Mede o risco operacional da empresa e a proximidade do ponto de equilíbrio. O resultado indica quanto irá variar o lucro a uma mudança na receita.

DICIONÁRIO

Alavancagem operacional – Variação ocorrida no lucro em razão de uma variação nas receitas. Proximidade do ponto de equilíbrio.

Custo – Quantidade de recursos usada para algum propósito específico.

Custo controlável – Custo cujo comportamento pode ser influenciado por uma pessoa.

Custo de conversão – Soma da mão de obra direta e dos custos indiretos; representa a parcela que foi adicionada pela empresa durante o processo produtivo.

Custo de fabricação – Custos relacionados com as atividades de fabricação de um produto por parte de uma empresa.

Custo de mão de obra direta – Custo com funcionários envolvidos na atividade-fim.

Custo de material direto – Todo insumo que faz parte do produto final.

Custo direto – Aquele que possui uma relação imediata, um vínculo direto, com o objeto de custo.

Custo do período – Custos não confrontados com as receitas, mas com o período de tempo.

Custo do produto – Custos relacionados com um produto ou serviço.

Custo fixo – Custo que não se altera com a mudança na atividade.

Custo incremental – Custos que diferem entre duas ou mais alternativas que estão sendo analisadas.

Custo indireto – Custo que possui uma dificuldade de se associar com determinado objeto.

Custo indireto de fabricação – Custos indiretos necessários para a produção.

Custo não controlável – Custo cujo comportamento não pode ser influenciado por uma pessoa.

Custo perdido – Custo já incorrido no processo decisório. Também conhecido como *sunk cost* ou custo afundado.

Custo primário – Corresponde ao custo de material direto e de mão de obra direta.

Custo relevante – Custo esperado futuro que será diferente entre duas ou mais alternativas disponíveis.

Custo semivariável, semifixo ou misto – Custo que possui uma parcela fixa e outra variável.

Custo variável – Custo que se modifica na proporção direta da alteração da atividade da empresa.

Despesa operacional – Está relacionada com as despesas de vendas, gerais e administrativas.

Margem de contribuição – Diferença entre a receita e o custo variável total.

Ponto de equilíbrio – Nível no qual a receita é igual aos custos ou em que o lucro é zero.

PROBLEMA DEMONSTRAÇÃO

O LavaPerfect é um tradicional lava a jato de automóveis de uma cidade do interior de São Paulo. Durante um mês típico, o LavaPerfect recebe 200 automóveis, que cobra R$ 25 por veículo. Basicamente, existem sete grupos de custos: pessoal, água, energia, material de consumo, taxas e seguros, aluguel e depreciação. Os custos com pessoal correspondem a uma parcela fixa de R$ 1.200 mais R$ 2 por automóvel atendido. A conta de água varia conforme o volume de atividade, mas existe uma parcela mínima a ser paga de R$ 30. Foi realizado um estudo que mostrou que, para cada veículo, o consumo de água corresponde a um valor de R$ 4. O custo de energia é misto, sendo R$ 25 fixo e R$ 1 variável por automóvel atendido. No processo de limpeza utilizam-se diversos produtos que custam R$ 3 por veículo. Aluguel, taxas e seguros e depreciação são fixos e seus valores mensais são R$ 300, R$ 80 e R$ 100, nesta ordem.

Instruções:

a) Prepare a demonstração do resultado no formato gerencial. Considere um mês típico de atendimento da empresa.

b) Determine o ponto de equilíbrio em número de automóveis por mês. Calcule também o grau de alavancagem operacional da empresa. Explique o significado desses dois números.

c) Suponha que em determinado mês a empresa atenda apenas a 100 automóveis. O gerente está pensando em passar a fechar esse mês. Sabe que isso não irá afetar os custos fixos nem o resultado dos meses seguintes. Mostre se a alternativa é adequada ou não.

Solução

Antes de apresentar a solução, é interessante que os custos sejam separados em variáveis e fixos, conforme o quadro a seguir:

	CV Unit.	C Fixo
Pessoal	2,00	1.200,00
Água	4,00	30,00
Energia	1,00	25,00
Material de Consumo	3,00	-
Aluguel	-	300,00
Taxas	-	80,00
Depreciação	-	100,00
Total	10,00	1.735,00

a) Demonstração do Resultado

Formato Gerencial		
Receita de Vendas		5.000
Menos Custos Variáveis		
Pessoal	400	
Água	800	
Energia	200	
Material de Consumo	600	(2.000)
Margem de Contribuição		3.000
Menos Custos Fixos		
Pessoal	1.200	
Água	30	
Energia	25	
Aluguel	300	
Taxas e Seguros	80	
Depreciação	100	(1.735)
Lucro Líquido		1.265

b) *Ponto de Equilíbrio = 1.735 / (25 – 10) = 115,67 veículos; Grau de Alavancagem Operacional = 3.000 / 1.265 = 2,37. O ponto de equilíbrio indica que, para não ter prejuízo em determinado mês, o LavaPerfect deve atender a pelo menos 116 veículos. O GAO informa que um aumento na receita de 1% irá aumentar o lucro em 2,37%.*

c) Como a quantidade de atendimento está abaixo do ponto de equilíbrio, podemos afirmar, sem fazer cálculo, que neste mês a empresa irá operar no prejuízo. Os dados estão a seguir:

Formato Gerencial

Receita de Vendas		2.500
Menos Custos Variáveis		
Pessoal	200	
Água	400	
Energia	100	
Material de Consumo	300	(1.000)
Margem de Contribuição		1.500
Menos Custos Fixos		
Pessoal	1.200	
Água	30	
Energia	25	
Aluguel	300	
Taxas e Seguros	80	
Depreciação	100	(1.735)
Lucro Líquido		(235)

Mas a decisão é não fechar, já que a margem de contribuição é positiva. Observe que a decisão pelo fechamento não evitaria os custos fixos de R$ 1.735. Em outras palavras, fechando a empresa, o proprietário está trocando um prejuízo de R$ 235 por um de R$ 1.735.

QUESTÕES DE MÚLTIPLA ESCOLHA

1. O gerente de uma filial de uma grande rede de comércio varejista conta com um *software* de gestão que foi adquirido pela matriz. O custo mensal de pagamento desse *software* caracteriza-se como:
   a) Custo indireto da filial.
   b) Custo não controlável.
   c) Custo variável.
   d) Custo do produto.

2. Na fabricação de um automóvel, o custo de um retrovisor pode ser considerado:
   a) Custo direto.
   b) Custo do período.
   c) Custo fixo.
   d) Despesa administrativa.

3. Uma empresa de entrega de encomendas está classificando seus custos. O custo do combustível dos caminhões de entrega pode ser considerado:
   a) Custo controlável.
   b) Custo do período.
   c) Custo indireto de fabricação.
   d) Custo variável.

4. Volte na questão de múltipla escolha 2. A classificação do custo que você fez nesta questão foi realizada pelo:
   a) Método da confrontação da despesa.
   b) Método da regressão.
   c) Método intuitivo.
   d) Método tradicional.

5. Corresponde à quantidade que a empresa deve produzir e vender para não ter nem lucro nem prejuízo:
   a) Formato gerencial da DRE.
   b) Grau de alavancagem operacional.
   c) Margem de contribuição unitária.
   d) Ponto de equilíbrio.

6. É possível reduzir o ponto de equilíbrio de uma empresa por meio:
   a) Da redução da margem de contribuição unitária.
   b) Do aumento no custo variável unitário.
   c) Do aumento no preço de venda.
   d) Do aumento nos custos fixos totais.

7. Esta informação mostra qual será o aumento no lucro a um acréscimo de uma unidade produzida/vendida pela empresa:
   a) Grau de alavancagem operacional.
   b) Margem de contribuição total.
   c) Margem de contribuição unitária.
   d) Ponto de equilíbrio.

8. Uma empresa deverá ter um aumento de 5% nas suas receitas no próximo ano. Sabe-se que o grau de alavancagem é de 2. Qual deverá ser o lucro da empresa, mantendo as demais condições inalteradas?
   a) 2,5%.
   b) 5%.
   c) 10%.
   d) 20%.

9. Não é uma suposição da análise CVL:
   a) A análise é feita para um produto.
   b) Custos são classificados em controláveis e não controláveis.
   c) Não se considera as alterações no estoque.
   d) Receita possui comportamento linear.

10. A aplicação do conceito de custo incremental no processo decisório implica:
    a) Aumentar o grau de complexidade do processo decisório.
    b) Calcular o custo total de cada uma das alternativas.
    c) Considerar somente o custo variável na decisão.
    d) Determinar somente os custos que são diferentes entre as alternativas.

11. Uma decisão sobre um pedido especial é tomada levando em consideração:
    a) A margem de contribuição unitária do pedido.
    b) A rentabilidade total da empresa.
    c) O aumento nos custos fixos.
    d) O lucro total do pedido.

12. Se utilizar a margem de contribuição para determinar se um produto ou serviço deverá ser adicionado ou retirado do *mix* de uma empresa, isso permitirá:
    a) Aumentar o seu resultado.
    b) Garantir a melhor decisão entre vender ou processar mais.
    c) Permitir que a margem de contribuição por recurso escasso seja menor.
    d) Reduzir o custo variável total.

QUESTÕES PARA REVISÃO

1. Como pode ser classificado o estoque de matéria-prima usado por uma indústria?

2. Qual item é ao mesmo tempo um custo primário e um custo de conversão?

3. Como deve ser classificada a depreciação da máquina da fábrica: custos de fabricação ou despesas operacionais? E a depreciação do móvel do escritório central?

4. A Audi Contábil faz auditoria, consultoria tributária e contabilidade de seus clientes. Como seria a classificação dos custos em relação ao objeto?

5. Apresente as vantagens e desvantagens dos métodos intuitivo e da regressão.

6. Ao fazer a classificação dos custos segundo a relação com a atividade, um custo foi classificado como fixo, quando deveria ter sido considerado como variável pelo menos 50% do valor. Qual o efeito desse erro sobre a margem de contribuição?

7. Uma empresa está pensando em substituir a mão de obra por uma máquina. A análise mostrou que a classificação dos custos irá alterar de custo variável para custo fixo. Isso irá provocar alguma alteração no ponto de equilíbrio?

8. Considere o exemplo do professor e seu curso. Suponha que ele decidiu acrescentar um presente que será sorteado entre os alunos. Isso irá afetar o ponto de equilíbrio? Discuta a diferença entre esse custo e o item "Brindes" da Ilustração 13.5.

9. Um empresário estava com problemas num dos seus restaurantes. Contratou um consultor que, depois de analisar os números, afirmou: "O resultado da sua empresa ficaria melhor se você fechasse as portas." Como isso é possível?

10. Um dos índices mais relevantes para uma companhia aérea é a taxa de ocupação. Trata-se do número de passageiros pelo número de assentos numa aeronave. Se uma empresa possui uma taxa elevada de ocupação, o que podemos afirmar sobre sua alavancagem operacional?

11. Um restaurante colocou o seguinte anúncio: Duas panquecas = R$ 4,99; Três panquecas = R$ 4,99. Como isso poderia ser explicado sob a ótica do custo?

12. Uma empresa fabricava o insumo de determinado item. A análise de custo revelou que seria mais vantajoso comprar externamente. Como isso afeta a classificação do custo? Utilize a Ilustração 13.1 na sua resposta. Que tipo de análise foi realizado?

13. Considere a Ilustração 13.8. Sem fazer nenhum cálculo, você seria capaz de indicar em qual situação o grau de alavancagem operacional seria maior? (Lembre-se: as opções são quantidades de 15 mil, 20 mil e 25 mil toneladas.)

14. No exemplo apresentado na Ilustração 13.10, suponha que seja possível reduzir o custo variável do produto 4. Qual seria o valor dessa redução para que o produto não seja descontinuado?

EXERCÍCIOS BREVES

EB 1. Uma empresa fabrica um produto cuja matéria-prima custa R$ 20 por unidade fabricada. Num mês típico, isso significa um custo mensal de R$ 40 mil. Durante o mês, o valor dos salários e benefícios dos funcionários envolvidos na produção é de R$ 30 mil. Além disso, outros custos indiretos de fabricação são de R$ 20 mil. Qual o valor do custo de fabricação mensal, dos custos primários e dos custos de conversão?

EB 2. Um automóvel possui os seguintes custos mensais: Estacionamento = R$ 200; IPVA = R$ 100; Seguro = R$ 200; Combustível – R$ 375; e Manutenção = R$ 250. Classifique os custos (em fixo e variável) e apure o custo mensal.

EB 3. Em cada uma das situações apresentadas a seguir, classifique os custos em fixos ou variáveis, usando o método intuitivo:

   a) Contratação de uma empresa de vigilância predial.
   b) Comissão dos vendedores da empresa comercial.
   c) Consumo de óleo combustível na fábrica.
   d) Conta da televisão a cabo.
   e) Consumo de água na lavagem do lava a jato.

EB 4. Considere as seguintes informações: Custos Fixos Administrativos = R$ 1.000; Custos Fixos de Fabricação = R$ 4.000; Custos Variáveis Administrativos = R$ 3.000; Custos Variáveis de Fabricação = R$ 11.000; e Receita de Vendas = R$ 30.000. Utilizando o formato gerencial, determine a margem de contribuição e o lucro.

EB 5. Os custos fixos de uma empresa correspondem a R$ 45 mil. A margem de contribuição unitária é de R$ 13. Recentemente, uma nova legislação foi aprovada e isso irá elevar o custo variável de R$ 14 para R$ 18. Determine o ponto de equilíbrio na situação atual e na situação futura.

EB 6. Uma empresa está pensando em trocar um contrato com um fornecedor, que representa um pagamento fixo por mês, por um pagamento por uso. Isso irá reduzir o custo fixo, de R$ 30 mil para R$ 27 mil. O preço de venda unitário permanece o mesmo, de R$ 90. Atualmente, o custo variável unitário é de R$ 45.

Pede-se:

a) Qual o ponto de equilíbrio atual?

b) Qual deverá ser o novo valor do custo variável unitário de modo a não alterar o ponto de equilíbrio?

EB 7. Duas empresas atuam no mesmo mercado. A empresa JJ possui um ponto de equilíbrio de 100 mil unidades, enquanto na empresa KK é de 200 mil unidades. Atualmente, as duas empresas possuem a mesma participação no mercado, com 250 mil unidades cada. Existe a previsão de que no próximo ano haverá uma recessão no setor de atuação das empresas. Qual empresa terá maior probabilidade de apresentar prejuízo? De quanto deverá ser a queda no mercado para isso ocorrer?

EB 8. Com respeito às duas empresas do exercício anterior, qual deverá ser aquela que terá maior grau de alavancagem operacional?

EB 9. Durante determinado ano, uma empresa apresentou uma receita de R$ 300 mil para um lucro de R$ 40 mil. No ano seguinte, sem ocorrer nenhuma mudança na estrutura de produção, a receita aumentou para R$ 315 mil e o lucro subiu para R$ 43 mil. Determine o grau de alavancagem operacional.

EB 10. Um gestor de uma empresa está determinando a viabilidade de aquisição de uma máquina. Estão sendo analisados dois modelos: AA e BB. A máquina AA tem um valor de aquisição de R$ 10 mil, com três anos de vida útil, sem valor residual. O custo de manutenção anual é de R$ 3 mil e consome R$ 4.500 de energia elétrica por ano. A máquina BB tem um valor de aquisição de R$ 10 mil, também com três anos de vida útil, sem valor residual. O custo de manutenção anual é de R$ 2 mil, mas consome R$ 4 mil de energia por ano. Qual deverá ser a decisão da empresa? Qual o conceito que você usou na sua decisão?

EB 11. Um jornal publicou sobre uma obra pública que já consumiu R$ 36 milhões. Entretanto, a obra ainda não funcionou, pois necessita de mais R$ 10 milhões. Parte do dinheiro foi desviada. O governo está diante da perspectiva de continuar ou não a obra. A decisão atual deve levar em consideração qual valor?

EB 12. Uma empresa de auditoria Audita faz também planejamento tributário e consultoria, além de auditoria. Para isso, cobra R$ 400 a hora. Os custos variáveis por hora somam R$ 150. Os custos fixos mensais são de R$ 400 mil. Um novo cliente da empresa está fechando um contrato para fazer planejamento tributário com a Audita. Para a Audita, é interessante esse contrato pelos potenciais negócios futuros. Estima-se um total de mil horas e a decisão será pelo menor preço. Qual seria o menor preço que poderia ser cobrado pela Audita?

EB 13. A Companhia de Consultoria Junior presta uma série de serviços a seus clientes. Um deles é a digitalização de documentos durante o processo de consultoria. A empresa estimou que cada página digitalizada tem um custo R$ 0,20, incluindo o pessoal envolvido e o equipamento. Todos os custos são variáveis. A empresa está pensando em terceirizar esse serviço; o mercado cobra R$ 0,18 por página. Mas do atual custo da Companhia de Consultoria Junior, R$ 0,03 não pode ser reduzido com a decisão de terceirização. Qual será a melhor decisão da empresa: fazer ou contratar fora?

EB 14. Para a Farmato é possível obter um produto farmacêutico a partir de uma substância produzida pela empresa. Para isso são necessários custos variáveis unitários de R$ 13 por caixa vendida, além de custos fixos adicionais de R$ 700 mil. O medicamento terá um preço de venda de R$ 70 na rede de distribuição, com uma estimativa de venda de 15 mil caixas do produto. É vantajoso o processamento adicional? Qual informação adicional seria importante para a decisão?

EB 15. Uma empresa possui quatro produtos principais: Pani, Khoni, Kuni e Jeno. Os custos variáveis unitários são, na ordem, R$ 20, R$ 15, R$ 10 e R$ 5. O preço de venda são R$ 30, R$ 20; R$ 15 e R$ 4. A quantidade vendida é de mil unidades de cada produto. A empresa está estudando a eliminação de produtos com margem negativa. Entretanto, o departamento de marketing alerta que isso irá reduzir a quantidade vendida de outros produtos para 800 unidades. Qual a decisão que deveria ser feita pela empresa?

EB 16. A Lomavren tem dois produtos: Romno-grego e Romno-servio. A margem de contribuição é de R$ 40 e R$ 50 por unidade, nessa ordem. Para fabricar esses dois produtos, é necessário uma unidade do insumo Angloromani para o Romno-grego e duas para o Romno-servio. O fornecedor de Angloromani interrompeu a entrega desse produto neste mês e a Lomavren deve decidir priorizar a produção de um ou outro produto. Qual deveria ser a escolha da Lomavren?

PROBLEMAS

PB 1. A empresa "Infmaq" fabrica diversos produtos a partir de dois insumos: alfa e beta. Durante determinado mês, os valores contabilizados nas contas de resultados foram os seguintes:

Água e energia da fábrica	35.000
Água e energia do escritório	8.200
Alfa (insumo)	240.000
Beta (insumo)	380.000
Comissão de vendas	68.000
Depreciação mensal das máquinas (fábrica)	120.000
Depreciação mensal dos computadores (escritório)	24.000
Despesa de material do escritório	20.000
Despesa de publicidade	300.000
Funcionários da produção	260.000
Funcionários administrativos	80.000

Pede-se:

a) Determine o custo de fabricação e as despesas operacionais da empresa.

b) Calcule o custo primário e o custo de conversão.

c) Suponha que o gerente da fábrica não tenha influência sobre a depreciação e o consumo da matéria-prima. Quais seriam os custos controláveis para esse gerente?

PB 2. Para fazer a segregação dos custos conforme o volume de atividades, foram calculadas cinco regressões. Os resultados obtidos encontram-se a seguir:

	a	b
Insumo		45,00
Energia	20,00	3,00
Comunicação	80,00	1,50
Aluguel	5.000,00	
Manutenção	1.000,00	5,00

Pede-se:

a) Qual o custo fixo mensal da empresa? Qual o custo variável?

b) Supondo uma quantidade de atividade igual a 200 unidades, qual seria o custo total?

c) Considere uma receita de R$ 20 mil por mês. Apresente a informação usando o formato gerencial. Determine a viabilidade, usando o conceito de margem de contribuição.

PB 3. Encontra-se a seguir uma série de informações sobre os três produtos de uma empresa:

	Capa	Lambda	Mu
Preço da venda	40	80	25
Custo variável	24	66	15
Margem de contribuição	16	14	10
Custo fixo	10.000	10.000	5.000
Quantidade	800	1.000	1.200

Pede-se:

a) Determine a margem de contribuição total e o lucro total de cada produto.

b) Qual o produto mais rentável para a empresa?

c) A empresa pretende privilegiar um produto em uma campanha futura de marketing. Esta campanha irá custar R$ 2 mil e irá aumentar em 10% as vendas do produto. Qual deverá ser o produto escolhido?

PB 4. Com respeito aos dados da questão anterior, determine o ponto de equilíbrio e o grau de alavancagem operacional e responda:

a) Qual o produto que está mais próximo do ponto de equilíbrio?

b) Qual o produto que apresenta maior risco operacional para a empresa?

c) Se for possível aumentar as receitas em 10%, sem qualquer aumento nos custos fixos, qual seria a melhor opção para a empresa?

PB 5. A Construtudo está abrindo uma filial na cidade de Brasília e decidiu pagar a residência para seu funcionário. Três imóveis estão sendo considerados e localizados em regiões próximas: SQS 115, SQS 315 e SQS 116. O valor do aluguel é o mesmo, mas existem diferenças em algumas despesas. A planilha de cada imóvel encontra-se a seguir:

Custos mensais	SQS 115	SQS 315	SQS 116
Condomínio	R$ 1.800,00	R$ 1.700,00	R$ 1.500,00
IPTU	R$ 200,00	R$ 240,00	R$ 180,00
Energia	R$ 100,00	R$ 100,00	R$ 200,00
Taxas de obras	R$ 0,00	R$ 0,00	R$ 300,00
Garagem adicional	R$ 0,00	R$ 300,00	R$ 300,00
Internet e Telefone	R$ 150,00	R$ 150,00	R$ 150,00
Diarista	R$ 500,00	R$ 500,00	R$ 500,00
Aluguel	R$ 3.500,00	R$ 3.500,00	R$ 3.500,00

Pede-se:

a) Qual a melhor opção para a empresa, considerando que os três imóveis possuem a mesma qualidade?

b) Qual o conceito que você utilizou para tomar essa decisão?

PB 6. Você pegou um táxi no aeroporto numa cidade que você não conhece. Você deseja ir para o seu hotel. A remuneração do taxista inclui uma parte fixa e uma parte variável. O taxista pode fazer um caminho mais longo ou um caminho mais curto, para fazer mais viagens no dia. Considere que a distância entre o aeroporto e o hotel seja de 5 quilômetros, se o taxista tomar o caminho mais curto, ou 10 quilômetros, se tomar o caminho mais longo. Caso o taxista opte por fazer o caminho mais longo, ele terá 15 clientes no dia; se a opção for o caminho mais curto, serão 27 clientes. Suponha também que a parte variável do preço cobrado pelo taxista seja de R$ 6,00 por quilômetro.

Pede-se:

a) Admita que não exista uma parte fixa. Qual a decisão do taxista?

b) Suponha que em cada corrida exista uma parte fixa de R$ 10. Qual a decisão do taxista?

PB 7. Uma empresa recebeu uma oferta de um fornecedor: privilegiar a venda do seu produto, aumentando a comissão paga ao vendedor. Um produto normal possui um preço de venda médio de R$ 25,00 e o custo do estoque é de R$ 17,24. A comissão do vendedor é de 2% sobre o valor da venda, existindo ainda um custo indireto variável de R$ 1,80. O produto que seria privilegiado possui um preço de venda de R$ 22 e um custo de aquisição de R$ 7,59 por unidade. Não existe uma diferença de qualidade entre os dois produtos e o vendedor receberia uma comissão de 20% do valor da venda. Os custos indiretos continuariam existindo no mesmo valor. Com base nessas informações e sabendo que os demais custos não se alterariam, vale a pena a empresa apoiar esse fornecedor?

PB 8. Uma empresa tem um produto com um custo variável de R$ 6 e custos fixos de R$ 270 mil. Com uma capacidade produtiva de 100 mil unidades, são usadas atualmente 90 mil. O produto é comercializado a R$ 10 cada. A demonstração, no formato gerencial, encontra-se a seguir:

	Total	Unitário
Receita	R$ 900.000	R$ 10,00
Custo variável	R$ 540.000	R$ 6,00
Margem de contribuição	R$ 360.000	R$ 4,00
Custos fixos	R$ 270.000	R$ 3,00
Lucro	R$ 90.000	R$ 1,00

A empresa recebeu uma oferta de produção de dez mil unidades do produto, com um preço de venda de R$ 7,00. A empresa irá economizar na comissão de vendas, que representa um custo variável de R$ 0,40. Mesmo assim, o valor da oferta é inferior aos custos unitários, de R$ 8,60 (ou R$ 9,00 menos 0,40). Em princípio, a empresa não deverá aceitar a oferta. Faça uma análise da situação, mostrando a vantagem ou desvantagem da oferta.

PB 9. Uma empresa adquire um insumo de um fornecedor a R$ 2,50, mais R$ 0,25 de transporte. A empresa adquire 1.800 unidades por mês, o que significa um gasto mensal de R$ 4.950. Existe um estudo para aproveitar a capacidade ociosa da empresa e fazer esse insumo. Este estudo mostrou que os custos variáveis são os seguintes: material direto = R$ 0,65; mão de obra direta = R$ 1,325; custos indiretos de fabricação de natureza variável = R$ 0,425. Não haverá nenhum custo fixo adicional. Qual deverá ser a decisão da empresa?

PB 10. Uma fazenda colhe um produto que gera uma receita de R$ 60 mil. Com um custo adicional de R$ 25 mil, a fazenda pode fazer um produto com maior valor agregado. A receita gerada será de R$ 90 mil. Qual deverá ser o custo fixo incremental máximo para que seja interessante o processamento adicional?

PB 11. Uma loja comercializa três grupos de produtos: Um, Dois e Três. Os produtos são lucrativos, exceto o Três, gerando uma receita de venda de R$ 1,5 milhão por ano. Os dados estão apresentados a seguir:

	Um	Dois	Três	Total
Receita	300.000	750.000	450.000	1.500.000
Custos variáveis	180.000	360.000	240.000	780.000
Margem	120.000	390.000	210.000	720.000
Custos fixos	60.000	150.000	200.000	410.000
Custos fixos alocados	30.000	85.000	45.000	160.000
Lucro	30.000	155.000	(35.000)	150.000

A empresa deve eliminar o produto Três? Considere que os custos fixos alocados não serão eliminados.

PB 12. Uma empresa possui na sua carteira quatro produtos com preço, custos e margens apresentados a seguir. Além disso, cada produto usa de forma distinta a máquina LUSA, que é uma restrição dentro da linha de montagem. O produto A usa 1 hora de máquina de LUSA; B usa 2 horas, C usa 3 e D usa 4 horas. Com base nas informações da tabela, determine qual produto a empresa deverá fabricar prioritariamente para maximizar o seu resultado:

	Produto A	Produto B	Produto C	Produto D
Preço de venda	15	28	35	40
Custo variável	(9)	(17)	(20)	(26)
Margem de contribuição unitária	6	11	15	14
Custo fixo direto ao produto	(100)	(80)	(90)	(120)
Hora de máquina	1	2	3	4

PB 13. Uma empresa gostaria de determinar a parcela variável de um custo. Usando a regressão linear e tendo como variáveis dependentes a Energia e MOD, os seguintes resultados foram encontrados: Custos = 5.529,39 + 5,395 Energia (sendo $R2 = 0,435$ e $Fc = 6,171$ e os valores do t todos significativos a 5%) e Custos = 4.928,82 + 2,545 MOD (sendo $R2 = 0,343$, $Fc = 4,184$ e o valor do t do coeficiente angular significativo a 5%). Com base nisso, qual o valor do custo variável?

GABARITO

Questões de múltipla escolha

1. B; 2. A; 3. D; 4. C; 5. D; 6. C; 7. C; 8. C; 9. B; 10. D; 11. A; 12. A.

Exercícios breves

EB 1 – R$ 90 mil; R$ 70 mil; R$ 50 mil ;

EB 2 – R$ 1.125; Variáveis: Combustível; Fixo = IPVA e Seguro; Misto = Estacionamento e Manutenção;

EB 3 – Fixo; Variável; Variável; Fixo; e Variável;

EB 4 – Margem = 16 mil; Lucro = 11 mil;

EB 5 – Atual = 45 000/ 13 = 3.461 unidades; com a nova norma = 45 000/(13 – 4) = 5 mil, sendo R$ 4 a variação no custo variável unitário.

EB 6 – PE = 30.000/(90 – 45) = 666,67; 666,67 = 27.000/(90 – CVu) ou CVu = R$ 49,50;

EB 7 – KK, que está mais perto do ponto de equilíbrio; a queda deve ser de 50 mil unidades ou 20%;

EB 8 – KK;

EB 9 – 1,5;

EB 10 – BB; custo incremental;

EB 11 – Custo perdido;

EB 12 – R$ 150;

EB 13 – Fazer;

EB 14 – Lucro = R$ 155 mil; a margem de contribuição atual;

EB 15 – Não é interessante; a margem total cai de R$ 9 mil para R$ 8 mil;

EB 16 – Romno-grego que possui maior margem por restrição.

Problemas

PB 1 – **a.** 1.035.000; 500.200; **b.** 880 mil e 415 mil; **c.** 295 mil;

PB 2 – 6.100; 54,50; 17 mil; Margem de contribuição igual a 9.100;

PB 3 – **a.** Margem = 12.800; 14 mil e 12 mil; Lucro = R$ 2.800; 4 mil e 7 mil; **b.** pela MCu o Capa; pela MCT o Lambda e pelo lucro seria o M u; **c.** Nos três casos haveria redução do lucro; então, o melhor seria não fazer a campanha.;

PB 4 – Capa; Capa; Lambda, pois haverá um aumento maior, de R$ 1.400;

PB 5 – SQS 115, cujo custo incremental é menor, de R$ 2.100;

PB 6 – Curto = 6,00 × 5 km × 27 = 810; Longo = 6 × 10 × 15 = 900. A escolha será o caminho mais longo; **b.** Curto = 810 + 10 × 27 = 1.080; Longo = 900 + 10 * 15 = 1.080; Seria indiferente;

PB 7 – Sim, pois a margem aumenta de R$ 5,46 para R$ 8,21;

PB 8 – Aceitar, baseado na margem de contribuição;

PB 12 – Produto A;

PB 13 – 5,395.